高港年鉴

GAOGANG YEARBOOK

2017

中共泰州市高港区委区人民政府 主办
泰州市高港区史志档案办公室 主编

方志出版社
Publishing House of Local Records

图书在版编目(CIP)数据

高港年鉴. 2017 / 泰州市高港区史志档案办公室编
. -- 北京 : 方志出版社, 2017.12
ISBN 978-7-5144-2649-6

Ⅰ. ①高… Ⅱ. ①泰… Ⅲ. ①区(城市)- 泰州 - 2017- 年鉴 Ⅳ. ①Z525.34

中国版本图书馆 CIP 数据核字(2017)第 273598 号

高港年鉴(2017)

编　　者: 泰州市高港区史志档案办公室
责任编辑: 陈　菁

出 版 人: 冀祥德
出 版 者: 方志出版社
地址　北京市朝阳区潘家园东里9号(国家方志馆4层)
邮编　100021
网址　http://www.fzph.org
发　　行: 方志出版社图书经销中心
电话(010)67110500
经　　销: 各地新华书店
印　　刷: 南京凯德印刷有限公司

开　　本: 889×1194　1/16
印　　张: 27.25
字　　数: 624千字
版　　次: 2017年12月第1版　2017年12月第1次印刷
印　　数: 0001~2000册

ISBN 978-7-5144-2649-6　定价:300.00元

泰州市高港区地方志编纂委员会

（2017.11）

名誉主任 顾　萍

主　　任 孙宏建

副 主 任 陈　军　蒋向荣　刘振东　田宝武　王　庆　周法鸣

委　　员 （按姓氏笔画排列）

丁　杰　丁新成　于　云　于勇军　于德宏　卞晓江　尹晓平
毛一鸣　毛照明　王　辉　王小飞　王飞平　王瑞云　王镇静
包志明　卢国平　左祥生　田光明　仲伯江　刘　瑾　刘长军
刘国圣　刘朝晖　匡裕民　华为民　印红松　孙　跃　朱　兵
朱双六　朱俊茂　余　磊　冷　洪　吴玉春　吴清华　张万卿
张小平　张霁明　李风华　李永祥　李秀年　李明荣　李俊仁
杨　帆　杨　勇　杨益俊　邱卜雨　邱小平　邵釜明　陆　波
陆　青　陆明航　陈宝进　陈振东　陈富贵　陈新兵　周昌军
周越星　金正文　胡怀扣　赵　蓓　赵剑三　徐旭东　徐思达
秦荣生　陶春山　高希兆　高志勇　高林海　曹小平　曹明德
曹映华　曹春明　蒋　为　蒋加华　韩记国　阚　进　蔡志国
薛荣明　戴永建　戴建斌

编纂委员会下设办公室，李秀年任办公室主任，卢峰、王小萍任办公室副主任。办公室设在区史志档案办公室内。

《高港年鉴》编辑部

主　　编 李秀年

副 主 编 卢　峰　王小萍　朱家瑞

统　　编 查云富　高蓓蓓　俞德斌

编　　辑 （按姓氏笔画排列）

孙乃庆　朱素芹　李爱云　祝　媛　胡琳娟　戚继胜　薛　睿
薛继男

特约审稿 翁元锋

封面题字 孙志勇

英文翻译 卢　峰

数字2016

地区生产总值：423.06亿元

第一产业增加值：12亿元

第二产业增加值：245.74亿元

工业：224.38亿元

建筑业：21.36亿元

第三产业增加值：165.32亿元

服务业增加值占GDP比重：39.08%

农林牧渔业总产值：20.37亿元

建筑业施工总产值：503.28亿元

粮食总产量：116639吨

固定资产投资：380.16亿元

列统工业总产值：1994.38亿元

高新技术产业产值：1168.75亿元

高新技术产业产值占列统工业比重：58.6%

列统工业销售收入：1971.96亿元

列统工业利润总额：169.39亿元

RD经费：16.08亿元

RD经费占GDP比重：3.8%

社会消费品零售总额：49.33亿元

出口总额：67859万美元

协议利用外资和港澳台资：49368万美元

实际利用外资和港澳台资：26651万美元

公共财政预算收入：40.44亿元

全体居民人均可支配收入：30632元

城镇居民人均可支配收入：37224元

农村居民人均可支配收入：18565元

文化产业增加值：30.47亿元

文化产业增加值占GDP比重：7.2%

泰州港高港港区集装箱吞吐量：25万标准箱

泰州港经济开发区在全省省级开发区中的排名：从第35名上升至第11名

荣誉2016

2013—2016年度全国平安建设先进区

江苏省法治建设示范县（市、区）

江苏省公共体育服务体系示范区

全省基层党员冬训工作示范县（市、区）

2016年度江苏知识产权强省建设区域示范工作创建单位

2016年度江苏省现代民政示范区

2016年度江苏省节水型社会示范区

2015—2016年度江苏省食品工业十强县（市、区）

泰州市绩效管理先进市（区）一等奖、第一名，实现“七连冠”

2016年3月20日，国务院副总理汪洋（前右三）带领全国春季农业生产暨森林草原防火工作会议与会代表参观胡庄镇上膳源泰州农场
（胡庄镇/供稿）

江苏上膳源生态农业发展有限公司
（胡庄镇/供稿）

高港区地道中药材香椽种植园圃
（区农委/供稿）

高港农业生态园蝴蝶兰培育基地　　（区农委/供稿）

上膳源泰州农场蔬菜大棚　　（区农委/供稿）

2016年10月17日，省委书记李强（前左二），省委副书记、省长石泰峰（左四）率全省推动长江经济带发展工作座谈会与会代表参观高港区长江经济带发展情况 （高卫东/摄）

春江湿地公园 （永安洲镇/供稿）

银杏林春色　　　　（高卫东/摄）

高港生态公园一角　　　　（区住房城乡建设局/供稿）

2016年7月25—28日，中国共产党泰州市高港区第五次代表大会召开　（高卫东/摄）

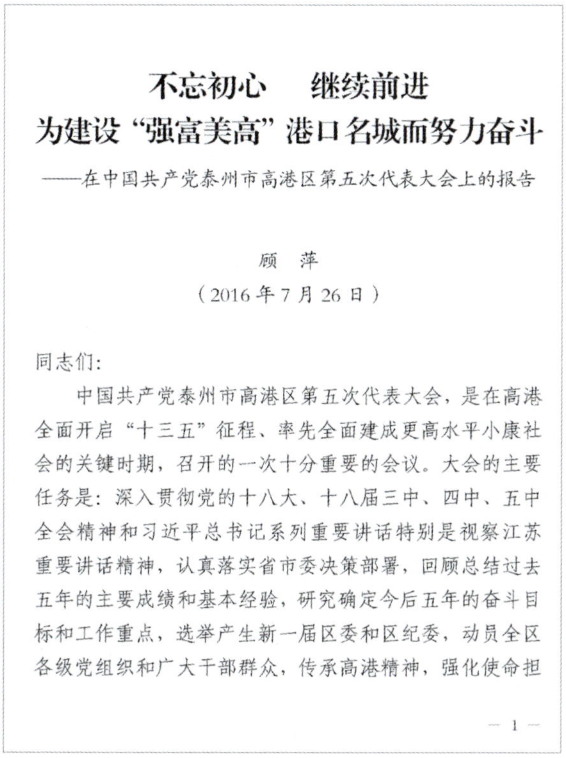

不忘初心　继续前进
为建设“强富美高”港口名城而努力奋斗
——在中国共产党泰州市高港区第五次代表大会上的报告

顾　萍
（2016年7月26日）

同志们：

中国共产党泰州市高港区第五次代表大会，是在高港全面开启“十三五”征程、率先全面建成更高水平小康社会的关键时期，召开的一次十分重要的会议。大会的主要任务是：深入贯彻党的十八大、十八届三中、四中、五中全会精神和习近平总书记系列重要讲话特别是视察江苏重要讲话精神，认真落实省市委决策部署，回顾总结过去五年的主要成绩和基本经验，研究确定今后五年的奋斗目标和工作重点，选举产生新一届区委和区纪委，动员全区各级党组织和广大干部群众，传承高港精神，强化使命担

— 1 —

区第五次党代会报告

2016年7月28日，中共泰州市高港区第五届委员会第一次全体会议召开　（高卫东/摄）

2016年2月17日，高港区召开“机关干部百村行”动员大会　　（区网管中心/供稿）

2016年12月18日，区委书记顾萍（女，右二）在许庄街道马厂社区参加“大走访大落实”活动

（许庄街道/供稿）

2016年12月14日，口岸街道工作团召开“大走访大落实”动员部署会　　（口岸街道/供稿）

2016年1月5—7日，中国共产党泰州市第四届委员会第十次全体会议在高港区召开 （区委宣传部/供稿）

2016年12月30日，中国共产党泰州市高港区第五届委员会第二次全体（扩大）会议召开　　（高卫东/摄）

2017年1月6—9日，泰州市高港区第五届人民代表大会第一次会议召开 （高卫东/摄）

2017年1月5—8日，中国人民政治协商会议泰州市高港区第五届委员会第一次会议召开　（高卫东/摄）

2016年2月4日，中共泰州市高港区第四届纪律检查委员会第六次全体会议暨全区干部警示教育大会召开
（高卫东/摄）

2016年8月15日，区政府四届五次全体（扩大）会议召开　　（高卫东/摄）

扬子江药业集团厂区

江苏龙凤堂中药有限公司项目基地

（扬

（扬子江药业集团/供稿）

集团/供稿）

扬子江药业集团公用工程1号车间
（扬子江药业集团/供稿）

江苏龙凤堂中药有限公司总部　（扬子江药业集团/供稿）

2016年9月11日，万向精工二期项目签约　　　　（区网管中心/供稿）

2016年12月20日，清华启迪泰州智慧园开业典礼在高新园区举行
（区网管中心/供稿）

高新园区一角　　　　（高新园区/供稿）

江苏星徽精密科技有限公司　　（高新园区/供稿）

泰州统实企业有限公司“统一”饮料生产线
（高卫东/摄）

江苏苏萨食品有限公司“特种兵”饮料生产线
（区委宣传部/供稿）

江苏鹏翎胶管有限公司　　（高新园区/供稿）

泰州港核心港区社区工业园 （永安洲镇/供稿）

益海（泰州）粮油工业有限公司 （

泰州国际集装箱码头

/供稿）

2016年8月16日，高港区举行泰州港—洋山港“精品快航”签约暨首航仪式　　（高卫东/摄）

（高卫东/摄）

汇福粮油江苏泰州基地　　（永安洲镇/供稿）

泰州口岸船舶有限公司永安厂区　　（永安洲镇/供稿）

国通快递集散中心　　（口岸街道/供稿）

江苏扬泰电子有限公司　　（口岸街道/供稿）

江苏绿泰电子有限公司

江苏港城中药养生有限公司“王老吉”饮品生产线
（区农委/供稿）

江苏欧瑞格传动部件有限公司车间
（区委宣传部/供

（口岸街道/供稿）

江苏天华索具有限公司　　（口岸街道/供稿）

舒禾江苏健康产业有限公司　　（口岸街道/供稿）

2016年10月9日，高港区举行城市建设发展基金签约仪式，基金总规模288亿元　　（高卫东/摄）

城区全貌

扬子江路　　　　　　　　　　　　　　　　　　　　　　　　　　　　　　（区住房城乡建设局/供稿）

（区委宣传部/供稿）

泰州高港汽车客运站 （高卫东/摄）

全民健身中心　　（区住房城乡建设局/供稿）

刁铺街道明发广场　　（高卫东/摄）

胡庄镇区　　（胡庄镇/供稿）

口岸街道水岸景城住宅小区　　（高卫东/摄）

永安洲镇润洲社区　　（永安洲镇/供稿）

许庄街道社会管理服务中心　　（许庄街道/供稿）

大泗镇江苏中药科技园　　（区委宣传部/供稿）

白马镇雕艺小镇　　（白马镇/供稿）

江苏省美丽乡村——胡庄镇史庄村
（区委宣传部/供稿）

江苏省美丽乡村——许庄街道蔡庄村　（许庄街道/供稿）

国家级美丽宜居示范村庄——许庄街道乔杨社区　（区住房城乡建设局/供稿）

2016年8月13日，高港美术馆（书画院）揭牌开馆　　（区住房城乡建设局/供稿）

2016年5月13日，高港区举办“江苏最美人物”王海东事迹发布会
（高卫东/摄）

“三下乡”送春联

2016年4月5日，高港区举行公祭革命烈士活动暨高港烈士陵园开园、烈士纪念馆开馆仪式（高卫东/摄）

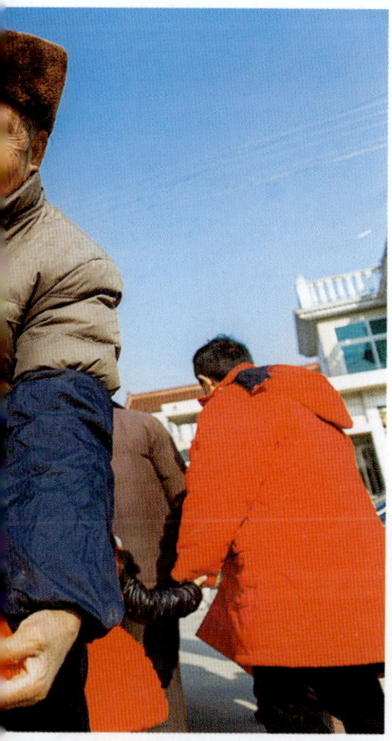

（高卫东/摄）

2016年2月22日，高港区举行“我们的节日——元宵”民俗展演活动

（区委宣传部/供稿）

2016年5月30日，高港区举办第三届全民健身运动会开幕式　　（高卫东/摄）

2016月4月21日，高港区举行“苏演院线”《大义周仁》扬剧专场演出　　（区文体旅游局/供稿）

2016年10月11—13日，“高港杯”第三届全国象棋青年大师赛在高港区举行 （高卫东/摄）

2016年4月27日，高港区举办“大江放歌”口岸街道专场文艺演出 （区文体旅游局/供稿）

雕花楼精美木雕　　　　（区文体旅游局/供稿）

2016年，口岸雕花楼景

雕花楼沐雨舫雪景　　　　（区委宣传部/供稿）

家 AAAA 级景区，图为雕花楼枕涛榭　　（区委宣传部/供稿）

泰州市高港实验小学教学楼　　（高港实验小学/供稿）

泰州市口岸实验学校

泰州市永安洲实验学校

（区委宣传部/供稿）　泰州市海军小学　（白马镇/供稿）

（永安洲镇/供稿）

卫生服务下乡　　（区委宣传部/供稿）

2016年2月15日，高港区举办“春风行动”——高新技术产业园区劳动力交流洽谈会　（区网管中心/供稿）

泰州市第三人民医院　　（区卫生计生委/供稿）

2016年10月9日，高港区开展重阳节慰问活动
（高卫东/摄）

2016年8月24日，高港区举行第十八批特困职工证发放暨“金秋助学”仪式　　（区网管中心/供稿）

大润发超市　　（高卫东/摄）

2016年12月9日，高港区召开深入推进法治高港建设暨“七五”普法动员部署会　（区网管中心/供稿）

农民工学法活动周法律咨询活动　（高卫东/摄）

高港法院“何芬法官工作室”金融法制讲座　　（区人民法院/供稿）

高港区人民检察院“汤姐姐法治课堂”巡讲活动　　（区网管中心/供稿）

2016年7月1日，高港区召开庆祝中国共产党成立95周年暨“两学一做”学习教育推进大会

（区网管中心/供稿）

2016年7月6日，区委中心组学习（扩大）会议召开　　（区委宣传部/供稿）

2016年5月6日，区委统战工作会议召开　　（区委统战部/供稿）

2016年6月17日，中国少年先锋队泰州市高港区第一次代表大会召开　　（区委宣传部/供稿）

编 辑 说 明

一、《高港年鉴》是由中共泰州市高港区委、泰州市高港区人民政府主办，泰州市高港区史志档案办公室主编，全区各园区、镇街、部门共同参与编纂的地方综合性年鉴。2010年创刊，每年出版1卷，本卷为第8卷。旨在全面、系统、准确地记载高港区政治、经济和社会各项事业发展情况，为各级领导决策提供科学依据，为社会各界和海外人士了解、研究高港提供翔实信息，并为编修地方史志积累资料。

二、《高港年鉴》2017卷（以下简称本年鉴）主要记载2016年全区政治、经济、社会发展等情况。

三、本年鉴采用分类法编辑，设类目、分目、条目3个层次。分目下视情设二级、三级分目。条目为记述的基本单位，其标题采用黑体加“【 】”表示。大事记前有“△”者，表示与前所记日期相同。

四、本年鉴共设13个类目：特载、专记、媒体聚焦、大事记、区情概览、政治、实力高港、精致高港、魅力高港、幸福高港、街道·镇、人物·荣誉、附录。

五、本年鉴资料由全区各园区、镇街、部门供稿，并由供稿单位领导审核。撰稿人员署名于条目之后。文中数据及有关内容由区统计局和区委机要保密局审核把关。部分数据因统计口径不同存在差异的，以统计部门提供的统计数据为准。

六、外币注明币种，人民币不作标注。

七、本年鉴中的机构、缩略语使用规范性简称，附录中设有部分组织机构全称、简称对照表和缩略语注释表。

八、本年鉴检索系统：卷首设中、英文目录，卷中设类目标题书眉，卷末设按汉语拼音字母顺序排列的主题分析索引。

九、本年鉴的编辑出版是在中共泰州市高港区委、泰州市高港区人民政府的领导下，依靠各单位和社会各界的通力合作而完成的，在此谨致谢意。由于编者水平有限，书中难免有疏漏之处，敬请批评指正。

目　录

特　载

专　记

媒体聚焦

大 事 记

区情概览

政　　治

实力高港

精致高港

魅力高港

幸福高港

街道·镇

人物·荣誉

附　录

索　引

彩页目录

Contents

The delicacy of Gaogang District

The glamor of Gaogang District

The well-being of Gaogang District

Profiles of the administrative sub-districts and towns

Figures & Honors

Appendices

Index

特　　　　载

不忘初心　继续前进
为建设"强富美高"港口名城而努力奋斗

——在中国共产党泰州市高港区第五次代表大会上的报告

区委书记　顾　萍

2016年7月26日

区委书记顾萍在区第五次党代会上作报告　　（高卫东/摄）

同志们：

中国共产党泰州市高港区第五次代表大会，是在高港全面开启"十三五"征程、率先全面建成更高水平小康社会的关键时期，召开的一次十分重要的会议。大会的主要任务是：深入贯彻党的十八大及十八届三中、四中、五中全会精神和习近平总书记系列重要讲话特别是视察江苏时的重要讲话精神，认真落实省、市委决策部署，回顾总结过去五年的主要成绩和基本经验，研究确定今后五年的奋斗目标和工作重点，选举产生新一届区委和区纪委，动员全区各级党组织和广大干部群众，传承高港精神，强化使命担当，为建设"强富美高"港口名城而努力奋斗！

现在，我代表中国共产党泰州市高港区第四届委员会向大会作工作报告，请予审议，请列席会议的同志提出意见和建议。

一、统筹推进"六大建设"，创造了跨越发展的又一个黄金期

五年来，我们紧紧围绕"推进富民强区，建设美好高港"，统筹推进经济、党建、社会、生态、文化、法治"六大建设"，聚焦聚力"三大主题"工作，经济社会发展取得重大成果，"十二五"圆满收官，在泰州"四个文明"建设综合考评中，每年均获第一名，实现了"六连冠"。

五年跨越，我们致力以经济建

设为中心，突出转型升级与城乡发展同步推进，综合实力迈上新台阶。坚持稳中求进、稳中奋进，经济保持健康快速增长，主要表现为“两领先、两提升”：转型升级全市领先，省社科院发布的2012—2015年泰州区域转型升级综合指数及排名中，高港连续四年位居第一；人均主要经济指标全省领先，人均GDP、人均一般公共预算收入分别达2.3万美元、1.4万元，均超过苏南平均水平。贡献份额实现大提升，GDP、一般公共预算收入、规模以上工业产值占全市的比重，分别由2010年的5.6%、6.8%、7%上升到10.2%、10.9%和15.6%；工业经济排名实现大提升，规模以上工业产值由全市“老末”上升至第二。产业升级与企业转型深入推进。新医药、粮油食品加工酿造、装备制造、新材料四大主导产业优势不断巩固，产值占规模以上工业比重达70.7%。品牌化、标准化、资本化、上市化、信息化、高端化“六化”转型工程深入推进，省著名商标和名牌产品数增幅全市领先，海天科技、榕兴医疗、友润电子在新三板挂牌上市。战略性新兴产业、高新技术产业产值占规模以上工业比重分别达28.5%和51.7%，全社会研发投入占GDP比重达3.76%，蝉连全国科技进步先进区。现代服务业加快发展，完成服务业增加值139.88亿元，是2010年的3.5倍。项目建设与园区开发互促共进。坚持把项目建设作为头版头条，新开工亿元以上项目数全市领先，26家央企、上市公司在高港投资落户。累计实际使用外资和港澳台资10.2亿美元，是“十一五”期间的1.9倍。加快现代港口建设，核心港区5万吨级集装箱码头投入运营，海关、国检、海事等联检机构进驻办公，集装箱年吞吐量达21万标箱。省级特防用品检测中心、墙纸检测中心投入使用，创成国家级墙纸产业基地、通用动力产业基地和省级汽车零部件产业基地，园区在省级开发区中的排名从“十一五”期末的78位攀升至2014年度的35位。城市建设与农村发展协调并进。坚持规划先行，实现了城乡规划全覆盖，完成了重点片区城市设计。城市建设步伐加快，城建投入累计达420亿元，比“十一五”增长31%，建成区面积达17.25平方千米，城市化率达62.5%。城市形态不断优化，滨江新城、京沪高速立交功能区、雕花楼景观区、凤栖湖新区等城市片区建设有序推进。道路交通体系更加完善，泰州长江大桥建成通车，高港大道、新港大道、金果路等重点道路工程竣工通车，累计新增城市道路100千米，比“十一五”增长41%。“三农”工作成效显著，新型农业经营主体适度规模经营比重达71.6%，主要农作物生产基本实现全程机械化，专业合作社实现村居全覆盖，创成全省首批农村电子商务示范区。

五年跨越，我们致力以党的建设为龙头，突出建强组织与建优队伍同步发力，执政能力得到新加强。坚持党要管党、从严治党，党建科学化水平全面提高。专题教育活动成效明显。扎实开展党的群众路线教育实践活动、“三严三实”专题教育和“两学一做”学习教育，广大党员干部理想信念、宗旨意识、党性修养进一步增强。党员干部管理从严从实。坚持正确的用人导向，竞争性选拔领导干部26名，圆满完成村居两委、镇党委换届。常态化举办“大江讲堂”、领导干部能力建设讲坛等，各级干部综合素质明显提升。党员干部先锋模范作用充分发挥，涌现出“全国优秀县委书记”王建、“全省优秀党务工作者”徐勤生等先进人物。基层基础建设更加稳固。坚持“功夫在平时、重点在基层、责任在干部、服务在一线”，用好“1%强基工程”专项资金，在全市率先创成省“四有一责”建设先进区。全面推进社区综合体制改革，创造了在全省有影响的改革经验。深入开展“三解三促·两送两增”“周末高港·党员关爱服务行动”“机关干部百村行”等活动，逐村居组建群众工作队、选派“第一书记”，党群干群关系更加密切。党风廉政建设纵深推进。层层压实“两个责任”，严格执行中央八项规定和省、市、区委十项规定，认真贯彻《中国共产党廉洁自律准则》《中国共产党纪律处分条例》，切实抓好中央和省委巡视组反馈意见的整改落实。创新开展纪检组长分片巡查、纪委基层行活动，全面从严治党向基层延伸。2011年以来，共查处各类违纪违法案件231起，挽回经济损失2500余万元。

五年跨越，我们致力以社会建设为基础，突出保障安民与服务惠民同步提升，民计民生得到新改善。每年新增财力的80%以上用于民生事业，群众获得感不断增强。教育医疗卫生事业长足发展。教育现代化进程不断加快，全区学校布局规划编制完成，投资2.6亿元的口岸实验学校、2.3亿元的永安洲实验学校投入使用，校车校舍安全工程全面实施，创成全国义务教育发展基本均衡区。高港人民医院晋升二级甲等综合医院，与市人民医院开展战略合作。区、镇、村三级医疗卫生服务网络不断完善，创成国家慢性病综合防控示范区。社会保障体系更加健全。在全市率先实现低保标准城乡一体化，失地农民保障水平全市最高，城乡居民养老、医疗保险实现全覆盖。在全省率先向80岁以上老人发放“尊老金”、实现弱势群体14类救助对象全覆盖，成为苏中地区唯一的国家“救急难”试点。“双零”家庭就业实现“动态消零”，城镇登记失业率一直保持全省最低。城乡居民人均可支配收入分别达34382元和17134元，比2010年分别提高63.4%和78.8%。基本消除人均年收入低于6000元的家庭，全面消除集体经营性年收入低于30万元的村居。民生服务便捷高效。建立“1%社会建设”专项资金，区世代服务中心、残疾人康复中心、老年养护院投入使用，社会事业工作站、居家养老服务中心、卫生服务站实现村居全覆盖。组建区社会管理服务中心，开通“12345”民生热线，便民服务体系不断完善。

五年跨越，我们致力以生态建设为抓手，突出环境整治与长效管护同步加强，宜居品质实现新提升。积极推进生态建设和绿色发展，环境质量明显改善。严守生态红线。实行最严格的环境保护制度，先后否决和关停了一批对环境有影响的项目。大力推进节能减排，单位GDP能耗累计下降21%，主要污染物减排完成市交指标。投资4.2亿元的永安洲污水处理厂二期工程建成使用，累计铺设污水管网135千米。建设生态工程。加强对饮用水源的管理和保护，扎实推进城市水环境综合整治，中心城区封闭保水圈基本形成。实施绿化造林，林木覆盖率和城市绿化覆盖率分别达29.56%、45%，居全市前列。注重常态长效。建立“1%村庄环境整治长效管理”专项资金，村庄环境管理实现常态化、长效化。创成省级“美丽乡村”2个、三星级“康居示范村”6个，实现国家级生态镇街全覆盖，顺利通过国家环境保护模范城市复核和国家级生态区考核验收。

五年跨越，我们致力以文化建设为内涵，突出人文修养与市民素质同步提高，文化事业呈现新亮点。立足大江、大港、大桥的区位特征，培育大气、大度、大器的人文精神。城市文明显著提升。常态化开展文明城市创建活动，为泰州创成全国文明城市作出重要贡献。开展“小手拉大手”“美德善行”等活动，培育选树“大江儿女”系列先进典型，在全省率先实现五大类“中国好人”全覆盖。强化舆论引导，开通“高港发布”官方微博和“微高港”微信平台。文化设施更加完备。区全民健身中心、美术馆建成开放，图书馆、文化馆创成国家一级馆，镇街宣传文化中心全面建成。雕花楼景观区创成国家AAAA级旅游景区，基督教堂建成开放，古寿胜寺启动重建。文化活动丰富多彩。大江剧院加盟“苏演院线”，“大江”系列文化活动形成品牌，“高港大妈”广场舞队赴美参赛荣获世界冠军。成功举办三届全民健身运动会、两届全国青年象棋大师赛。

五年跨越，我们致力以法治建设为关键，突出治理体系与治理能力同步优化，依法治区取得新成效。把社会治理纳入法治化轨道，公平正义的社会氛围更加浓厚。民主政治建设深入推进。加强和改进党对人大、政协工作的领导，全力支持人大、政协依法履职。开展“三大直评”“两代表一委员”工作日活动，群众的知情权、参与权、表达权、监督权得到充分保障。推行区委委员、人大常委、政协常委列席区委区政府决策会议，代表委员旁听政府部门办公会制度，实行动态监督、依法监督。创成国家级、省级民主法治示范村36个。社会治理模式不断创新。组建区镇村三级群众评议团，实行群众自我管理、自我教育。全面建立社区网格长、网格员队伍，社会组织逐步发展壮大，志愿服务和法律援助实现全覆盖，多元参与、多元服务的基层治理格局基本形成。社会公共秩序和谐稳定。完善城乡居民住房“一户一卡”及年审机制，全面推行阳光动迁“六同”工作机制。扎实开展安全生产工作，全面实施“六五”普法，群众“信法不信访”经验做法在全省推广，实现平安创建“十二连冠”和法治创建“六领先”，连续两次获评省法治建设示范区。与此同时，党管武装、统一战线、史志档案、老干部、工青妇、老建会、关心下一代等各项工作都取得了新进步。

五年的奋斗历程，是一部迎难而上、负重前进的拼搏史，是一部勇于创新、与时俱进的改革史，是一部立足自我、开拓奋进的创业史。五年的实践，给我们以深刻的体会：

必须始终把“高港精神”作为第一引领。从“精神状态也是生产力”这一“传家宝”，到“党风民风家风正气浩然、干事创业发展精气神足、待人接物处世厚道公道、文化社会事业创优共享”的“高港尊严”，再到“敢闯、敢冒、敢试的改革精神，自立、自强、自信的拼搏精神，有雄心、有实干、有担当的创业精神”，这些都是“高港精神”的具体内涵，既一脉相承，又与时俱进，凝聚了共识、集聚了力量、激发了斗志，全区上下形成了克难奋进、争先进位的生动局面。实践证明，只有永葆干事创业精气神，强化份额争先意识、责任担当意识，争第一、创唯一，才能实现经济社会发展的全面跨越。

必须始终把加快发展作为第一要务。我们坚持“工业强区”不动摇，深入推进“三大主题”工作，坚定不移发展实体经济、税源经济，经济发展始终保持高位增长，为社会建设和民生改善奠定了坚实的物质基础。实践证明，只有抢抓机遇不懈怠、攻坚克难不退缩、扭住发展不动摇，才能以发展之力积蓄突破之势，以发展之速孕育动力之源，以发展之效惠及人民群众。

必须始终把改革创新作为第一动力。我们坚持用改革的思路、创新的办法解决发展中的矛盾和问题，推进企业转型、政府转型、社会转型，加快技术升级、产品升级、产业升级，经济社会发展动力不断增强。实践证明，只有深入推进思想再解放，以创新促转型、以改革求发展，才能不断增创发展新优势、实现发展新突破，推动高港经济社会发展行稳致远。

必须始终把以人民为中心的发展思想作为第一导向。我们坚持以人为本、民生优先，办成了一批民生实事和惠民工程，赢得了全区人民群众的信任和支持。实践证明，只有实现好、维护好、发展好最广大人民的根本利益，才能更好地凝聚民心、集中民智、汇聚民力，巩固形成人人共创发展、人人共享成果、人人共建和谐的大好局面。

五年来的成就，为今后发展打下了坚实基础；五年来的实践，为继续前进积累了宝贵经验。所有经历这一不平凡历程并贡献了自己力量的人们，所有关心支持高港改革发展的人们，都会为我们取得的成绩感到自豪。这是市委市政府坚强领导、市级机关各部门大力支持的结果，是历届区委继往开来、不懈奋斗的结果，是全区上下开拓进取、团结拼搏的结果。在此，我代表中国共产党泰州市高港区第四届委员会，向为全区发展大局作出贡献的广大干部群众，向给予我们关心支持的社会各界人士，表示衷心的感谢和崇高的敬意！

在肯定成绩的同时，我们必须清醒地看到，高港的发展还面临不少困难和挑战。主要是：经济发展新常态下，转型升级任务艰巨，区域经济创新能力需要加快提升；城市功能还不够完善，公共服务水平和群众期盼还有一定差距；少数干部责任意识、担当能力与新形势、新要求还不相适应，作风建设仍需常抓不懈。对此，我们必须高度重视，采取有力措施认真加以解决。

二、践行"五大发展"理念，建设"强富美高"港口名城

今后五年，是高港转型升级、创新发展的关键期，是建设"强富美高"港口名城的攻坚期，也是率先全面建成更高水平小康社会的决胜期。我们必须立足高港发展的新阶段，顺应全区人民的新期待，全面践行创新、协调、绿色、开放、共享的发展理念，以更宽广的视野谋划未来，以更科学的理念指导实践，以更有力的举措推动发展，努力在高起点上谋求新跨越、在高平台上实现新提升。

今后五年，全区经济社会发展的总体要求是：深入贯彻习近平总书记系列重要讲话特别是视察江苏时的重要讲话精神，全面落实党的十八大，十八届三中、四中、五中全会精神和省、市委部署要求，按照"四个全面"战略布局，牢固树立和深入践行"五大发展"理念，聚焦聚力"三大主题"工作，一以贯之推进"六大建设"，全力打造实力高港、精致高港、魅力高港、幸福高港，奋力争当全市排头兵中的排头兵、突击队中的突击队，全面加快"强富美高"港口名城建设。到建区20周年即2017年，率先在全市全面建成更高水平小康社会；到建区25周年，率先基本实现现代化；到建区30周年，率先全面融入苏南。

全区经济社会发展的主要目标是：

——经济实力更强。经济保持健康快速发展势头，GDP年均增长10%以上，力争11%；一般公共预算收入和规模以上工业产值2020年比2015年翻一番。产业迈向中高端水平，四大主导产业加速集聚，战略性新兴产业快速发展，主要创新指标达到或超过苏南平均水平。新型城镇化和城乡一体化质量显著提升，户籍人口城镇化率加快提高。到2020年，创成国家级开发区，经济总量进入苏中"第一方阵"，人均主要经济指标比肩苏南"第一方阵"。

——百姓生活更富。群众收入水平和生活质量持续提高，城乡居民人均可支配收入2020年比2012年翻一番，基本消除人均年收入低于1万元的家庭、集体经营性年收入低于50万元的村居。保障体系更加健全，各类社会保险实现法定人群全覆盖，城镇登记失业率始终保持全省最低。公共服务体系更加完善，教育、医疗、养老等公共服务水平走在全市前列。

——生态环境更美。资源节约型和环境友好型社会建设取得重大进展，生产方式和生活方式绿色低碳水平加快提升，生态文明制度体系更加健全。长江生态有效保护，污染排放总量明显下降，能源资源利用效率大幅提高，全面完成节能减排目标任务。到2020年，主要生态功能区基本形成，创成国家级生态文明示范区。

——社会文明程度更高。中国梦和社会主义核心价值观深入人心，"高港精神"广泛弘扬，全民综合素质普遍提高。文化事业繁荣发展，一批具有高港特色的文化品牌不断涌现。民主法治建设更加健全，社会治理创新不断深化，平安高港、法治高港建设走在全省前列。

使命无比光荣，目标催人奋进。全区上下要始终以昂扬饱满的姿态、奋发有为的精神，不忘初心，继续前进，一张蓝图绘到底，一任接着一任干，一锤接着一锤敲，再造一个激情燃烧干事创业的火红年代。

实现新目标，我们有条件。条件来自于发展机遇的多重叠加，高港迎来了最好的发展时期。开放空间将更加广阔。从"一带一路"、长江经济带等国家战略深入实施，到江苏沿海开发战略纵深推进；从省委提出打造长江下游江海联运中心港区，并把泰州港作为港产城协同发展的试点，到市委市政府作出下一个十年重点建设长江经济带港口名城的战略部署，这些都为我们扩大内外开放、集聚优质资源增创了新的优势。创新动能将更加强劲。当前，新一轮科技革命和产业革命孕育兴起，无论是"互联网+""中国制造2025"等一系列顶层设计的推出，还是江苏"一中心""一基地"的建设，都为我们强化创新驱动、加快转型升级、增添发展动能带来了新的利好。区位优势将更加凸显。高港位于沿江沿海开放的双重交汇点，是泰州融入苏南的桥头堡，随着北沿江高铁、盐泰锡宜城际铁路、京沪高铁"第二通道"的建设，高港的门户枢纽地位将更加突出，资金流、技术流、信息流将加速集聚，特别是泰州被列为长江三角洲城市群Ⅱ型大城市，为我们壮大产业基础、提升城市形象、重构区域优势，提供了新的契机。站在新的发展起点，只要我们牢牢把握发展大势，积极顺应时代潮流，在变局中抢抓机遇，在挑战中奋勇争先，就一定能够开拓发展新空间、培育发展新动力、构筑发展新优势。

实现新目标，我们有责任。责任来自于历史使命的引领驱动。历史从不等待犹豫者、观望者、懈怠者、软弱者，只有与历史同步伐、与时代共命运的人，才能赢得光明的未来。市委市政府的殷切期望，激励我们乘势而为。从“建设现代港口，加速项目集聚，为泰州加快发展作出更大贡献”的殷殷嘱托，到“泰州发展的一个品牌、一面旗帜”的充分肯定，再到“争当排头兵中的排头兵、突击队中的突击队”的最新定位，这些既是市委对我们的殷切期望，体现了充分的信任和高度的褒奖，也激励着我们不辱使命、不懈奋斗，争做领跑者，当好排头兵。区域竞争的激烈态势，要求我们奋发作为。现在各区域、各板块竞相发展的态势更加激烈，苏南率先开启现代化建设新征程，苏北进入加快振兴的新阶段，周边市区发展也是你追我赶、势头强劲。发展如逆水行舟不进则退，慢进也是退。这就要求我们永葆干事创业的激情，以“狭路相逢勇者胜”的亮剑精神，主动去“抢”、奋力去“拼”，谋划先人一步，标准高人一筹，行动快人一拍，努力在激烈的区域竞争中赢得主动、占得先机。人民群众的热切期盼，鞭策我们积极有为。随着经济社会发展，人民群众对提高收入水平、共享发展成果有了更高的期待，对改善生态环境、追求品质生活有了更高的期盼，对丰富精神生活、发扬基层民主有了更高的期望。人民对美好生活的向往，就是我们的奋斗目标。站在新的发展起点，只要我们牢记使命担当，不忘入党的初心，不忘建区创业的初心，不忘开展“三大主题”工作的初心，前进前进再前进，就一定能够干出一番无愧于时代、无愧于人民、无愧于历史的新业绩。

实现新目标，我们有信心。信心来自于发展优势的日益凸显，信心坚定方向，信心就是力量。我们拥有坚实的发展基础。经过多年的奋斗，我区综合实力和发展水平大幅提升，新的增长动力加速形成，发展空间不断优化，路径更加清晰。特别是当前，主导产业加速集聚，骨干企业茁壮成长，重大项目持续突破，这些都为我们再定位、再出发、再加速奠定了坚实的基础。我们拥有强大的内生动力。区四套班子凝心聚力、和衷共济，各地各部门勇挑重担、勇于争先，广大企业家敢为人先、敢创大业，全区上下人心思进、锐意进取的氛围日益浓厚，这些都是我们谋求更高层次跨越的动力之源。我们拥有良好的社会环境。多年来，夯实基层基础、加强基层民主政治建设的探索实践，营造了和谐稳定、公平正义的社会环境；勤劳质朴的高港人民顾全大局、支持发展，表现出了强烈的主人翁意识和无私的奉献精神，这些都是我们不断前进的底气所在。站在新的发展起点，只要我们按照选准的路子坚定不移，朝着认准的目标坚持不懈，抓住看准的事情持之以恒，以决战决胜的姿态勇于迎接挑战、勇于担当使命、勇于超越自我，就一定能够把强劲的发展势头转化为良好的发展态势，就一定能够开创发展新局面、创造美好新生活，就一定能够续写光荣与梦想！

今后五年，围绕建设“强富美高”港口名城，我们将着力打造实力高港、精致高港、魅力高港、幸福高港。

（一）突出经济建设，打造更具优势的实力高港

城市实力首先体现在经济发展实力上。我们要打造的实力高港，是经济总量更大、产业结构更优、产业特色更强的高港；是转型升级成效更好、改革创新成果更多、综合竞争优势得到充分体现的高港。

构建现代产业体系。坚持以工业化推动城镇化、以制造业带动服务业，一手抓主导产业的提升，一手抓战略性新兴产业的培育，推动产业结构不断优化升级。加快发展先进制造业。积极顺应技术升级、消费升级的趋势，推动四大主导产业加快向产业中高端迈进，向价值链高端攀升。拉长加粗产业链条，加快强链补链，推进产品集成、企业集群、产业集聚，打造一批国家级、省级特色产业基地。到2020年，新医药产业达千亿级规模，粮油食品加工酿造、装备制造、新材料产业分别达500亿元规模。加快集聚战略性新兴产业，做到发展提速、比重提高。积极培育大企业、大集团，到2020年，销售收入过1000亿元的特大企业1家，过100亿元的企业3家，过50亿元的企业10家。推动现代服务业提档升级。大力发展生产性服务业，以港口物流为重点，积极发展第三方、第四方物流，建设集加工、仓储、配送、信息等现代物流业务为一体的区域性物流中心。大力发展生活性服务业，加快实施一批区域商贸、娱乐休闲、托幼养老等项目，切实满足群众多样化、个性化需求。大力发展新兴服务业，培育文化创意、动漫软件及服务外包等产业，建设一批创意楼宇、创客空间，实现城市新片区与产业新业态融合发展。提高农业现代化水平。大力培育新型农业经营主体，构建以专业合作社为纽带、专业大户和家庭农场为骨干、龙头企业为支撑的新型农业经营体系。加快泰州城南现代健康农业示范园区建设，打造绿色生产示范基地、健康产品供给基地、休闲观光旅游基地。推进“互联网+农业”，建立集运营管理、仓储配送等功能为一体的农村电商服务平台。加大农业科技推广力度，积

极运用新品种、新技术、新模式、新装备，到2020年，农业科技贡献率达70%以上。

建设江海联运中心港区。以港口建设为龙头，突出"国际化、现代化、特色化"方向，推动港产城一体化发展。高水平整合资源。修编完善港口发展规划，科学开发港口岸线资源。对古马干河以北岸线，按照"公用化、专业化"的思路实施码头整合，完善低效利用退出机制，加快"腾笼换鸟"；对古马干河以南区域，结合长江下游深水航道疏浚，实施长江岸线综合整治工程，规划建设东夹江、北夹江港池泊位群，提升港口江海换装能力。高标准建设港口。加快集装箱码头二期、三期工程建设，建成集装箱内贸箱堆放区，提升港口装备水平和信息化水平，到2020年，集装箱吞吐能力达120万标箱、吞吐量达100万标箱。整合海关、国检、海事、边检等口岸服务功能，建立一体化电子口岸公共服务平台。启动建设泰州综合保税区B区，力争在指定口岸、国外交易市场国内交割库等设立方面先行先试。完善港口集疏运体系，加快疏港公路建设，全面提升内河航道等级，规划建设港口铁路货运专线。高平台推进合作。放大长江AB级航道分界点的自然禀赋优势，致力打造江海联运中心港，加强与武汉、重庆等地的合作，提升江、海、河"水水转运"功能。加强与国际港航巨头的战略合作，以国际化资本、国际化管理、国际化人才，提升港口开发和运营水平。

推动优质项目加速集聚。坚持真抓项目、抓真项目，以大项目、好项目的持续突破，增添发展后劲。增强项目策划能力。加强对经济发展形势的研究，因势而谋、应势而动、顺势而为。加强产业发展研究，在产业链横向纵向的分析中捕捉信息、锁定项目。加强对客商投资动态与项目需求的研究，有针对性地制定招商方案，提高精准度、成功率。加大项目招引力度。强化招商组织，形成领导带头示范引领、招商主体全力推进、全区上下积极参与的大招商工作格局。加强招商队伍建设，重点培养一批懂经济政策、懂产业知识、懂企业运营、善于沟通交流的招商人才，提升招商专业化水平。拓展招商方式，注重规划招商、企业招商、委托招商、以商引商，精心组织系列招商活动，提高招商实效性。力争每年引进超亿美元或超10亿元人民币项目6个以上，每年实际使用外资确保4亿美元、力争5亿美元。提升项目服务水平。对项目立项、规划、环评等前期准备工作及早介入，全力帮办服务，确保按时间节点要求推进到位。强化要素保障，通过建设现代化标准厂房、深化"金融超市"、开展"校企联姻"等措施，全力破解土地、资金、用工等方面的瓶颈制约。健全项目推进联席会议制度，及时协调解决问题，推动项目早落户、早开工、早投产。

增强改革创新驱动力。改革创新是打造实力高港的动力源，是引领未来发展的主引擎。一方面，以科技创新推动和支撑国家级开发区创建。把提升科技创新能力作为创建工作的重中之重，进一步集中力量、集成政策。构建园区创新平台，推进科技孵化器和三大检测中心由省级向国家级迈进，加快与清华大学、吉林大学等高校和科研院所共建研发中心、设计中心和重点实验室，打造立足泰州、面向长三角的产学研基地。突出企业主体地位，鼓励企业以技术革新、设备更新、产品创新为重点，加快智能化和信息化提升，增强核心竞争力。集聚园区创新要素，推动金融创新、科技创新深度融合，引进和培育天使投资、股权众筹等投资机构，健全多层次多元化的资本市场和投融资体系；深入实施"港城英才"五年行动计划，积极引进一批拥有核心技术的创新创业团队和领军人才。另一方面，以体制机制改革激发发展活力。深入推进供给侧结构性改革，主攻影响供给体系质量和效益的制约瓶颈，主攻影响全要素生产率提高的重点问题，主攻影响市场主体活力释放的关键环节，为经济社会发展注入源源不断的强劲动力。深化行政审批制度改革，推行"互联网+政务服务"，打造全市最优的政务环境。深化城乡一体化改革，加快推进农民市民化，有序实施农村土地承包经营权置换土地股份合作社股权、农村住房和宅基地置换城镇住房和城镇社会保障。深化社区综合体制改革，推进基层治理体系和治理能力现代化。

（二）突出城乡统筹，打造更有特色的精致高港

精致在于对城市品质的追求，体现在城市规划、建设和管理中的精细、精美。高港城市不大，最具条件也最应着力建设精致城市。要把人本发展、内涵发展贯穿城市建设全过程，以精致的理念作细致的刻画、极致的追求，打造空间布局更加合理、城乡发展更加融合、城市管理更加高效的现代化滨江港城。

注重精心规划，优化空间布局。突出规划的龙头地位，以科学规划引领城市建设。完善规划体系。立足长江经济带港口名城的城市定位，构建以战略规划和总体规划统领、分区规划引领、详细规划控制、专项规划支撑、项目规划落实的全领域、多层次、全覆盖的规划体系。注重与泰州中心城市规划的衔接，强化在空间、产业、功能、基础设施等方面的对接融合。进一步加强土地利用规划、城市总体规划、产业发展规划、镇村布局规划的整体协同，推进更深层次的"多规融合"。提升规划水平。推动有规划向优规划提升，引进国际国内顶级规划设计单位参与城乡规划编制，以高水平规划塑造滨江港城的独特品质。注重城市设计，加强对重要节点和重点地段的设计研究，让建筑造型、色彩、风格与周边环境相协调，让一桥

一路都具有特色，一街一坊都含有韵味。强化规划执行。坚持“规划一张图、审批一支笔、建设一盘棋”，加大对各类各级规划的动态监测和跟踪管理，实现更加有序、更可持续的发展，少留遗憾、多留赞叹。

注重精品建设，完善配套功能。更加突出城市建设的品质，努力打造新型城镇化和城乡一体化的“高港样本”。做优中心城区。加快滨江新城、京沪高速立交功能区、雕花楼景观区、凤栖湖新区四大片区建设，进一步提高中心城区的首位度。完善城市商贸、金融、教育、医疗、文化等配套设施，加强农贸市场、休闲游园、公共停车场、地下空间等规划建设，切实增强城市的综合承载力。加快推进高港大道改造提升和环港大道、通港路、金港北路等道路建设，构建完善城市道路畅通体系。加大城市动迁改造力度，到2020年，城中村、园中村基本消除，老旧小区、后街背巷改造全部完成。建设美丽镇村。按照中心城区、重点镇区“1+5”规划格局，把孔桥、白马、大泗、胡庄、汪群建成规模适度、功能完善、环境优美的新型城市组团。积极推进“美丽乡村”建设，注重融入生态元素、人文特色，打造一批见得到绿、看得见水、记得住乡愁的秀美乡村。均衡配置城乡资源，推动燃气、给排水、污水管网等基础设施向镇村延伸。打造特色小镇。依托雕花楼景观区、中药科技产业园、上膳源等资源，因地制宜打造创客空间、中药养生、休闲农业等一批特色小镇。加强策划设计，充分挖掘和放大人文特色、生态特色、产业特色，创新开发产业、文化、旅游等功能，形成招引项目、集聚人才、吸引资本的独特优势。

注重精细管理，提升服务水平。创新管理理念、管理手段、管理机制，推进城市精细化管理。突出信息化。建设智慧高港，完善电子政务、城市管理、民生服务综合信息平台运行机制。拓宽数字化城管在市容环境、公共设施等领域的应用，逐步将信息采集向社区、后街背巷、城郊结合部延伸，进一步提高综合管理能力。实现长效化。健全完善统一领导、分级负责、条块结合、以块为主的城市管理体系，构建“大城管”格局。加强对“一户一卡”的动态管理，加大防违控违工作力度，维护城市建设秩序。体现人文化。加强城管队伍建设，倡导文明执法、倾心服务，打造人民满意城管品牌。强化宣传教育，引导广大居民理解、支持和参与城市治理，努力营造“城市是我家，治理靠大家”的社会氛围。

（三）突出内涵提升，打造更富气质的魅力高港

城市魅力是对城市一般功能的超越，是在自然生态、人文特色、发展环境等方面更具个性化的风采，体现了一座城市独特的吸引力。我们打造魅力高港，就是要进一步培育和彰显生态人文特色，营造开放包容的发展环境，不断提升城市美誉度。

构筑崇德尚善的文明高地。加强精神文明建设，着力打造与历史底蕴相协调、时代精神相匹配、群众期盼相适应的精神家园。增强先进文化的凝聚力。深入开展中国特色社会主义和中国梦宣传教育，培育践行社会主义核心价值观，弘扬主旋律，汇聚正能量。常态化开展文明城市创建，引导群众树立现代生活理念、价值观念和道德标准，实现社会文明程度的整体提升。开展“美德善行”系列活动，培育选树“中国好人”等先进典型，引领社会风尚。提升公共文化的服务力。加强城乡公共文体设施建设，实现区镇村三级文化服务网络全覆盖，创成省公共文化、体育服务体系示范区。推进社区文化、企业文化、广场文化建设，广泛开展各类文体活动，不断丰富群众文化生活。扩大特色文化的影响力。深化“大江”文化品牌建设，打造一批文化精品。加强物质和非物质文化遗产的保护利用，留住城市记忆，延续城市文脉。大力发展以文化旅游、红色旅游、工业旅游、农业休闲旅游为主导的特色旅游业，创成一批省级乡村旅游点、省级工业旅游点。

建设生态宜居的绿色家园。坚持以生态文明建设引领经济社会转型发展，使绿色成为高港发展模式的主基调和城市形象的主色调。积极推动生产生活方式绿色化。认真执行产业、环保、税收、安全、技术、就业、节能、规划“八位一体”的综合评估机制，严格项目准入。全面推进传统制造业绿色化改造，鼓励企业更新技术装备，提高环保工艺水平。加大节能减排力度，加快高永化工园转型发展，坚决淘汰低效产能、污染产能。广泛开展绿色生活行动，大力推行绿色低碳出行，严格限制高耗能、高耗水服务业，积极倡导健康文明的生活方式。全面加强生态环境保护和治理。严格落实生态保护规划，科学编制沿江湿地保护性利用规划，推动空间布局更加合理、资源利用更加高效、生态系统更加稳定。常态化治理水生态，实现河清水畅、碧水润城。实施“绿满高港”造林计划，加快形成四季见绿、季季有景的城市绿色屏障。健全完善生态文明制度体系。加强环境监察监测，对各类环境违法违规行为为“零容忍”。探索实施排污权有偿使用和交易制度，逐步形成政府引导、市场推进、社会参与的生态补偿机制。建立“绿色GDP”考核评价体系，落实生态环境损害赔偿制度和责任终身追究制度，对重大生态责任事故实行“一票否决”。

厚植最具活力的创新创业沃土。充分调动全社会创新创业积极性，让高港成为资本活跃集聚、人才竞相涌入、创业氛围浓厚的发展热土，让每个人都有人生出彩的机会。“高港精神”的引领带动更加彰显。城市精神是引领一个地区发展的一面旗帜。要把“高港精神”凝练好、

宣传好、实践好，通过广泛开展新时期“高港精神”大讨论活动，提炼出高港人的精神内核，既充分体现历史文化传承，又深刻反映时代精神风貌，使之家喻户晓、深入人心，成为全区上下共同的价值追求和精神动力。创新创业的氛围更加浓厚。旗帜鲜明地支持改革者、鼓励创业者、宽容失误者，通过典型引领、示范带动，支持百姓创家业、能人创企业、干部创事业，营造参与创新、支持创业、崇尚创造的良好氛围，让创新创业的活力竞相迸发，让创新创业的成果充分展现。经商投资的环境更加优越。深入开展“服务企业、服务项目、服务投资者，尊重企业家、尊重创业者、尊重纳税人”的“三服务·三尊重”活动，对企业家在发展上给政策、在服务上给保障，大力营造尊商、重商、亲商、安商的社会氛围。

（四）突出共建共享，打造更加惠民的幸福高港

生活幸福是人们共同的追求。我们打造幸福高港，就是要顺应群众期待，把民生作为决策的首选、工作的首要、支出的首位，实现劳有多得、学有优教、病有良医、老有尊养、住有宜居，让高港的发展更有“温度”、让群众的幸福更有“质感”。

提供优质均衡公共服务。从群众最关心、最直接、最现实的问题入手，创新公共服务供给方式，提高公共服务供给质量。拓宽就业创业渠道。发挥区人力资源市场、村居劳务公司作用，进一步提高就业组织化程度。加强职业培训，增强劳动力市场竞争力。认真做好高校毕业生、就业困难人员等重点群体就业服务工作。完善创业扶持政策，搭建创业平台，推动大众创业、万众创新。办好人民满意教育。优化教育布局，大力促进教育事业优质均衡发展，确保2017年所有义务教育学校达到省定现代化办学标准。加强校长、教师队伍建设，推进“一校一品”和特色学校创建，不断提升教育教学质量。加快发展现代职业教育，强化产教融合、校企合作，推动职业教育专业结构与本地产业人才需求有效契合。提升医疗卫生服务水平。全面深化市、区人民医院的战略合作，强化医院装备水平和内涵建设，提高全科医生、急需领域医疗服务能力。实施区、镇、村医疗卫生服务体系一体化改革，构建基层首诊、双向转诊、分级诊疗的就医秩序。加强乡村医生队伍建设，完善妇幼保健、卫生监督、疾病预防控制、应急救治等机构建设。构建以居家为基础、社区为依托、机构为补充、信息为辅助的多层次养老服务体系，推行医养结合，有效满足老年人的养老和基本医疗需求。

构建多层次社会保障体系。坚持全覆盖、保基本、多层次、可持续方针，实现居民保障水平与经济发展同步提升。推动社会保障扩面提标。全面推行全民参保计划，健全社保标准增长机制，推动失地农民保障逐步向城镇职工养老保险并轨，促进城乡社会保障一体化。完善城乡居民大病保险制度，深化城乡居民医疗保险付费方式改革，进一步减轻参保人员负担。推动社会救助全面覆盖。统筹推进扶老、救孤、优抚等福利事业发展，促进社会福利由补缺型向适度普惠型转变。健全“救急难”制度体系、组织体系和工作机制，织密民生托底保障安全网。完善残疾人救助制度，让残疾人生活更有保障、更有尊严。推动脱贫攻坚落地见效。深入推进精准扶贫，确保小康路上“一个不少、一户不落”。实施一批经济薄弱村增收项目，不断增强“造血功能”。鼓励社会力量参与扶贫开发，充分发挥政府、社会的叠加效应。

加强和创新社会治理。最大限度激发社会活力，增加社会和谐因素，促进人民安居乐业、社会安定有序。加快依法治区进程。加强法治政府建设，健全依法决策机制，深化政务信息公开，全面提升政府依法行政水平。加强法治市场建设，健全守信激励和失信惩戒联动机制，营造诚实守信、规范有序、公平竞争的市场环境。加强法治社会建设，深入实施“七五”普法，推动全社会形成办事依法、遇事找法、解决问题用法、化解矛盾靠法的浓厚法治氛围。加强基层民主政治建设。充分发挥区委统揽全局、协调各方的作用，支持人大及其常委会依法履行职能和行使权力，支持人民政协发挥政治协商、民主监督、参政议政作用；巩固发展最广泛的爱国统一战线，加强和改进工会、共青团、妇联等群团组织工作，最大限度地凝聚推进发展的强大合力。完善社会治理格局。健全社会稳定风险评估机制，强化应急管理体系建设，提升突发公共安全事件应急处理能力。全面落实安全生产责任制，健全信息化预警监控机制，加大监管执法力度，及时排查化解安全隐患。深化群防群治，发挥群众评议团、网格员作用，推动矛盾隐患化解在基层。培育和发展社会组织，实现政府治理和社会调节、居民自治良性互动，争创省平安建设示范区、法治建设先导区、社会治理样板区。

三、坚持全面从严治党，推进党的建设新的伟大工程

实现今后五年奋斗目标，关键在于坚持和完善党的领导。要以习近平总书记在建党95周年庆祝大会上的重要讲话精神为指引，认真贯彻落实全面从严治党新要求，统筹推进党的思想、组织、作风、制度和反腐倡廉建设，不断把党的建设新的伟大工程推向前进。

永葆信仰坚定、对党忠诚的政治本色。始终把思想政治建设放在首要位置，拧紧世界观、人生观、价值观“总开关”，做到心中有党、心中有民、心中有责、心中有戒。高扬理想信念旗帜。深入学习党的十八大以来党中央治国理政新理念新思想新战略和习近平总书记系列重要讲话精神，不断提高马克思主义思

想觉悟和理论水平，不断增强道路自信、理论自信、制度自信、文化自信。完善党委中心组学习制度，发挥区委党校主阵地作用，教育引导党员干部自觉做共产主义远大理想和中国特色社会主义共同理想的坚定信仰者、忠实实践者。筑牢党性修养基石。加强和规范党内政治生活，严格落实“三会一课”、谈心谈话等制度，不断增强自我净化、自我完善、自我革新、自我提高的能力。广大党员要自觉学习党章、尊崇党章、维护党章，切实增强政治意识、大局意识、核心意识、看齐意识，做到对党忠诚、为党分忧、为党担责、为党尽责。涵养修身为政之德。各级干部特别是领导干部要把做官与做人、立行与立德统一起来，以德修身、以德立威、以德服众，管住自己，管好家人，带动社会风气持续好转。

锤炼务实担当、真抓实干的干部队伍。认真贯彻“二十字”好干部标准和从严管理干部规定，切实把那些敢担当、能担当、善担当的干部及时发现出来、合理使用起来。以鲜明的导向激发担当动力。严格执行《干部选拔任用条例》，坚持以科学发展论英雄，凭德才实绩用干部，真正让想干事的人有机会、能干事的人有平台、干成事的人有地位。加强对领导班子建设的战略谋划，加大年轻干部、女干部和党外干部培养选拔力度，建立一支结构合理、充满活力的干部队伍。以务实的举措提升担当本领。推动各级干部加快知识更新，拓展宏观思维，提升专业素养，不断增强引领转型发展、做好群众工作、驾驭复杂局面的本领。大力推进实践锻炼制度化，选派优秀干部到经济发展主阵地、项目推进最前沿、民生改善第一线摔打锻炼，砥砺作风、增长才干。以严格的管理浓厚担当氛围。完善个人有关事项报告、“三责联审”等制度，加强干部日常管理和“八小时之外”监督，动态掌握日常表现。优化绩效考评体系，强化结果运用，加大奖惩力度。健全容错纠错机制，为改革创新者撑腰，为干事创业者护航。

打造主动作为、善谋善为的战斗堡垒。始终把抓基层、打基础作为固本之策，突出政治属性与服务功能的有机统一，推动基层组织全面进步、全面过硬。夯实组织基础。扎实抓好村居、机关、“两新”组织等领域党组织建设，落实基层党建工作责任制，构建城乡融合、资源共享、开放互动的基层党建格局。大力推进“互联网+党建”，建好建强网上、掌上党建阵地，选树培育基层党建示范点，以点带面，整体提升基层党建水平。建优骨干队伍。选优配强基层带头人队伍，加强机关选派干部、退役士兵村官和大学生村官的培养，从优落实待遇、从严强化管理，使他们干事有劲头、事业有奔头。认真做好党员发展和教育、管理工作，稳妥处置不合格党员，保持党员队伍的生机活力。突出作用发挥。巩固村级“四有一责”建设成果，用好社区建设专项资金，充分发挥党员先锋模范作用，进一步提升基层党组织的创造力、凝聚力、战斗力。常态化开展“三解三促·两送两增”“机关干部百村行”等活动，努力在服务群众中组织群众、引导群众。

树立清正廉洁、干净干事的良好形象。严格落实党风廉政建设责任制，深入推进反腐倡廉建设，始终保持党的先进性和纯洁性。坚定不移挺纪在前。始终坚持纪严于法，严格执行《中国共产党廉洁自律准则》《中国共产党纪律处分条例》和《中国共产党问责条例》，把握运用好监督执纪“四种形态”，强化正反典型教育，增强全体党员严守党纪党规的自觉性。持之以恒转变作风。毫不松懈地执行中央八项规定和省、市、区委十项规定，健全完善监督检查机制，坚决防止“四风”反弹。加强作风效能建设，大兴密切联系群众之风、求真务实之风和艰苦奋斗之风，让转作风、提效能、抓落实成为常态。高压态势惩治腐败。深入开展纪检组长分片巡查、纪委基层行等活动，严肃查处大案、要案和群众身边的腐败案件，以反腐倡廉实际成效取信于民。各级干部要带头严于律己，慎独慎微慎初，以过硬形象赢得群众的拥护和支持。

同志们，征程万里风正劲，重任千钧帆已扬。历史的使命激励我们永不停步，高港的事业召唤我们勇往直前。让我们紧密团结在以习近平同志为总书记的党中央周围，在省委和泰州市委的坚强领导下，团结带领广大党员和干部群众，以争创一流、追求卓越的雄心壮志，以敢为人先、开拓创新的锐气豪情，扎实工作、奋发进取，不忘初心、继续前进，为建设“强富美高”港口名城而努力奋斗！

突出创新驱动　致力富民强区
奋力开创高水平全面建成小康社会新局面

——在区委五届二次全体（扩大）会议上的讲话

区委书记　顾　萍

2016年12月30日

各位代表：

这次全会的主要任务是，深入学习贯彻习近平总书记系列重要讲话精神和党的十八届六中全会、省市党代会精神，全面落实中央、省经济工作会议和市委五届二次全会部署，回顾总结2016年工作，研究部署2017年任务，动员全区上下进一步认清形势、坚定信心，开拓进取、真抓实干，突出创新驱动，致力富民强区，奋力开创高水平全面建成小康社会新局面。

下面，根据区委常委会研究的精神，我讲四点意见。

一、"十三五"发展实现良好开局

今年是开启"十三五"发展新征程的第一年。一年来，在市委市政府的坚强领导下，全区上下紧紧围绕"争当全市排头兵中的排头兵、突击队中的突击队"，深入推进转型升级，加快建设港口名城，致力打造实力高港、精致高港、魅力高港、幸福高港，经济社会继续保持了良好发展势头。回顾这一年的工作，我们重点"抓了三件大事，实现了三大突破"。三件大事：一是深入贯彻落实中央、省市委工作要求。高标准开展"两学一做"学习教育，以习近平总书记系列重要讲话精神为根本遵循，积极践行新发展理念，着力推进供给侧结构性改革，全面贯彻"两聚一高"新要求，深入开展"三大主题"工作，确保中央和省市委各项决策部署在高港落地生根。二是全面展开未来五年的发展布局。成功召开了区第五次党代会，明确了今后五年打造"四个高港"，建设"强富美高"港口名城的宏伟目标。同时，对事关全局的发展战略进行系统谋划、全面部署，健全完善了未来五年发展的目标体系，为全区干部群众拼搏奋斗指明了方向。三是精心组织区、镇、村换届工作。坚持把加强党的领导贯穿换届工作全过程，严格执行中央和省市委关于换届工作的各项要求，讲规范、重程序、求实效，区、镇、村三级党组织换届取得圆满成功；对人大、政府和政协换届进行研究部署，各项工作正有序推进，为高港未来发展提供了坚强的组织保障。三大突破：一是地区生产总值首次突破400亿元，达418亿元，同比增长11%；二是规模以上工业产值首次突破2000亿元，达2060亿元，增长18.4%；三是一般公共预算收入首次突破40亿元，达40.4亿元，增长15.1%，全区经济发展迈上了新台阶。一年来，区委常委会具体抓了以下五个方面的工作：

一是突出转型创新，提升发展含金量。坚持把转方式、调结构摆在更加重要的位置，加快形成更具竞争力的现代产业体系。工业经济保持强劲势头，规模以上工业企业利润达174亿元，增长14.5%，工业一般纳税人开票销售收入720亿元，增长12.2%。现代服务业发展步伐加快，完成服务业增加值158亿元，增长12%，临港快递物流园和东君物流基地项目成功列入省"十三五"重点物流项目。现代农业发展提质增效，新增亿元以上农业项目18个，新增规模经营面积1.13万亩，农业综合机械化率达82%，创成省级农产品质量安全区。深入开展项目建设"百日竞赛"活动，全年新开工亿元以上项目108个，竣工项目53个，继续保持全市领先。创新驱动力不断增强，深化产学研合作，与吉林大学签约共建汽车动力传动研究院，新增省级工程技术研究中心1家、市级工程技术研究中心8家；离岸孵化取得积极进展，与知名高校院所共建离岸孵化基地16个，与清华大学共建的泰州启迪智慧园正式开园；战略性新兴产业、高新技术产业产值占规模以上工业比重分别达30.8%和51.9%，全社会研发投入占GDP比重达3.8%，获评江苏知识产权强省建设示范区。企业上市步伐加快，永盛包装、环球智能机械完成"新三板"报会；品牌战略深入实施，新增市名牌产品8个，省名牌产品4个，新增省著名商标4件，"扬子江"商标被认定为"中国驰名商标"。今年，国务院春耕生产现场会、全省推动长江经济带发展现场会等在我区召开，现代农业发展、沿江生态保护等工作分别得到了汪洋副总理和省委李强书记、石泰峰省长的充分肯定。

二是突出改革开放，增添经济新动能。坚持以改革促发展，以开放促开发，不断增强经济发展的内生动力。供给侧结构性改革不断深化，"三去一降一补"取得积极进展，全面完成地条钢清理，房地产去化周期缩短10个月，规模以上企业负债率同比下降8.6%。行政审批制度改革稳步推进，全面实施市场主体准入清单和企业投资建设项目审批清单，创新推行“店小二”团队服务，审批效率进一步提升。口岸街道简政放权试点改革进一步提速，社区综合体制改革基本完成，城市不动产统一登记全面实施，农村宅基地和农房统一调查登记发证试点工作顺利完成。国家级经济开发区创建稳步推进，泰州港经济开发区在全省开发区中的排名由第35名上升至第11名，进入“第一方阵”，获批省级知识产权示范园区。“三外”工作亮点纷呈，实际利用外资和港澳台资3亿美元，增长73.7%；完成进出口14亿美元，增长15%；新批境外投资项目5个，其中投资6000万美元的万博农业项目成为全省最大的境外农业项目。港口功能不断完善，海关、边防、海事、国检联检机构全面入驻，实现“一站式”通关；综合保税B区建设进入申报程序，集装箱码头二期、三期工程建设前期相关工作有序推进；开通至上海洋山港精品快航，完成集装箱吞吐量25万标箱，创历史新高。

三是突出城乡统筹，展示城市新形象。坚持规划建设管理一体化，加快推进“城建新提升”两年行动计划，全年实施城建重点项目89个，完成投入82亿元。规划布局不断完善，划定永久基本农田，调整完善土地利用总体规划，规划空间得到进一步拓展。项目化推进重点片区、重要节点、重大工程建设，泰镇高速泰高段、新港大道、创业大道改造等工程竣工通车，江广线改造、S355、环港大道、春港路东延、金港路南延、疏港北路建设等进展顺利，泰州汽车南站即将投入使用，高港美术馆（书画院）、全民健身中心二期建成投运，一批公共停车场、公共厕所和节点游园建设完成，首批500辆公共自行车投入使用。居住条件不断改善，保障性安居工程年度任务超额完成，棚户区改造、后街背巷和老旧小区整治等工作成效明显。生态建设不断加强，永安洲镇污水处理厂二期及总管建成投运，实行生态红线区域差别化管控，水生态保护、大气污染防治和绿地工程全面推进，创成省级“城市管理示范社区”2个、“美丽乡村”2家，乔杨社区荣获中国最美村镇特色奖。

四是突出民生改善，增强群众获得感。坚持将发展成果普惠于民，全年财政用于民生支出27.16亿元，占一般公共预算支出的78.1%。富民进程不断加快，城乡居民人均可支配收入分别达37119元、18601元，增长8.0%、9.1%，基本消除人均年收入低于7000元的低收入家庭和集体经营性年收入低于35万元的村居。教育现代化稳步推进，口岸中心小学改扩建、孔桥实验学校、海军小学加快建设，中考再创佳绩。医疗服务水平不断提升，区人民医院与泰州人民医院确定开展战略合作，镇街卫生院“一院一品”格局初步形成。社会文明程度进一步提高，“美德善行”系列活动深入开展，率先在全省县区级实现五大类别“中国好人”全覆盖。文体旅游事业加快发展，“大江”系列演出深受好评，雕花楼景观区获批国家AAAA级旅游景区，成功举办第三届“高港杯”全国象棋青年大师赛，创成省公共体育服务示范区。社会保障水平稳步提高，各类社会保险参保基本实现应保尽保，城镇登记失业率始终保持全省最低。平安法治建设扎实推进，实现平安高港“十三连冠”，法治高港“七领先”，连续第三次被省委省政府表彰为“法治建设示范区”。

五是突出党的建设，凝聚向上正能量。坚持全面从严治党，把管党治党各项要求落到实处。按照市委统一部署，全面启动“百团千村万企大走访大落实”；常态化开展“机关干部百村行”“周末高港·党员关爱服务行动”等活动，基层基础不断夯实。刚性执行中央八项规定和省、市、区委十项规定，开展中央巡视江苏、省委巡视泰州及高港反馈意见整改落实情况“回头看”，作风建设常态化长效化机制不断完善。严格落实“两个责任”，加强监督执纪“四种形态”的运用，支持纪检监察机关依法依纪办案，惩治腐败始终保持高压态势。拓宽“纪委基层行”活动的深度与广度，有效推动全面从严治党向基层延伸。人大、政协始终与区委保持思想同心、目标同向、行动同步，积极参与经济发展、城市建设、社会管理等中心工作，在集中民智、维护民利、汇聚民力等方面发挥了重要作用。与此同时，党管武装、统一战线、史志档案、老干部、工青妇、老建会、关心下一代等各项工作都取得了新的成绩，共同营造了团结一心、和衷共济的良好政治生态。

这些成绩的取得，得益于市委市政府的坚强领导和市级机关部门的大力支持，凝聚了全区党员干部、广大企业家和人民群众的心血和汗水。在此，我代表区委，向为高港发展作出贡献的广大干部群众，向给予我们关心支持的社会各界人士，表示衷心的感谢和崇高的敬意！

与此同时，也要清醒地看到发展中存在一些不足和问题：从转型升级的要求看，产业集聚度还不够高，区域创新能力还有待进一步加强；从高水平全面小康的进程看，居民增收仍有较大空间，城市功能、社会事业发展、生态文明建设与群众期待还有一定差距，保障和改善民生需要付出更多努力；从适应新形势新任务的要求看，少数党员干部的思想作风和能力水平还需进一步提升，全面从严治党还需进一步加强。对此，我们要高度重视，采取有效措施，切实加以解决。

二、准确把握明年工作总体要求

2017年是党的十九大召开之年，是高水平全面建成小康社会的突破之年，同时也是建区20周年的喜庆之年。做好明年的各项工作，意义重大、责任重大。立足新起点，向着更高的目标迈进，我们必须对面临的形势和所处的环境有更加清醒的认识，进一步坚定转型发展、跨越发展的信心和决心，努力把“四个高港”建设不断推向前进。

新的一年，宏观形势复杂严峻，既是挑战，更是机遇，必须克难求进、乘势而上。从国际看，全球经济仍然处于深度调整阶段，但复杂性、不稳定性、不确定性将进一步凸显。从国内看，我国经济发展仍处于“三期叠加”阶段，新常态的特征更加明显，“L”型走势将会持续。但我们也要看到，我国经济长期向好的基本面没有变，韧性好、潜力足、回旋余地大。一方面，随着人民币国际化、“一带一路”、亚投行等重大战略的深入实施，中国在世界舞台上的话语权主导权不断增强，全球影响力和国际地位稳步攀升。另一方面，供给侧结构性改革向纵深推进，一系列支持实体经济发展的措施加快落地。前不久召开的中央经济工作会议强调，要继续实施积极的财政政策和稳健的货币政策，着力振兴实体经济。这些都为我们进一步提升发展的质量和水平，带来了更多机遇。只要我们超前谋划、积极应对，在变局中抢抓机遇，在逆境中迎难而上，就一定能够推动高港经济发展行稳致远。

新的一年，发展方向更加明确，既是使命，更是责任，必须勇于担当、主动作为。省党代会明确了“聚力创新、聚焦富民，高水平全面建成小康社会”的新布局，市委五届二次全会作出了“创新十条”“富民十条”的具体部署。对照省、市委的最新要求，创新仍然是我们的短板，高层次人才数量、创新平台建设以及政策支持等方面仍有许多不足，虽然人均主要经济指标居全省前列，但城乡居民收入水平相对还不高。如何在“聚力创新”上突出重点猛发力，如何在“聚焦富民”上找准问题补短板，这既是对我们政治上的考验，也是对我们能力和作风上的检验。在高港加快转型升级的关键时期，不创新不行，创新慢了也不行；面对人民群众对美好生活的热切向往，不仅要让群众的口袋鼓起来，更要让群众的生活质量高起来。我们只有进一步拓宽思路、提升本领，以铁一般的担当干事创业，以钉钉子的精神狠抓落实，努力在创新和富民上求大突破、见大成效，高水平全面建成小康社会的美好蓝图，才会早日实现、更好实现。

新的一年，迎来建区20周年，既是节点，更是起点，必须厚植优势、再创辉煌。建区20周年，不仅是高港发展史上一个重要的里程碑，更是一个续写辉煌的新起点。当前的高港，再出发、再加速、再跨越正当其时、适得其势。讲正当其时，经过20年的不懈奋斗，我们的综合实力和发展水平有了大幅提升，新的增长动力加速形成，发展路径更加清晰，特别是一批重大项目、优质项目的开工建设、竣工投产，为今后的发展奠定了坚实基础、增强了赶超后劲。讲适得其势，支撑高港未来发展的优势正在逐步显现。随着盐泰锡常宜城际铁路、北沿江高铁的规划建设，沿江城市集群发展、融合发展的实质性推进，高港的门户枢纽地位更加凸显，区位优势更加突出；金融支持产业转型升级改革创新试验区、泰州大健康产业聚集发展试点、国家中医药综合改革试验区等一系列国家层面的政策支持，也为我们做强特色产业、加快转型升级提供了优越的发展环境。只要我们始终坚持高港精神的引领不动摇，狠抓“三大主题”工作不放松，打造“四个高港”不懈怠，高港的明天就一定会更加美好！高港的人民就一定会更加幸福！

明年全区工作的总体要求是：以习近平总书记系列重要讲话精神为指引，深入贯彻落实党的十八届六中全会，中央、省经济工作会议，省、市党代会以及市委五届二次全会精神，紧紧围绕“五位一体”总体布局和“四个全面”战略布局，坚持稳中求进工作总基调，牢固树立和贯彻落实新发展理念，适应把握引领经济发展新常态，深入推进供给侧结构性改革，突出“两聚一高”发展布局，持续发力“三大主题”工作，全面做好稳增长、促改革、调结构、惠民生、优生态、防风险各项工作，打造实力高港、精致高港、魅力高港、幸福高港，加快高水平全面建成小康社会进程，在建区20周年的重要节点上谱写建设“强富美高”港口名城的新篇章，以优异成绩迎接党的十九大胜利召开。

明年经济社会发展的主要目标是：地区生产总值增长10%以上，城乡居民人均可支配收入增长10%左右，规模以上工业企业利润总额增长10%以上，一般公共预算收入同口径增长3.3%以上，单位GDP能耗下降率、主要污染物排放总量削减率完成上级下达任务。

“两聚一高”是全省发展的总命题、总纲领、总指引，市委号召全市上下要争当全省“聚力创新”的快跑者、“聚焦富民”的实干者、“转型出关”的示范者。我们必须以高度的政治自觉、有力的发展举措、扎实的工作作风，推进“两聚一高”新实践，在新的起点上不断开创各项事业新局面。

推进“两聚一高”新实践，必须把创新作为第一动力。突出创新驱动引领作用，坚决破除阻碍创新的体制机制障碍，充分激发全社会的创新活力和动力，加快形成以创新为主要引领和支撑的经济体系和发展模式，着力打造具有独特优势的创新型城市，让创新成为高港最鲜明的城市品格和时代特征，成为全社会的自觉追求和共同行动。

推进“两聚一高”新实践，必须把富民作为第一导向。更加自觉地践行以人民为中心的发展思想，积极顺应群众对更高品质生活的新期待，坚持政府有形之手、市场无形之手、群众勤劳之手同向发力，不断提高广大老百姓的富裕程度和生活质量，真正把高水平全面建成小康社会的过硬成果，体现到富民实践中，书写在港城大地上。

推进“两聚一高”新实践，必须把改革作为第一抓手。坚持向改革要红利、以改革破难题、用改革增活力，在思想上强化进取意识、机遇意识，在行动上坚持“胆子要大”“步子要稳”，在改革的重点领域、薄弱环节和关键节点上对症下药、科学施策，加快形成一批实践成果、积累一批试点经验，以改革的力度深度来引领带动发展的速度高度。

推进“两聚一高”新实践，必须把人才作为第一资源。牢固树立“人才是强区之基、转型之要、竞争之本”的理念，持续加大对各类人才的引进、培养和使用力度，努力造就一支数量充足、结构合理、素质优良的人才队伍，以人才高地打造产业高地，以人才优势构筑发展优势，为高港转型发展、创新发展，在高平台上再跨越、再提升，提供有力的智力支撑。

推进“两聚一高”新实践，必须把全面从严治党作为第一保障。深入贯彻落实党的十八届六中全会精神，以永远在路上的定力和决心，进一步把严的标准、严的要求、严的措施贯穿于思想、组织、作风、反腐倡廉和制度建设各领域，体现在党员教育管理全过程，推动全区各级党组织、广大党员干部更好肩负起团结带领全区人民推进新一轮改革发展的时代重任。

三、全面加快“四个高港”建设步伐

打造实力高港、精致高港、魅力高港、幸福高港，既是追求“金色GDP”“绿色GDP”“幸福GDP”的内在要求，也是高水平全面建成小康社会的现实模样。我们要把“两聚一高”作为鲜明的发展取向、工作导向、奋斗指向，与时俱进丰富“四个高港”新内涵，开辟“四个高港”新境界，加快高水平全面建成小康社会进程。

1.加快经济转型升级，在实力高港上迈上更高台阶。高港面临着做大经济总量和提升发展质量的双重任务，提升经济密度、实现“转型出关”，既要保持战略定力，坚定不移发展实体经济、税源经济，又要坚持向创新要动力，向改革要活力，向开放要潜力，努力实现更高质量和效益的发展。

要以创新驱动为引擎，争创核心优势。坚持把发展的基点放在创新上，进一步完善区域创新体系，着力推进以科技创新为核心的全面创新。在创新主体培育上，要推动敢创新、善创新。企业是创新的主体，我们要看到，除了少数大企业，全区面上企业的创新意识还不够强、创新投入还不够大。当前市场竞争异常激烈，产品更新换代和企业更替都非常快，我们不仅要激发企业家的创新欲望，还要引导他们由“被迫式”创新向“预见式”创新转变，通过不断的创新抢占先机、勇立潮头、赢得未来。要因企施策，对于行业领军企业，发挥其科技创新的带动作用，让他们“唱主角”“挑大梁”，成为科研组织、研发投入、成果转化的主体；对于广大中小企业，引导他们借助龙头企业和高端院校资源，尽快在产业细分领域开发一批科技含量高、盈利能力强的产品。要注重新生代企业家队伍建设，培养锻炼他们的开拓创新精神、战略思维能力和经营管理水平，让更多的“富二代”成长为“创二代”。在创新平台建设上，要加快产业化、高端化。充分发挥“蓝火计划”优势，深入开展“企业院校行”“院校高港行”，借力市三大产业研究院、“泰科易”、“中国技术在线”平台，更加广泛地集聚创新资源，全年力争新增高质量产学研合作项目60项，建成产学研联合体16个。围绕大健康、高端装备制造等产业，建立一批产业研究院，及时掌握最新产业动态和技术动向，有针对性地开展产业关键共性技术攻关，帮助企业提高技术水平，带动产业发展整体进步。要将“离岸孵化”作为重中之重，瞄准创新资源丰富的高校院所，瞄准高端产业集聚的重点区域，瞄准科学技术前沿的发达国家，通过挂牌、合作、驻点等方式建设一批离岸孵化基地，加快推动优质创新成果在高港的落地和产业化。坚持以融合跨界的新思路推进离岸孵化，科知局与商务局“双牵头”，金融办与人才办“双联动”，形成强有力的部门协同、上下联动的组织推进体系。明年建成离岸孵化基地30个以上，落户创新型项目80个以上。在创新人才集聚上，要坚持量质并举、实效实用。人才是创新的根基，创新驱动实质上是人才驱动。一方面，要加强高精尖人才的招引，抓住国家允许科研人员适度兼职兼薪的契机，引进一批有项目、有技术、有资金的高端人才团队；要注重“柔性引才”，不求所有、但求所用，不求常住、但求常来，用最灵活的方式吸引最需要的人才。另一方面，要加强技能型人才的培养，深入实施“蓝领精英培育工程”，加强重点产业、紧缺性工种高技能人才的储备，形成一批“高港工匠”。高港中专校要自觉融入区域发展大局，成为本土企业的技能人才培养基地。要探索建立地方智库，聘请行业顶尖专家，组建产业发展、规划建设等专业咨询委员会，为推动经济社会发展提供高质量的决策咨询服务。要抓紧修订出台高港“人才十条”，用足用好人才发展基金，加快各类人才汇聚高港。在创新政策落实上，要突出更加精准、更加聚焦。前不久，省委省政府出台了鼓励科技创新“40条政策”，力度大、亮点多、含金量高，条条都是干货。市委市政府在“三张券”、产业基金等方面的投入，也越来越多。我们既要加强宣传，帮助区内企业及时了解政策，又要加强与上级部门的沟通对接，全力做好项目、资金等方面的上争工作。

要注重政策创新，制定细化举措，出台我区“科技十条”，加大区级财政科技创新投入力度，重点支持企业自主创新、产学研合作、载体建设、人才引进等，努力把创新的发力点对得更准、把创新的力量调得更强。

要以深化改革为统揽，激发内生动力。增强改革的思想自觉、行动自觉，突出重点领域和关键环节，下足功夫抓推进、抓落实。要深化供给侧结构性改革。统筹推进“三去一降一补”五大任务，努力优化供给结构、提高供给质量。在去产能上，要运用行政、经济和法律手段，去除高耗能高污染的产能。在全面淘汰“地条钢”的基础上，明年要继续加大低效落后产能的淘汰力度，特别是要对化工企业做“减法”，加快推动高永化工集中区向新材料产业园转型。在去库存上，要控制商品房开发节奏，采取团购商品房的方式实施动迁安置，进一步缩短房地产去化周期。在去杠杆上，要把降低企业杠杆率作为重中之重，通过企业上市、股权融资、发行债券等方式，有效降低企业资产负债率；要进一步规范园区、镇街债务管理，严格控制新增债务，抓好存量高息债务的低息转化，确保债务年利率不超过5.5%。在降成本上，要“外减内降”综合施策，既要认真落实中央和省市的一系列降本措施，进一步清理和规范各类中介服务，又要推动企业眼睛向内降本增效，提升企业盈利能力。在补短板上，要坚持问题导向，聚焦薄弱环节，既补硬短板又补软短板，既补发展短板又补制度短板，消除发展“痛点”，增强发展动力。要深化要素市场配置改革。转型升级越往纵深推进，越要加快推进市场化改革，努力实现资源配置的最优化。土地资源配置方面，既要用好增量，顺应产业布局调整，积极推行工业用地“弹性出让”和“租售并举”制度，新增建设用地指标重点向园区、优势产业集聚；又要盘活存量，处置闲置土地，盘活低效用地，促进土地资源的合理配置。金融资源配置方面，大力招引各类金融机构、投资机构、基金公司入驻，进一步完善金融服务体系；深入实施企业主板上市“三年行动计划”，引导有条件的企业加快上市步伐，力争全年新增主板辅导期企业3家，“新三板”挂牌企业6家；抓住泰州启动金融改革创新试验区建设的机遇，积极争取在融资租赁、债转股等方面先行先试。财政资源配置方面，要充分发挥城市建设发展基金作用，加快推进PPP等投融资模式，积极吸引央企、战略投资者参与城市建设经营及片区开发，努力实现合作共赢；整合各类财政专项资金，成立产业投资基金，撬动各类社会资本、金融资本共同参与，助推传统产业的转型升级和战略性新兴产业的培育壮大。要科学选择基金运行模式和投资方向，有效做好成本控制和风险防范，确保基金安全运行、稳定收益。要深化行政审批制度改革。围绕“在市场准入上，确保注册登记3个工作日办结；在项目建设上，从立项到开工，确保45个工作日内完成审批”的目标，进一步简政放权、优化流程，为创新创业提供最大的便利。要抓住市委市政府确定我区开展相对集中许可权改革试点的机遇，加快组建区级行政审批局，打破部门壁垒、层级壁垒，真正实现一个窗口流转、一枚公章审批。加快政府职能由“重审批、轻监管”向“宽审批、重监管”转变，推进行政权力清单标准化建设，实施市场主体准入清单和企业投资建设项目审批清单，做到“清单之外无审批，清单内容全公开”。加快“互联网+政务服务”建设，让数据多跑路，让群众少跑腿，不断提升政务服务效能。

要以开放开发为支撑，拓宽发展空间。完善外联内通的开放通道，打造功能复合的开放平台，构建全方位、多层次的开放开发新格局。要完善港口承载功能，放大开放优势。港口是高港乃至泰州对外开放的桥头堡，也是提升开发开放成效的着力点和聚焦点。要完善市区联动机制，实体化运作港口名城建设指挥部，组建泰州港口建设发展有限公司，积极招引外来资本参与港口开发经营。要加强港区基础设施建设，全面启动集装箱码头二期、三期工程建设，加快实施疏港三路、古马干河大桥等一批重点工程，进一步提升港口支撑能力。要加快物流园区建设，全面启动规划调整、征地拆迁、“七通一平”等前期工作，加强与相关央企的对接洽谈，力争大宗商品期货交割库、快消品分拨中心等项目及早落地。要积极推进综合保税区B区设立，力争早日封关运作；开辟至外高桥保税区、深圳盐田港等地的航线，力争年内集装箱吞吐量达30万标箱。要持续推进项目建设，提升开放水平。项目建设始终是发展的生命线，我们必须保持定力、持续发力。要把项目持续突破的支撑点放在提升各级干部招引项目的策划力、要素组织的统筹力上，把项目持续突破的发力点放在集聚优质项目、龙头项目上，把项目持续突破的落脚点放在快速竣工、快速投产上，推动项目建设取得更大成效。要顺应科技创新和消费升级，招引一批战略性新兴产业项目；围绕主导产业转型升级，集聚一批强链补链扩链项目；着眼存量改造提升，裂变一批技改项目。明年，确保新开工亿元以上项目75个，其中10亿元或1亿美元以上项目6个，实际利用外资和港澳台资2亿美元以上。要全流程打通项目建设的“堵点”，全方位优化服务，力争在每个项目推进节点上都进一步提速，确保每周竣工1个亿元以上项目。要理顺园区开发机制，建强开放平台。以创建国家级经济开发区为统揽，对照创建标准，做强特色、补齐短板，确保明年进入全省开发区第一方阵，挺进省级开发区前十强。要大力招引园区建设的各类专业人才，打造一支专业化的园区开发、运营、管理团队，实行企业化管理、市场化运作。加快组建区投资促进局，建立北京、上海、深圳、海外四个招商办事机构，进一步整合全区招商力量，提高招商引资组织化程度。要大力推进“飞地”开发，从利益分配、考核奖励等方面，调动园区镇街双方的积极性，加速项目向园区集聚、向特色板块集聚。今后，各镇街工业集中区原则上不再新增工业用地，新上项目一律进标准厂房或盘活现有资源。

2.加快推动城乡融合，在精致高港上实现更大突破。牢固树立“精致紧凑、精明增长”理念，加快提升城市形象功能，做美扮靓泰州南大门。要突出规划引领，优化城市布局。随着京沪高速道口西迁东移和盐泰锡常宜城际铁路开工建设，高港的交通格局正面临重大变化。要进一步完善城市总体规划和各类专项规划，优化城市空间布局和生产力布局。要加快编制地下综合管廊、海绵城市、城市绿化等各类专项规划，加强对凤栖湖景观旅游区、水景街区二期、口岸转盘、新高速出入口等重要地段和节点的设计研究，以科学规划引领精致城市建设。要建强中心城区，提升发展品质。坚持以城市品质主导城市转型发展，推动从规模扩张向内涵塑造转变，加快把中心城区做得更优更美、更特更精。扎实推进新一轮“城建新提升”两年行动计划，明年投入100亿元，开工建设60个城建重点项目。要围绕群众期盼完善城市功能，加快老旧小区、后街背巷改造，加强农贸市场、公共厕所、公共停车场等城市公共配套设施建设，切实改善居民生产生活环境。要围绕内联外通健全城市路网，加快环港大道、高港大道、泗白路改造提升和北接祥泰路、鼓楼路等道路建设，确保金港路北延、通港路及春港路东延、扬子江南路改扩建等工程建成通车，进一步优化道路交通环境。要围绕精细化、智慧化加强城市管理，深化综合行政执法改革，加强现代信息技术与城市管理服务的融合，不断提升城乡管理水平。要巩固防违控违成果，强化“一户一卡”档案运用，深入开展专项拆违行动，切实降低城市开发成本，维护社会公平正义。要坚持统筹协调，建设秀美乡村。城乡协调发展是解决“三农”问题的根本途径，也是高水平全面建成小康社会的关键所在。要加快推进新型城镇化，坚持“1+5”集中居住格局，引导农民向中心城区、重点镇集聚，构建以中心城区为龙头、中心镇为支撑、新型社区为基础，城乡融合、各具特色、全面提升的城乡发展新格局。要加快农民市民化进程，大力推进城中村、园中村动迁，提高农民资产变现能力，推进城乡要素自由流动，增强农民带资带权进城的积极性。要加快基础设施向农村延伸，公共服务向农村覆盖，更加注重自然风貌、传统文化和建筑民居保护，打造一批现代文明与田园风光交相辉映的“美丽乡村”。要加快特色小镇建设，按照“政府引导、企业主体、市场运作”的原则，有序推进中药养生小镇、健康农业小镇、雕艺小镇、家居小镇、军港小镇建设，不断完善产业、文化、旅游、社区等功能，让特色小镇成为高港亮丽的“名片”。要加快发展现代农业，深入推进农业供给侧结构性改革，以市场需求为导向，调优产品结构、调精品质结构、调高产业结构，大力发展优质粮食、绿色果蔬、花卉苗木、地道中药材等特色产业，加快农业“接二连三”进程，不断提升农业综合产出效益。健全农产品安全监管责任制和可追溯制度，争创国家级农产品质量安全区。围绕打造泰州城南现代健康农业示范园区，用好现有农业园区资源，招引一批观光农业、休闲旅游项目，加快形成生态产业带。加快农田水利建设，改善农业生产基础条件，推进农村河道疏浚整治，增强区域防洪引排能力。

3.加快提升城市内涵，在魅力高港上展现更美形象。城市魅力是一个城市的独特气质，要把塑造城市魅力作为不懈追求，在增强城市凝聚力、绿色竞争力、创业原动力上下功夫，让市民有更多的认同感、归属感，让城市有更强的吸引力、集聚力。要塑造城市精神，凝聚高港力量。以建区20周年为契机，积极开展“喜迎建区二十年，献礼党的十九大”系列活动，提炼出能反映历史文化、体现时代风貌、市民广泛认同的新时期城市精神，进一步激发全区上下干事创业的精气神。要常态化开展文明城市创建，深化“美德善行”三级平台建设，大力选树各类道德典型，让崇德尚善、诚实守信蔚然成风。要更加注重家庭、家教、家风建设，深入开展“文明家庭”创建，推动形成爱国爱家、相亲相爱、向上向善、共建共享的家庭文明新风尚。要丰富“大江系列”文化品牌内涵，培育一批优秀文艺人才，推出一批体现时代气息、具有高港特色的文化精品，举办好“高港杯”全国象棋青年大师赛和全民健身节等重大文体活动，努力打造文化新高地。要坚持绿色发展，打造宜居生态。生态环境关乎的不仅是经济问题，也是社会问题，甚至是政治问题，全区上下必须要有高度的共识、高度的警醒、高度的自觉，牢固确立“绿水青山就是金山银山”的理念，坚持生态优先、绿色发展，全力争创国家级生态文明建设示范区。要加强生态治理，对全区所有企业实施全面体检、建立台账，对存在污染问题的，限期整改、逐个销号，对不能按期整改达标的，一律依法关停。要实施精准治污，深入开展“两减六治三提升”专项行动，切实解决群众关切的环境问题。要突出源头防控，严把环保准入门槛，对不符合产业发展方向的项目实行一票否决，努力实现经济增长与自然环境和谐统一。要共建宜居家园，积极倡导和践行绿色低碳的生活消费方式，继续推进植树造林、湿地保护，建设天蓝、地绿、水清新港城。关于明年的生态保护工作，我们已经初步排定了泰州大桥湿地公园、垃圾集中处理、城区雨污水改造工程、重点道路绿化工程等13个重大生态保护项目，要按照项目化管理、责任化落实、节点化倒逼的要求，加快实施推进，努力实现经济发展质量、生态环境质量、人民生活质量齐头并进。要优化创业环境，激发创新活力。注重氛围营造，加强对创新创业的宣传，多形式多渠道讲好创业故事，重点选树一批创业典型，用好的典型感染人、激励人、凝聚人，激发全民参与创新、敢于创业的活力和热情。要不断丰富“包办墙外事、帮办墙内事”内涵，扎实推进“店小二”式专业化服务建设，通过“点对点”“菜单式”等方式，把各项举措落实到“最后一米”和“神经末梢”，为企业、为项目、为创业者提供更优的服务、更强的保障。

4.加快补齐民生短板，在幸福高港上取得更多成果。人民的幸福就是我们一切工作的目标，要把人本理念贯穿各项工作始终，放大社区综合体制改革效应，增进群众福祉，创新社会治理，努力形成包容和谐、共享发展的良好局面。要增收富民，不断提高居民收入水平。高水平全面建成小康社会，最直接、最根本的是提高广大老百姓的富裕程度。当前，我区居民工资性收入、经营性收入、财产性收入和转移性收入的比重分别为63.9%、19.1%、10.7%和6.3%，其中工资性收入是主要收入来源。要以稳定扩大就业增加工资性收入，推进农村富余劳动力向城镇和二、三产业转移就业；加强劳动力技能培训，以农民素质提升促进收入增长；着力优化产业结构，以产业层次提升提高就业质量。要以鼓励支持创业增加经营性收入，针对大学生、退伍军人、外出务工人员、乡村能人等不同的创业主体，围绕不同阶段的创业需求，在项目推介、技术引导、资金扶持、法律援助等方面提供精准服务，努力把创业富民这个“最大潜力”释放出来。要以扩大民众投资渠道增加财产性收入，结合农村土地“三权分置”改革，稳妥推进土地流转，积极发展各类富民合作组织，通过租赁、合作、入股等方式，提升农民土地收益；引导居民理性投资，通过参与创办企业或出资入股经营风险小、投资回报好的项目，提高居民股权红利收入；大力发展共享经济，引进、培育一批平台企业，围绕快递、家政服务、教育培训、租赁、广告创意等领域，整合利用好居民闲置的汽车、房屋等财产以及知识、服务等资源，创造条件带动财产性收入增长。要以完善社保和加强帮扶增加转移性收入，扩大各类社会保险覆盖面，逐步提高城乡居民医疗保险的筹资标准和补偿水平；全面推进新老失保政策衔接，稳步提高被征地农民保障待遇；进一步健全“救急难”制度体系、组织体系和工作体系，对因病、因学、因灾和各种急难事件而陷入困难的群众及时救助，确保困有所济、难有所救、急有所帮；注重分类施策，聚焦最需要帮助的贫困人口，深入实施新一轮精准扶贫工程，确保小康路上“一户不少、一户不落”。要服务惠民，切实提升群众幸福指数。坚持硬件提标，软件提质，进一步加大民生投入，促进公共服务优质均等化。深入推进教育现代化建设，优化教育布局，改善办学条件，加强校长、教师队伍建设，推进特色学校创建，不断提升教育教学质量。加强市、区人民医院战略合作，强化特色专科和医院装备水平建设，加大知名专家教授聘请和引进力度，不断提升医疗服务水平。推进医养结合，鼓励社会资本参与养老事业，继续加强居家养老服务规范化建设，更好满足老年人养老服务需求。要法治安民，确保社会大局和谐稳定。为党的十九大胜利召开创造和谐稳定的社会环境，是明年首要的政治任务。要健全信访维稳机制，完善源头预防、动态排查、多元化解的矛盾排查化解机制，放大网格长、网格员和群众评议团效应，引导群众依法合理表达利益诉求、维护自身权益。要深化平安法治建设，推进社会治安综合治理创新，严格落实安全生产责任制，加强食品药品安全监管，不断提升人民群众的安全感；认真实施“七五”普法，着力推进依法执政、依法行政、依法治理和依法办事，推动依法治区不断取得新进展。要加强民主政治建设，支持人大及其常委会依法履行职能和行使权力，支持人民政协发挥政治协商、民主监督、参政议政作用，深化“两代表一委员”工作日活动，在联系群众、服务群众方面发挥更大实效；巩固发展最广泛的爱国统一战线，加强和改进工会、共青团、妇联等群团组织工作，最大限度地凝聚推进发展的强大合力。

四、坚定不移推进全面从严治党

聚力创新，聚焦富民，核心在党的领导，关键在党员干部。全区上下要深入贯彻落实党的十八届六中全会精神，坚持党要管党、从严治党，不断提高党的建设科学化水平，为高水平全面建成小康社会提供坚强政治保证。

1.强化思想政治建设，永葆绝对忠诚的政治品格。坚持把思想建党放在首位，以理论自信引领行动自觉，以思想领先保障发展争先。要坚守理想信念。进一步巩固好“两学一做”学习教育成果，深入学习中国特色社会主义理论体系特别是习近平总书记系列重要讲话，把理想信念建立在对科学理论的理性认同上，建立在对历史规律的正确认识上，建立在对基本国情的准确把握上，补足精神之钙，筑牢信仰之基，把稳思想之舵，不断坚定道路自信、理论自信、制度自信、文化自信。要坚定政治立场。严守政治纪律和政治规矩，认真落实《准则》要求，开展严肃认真的党内政治生活，经常性用好批评和自我批评的武器，净化党内政治生态。要不断提高党性修养、增强政治免疫力，始终在大是大非面前旗帜鲜明，在路线原则上立场坚定，做到在党爱党、在党信党、在党忧党、在党护党，坚定不移跟党走。要坚持正确方向。时刻以党章为镜鉴，做到深学细照笃行，切实增强政治意识、大局意识、核心意识、看齐意识。凡事从政治上考量、在大局下行动，坚定不移维护以习近平同志为核心的党中央权威和党中央集中统一领导，切实做到党中央提倡的坚决响应，党中央决定的坚决执行，党中央禁止的坚决不做。

2.强化干部队伍建设，锻造堪当重任的中坚力量。始终立高标准、定高标尺，把党信任、群众拥护的好干部及时发现出来、精心培养起来、合理使用起来。要高标准选拔使用干部。认真执行“二十字”好干部标准，坚持德才兼备、以德为先的用人导向，注重在发展实践中甄选干部、在工作一线中考察干部、在群众口碑中检验干部，旗帜鲜明地把政治强、懂专业、善治理、敢担当、作风正的干部选拔到重要岗位上来。要加强对选人用人全过程的监督，把好动议关、考察关、程序关，严防干部“带病提拔”，营造风清气正的用人环境。要严要求培养锻炼干部。加强换届后领导班子建设，结合新形势、新理论、新知识，积极开展分层分类培训，切实提升各级干部推动发展的能力。加大干部的跨部门、跨地区交流力度，通过培养性、考验性、惩戒性交流，进一步促进人岗相适、人尽其才，激发干部干事创业积极性。注重加强年轻干部培养，大力推行交流一批、外派一批、挂职一批的“三个一”工程，助推年轻干部进一步长能力、强本领。要全方位考核评价干部。对照发展目标、工作职责，完善干部个性化考核办法，健全干部反向测评机制，强化考核结果运用，推动能上能下常态化、干部管理规范化。建立健全干部容错纠错机制，旗帜鲜明地为担当者担当、为干事者撑腰，鼓励和支持广大党员干部勇往直前、克难攻坚，敢想敢干、敢闯敢试，在改革发展实践中探索新的路子、创造新的业绩。

3.强化基层基础建设，打造全面过硬的战斗堡垒。坚持政治属性和服务功能相统一，推动基层党组织建设全面进步、全面过硬。要筑牢基层组织根基。实施基层党建创新创优“一把手”工程，着力深化“两新”组织党建培训众筹模式，加快建立“非公企业党建品牌孵化中心”，积极培育先进、塑造典型、创优特色，努力形成有理念、有队伍、有场所、有活动、有影响的基层党建“五有”品牌体系。要建优基层干部队伍。细化优化村居干部定岗定编、定责定酬和能进能出、能上能下“四定四能”的配套制度，深入实施年初亮诺、能力培训、公开晒绩、年终直评、星级排位“五位一体”管理模式，打造公职化村居干部队伍。要抓好村居“两委”带头人建设，对“两委”班子成员进行专题轮训，开展“组织找标杆、书记亮目标、发展争进位”竞赛活动，促进班子焕发新活力、创造新业绩。要提升基层服务功能。结合常态化开展“百团千村万企大走访大落实”活动，突出抓好基层服务型党组织建设，完善社会事业工作站等社区服务平台功能，推动工作重心转到服务发展、服务群众、服务党员上来，及时倾听群众呼声、回应群众关切，构建党员干部直接联系服务群众新常态。

4.强化党风廉洁建设，营造风清气正的政治生态。以更严的标准和更实的举措管理干部、惩治腐败，让崇廉尚实、担当有为更加鲜明地写在高港党员干部队伍的旗帜上。要压实“两个责任”。各级党组织要切实担负全面从严治党主体责任，特别是“一把手”要强化“第一责任人”责任，真正带好班子、管好队伍。班子其他成员要认真履行“一岗双责”，切实抓好分管范围内的党风廉洁建设。各级纪检监察组织要严格履行监督责任，不断强化监督执纪问责。对落实责任不力、发生严重违纪违法行为的，严格实行“一案双查”，倒逼“两个责任”刚性落实。要加强党内监督。严格抓好《条例》的执行，强化自上而下的组织监督，改进自下而上的民主监督，充分发挥同级相互监督作用。要更加突出对党的领导机关和领导干部，特别是主要领导干部的监督，重点加强干部“八小时之外”的日常管理监督，严格规范干部社会交往，构建多元化、多层次、全方位的监督体系。要强化正风肃纪。持之以恒落实中央八项规定和省、市、区委十项规定，健全作风建设长效机制。坚持无禁区、全覆盖、零容忍，准确运用监督执纪“四种形态”，持续保持反腐高压态势，着力构建不敢腐、不能腐、不想腐的制度体系。深化“纪委基层行”等活动，充分发挥巡察“利剑”作用，严肃查处群众身边的“四风”和腐败问题，切实推动全面从严治党向基层延伸。

同志们，发展之要，重在创新；立区之道，惟在富民。让我们更加紧密地团结在以习近平同志为核心的党中央周围，在泰州市委的坚强领导下，团结带领全区广大党员和干部群众，向着高水平全面建成小康社会的宏伟目标阔步前进，以优异的成绩迎接建区20周年，向党的十九大献礼！

政府工作报告

——2017年1月6日在泰州市高港区第五届人民代表大会第一次会议上

区人民政府代区长　孙宏建

区委副书记、代区长孙宏建在区五届人大一次会议上作报告

(高卫东/摄)

各位代表:

现在,我代表区人民政府向大会作工作报告,请予审议,并请区政协委员和其他列席人员提出意见。

过去五年工作回顾

2012年以来,我们在区委的正确领导下,紧紧围绕"推进富民强区,建设美好高港",主动适应经济发展新常态,自觉践行新发展理念,聚焦聚力"三大主题"工作,统筹推进新型工业化、信息化、城镇化、农业现代化"四化融合",较好地完成了区四届人大历次会议确定的目标任务,在泰州"四个文明"建设综合考评中持续领先,实现了"六连冠"。

五年来,我们致力转型升级,综合实力显著增强。2016年,地区生产总值首次突破400亿元,预计达418亿元,一般公共预算收入首次突破40亿元,达40.44亿元,工业一般纳税人开票销售首次突破700亿元,达720亿元,规模以上工业产值首次突破2000亿元,达2060亿元,分别是2011年 的1.76、2.3、2.38和2.71倍,区域转型升级综合指数连续4年排名全市第一。扎实推进项目大突破,两年来新开工亿元以上项目168个,其中30亿元以上项目5个,完成产业投资632.73亿元,汇福粮油、龙凤堂二期、万向精工、特种兵饮料、扬泰电子、欧瑞格汽车变速箱等一批重大项目建成投产。坚持"工业立区、工业强区"不动摇,大力发展实体经济、税源经济,34家上市公司和央企成功落户,四大主导产业、战略性新兴产业占规模以上工业比重分别达70.46%、30.8%。实施企业"六化"转型工程,新增销售过亿元企业81家,新增省名牌产品13个、省著名商标18件,3家企业挂牌上市,扬子江药业集团荣获"2015年度中国质量奖提名奖""2016年度全球卓越绩效奖"。实施服务业提升计划,服务业增加值占GDP+比重年均提高1.9个百分点,2016年实现社会消费品零售总额48.9亿元,是2011年的1.84倍。红星美凯龙、大润发、金港国际商业广场等重点项目相继建成,苏中快递产业园临港园区正式挂牌。深入开展"金融超市"活动,创成省金融生态优秀区。推进农业现代化,上膳源泰州农场、江苏中药科技产业园等一批农业龙头项目成功落户,新型农业经营主体适度规模面积比重达75.8%,综合机械化率达82%,获评全省发展现代高效农业先进区。国务院春耕生产现场会、全省推动长江经济带发展现场会在我区成功召开。建筑业实现产值503.12亿元、利税24.34亿元,分别是2011年的3.57、3.29倍。

五年来,我们致力改革创新,发展活力充分释放。社区综合体制改革基本完成,所有村卫生室达到省定标准,新建标准化居家养老服务中心25家,基层基础建设得到加强。供给侧结构性改革稳步实施,完成钢铁、印刷版材等行业淘汰落后产能任务,商品住宅去化周期缩短10个月,"营改增"改革累计为企业降低成本4.5亿元,基础设施、民生保障、人才供给等短板进一步拉长。深化行政审批制度改革,审批事项由原来的296个减少到167个,审批效率提速75.21%。大力实施创新驱动战略,建成市级以上"三站三中心"133个,引进高层次人才(团队)748个,2016年高新技术产业产值占规模以上工业比重达51.9%,全社会研发投入占GDP比重达3.8%,全民科学素质达标率8.5%,蝉联"全国科技进步先进区"。

五年来,我们致力开放开发,发展优势日益凸显。加快国家级开发区创建，高港高新区更名为泰州港经济开发区，在省级开发区排名由2011年的第78名上升至第11名。提升园区承载能力，供热、供气、污水等主管网实现全覆盖，建成标准厂房33.6万平方米，省级墙纸、特防用品检测中心投入运营。加快特色园区建设，创成国家知识产权试点园区和国家级墙纸产业基地、通用动力产业基地，建成汽车零部件、新型建筑装饰材料等省级特色产业园，获批省级知识产权示范区、版权示范区、创新创业示范基地和粮油食品特色产业集群，三大园区均创成“两化融合”示范区。加强土地资源整合利用，盘活闲置、低效用地6000余亩，获评省土地节约集约模范区。全面扩大对外开放，完成实际利用外资和港澳台资11.33亿美元、进出口总额63.91亿美元。长江岸线资源整合成效明显，集装箱码头一期建成运营，吞吐量突破25万标箱，永安港务成为全国粮食进口指定口岸；启动综合保税区B区申报工作，港口开放度和影响力逐步提升。

五年来，我们致力城乡统筹，人居环境明显改善。完善城乡规划体系，城市片区、镇街控规实现全覆盖。加快城市化进程，城市建设投入资金达355亿元，建成区面积拓展到17.65平方千米，城市化率达63.6%。滨江新城、京沪高速立交功能区、雕花楼景观区、凤栖湖公园等城市片区建设有序推进。新建城市干道100余千米，泰镇高速泰高段、高港大道、新港大道、金果路等重点工程竣工通车，路网体系进一步完善。持续推进城乡环境综合整治，改造老旧小区20个，整治后街背巷50条；建成农村公路132千米、农桥114座、疏浚城乡河道169千米，创成省级“文明乡镇”2个、“水美乡镇”1个、“城市管理示范社区”3个、“美丽乡村”3个、三星级“康居示范村”6个，乔杨社区荣获中国最美村镇特色奖。重视生态保护和治理，建成省级春江生态湿地公园，林木覆盖率和城市绿化覆盖率分别达30.2%、42%；秸秆禁烧和综合利用工作保持全市领先；单位GDP能耗累计下降29.5%，主要污染物减排完成市交指标，创成国家级生态区。

五年来，我们致力民生保障，幸福指数持续攀升。坚持民生优先，将新增财力80%以上用于民生支出，累计安排强基工程、社会建设和村庄环境长效管护3个1%专项资金3.4亿元。新增就业5.6万人、创业2.2万人，城镇登记失业率始终控制在2%以内。城乡居民人均可支配收入年均分别增长8.6%和11.8%，基本消除人均年收入低于7000元的家庭，“尊老金”标准全省领先。教育现代化进程不断加快，累计投入资金达17.3亿元，教育质量稳步提升，创成省示范性县级教师发展中心、全国义务教育发展基本均衡区。医药卫生体制改革有序推进，区、镇、村三级医疗卫生服务网络不断完善，创成国家慢性病综合防控示范区、全国计划生育优质服务先进单位。在全省率先开展社会保险全面参保登记，城乡居民基本社会保险覆盖率达97.6%，失地农民全部纳入城乡社会保障体系。常态化开展文明城市创建活动，市民素质明显提升。高港美术馆（书画院）、全民健身中心建成开放，雕花楼景观区获批国家AAAA级旅游景区，“大江系列”文化活动深入人心。加强和创新社会治理，实现平安高港“十三连冠”、法治高港“七领先”，连续第三次被省委省政府表彰为“法治建设示范区”。加大安全生产和食品药品安全监管力度，创成省级农产品质量安全区，公共安全形势稳定向好。国防动员、人民防空和后备力量建设稳步推进，双拥共建成效显著。

五年来，我们致力务实高效，自身建设不断加强。扎实开展党的群众路线教育实践活动、“三严三实”专题教育和“两学一做”学习教育，持之以恒纠正“四风”。践行“马上就办、真抓实干”，弘扬“四个长期”和“三个不相信”精神，坚决把区委决策部署、各项政策措施执行到位、落到实处。健全完善重大事项决策机制，依法行政水平进一步提高。深化政务公开，健全政府信息发布制度，推动行政权力网上公开透明运行。定期向区人大报告工作、向区政协通报情况，累计办理人大代表建议259件、政协委员提案556件，满意和基本满意率达100%。严格履行党风廉政建设“一岗双责”，政府投资工程、财政资金使用等工作不断规范，支持执纪执法机关严肃查处违纪违法案件，营造了风清气正的政务环境。

此外，审计、统计、粮食、物价、消防、气象、外事、侨务、广电、通信、邮政、电力、工商联、残联、机关事务、机构编制、史志档案、交通管理等各项工作也都取得了新的成绩，工会、青少年、妇女儿童、红十字、老区经济建设和关心下一代事业健康发展。

各位代表，五年的发展成就来之不易，这是市委、市政府和区委正确领导的结果，是区人大、政协监督支持的结果，是历届政府班子传承接力的结果，是广大干部群众励精图治、奋力拼搏的结果。在此，我谨代表区人民政府，向在座的各位代表、委员，向全区人民以及所有关心、支持高港发展的社会各界人士表示衷心的感谢，并致以崇高的敬意！

五年风雨兼程，成果令人鼓舞；五年砥砺前行，经验弥足珍贵。五年的生动实践给了我们深刻启示，值得我们认真总结并运用到今后的工作中去。

做好政府工作，必须坚持解放思想、争先进位。在日趋激烈的区域竞争中，我们大力弘扬“精神状态也是生产力”这一传家宝，始终保持昂扬向上、奋发进取的精神状态，在先行先试中拓展新空间，在探索实践中激发新活力。牢固确立“全市领先、苏中率先、全省争先”

的目标追求，增强份额争先意识，主要经济指标持续攀升，为泰州加快发展作出了更大贡献。

做好政府工作，必须坚持问题导向、攻坚克难。面对发展短板和瓶颈制约，我们从查找问题入手，以解决问题落脚，精准施策，定向发力。围绕“争当全市转型升级综合改革排头兵”，始终保持改革创新的锐气和勇气，不因困难而退缩、不因挑战而止步，走出了一条符合区情、彰显特色的发展之路。

做好政府工作，必须坚持以人为本、执政为民。我们始终坚持以人民为中心的发展思想，做到民生工作优先考虑、民生事项优先落实、民生投入优先保障，努力让人民群众的“钱袋子”鼓起来、生活好起来。突出共建共享，注重普惠公平，让人民群众在改革发展中有更多的获得感、幸福感，赢得了全区人民对政府工作的积极响应、大力支持。

做好政府工作，必须坚持真抓实干、敢于担当。我们大力倡导求真务实、苦干实干的工作作风，加强行政效能建设，健全目标管理、责任落实、督查推进、效能问责等工作机制，干部队伍的统筹力、执行力不断增强。建立容错纠错机制，激励党员干部勇于负责、敢于担当，久久为功、善作善成，形成了团结拼搏、和衷共济的浓厚氛围。

在肯定成绩的同时，我们也清醒地看到全区经济社会发展仍存在一些问题和不足，主要表现在：对照国家级经济技术开发区创建的要求，产业集聚度还不高、园区承载力还不强，在科技创新、生态环境等方面还存在短板；对照港口名城建设的要求，中心城区的首位度还不够，港口功能有待完善；对照人民群众对美好生活的向往，教育、医疗、文化、养老等公共产品供给水平还不高，城乡居民持续增收途径需进一步拓宽；对照政府治理现代化的要求，政府职能转变、机关效能建设、依法行政能力需进一步加强。对此，我们将高度重视，在今后的工作中切实加以解决。

今后五年工作展望

今后五年，是高港聚力创新、聚焦富民的关键期，是建设“强富美高”港口名城的黄金期，也是高水平全面建成小康社会的决胜期。从外部环境来看，世界经济在深度调整中曲折复苏，新一轮科技革命和产业变革蓄势待发，我国经济发展新常态特征更加明显，经济形势缓中趋稳、稳中向好，为我们推进经济结构调整、参与国内外合作营造了良好环境。从发展机遇来看，“一带一路”、长江经济带等国家战略深入实施，省委把泰州港作为港产城协同发展试点，市委市政府作出下一个十年重点建设长江经济带港口名城的战略部署，为我们集聚优质资源、加快转型升级提供了重要契机。从自身优势来看，高港的门户枢纽地位日益突出，产业基础好、企业数量多、开放力度大，资金流、技术流、信息流加速集聚，为我们培育新动能、构筑新优势奠定了坚实基础。站在新的起跑线上，只要我们顺应时代潮流、把握发展大势、增强发展自信，就一定能当好全市排头兵中的排头兵、突击队中的突击队。

今后五年，全区经济社会发展的指导思想是：以习近平总书记系列重要讲话精神为指引，深入贯彻落实党的十八大和十八届三中、四中、五中、六中全会，中央、省经济工作会议，省、市、区党代会精神，紧紧围绕“五位一体”总体布局和“四个全面”战略布局，深入践行“五大发展”理念，牢牢把握建设“强富美高”港口名城和争创国家级经济技术开发区“两大任务”，以“三大主题”工作为抓手，聚力创新、聚焦富民，加快高水平全面建成小康社会进程，全力打造实力高港、精致高港、魅力高港、幸福高港。

今后五年，全区经济社会发展的主要任务是：

——打造经济实力更强的高港，实现发展质量、经济总量、人均均量三提高。GDP 突破600亿元，年均增长10%以上；人均 GDP 突破3.5万美元，比肩苏南“第一方阵”；一般公共预算收入年均增幅走在全市前列；高新技术产业产值占规模以上工业比重、全社会研发投入占 GDP 比重超过苏南平均水平。泰州港成为现代化的江海联运中心港，集装箱吞吐量达到100万标箱。

——打造精致程度更优的高港，实现城市布局、城市功能、城市管理三优化。实施城市东进战略，强化空间、产业、功能等规划的对接融合，推动老城区改造和新城区拓展协调并进。加快城乡融合步伐，注重城市内涵发展，进一步做强功能、做优形象，城市化率达68%。体现人文理念，做精城市管理和服务，让人民群众在城市生活得更便捷、更舒心。高港成为精致大气、秀美靓丽、宜居宜业宜创造的“江东明珠”。

——打造气质魅力更佳的高港，实现文明程度、生态指数、发展环境三提升。培育践行社会主义核心价值观，传承弘扬优秀传统文化，公民文明素养和社会文明程度显著提高。绿色发展成为鲜明特色，林木覆盖率、Ⅲ类以上地表水比例、空气质量优良天数比例进一步提高，让空气更清新、水质更清澈、环境更清洁，创成国家级生态文明示范区。真诚服务企业家和创业者，营造亲商安商的发展环境、统一开放的市场环境、诚实守信的信用环境，高港成为投资热土、创业沃土。

——打造幸福指数更高的高港，实现富民增收、公共服务、社会治理三增强。强化民生导向，实现政府有形之手、市场无形之手、群众勤劳之手同向发力，城乡居民人均可支配收入与经济保持同步增长，基本消除生活困难家庭和经济薄弱村。大力发展社会事业，为人民群众提供更多的公共产品和更优的公共服务，实现“劳有多得、学有优教、病有良医、老有尊养、住有宜居”。深化民主法治建设，公共安全体系更加健全，社会公平正义得到有效保障，平安高港、法治高港建设走在全省前列。

各位代表，激情点燃梦想，拼搏铸就辉煌。只要我们始终保持干事创业的精气神，奋发进取、勇攀高峰，“四个高港”宏伟蓝图就一定能变成生动现实，30万大江儿女就一定能生活得更加幸福、更加美好！

2017年工作建议

千里之行，始于足下；五年宏图，重在开局。今年是党的十九大召开之年，是建区20周年的喜庆之年，也是新一届政府履职的开局之年。我们将认真贯彻市区委五届二次全会精神，突出创新驱动，致力富民强区，努力追求“金色GDP”“绿色GDP”“幸福GDP”，奋力开创高水平全面建成小康社会新局面。

今年全区国民经济和社会发展的主要调控目标为：地区生产总值增长10%以上，一般公共预算收入同口径增长3.3%以上，城乡居民人均可支配收入增长10%左右；固定资产投资增长18%以上，社会消费品零售总额增长11.4%以上；高新技术产业产值占规模以上工业比重超52%，全社会研发投入占GDP比重达3.8%；单位GDP能耗下降率、主要污染物排放总量削减率完成市交指标。

实现上述目标，我们将重点抓好六个方面的工作：

一、突出转型升级，完善产业体系，培育区域竞争新优势

围绕提高经济发展的质量和效益，以“四新”经济为引领，加快产业结构调整和发展动力转换，着力构建现代产业体系。

1.提升发展先进制造业。坚持抓龙头、铸链条、建集群，开展产业链垂直整合、兼并重组，逐步形成以大健康、高端装备制造为主导，以电子信息、新型装饰材料、吊索具为特色的产业体系，推动产业向中高端迈进。大健康产业方面，以扬子江药业集团为龙头，大力发展生物医药和现代中成药等产业；以医疗器械科技产业园为载体，打造高端医疗器械产业；以益海粮油、汇福粮油为基础，打造长三角最大的粮油食品产业基地；发挥统一食品、苏萨食品、丰益VE等引领作用，大力发展饮品、保健品产业。高端装备制造产业方面，推进船舶产业转型升级，引导口岸船舶、三福船舶开发高技术、高附加值船型；加快发展汽车零部件产业，鼓励企业逐步由零件配套向部件配套、终端配套转型；加速集聚一批通用动力产业关联项目，延伸产业链条。电子信息、新型装饰材料和吊索具等特色产业，以现有产业为基础，推进资源整合和产业融合，形成更具特色和规模的产业集群。主动融入“互联网+”时代，着力培育物联网、大数据、汽车电子、节能环保等战略性新兴产业，催生更多新的经济增长点。

2.提速发展现代服务业。坚持生产性服务业和生活性服务业两翼齐飞、传统服务业和新兴服务业齐头并进，促进服务业总量扩大、结构优化、业态创新。优先发展金融保险、科技研发、现代物流等生产性服务业，加快东君物流、龙凤堂物流基地等项目建设，注重引进检验检测、质量认证、工业设计等服务型企业，促进生产性服务业向专业化和价值链高端延伸。着力发展商贸、养老、休闲等生活性服务业，重点推进明发城市综合体、水景街区二期等项目建设，推动生活性服务业向便利化、精细化和品质化提升。积极发展风投创投、信息中介、服务贸易等新兴服务业，培育分享经济、数字经济、创意经济等新业态，实现城市新片区与产业新业态融合发展。加快发展电子商务，推进电商创业中心、墙纸线上交易平台等项目建设。大力发展全域旅游，加强现有旅游资源的包装、策划和推介，打响特色品牌，打造长三角旅游节点城市。

3.提档发展特色农业。落实藏粮于地、藏粮于技，强化物质装备和技术支撑，构建现代农业产业体系和生产经营体系，让农业成为充满希望的朝阳产业。实体化运作泰州城南现代健康农业示范园区，打造绿色生产示范基地、健康产品供给基地、休闲观光旅游基地。把产业链、价值链等发展理念和组织方式引入农业，鼓励引导工商资本加快发展农产品精深加工，提高农业附加值。规范发展家庭农场、专业合作社、农业龙头企业等新型经营主体，推进农业适度规模经营，提升规模化、机械化水平，高标准农田比重超过58%。注重产销对接、以销促产，鼓励地产农产品直供专销，提升农业产出效益。把增加绿色优质农产品供给放在突出位置，狠抓标准化生产、品牌创建、质量安全监管，新认证“三品”10个以上，创成国家农产品质量安全区。实施中央农田水利重点县项目和农业综合开发重点工程，推进龙窝闸、通港路东延水系调整等项目建设，农田水利现代化指标值达90.2。

二、突出项目引领，提升园区能级，构建对外开放新格局

以创建国家级经济技术开发区为抓手，推动项目再突破、园区再升级、企业再转型，实现更具转型与创新含金量的发展。

1.提高项目质量效益。更加注重项目策划，把握产业发展方向、政策导向、资金投向，锁定重点产业、重点企业和重点区域，开展精准招商。加强招商工作的有效统筹，成立区投资促进局，建立北京、上海、深圳、海外四个招商办事机构，进一步整合全区招商力量，提高招商引资组织化程度。加强与世界500强、上市企业、行业龙头等目标客户群的对接洽谈，推进领导招商、驻点招商、以商引商，开展多频次、点对点、高水

平的境内外招商活动，确保引进超亿美元或超10亿元人民币项目6个，力争在引进30亿元、50亿元项目上取得更大突破。完善项目建设动态管理机制，全程跟踪开工项目的投入质量、产出效益和绩效状况，确保新开工亿元以上项目75个，竣工投产项目52个。积极引进跨国公司地区总部和功能性机构，提升利用外资质量和效益，实际利用外资和港澳台资2亿美元以上。继续深化“三服务、三尊重”活动，完善项目“八评”、项目调度和重大项目领导挂钩制度，推进“两证”补办工作进度，推行“店小二”式专业化服务，真正做到“包办墙外事、帮办墙内事”。

2.厚植园区载体优势。按照“科学定位、错位发展、互动融合”的要求，统筹三大园区产业布局和要素资源配置，打造一批国家级、省级特色产业基地，形成“一区三园”的发展格局。高新区重点打造国家级通用动力（汽车零部件）产业基地、家具建材产业基地，核心港区重点打造国家级粮油食品产业基地和区域性物流基地，临港经济园重点打造省级电子信息产业基地，支持三大园区创建智慧园区、生态园区、创新园区、循环经济园区、知识产权园区，提升综合竞争力。加快园中村动迁，启动永宁路改造、龙港路东延等道路建设，完善供热、供气、污水支管网，新建标准厂房30万平方米。坚持“产城一体”，完善生活服务功能，启动建设高新区创业大厦，建立健全研发设计、信息咨询、资本运作等公共服务平台，增强优质要素的集聚力、吸引力。创新园区投入机制，借力土地经营、债券和票据发行等方式，吸引各类社会资本参与园区建设。大力发展“飞地”经济，引导同类、同质项目向特色板块集聚，飞出效益、飞出活力。推进土地节约集约利用“双提升”行动，致力盘活存量、用好增量，推行征储结合、征供分离、租售并举、弹性出让，优先保障重大项目用地。

3.支持实体经济发展。落实好企业减税降费的各项举措，支持企业扩大有效投入、加强管理创新，促进各类要素向优质企业集中、向行业龙头集聚，培育一批主业突出、竞争力强、成长性高的“专特精新”企业。发挥中小企业转贷资金作用，鼓励金融机构加强产品创新，把更多的信贷资源向实体经济倾斜，有效解决企业融资难、融资贵问题。深入实施企业主板上市“三年行动计划”，引导有条件的企业加快上市步伐，力争全年新增主板辅导期企业3家，“新三板”挂牌企业6家。推进工业化、信息化深度融合，全面提高企业产品技术、工艺装备、能效环保等水平，加快“智能制造”步伐，新增省级以上智能示范车间2个。开展品牌创建提升行动，推动企业由“执行标准”向“制定标准”转变，由“高港产品”向“高港品牌”提升，创成省著名商标3件、市知名商标8件。

三、突出以港兴区，建设港口名城，打造跨越发展新引擎

建设港口名城是融入国家战略的重要抓手。我们将科学利用长江岸线资源，加快现代港口建设，以港口崛起托起腾飞之翼。

1.打造现代港口。实体化运作泰州港口建设发展有限公司，积极引进中交建、盐田港、海航等实力集团参与港口开发经营，推进港口建设现代化、运营管理国际化。以建设江海联运中心港为目标，启动集装箱码头二期改造建设，加快三期手续报批，年内确保二期水工工程竣工、建成150亩堆场，集装箱吞吐量突破30万标箱。主动对接“两高铁、两通道”，统筹规划港口集疏运体系，全线贯通疏港北路，启动建设疏港三路、古马干河大桥，实现港口的快接快连。

2.推动港产联动。加强港口与产业园区在规划、建设、功能等方面的统筹协调，优先布局港口关联度大的产业，拓展延伸产业链，形成港口与临港产业互相依托、相互支撑的格局。加快综保B区申报进程，力争年内获批；按照“一次规划、分期建设”的思路，做好综保B区规划设计、征地拆迁、矛盾协调等工作。启动泰州港口物流园区规划设计、土地整理等前期工作，加强与中国诚通、海航物流、中国物流等大企业、大集团的战略合作，加快构建集仓储、物流、加工、交易和交割于一体的临港产业体系。

3.强化港航服务。围绕区域性物流中心定位，拓展物流授信融资、大宗商品交易、航运金融等高端航运服务，提升要素集聚和资源配置能力。推进港口信息化建设，建立“一次申报、一次查验、一次放行”的通关机制，打造“数字港口”“智能港口”，提升通关效率，吸引更多货物从高港通关。加强与上海港、宁波港、武汉港、重庆港等港口的互联互动，在开通上海洋山港精品快航的基础上，年内开通外高桥保税区精品快航和厦门港、泉州港等近海直航航线，构建开放合作的航运体系。

四、突出创新驱动，深化综合改革，激发经济增长新动力

抓创新就是抓发展，谋创新就是谋未来。必须把创新摆在发展全局的核心位置，加快推进以科技创新为核心的全面创新，培育和催生发展新动能。

1.打好深化改革“攻坚战”。全面落实“三去一降一补”五大任务，促进资源要素合理流动、优化配置。在去产能上，综合运用行政、经济和法律手段，在全面淘汰“地条钢”的基础上，继续加大低效落后产能的淘汰力度，推动高永化工集中区向新材料、新医药产业园转型；稳妥处置“僵尸企业”，注重运用倒逼办法，创造条件推动企业兼并重组。在去库存上，控制商品房开发节奏，采取团购商品房的方式实施动迁安置，进一步缩短房地产去化周期。在去杠杆上，通过企业上市、股权融资、发行债券等方式，有效降低企业杠杆率；加强政府性债务管理，严格控

制园区、镇街新增债务，抓好存量高息债务的低息转化。在降成本上，要"外减内降"综合施策，进一步清理和规范各类中介服务，推动企业降本增效。在补短板上，聚焦城市功能、民生保障等薄弱环节，消除发展"痛点"，增强发展动力。完善国有资产监管体制，加强政府投资项目管理，推广 PPP 合作模式。优化整合奖补政策，设立区产业发展投资基金、城市建设发展基金、信用担保基金，撬动更多社会资本和金融资本服务经济发展。以农民带资带地进城为契机，开展土地承包经营权、农民宅基地自愿有偿退出试点，明晰农村集体产权归属。深化行政审批制度改革，开展相对集中行政许可权改革试点，组建区行政审批局，实行"一枚公章管审批、一张网络管服务"。全面推行"双随机、一公开"，深化综合行政执法体制改革。

2.用好科技创新"组合拳"。出台"科技十条""人才十条"等政策措施，鼓励各类创新项目、创新人才向高港集聚。强化企业创新主体地位，激发企业自主创新活力，新增高新技术企业10家以上。加强创新载体建设，深入实施"蓝火计划"，加快建设吉林大学泰州汽车动力传动研究院，建成企业研发中心、重点实验室等科研平台8家以上，完善众创、众包、众扶、众筹"四众"支撑平台，推进科技成果转化，推动更多"技术盆景"成为"产业风景"。实施"港城英才"和"蓝领精英培育"工程，完善柔性引才机制，培育一批行业领先的"高港工匠"，确保完成"3611"引才计划。深入实施《全民科学素质实施纲要》，引导公民树立科学思想、崇尚科学精神，让创新创业在高港蔚然成风。

3.下好离岸孵化"先手棋"。围绕"四个一批"聚焦重点地区、重点院所、前沿技术，以拼抢的姿态精心遴选优质孵化器和专业运营机构，孵化、招引符合我区产业发展和企业需求的新项目、好项目。坚持以融合跨界的思路推进离岸孵化，积极推广"清华启迪泰州智慧园"模式，突出量质并举，健全工作机制，强化基地在孵项目转化率、落户项目产出率等指标考核，落实载体承接、基金跟进、资金支持等措施，全年建成离岸孵化基地30个以上，落户创新型项目80个以上，加快形成研发成果"异地孵化、高港产业化"的创新优势。

五、突出精明增长，加快城乡融合，建设美好生活新家园

准确把握城市发展趋势和规律，加快新型城镇化步伐，提升中心城区首位度和辐射力，打造精致型、紧凑型滨江港城。

1.城市品质再提升。以新一轮泰州市城市总规修编为契机，编制完善东部城区和港口片区控规，加快修编地下综合管廊、海绵城市、城市绿化、雨水污水等各类专项规划，构建"城乡一体、布局科学、层次分明"的规划体系。加快市区交通融合发展，配合做好京沪高速东风路、长江大道互通和鼓楼路南延、祥泰路南延建设。扎实推进新一轮"城建新提升"两年行动计划，全年实施城建重点项目60个以上，总投资超100亿元。着力推进高港大道城市化改造、环港大道、扬子江南路拓宽改造、春港路东延、金港路北延、通港路东延、泗白路改扩建等道路建设，健全内联外通的路网体系。围绕城市功能完善，加快公共停车场、公共自行车二期、道路慢行系统、公共厕所建设。加大旧城改造力度，改造棚户区10万平方米。推动城市管理重心下移、关口前移，巩固"931"整治成果，持续开展城市环境综合整治，加大违法建设管控力度，完成5个老旧小区、10条后街背巷整治任务，力争创成省级城市管理示范社区1个、无违建小区2个。加强小区物业管理和业委会建设，规范提升物业管理服务水平。推进"智慧城市"建设，搭建数字化城建指挥平台，促进现代信息技术与城市管理服务有机融合。

2.城乡统筹再推进。加快新型城镇化建设，引导农民向中心城区、重点镇集聚，构建城乡融合、各具特色、全面提升的城乡发展新格局。按照"政府引导、企业主体、市场运作"的原则，打造大泗中药养生等特色小镇，加快完善基础配套，同步发展休闲旅游，推动"产、城、人、景"互动融合。加快基础设施向农村延伸，公共服务向农村覆盖，健全完善长效机制，促进城乡公共资源均衡配置。实施村庄环境提升工程，完善"六位一体"管护机制，注重地方特色传承和乡土风貌塑造，创成省级"美丽乡村"2个、"康居村庄"1个、"强富美高"新农村建设示范村9个，不断提升人居环境品质。

3.生态环境再优化。严格落实"共抓大保护、不搞大开发"的要求，大力推进沿江生态修复和保护工程，让"黄金水道"发挥"黄金效益"。大力实施"绿满泰州1213"行动计划，积极实施泰镇高速等防护绿带，加快泰州大桥生态湿地风光带、凤栖湖公园建设，构建绿色生态网络，绿化覆盖率达43%。以创建国家水生态文明试点城市为契机，推进备用水源地建设，落实好"河长制"，治理黑臭水体，实施孔丁中沟、周潘中沟等河道疏浚整治，努力形成水系沟通、水质清澈、水景优美的水生态环境。深化"两减六治三提升"专项行动，突出源头防控，严把环保准入门槛，对不符合产业发展方向的项目实行一票否决。开展废气废水、化工和砖瓦生产企业专项整治，抓好畜禽养殖污染防治，加强周边环境质量监测，以最严格的标准、最严格的监管和最严格的问责，切实解决群众身边的突出环境问题。

六、突出共建共享，增进民生福祉，谱写幸福和谐新篇章

按照坚守底线、突出重点、完善制度、引导预期的要求，着力保障和改善民生，不断提升群众的获得感和满意度。

1.繁荣文化事业。将践行社会主义核心价值观与弘扬高港精神有机结合，持续深入开展精神文明建设，不断丰富创建内涵，提高社会文明程度。加强文明素质养成教育和全民家庭家风建设，培育选树道德模范、文明家庭、中国好人等各类典型，提升公民的道德素质和文明素养。加快推进村居综合文化服务中心建设，公共文化体育服务标准化和均等化程度达85%以上，争创省级公共文化服务体系示范区。精心组织好建区20周年系列活动，举办"大江放歌"、苏演院线等文化活动200场以上，继续发放"文化惠民券"，丰富群众文化生活。加强文化队伍建设，创作一批精品力作，传承好高港的"根"和"魂"。发展壮大服务外包、文化创意等重点产业。加强文化交流，鼓励文化产品"走出去"，讲述高港故事，传播高港声音。

2.推进民生普惠。支持大众创业、万众创新，培养一批优秀"创客"，推动创业带动就业；认真落实支持民营经济发展的政策措施，营造权利公平、机会公平、规则公平的市场环境，全年净增私营企业840家，新增创业4000人，带动就业8000人。健全社会保障体系，持续推进社会保险扩面提标，稳步实施机关事业单位养老保险制度改革。开展精准扶贫、精准脱贫，加强社会救助，整合各类资金，统筹推进扶老、助残、救孤、济困、优抚等福利事业发展，确保全区人民在小康路上一个不少、一户不落。优化教育资源布局，加快建设许庄中心小学、刁铺中心幼儿园，建成口岸中心小学、孔桥实验学校、海军小学。继续开展学科优质化工程，加大名师队伍建设，提高教学质量和教育满意度。深化医药卫生体制改革，推进市区人民医院战略合作，健全分级诊疗体系，实施市第三人民医院急诊大楼改扩建工程，新建刁铺、许庄社区卫生服务中心，促进优质医疗资源纵向流动。狠抓医技人才引培，加强疾病控制、妇幼保健和卫生监督，提高公共卫生服务水平。优化计生服务，促进人口均衡发展。加快推进机构养老、家庭养老与社区养老相结合的模式，探索医养融合发展，满足老年人多层次、多样化需求。

3.强化社会治理。坚持专项治理和系统治理、综合治理、依法治理、源头治理相结合，推进法治社会建设。认真实施"七五"普法，健全城乡公共法律服务体系。加强法治市场建设，完善"红黑榜"认定发布机制，构建诚实守信的市场环境。加强和改进信访工作，落实重大决策社会稳定风险评估制度，健全多元化纠纷解决机制，妥善处理各类矛盾。完善社会治安立体化防控体系，推进警务大数据和"智慧公安"建设，提升预知、预警、预防的能力。严厉打击各类违法犯罪行为，提高突发公共安全事件应急处置能力。完善"政社互动"机制，培育和发展各类社会组织，实现政府治理和社会调节、居民自治良性互动。严格落实安全生产责任制，推进企业安全生产"三同时"和标准化建设，增强一线员工安全意识和实际操作能力，坚决遏制重特大安全生产事故发生。加强食品药品安全治理，以"零容忍"姿态筑牢人民群众饮食用药安全"防火墙"。

加强政府自身建设

建设"强富美高"港口名城，对政府工作提出了更高更严的要求。我们将更好地履行职责，干好每一天，做好每件事，对人民负责，让人民满意。

坚持依法行政，提升法治水平。围绕基本建成法治政府目标，牢固确立法治思维，严格按照法定权限和程序，行使权力、履行职能。严格执行"三重一大"决策制度，建立重大决策终身追究及责任倒查机制，全面规范行政决策行为。自觉接受区人大的法律监督、工作监督和区政协的民主监督，认真办理人大代表建议和政协委员提案。加强电子政务和政府网站建设，加大信息公开力度，完善政府新闻发言人制度，保障群众的知情权、参与权、表达权和监督权。高度重视"12345・政风行风热线"和区长公开电话、信箱办理工作，确保件件有回音、事事有答复。

坚持勤勉为政，增强执行能力。加强学习型政府建设，引导广大党员干部认真学习新常态下经济社会发展的新理念、新知识，进一步增强"四个意识"，提升"四种能力"。倡导激情干事、务实创业的工作作风，力行"一线工作法"和"倒逼工作法"，对确定的决策部署，排出时间表、路线图、任务书，一着不让抓落实。完善政府工作目标责任体系，推行任务项目化、项目目标化、目标节点化、节点责任化，确保各项工作措施落地生效。

坚持廉洁从政，树立良好形象。以规范权力运行为重点，以制度建设为主线，把廉政建设落实到政府工作的各个环节，加大对重点工程和关键领域监管力度，严肃查处违法违纪案件。深入贯彻中央八项规定和省、市、区委十项规定，持续加大"四风"整治力度，严控"三公"经费，降低行政成本，把宝贵的财力更多地用在促发展、惠民生上。积极构建"亲""清"政商关系，真正做到既亲近企业、优化服务，又清廉交往、遵纪守法。按照全面从严治党的要求，坚持把纪律和规矩挺在前面，严格履行"一岗双责"，认真执行《中国共产党廉洁自律准则》和《中国共产党纪律处分条例》，实现干部清正、政府清廉、政治清明。

各位代表，宏伟的蓝图激励我们奋勇向前，美好的未来需要我们共同创造。让我们紧密团结在以习近平同志为核心的党中央周围，在市委市政府和区委的坚强领导下，同心同德、奋发进取，不忘初心、继续前进，为高水平全面建成小康社会而努力奋斗！

专　　记

“两学一做”学习教育

2016年，高港区按照中央和省、市委统一部署，根据“两学一做”学习教育总体安排，推动党内教育从“关键少数”向广大党员拓展、从集中性教育向经常性教育延伸，努力激活各级党组织的“神经末梢”，畅通“两学一做”学习教育“毛细血管”，确保每个党支部、每名党员真正让“学”活起来，促“做”实起来。

一、基本情况

根据中央和省、市委部署要求，高港区“两学一做”学习教育于2016年3月正式启动。在中央和省、市委的正确领导下，区委紧密结合高港实际，坚持高起点谋划、高标准要求、高质量推进，全区共有69个单位、736个党支部、13951名党员参加“两学一做”学习教育，各项规定动作与自选动作融合互促，形成组织有力、推进有序、整改有效的良好态势，“两学一做”学习教育取得务实成效。

二、主要做法及特色工作

紧密联系高港实际，全面贯彻落实中央和省、市委部署，以尊崇党章、遵守党规为基本要求，以用习近平系列重要讲话特别是视察江苏时的重要讲话精神武装全区党员为根本任务，教育引导党员自觉按照党员标准规范言行，切实做到规定动作不走样，自选动作有创新。

立足抓“早”抓主动，以高起点谋划引领学习教育高标准开局。坚持把“两学一做”学习教育作为党建工作的首要任务，早准备、早谋划、早启动，夯实工作基础，确保学习教育开好局、起好步。针对不同行业、不同层次、不同类型党员的现状和需求，精心设计30余个问题，发放调查问卷600余份，找准党员队伍存在的突出问题，为开展学习教育掌握翔实的“第一手”资料。通过查党员名册、查组织关系介绍信存根和回执、查支部大会决议等方式，对全区党员进行摸排，确保在职党员、流动党员、失联党员、“口袋”党员的底数清、情况明。失联的35名党员中，13人重新纳入组织管理，22人自行脱党除名。同时，按照中央和省、市委明确的软弱涣散基层党组织标准，对全区736个基层党组织逐个筛查，对“三严三实”专题教育排查的4个软弱涣散党组织整顿情况进行“回头看”，确保按期转化到位。注重信念凝聚，谋在高处。中央“两学一做”学习教育方案出台后，区委专门召开常委会学习研究，明确把学习教育作为经济新常态下发展的思想动员，引领全体党员干部进一步坚定理想信念，勇于担当作为，在新一轮跨越发展中建功立业。注重自选创新，谋在新处。省、市委实施方案出台后，及时传达学习，认真领会精神，在落实规定动作的同时，注重以改革创新精神谋划务实举措，形成以“四个坚持”为核心的方法措施，即坚持日常教育、坚持自我净化、坚持知行合一、坚持领导带头，使学习教育更加具有时代性、更加具有操作性。注重立足区情，谋在实处。加强对全区学习教育实施方案的统筹谋划，在充分调研的基础上，紧密结合区情，增加“六大建设”、“港口名城”、“机关干部百村行”、“两代表一委员”工作室工作日、“三解三促、两送两增”、“周末高港·党员关爱服务行动”等创新举措，确保既符合中央和省市、委精神，又切合高港实际。3月3日，区委专题召开“两学一做”学习教育动员会，要求各地各单位学习贯彻中央要求，加强组织领导，层层落实责任，引领广大党员积极参与学习教育。参会对象从区四套班子负责人、机关党员干部、镇街班子成员到村居书记、

"两新"组织党组织书记等共600余人。从区纪委、区委办公室、区委组织部、区委宣传部、区委区级机关工委、区委教育工委等部门，挑选8名负责人组成协调小组（联系会议），相应抽调29人成立综合组、宣传组、督导组。印发《学习教育协调小组（联系会议）工作手册》《辅导手册》等1000余册，明确工作职责，确保学习教育有序推进。5月4日，专题召开学习教育工作培训会，对工作组全体成员和组织人事干部进行业务培训，帮助提高思想认识、明确任务要求、掌握方式方法。各地各单位也分别对以基层党组织书记为主的党务骨干进行培训，帮助提升工作能力，确保工作有人抓、抓到位。

聚焦抓"学"抓全体，以高要求落实确保学习教育高质量推进。高港区各级党员领导干部积极发挥"关键少数"表率作用，在"两学一做"中走在前面、深学一层，真正把"学"这个基础抓紧抓实。领导干部带头学。区委常委会坚持学在前、做在先，带头制定学习教育工作方案、"立家规、育家风、严家教"工作方案和个人学习计划，先后召开5次区委中心组学习会，带头学习毛泽东的《党委会的工作方法》和习近平"七一"讲话精神，带头开展交流研讨，为各级党组织和广大党员作出表率。在区委常委会的带动下，全区各级领导干部认真抓好个人自学，定期到"三解三促、两送两增"和"两代表一委员"工作室联系点上党课、讲党史，带领基层党员干部一起学，切实提升政治定力、执政能力和干事活力。在区管领导班子中，组织召开以"增强'四个意识'、提升'四种能力'"为主题的民主生活会，通过批评与自我批评，切实增强各级领导干部的政治意识、大局意识、核心意识、看齐意识，进一步提升统筹力、执行力、影响力、向心力。基层党员广泛学。坚持"凡是有党员活动的地方，都有学习教育的氛围"，在机关、园区、镇街、村、社区、企业、学校等，常态化开展"三会一课"、党员"固定学习日"、"千名党组织书记讲党课"等活动，组织广大党员干部认真学习《习近平总书记系列重要讲话读本（2016年版）》《中国共产党章程》《中国共产党纪律处分条例》《中国共产党廉洁自律准则》《关于新形势下党内政治生活的若干准则》《中国共产党党内监督条例》等内容，让每一名党员都通过学习增强党员意识、模范意识和服务意识，提升政治觉悟、党性修养和发展能力。充分发挥各级基层党组织的作用，分层分类制定学习方案，确保全区党员全覆盖、无遗漏。创新方式深入学。创新开展"机关干部百村行"活动，组织480余名机关干部，组成90个走访调研组、学习教育督查指导工作队，到各村居开展思想政治大教育等系列活动。在推动机关党员干部接地气、转作风的同时，指导带动村居党组织共享学习资源、同步接受教育。举办全区乡镇党委换届后"新班子、新要求，以新的起点迈上发展的新台阶"专题培训班，邀请浙江大学、同济大学等院校的专家、教授讲解经济转型升级与经济新常态。区委主要负责人围绕"四个全面"战略布局、领导干部能力提升等方面内容，为全区各级领导干部专题授课，并就区委近年来部分重大决策的背景初衷和形成过程，向与会人员作说明和解读，通过实际案例帮助更好地理清发展思路、提升工作能力。

注重抓"优"抓提升，以高水平统筹实现学习教育高效能深化。分类指导抓推进。针对不同领域、不同层次党员的特点，精准施策、因人施教，确保学习教育上接"天线"、符合规范，下接"地气"、富有特色。针对机关、村、社区、"两新"组织等领域党员实际，分类制定指导意见，取得"一把钥匙开一把锁"的效果。面向机关、村、社区党员，采取业余时间自学、"三会一课"和每月25日"固定学习日"集中学、定期研讨交流等方式进行学习，各基层党支部累计组织集中学习4400余场次。面向"两新"组织党员，建立"两新"组织党建培训众筹模式，区级层面举办示范班，园区、镇街层面举办特色班，举办企业文化、激发党员内生动力等专题培训班4期。面向流动党员，充分发挥流动党员工作室和"关爱服务QQ群"的阵地优势，创新实施"三全三亮三为"，即"信息数据全采集、跟踪管理全方位、学习教育全覆盖，亮去处、亮身份、亮业

3月3日，高港区举办"两学一做"学习教育动员暨党员干部读书班活动

（区委宣传部/供稿）

绩，为党旗添光彩、为他乡作贡献、为家乡助把力”，确保流动党员“离乡不离党、流动不失学”。面向年老体弱、行动不便的党员，普遍采取“结对子”“微党课”“开小灶”等方式，为老党员送学上门。党群共建抓推进。出台《关于进一步加强党建带群团组织建设的通知》，召开党建带群团组织建设工作推进会，安排区总工会、许庄街道、口岸街道新城社区、能建集团4个单位，围绕如何加强党建带群团组织建设，分别作交流发言。通过党建带工建、党建带团建、党建带妇建、党建带科建的方式，让党的群团工作更接“地气”、更有“生气”、更具“人气”，不断提升党群工作的创造力和影响力。强势宣传抓推进。注重及时总结提炼工作中的好经验、好做法，广泛进行宣传推介，进一步营造重视、支持和参与学习教育的浓厚氛围。编印学习教育口袋书1.4万册，实现党员人手一本。编发《区“两学一做”学习教育情况通报》20期，及时传达上级最新指示精神，动态发布各地各单位学习教育进展，为基层党组织开展“两学一做”提供有益借鉴。利用报刊、电视、网络等媒体，广泛宣传“两学一做”学习教育的先进典型和特色做法。高港电视节目中心设立共产党员“先锋谱”，展播先进典型21人。“微高港”微信公众平台定期发布学习教育应知应会内容和上级最新指示精神，微信点击量累计过万次。开展学习教育知识竞赛，综合运用微信答题、书面竞赛、现场竞答赛3种形式，以考促学、以学促做。参与微信答题1400余人次，书面知识竞赛3500余人次，全区10支代表队参加现场竞答赛。广泛开展“我眼中的高港”征文比赛，共有1.2万人参与投稿；“微高港”发布《高港，一座有尊严的城市》系列报道。

坚持抓“督”抓实效，以高强度督查保障学习教育高层次运行。把握关键环节、抓住重点难点，将强化督查指导作为确保学习教育取得实效的重要手段，始终坚持问题导向和效果导向，以督导常态化推动学习教育严在经常、抓在日常、实在时常。突出“从严”，将面上督导与重点督导相结合。区委专门成立3个督导组，负责督查指导全区面上“两学一做”学习教育。在此基础上，统筹工作力量，常态化设立10个督查组，各区属单位党组织相应成立督查组，形成“上下联动、层层压实”的督导机制。将1个省级监测点和6个市级监测点作为督查工作的重中之重。督导工作重点采取定点监测、随机抽查、专项检查等方式，除加强对基层党组织学习教育的督促指导，宣传推介特色工作外，还及时将面上督导及重点督导情况予以通报，明确整改落实的具体要求。全年开展各类督导近300次，通过加强督导、强化落实，形成以点带面、点面结合、示范带动、整体推进的良好局面。突出“灵活”，将集中督导与交叉督导相结合。各督导、督查组与各地各单位建立联系机制，每个督查组集中联系7~10个部门单位，定期沟通情况、实地走访、交换意见、督促整改，先后开展3次区级集中督查，确保学习教育各项经常性工作有效贯彻落实。创新开展交叉督导，由区委督导组牵头，分园区、镇街和区级机关部门、区直属党组织2个批次，分别在成效较好的镇街、部门开展现场观摩，由先进单位分管负责人现场介绍经验，通过互相学习借鉴、查找不足，推动学习教育质量的整体提升。突出“务实”，将专题督导与精准督导相结合。结合“机关干部百村行”“党代表工作室工作日”等活动的开展，将“两学一做”学习教育督导工作与巩固拓展“三严三实”专题教育成果结合起来，与推进全区全面深化改革发展稳定各项任务结合起来，与完成“三大主题”工作和“港口名城”建设等中心任务紧密结合起来。就如何破解党员队伍思想、组织、作风、纪律等方面的突出问题精准发力，推动各项重点工作有效落实开展调查研究，广泛征求意见建议，帮助解决疑难问题。通过对上协调、现场办公、集思广益等方式，累计访谈1850余人次，开展廉政宣讲40余场次，梳理违纪线索26件次，化解矛盾纠纷近百件，切实让广大群众感受到党员队伍的新面貌、新变化、新气象。突出“及时”，将日常督导和智能督导结合。既采用“一线工作法”，深入各基层支部协调推进学习教育开展；又发挥“党建工作智能管理平台”的实时监督作用，督促各支部及时上传学习教育的图片、文字等资料，确保基层党员真学真做，学习教育落地生根。

三、基本成效

牢固党性政治意识。全区上下始终把强化理论武装作为首要政治任务，紧密联系思想实际，加强主观世界改造。区委认真学习贯彻习近平系列重要讲话精神和《关于新形势下党内政治生活的若干准则》《中国共产党党内监督条例》，学习省、市、区党代会精神等，自觉在思想上、政治上、行动上同以习近平为核心的党中央保持高度一致，为各级党组织和领导班子作出榜样。通过示范引领，广大党员干部普遍接受深刻的思想教育，增强参加党的组织生活、争做合格党员的思想自觉和行动自觉。

激发干事创业热情。区委把“两学一做”学习教育与“打造‘四个高港’，建设‘强富美高’港口名城”的目标紧密结合起来。高港区成功蝉联全市“四个文明”综合考评第一名、一等奖，实现“七连冠”。全年新开工1亿元以上项目108个，竣工项目53个。加快推进“城建新提升”两年行动计划，全年实施城建重点项目89个。项目化推进重点片区、重要节点、重大工程建设，泰镇高速、新港大道、创业大道改造等一批工程竣工通车，高港美术馆（书画院）、全民健身中心二期建成投运。国务院春耕生产现场会、全省推动长江经济带发展现场会等在高港区召开，现代农业发展、沿江生态保护等工作分别得到国务院副总理汪洋和省委书记李强、省长石泰峰的充分肯定。

丰富制度实践成果。坚持以“全面进步、全面过硬”为方向，对基层组织建设投入机制、管理模式、服务方法等进行大胆探索，基层党建工作的层次水平不断提升，组织活力得到有效释放。深入推进社区综合体制改革，全面推行村居干部定岗定编、定责定酬和能进能出、能上能下“四定四能”机制。积极推行村居党组织书记任免备案、村居干部队伍新增人员资格审核制度，专业化、职业化的村居干部队伍逐步形成。健全党组织管党议党研党常态化机制，建立园区、镇街组织委员月度例会制度，促进各级党组织增强管党意识、压实管党责任。全面推行基层党建书记项目制和常委项目制，引导各基层党组织书记结合实际制定160个基层党建项目，明确推进措施，落实工作责任。认真学习贯彻中共十八届六中全会精神，专门出台《关于严格党内组织生活规范党支部建设的意见》，推动和促进党组织生活常态化、规范化、时代化、实效化。

提升人民群众获得感。坚持将发展成果普惠于民，全年财政用于民生支出23.26亿元，占一般公共预算支出的70.4%。富民进程不断加快，城乡居民人均可支配收入分别达37224元、18565元。社会文明程度进一步提高，率先在全省县区级实现五大类别“中国好人”全覆盖。文体旅游事业加快发展，雕花楼景观区获批国家AAAA级旅游景区。社会保障水平稳步提高，城镇登记失业率始终保持全省最低。平安与法治建设扎实推进，实现平安高港“十三连冠”、法治高港“七领先”，第三次被省委、省政府评为法治建设示范区。深化拓展“周末高港·党员关爱服务行动”活动，“周末高港·党员关爱服务队”先后被评为泰州市十佳优秀志愿服务组织、泰州市第三批文明优质服务品牌、首届江苏志愿服务展示交流会“爱心单位”。（区委组织部）

区、镇、村三级党组织换届

2016年，按照省委、市委关于换届工作的统一部署和要求，高港区紧扣“绘出思路清措施实的好蓝图、选出忠诚干净担当的好干部、配出结构优功能强的好班子、换出心齐气顺劲足的好面貌”的目标要求，精心组织，周密安排，规范操作，圆满完成区、镇、村三级党组织换届工作，做到组织领导、思想疏导、业务辅导、宣传引导、督查指导、纪律教导“六到位”。

一、基本情况

1月起，高港区部署谋划区、镇、村三级党组织换届工作。至5月27日，全区4个镇全部完成党委领导班子换届工作，共选举产生35名镇党委领导班子成员；7月25—28日，中共泰州市高港区第五次代表大会胜利召开，215名区党代表出席会议，选举产生27名区委委员、6名区委候补委员、12名区纪委委员和34名市党代表，选举产生新一届区委、区纪委班子成员；至9月30日，90个村（社区）党组织全部完成换届工作，共选举产生村（社区）党组织委员510人。区委领导班子成员选配过程中，更加注重园区、镇街工作经历；乡镇领导班子选配时加大从事业编制人员、优秀村（社区）干部、大学生村官中选配的力度；村（社区）党组织换届时提高“双强型”党组织书记、大学生村官“两委”正职配备比例。新当选的区委委员平均年龄46.8岁，新当选的镇党委领导班子成员平均年龄40.1岁，新当选的村（社区）党组织委员平均年龄41.3岁。新当选的区委委员大学以上学历占比100%，新当选的镇党委领导班子成员大学以上学历占比85.7%，新当选的村（社区）党组织委员大专以上学历占比84.7%。

二、主要做法及特色工作

严格标准尺度，细化工作方案。对4个镇党委班子运行情况及领导班子现状、党员队伍状况等开展调研，结合上级文件要求，出台《关于认真做好镇党委换届工作的意见》《关于认真做好村（社区）“两委”换届选举工作的通知》《关于成立换届工作督查指导组的通知》等指导性文件，配套完善换届风气监督、政策纪律宣传、网络舆情引导等工作方案，为乡镇、村（社区）党组织换届提供具有操作性和指导性的工作遵循。编印《镇党委换届工作手册》，制定换届工作业务流程图，分阶段制定详细工作计划，分析各个环节工作的要求和特点，精心设计和合理安排每个环节的具体工作，确保换届选举规范有序。

坚持依规依矩，“多点一线”选配干部。认真贯彻“二十字”好干部标准，坚持把做好分析研判作为换届工作的基础环节，“多点一线”、全面研判、择优比选，着力寻求干部选配不同层面的“最大公约数”，主要做到“四个注重”。注重把握人员配备需求。根据功能定位、产业结构、发展重点等，有针对性地选择熟悉现代农业、扶贫攻坚、村镇规划、项目建设、环境治理和现代服务业等方面干部，做到以事择人、人岗相适、用其所长。加大年轻干部、女干部等结构性人选和“三类人员”的配备，打破地域、身份等界限，通过内选下派、横向交流等方式，让优秀、能干、群众公认的干部担重任、

5月13日，高港区召开区委中心组“两学一做”专题学习暨严肃换届纪律座谈会　　（区网管中心/供稿）

挑大梁。注重扎实开展换届考察。组建4个干部考察组，由区委组织部部务会成员带队分赴4个镇，采取谈话推荐、会议推荐、个别访谈、民主测评等多种形式，对拟提名人选德、能、勤、绩、廉等方面表现进行全面考察。区委组织部部务会成员对重要环节和关键步骤全程把关，增强换届考察工作的公信度和说服力。注重深入了解干部思想动态。采取“请上来”与“走下去”相结合的方式，区委主要负责人分别与各镇正职谈话，听取其对换届的意见及建议。区委常委分别到挂钩联系镇，采取集体谈话与个别谈话相结合的方式，了解干部所思所想，排除不稳定因素，通过谈话对班子运行状况、成员个体优势和个人意愿有更清晰直观的了解和把握，力求做到组织意图与干部意愿的有机结合。注重把好人选初始关。综合研判干部个人年度考核情况、“机关干部百村行”调研情况、党组织意见（考察组意见）、区领导意见。严格落实“四凡四必”要求，坚决杜绝“带病提拔”现象发生。

突出周密周严，精心组织换届选举。坚持把党的领导、充分发扬民主、严格依法办事有机统一，严把政策制定、业务培训、督导指导、大会组织等关键环节，切实抓细抓实，确保有关选举要求落地不走样、不偏向、不变调。举办全区镇党委、村（社区）“两委”换届工作业务培训班，邀请市委组织部相关业务处室负责人，对区纪委、区委组织部全体人员以及各镇党群书记、组织委员等进行业务辅导，讲清任职条件、选举方式、选举程序等要求。组建考察组，实地考察核实代表身份、查核相关资料、了解代表人员综合情况。坚持全程公开，将公示环节前移，在产生党代表初步人选时即进行公示。广泛征求纪检、审计、综治、法院、公安、信访等部门的意见建议，从源头上保证代表候选人质量。严格规范选举程序，差额选举产生各级党代表。组建4个乡镇换届督查指导组、7个村（社区）“两委”换届督查指导组，采取定期检查和随机抽查等方式，重点督查影响换届工作的违法违纪行为，将监督贯穿于换届工作的全过程。选举当日，全过程全方位现场监督指导，确保选举程序不漏、环节不减、步骤不变。根据区委换届选举的有关规定，拟定具体的工作细则，把每个环节的工作事项想透做细，不折不扣地按规定办事。在全面贯彻上级有关精神的基础上，广泛听取各级各部门、社会各界的意见和建议，高起点、高质量地起草区委工作报告和区纪委工作报告。对换届选举中可能出现的情况进行认真分析研究，做好预案。

强化严防严治，确保换届风清气正。坚持把营造风清气正换届环境作为做好换届工作的根本保证，始终把纪律和规矩挺在前面，以“零容忍”态度确保“零违规”。区委专门成立以区委主要负责人为组长的领导小组及工作机构，建强区委常委联系点制度，细化落实主体责任；组织5000余人签订《严肃换届纪律承诺书》。先后2次召开区委严肃换届纪律工作座谈会，区委主要负责人和挂钩常委到各镇就换届纪律提出明确要求，督查换届风气，组织观看警示教育片《镜鉴》；在各镇副乡科级干部中开展严肃换届风气谈心谈话会，教育党员干部严守换届纪律；精心制作并发放严肃换届纪律口袋卡、换届纪律提醒卡数千份。建立负面网络舆情快速回应、研判、处置、反馈机制，安排专人开展全时段监测；畅通群众举报渠道，用好“12380”电话、信访、网络、短信“四位一体”综合举报受理平台，及时受理违反换届纪律问题举报，做到“即接即办、立项专办、快查快办、坚决查办”。

（区委组织部）

现代民政示范区创建

2016年，高港区开展现代民政示范区创建，树立创建必成意识，成立领导小组、制定实施方案、召开推进会议、建立例会制度、落实工作责任。12月，通过省民政厅组织的验收。

一、完善社会救助体系

加强社会救助工作的统筹协调。建立健全政府领导、民政局牵头、有关部门配合、社会力量共同参与的工作协调机制。区政府成立社会救助领导小组，加强对区级层面对救助工作的整体规划。先后制定完善临时救助实施意见、医疗救助实施意见等政策文件，召开低保工作会议、社会救助工作会议等专项会议。

强化社会救助工作的规范管理。投入30万元为90个村（社区）制作社会救助宣传公示栏，宣传政策，公示救助对象。规范实施临时救助，制定困难家庭临时救助实施细则，明确救助对象、内容及标准，规范审核、审批及发放流程。对因患大重病或遭遇突发灾害的低保边缘户实行生活、医疗、教育、住房等专项救助，将救助范围从绝对贫困群体拓展到相对贫困群体。开展低保专题核查，打造"诚信低保、阳光低保"，杜绝"关系保""人情保"。2014年起，共核减低保5000余人。加强对救助资金的监管，专户储存、专账管理、专款使用，实行社会化发放。对资金使用情况进行严格督查，确保救助资金惠及各类救助对象。

完善社会救助工作保障机制。利用国家和省"救急难"工作试点契机，建立区、镇、村三级主动发现救助管理网络。区民政局和镇街民政部门设立救助热线，镇街依托社会管理中心平台设立"一门受理"窗口，村（社区）依托社会事业工作站设立"协助办理"窗口。建立救助快速响应机制，及时处理、转办救助申请和急难报告，做到早发现、早救助、早干预。对重大事项和难以解决的问题，由区、镇街研究解决，确保陷入困境的群众得到及时有效救助。逐步健全防灾减灾体系，组建覆盖区、镇（街道）、村（社区）三级共110人的灾害信息员队伍，确保在自然灾害发生后2小时内及时掌握灾情，12小时内受灾群众基本生活得到保证。建成口岸街道龙窝口社区、刁铺街道环溪社区等4个国家综合防灾减灾示范社区和2个省级综合防灾减灾示范社区。

构筑全方位社会福利保障网络。实施困境儿童分类保障制度，制定《关于发放困境儿童分类保障基本生活费的通知》，明确保障对象、保障标准、申报审批程序和动态管理要求，符合条件的困境儿童生活补贴按时发放到位。开展"牵手贫困学子"福彩·慈善助学活动。加大"五保"救助保障力度，每年7月1日起对"五保"老人的供养标准进行调整，2016年按期将"五保"供养标准从每人每年7035元提高到7680元，医疗统筹每人每年1000元。完善低保标准自然增长机制，2016年7月将城乡低保标准提高至每人每月590元。

二、构建养老服务网络

推进养老机构规范化建设。针对农村敬老院的现状，出台《关于开展农村敬老院规范化建设活动实施意见》，提出"三有三能六达标"的创建要求，各镇街先后投入600余万元用于敬老院升级改造。9月下旬，组织财政、审计、市场监管、公安、消防等部门对敬老院规范化建设进行考核验收，镇街敬老院的院容院貌、生活设施、安全保障等硬件条件都得到根本改善。推进公办养老机构转型升级，采取"政府主管，社会化市场运作"的公建民营模式，投入近2000万元用于老年养护院服务用房、公共配套、道路绿化等基础建设，常态化开展照料、护理、康复等服务，有效缓解部分失能、半失能社会老人的养老需求。吸引社会资本参与兴办养老机构。

加快居家养老服务站建设。高标准建设。以社区综合体制改革为契机，推进居家养老项目建设。坚持因地制宜，合理规划建设社区居家养老服务中心，从标识、设计方案、功能布局、施工装潢、设施配套等方面规范建设标准。全区90个村（社区）全部建成居家养老服务站，其中标准化社区居家养老服务中心25个。在全省率先制定《标准化社区居家养老服务中心指导手册》，细化居家养老服务中心建设、组织、运行、制度、服务、评估规范，所有制度、标牌统一上墙。指导手册在全省苏中、苏北片居家养老工作现场会上印发。在此基础上形成的《泰州市标准化社区居家养老服务中心指导手册（试行）》于9月在全市推行。建立应急预案工作机制，居家养老服务中心分别与服务对象、管理服务人员、服务提供方等签订服务合作协议。依托居家养老服务中心为老年人提供日间照料、健身康复、文化娱乐、法律援助、心理关爱等服务。加强对服务中心工作人员的管理，推行持证上岗，细化服务事项和流程。规范出入登记、服务记录填写要求，确保及时登记在册、定期归档管理。

拓展养老服务领域。结合老年人的特点和需求，探索开展老年人助餐点建设，按功能、规模和服务方式，分别打造区域性助餐点、综合性助餐点和单一性助餐点，为老年人提供多样化、个性化的助餐服务。在口岸街道水岸景城小区建设老年人日间照料中心，合理设置老年人的生活服务、保健康复、娱乐及辅助用房，为日间无人照料的半失能老人提供助餐、基本护理、精神关爱等托养服务。推进医养融合发展，建立健全以社区卫生服务为基础的老年医疗保健服务体系，区老年养护院由市第三人民医院委托管理，镇街敬老院与卫生院建立合作关系，村级居家养老服务站与社区医疗卫生室资源整合，共同为老年人提供便捷的医疗护理服务。加快建设虚拟养老院，由政府为失能、半失能、独居、高龄老人等购买助洁、助医、助餐、助行等服务，通过在线服务、呼叫中心、远程定位监控等现代手段，全力打造智能化、数字化、虚拟化养老服务体系，区级服务平台建成并投入使用。

加大老年人福利保障力度。2013年8月起，在全省率先大幅提高“尊老金”标准，对全区80~89周岁、90~99周岁、100周岁以上老年人每人每月尊老金发放标准分别由原来的50元、100元、300元提高到100元、200元、400元，标准为全省最高。在保证“五保”供养的基础上，加大“五保”老人的帮扶力度，每年年末从福彩公益金中拿出近50万元用于敬老院建设。开展“安康关爱行动”，全面实施养老机构综合责任险和老年人意外伤害保险制度，建立定期核查、上报机制。以重阳节敬老为主题，连续多年开展为期2个月的“老年文化月”活动，集中组织走访慰问、专场演出、书画作品展、传统家庭美德宣讲、党员关爱服务等活动。加大对老年文化活动的支持，提升全区老年人文化活动的组织水平和艺术层次。

二、统筹推进优抚安置、社区治理和社会事务

提升优抚安置工作整体水平。抚恤补助标准城乡一体化、发放社会化。2013年起，在全市率先实现优抚对象优待抚恤补助标准城乡一体化。2016年1—11月，通过银行系统为855名优抚对象发放抚恤补助金866.9万元，发放义务兵家属优待金、立功奖励金125人次312.7万元；为490名各类优抚对象统筹医疗保障金99.23万元。加大重点优抚对象帮扶力度。组织区级机关部门、企业、学校、医院等单位与重点优抚对象困难户结对，开展“一助一”帮扶活动，通过生产扶持、技术支持、经济援助等形式，帮助重点优抚对象解决生活、住房、医疗、子女上学等方面的实际困难，探索出优抚工作社会化的新路子。全面实施退役士兵培养工程。注重退役士兵技能培训，2016年全区接收安置退役士兵111人，其中具有大专以上学历的11人，有85人报名参加免费职业技能培训。先后公开选拔7名优秀退役士兵担任村干部。利用高港红色资源优势，推进海军主题文化广场建设。投入1000万元新建高港区烈士纪念馆。

有序推进和谐社区建设。围绕社区综合体制改革要求，把提升社区服务水平作为创新社区治理的重要内容，推进城乡和谐社区建设，城乡和谐社区合格率92%。镇街“政社互动”运行机制建设实现全覆盖，“三社”联动机制基本形成。先后制定《高港区社区工作准入目录》《推行城乡社区工作准入制度的实施办法》和《高港区村务公开目录》，通过给社区减负确保社区组织把更多时间和精力放在群众自治和为群众服务上。加大社区综合服务平台建设，实行“一站式”服务，社区管理服务功能不断完善。全区90个城乡社区中有86个社区的服务中心达到省委、省政府规定的标准。

规范社会组织服务管理。区委、区政府出台《加快培育发展社会组织的实施意见》，加大社会组织登记改革力度，推进社会组织与行政机关脱钩，增强社会组织依法自治能力。多次召开社会组织推进会，邀请专家进行业务辅导。建立社会组织孵化中心，加大对初创期社会组织培育扶持力度。高港区社会组织每万人拥有数达13个，超过省定标准，获得评估等级的社会组织62个，占应评社会组织总数的34.5%。

做好社会事务管理。2016年为2383名死亡人名免除基本丧葬服务费277.71万元。引导全区树立文明殡葬新风。全区7个镇街建有6个公益性公墓，建有3个骨灰存放堂。全年办理结婚登记2849对，离婚登记533对，补办婚姻登记423对，婚姻登记合格率100%。办理收养登记2件。

强化地名公共服务。全面启动第二次全国地名普查工作，2016年全区共制作安装（更换）道路名称标志牌90余块。开展平安边界创建活动，建立边界联席会议制度和边界纠纷应急处理机制，完善高港区界线、界桩信息库，分别与泰兴、姜堰、海陵、江都、扬中等毗邻市、区订立共建平安边界协议，定期开展互访、联防、联调，确保边界地区无治安乱点和民事纠纷案件。（区民政局）

媒体聚焦

江苏泰州市高港区“机关干部百村行”夯实基层党建

2016年春节后，江苏省泰州市高港区开展“机关干部百村行”活动，全区近千名机关干部分赴7个镇街所有村居，集中开展思想政治“大教育”、基层组织和干部队伍“大建设”、社区综合体制改革“大推进”、社会矛盾纠纷“大排查”、党风廉政建设“大巡查”“五大行动”。

高港区委组织部负责同志介绍说，高港区委这次下大力气，组织机关干部下基层，目的是为了引导各级党组织和广大党员干部进一步扎实理论基础、坚定理想信念，改进工作作风、坚持为民服务，强化廉政建设、健全规章制度，不断提升基层党组织的创造力、凝聚力、战斗力和基层党员的先进性、纯洁性、廉洁性。使机关干部真正服务基层、建设基层，“打通最后一公里”，推动各项政策措施在基层落实落地。活动开展以来，90个走访调研组成员全部进驻指定村居，公布办公地点、联系人和联系方式，方便群众联系。同时，调研组成员还深入田间地头、农家院落，与基层群众“面对面”，帮助解决问题，积极化解矛盾，融洽干群关系，促进社会和谐。同时，认真撰写民情日记，真实记载下基层情况，并认真梳理基层反映的意见建议，及时反映基层动态。

据悉，目前，“五大行动”按既定方案正有序深入推进。思想政治“大教育”方面，区委领导亲自给基层党员干部做辅导报告，组织村居党组织书记“基层党组织建设”专题学习辅导，组织村居党员干部集中冬训，组织走访调研组组长到村居上专题党课，推动基层党员干部进一步加强了党性修养，保障了中央和省市区委全会精神贯彻落实到位。基层组织和干部队伍“大建设”方面，组织各走访调研组深入各村居，认真开展谈心谈话活动，累计访谈1850多人次；组织各村居分别召开了专题组织生活会和村居民代表大会，组织全体党员认真开展了批评与自我批评，进行了民主评议、党性考核，接受了群众的现场质询、民主测评，并推荐产生了一批后备干部。社区综合体制改革“大推进”方面，各走访调研组认真督促、指导、帮助未达标的村居排出工作计划表，实施“挂图作战”，并积极帮助出点子、想办法，有效推动了社区综合体制改革各项任务要求落实到位。党风廉政建设“大巡查”方面，开展了问题线索“大起底”活动，梳理违纪线索26件次；对村居党员干部是否存在“四风”问题进行了问卷调查；逐村居开展廉政宣讲活动，已宣讲40多场次；组织纪委、审计、财政、农委等部门的50多名业务骨干，对全区90个村居进行“拉网式”财务清查。社会矛盾纠纷“大排查大化解”方面，各走访调研组共排查出矛盾86件，已积极推动化解到位20件，取得了初步成效。

“机关干部百村行”得到了基层干群的热烈欢迎。区纪委口岸街道徐桥村走访调研组在组织徐桥村党总支下设的3个支部召开组织生活会时，全村88名党员全部参加，组织生活会气氛既严肃又认真，既紧张又热烈，所有党员都对这次大范围地开展组织生活反响强烈，认为很有必要、很及时。83岁的老党员刘伯生说，“今后党内生活还是要坚持这一标准，发展经济不是党员干部的唯一职责，更重要的是抓好我们党员的形象，树立清风正气。”

只有脚底沾满了群众家前屋后、田间地头的“泥土”，才能听到群众的心里话，看到群众的生活现状，品到基层干部工作的辛苦付出与奉献精神。通过走访调研，调研组成员不仅“脚底沾上了泥”，更深切感受到全面加强基层党建工作的重要性，感受到区委组织这次活动的必要性，也深深地体会到密切联系群众的紧迫性，同时更进一步增强了切实转变作风、主动服务基层和做好群众工作的自觉性。

高港区委组织部负责同志接受采访时表示，贯穿全年的高港区"机关干部百村行"活动接下来将进入常态化推进阶段，主要抓问题整改和督查推进。每个走访调研组都将拿出为基层、为群众解决实际困难的计划和具体"路线图"，把基层的困难当作本单位、本部门的问题，带着感情、倾注精力，扎扎实实地为基层、为群众解决一批实际困难，促进基层和谐发展、协调发展。

（2016年6月13日人民网　钱兰、庄坤江、曲朝霞）

历史性突破！扬子江药业勇夺5项国际QC金奖

日前在泰国曼谷举行的国际质量管理小组大会（ICQCC）传出喜讯：扬子江药业集团夺得5项国际QC金奖。这是继去年夺得2金3铜后，扬子江药业又一次站在国际领奖台上，为进军国际化奠定基础。

ICQCC被誉为国际质量管理（QC）界的"奥林匹克"，是QC活动发布的世界最高平台，迄今已举办41届。本次国际QC发表共有12个国家和地区参赛，中国派出包括中国航天、中国核电、华为、扬子江药业、海尔、神龙汽车等18个企业的34个课题组参赛。扬子江药业5个课题参加，全部获得金奖，实现历史性突破。

作为中国制药企业的"主力"，扬子江药业集团2015年首次亮相国际QC大赛就一鸣惊人。此次，扬子江共有5个课题参与角逐，分别为"研究百乐眠胶囊中微量重金属检测的新方法""压片机冲头清洁方法的研究""头孢粉针剂A品种生产线充氮装置的设计及应用""降低依帕司他原料药杂质含量"和"降低胃苏颗粒乙醇残留量"。

"参加国际QC比赛，在与世界一流企业同台竞技中夺得大满贯，我们靠的是苦练内功和对质量精益求精的不懈追求。"扬子江药业集团总经理助理沙琦说，他们从集团100多个QC小组课题中遴选出5个课题，经过周密安排，不断改进和提升，确保出精品、拿金牌。

扬子江药业始终秉承"高质、惠民、创新、至善"的核心价值观，建立起"将每一粒药做到极致"的全员全过程质量管控体系，严把药品研发、采购、生产、放行、储存、售后六道关，并建立了一套高于国家标准的内控质量标准。集团每年3月和9月都开展质量月活动，在生产、科研、质量第一线成立了100多个QC小组，已累计完成800多个课题攻关，有10多项QC成果填补国内外技术空白。

扬子江人对产品质量的倾力付出，得到社会广泛认可。集团相继获得江苏省质量奖、中国质量奖提名奖、全国工业企业质量标杆企业、全球卓越绩效奖等荣誉。今年7月，扬子江药业以92项发表成果蝉联全国医药行业QC成果一等奖"12连冠"。同月，由工信部权威发布，扬子江药业又一次荣登中国医药工业企业百强榜榜首，这也是他们连续第7年跻身全国医药工业百强榜"前三甲"。

扬子江药业集团董事长徐镜人表示，此次实现国际QC发表金奖大满贯，标志着企业质量管理达到领先国内、接轨国际的较高水平。今后，扬子江人将继续强化全员质量管理，以全球卓越绩效管理为标杆，力推美国FDA和欧盟GMP认证，把"扬子江"打造成为世界品牌，为中国医药行业树立新的"质量标杆"。

（2016年8月31日《新华日报》　刘良鸣、罗婧）

生态优先，高港严守发展生命线

无噪音、无粉尘、无异味、无烟雾……走进位于高港区境内泰州港核心港区的汇福粮油集团江苏生产基地，这里到处绿树成荫，郁郁葱葱，犹如进入毗邻长江的一个大公园。当年立项、当年建成、当年收益，但这座总投资30.7亿元、年加工大豆400万吨的现代化粮油工厂，让人为之瞩目的不仅是建设速度，更是近乎苛刻的环保意识。这里采用世界最先进的食用油生产工艺，比传统粮油加工企业节能降耗50%，实现废水、废气零排放。

在高港，像汇福粮油这样科技含量高、发展前景好、绿色环保的高品质项目不是少数。总投资50亿元的扬子江药业集团龙凤堂生态园，一改传统中药生产过程中耗费人力巨大、标准不可控、影响生态环境等弊端，将生态环保理念贯穿于中药材种植、中成药生产全过程，实现中药生产"零气味、零污染、达标排放"。这里主要生产口服液、颗粒剂、饮片片剂、胶囊等药品和保健品，到2020年销售额可达250亿元，创利税20亿元，将打造全球最大的中医药健康产业示范基地。

"生态领先，已成为高港最重要的特色竞争力。"高港区委书记顾萍说。高港的绿色发展，既有新兴产业的引进、培育，也有传统产业的转型、提升。截至目前，高港战略性新兴产业、高新技术产业产值占规模以上工业比重分别达28.5%和51.7%，高科技、高附加值、节能减排的生态产业发展导向全面建立。高港的新医药、粮油食品加工酿造、装备制造、新材料四大主导产业优势不断放大，产值占规模以上工业比重达70.7%。"十三五"期间，高港新医药产业将进军千亿级规模，粮油食品加工酿造、装备制造、新材料产业分别达500亿元规模。

高港对新招引项目严格实行产业、税收、环保、安全、技术、就业、节能、规划“八位一体”的综合评估，确保项目符合产业集聚要求和转型升级方向。“就在一个月前，万向与高港区签订万向精工二期项目。”万向精工江苏公司综合部负责人告诉记者，新项目总投资16亿元，将根据中国制造2025的要求，积极实行绿色生产，致力打造全球最先进的智能制造示范工厂项目。项目全面完成后，万向泰州工厂将形成2000万套汽车轮毂轴承单元生产能力，成为全球最大的汽车轮毂轴承单元生产基地之一。

汽车零部件产业的“磁场效应”在不断放大。位于高港区临港经济园的欧瑞格传动部件公司总投资10亿元，项目全部达产后，可形成年产50万台汽车自动变速箱生产能力，年可新增销售34亿元，利税5.17亿元，成为行业领域民族企业的龙头老大。在欧瑞格的牵线下，今年7月，高港区与吉林大学合作共建吉林大学（泰州）汽车动力传动研究院正式签约。一期预算总投资4.1亿元，力争通过3至5年时间建成国际一流的汽车动力传动先进技术研究及新产品开发的实体研究机构。

20公里的长江岸线，是大自然对高港最好的馈赠。在“港口名城”建设中，高港十分注重沿江岸线资源规划与保护、修复与利用，修编完善港口发展规划，科学开发港口岸线资源，变业主码头为公用码头，充分发挥岸线的最大效益，致力打造江海联运中心港。8月，泰州港—洋山港“精品快航”航线签约暨首航仪式在泰州国际集装箱码头举行。这标志着泰州港首条外贸快航航线正式开航，苏中地区的外贸货物运输有了一条经济、高效、快速的航运通道。

高港区的长江岸线绝大部分都是优质深水岸线，他们坚持以规划为引领，委托专业机构编制沿江生态保护规划，把其中6.4公里调整为生活生态岸线，同时守住生态底线，坚决顶住诱惑，否决了一批10亿元、20亿元的大项目。2015年以来，高港新开工了160个亿元以上项目，却没有新占用1米长江岸线，为未来发展留下了空间。不仅如此，为了修复长江生态、涵养水源，高港对生产岸线积极完善低效利用退出机制，搬迁了约20家砂石厂、7家小船厂、1000多户民居、8个养殖场及渔船停靠点。由此形成的绿色、自然、魅力的滨江生态保护带，已成为市民休闲娱乐、健康养生的好去处。

（2016年12月13日《新华日报》记者：刘宏奇、顾介铸、赵晓勇；通讯员：高宇彤、邵釜明、张玲）

江滩湿地　　　　（永安洲镇/供稿）

统一集团三大上市企业抢滩泰州高港

3月21日，由台湾统一企业集团旗下上市企业统一超商投资2.4亿元新建的泰州统一超商仓储物流项目，在泰州市高港高新区奠基开工，这是台湾统一集团在高港开建的第3个产业项目。至此，台湾统一集团旗下3家著名上市公司统一企业、统实企业、统一超商均在高港高新区投资兴业，累计投资额超过2.6亿美元，泰州高港也由此成为统一集团在大陆投资布点的最密集区域。

统一企业集团总部位于台湾台南，现已发展成为一个包括食品制造、零售流通、投资贸易等多元化产业集团，成为台湾最大的食品行业上市企业。统一企业集团从2010年开始落户泰州高港，先期投资3000万美元建设厂房及冰红茶、冰绿茶等热灌装饮料生产线，到2011年再度拿出7000万美元用于建设方便面、热饮等生产线，泰州分公司升级为具有独立法人资格的泰州统一企业有限公司。此后，随着食品行业竞争加剧，“统一”加速布局大陆市场。

在统一集团高层看来，综合考虑生产物流成本及政府服务效能等因素，地处长三角发达地区的高港，既是江海河联运、铁公水中转、内外贸运输的节点，又能有效辐射苏中苏北市场，这里正是一个建造生产基地与物流配送项目的绝好“圆心”。台湾“统一”布点泰州的第2个项目，由其旗下统一实业股份有限公司实施。该项目一期投资1亿美元，主要生产“海之言”功能性饮料、“统一”牌冰红茶、阿萨姆奶茶等饮料。公司采用目前国际最先进的饮料生产设备和生产工艺，实现了制瓶、饮料充填和包装为一体的全自动化生产，年产规模超4500万箱，成为统一集团在华东地区最大的饮料生产企业。

这次新建的统一超商仓储物流项目，主要为“统一”旗下星巴克咖啡、7-ELEVEN、酷圣石冰淇淋、乐豪餐饮、多拿滋食品等5000多家便利店提供食品加工、仓储、运输配送等业务。据泰州统一超商董事长林宏俊介绍，这个高端仓储物流基地建成后，预计年销售达2亿元。而随着对高港高新区投资的不断追加，泰州基地在“统一”战略棋局中的分量也愈发重要。

（2016年3月25日中国江苏网 顾介铸、刘治）

高港：现代农业量质齐升跃上全新发展平台

回顾刚刚过去的这半年，对泰州市高港区农业人来说，喜讯、捷报频频：

3月20日，全国春季农业生产暨森林草原防火工作会议在作为观摩现场之一的高港上膳源泰州农场举行。农场获得国家、部、省领导好评。同时，高港还承办了全省春耕、备耕“送农机、送科技、送服务下乡”活动；省2016年长江水生生物增殖系列放流暨泰州市第八届放鱼节活动；上膳源泰州农场有机蔬菜进万家大型公益行动媒体见面会。

6月2日，澳门，江苏—澳门·葡语国家工商峰会理事会农业产业化合作推进小组会议举行，高港区首次组织企业参加。该区江洲农业科技发展有限公司作为江苏省内在葡语国家投资最大的农业企业，在会上与安哥拉国家投资局成功签约；同时，安哥拉国家投资局、中国农业发展银行、天津市农委、岳阳市党政代表团及省内南京、涟水、泗洪等地有关单位先后来高港区考察参观了特色农业园区。仅上半年，高港区就接待来访考察现代农业的代表团14批近300人次，这些活动的成功举办迅速提高了高港农业的知名度，打响了高港现代农业品牌。

与此同时，高港区还特邀中科院、住建部、农业部等单位专家到高港考察，为高港发展农业现代化把脉问诊；修改完善了《高港区“十三五”现代农业发展规划》和《泰州市城南健康农业示范园区总体规划》，并通过专家评审；开展乡村旅游节点调研，规划打造高港特色乡村旅游线路。总的来说，上半年，高港的农业农村工作提升到新的高度，既有量的扩大，又有质的提升，各项工作均取得了新突破。

由“卖产品”向“卖品牌”转变
高港现代农业获各方“点赞”

3月20日，全国春季农业生产暨森林草原防火工作会议在高港召开期间，万亩永久性蔬菜基地里设置的展板前，一张张黑白打印的检测报告，吸引与会代表们的目光。和用保鲜膜包装好的有机菠菜、莴笋、小青菜一起，这叠报告被放在货架的醒目位置，它们是这些有机蔬菜的“身份证”，也是这些有机菜打开上海市场的“敲门砖”。“全程有机”“菜地认领”“订单供应”“体验农业”，全新的经营理念、一二三产融合的模式，给与会的各省代表留下深刻的印象。青海省发改委副主任平志强更是眼前一亮：“这种模式很好，我们西北地区拥有得天独厚的生态优势，可以学习泰州、高港，推出‘绿色牌’‘有机牌’的农牧产品。”

万亩永久性蔬菜基地，是高港现代农业发展的一个缩影。农业发展到不同阶段有不同的标志，现代农业的标志是什么？泰州市高港区农委主任李明荣认为，现代农业一个重要的标志就是品牌。农业发展方式上要由“卖原料”“卖产品”向“卖品牌”转变，这是农业发展到一定阶段向更高层次攀升的必然趋势。

高港区委常委、副区长蔡秋云说，这几年，高港区积极打造现代农业发展高地，仅今年以来，新增投入1000万元以上的农业规模项目就达15个，其中亿元项目3个。该区通过招商引资和鼓励增资扩股的方式，形成了现代农业园等九大规模园区，并出台奖励政策，引导零散的高效农业向园区靠拢，实现组团发展。该区规定，新建高效农业单个项目连片面积在200亩以上的，区财政奖励2万元；500亩以上的，奖励6万元；对发展大棚设施种植的，每亩奖励500至2000元；投资超过5000万元的生产类农业项目，按基础设施投资额的30%给予奖补。利好政策起到四两拨千斤的作用。该区的胡庄镇打造了高港现代农业园、万亩银杏林果园和江水清沙水产养殖园，发展经济林果、时鲜蔬菜和江鲜养殖；白马镇建立万亩种植园和腾龙林业科技园，发展高档商品苗木；大泗镇打造中药科技园，发展中药养生健康产业；许庄街道建设高港农业生态公园，发展观光休闲农业；永安洲御庐园生态果园，发展设施葡萄种植及桃、杏等果品。

品牌的背后是特色。按照泰州市委、市政府的总体规划，“十三五”期间，高港区以打造健康农业产业为重点，全面提升现代农业发展水平，重点实施四大工程，积极打造健康农业示范园区。围绕“三健”（健康生产、健康产品、健康生活）、“三养”（养眼、养生、养心）的发展理念，大力发展区域优势农业产业。依托省级、市级现代农业园区平台，支持上膳源泰州农场、御膳源等龙头企业增产扩股、提档升级。同时围绕打造“第六产业”，加快招引农副产品精深加工、农业农村特色旅游重点项目落户，进一步拓展园区内涵、打响园区品牌。这些特色项目培植出一个个特色农产品，他们不断“长”成致富千万家的品牌产业，将成为高港现代农业发展的一大亮点。

如果说品牌是市场的“敲门砖”，那么质量则是品牌经久不衰的保障。泰州市农委对2015年度全市农产品质量安全绩效评价情况进行的通报显示，高港区以总评分99.7分的成绩在市级（高港区、医药高新区、农业开发区和海陵区）农产品质量安全绩效评价考核中获第一名。目前，省级、市级农产品例行监测合格率为100%，实现了生产过程可追溯、可查询；农产品质量安全监管平台正常运行率为100%；全区种植业“三品”农产品产量达161132.1吨，占全区粮食总产量的56.71%，三项农产品质量安全考核指标均位居全市第一。未发生农产品质量安全事故。6月16日，省人大组织人大代表实地查看许庄街道农产品质量安全监管站、天源农资专业合作社和省级高港现代农业园区检测室，详细了解高港区农产品质量安全监管工作开展情况、农业投入品的经营管理情况、园区检测室的检测工作运行情况等，对该区狠抓农产品源头监管、全面推行农产品产地准出制度、有效保障农产品质量安全的各个工作环节给予高度评价。

七成承包地得以流转
“转”出现代农业新气象

走进高港区腾龙生态林业科技示范园，成片的树苗蔚为壮观。很少有人知道，几年前这里苗木种植只有200亩，如今采用“公司+基地”的经营模式，带动园区周边农民共同栽植苗木6000多亩；成立泰州市首家林业研究所，与省林科院、南京农业大学、南京林业大学、江苏农牧科技职业学院等省内多家科研院校开展合作，致力于苗木品种、栽培模式的技术研究与推广，多次承担国家及省级科研项目，实施了彩叶树种规模化引繁与示范推广、耐寒非洲菊新品系的推广与应用等国家星火计划；承揽南京禄口机场、扬子江药业集团以及山东、安徽等地数十项景观绿化施工工程，年施工产值近亿元。在腾龙公司的示范带动下，高港的花卉苗木产业迅速兴起，目前，高港区花木种植面积30000亩，从业人员1.5万人，全区年产值1000万元以上的园林绿化企业已有14家。

高港地少人多，发展高效农业是促进农业增效、农民增收的必由之路。但是，如何使高效农业真正实现“高效”，不是家家户户种上经济作物就算了事，必须通过组建农民合作组织，走规模化、产业化的道路，使亩均收益达到最大化。在政府部门的引导、扶持下，目前高港已建各类农民专业合作社337家。

一个个合作社的兴起，带动承包地的流转，也“转”出高港现代农业新气象。“一开始推行土地流转的阻力非常大，不少村民有‘恋土’情结，少数村干部有抵触情绪。”李明荣介绍，为解开农民心中的“结”，他们以多种形式深入宣传，通过算账对比的方法，宣传通过流转推进规模种养的好处，预测流转土地的预期收益，并带领农民北上南下参观学习，一下子打开农民的视野，破除僵化思想和“恋土”情结，大家的热情高涨。

土地流转工作迅速打开新局面。就拿该区永安洲镇为例，1.55万亩土地率先全部流转，村干部充当流转的主力军，建立起23个家庭农场。据了解，高港区现辖4个镇、3个街道，84个涉农村（居），承包土地面积15.82万亩，截至去年底农户家庭承包耕地流转面积11.77万亩，占承包土地总面积的74.4%。

“我们的土地流转结构优，八成多流向新型农业经营主体，比如家庭农场、合作社、农业龙头企业等。”李明荣介绍。扶持力度大、启动早是高港土地流转的另一个特点。早在2012年，区委、区政府出台的《推进转型升级综合改革的若干政策意见（暂行）》就明确，从奖励土地流转主体、经营主体、工作推进主体，加快配套设施建设等方面，加大政策扶持力度，让农户收益更多。而去年该区推出的村居综合体制改革进一步加大土地流转的奖励力度，对所有生产环节都给予奖励。

土地流转让农民得到的是真金白银。近几年，高港区农村居民人均可支配收入每年以10%以上的速度递增，农民增收从梦想照进现实。

土地的合理流转，不仅让农业专业化、规模化生产变为现实，并使高港农业生产逐步从追求产量和倚赖资源消耗的粗放经营向数量质量效益并重转变。高港已初步走出一条产出高效、产品安全、资源节约、环境友好的现代农业发展之路。

依托规模经营，一个规范化、现代化的社会化服务体系正不断健全。目前，高港经工商注册登记的农业社会化服务组织达到108家，永安洲镇、胡庄镇实现植保社会化服务全覆盖，由植保合作组织进行统防统治，减少农户药肥成本，提高病虫害防治效果，被服务主体能减少30~40元/亩的种植成本，大大提高新型农业经营主体的生产效益。

土地流转增强了村集体实力。在高港许庄街道乔杨社区，针对农民集中居住后下田耕作较远、蔬菜种植不便、农具存放较难、生活成本较高等问题，由村集体对耕地进行集中流转、统一耕种，集中耕种规模近2000亩，既解决群众的现实难题，每年还可为村集体增收70万余元。土地流转也使得过去老大难的机插秧推广、农村环境整治及秸秆禁烧等问题迎刃而解。

高港区将把镇（街道）土地流转服务中心功能并入区农村产权交易中心，把农户承包土地经营权流转纳入公开市场交易范围，全面实行流转服务信息化管理，加快构建区镇村三级联动的服务网络，为流转创造更加良好的环境。此外，积极开展土地经营权抵押贷款试点，激发土地流转的融资活力，让土地流转成为撬动三农工作再上新台阶的“支点”。

变“大水漫灌”为“精细滴灌”
走出精准扶贫的新路子

“每天我都能收到一大堆蔬菜订单，有的已订到春节前了。”高港胡庄镇一位种植大户说，是结“穷亲”让他们拔了“穷根”，根据目前行情，今年每个大棚蔬菜种植户纯收入不少于3万元。

“这一成绩的取得，来自于扶贫思路的转变。”李明荣说。近年来，该区农村扶贫工作由“大水漫灌”式向“精细滴灌”式转变，由救济型扶贫向发展型扶贫转变，由综合开发式扶贫向参与式整村推进转变，走出了一条精准扶贫的新路子。扶持对象精准、项目安排精准、资金使用精准、措施到户精准、因村派人（第一书记）精准、脱贫成效精准。

根据该区确定的新一轮扶贫标准，“十三五”期间，以农村人均年收入1万元以下的低收入人口、集体年收入50万元以下的经济薄弱村（社区）为主要帮扶对象。目前，该区1万元以下的收入农户3216户5100人，其中7000元以下低收入农户1595户2574人；50万元以下的经济薄弱村34个，其中35万元以下经济薄弱村8个。具体目标为今年完成7000元以下的人口和35万元以下经济薄弱村（社区）脱贫，2017年完成8000元以下的人口和40万元以下的经济薄弱村（社区）脱贫，2018年完成9000元以下的人口和45万元以下的经济薄弱村（社区）脱贫，2019年完成10000元以下的人口和50万元以下的经济薄弱村（社区）脱贫，2020年为巩固提高年。

建档立卡，是扶贫工作的“第一战役”。该区要求各村通过村民代表大会审议的方式，查清“贫”根、摸清“困”源、找准“靶”子，公开、公平、公正地选出符合条件的贫困户，并为他们建档立卡，实行动态化管理、精准识别。在此基础上，核查乡镇上报建档立卡相关数据，确定最终的低收入农户户数及名单，公示低收入农户最终名单；在全国扶贫开发信息系统上核查乡镇上报建档立卡相关数据，对数据出入较大的进行修改并查找原因，最终录入系统的低收入农户为1595户，2574人；根据每户致贫原因制定帮扶方案，确认帮扶责任人，落实帮扶措施。目前已基本完成帮扶手册的填报，确保每一户都有帮扶责任人，确保帮扶有记载、责任有人领、脱贫有农户签字确认，切实做到所有低收入人口“一人不少、一户不落”如期脱贫。

在帮扶思路上，高港坚持因村制宜、一村一策，通过建标准厂房、商业用房、发展农业适度规模经营等途径增加村集体经济收入。按照“统一规划、联合兴建、整体经营、集中管理”的要求，鼓励经济薄弱村集中在园区兴建标准厂房，区按照不少于50%的建设资金进行奖补。对无劳动能力的低收入农户，通过社会救助、结对帮扶和落实低保、“五保”政策等方式进行帮扶；对有劳动能力的，通过介绍就业、支持发展种植养殖业、加入合作社等形式帮扶。一些薄弱村还利用帮扶资金改造老村部、老学校、荒废地等闲置资产对外出租经营；有些村兴办各类经营、劳务和为农服务实体，增加集体收入。

在“因村制宜”过程中，高港的经济薄弱村正抢抓“互联网+”、新型城镇化、城乡一体化等发展机遇，积极探索集体经济增收的新业态、新模式，培植新的增长点。高港区临港经济产业园区内，8幢整齐划一的标准厂房已经竣工，正在加紧进行内部装修。尽管没建在自己村里，高港区口岸街道雅儒村村委会负责人最近却爱时不时去厂房转转。原来，8幢标准厂房中有6幢的收益权和股权分配权被高港区分给了该区22个经济薄弱村，雅儒村就是其中之一。每个薄弱村在前3年可享受2000平方米的厂房租金收益，之后再按村里持有的标准厂房股份获得收益。仅这一项，这些经济薄弱村每年共可增加24万元村集体收入。

“厂房也能‘飞地’，这是高港‘精准扶贫’的一大创新。扶贫开发进入攻坚阶段，由于受到客观因素的制约，固守并不是可选项。把标准厂房从‘穷窝’里挪出来，集聚发展形成合力，成为高港经济薄弱村增收的一条有效途径。”蔡秋云说，今后，该区还将进一步完善常态化帮扶机制，形成区抓推进、镇村抓落实，党政一把手负总责、分管领导具体负责的工作推进格局；推广精准扶贫的做法，建立对象识别、定向帮扶、考核评估、动态调整等机制；创新新型农业经营机制，发展新型农村集体经济，用创新举措推动帮扶工作。

“忽如一夜春风来，千树万树梨花开”。高港现代农业如今遍地开花，如“梨花压枝”般喜人。借助农业现代化的东风，高港锁定目标，扬帆起航！

（2016年8月20日《新华日报》撰稿：孙卫卫、王玮）

高港大妈圆了
世界排舞冠军梦

1月4日至8日，2016年UCWDC世界排舞联赛冠军赛在美国田纳西州纳什维尔市拉开帷幕，代表中国参赛的高港区文体旅游局中老年排舞精英队摘得民族舞组和大众排舞组两个组别的冠军。

脱颖而出，夺得大奖

1月4日，在美国田纳西州纳什维尔市比赛现场，当主持人宣布获得民族舞组和大众排舞组的冠军均是“江苏泰州高港区文体旅游局”时，全场响起热烈的欢呼声。

台下观众席上的15位高港大妈紧紧拥抱在一起。“我们的努力全部留在了舞台上。此时成绩对我们已不重要，重要的是我们为国争了光。”高港区文体旅游局排舞队队长陈美说。

世界排舞协会副主席、大赛主裁判Sam说：“这是2006年至今，我见过的最好的排舞，她们夺得冠军是当之无愧的。”

据介绍，UCWDC世界排舞联赛冠军赛是全球最顶级的排舞赛事，吸引了世界各地排舞爱好者齐聚一堂，在团体和个人的各个组别项目中竞争角逐。本届比赛共有来自18个国家的5114名排舞选手报名参赛，是历届排舞比赛参赛人数最多的一次。

比赛分为大众排舞组、民族舞组和原创舞组等众多级别。高港大妈们参赛的两个节目《洲堤杨柳舞港城》和《茉莉飘香中华情》分别获得民族舞组和大众排舞组两个组别的冠军。

三年努力，一朝梦圆

2013年，高港大妈们参加在广州举行的全国原创广场舞比赛，获得特等奖，这是泰州群众体育在全国比赛中获得的首个最高奖项。当时，带队的高港区文体旅游局负责人说：“三年后，你们将站上国际舞台。”大妈们都觉得不可思议。

“这是个几乎不可能实现的目标。能在国内获奖已经很不容易了，去世界舞台表演想都不敢想。”队员何萍说。

“心有多大，舞台就有多大。只要努力，一切皆有可能。高港区文体旅游局相关负责人说，只要准确把握世界排舞的发展趋势，并结合高港特有的地域文化，节目到哪都会受欢迎。

三年来，在高港区文体旅游局的组织策划之下，口岸街道文化站和高港大妈们相继创作了《茉莉飘香中华情》《洲堤杨柳舞港城》和《大江儿女》等原创经典曲目，舞蹈动作和队形编排独具一格。2014和2015年，《茉莉飘香中华情》等节目又连续在国内获得最高奖项。

去年10月，鉴于大妈们在全国比赛中的优秀表现，国家排舞中心发函邀请她们与来自湖南绥宁的排舞队组队，代表中国出征世界排舞联赛冠军赛。陈美和队员们拿到邀请函后，都不敢相信自己的眼睛。

奋力拼搏，为国争光

能去美国参赛，大家喜悦之余，感到肩上的责任更重了。“我们是代表国家去参赛，一定要为国争光，奋力拼搏。”大妈们达成了共识。

她们立即投入到紧张的排练中。曲目确定后，每天排练三小时以上，动作一遍一遍地矫正，队形一次一次地调整。

训练中，有些人脚底磨出了水泡，有些人感冒发烧，有些人扭伤了腰……但没有一个人因个人原因请假，所有人都全身心地投入到排练中。

为了让参赛曲目更符合国际排舞比赛的潮流和要求，高港区文体旅游局请来了国内知名广场舞专家前来指导。专家严格地调整大妈们的每一个动作，这对平均年龄达55岁的大妈们来说，是一种体力和意志的考验。

2015年12月30日，高港大妈们出征世界排舞联赛冠军赛。根据组委会的安排，参赛队员有三天时间倒时差。可是心系比赛的高港大妈们，根本无心去调整时差，在每天只睡三四个小时的情况下，坚持高强度赛前集训。“参加这样的国际大赛，一生也许只有一次，此时不拼更待何时？”大妈们说。

由于时差没倒过来，加之训练强度高，队长陈美发烧了。为了不影响训练，她一直瞒着病情。像这样的例子还有很多很多。比赛结束第二天，一下子倒下了四五名队员。

“参加这样的比赛，既是排舞技术的交流，也是对民族文化的宣传，同时还能提升泰州的城市知名度和美誉度。”高港区文体旅游局相关负责人说。

（2016年1月9日《泰州日报》记者：童凯；通讯员：孔小军）

“新三板”敲响高港专场钟声

昨天，北京金融街全国股转中心人头攒动，“新三板”泰州市高港区专场在这里举行。随着一声金钟的敲响，该区本土企业海天电子、榕兴医疗、友润电子等3家企业同时在全国中小企业股份转让系统（俗称“新三板”）挂牌上市。

“这是2009年高港区实施企业‘六化’转型工程和2015年泰州市开展企业上市‘三年行动计划’以来，高港区企业挂牌上市的一次重要突破。”市人大常委会副主任、高港区委书记王建说，企业上市直接融资是破解实体经济融资难、融资贵最有效的办法。登陆“新三板”将为企业更好地募集资金，为开发更多优质项目，实现更大发展提供资金保障。

据了解，目前，高港区已吸引20多家上市企业入驻，但本土企业之前一直没有实现上市突破，对此，王建指出：“高港的本土企业大多数是在乡镇企业基础上发展起来的民营企业，企业的发展得益于创业精神，但受制于创业理念。企业厂长普遍对资本市场的认知不足，缺乏资本运作的意识。面对经济发展新常态，企业要想立于不败之地，必须加快走出一条‘实业+金融+创业’的转型升级之路。”

近年来，高港区深入实施以“品牌化、标准化、资本化、上市化、信息化、高端化”为主要内容的企业“六化”转型工程，对暂不具备上市条件的企业推行“模拟上市”，推出包括5大类23个子项目的“中小企业模拟上市主要指标评价体系”，让企业对标找差，增强“内功”。同时出台专门的奖励办法，引导企业建立包括管理、财务、运行等在内的现代企业制度。

在此基础上，该区通过举办“金融超市”等活动，搭建中小企业与各类证券、创投机构交流合作的平台，实现企业多元化融资需求与金融机构多样化服务的无缝对接。编发《企业上市工作辅导指南》和《券商创投高港行资料汇编》，将企业、券商、创投等基本信息综合在内，促进企业与各类金融机构之间信息共享，为各方开展业务合作提供便利。

同时，该区制定了《推进转型升级综合改革的若干政策实施细则》，鼓励企业上市，激发企业上市积极性。

该区还建立健全企业上市联席会议和联络员制度，定期商讨解决企业股改上市过程中遇到的各种困难和问题。针对企业在改制、挂牌上市过程中涉及的各项手续和证明，建立挂牌上市工作“绿色通道”，明确专人负责，消除上市障碍，加快上市进程。

据介绍，此次上市的三家企业均在前期推行了“模拟上市”，建立了现代企业经营管理制度。其中，海天科技是一家专业从事半导体分立器件的封装与测试的民营科技型企业，曾获得国家火炬计划和国家级中小企业创新基金。榕兴医疗是一家专业从事功能性医用敷料研发、生产和销售的国家重点高新技术企业。友润电子主要业务为半导体集成电路和分立器件塑封引线框架的制造、销售。

高港区委常委、副区长吴斌介绍，下一步，该区将在前期工作的基础上，推动更多企业加快上市步伐，促进实体经济持续健康发展。

当天，该区20余家重点企业负责人到现场观摩学习。“看到同行们在资本市场竞相逐鹿，更坚定了企业加快上市的决心，以后将多请教、多学习，加快完善现代企业制度，争取今年实现挂牌上市，促进企业做强做大。”泰州龙冉装饰材料有限公司董事长薛章法深有感触地说。

（2016年1月28日《泰州日报》特约记者：邵釜明；通讯员：卞小士、尤华；记者：王庭君）

18家上市企业扎堆高港高新区

3月27日，国内滑轨铰链领域首家上市公司——广东星徽精密制造股份有限公司投资的高端五金项目在高港高新区奠基。至此，已有18家外来上市公司在高港高新区扎堆投资，投资总量达到156亿元。

翻开这些公司名录，只见一片“星光熠熠”：万向精工，全国汽车零部件行业老大；华润啤酒，全球啤酒生产规模第一；大自然地板，全国地板行业冠军；顺丰快递，国内快递业状元……

“近年来，我们围绕产业特色努力打造上市公司集聚区。”高港高新区党工委副书记、管委会主任顾为进说，上市公司资本充沛，技术工艺领先，营运、盈利能力较强。上市公司集聚，有助于园区增强创新氛围、优化产业格局、提升产业层次，从而加速转型升级步伐。

众所周知，上市公司对投资环境要求较高，常偏爱国家级经济开发区。而高港高新区仅为省级开发区，且面积不大、没有港口，资源禀赋并不占优。如此多的上市公司为何纷至沓来？

“硬件不行软件补。”高港高新区党工委副书记、管委会常务副主任、招商局局长田光明坦言。

他说的“软件”，首先是指项目的谋划。

园区紧抓自身特色产业，瞄准品牌化、资本化、高端化、规模化招商，一旦获得上市公司与龙头企业的相关信息，就立即启动项目策划。

“具体而言，我们实行‘项目日报告制度’，驻外信息员每天须报告项目信息，同时还建立了项目策划制度，每天的例会都会对项目信息

5月31日，泰州将军机械有限公司项目奠基　（高港高新区/供稿）

进行点评，梳理出真正有竞争力的项目，确定‘靶向’后再寻找合适的路径进行招商。”

鲜为人知的是，台湾统一企业进驻，就是“项目策划”的结果。当年，园区有家为统一企业代工的食品厂。能不能直接招引统一来投资呢？在征得工厂同意后，园区主动赴统一企业推介自己，动员它收购这家工厂。最终，统一企业同意收购。开了这个好头，统一集团旗下另两家上市公司统实企业、统一超商也纷纷前来扎营。目前，一个产业园区汇聚三家“统一系”上市公司，这在大陆尚属首例。

“招商团队的‘钉子精神’，是招引到优质上市公司的关键。”田光明强调。

前来参加项目奠基的星徽精密董事长蔡耿锡讲了个笑话：当初园区招商人员得知他们有投资意向后，每天打电话邀他来考察。“我起初怀疑是骗子，在电话里很不客气，但对方毫不气馁，仍坚持邀请。”蔡耿锡说，他不由产生了好奇，想看看这群执着的“骗子”究竟怎么“骗”。“于是跟着他们到了泰州，等到真正来到园区详细交流后，我们喜欢得不得了，决定新项目就放在这里。”

万向精工的到来也很有戏剧性。双方结识后，园区十分希望这家行业龙头前来投资，但人家暂无意向。经过两年多的接触和耐心等待，当园区第11次拜访万向精工时，终于获悉其新的投资信息。经过一番艰苦争取，最后万向精工在园区扎根。如今，万向精工汽车轮毂项目年产能已达800万套，年产值达10亿元。

服务创新，被视为园区最靓的“软件”。

服务就是生产力。高港高新区的做法是“帮办墙内事，包办墙外事”，以一流的营商环境打造投资洼地。

比如园区推出的项目建设服务责任清单，赢得了多家上市公司点赞。它将项目从签约到投产全过程梳理出99项工作，这些工作通通由园区免费跑腿办理，而且每一项都明确了具体责任领导、办理人和办结时间，从而强化了项目从前期审批到开工建设再到竣工验收投产的全流程服务，不再“铜匠担子挑到哪儿响到哪儿”。再比如，一般工业园区，招商局负责项目招引，经发局负责项目建设、运营管理。但高港高新区对此作了“切换”，将原属经济发展局的项目建设职能“挪”到了招商局。这样一来，项目招引、项目建设由同一团队提供“一站式”服务，人头熟、情况清，项目推进更加顺畅。

事实上，园区服务的好坏，常常被上市公司视为最关键的“得分项”。一个典型的故事是，2013年已与苏南某城市签好项目协议并已缴500万元订金的天津鹏翎胶管股份有限公司，经过对投资服务环境的反复斟酌和比较后，最终重新决策，宁可放弃500万元订金，也要将项目落进高港高新区。现在，鹏翎胶管投资10亿元年产1.5亿件的汽车流体管路项目，年开票销售已近3亿元。

目前，园区庞大的“上市公司军团”，其正能量不断凸显：既做“加法”，在世界范围内整合资源；又做“减法”，淘汰落后工艺产能。“它们自身结构不断优化升级，有力提升了园区经济发展水平。同时，其借力资本快速发展的态势，又鼓励园区其他企业努力登临资本舞台。”田光明说。

据悉，园区本土企业海天电子、友润电子已在“新三板”挂牌上市。而华强照明、龙冉壁纸等一批企业也正加快上市进程。

眼下，高港高新区项目建设正呈现投产一批、开工一批、签约一批、洽谈一批、储备一批的良性滚动发展态势，预计5月底就能完成全年项目建设任务。一个最新的消息是，园区近期将有3至5个上市公司新项目开工，而按照计划，到“十三五”末园区将力争集聚50家上市公司。

（2016年4月6日《泰州日报》记者：谢荣；特约记者：邵釜明；通讯员：栾勇）

高港前5个月新开工亿元以上项目65个

总投资1.8亿元的万向精工汽车轮毂智能化生产项目竣工投产，总投资5亿元的星徽精密制造项目进场施工，总投资10.6亿元的扬子江龙凤堂物流基地项目正式开工建设，总投资11亿元的将军机械奠基开工……

今年以来，高港区继续保持项目招引与建设的强劲势头，在更高起点上持续突破。1至5月，全区新开工亿元以上项目65个，提前超额完成全年项目建设目标任务，列全市首位，超过去年总数。

市人大常委会副主任、高港区委书记王建说，项目建设保持强劲势头，既得益于近年来全区上下持续推进项目招引与建设形成的良好氛围和产业基础，更得益于高港一直以来坚持高点定位、务实担当、勇于争先的进取意识，始终咬住项目建设不动摇，以优质增量带动全区经济加快转型升级。

当前，项目招引竞争激烈，如何才能冲出重围，在招商引资上实现新突破？与简单地组织人员到处撒网不同，该区更注重实施精准招商方式，按照“以产业基础明晰产业方向、以产业优势构建产业体系、以产业特色形成产业集聚”的思路，对现有的产业链进行补链扩链。

该区经信委牵头围绕新医药、粮油食品加工、高端装备制造、新材料四大主导产业，开展了产业链专题调研，逐一梳理企业上下游产品和关联产业，并以此为基础编制产业招商目录和指南，大大提高了产业招商的针对性、实效性。

汽车零部件是高端装备制造的重要组成部分。近两年来，该区紧紧围绕这一产业链组织项目招引，万向精工、鹏翎股份、张弛轮毂、海博电子、欧瑞格传动等一批企业先后落户，初步形成了汽车零部件传动系统和行走系统两大产业链。

同时，该区更加注重项目质态。对于拟签约项目，常态化开展产业、税收、环保、安全、技术、就业、节能、规划“八位一体”综合评估，严把项目准入关，确保招引项目符合产业集聚要求和转型升级方向。

项目既要引得来，还要建得快。只有这样，项目突破才有动力，才能对区域经济发展起到拉动作用。今年以来，该区把“蜗牛奖”的评选认定工作由作风效能建设层面向项目招引与建设业绩层面延伸，明确将签约项目2年内未开工或开工项目1年内未有实质性进展，且未申请退出的园区、镇街纳入“蜗牛奖”认定范围，同时结合干部使用导向，通过负向激励，在全区营造真抓项目、抓真项目的浓厚氛围。

在项目推进过程中，该区不仅倒排项目建设工期，还对全区新开工项目统一安装联网视频监控，实时督查项目建设情况，确保重大项目有序推进、按期投产达效，加快形成新的经济增长点。

该区发改委主任王庆介绍，在该区主要负责人办公室内，均有一台联网监控电脑，书记、区长随时能看到项目建设现场，了解项目推进情况，掌握项目建设的第一手资料。

该区每个季度还组织各园区、镇街“两代表一委员”，对全区新开工项目进行交叉视察、现场查看、专项评议，进一步激发全区上下加快项目建设的激情和干劲，真正化压力为动力，推动形成“人人关心项目、个个参与项目”的良好氛围。

要素组织是项目建设的重要保障。围绕项目推进，该区进一步加强协调、优化配置，将各类要素资源向重点项目倾斜，扫除了项目建设的障碍。深化行政审批制度改革，积极开展相对集中行政许可权一体化改革试点，加快组建区级行政审批局，实行一枚公章管审批，不断提高审批效率。用足用好“土地报批过桥专项资金”，加快项目土地报批进度。常态化开展“金融超市”活动，有效缓解企业融资难题。

项目的快速推进，拉动该区经济持续健康发展。今年1至5月，高港区一般公共预算收入完成22.1亿元，同比增长51.84%，完成全年任务的55.75%，增幅和进度均列全市首位。其中，税收收入19.01亿元，同比增长55.35%，超过全市平均增幅22.42个百分点。税收收入占比为86%，比上年同期稳步提高。

“高港将认真学习贯彻市委书记蓝绍敏在高港调研时的讲话精神，牢牢抓住发展这个根本任务不动摇，把项目建设作为全局工作的重中之重，在更高起点上持续突破，做到项目的质态更优，产业的集聚度更高，发展的效益更好，在新常态中有新作为，在转型升级中有新提升，切实担负起高港责任。”王建表示。

（2016年6月17日《泰州日报》特约记者：邵釜明、张玲、杨鼎；记者：王庭君）

汇福粮油打造“标杆式”低碳工厂

踏进11月，汇福粮油集团泰州公司进入紧张的倒计时。继今年6月第一条生产线投产以来，这家公司的第二条生产线将在12月投产。投产后，公司将创下“当年立项、当年建设、当年建成、当年投产、当年收益”的纪录。

然而，真正令这座总投资30亿元、年加工总能力达550万吨、年产值超200亿元的现代化粮油工厂在业界声名鹊起的，不仅是它的建设速度，更是其强烈的环保意识和对生态的敬畏之心。

10月17日，省委书记李强，省委副书记、省长石泰峰率领参加推动长江经济带发展工作座谈会的与会人员，就“长江生态保护建设”到汇福粮油集团泰州公司参观考察。李强对该企业坚持环保优先的做法给予充分肯定，同时希望其瞄准更高目标，实现更大发展。

汇福粮油集团泰州公司所处的泰州港核心港区，是长江经济发展带最重要的区域之一。精明的汇福人相中了这一宝贵的区位优势——依托长江黄金航道，东进可辐射苏、浙、沪等使用植物调和油及饲料蛋白的核心销售区，西上可带动四川、贵州、江西等地养殖业发展，项目达产后汇福粮油将获得广阔的市场空间，并向全国粮油行业前三强的位次进一步靠近。

“大市场意味着大生产、大贸易，但绝不意味着大排放、大污染，对企业而言应是大责任、大环保。我们不光要为泰州人民创造财富，更要把绿色、低碳、环保、生态留给泰州。”在该项目动工伊始，汇福粮油集团董事长石克荣就郑重嘱托每个参与项目建设的人。

从此，“生态优先、环保优先、绿色先行”，成为汇福粮油泰州生产基地建设中严格恪守的三条“红线”。

粮油生产企业以蒸汽为动力，因此蒸汽用量成为衡量粮油加工企业能耗节约的重要指标。“我们公司全部利用高港区热电厂的余热热源，实现基地热源供给，厂区实现了二氧化碳零排放。”汇福粮油集团江苏泰州公司总经理王绍文告诉记者，公司还引进了世界最先进的蒸汽冷凝水余热利用系统，加工1吨大豆每小时用蒸汽210公斤，比传统加工方式节约蒸汽50公斤。按照公司每年加工400万吨大豆计算，可节约用煤10万吨，减少二氧化碳排放25.4万吨。

记者在生产车间看到，每一个

汇福粮油江苏泰州基地仓储车间 （永安洲镇/供稿）

车间的每一条传输带都装了隔音板、粉尘收集器。王绍文介绍，这是为确保厂区内无烟雾、无噪音、无粉尘、无异味，公司专门追加投入3000万元建设的。另外，公司还投入2000万元建成日处理能力1500吨的污水处理厂，引进荷兰的水处理技术，实现百分之百循环使用，确保污水零排放。

不仅如此，汇福粮油泰州生产基地建设过程中，在技术装备、节能降耗、环境保护等领域全程引进国际一流技术设备，通过智能工厂管理集成系统打造工业4.0时代的智慧工厂。公司实现了企业数据信息实时准确的交换、识别、处理、维护与管理，保证了产品、指标、消耗、物资与安全的数据化、智能化管理，从而通过现代科技手段进一步提升了节能降耗水平。

"可以说，围绕绿色低碳发展，我们不遗余力。举个小例子，为打造四季有绿、四季有花的花园式工厂，仅仅是厂区绿化我们就已投入1000多万元。"王绍文直言，虽然目前项目投入比预算超出了1亿元，但他们觉得很值。"因为我们的工厂将成为国内'标杆式'低碳工厂、生态工厂和绿色工厂，同时我们更是在为保护长江生态作贡献，这可是功在千秋的大事儿。"

（2016年11月26日《泰州日报》记者：谢荣；通讯员：许杨丽、崔正彬）

高港组建"店小二"服务团队

11月初，高港临港经济园项目服务团队的"店小二"们来到昆仑光源，为该项目两证补办把好最后一道规划竣工测绘手续关。经过前期现场勘查、会商会诊、整改督办，昆仑光源已经具备成熟补办条件，一周内初审盖章全部完成，即可报市级审批。

今后，以专业化团队为项目建设提供"店小二"式的精准服务将成为高港"项目大突破"的新常态。目前，该区已构建起区、园区（镇街）两级项目服务团队，全程推进项目建设审批"店小二"式的菜单定制、跑腿帮办、跟踪协调，真正做到"有求必应、有问必答、有疑必释"，为项目落地提供快速跑道。

"当前，高港区正抓紧贯彻落实市第五次党代会精神，按照市委书记蓝绍敏提出的'围墙内的事帮办到底、围墙外的事包办到位'要求，加快推进'店小二'式专业化服务，切实解决项目服务业务不精、流程不熟、效率不高等问题，不断提高服务水平和效能，把高港打造成有利于项目建设和企业成长的新高地。"高港区委书记顾萍说。

当好"店小二"，关键在人。为此，该区在政务服务中心设立项目代办服务专窗，从相关部门抽调4名政治素质好、业务能力强的机关干部组成专业团队，负责重大项目从立项到开工建设全过程协调指导、帮办代办服务，并根据实际量身定制个性化服务方案，为项目审批提供最优路径。同时，各园区（镇街）明确两名以上专业服务人员，负责本区域的项目代办、指导、协调工作。目前，该区正强化法律法规以及审批流程、审批事项、中介服务、招投标等业务知识培训，力争使每一名团队服务人员成为行政审批领域的"专才"、熟悉各部门审批业务的"通才"。

为了让服务项目建设的"店小二"们能放开手脚、有所作为，高港区在审批流程上大胆革新，对重大项目实行"全事项并联预审"模式，将分散的项目审批流程整合为申请承诺、园区（镇街）申报准备资料、区项目专窗接件、分送职能部门提前预审、模式转换五步骤。即在供地阶段，服务团队提前介入审批服务过程，按照"审批清单"要求全节点实行同步模拟审批，保证在供地的第一时间内就能转为正式审批，确保项目迅速开工建设，有效破解审批周期长、制度性成本高等问题，以专业化流程助推项目早建设、快投产。

"组建'店小二'专业服务团队后，项目审批的关键环节集中在一个窗口内部流转，有效解决互为前置、材料重复提交、信息共享机制不畅等问题。"高港区委常委、区政府党组成员、统战部长张汉刚表示，该区通过推行"企业投资建设项目审批清单"加"店小二"服务团队的模式，实现"清单之外无审批，清单内容全公开"，在全市率先拉开准入制度、投资建设项目审批改革的大幕。

据了解，该区将按照提前介入、模拟审批、容缺并联的原则同步开展项目审批，将99道串联报批手续归并为63道流转手续，将传统的项目审批流程科学整合为土地供应、联合评估、联合图审、规划许可、联合验收五大审批环节。高港区政务办主任吴清华介绍，他们将把审批环节细化为40个审批节点，报批周期至少压缩三个月以上。同时，对区级审批事项承诺时限进行了再提速，由法定时限261个工作日提速至87个工作日，提速率达67%。

为化解项目审批过程中的矛盾问题，该区创新建立了三级协调机制。也就是，一般问题由服务团队协调审批窗口并跟踪督办，难点问题由区政务办召集相关部门、单位进行会商，特定问题及时报请区政府领导启动疑难事项会商机制。该区还将运用“互联网+”审批模式，通过在线平台实现对所有非涉密项目的受理、办理、监管“ 条龙”服务，确保非涉密项目在线平台审批率达100%。

据悉，今后，高港区政务办将牵头组织项目服务团队每周至少走进园区一次，倾听企业呼声，了解企业需求，以专业化的团队，探索专业化流程，展示专业化作风，打造专业化品牌，不断提高项目服务的针对性和时效性，真正成为服务项目建设的合格“店小二”。

（2016年11月28日《泰州日报》记者：潘荣进；通讯员：张玲、杨鼎、黄艳）

“特种兵”生榨椰子汁在高港投产

“特种兵”生榨椰子汁，许多人都爱喝。可你知道吗，这个“饮料界红人”已在泰州投产啦。10月27日，苏萨食品集团在高港高新区投资打造的江苏苏萨食品产业园一期项目正式投产。这意味着，园区朝着国内最大的椰子汁生产基地和植物蛋白饮料生产基地结结实实地迈出了一大步。

苏萨食品集团成立于2008年，是我国生榨椰子汁开创企业及全球优质椰子资源整合者，其生产的“特种兵”生榨椰子汁不添加防腐剂、香精、色素，以健康新鲜的特点迅速打响市场，被称为饮料中的“特种兵”。

“江苏苏萨食品产业园”项目总投资23亿元，规划设计植物蛋白饮料生产线20条，项目全部达产后可年产8000万箱椰子汁及椰子深加工制品，年产值将达70亿元、纳税超3.5亿元，苏萨将一跃而成中国椰子汁行业“一哥”。此次投产的一期项目投资11亿元，年销售、税收将分别达到30亿元、1.5亿元。

许多业内专家看出了“门道”：这绝非一个单纯的产能扩张项目，而是一个进行产业链垂直整合的高附加值、高含金量项目。用苏萨食品集团董事长刘保兴的话说：“以前我们主要利用椰肉，现在则从椰子外面的棕毛到椰壳椰肉、椰水都将全方位充分利用，苏萨将由单一的生榨椰子汁饮料生产企业向椰子冻、椰子粥、高端椰子油及高品质椰壳炭等全产业链椰子制品复合型企业转变。”

在《糖烟酒周刊》副总编梁剑眼里，苏萨泰州生产基地意义不寻常——不仅苏萨集团拥有了更大发展空间，加强了泰州本土食品产业核心竞争力，更打破了中国椰汁饮料行业生产基地原局限于广东、海南等地的状况，从而使泰州成为这一细分行业全国发展新能极。还有更让人惊奇的：苏萨项目一期工程8万多平方米建筑面积，还要安装大量配套设备，一般建设时间需两年左右。但该项目今年1月6日奠基，7月6日便全部封顶，只用了短短180天；项目配套设施及生产线安装调试，仅仅用了110天时间。“这创造了饮料行业当年动工当年投产的‘特种兵’速度，从而更加有助于我们抢抓市场机遇，进一步做大做强。”刘保兴兴奋之情溢于言表。

“市委市政府高度重视发展的质量效益，苏萨是高度契合这一要求的优质项目。”高港区委常委、高港高新区党工委书记顾为进说，“在项目建设中，我们全过程冲刺，落户之后抓开工，开工之后抓竣工，竣工之后抓投产，每个环节都按下‘快进键’。现在项目投产了，我们还要继续大力抓达产、抓开票、抓税收，确保项目大突破取得实实在在的成效。”

在这样的理念下，高港高新区从上到下都铆足了劲，全力服务项目。见多识广的刘保兴，如今成了高新区优质服务的义务宣传员。“园区的服务，真正做到了让我感动。”他说，“帮办手续、派专人驻公司服务那就不用说了，我就讲一点，园区领导经常悄悄来工地了解建设中有无困难，往往都是他们走了员工告诉我，我才知道他们来过，他们就是生怕打扰我们。”

“我知道泰州市要求园区‘包办墙外事，帮办墙内事’，但高港高新区确实已超越了这一要求，让我们享受到了更多贴心的增值服务，这让投资商非常放心、安心。”刘保兴说，他经常将园区的故事讲给周围朋友听，动员他们欲投资先考虑泰州高港。目前，一直为“红牛”饮料配套的国内A股上市企业北京奥瑞金包装有限公司已前来落户，将为“特种兵”生产金属罐。

一个振奋人心的好消息是：今年1至9月，高港高新区净入库税收达到3.17亿元，已提前完成全年目标任务，增幅达27.4%。其中，国税净入库税收为2.44亿元，增幅高达77.3%。

（2016年12月8日《泰州日报》记者：谢荣；通讯员：张玲、刘治）

大事记

1月

4日 在美国纳什维尔市举行的2016 UCWDC 世界排舞联赛冠军赛团体赛中，高港区中老年排舞队参赛的两支排舞《洲堤杨柳舞港城》和《茉莉飘香中华情》分别摘得Open Line Dance 项目和Cabaret 项目冠军。

5—7日 中国共产党泰州市第四届委员会第十次全体会议在高港区召开。市委书记蓝绍敏作题为《聚力三大主题工作，迎接建市二十周年，为实现“十三五”良好开局而努力奋斗》工作报告。

7日 接市委通知，张汉刚任区政府副区长(挂职)。

9日 经区委常委会研究决定，赵晓玲任区人大常委会党组书记；王建不再担任区人大常委会党组书记职务；韩亚任区政协党组书记；任寿南不再担任区政协党组书记职务(明确为党组成员)。

11日 区第四次党代会第四次年会召开。市人大常委会副主任、区委书记王建作题为《加快转型升级，建设港口名城，奋力实现“十三五”良好开局》工作报告。

1月4日，高港区中老年排舞队获世界排舞联赛冠军

(区文体旅游局/供稿)

12—14日 区政协第四届委员会第五次会议召开。会议同意任寿南辞去区政协四届委员会主席职务，选举韩亚为区政协四届委员会主席，补选徐桂明、周正清为区政协四届委员会副主席。

13—15日 区第四届人民代表大会第五次会议召开。会议补选赵晓玲为区第四届人大常委会主任，顾萍为区政府区长。

27日 “新三板”(全国中小企业股份转让系统)高港区专场在北京金融街举行，泰州海天电子科技股份有限公司、泰州市榕兴医疗用品股份有限公司、泰州友润电子科技股份有限公司同时在“新三板”挂牌上市。

2月

3日 高港区蝉联泰州市市(区)综合考评第一名，实现“六连冠”，获泰州市绩效管理先进市(区)一等奖、项目大突破项目投入一等奖、项目大突破利用外资特等奖、项目大突破新开工项目贡献奖。

△ 中国农业银行泰州高港支行在高港船闸下游服务中心设立全省首个船民自助银行。

14日 高港区获全市工业经济

目标考核先进市(区)一等奖、开放型经济目标考核先进市(区)一等奖和科技创新目标考核先进市(区)二等奖。

17日 高港区启动“机关干部百村行”活动。

23日 泰州市不动产登记中心高港分中心揭牌,结束土地、房产、林地等不动产分散登记的历史。

是月 泰州市华强照明器材有限公司获评2015年度江苏省工业企业质量信用AA级企业,实现全区质量信用AA级企业“零”突破。

3月

1日 高港区举办第五届“金融超市”金融恳谈会暨签约仪式。

3日 高港区举办“两学一做”学习教育动员暨党员干部读书班活动。

14日 全省春耕备耕“送农机送科技送服务下乡”暨农机“3·15”活动(高港区活动点)在口岸街道引江社区举行。

20日 中共中央政治局委员、国务院副总理汪洋率出席全国春季农业生产暨森林草原防火工作会议代表考察上膳源泰州农场。农业部部长韩长赋,省委书记罗志军,省委常委、副省长、省政协副主席徐鸣陪同。

21日 泰州统一超商有限公司仓储、物流项目奠基,项目总投资6000万美元。

29日 扬子江药业集团获第二届中国质量奖提名奖。

4月

5日 高港区举行公祭革命烈士活动暨高港烈士陵园开园、烈士纪念馆开馆仪式。

8日 全国政协原副主席李金华参观口岸雕花楼景区。

△ 马来西亚、比利时等15个国家的外交使节参观口岸雕花楼景区。

12日 国内建造吨位最大(5.55万吨)杂货船在泰州口岸船舶有限公司下水。

21日 2016年长江水生生物增殖放流暨泰州市第八届放鱼节在高港区泰州长江公路大桥水域举行。

△ 全省乡镇年鉴编纂工作座谈会在高港区召开。

是月 泰州口岸船舶有限公司通过工业和信息化部“两化”融合管理体系贯标评定,为全市首个通过评定的企业。

3月14日,全省春耕备耕“送农机送科技送服务下乡”暨农机“3·15”活动(高港区活动点)在口岸街道引江社区举行 (高卫东/摄)

5月

3日 高港区开具首张建筑业代开增值税专用发票,标志着“营改增”正式上线运行。

4日 泰州市首支水上应急救援队——港城水上应急救援队在高港区成立。

6日 省人大常委会副主任许仲梓考察泰州市华强照明器材有限公司。

7日 扬子江药业集团举办第四届健康中国医药连锁高峰论坛。

12日 泰州长江公路大桥获评国际桥梁工程界最高奖项——国际桥梁及结构工程协会2014年度杰出结构工程奖。

15日 高港区首条直达泰州火车站公交线路——K3路快速公交线路开通。

18日 省政协副主席程崇庆调研高港区义务教育优质均衡发展工作。

△ 泰州久裕精密工业有限公司自行车零组件项目奠基,项目总投资6000万美元。

23日 接市委通知,张汉刚任区委常委,免去张兆洋的区委副书记职务。

27日 孔桥实验学校开工奠基,项目总投资9400万元。

△ 接中共泰州市委文件,免去陈军的中共泰州市高港区委高新技术产业园区工作委员会书记职务,免去韩亚的中共泰州市泰州港核心港区工作委员会书记职务。

△ 经区委常委会研究决定,韩亚不再担任区政府党组副书记职务。

29—31日 安哥拉政府代表团考察高港区农业发展情况。

30日 高港区举行第三届全民健身运动会开幕式。此届全民健身运动会前后持续6个月,共设置5个组别12个项目。

△ 泰州口岸船舶有限公司为德国船东建造的20.8万吨散货船系

列2号船交付。9月26日3号船交付。该系列散货船为泰州地区建造的最大散货船。

31日　将军机械集团泰州项目奠基，项目总投资11亿元。

是月　胡庄镇史记宏、赵玉芳家庭被全国妇联评为2016年全国最美家庭。

△　2015中国医药行业最具影响力榜单发布，扬子江药业集团位列中国医药制造业百强榜第2名。

△　高港区公共自行车服务系统启动运行，30个服务站点、500辆自行车投入使用。

△　区工商联获评2015年全国“五好”县级工商联。

6月

12日　省社科院发布2012—2015年泰州区域转型升级综合指数及排名，高港区连续4年排名第1位。

13日　区第四届人大常委会第三十次会议决定任命刘洪为区政府副区长，免去张汉刚区政府副区长（挂职）职务。

17日　中国少年先锋队泰州市高港区第一次代表大会召开。

△　区安监局下属事业单位区安全生产监督监察大队机构由股级调整为副科级。

△　区文体旅游局下属事业单位泰州市高港书画院更名为泰州市高港区美术馆，挂泰州市高港书画院牌子。

22日　全国安全生产标准化样板地区建设首次培训会在高港区举行。

是月　口岸雕花楼景区获批国家AAAA级景区。

7月

1日　高港区召开庆祝中国共产党成立95周年暨“两学一做”学习教育推进大会。

2日　江苏省委常委、副省长杨岳考察扬子江药业集团。

3日　高港区口岸雕花楼景区管理委员会成立，为区政府派出机构，机构规格正科级，归口区文体旅游局管理。撤销区文体旅游局下属事业单位高港区口岸雕花楼管理处。

6日　高港区人民调解协会成立大会暨第一次会员大会召开。

11日　市委书记蓝绍敏，市委副书记、市长史立军分别带领市委工作会议与会人员观摩高港区项目建设情况，先后参观汇福粮油、绿泰电子、“特种兵”饮料等项目。

18日　接中共泰州市委通知，顾萍任区委书记，孙宏建任区委副书记，免去王建的区委书记职务。

19日　凤栖湖景区古寿胜寺项目开工，项目总投资13亿元，规划占地面积7.32万平方米，总建筑面积2.4万平方米。

22日　区第四届人大常委会第三十二次会议决定任命孙宏建、杨益华为区政府副区长，接受顾萍辞去区政府区长职务的请求，任命孙宏建为区政府代理区长。

25—28日　中共泰州市高港区第五次代表大会召开。区委书记顾萍作《不忘初心，继续前进，为建设“强富美高”港口名城而努力奋斗》工作报告。在区委五届一次全体会议上，顾萍、孙宏建、陈军、薛永忠、高宇彤、蒋向荣、陈志斌、王友茂、张汉刚、蔡秋云、顾为进当选为区委常委，顾萍当选为区委书记，孙宏建、陈军当选为区委副书记。在区纪委五届一次全体会议上，薛永忠当选为区纪委书记。

30日　高港龙窝渔港投入使用。

是月　高港区获评2015年度全省基层党员冬训工作示范县（市、区）。

8月

5日　接中共泰州市委通知，吴斌任区委常委。

△　接中共泰州市委批复，顾为进任中共泰州市高港区委高新技术产业园区工作委员会书记，免去其江苏泰州高港高新技术产业园区管理委员会主任职务。

10日　泰州大自然家居年产600万平方米地板项目奠基，项目总投资11亿元。

13日　高港区举行泰州书画院高港分院授牌暨高港美术馆（书画院）开馆仪式。

15日　区政府召开四届五次（全体）扩大会议。

16日　高港区举办泰州港——洋山港“精品快航”航线签约暨首航仪式。

22日　高港区启动第六届“金融超市”活动。

24日　区第四届人大常委会第三十三次会议决定任命蒋向荣为区政府副区长，免去陈军、蔡秋云区政府副区长职务。

26日　区政府办公室增挂区口岸工作办公室牌子，不再保留区沿江开发领导小组办公室。

31日　高港区召开村（居）“两委”换届选举工作座谈会，全面启动村（居）“两委”换届选举工作。

△　经区委常委会研究决定，顾萍不再担任区政府党组书记职务；孙宏建任区政府党组书记；陈军不再担任区政府党组副书记、扬子江医药产业园党工委书记职务；蒋向荣任区政府党组副书记，不再担任区委政法委书记职务；蔡秋云任区委政法委书记。

是月　扬子江药业集团在泰国曼谷国际质量管理小组大会（ICQCC）上获5项国际QC（质量管理）金奖。

△　亚太质量组织发布2016年度全球卓越绩效奖，扬子江药业集团入选，系国内首个获此荣誉的制药企业。

9月

10—13日　区委书记顾萍率区党政代表团到浙江省考察学习特色小镇建设，实地考察湖州市安吉县大年初一风景小镇，杭州市玉皇山南基金小镇、云栖小镇、梦想小镇，嘉兴市嘉善县歌斐颂巧克力小镇等地。

11日 万向精工江苏公司二期项目——万向精工泰州工厂新增投资1000万套轮毂轴承单元暨打造全球最先进智能制造示范工厂项目在杭州举行签约仪式。项目投资超10亿元。

20日 泰州明发国际广场商业综合体项目开工。项目总投资超30亿元。

27日 高港区在深圳举行投资说明会。

30日 区教育局被中国教育学会评为2015—2016年度安全教育试验区全国示范单位，汪群小学被评为全国示范学校。

是月 高港区口岸邮政支局投递员吴荣纪当选9月"助人为乐"类"中国好人"。至此，全区有"中国好人"13人，占全市四分之一。

△ 高港区经省委、省政府复核确认保留全省法治建设示范县（市、区）称号。

10月

3日 江苏中药产业产教融合高层论坛在大泗镇江苏中药科技园开幕。

9日 高港区举行城市建设发展基金签约仪式。共有12个金融机构参与签约，基金总规模288亿元。

11—13日 2016年"高港杯"第三届全国象棋青年大师赛在高港区举行。

17日 省委书记李强，省委副书记、省长石泰峰率参加全省推动长江经济带发展工作座谈会代表参观高港区长江经济带发展情况，实地参观滨江生态保护带、三河汇福粮油江苏基地、龙凤堂生态园区等地。

25日 区第四届人大常委会第三十五次会议决定免去肖志勇的区政府副区长职务。

26日 高港区首个汽车销售服务4S店——泰州永驰汽车销售有限公司开业。

27日 江苏苏萨食品有限公司植物蛋白饮料一期项目建成投产。项目总投资23亿元，其中一期项目投资11亿元。

△ 经省政府同意，江苏泰州高港高新技术产业园区更名为江苏泰州港经济开发区。

28日 全市首批农村宅基地和农房统一登记不动产权证书首发仪式在高港区举行。高港区作为全省15个开展农村宅基地和农房统一调查登记发证试点地区之一，在全省率先完成试点工作。

29日 全国人大常委会副委员长、国家"重大新药创制"科技重大专项技术总师桑国卫考察扬子江药业集团江苏龙凤堂中药有限公司。

是月 泰州市润农农业发展有限公司承担的高港果蔬"星创天地"入选首批国家"星创天地"名单。

△ 高港区获评2016年度江苏知识产权强省建设区域示范工作创建单位。

11月

12日 区政府办公室下属事业单位区电子政务中心更名为高港区口岸工作服务中心。区委办公室下属事业单位区网络信息管理中心增挂高港区电子政务中心牌子。

25日 高港区召开残疾人福利基金会成立大会。区残疾人福利基金会是全省首个区级残疾人福利基金会。

26日 高港旅港同乡会在香港成立。

是月 扬子江药业集团获评2016年度全球卓越绩效奖，系国内唯一一个获得全球卓越绩效世界级大奖的制药企业。

△ 扬子江药业集团获评2016年度中国化学制药行业工业企业综合实力百强第1名。

△ 永安洲镇获评2016年度中国建制镇综合实力千强镇，列447名。

12月

2日 高港区召开光彩事业促进会成立大会。

16日 高港区举行泰州市银杏产业开发基地启动仪式。项目总投资5.2亿元。

20日 清华启迪泰州智慧园开业，位于高港高新区科技孵化器内，总投资4亿元。

中旬 高港区启动"百团千村万企大走访大落实"活动。

23日 区第四届人大常委会第三十七次会议决定免去包亚的区政府副区长职务。

26日 区住房城乡建设局下属事业单位高港区市政公用事业管理中心机构规格由相当股级调整为相当副科级。

28日 市委书记蓝绍敏，市委副书记、市长史立军率市委五届二次全会与会人员分组观摩高港区项目建设情况，实地察看苏萨食品、友润电子、全民健身中心、纳豆激酶、丰益生物高端维E植物甾醇酯等项目现场。

△ 泰镇高速泰州至高港段开通。

30日 区委五届二次全体（扩大）会议召开，区委书记顾萍作《突出创新驱动，致力富民强区，奋力开创高水平全面建成小康社会新局面》工作报告。

是月 高港高新区获批国家知识产权试点园区，试点工作周期为2017年1月至2019年12月。

△ 许庄街道乔杨社区获评国家级美丽宜居村庄。

△ 口岸街道蔡滩社区获评国家级地震安全示范社区。

区情概览

高港名片

【中国人民解放军海军诞生地】 民国38年（1949）1月4日，中共中央政治局通过《目前形势和党在1949年的任务决议》，争取在一两年内组成一支能够保卫沿海沿江的海军。此后，中共中央、中央军委指示第三野战军前敌委员会在渡江战役前后先在华东地区把海军组建起来。3月25—26日，第三野战军前敌委员会在安徽省蚌埠市孙家圩镇召开作战会议，传达中共中央和中央军委关于筹建人民海军的指示，任命张爱萍为司令员兼政治委员。4月23日，中国人民解放军解放南京，中央军委急电："第三野战军立即组建海军，名为中国人民解放军华东军区海军。"13时30分，张爱萍在白马庙（位于今白马镇）宣读中央军委急电和第三野战军前敌委员会关于成立人民海军的决定。首先抽调第三野战军教导师师部、教导师第3团、直属侦察营和苏北军区海防部队编入海军，共4000余人。张爱萍带领第28军第84师参谋长李进和第三野战军军工部采购科科长张渭清、侦察营副教导员范豫康、司令部作战参谋黄胜天、司令部管理员温礼芝等13人开展组建工作，成立中共华东军区海军临时委员会，组建司令部、政治部、后勤部，接管国民党海军起义、投诚的军舰。由此，白马庙成为中国人民解放军海军诞生地。1989年2月17日，中央军委批复海军党委，同意以一九四九年四月二十三日成立华东军区海军的日期为中国人民解放军海军的成立日期。1998年，江泽民为中国人民解放军海军诞生地纪念馆题写馆名。1999年，中国人民解放军海军诞生地纪念馆开馆。人民海军诞生地为全国重点文物保护单位，中国人民解放军海军诞生地纪念馆为全国爱国主义教育示范基地。

中国人民解放军海军诞生地旧址　（区民政局/供稿）

【泰州港高港港区】 北宋乾德二年（964），柴墟港口形成。明初，柴墟港口成为口岸港口。19世纪末，由于江中沙洲不断淤涨，江岸线南移，口岸港口南移2000米至封家庄。清光绪二十八年（1902），港口开埠通商。清末，封家庄码头淤浅，港口西移500米至龙窝口。1954年9月，龙窝口码头淤浅，口岸港口移至高港，称高港港口。1988年7月，高港港被省政府批准为对外开放二类港口。1992年11月，高港港被国务院批准为对外开放一类港口。1997年6月，高港港更名为泰州港。1999年，建成杨湾作业区。2002年，原高港港改称泰州港高港港区，为泰州港主港区。2006年，建成永安作业区。2014年，泰州港核心港区（高港）集装箱码头开港。2016年，高港港区拥有高港、杨湾、永安3个作业区，为集装卸、仓储、运输、船舶代理、货物代理、配送等物流服务于一体的综合性港口，有长江泊位14座，其中万吨级泊位10座，完成货物吞吐量2369万吨、集装箱吞吐量25万标准箱。

【扬子江药业集团】 扬子江药业集团创建于1971年，是跨地区、产学研相结合、科工贸一体化的国家大型医药企业集团，也是科技部命名的全国首批创新型企业。集团总部位于高港区，有员工1.5万人，总占地面积300余万平方米。旗下15个成员公司分布于泰州、北京、上海、南京、广州、成都、苏州、常州等地；营销网络覆盖除台湾以外的全国各省、市、自治区。集团始终秉承“求索进取，护佑众生”的企业使命，践行“高质、惠民、创新、至善”的核心价值观，高起点打造“扬子江水哺育中华，扬子江药造福华夏”的品牌文化。1996年起，连续10余年排名江苏省和全国医药行业前列，并跻身中国企业500强、中国民营企业500强、全国纳税500强。2009—2015年，扬子江药业集团主营业务收入连续7年名列全国医药工业企业百强榜前三甲，位居2014年、2015年度中国医药工业企业百强榜首位。相继获全国五一劳动奖、全国“重合同守信用”企业、全国文明单位、江苏省质量奖、中国质量奖提名奖、“质量之光——质量标杆企业”、全球卓越绩效奖等称号。2016年12月12日，中国品牌价值榜揭晓，扬子江药业集团以953分的品牌强度和228.42亿元的品牌价值获中国生物医药板块品牌强度、品牌价值双料冠军。全年实现产值592亿元、销售590亿元，列中国医药工业百强企业第1位。

地理环境

【地域面积】 高港区位于泰州市市区南部，濒临长江。北连泰州医药高新区，东接姜堰区、泰兴市，西临扬州市江都区，南与镇江扬中市隔江相望。全区总面积286.83平方千米。建成区面积18.92平方千米。

【地形地貌】 高港区属长江三角洲冲积平原。古代是浅海，后来渐次成陆。地形平坦，地面高程一般2~5米、最低处1.8米（永安洲北沙局部地面）。大体北部为高沙平原，南部为沿江平原，江岸线附近的狭长区域为江边滩地。

【河流交通】 区内主要河流有8条，东西向有许庄河、宣堡港、古马干河、生产河和周山河，南北向有南官河、引江河和西干河，均可通航。G2京沪高速、G40沪陕高速、336省道穿境，乡际、乡村均有公路通达。泰州港高港港区、泰州长江公路大桥坐落境内。

【气候】 2016年，高港区受强厄尔尼诺现象影响，气候异常，极端天气频发，气温偏高，高温日数多，1月出现25年来的极寒天气。暴雨日数多，降水集中，洪灾严重。春秋季节灾害性大风天气多，寒潮和大雪天气影响严重。

气温　平均气温16.1℃，比常年（15.1℃）偏暖，极端最高气温38.9℃，极端最低气温-9.8℃，除5月、6月气温略偏低，其他月份气温都偏高。

降水　年降水量1780.7毫米，比常年（1022.6毫米）多7成，全年雨日数143天（常年114.7天）。其中，1月、2月、3月降水量基本正常；4月降水量偏多；5月、6月、7月前期及10月的强降水天气频发，给农业生产带来严重灾害。

日照　日照总数为1860.9小时，比常年（2028.7小时）少1成，10月由于降水多，日照时数62.2小时，明显偏少。

雾霾　能见度小于1000米的雾68天，比常年（47天）偏多；霾日129天，较常年略微偏少。

高温　全年共23个高温日，比常年偏多，7月下旬出现连续8天大于37℃的高温，比往年偏长。给工业、农业、水产带来损失。

暴雨　暴雨过程多，降水量大；暴雨日11个，大到暴雨日6个。7月1—5日连续强降水，总量为284.8毫米，7月2日18时至7月3日18时最大日降水量184.6毫米出现在胡庄镇，接近泰州历史最大日降水212.1毫米，为有记录以来的次极大值。10月总降水量为413.3毫米，出现4个暴雨日，其中有1个大暴雨日，月总降水量接近常年8倍，创下1959年以来同期极人值，给秋收秋种前期带来明显影响。

强对流　6月8日下午出现小时降水38.4毫米的强降水，伴有强雷电；7月5日凌晨出现小时降水36.1毫米强降水，伴有雷电。

梅雨　6月20日入梅，入梅正常（常年6月18日），7月20日出梅，出梅偏晚（常年7月10日），梅期长31天（常年23天），梅期偏长。梅雨量异常偏多，共445毫米，为常年的1.8倍。

台风　严重影响全区的台风有2个：9月15—16日受第14号台风“莫兰蒂”影响，出现大暴雨和7级大风；9月28—30日受第17号台风“鲇鱼”影响，出现暴雨和7级大风。

大风　7级以上大风出现7次，分别出现在1月24日、3月8日、4月16日、5月3日、5月12日、9月

28日、11月22日，给全区农业生产造成不同程度的灾害。

寒潮　全年共有6次寒潮过程。其中，受冷暖气流共同影响，1月20—22日出现中雪天气，最低气温达到-9.8℃，为25年来最低气温。过程低温持续到26日。

大雪　1月31日和11月21日出现中雪过程，出现道路结冰现象，给出行安全造成较大影响。

【水文水情】 2016年，境内长江最高水位为5.44米（废黄河高程，下同），发生在7月7日；长江最低水位为0.59米，发生在2月16日。口岸闸全年引水183次31782.7万立方米，排水6次1030.5万立方米。

【自然资源】 长江岸线资源　高港区拥有沿江岸线24.2千米，其中，水深-10米以上的一级岸线13.6千米，水深-5~-8米的二级岸线3.3千米。可供开发利用的深水岸线9.5千米。

水资源　可利用的水资源主要为长江水，水量每年约有14.4亿立方米。全区水面广阔，资源丰富，江、河、塘中主要产鱼、虾、蟹、蚌、龟、鳖等。

江河资源　全区有区级干河9条、75.6千米，镇级中沟108条、254千米，村级河道1709条、750.3千米。

土地资源　全区土地总面积28683.55公顷，其中，农用地16687.24公顷，建设用地7563.8公顷，未利用地4432.51公顷。

矿产资源　全区共有砖瓦用黏土资源181.83万立方米，暂无其他矿产资源。

建置沿革

【史略】 西周，境内初属邗国，后改属吴、越、楚。秦王政二十四年（前223），为晦（海）陵县地。汉高帝五年（前202），属楚国。汉高帝六年，属荆国。汉高帝十二年，属吴国。汉元狩六年（前117），属临淮郡海陵县。新莽天凤元年（14），属淮平郡亭间县。汉建武十三年（37），属广陵郡海陵县。汉永平元年（58），属广陵国海陵县。永平十年，属广陵郡海陵县。三国魏文帝黄初五年（224），海陵县废，境内沦为魏、吴间弃地。晋太康元年（280），属广陵郡海陵县。南朝梁武帝天监元年（502），属海陵郡海陵县。隋开皇三年（583），属吴州海陵县。开皇九年，属扬州海陵县。隋大业三年（607），属江都郡海陵县。唐武德三年（620），属吴州吴陵县。武德七年，属邗州海陵县。武德九年，属扬州海陵县。唐天宝元年（742），属广陵郡海陵县。唐乾元元年（758），属扬州海陵县。五代十国杨吴武义二年（920），属江都府海陵县。南唐昇元元年（937），分属泰州泰兴县、海陵县，泰兴县治设于济川镇，济川镇位于济川河（今南官河）河口附近。北宋乾德二年（964），因济川镇坍江，泰兴县治移至柴墟。北宋宣和四年（1122），分属扬州泰兴县、泰州海陵县。南宋建炎四年（1130），岳飞任通泰镇抚使兼知泰州，屯兵柴墟，在南坝桥大败金兵。时境内分属泰州泰兴县、海陵县。南宋绍兴五年（1135），分属扬州泰兴县、泰州海陵县。绍兴十年，分属泰州泰兴县、海陵县。绍兴十二年，分属扬州泰兴县、泰州海陵县。元至元十四年（1277），分属扬州路泰兴县、泰州路海陵县。至元二十一年，分属扬州路泰兴县、扬州路泰州海陵县。元至正二十五年（1365），徐达为进攻泰州，自境内大江口开济川河（今南官河）直至泰州南门。至正二十六年，境内分属扬州府泰州海陵县、扬州府泰兴县。明洪武元年（1368），分属扬州府泰州、泰兴县。明嘉靖年间（1522—1566），泰州至泰兴的驿道经过境内，并设刁家渡铺、口岸铺。明代，口岸成为泰兴的西北重镇，先后建有口岸察院、口岸公馆等。清代在口岸设巡检司，所治范围为泰兴县的西北片。清顺治二年（1645），分属扬州府泰州、泰兴县。清雍正二年（1724），分属泰州、通州泰兴县。清雍正十三年，泰兴全县分为四辖，口岸巡检司所治地域为"口辖"。口岸逐渐发展为长江北岸的一个重要港口和物资集散地。清乾隆九年（1744），境内分属扬州府泰州、泰兴县。民国元年（1912），分属泰兴县、泰县。民国29年7月后，分属泰兴、泰县抗日民主政府。民国34年11月，苏皖边区政府成立，境内分属第一行政区的泰兴县、泰县。民国38年4月，分属苏北行政公署泰州专区的泰州市、泰兴县。1950年5月，分属泰兴县、泰县。1953年1月，分属扬州专区（后改称扬州市）泰兴县、泰县。1959年1月泰州市、泰县合并为泰州县，境内分属泰兴县、泰州县。1962年5月，分属泰州市、泰兴县、泰县。1964年9月，分属泰兴县、泰县。1992年9月，分属泰兴市、泰县。1994年10月，分属泰兴市、姜堰市。1996年7月，境内分属地级泰州市所辖泰兴市、姜堰市。1997年4月，属泰州市海陵区。1997年8月，设高港区，隶属于泰州市。

【行政区划】 1997年8月，高港区成立时，辖永安洲、田河、口岸、刁铺、许庄、白马、野徐7个乡镇。2008年区划调整，辖口岸、刁铺、许庄3个街道及永安洲、野徐、白马、大泗、胡庄5个镇，野徐镇1个村划归泰州市周山河街区代管。2009年区划调整，辖口岸、刁铺、许庄3个街道及永安洲、白马、大泗、胡庄4个镇，许庄街道2个村划给野徐镇，调整后的野徐镇及刁铺街道部分村组划归泰州经济开发区代管。至2016年末，辖街道3个、镇4个，共有社区51个、村40个。

2016年高港区各镇街所辖村(社区)一览表

表1

街道、镇	社　　区	行政村
口岸街道	王营社区、口岸社区、龙窝口社区、城东社区、柴墟社区、新城社区、育才社区、城南社区、蔡滩社区、东南社区、朱营社区、戴集社区、集成社区、新明社区、引江社区、张马社区、田河社区	吴楼村、雅儒村、郎庄村、徐桥村、徐庄村、大石村
刁铺街道	关桥社区、通太社区、环溪社区、万庄社区、大丰社区、界牌社区、圩岸社区、明发社区	—
许庄街道	马厂社区、三星社区、官沟社区、周梓社区、三旗营社区、曹官营社区、许庄社区、乔杨社区、赵王社区、孔桥社区	明河村、钱赵村、管营村、蔡庄村
永安洲镇	福沙社区、新街社区、中心社区、永兴社区、兴洲社区、永胜社区、上桥社区、建安社区、东江社区、兴隆社区、润洲社区	—
白马镇	金马社区、白马社区	岱白村、陈家村、陆家村、黄河村、前进村
大泗镇	大泗社区	时庄村、马龙村、康乐村、霍堡村、大马村、佴陈村、佴庄村、二陈村、北港村、曹于村、前进村、杨营村
胡庄镇	胡庄社区、汪群社区	赵市村、薛垛村、戴陈村、刘荡村、单王村、刘元村、史庄村、庵桥村、周马村、宗林村、丁庄村、田野村、陈隆村

人口·民族

【人口】 2016年末，高港区户籍总人口262911人，其中，男性132693人，占人口总数的50.47%；女性130218人，占人口总数的49.53%。男女性别比为101.9。人口密度为917人/平方千米。全年出生2480人，其中，男孩1276人、女孩1204人；死亡2317人。

【民族】 2016年，全区共有定居少数民族32个，比上年增加1个；有少数民族常住人口827人，比上年增加132人。少数民族人口中，以土家族最多，有211人；各镇街中，以口岸街道最多，有176人。

2016年高港区少数民族人数及分布情况一览表

表2　　单位：人

民　族	口岸街道	刁铺街道	许庄街道	永安洲镇	白马镇	大泗镇	胡庄镇	小　计
土家族	29	6	22	17	64	39	34	211
苗族	13	3	8	11	11	21	45	112
满族	26	12	9	8	4	5	3	67
壮族	10	6	13	5	8	14	10	66
回族	24	3	11	2	6	3	3	52
彝族	13	5	11	8	2	9	4	52
布依族	6	11	3	5	3	8	8	44
蒙古族	21	1	5	3	1	3	6	40
侗族	7	—	3	1	4	2	10	27
傣族	3	5	2	4	3	4	5	26
黎族	7	—	1	2	5	4	2	21
白族	3	2	4	1	—	2	9	21
瑶族	1	—	—	5	2	3	2	13
朝鲜族	3	1	3	—	2	1	—	10
畲族	1	2	2	2	3	—	—	10
仡佬族	2	—	4	1	—	1	—	8
土族	2	—	1	2	1	1	—	7

续表2

民　族	口岸街道	刁铺街道	许庄街道	永安洲镇	白马镇	大泗镇	胡庄镇	小　计
藏族	2	1	—	—	—	—	2	5
哈尼族	—	—	—	—	—	3	2	5
傈僳族	2	—	—	2	—	—	—	4
纳西族	—	—	—	1	—	1	2	4
锡伯族	1	—	—	2	—	—	—	3
佤族	—	2	—	—	1	—	—	3
水族	—	—	1	—	—	2	—	3
拉祜族	—	—	—	—	—	—	2	2
保安族	—	—	2	—	—	—	—	2
景颇族	—	—	—	—	2	—	—	2
羌族	—	—	2	—	—	—	—	2
达翰尔族	—	—	2	—	—	—	—	2
普米族	—	—	1	—	—	—	—	1
维吾尔族	—	—	—	1	—	—	—	1
裕固族	—	—	—	—	—	1	—	1
合计	176	60	110	83	122	127	149	827

古迹·名人

【古迹】 高港辖区内有全国重点文物保护单位1处（中国人民解放军海军诞生地旧址），省级文物保护单位1处（雕花楼），市级文物保护单位7处（城隍庙、龙王庙、泰昌生木号、龙泉池浴室、解放街戚宅、解放街孙宅、佴家庄战斗纪念碑）。有南宋抗金名将岳飞大胜金兵的遗址南坝桥，有形成于南宋的口岸庆元街、口岸解放街清式民居、古东岳庵等古建筑。另有红色旅游景点中国人民解放军海军诞生地纪念馆。

【名人】 有东汉秣陵（今南京）县尉蒋子文（被孙权追封为“白驮将军”，民间俗称“白马大将军”）、北宋名臣潘及甫、明代儒学大家储巏、明代武进士戚世光、清康熙侍卫徐左柱、清开明绅士赵良礼、当代高僧仁德法师、《解放军报》总编赵易亚少将、工程力学专家蔡强康、现代“生命之约”英雄刘绍安、民间收藏家蔡澧泉、儿童文学作家陈模、著名作家叶文彬、中国空间技术研究院空间科学与深空探测专家叶培建、著名职业经理人唐骏等。

地方美食

【全鱼席】 高港南濒长江，自古盛产以“长江三鲜”（鲥鱼、刀鱼、河豚）为代表的各类江鲜。高港全鱼席精选高港特产的各类江鲜，根据不同水产品的特点，通过清蒸、白汁、黄焖、红烧等烹饪手法，保证各类江鲜的原始口味。高港全鱼席约有30余个品种，其中，红烧河豚、白汁鮰鱼、清蒸刀鱼、黄焖江鳗、清蒸江蟹等为全鱼席中的上品。

【全羊席】 刁铺全羊席具有上百年历史，用料考究、工艺独特、口味鲜嫩、色香俱佳、养身补体。全部菜肴皆以1年生山羊为原料，经去膻工艺后，或焖或炖或炒或冷切或红烧或油浸，将羊肉及羊的眼、耳、心、肝、腰、脑、蹄、卵、鞭、肠、肚等每个部位都做成一道或数道佳肴。其中，以扒乳羊、蟹黄羊肉狮子头、生爆羊球片、多子多福、豆腐烩羊脑、鳜鱼烧羊肉为代表。

【全牛席】 新中国成立前，大泗有“霍堡庄、穷丁当、杀老牛、卖生姜”的说法。霍堡人做牛肉生意已有近百年的历史。霍堡牛肉传承至今成为大泗独特的菜肴。大泗镇现有几十个牛肉店，其中以“泗水人家”全牛席最为有名。全牛席以牛的头、尾、蹄、内脏、肉为原料。上菜顺序，从头到尾，极为讲究，共有百余种菜品。最具代表性的有十大名菜，依次是：牛气冲天（牛头）、爆炒世界（牛眼）、美味牛簧（牛舌）、生爆牛宝（牛宝）、酸辣牛肚（牛肚）、心怀天下（牛心）、铁板腰花（牛腰）、快马加鞭（牛鞭）、祥龙摆尾（牛尾）、脚踏实地（牛蹄）。牛肉分水牛肉和黄牛肉，黄牛肉纹理清晰，肉实味美，为大泗全牛席的首选。

国民经济和社会发展统计公报

【概况】 2016年，高港区实现地区生产总值423.06亿元，按可比价计算，比上年增长11.2%。其中，第一产业增加值12亿元，增长1.4%；第二产业增加值245.74亿元，增长11.1%；第三产业增加值165.32亿元，增长12.3%。按常住人口计算，全年人均地区生产总值167416元，增长11.2%。产业结构持续优化，三次产业结构由上年度的2.88∶60.08∶37.04调整为2.84∶58.08∶39.08，第三产业增加值占GDP比重比上年同期提高2.04个百分点，三次产业对GDP增长的贡献份额分别为0.35%、59.26%和40.39%。城镇化水平进一步提高，年末城镇常住人口16.32万人，城市化率64.45%，比上年提高1.97个百分点。

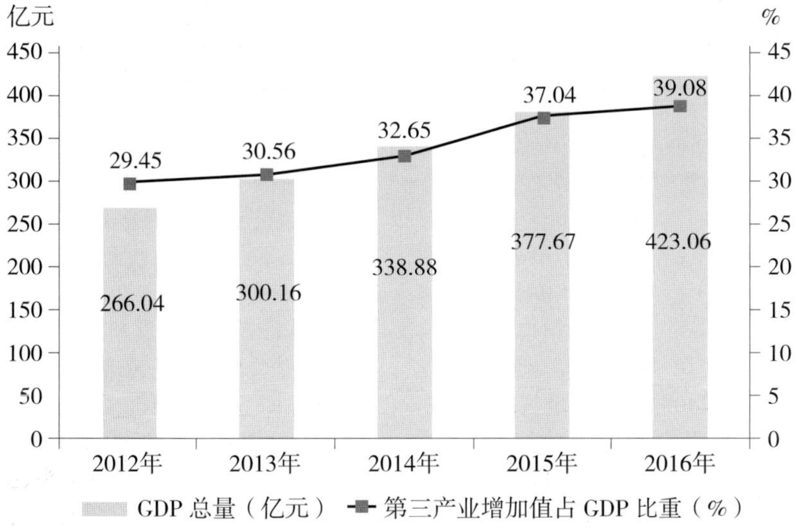

2012—2016年高港区地区生产总值及三产占比示意图

【农林牧渔业】 全年实现农林牧渔业总产值20.37亿元，比上年增长10.6%，其中，种植业产值13.03亿元，林业产值0.14亿元，牧业产值4.92亿元，渔业产值1.6亿元，农林牧渔服务业产值0.68亿元，比上年分别增长9.3%、1.5%、15.5%、5.8%和14.6%。全年粮食总产量为11.66万吨，下降14.6%，播种面积17.61千公顷，下降8.1%，亩均产量441.53千克，下降7.1%。其中，夏粮产量4.67万吨，下降15.3%，播种面积8.7千公顷，下降5.7%，亩均产量358.07千克，下降10.1%；秋粮产量6.99万吨，下降14.2%，播种面积8.91千公顷，下降10.3%，亩均产量523.07千克，下降4.4%。全区共有畜禽规模养殖场194个，其中，省级32个、市级66个、区级96个。全年生猪出栏20.1万头，下降4.7%；牛出栏0.04万头，增长100.0%；羊出栏2.7万只，增长2.7%；家禽出栏235万羽，与上年基本持平。生猪存栏5.71万头，下降37.9%；牛存栏0.06万头，下降25%；家禽存栏86.5万羽，下降0.6%。全年水产品总产量6123吨，增长2%，水产养殖面积980公顷，其中，池塘养殖617公顷、提水养殖363公顷。新增设施渔业面积27.53公顷，投放各类鱼种115万千克。

【工业和建筑业】 全年实现规模以上工业总产值2106.07亿元，比上年增长20.4%，其中，民营工业实现产值1704.9亿元，增长18.6%。分经济类型看，集体、股份制、外商及港澳台商投资企业分别完成产值33.96亿元、1676.55亿元、328.17亿元，分别增长17.7%、19.6%、23.6%。从主要行业看，医药制造业593.86亿元，增长17.9%；铁路、船舶、航空航天和其他运输制造业356.65亿元，增长14%；农副食品加工业224.2亿元，增长32.5%；计算机、通信和其他电子设备制造业173.71亿元，增长34.1%；化学原料和化学制品制造业158.53亿元，增长10.9%；通用设备制造业111亿元，增长50.9%。2016年，高港三大园区有规模以上企业192个，比上年增加21个，共实现工业总产值1291.7亿元，增长20.2%，占全区（不含扬子江药业集团、国电泰州发电有限公司）规模以上工业总产值的比重达89.39%。全年规模以上工业企业实现主营业务收入2073.7亿元，增长20%；实现利润总额175.65亿元，增长13.9%。全年共完成建筑业总产值458.25亿元，比上年增长13.8%；竣工产值394.36亿元，增长22%，竣工率达86.06%；建筑业企业房屋建筑施工面积2775.15万平方米，增长10.5%，其中，新开工面积1554.23万平方米，增长2.1%；竣工面积1439.95万平方米，增长12.2%，其中，住宅竣工面积1088.82万平方米，增长19.6%。

【固定资产投资】 全年完成固定资产投资380.16亿元，比上年增长23.7%。其中，民间投资319.64亿元，增长61.9%，占固定资产比重达84.08%。从登记注册类型看，内资企业投资342.16亿元，增长24.7%；港澳台商企业投资17.07亿元，增长82.7%；外商企业投资7.56亿元，增长0.7%。第二产业投资235.36亿元，增长25.7%，第三产业投资144.8亿元，增长20.6%。二产投资中，制造业投资227.33亿元，增长96.1%；高新技术产业完成投资74.87亿元，占工业投资的比重为31.81%，比2015年同期提高9.78个百分点。主要工业行业中，农副食品加工业投资35.15亿元，计算机、通信和其他电子设备制造业投资15.01亿元，医药制造业投资34.43亿元，汽车制造业投资17.33亿元，分别增长1689.3%、8.2%、286.6%和454.8%。第三产业投资中，交通运输、仓储和邮政业投资26.34亿元，批发和零售业投资10.03亿元，文化、体育和娱乐业投资39.16亿元，分别增长45.7%、40.8%、494.7%。全区入库新开工1亿元以上产业项目116个，项目单体规模2.23亿元/个，累计完成投资149.61亿元，占全区固定资产投资的39.35%，统计入库新开工1亿元以上项目个数列泰州地区首位。

【国内贸易】 全年实现社会消费品零售总额49.48亿元，比上年增长12.5%。按地区分，城镇市场实现零售额48.58亿元，增长11.1%；农村市场实现零售额0.9亿元，增长146.8%。按行业分，批发业实现零售额25.5亿元，增长39.4%，零售业实现零售额20.91亿元，下降4.7个百分点；住宿和餐饮业零售额2.92亿元，下降22.1个百分点。全年实现限额以上社会消费品零售总额42.78亿元，增长25.2%。从全区限额以上批零企业商品销售26大类情况来看，零售额总量排前三的商品分别为中西药品类、石油及制品类、粮油食品类，这三类商品零售总额合计33.95亿元，占限额以上消费品零售额8成以上。全年限额以上电子出版物及音像制品类、汽车类、建筑及装潢材料类零售额分别增长247.2%、131.2%、112.9%；限额以上五金、电料类实现零售额8355万元，增长57.4%；饮料类实现零售额3529.1万元，增长57.1%。

【开放型经济】 全年完成进出口总额14.56亿美元，比上年增长19.9%。其中，出口6.79亿美元，增长49.2%。全年实际到账外资和港澳台资2.67亿美元，增长54.3%。全年一般贸易出口额14978万美元，增长7.2%；加工贸易出口额52309万美元，增长66.1%。全年农产品出口额7403万美元，增长298.9%；机电产品出口额48519万美元，增长51.3%；化工产品出口额7493万美元，增长4.9%；高新技术产品出口额169万美元，下降32.7%。对东盟、欧盟、拉丁美洲、北美洲和大洋洲出口额分别为8938万美元、20624万美元、6521万美元、3472万美元和14352万美元，分别增长-12.5%、368.2%、677.2%、1.8%和22.9%。

【财政和金融】 全年实现一般公共预算收入40.44亿元，比上年增长15.3%。其中，税收收入33.25亿元，增长15%，税收占比达82.22%。政府性基金收入6.81亿元，下降70.53%；上划中央四税25.35亿元，增长8.06%。全年实现一般公共预算支出35.5亿元，增长11.7%。其中，教育支出7.67亿元，增长20%；公共安全支出0.74亿元，增长7.7%；科学技术支出1.22亿元，增长23.8%；社会保障和就业支出2.26亿元，增长4%；医疗卫生与计划生育支出1.98亿元，增长5.3%；节能环保支出1.3亿元，增长34.1%；城乡社区事务支出7.92亿元，增长3.7%。

年末，全区金融机构本外币各项存款余额428.34亿元，比年初增加78.04亿元，增长22.3%；贷款余额258.69亿元，增加31.66亿元，增长13.9%。全区银行业存贷比达60.4%。

2016年高港区财政收入分项情况一览表

表3

指　　标	绝对数（亿元）	比上年增长（%）
一般公共预算收入	40.44	15.25
增值税	12.67	75.48
营业税	9.57	-26.10
企业所得税	2.19	12.31
个人所得税	3.08	280.25
城市维护建设税	2.65	1.15
房产税	0.53	15.22
印花税	0.29	11.54
城镇土地使用税	0.95	21.79
土地增值税	0.86	24.64
政府性基金收入	6.81	-70.53
上划中央四税	25.35	8.06
国内增值税（75%）	17.18	-9.82
国内消费税	0.28	7.69

【科学技术、教育和卫生】 全年实现高新技术产业产值1090.1亿元，比上年增长23.0%，占规模以上工业产值比重达51.76%。全年获批各类市级以上科技计划项目200余项，博泰电子和海企仓储分别获省重点研发计划项目扶持120万元、100万元，扬子江药业集团获省成果转化资金800万元，净增新标准高新技术企业12个，至年末全区高新技术企业55个。组织开展"企业院校行""专家高港行""科技成果专题讲座"等产学研集中活动20余场次，小分队"一对一"产学研对接活动12次，促成50余项校企技术、项目合作。"泰科易"平台完成交易20项，交易金额累计1745.3万元。全年申请专利4640件、发明专利1524件，专利授权667件、发明专利授权50件，实现万人发明专利拥有量达18.54件，创成国家知识产权试点园区、江苏知识产权强省建设区域示范区和江苏省知识产权示范园区。

全区有中小学、幼儿园36所，其中，普通中等专业学校1所、高中2所、初中8所、九年一贯制学校2所、小学10所、幼儿园13所。中小学生22805人，在园幼儿6404人。教师2554人，其中，普通中等专业学校248人、高中378人、初中734人、小学796人、幼儿园398人。省特级教师10人，省特级教师后备人才5人，市级骨干教师162人。

全区有各类卫生机构81个，行政村医疗覆盖率100%。其中，二级综合医院1个，二级中医院1个，卫生院（社区卫生服务中心）9个，疾病预防控制中心1个，卫生监督所1个，妇幼保健计划生育服务中心1个，民营医院2个，个体诊所3个，村卫生室62个。全区各类卫生机构设置病床1088张，其中，综合性医院400张，中医院310张，乡镇卫生院（社区卫生服务中心）308张，民营医院70张。共有卫生技术人员1085人，乡村医生164人。其中，执业医师、执业助理医师541人，注册护士437人。疾病预防控制中心卫生技术人员9人，卫生监督所6人，妇幼卫生保健机构卫生技术人员16人。

【文化、体育和旅游】 全年完成13个村居综合性文化服务中心建设，基本建成图书馆总分馆制度，实现图书通借通还"一卡通"。开展全民阅读活动，邀请丁立梅、祁智等著名作家举办专题讲座。举办"大江放歌"广场文艺演出、"苏演院线"专场演出等各类文化活动80余场。加强文化惠民券的使用和管理，组织文化惠民演出120余场。田河绳带编织、刁铺宫灯、白马世泽木雕入选江苏省非物质文化遗产名录。高新区创成江苏省版权示范园区，龙冉壁纸创成江苏省版权示范企业。申报省市文化产业引导资金335万元。文化产业增加值占GDP比重超7%。

举办第三届"高港杯"全国象棋青年大师赛。组织"8月8日"全民健身日暨区全民健身成果展示活动，组织水平和节目质量明显提升。深入贯彻落实《全民健身实施计划》，推动体育运动进机关、进企业、进村居、进校园。举办区第三届全民健身运动会，开展跳绳、乒乓球、羽毛球、篮球等30余项比赛活动，支持社团组织开展各类体育运动。创成江苏省公共体育服务示范区。

全年旅游总人次达130余万人次，比上年翻一番，实现旅游总收入7754万元，增长20.0%。口岸雕花楼景区等3个项目上争省级旅游业发展专项引导资金115.22万元；口岸雕花楼景区创成国家AAAA级旅游景区，上膳源泰州农场、杏都葡萄园分别创成省四星级、三星级乡村旅游点。口岸雕花楼景区首届大型庙会、第二届亲子风筝节、首届台湾美食节、"5·19"中国旅游日、上膳源泰州农场首届有机乐活节凝聚人气，进一步促进全区旅游业的发展。

【人民生活和社会保障】 年末，全区家庭总户数80545户，户籍总人口26.29万人，其中女性13.02万人。户籍人口中，18岁以下人口3.65万人；18~34岁人口5.32万人；35~59岁人口10.99万人；60岁以上人口6.33万人。全年出生2480人，人口出生率为9.43‰，较上年下降1.23个千分点；死亡2317人，死亡率为8.81‰，较上年下降0.4个千分点；全年迁入1109人，迁出1008人。年末常住人口25.32万人，其中城镇人口16.32万人，人口城镇化率达64.45%。

全年全体居民人均可支配收入达30632元，比上年增长8.9%，其中，城镇居民人均可支配收入37224元，农村居民人均可支配收入18565元，分别增长8.3%和8.9%。城乡居民人均可支配收入差距呈逐年缩小趋势。居民的工资性收入、经营性收入、财产性收入、转移性收入比为62.6∶16.8∶8.9∶11.7，居民收入结构更趋合理。

全年共新增就业12850人，新增创业6046人，城镇登记失业率为1.78%。引进各类高层次人才241人，其中海外人才38人。全民保障步伐加快，全区城乡基本社会保险覆盖率达97.58%；城镇职工基本养老保险、医疗保险参保人数分别为5.24万人、7.56万人；城乡居民医保参保率100%；城乡居民养老保险参保人数5.63万人，待遇领取人数4.69万人。

说明：1.本公报使用的数据为快报数。

2.地区生产总值及其分类项目增长速度按可比价计算，为实际增长速度；其他指标除特殊说明外，按现价计算，为名义增长速度。

政　　治

区　　委

·重要会议·

【区第四次党代会第四次年会】 1月11日，区第四次党代会第四次年会召开。市人大常委会副主任、区委书记王建作《加快转型升级，建设港口名城，奋力实现“十三五”良好开局》工作报告。会议明确，2016年全区经济社会发展的总体要求：深入贯彻党的十八大和十八届三中、四中、五中全会，中央和省经济工作会议以及市委四届十次全会精神，按照“五位一体”总体布局和“四个全面”战略布局，全面落实创新、协调、绿色、开放、共享的发展理念，适应经济发展新常态，着力打好供给侧结构性改革组合拳，牢牢把握建设长江经济带“港口名城”和创成国家级经济开发区“两大任务”，深入开展“三大主题”工作，全面推动企业转型、政府转型、社会转型和技术升级、产品升级、产业升级，统筹推进经济、党建、社会、生态、文化、法治“六大建设”，努力实现“十三五”经济社会发展良好开局。主要目标：地区生产总值增长11%以上；一般公共财政预算收入增长12%以上；固定资产投资增长18%以上；社会消费品零售总额增长11.5%；城镇登记失业率控制在2%以内；城乡居民收入与经济保持同步增长。会议强调，要按照中央和省、市委的部署要求，结合高港实际，积极推进供给侧结构性改革。高港作为泰州对外开放的桥头堡、“港口名城”建设的主阵地，必须坚持“国际化、现代化、特色化”发展方向，在港产城融合发展、开发与保护兼容并重中找准“港口名城”的新坐标。会议指出，2016年是率先全面建成更高水平小康社会的攻坚之年，必须把民生事业放在更加突出的位置，在普惠民生中实现幸福指数的新提升。会议强调，全区各级党组织和广大党员干部要贯彻落实全面从严治党要求，讲政治守规矩，振奋精神状态，奋力真抓实干，在从严治党中展示实干担当的新形象，为经济社会发展提供坚强政治保证。

1月11日，中国共产党泰州市高港区第四次代表大会第四次年会召开

（高卫东/摄）

【全区年度总结表彰暨经济工作会议】 2月23日，全区年度总结表彰暨经济工作会议召开。区四套班子负责人出席。会议指出，2015年，面对复杂多变的宏观形势，全区上下团结一心、奋力拼搏，经济社会发展取得不平凡的业绩。会议要求，2016年是“十三五”开局之年，做

好全年工作，必须全面贯彻创新、协调、绿色、开放、共享五大发展理念，奋力实现“十三五”经济社会发展的良好开局。会议指出，要以“思想再解放”引领发展再跨越，坚持把“思想再解放”的落脚点放在认识新常态、适应新常态、引领新常态这个大逻辑上，清醒认识、准确把握当前形势，消除思想误区，凝聚发展共识，牢牢把握发展的主动权；要与时俱进丰富“三转三升”内涵，更好地认识适应引领经济社会发展新常态，牢牢扣住转型升级主线，重点在推动企业转型、政府转型、社会转型和技术升级、产品升级、产业升级上做文章，把新常态蕴含的新机遇转化为经济社会又好又快发展的新优势、转化为建设“港口名城”的新动力；要强化组织领导，一着不让抓学习，一竿到底抓落实，一诺千金抓服务，不断营造创业创新的良好环境。会议强调，广大企业家要重实业，做有定力的企业；要筑梦想，做有冲劲的企业；要负责任，做有担当的企业。会上，区委副书记张兆洋宣读区委、区政府表彰决定，区四套班子负责人进行颁奖，各园区、镇街递交2016年度工业经济、开放型经济和科技创新目标责任状；高港高新区、刁铺街道、江苏海企化工仓储股份有限公司、江苏欧瑞格传动部件有限公司、区金融办5个单位作表态发言。

【供给侧结构性改革暨“三大主题”工作再推进大会】 6月1日，高港区召开供给侧结构性改革暨“三大主题”工作再推进大会。区四套班子负责人出席。会议指出，推进供给侧结构性改革是当前经济工作的主线，“三大主题”工作是推进改革的具体抓手，开发园区是推进改革的重要阵地，全区上下要深入学习贯彻习近平重要讲话精神，坚定不移推进供给侧结构性改革。供给侧结构性改革的本质属性是深化改革，既要有窗口意识，亦要有担当精神；供给侧结构性改革的实质是建立健全优化资源配置的体制机制，既要发挥市场决定性作用，亦要更好发挥政府宏观调控作用；供给侧结构性改革的核心是实施创新驱动，既要发挥政府的引导作用，亦要强化企业的主体地位；供给侧结构性改革的目标是提高发展质量和效益，既要着眼当前，亦要立足长远。要重点围绕“三去一降一补”五大任务，结合高港实际，逐一抓好落实，确保抓出成效。去产能要做到汰劣扩优，坚持市场主导与政府引导相结合，推动产能过剩行业压缩总量，调整结构，转型升级；去库存要坚持因地制宜，加快提高户籍人口城镇化率，有效激活各方面住房需求；去杠杆要确保稳妥有序，优化融资结构，控制负债水平，切实防范化解金融风险；降成本要注重综合施策，扎实开展降低实体经济企业成本行动，切实帮助企业降本增效；补短板要聚焦突出问题，补在薄弱处、关键处、紧要处，不断增强发展的整体性和协调性。“三大主题”工作既是抓好当前各项工作的“牛鼻子”，也是谋划未来全局发展的战略之举，思想再解放要循规律，求是抓本质，在把握趋势中找准方向，体现前瞻性；在求真务实中科学发展，把握规律性；在攻坚克难中争先领先，增强创造性。项目大突破要重集聚，求实抓效益，确立更高定位，找准发力点；注重多措并举，挖掘项目源；科学组织谋划，提升实效性。城建新提升要强功能，求好抓匹配，以转型发展为导向，城市定位与发展理念同步提升；以规划统筹为引领，城市布局与个性特色同步优化；以民生需求为抓手，城市功能与生态环境同步发力。要举全区之力创建国家级经济开发区，推动区域经济发展迈上新台阶。创建国家级经济开发区是战略之举，必须志在必得、目标必成；提升园区质态是当务之急，必须精准施策、跨越突破；加强组织领导是根本保障，必须协同发力、强势推进。

【区第五次党代会】 7月25—28日，区第五次党代会召开。区委书记顾萍作《不忘初心，继续前进，为建设“强富美高”港口名城而努力奋斗》工作报告。会议提出，今后五年是高港转型升级、创新发展的关键期，是建设“强富美高”港口名城的攻坚期，也是率先全面建成更高水平小康社会的决胜期。全区各级党组织和广大党员干部必须深入贯彻习近平总书记系列重要讲话特别是视察江苏重要讲话精神，全面落实党的十八大和十八届三中、四中、五中全会精神，以及省、市委部署要求，按照“四个全面”战略布局，牢固树立和深入践行“五大发展”理念，聚焦聚力“三大主题”工作，一以贯之推进“六大建设”，全力打造实力高港、精致高港、魅力高港、幸福高港，奋力争当全市排头兵中的排头兵、突击队中的突击队，全面加快“强富美高”港口名城建设。到建区20周年即2017年，率先在全市全面建成更高水平小康社会；到建区25周年，率先基本实现现代化；到建区30周年，率先全面融入苏南。会议明确，围绕建设“强富美高”港口名城，要突出经济建设，构建现代产业体系、建设江海联运中心港区、推动优质项目加速集聚、增强改革创新驱动力，打造更具优势的实力高港；要突出城乡统筹，优化空间布局、完善配套功能、提升服务水平，打造更有特色的精致高港；要突出内涵提升，构筑崇德尚善的文明高地、建设生态宜居的绿色家园、厚植最具活力的创新创业沃土，打造更富气质的魅力高港；要突出共建共享，提供优质均衡公共服务、构建多层次社会保障体系、加强和创新社会治理，打造更加惠民的幸福高港。会议强调，实现今后五年奋斗目标，关键在于坚持和完善党的领导。要以习近平在建党95周年庆祝大会上的重要讲话精神为指引，认真贯彻落实全面从严治党新要求，统筹推进党的思想、组织、作风、制度和反腐倡廉建设，不断把党的建设新的伟大工程推向前进。大会选举产生中共泰州市高港区第五届委员会、中共泰州市高港区第五届纪律检查委员会及高港区出席中共泰州市第五次代表大会代表。7月28日，召开区委五届一次全体会议，选举产生常务委员会委员和区委书记、副书记。

【区委五届二次全体（扩大）会议】 12月30日，区委五届二次全体（扩大）会议召开。区委书记顾萍作《突出创新驱动，致力富民强区，奋力开创高水平全面建成小康社会新局面》工作报告。全会认为，2016年以来，在市委、市政府的坚强领导下，全区上下紧紧围绕“争当全市排头兵中的排头兵、突击队中的突击队”，深入推进转型升级，加快建设港口名城，致力打造实力高港、精致高港、魅力高港、幸福高港，经济社会继续保持良好发展势头。重点抓“三件大事”：深入贯彻落实中央和省、市委工作要求，确保各项决策部署在高港落地生根；全面展开未来五年的发展布局，为全区干部群众拼搏奋斗指明方向；精心组织区、镇、村换届工作，为高港未来发展提供坚强的组织保障。全会指出，2017年是党的十九大召开之年，是高水平全面建成小康社会的突破之年，同时也是建区20周年的喜庆之年。宏观形势复杂严峻，既是挑战，更是机遇，必须克难求进、乘势而上；发展方向更加明确，既是使命，更是责任，必须勇于担当、主动作为；迎来建区20周年，既是节点，更是起点，必须厚植优势、再创辉煌。全会明确2017年全区工作的总体要求：以习近平系列重要讲话精神为指引，深入贯彻落实党的十八届六中全会，中央、省经济工作会议，省、市党代会和市委五届二次全会精神，紧紧围绕“五位一体”总体布局和“四个全面”战略布局，坚持稳中求进工作总基调，牢固树立和贯彻落实新发展理念，适应把握引领经济发展新常态，深入推进供给侧结构性改革，突出“两聚一高”发展布局，持续发力“三大主题”工作，全面做好稳增长、促改革、调结构、惠民生、优生态、防风险各项工作，打造实力高港、精致高港、魅力高港、幸福高港，加快高水平全面建成小康社会进程，在建区20周年的重要节点上谱写建设“强富美高”港口名城的新篇章，以优异成绩迎接党的十九大胜利召开。

（王耀华）

·信息与调研·

【信息工作】 2016年，全区编辑《高港情况（快报）》信息71期。编发《高港情况（专报）》38期，获区领导批示27件次，比上年增长96%。在夏季持续强降雨期间，每日收集编报全区雨情汛情灾情信息。编发《高港情况（普刊）》39期，推动区党代会精神在全区落实。推出“机关干部百村行”活动和“一户一卡”年审工作专题，编发系列专刊18期。《新关注新期盼汇聚中国梦的信心和力量》信息获中共中央政治局委员、国务院副总理刘延东批示，连续2年上报信息获中央领导批示。全年被省委办公厅采用信息219篇（条），获得省领导批示24件次，其中省委主要负责人批示17件次，信息工作绩效考核居苏南苏中区级第2位。95篇（条）信息被市采用，获市领导批示3件次，信息工作考核列各市、区第2位。高港高新区信息工作在全市18个基层直报点中列第1位，获评2016年度优秀基层信息直报点。健全各地、各部门（单位）信息工作队伍，信息触角向基层延伸，在扬子江药业集团、泰州口岸船舶有限公司、江苏省口岸中学建立直报点。实施信息订单制度，围绕中央和省、市、区委重大决策部署与重点工作推进，开展约稿工作，及时反映社情民意、提出问题建议。通过QQ群、微信群等，进行信息点评和辅导，进一步提高信息报送水平。

【调研工作】 2016年，区委办公室撰写的《忠诚履行全面从严治党主体责任》《让农业成为有奔头的产业》《增强中心城市的辐射力、影响力和集聚力》《争当排头兵中的排头兵，突击队中的突击队》《致力锻造激情澎湃、奋发有为的主力军》等7篇理论文章在《新华日报》《泰州日报》《泰州党建》《泰州通讯》等省、市级报纸杂志上发表。　（蒋震宇）

·督查与考核·

【概况】 2016年，区督查考核办公室围绕全市综合考评“七连冠”目标，调整园区、镇街个性目标计分办法和重点指标考核体系，增加经济质态类考核指标，分类设置争先进位计分方法。增加区级机关绩效管理对象，调整公众评议权重和部分考核指标，加大对部门职能工作和交办工作完成情况的督查，突出对经济发展支持度和贡献度的考核。坚持任务分解到位、责任落实到位、目标调整到位原则，细化目标任务，明确工作内容、责任领导、责任单位，2016年度共分解重点目标任务100项，其中62项纳入园区、镇街、部门个性工作目标考核，涉及责任单位57个。完善园区（镇街）“月评比、季考核”工作方案，每月通报重点指标，每季考核经济指标，将年末一次性奖励调整为按季奖励。全年共办理市、区委书记交办任务8项，印发重要事项督办单86份。对社区综合体制改革试点、“一户一卡”年审全程督导，对田古线蔡庄段环境整治、许庄街道社区卫生室建设、全区工业企业“两证”补办等工作跟踪督办。

【市绩效考评“七连冠”】 2016年，区督查考核办公室围绕转型升级、跨越发展、民生改善、党建法治和公众评议考评体系，加强调查研究，调整考核内容，明确目标任务，建立考评领导小组定期例会制度，预测、分析和通报各项工作完成实绩，通过查摆问题、把握关键、狠抓弱项，放大得分优势，全力争先进位。高港区获全市2016年度绩效考评一等奖第1名，实现“七连冠”。

【镇街“四个文明”综合考评】 2016年，区督查考核办公室制定《关于对各园区、镇（街道）2016年度工作实施目标考评的意见》《高港区2016年工作目标任务分解落实方案》和招商引资项目建设工作考核奖惩办法、开放型经济等专项考核办法。在区2016年度“四个文明”目标考评中，高新区（刁铺街道、许庄街道）、临港经济园（口岸街道）、大泗镇获一等奖，核心港区（永安洲镇）、白马镇、胡庄镇获二等奖。

【“创新创优”评选】 2016年，区委、区政府继续开展“创新创优”工作评选活动。“移动互联时代，‘微高港’积极打造指尖上的宣传平台”等5个项目获一等奖，“实现一个号码管服务”等8个项目获二等奖，“连续三次荣获‘江苏省法治建设示范区’称号”等6个项目获三等奖。

【区级机关部门绩效管理】 2016年，区效能建设领导小组办公室组织开展2016年度区级机关部门（单位）绩效管理考核工作，制定绩效管理实施细则，协调综合牵头部门制定共性目标考核细则，对个性目标实施季度考评，组织牵头责任部门开展共性目标考核、公众评议等工作，综合评选出人民满意机关（单位）和效能建设先进单位。

2016年度人民满意机关（单位）　财政局、人民法院、政务办、人力资源社会保障局、人民检察院、发展改革委、市场监管局、经济和信息化委、国税二分局、地税三分局、审计局、文体旅游局、住房城乡建设局、安监局、环保局。

2016年度效能建设先进单位　教育局、科技和知识产权局、总工会、机关事务管理局、统计局、卫生计生委、公安分局、交通运输分局、规划分局、信访局、城管办、民政局、水利局、商务局、交警二大队。

（蒋逸仙）

·组织工作·

■ 综　　述

2016年，高港区开展“两学一做”学习教育，其做法得到省、市检查督导组的充分肯定。完成区、镇、村三级换届工作。“周末高港·党员关爱服务行动”入围全国宣传推选学雷锋志愿服务“四个100”先进典型候选单位。开展“机关干部百村行”和“百团千村万企大走访大落实”活动。探索推行干部监督“三设三亮”制度、村居干部公职化管理、非公党建培训“众筹共享”模式等一系列创新举措。全区有党（工）委25个、党总支98个、党支部779个。党员14179人，其中，女党员3282人，占23.15%；35周岁以下党员3412人，占24.06%；大专以上学历党员5832人，占41.13%。

■ 干部工作

【干部选拔任用】 2016年，高港区共调整区管干部6批次252人，其中，平级调整139人，提拔59人，到龄退休18人，退二线13人，调进3人，调出8人，挂职锻炼8人，辞职2人，提前退休1人，试用期转正1人。区委组织部调整部管干部3人。

【年轻干部培养】 2016年，区委组织部举办全区年轻干部“千字文”竞赛和年轻公务人员基本功（活动策划）大赛，提升年轻干部公文写作水平和公文知识应用能力。在“百团千村万企大走访大落实”活动中，选派90名年轻干部到各村（社区）跟班学习，参与“大走访大落实”活动。

【干部人事档案专项审核】 2016年，区委组织部明确“按实校核、从严查核、规范审核”的工作要求，完成全区463名区管、部管干部人事档案专项审核任务。共补缴各类干部人事档案材料3440份，对234名人员信息重新认定。

【领导干部能力建设讲坛】 2016年，高港区举办领导干部能力建设讲坛4期。3月5日，邀请昆山市招商局原局长、苏州市招商协会秘书长孙建中作“新常态下招商引资新思路”专题讲座。6月25日，邀请中国人民大学国际关系学院教授金灿荣作“国际热点与十八大以来的中国外交”专题讲座。9月24日，邀请清华大学人文社会科学学院教授、

12月2日，高港区举办年轻干部“千字文”竞赛　（区网管中心/供稿）

博士生导师刘书林作“新时期领导干部的理想、价值与胸怀”专题讲座。12月24日，邀请南京大学政府管理学院教授李永刚作“大数据与政务创新”专题讲座。

■ 人才队伍建设

【高港区“十三五”人才发展意见出台】 2016年，高港区健全人才工作政策体系，研究起草《高港区“十三五”人才发展意见》，从战略目标、主要任务、改革重点等多个方面，为未来五年全区的人才工作指明方向、明晰路径。各园区、镇街均按照有办公场所、有人员、有设备、有台账、有经费的“五有”要求，设立人才工作站，并配备2名以上人才工作人员。组织企业申报2016年度泰州市“人才强企”先进单位和“人才强企年卡”，江苏能建机电实业集团有限公司获评“人才强企”先进单位，10个企业科技创新平台获得230万元资助；扬子江药业集团顾孝红、泰州口岸船舶有限公司王海东获泰州市“企业杰出人才奖”；105名企业人才获得117万元生活补贴，企业科技创新平台和人才生活补贴两项指标均列全市第1位。

【人才引进】 2016年，高港区共引进各类高层次人才241人，其中海外人才37人，14人被确定为各类人才项目资助对象，上争资金775万元。组织召开第四期高港籍“985工程”“211工程”高校应届大学毕业生座谈会，引导他们回乡就业创业。组织开展2016年专门人才选聘工作，共选聘19名“985工程”和“211工程”高校应届硕士以上学历研究生。围绕“项目大突破”推行“双招双引”新模式，招引10余个1亿元项目以及20个带资金、带技术、带项目的高层次人才（团队）。依托科技镇长团，推进“科技副总”“教授博士柔性进企业”等工作，先后邀请省营养学会、省电工技术学会等6个省级学会的13名专家、教授到高港开展科技需求对接服务活动，6个省级学会均被聘为高港科技智库专家团。邀请江南大学功能食品国家工程技术研究中心主任范柳萍等100余名专家到高港调研考察，组织50个企业到20余所高校院所进行人才科技合作项目洽谈，促成一大批科技项目落地生根。组织7个企业参加2016年“才富泰州”高层次人才创新创业大赛，江苏瑞源电力公司引进的河海大学教授张金波申报的项目获创新组二等奖。参加省第23、24、25届精英人才对接峰会，在第24届武汉精英人才对接峰会上，高港区作为全省3个发言单位之一，面向全国40余所重点高校对高港区作重点宣传推介。到北京、武汉、哈尔滨、大连等地15所高校院所及相关省级机关商谈科技镇长团选派事宜，从省农机局、吉林大学、大连理工大学、中科院大连物化所等地接收8名省第九批科技镇长团成员到高港区挂职。

2月15日，高港区召开第四期高港籍“985工程”“211工程”高校应届大学毕业生座谈会（区网管中心/供稿）

【人才培育】 2016年，高港区采取校企合作、“订单式”培养、“菜单式”培训等方式，不断加大科技企业家、人才工作者、蓝领精英、农技推广专家、医疗卫生专家等人才的培养力度。组织35名科技企业家到浙江大学举办高港区第一期科技企业家专题培训班。组织三大园区分管人才工作负责人和职能科室负责人赴深圳大学参加培训，组织11个企业人才工作者分批参加复旦大学、清华大学培训。与泰州职业技术学院、高港职教中心、泰州弘博职业培训学校合作举办职业技能培训班4期，培训238人，职业技能鉴定获证人员235人。举办巾帼创新创业“互联网+”知识讲座、农村妇女适用技术培训班和农村妇女“网上行”等培训16场次，培训妇女1600余人。

【优秀人才服务】 2016年，高港区共向323名应届毕业生和高层次人才发放1318万元的购房券。开展“千名硕博看泰州——走进高港”活动，为70名高层次人才发放“旅游券”。为全区规模以上企业制作发放企业人才需求服务卡，形成2016年度区“一企一卡”汇编，提供针对性服务。下拨2016年度省、市“双创计划”、省“企业博士集聚计划”资助资金，省第四期“333工程”、市第四期“311工程”培养对象图书资料补贴等各类人才奖补资金800余万元。组织11名优秀人才赴广西健康休养，4名优秀人才参加泰州市专家休养计划，组织区内百余名高层次人才进行健康体检。举办高港区首届青年人才联谊交友活动，260余名单身青年人才参加活动。为22名高层次人才发放第三批“泰州英才卡”和“凤城一卡通”，为25名高层次人才申领第四批“泰州英才卡”。走访慰问26名市“311工程”第二层次以上优秀人才和区第三批7名科技镇长团成员。定期召开人才工作座谈会听取意见和建议，帮助各类人才解决家属安置、子女入学、住房、社保等各种实际问题。开展人才工作宣传，在“泰智汇”“微高港”等微信平台上发表信息15条，在各类报纸杂志发表人才工作经验文章30余篇。

【专家教授高港人才科技行】 2016年，高港区举办河海大学、南京航空航天大学、江南大学等多场“专家教授高港人才科技行”活动，共邀请50余名专家教授与33个企业进行人才科技需求对接，其中12名专家教授与12个企业达成合作意向。组织开展多次科技成果专题讲座及对接活动，推广应用科技成果100余项，促成产学研意向性合作协议项目50项。

【高港企业专家服务微信群】 2016年，高港区建立以规模以上企业主要负责人及知名专家教授为成员的300余人的“高港企业专家服务微信群”，搭建企业家与高校院所专家教授沟通交流的平台，及时发布人才科技对接需求信息，促成10余项人才科技合作。邀请“蓝火计划”16名博士生入驻高港区10个企业充当“外挂智囊”，共为企业提出生产工艺优化方案36个，参与编制企业科技计划项目8项，撰写技术报告21份。（刘　宇　王安峰　罗家宁）

■ 基层组织建设

【党员管理】 2016年，高港区对全区党员队伍结构进行调查摸底，结合全区党员队伍实际，在发展党员工作中重点向“两新”组织倾斜，向基层一线倾斜，注重发展质量，全面推行发展党员全程纪实制度及工作模板，严格实行发展党员基层党（工）委、区委组织部两级预审，全区新发展党员190人。巩固党员组织关系排查工作成果，对307名流出党员全部发放流动党员活动证，明确持证要求和纪律，建立花名册。春节等节假日，开展流动党员教育管理。继续开展党员组织关系排查工作，加大对“游离态”党员、失联党员查找力度，理顺“空挂”组织关系党员61人，排查出35名失联党员，成功查找13名失联党员，并及时纳入组织管理，其余22名失联党员，按照省、市委组织部通知要求，采用5种以上方式查找未找到后，按照党章和相关规定，进行组织处置。制定《关于严格党内组织生活规范党支部建设的意见》。

6月30日，核心港区举办庆祝建党95周年大合唱　（区网管中心/供稿）

【流动党员“三全三亮三为”】 2016年，高港区充分发挥流动党员工作室和“关爱服务QQ群”阵地优势，创新开展流动党员“三全三亮三为”管理模式，即：信息数据全采集、跟踪管理全方位、学习教育全覆盖，亮去处、亮身份、亮业绩，为党旗添光彩、为他乡作贡献、为家乡助把力，确保流动党员“离乡不离党、流动不失学”。

【党务工作者“红色接力”行动】 2016年，高港区开展党务工作者“红色接力”行动。对基层党组织书记进行普遍培训，避免因换届、换人造成学习教育“断档”。组织园区、镇街组织委员参加区委组织部月度办公会，交流当月工作完成情况、下月工作打算，重点介绍特色亮点。推行村（居）干部现代师徒结对模式，向机关、学校、“两新”组织等各领域拓展，通过“以老带新”“现职带后备”等方式，加大培养力度。

【中国共产党成立95周年纪念活动】 2016年，高港区开展纪念建党95周年“两学一做”学习教育知识竞赛活动，通过微信答题、书面竞赛、现场竞答赛等形式，引导广大党员自觉按照党员标准规范言行。召开庆祝中国共产党成立95周年暨“两学一做”学习教育推进大会，开展“千名党组织书记上党课”活动，由各级党组织书记分别讲1次纪念七一主题党课。全区各级党组织全面开展以“重温入党誓词、重读入党志愿，争当合格党员”为主要内容的“两重一争”活动。选树先进典型，王海东被评为省优秀共产党员，张晓兰、朱连兵、钱维胜、鞠荣祥被评为市优秀共产党员，杨义琴、蔡艳、戚兴生、陶春山被评为市优秀党务工作者，区财政局党支部、许庄街道乔杨社区党总支、华强照明器材有限公司党支部、华润雪花啤酒（泰州）有限公司党委被评为市先进基层党组织。区委表彰15个先进基层党组织、15名优秀共产党员、18名优秀党务工作者。

【“关爱服务月”活动】 元旦、春节期间，高港区开展第八次“关爱服务月”活动。全区356个基层党组织、3402名党员参与，累计走访慰问4628人，结成各种帮扶对子963个，解决实际问题398个，化解各类矛盾纠纷82个，投入资金783.9万元。

【基层党建“书记项目”】 2016年，高港区在全区普遍推行基层党建“书记项目”。区委常委带头，各园区党工委书记，各镇街党（工）委书记、分管副书记、组织委员，区级机关部门（单位）党组织书记，村（社区）党组织书记，根据各地各单位基层党建中存在的突出问题，拟定项目，明确项目实施的路径，细化推进落实举措。将160个基层党建工作难题列入重点解决内容。

【区党代表工作室工作日活动】 2016年，高港区总结区党代表工作室工作日成功做法，优化党代表资源，撤并机关、园区等工作室，将更多力量向基层延伸。结合选区、任职等情况，编排区第五次党代会代表工作室，重新制作党代表基本信息，向群众公开。10月下旬，结合村（居）委会换届工作，组织区党代表到工作室开展任期首次工作日活动，帮助加强宣传引导、化解矛盾风险、制定应急预案。

【党建带群团组织建设】 12月2日，高港区召开全区党建带群团组织建设工作推进会，印发《关于进一步加强党建带群团组织建设工作的通知》，充分发挥党组织的示范带动作用，积极开展群团工作，围绕联系服务群众、推动改革创新，不断提升党群工作的创造力和影响力。党建带工建，培树“高港工匠”，构建和谐关系，发挥工人阶级主力军作用；党建带团建，鼓励创新创业，开展志愿服务，发挥青年群体生力军作用；党建带妇建，打造“贴心妇联”“维权妇联”“创业妇联”，发挥妇女群众“半边天”作用；党建带科建，加强人才队伍建设、品牌建设和发展富民，发挥科技人才“第一资源”作用。

【村（社区）干部管理】 2016年，高港区统筹推进社区综合体制改革，推行村（社区）干部定岗定编、定责定酬和能进能出、能上能下“四定四能”机制，审核确定领导岗位、管理岗位职数，5月末前全区各村（社区）干部队伍改革全部到位。落实社区党组织书记任免备案、社区干部队伍新增人员审核确定制度，核减2011年以来全区离任村干部生活补贴发放对象，建立健全信息库，规范基层干部队伍使用管理程序。加强村居干部“五位一体”管理，评选表彰口岸街道城东社区等五星级村居11个。以“强党性・争进位・做先锋”为主题，市、区、镇（街道）、村（社区）四级联动举办第六届基层干部“培训周”，组织收看空中课堂、举办“村干部”论坛、撰写心得体会等，对1000余名基层干部进行培训。村（社区）党组织换届结束后，以“新班子・新形象・新作为”为主题，组织召开新一届村（社区）党组织书记论坛，组织全体村（社区）党组织书记赴靖江参观新农村建设示范村，为新一届村（社区）党组织书记理思路、教方法、明方向。举办新一届村（社区）“两委”干部专题培训班，从加强基层组织建设、党风廉政建设，做好社会治理、信访维稳，管好村级财务等方面进行全面培训。

【“第一书记”跟踪管理】 2016年，高港区开展“第一书记”观摩与评议活动，在观摩中学习、在测评中知不足、在讨论中思考，推动“第一书记”更好扎根基层、服务基层。召开“第一书记”工作交流会，总结第一年度任期工作，部署推进第二年度任期工作。加强“第一书记”教育管理，先后3次不打招呼，直接到任职村（社区）了解驻点工作情况。组织“第一书记”相互打分，结果作为年度考核和任期考核的重要依据。

【大学生村官管理】 2016年，高港区开展“你创业我支持”活动，依托江苏润泰电子商务生态园，举办创业沙龙、在线经验交流，帮助提升大学生村官创业能力。许庄街道大学生村官“为民电商”创业联盟和胡庄镇庵桥村、口岸街道蔡滩社区、刁铺街道万庄社区大学生村官“为民电商”会员店被评为泰州市首批大学生村官“为民电商”示范店。沈天印、贾月被评为高港区“最美创业青年”，倪道凤、沈浩获高港区“最美创业青年”提名奖。高港区明确大学生村官工作三级责任清单，开展政策解读与分流引导，通过招录招考转任一批、自主创业成才一批。加大优秀大学生村官提拔使用力度，全年新增1名副乡科级领导干部、9名村居“两委”正职。

【“非公党建培训众筹”模式】 2016年，高港区发挥园区、镇街非公党组织书记培训基地作用，联动开展非公党建培训。每个园区、镇街承办1场非公党建专题培训班，全年共举办9场专题培训班，累计培训1100余人次，整合全区非公党建资源，形成“每月一主题、全年不断档”的非公党建常态化培训模式，非公有制企业党建培训连续5年被评为省优秀等次。

【社会组织党建工作突破年】 2016年，高港区制定《关于加强社会组织党的建设工作的实施意见》，开启“社会组织党建工作突破年”。8月，启动社会组织党建工作调研周，对镇街及区社会组织行业主管（指导）单位走访调研。9月，启动“社会组织党组织集中组建月”，将第四季度确定为“攻坚季”，单独组建社会组织党组织12个，联建66个，挂靠2个，行业商业协会党支部4个，覆盖社会组织207个。

【机关干部百村行】 2016年2月，高港区启动“机关干部百村行”活动。全区近千名机关干部分赴7个镇街所有村（社区），集中开展思想政治“大教育”、基层组织和干部队伍“大建设”、社区综合体制改革“大推进”、社会矛盾纠纷“大排查”、党风廉政建设“大巡查”五大行动。90个走访调研组成员全部进驻指定村（社区），公布办公地点、联系人和联系方式，方便群众联系。调研组成员与基层群众“面对面”，帮助解决问题，化解矛盾，融洽干群关系。撰写民情日记，记载下基层情况，梳理基层反映的意见、建议，及时反映基层动态。思想政治“大教育”方面，区委领导带头给基层党员干部作辅导报告，组织村（社区）党组织书记“基层党组织建设”专题学习辅导，组织村（社区）党员干部集中冬训，组织走访调研组组长到村（社区）上专题党课。基层组织和干部队伍“大建设”方面，各走访调研组到各村（社区）开展谈心谈话活动，累计访谈1850人次；各村（社区）分别召开专题组织生活会和村居民代表大会，组织全体党员开展批评与自我批评，进行民主评议、党性考核，接受群众的现场质询、民主测评，并推荐产生一批后备干部。社区综合体制改革“大推进”方面，各走访调研组督促、指导、帮助未达标的村（社区）排出工作计划表，帮助出点子、想办法，有效推动社区综合体制改革各项任务要求落实到位。党风廉政建设“大巡查”方面，梳理违纪线索26件次；对村（社区）党员干部是否存在“四风”问题进行问卷调查；逐村（社区）开展廉政宣讲活动；组织纪委、审计、财政、农委等部门的50余名业务骨干，对全区90个村（社区）进行财务清查。社会矛盾纠纷“大排查大化解”方面，各走访调研组共排查出矛盾86件，推动化解到位。

【“大走访大落实”活动】 12月，高港区开展以“助力发展解难题、聚焦富民补短板”为主题的“百团千村万企大走访大落实”活动。12月17日起，每周末开展“集中走访日”活动，访党代会精神贯彻情况，促落实落细；访企业生产经营情况，促创新发展；访项目建设推进情况，促开工达产；访富民惠民为民情况，促全面小康；访基层社会治理情况，促和谐稳定；访管党治党责任落实情况，促全面从严。高港区组建7个工作团，以各村（社区）为单位，组建90个走访组，另加1个高港高新区所属企业走访组。

机关干部到社区调研　（高卫东/摄）

【学校党建“十百千工程”】 2016年，高港区召开全区学校党建推进会暨“十百千工程”启动仪式，制定《学校党建“十百千工程”实施意见》，在全区学校党组织和党员教师中开展“十百千工程”。在“十三五”期间，创建10个学校党建特色品牌，培养100名党务工作骨干，挂钩帮扶1000户学生家庭。

（庄坤江　余洁婷　张　磊　马张良）

·宣传工作·

■ 综　述

2016年，高港区在全市率先全面实施“文明家庭”创建活动。全年在市级以上党报刊发稿件500余篇，《新华日报》用稿60余篇，《泰州日报》头版头条21篇。省级以上电视台用稿15篇。1月，“微高港”微信公众平台上线运营。评选产生“大江儿女·最美人物”10人，推选产生泰州市“最美人物”10人、江苏省“最美人物”1人、“中国好人”1人，累计上榜“中国好人”13人，率先在全省县（市、区）实现五大类“中国好人”全覆盖。全区宣传思想文化工作连续8年在全市综合考评中获第1名。　（杨　城）

■ 理论武装

【中心组学习】 2016年，区委中心组围绕党的十八届五中及六中全会精神、习近平系列重要讲话精神、“两学一做”专题研讨等，组织开展学习活动33次。

【党员轮训和冬训】 2016年，高港区制定党员干部学习中共十八届五中、六中全会精神年度轮训意见和冬训意见，组织1万余名基层党员干部参加“读书班”“主体班”和“冬训班”学习。年内，高港区被省委宣传部和省委组织部评为全省基层党员冬训工作先进区。“千名干部百村行，万名党员大冬训”获评泰州宣传系统创新创优工作一等奖。

【社科宣传】 9月26日，高港区开展第五届社科普及宣传周活动，共接受咨询500人次，开展义诊义疗300人次，发放科普资料2000余份，展出展板40余块。“桑榆未晚彩霞艳，五老宣讲暖人心”获省社科系统工作创新奖。

【“我眼中的高港”优秀作品展示暨征文颁奖】 6月2日，高港区举办“我眼中的高港”优秀作品展示暨征文颁奖活动。演讲者们展示10篇获奖征文。活动共收到各类征文1.2万余篇，经过3轮甄别遴选，共评出一等奖10名、二等奖20名、三等奖30名。（王卫军）

延伸阅读：“我眼中的高港”征文活动获奖作品

一等奖（10篇）

七年之“养”，我眼中的高港（大泗镇郑一祥）

孩子的尊严（区审计局曹岳）

我眼中的高港（胡庄镇梅景）

明珠璀璨耀四方（区文体旅游局李蓉）

高港，中国县区中的“高富帅”（区综治办张剑）

我所爱的高港（扬子江药业集团贺艳莉）

青春高港正当时（口岸街道李尚发）

时光深处你不老，静看我眼中的高港（团区委杨彩霞）

江东明珠　性格高港（许庄街道冀超）

港城协奏曲（高港实验小学学生范宸熙）

二等奖（20篇）

港风（大泗学校吴乐越月）

恋上一座城　舞彩港城人（高港实验小学学生孙硕晗）

高港高歌　大江大美（地税三分局仲伯江）

那路　那河　那些人（区委政法委管波）

美好高港，一路前行一路高歌（许庄街道宗晶）

我眼中的高港（核心港区黄金）

美丽高港（口岸实验学校刘秀萍）

6月2日，高港区举办“我眼中的高港”优秀作品展示暨征文颁奖仪式

（高卫东/摄）

印象高港·雕花楼（区委宣传部王卫军）

我眼中的高港（泰兴市文化广电新闻出版局李妍）

“高港尊严”撬动发展脉搏（刁铺街道闻逸玲）

江畔美城　江东明珠（高港高新区党红交）

缤纷港城（区安监局常爱民）

高港，我美丽的家乡（胡庄镇刘向前）

大江礼赞之港城乐（刁铺街道沈丽莉）

高港赋（口岸实验学校学生梅湘寒）

我眼中的高港——一座有尊严的城市（区政府办公室戴立新）

他们眼中的高港（口岸街道申宝兰）

知识的尊严——关于专门人才的那些事（区委组织部马张良）

诗意的王国（江苏省口岸中学金春兰）

家的港湾——如茗般值得品味的高港（高港高新区印尧）

三等奖（30篇）

舌尖上的高港（区卫生计生委高维霁）

大江大港大发展　民生民情民福祉（许庄街道沈浩）

恋上一座城——高港（永安洲实验学校曹燕）

我眼看高港（许庄街道刘长军）

醉美高港（高港实验小学陈俊）

我眼中的高港（区人力资源社会保障局杜环宇）

我眼中的高港（大泗镇魏玉云）

十三年来我们一起成长（口岸实验学校学生李睿宸）

高港：江畔明珠　璀璨千年（区住房城乡建设局孙跃）

一方美丽的热土（永安洲实验学校韩瑛）

欢声笑语新港城（口岸实验学校曹翠）

恋上高港这座城（区卫生计生委肖颖）

旧大街变成了新景区（区委老干部局戚正欣）

我们一起共成长（区政府办公室张智颖）

我眼中的高港（刁铺街道王琳）

那一片云彩（永安洲镇初级中学戴爱国）

高港赞歌（海军小学蒋光荣）

外婆笑了（高港实验小学学生屈依静）

我眼中的高港（大泗镇张慧）

花船花担唱词　十唱高港好地方（区关工委唐传银）

我眼中的高港（大泗学校栾云）

我眼中的“高港”（高港实验小学栾伟娟）

回眸，展望（高港实验小学杨峰）

我眼中的高港（白马中学学生胡舒青）

家乡啊家乡（田河小学莫志娟）

高港赞歌（刁铺中心小学学生章悦彤）

高港，长江边上的一颗明珠（泰州市作协鲁友明）

我眼中的高港（高港实验小学学生于亚倩）

雨中的高港（高港高新区张嘉霖）

深情话高港（田河小学贾爱国）

■ 新闻舆论宣传

【媒体宣传】 2016年，高港区在市级以上党报、电视台刊发稿件500余篇，在中央电视台和《人民日报》《经济日报》《光明日报》《农民日报》等中央媒体宣传高港。中央人民广播电台《新闻和报纸摘要》头条用稿1篇，中央电视台用稿3篇，江苏卫视用稿12篇，《新华日报》用稿60余篇，《泰州日报》头版头条用稿21篇，市电视台各栏目发片200余篇。编辑出版《泰州日报·高港周刊》50期。

2016年国内主流媒体有关高港区报道一览表

表4

日　期	发表媒体	报道标题	作　者
6月13日	人民网	江苏泰州市高港“机关干部百村行”夯实基层党建	钱　兰　庄坤江　曲朝霞
7月24日	人民网	16位全国高校博士入驻泰州高港10家企业	唐春成　邵釜明
10月24日	人民网	总投资1.3亿元检测中心项目将落户泰州高港	冯人綦　张　鑫
12月12日	央广网	江苏扎实推进转型发展，力求长江“黄金效益”	杨　明　杨守华
1月11日	中国质检网	江苏泰州高港区再添一省级质检中心	程　飞
5月16日	交汇点	泰州高港区每十人就有1人下载“交汇点”	邵釜明　戚锁林　顾介铸
6月16日	网易	泰州高港区选树“高港工匠”	王　伟　张　峰　隆四清
1月15日	新华日报（第2版）	又见交汇点　已是老朋友	宏　奇　晓　勇　介　铸
3月23日	新华日报（第6版）	一张惠民券，点亮百姓文化生活	赵晓勇　邵釜明
5月19日	新华日报（第6版）	焊花里飞出“国家特贴”专家	赵晓勇　邵釜明　杨　鼎
8月31日	新华日报（第6版）	历史性突破！扬子江药业勇夺5项国际QC金奖	刘良鸣　罗　婧
12月13日	新华日报（头版）	生态优先，高港严守发展生命线	宏　奇　晓　勇　介　铸 高宇彤　邵釜明　张　玲
1月14日	新华报业网	书记区长乐当“交汇点”推广大使	刘宏奇　赵晓勇　顾介铸
3月29日	新华报业网	高港法院砥砺前行，迈出司法为民坚实步伐	时良敏　陆乔立　翟　敏
7月15日	新华报业网	泰州市人医优质医疗资源将下沉高港	熊珠琴　董龙江
3月25日	中国江苏网	统一集团三大上市企业抢滩泰州高港	顾介铸　刘　治
6月3日	中国江苏网	高港财政收入提前完成半年任务	邵釜明　张　玲　卞小士 潘荣进
7月7日	中国江苏网	让学习教育“活”起来　高港开展情景式大讨论	钱　兰　乔　峰　庄坤江 孙　涛
1月25日	扬子晚报（专版）	高港：奋力打造长江经济带港口名城	—

1月18日，“微高港”微信公众号开通　（高卫东/摄）

【“微高港”微信公众号开通】 1月，由区委宣传部主办的“微高港”微信公众号正式开通。功能为发布高港政务信息、城市形象宣传信息、各类服务社会的民生信息等。平均每个工作日发布2条信息。“微高港”坚持高点定位，精心策划，精准发布，做到时效性、准确性和原创性并重，在江苏县区官方微信排行榜上名列前茅，“移动互联时代，‘微高港’积极打造指尖上的宣传平台”获2016年度全区“创新创优”一等奖。

【网络舆论引导】 2016年，高港区“高港发布”官方微博发布微博500余条。开展“聚焦江苏党代会”“脱贫攻坚看中国”等主题宣传，开辟“贯彻市党代会精神”“大走访大落实”等话题，发布原创微博20余篇。召开“两微平台”内容建设推进会，促进“微高港”粉丝数和阅读量提升。建立核心网评员队伍，全年网络跟帖200余条，围绕省十三次党代会、世界物联网博览会、世界智能制造大会撰写网评文章6篇，其中《“富民”，让人们更期待》在中国江苏网发表。

【“三下乡”活动】 1月19日，区委宣传部在胡庄镇举行“三下乡”启动仪式，区科技和知识产权局、区卫生计生委、区文体旅游局等部门向胡庄镇捐赠现金和电脑等物资计25万元。在集中咨询服务活动现场，区农业、科技、文化、司法等部门组成文艺演出、文化服务、法治宣传等小组，向群众提供政策法治宣传、写春联、科技健康咨询、免费义诊、赠送书籍、慰问演出等一系列服务。区领导看望慰问困难群众和孤寡老人，送去3万元慰问金和慰问品。

（王国民　张　玲　戴斐斐）

·统战工作·

【概况】 2016年，高港区有党外区人大代表32人、市人大代表6人、省人大代表1人，有党外区政协委员90人、市政协委员13人。党外代表人士在区人大、政协中的安排全部达到规定要求。建立健全党外干部选拔培养机制，党外干部配备实现应配尽配。支持民主党派及无党派知识分子联谊会加强自身建设、参政议政、开展工作。开展非公经济组织、新的社会阶层人士服务管理工作。

【党外人士联系交流】 9月，区委印发《区委领导干部与党外代表人士联系交友制度的意见》，11名区委领导干部与党外代表人士结对交友。组织召开全区党外人士座谈会，倾听党外人士对经济社会发展的意见和建议。梳理完善各类统战代表人士信息，形成工作手册，方便工作开展。指导各镇街召开政情通报会、经济社会发展情况通报会，接受党外人士、政协委员的监督和评议。指导区法检“两院”、住建、教育、监察等部门聘请党外人士担任特约监督员，主动接受党外人士监督政风行风，提出批评建议。全区共有11名党外人士被聘请为政风行风特约监督员。

【党外干部选拔培养】 2016年，高港区有党外后备干部12人，占全区后备干部的14.5%。11月，在复旦大学举办党外干部培训班，24名党外干部、统战干部参加培训。组织部门推动党外干部跨科室、跨部门任职交流，组织党外干部到村（社区）挂职锻炼，参加“机关干部百村行”“大走访大落实”等活动。按规定配备党外领导干部，全区共配备副科级以上党外领导干部36人，22个政府部门中有15个部门配备党外领导干部，教育、监察等11个必配部门全部配备党外干部；区法检“两院”配备副乡科级党外干部4人，其中副院长、副检察长各1人。1名党外干部被推荐任命为区政协副主席、工商联主席，2名党外干部被提拔为副科级以上领导干部。

【非公经济组织和新的社会阶层人士服务工作】 2016年，区委统战部对在市及区人大、政协、工商联、光彩事业促进会担任职务的非公有制经济人士开展综合评价工作，共评价非公有制经济人士93人。到镇街商会、园区企业调研13次，为企业解决问题15个。5月，指导区工商联组织27个律师事务所和60名顾问律师组建成立法律顾问团，为会员企业提供法律服务。开展归国留学人员调研，掌握高港区归国留学人员基本情况，建立归国留学人员数据库，并进行动态更新，形成调研报告1篇。开展新媒体从业人员调查，建立高港区新媒体从业人员信息库，共收集微信公众号、微博、网站等25个新媒体从业单位（个人）信息。

【旅港同乡会成立】 11月，高港区旅港同乡会在香港成立。该同乡会系由高港籍旅港人士自愿组成的群众团体，首届会员37人，由企业家、企业员工、专家、学者和学生等组成。（徐永强）

·政法工作·

■ 法治建设

【司法监督】 2016年，高港区健全阳光司法执法机制，搭建互联网站、微博、微信“一体两翼”公开平台，邀请人大代表和政协委员参观视察、旁听庭审。强化执法司法监督制约，深化“百案评查”全覆盖，通过“推磨式”评查、召开案件评查点评分析会，提升办案质量。“见证人见证违法监督类案”获评全国检察机关优秀侦查活动监督案件。

【法治宣传】 2016年，高港区开展法治宣传教育“六个一”行动，即一系列法治报告会、一系列法治文艺、一系列法治电影、一系列法治微信平台、一支法治宣传志愿者队伍、一套法治教育读本。举办“大江讲堂·周末法治报告会”“法治大讲堂”“大江放歌·法治文艺”等各类活动130余场次。加强法治文化阵地建设，建成区法治宣传教育中心暨青少年法治教育基地，区法治文化广场、刁铺街道大丰社区法治文化广场成功申报省级法治文化建设示范点。组织民间艺人搭建“普法小戏台”，到村（社区）、学校、企业、敬老院巡回演出。开通“高港政法”微信公众平台、“牵手朝阳·校园卫士”微信公众平台和校园法治频道。在高港电视台新开辟《法治天地》栏目，定期播放政法动态。组织法律顾问、镇村法治办副主任、大学生村官等组建法治宣传志愿者队伍，开展“法润港城乡村行”“背上法律来打工”等活动。编印中小学生法治教育读本并纳入课程教学计划，常态化开展“汤姐姐法治课堂”巡讲活动，连续12年保持在校生“零犯罪”。开展青少年成长护航工程，在省召开的苏中片青少年护航成长工程现场会上，高港区作经验介绍。制定《在全区公民中开展法治宣传教育的第七个五年规划（2016—2020年）》。

11月17日，高港区举办“大江讲堂·周末法治报告会”

（区网管中心/供稿）

【法治实事项目】 2016年，高港区主动关注民生热点，通过“群众点题、政府推动、单位承诺、社会监督”的方式，面向社会公开征集法治实事项目，并建立跟踪督查长效管理机制，推进诉讼服务中心标准化建设、规范户口登记管理、食品安全风险预警、知识产权维权“护航”、法治宣传教育“六个一”行动等15件法治实事项目办理。抓好食品药品、环境保护、劳动监察和安全生产领域执法司法联动，健全打击违法犯罪联动工作机制。公开宣判的泰州市首例“销售境外疫区牛肉案”入选全国“利剑行动”食品安全犯罪十大典型案例。关爱弱势群体，建立全方位救助、全领域协作、全视角监督为核心的“三全式”司法救助体系。推进家事审判改革试点，《中华人民共和国反家庭暴力法》实施后，发出泰州市首份“人身安全保护令”。

■ 社会治安综合治理

【治安风险预防】 2016年，高港区突出项目决策超前评估，成立区重大决策司法研判领导小组，区公检法“三长”、政府法制办主任列席区委常委会和党政联席会，为依法决策提供法律支持，全区未发生因决策失误引发的重大涉稳事件。坚持网格排查预警，深化“机关干部百村行”、矛盾纠纷排查化解“园区行、村村行、企业行”活动，及时发现、化解各类矛盾，有效防范矛盾风险复杂化、扩大化。新建立“非公领域职务犯罪防治研究基地”，防范非公领域职务犯罪。

【治安防控体系建设】 2016年，高港区织密社会治安防控网，升级改造“视频监控实战应用平台”，实现区、镇、村三级联网，新投入2000余万元用于252个全球眼、28个老旧小区监控高清改造以及548个监控点建设，并纳入2016年度为民办实事项目。自主研发“110联动卫士”——“小威士”智能报警系统，实现音频、视频同步报警，缩短报警时间，简化报警流程。在109个企（事）业单位、51个村（社区）卫生室、300余户普通家庭推广安装。为79户孤寡老人、空巢老人、留守儿童等特殊家庭免费安装。建立区巡特警大队和专职特勤队伍，每天安排警力在主城区开展武装巡逻。在口岸街道、永安洲镇建立30人的巡逻处警中队和武装巡逻小组，并各增配1辆武装巡逻车。加强群防群治队伍建设，全区平安义工队伍达1.56万人。街面抢劫与抢夺、街头诈骗、扒窃等发案率持续下降。开展“平安寄递”创建，健全寄递业安全监管体系，推动先验视后封箱、实名制、通过X光机安检3个100%落实。7月，承办泰州市寄递渠道安全监管现场推进会。

【矛盾纠纷排查化解】 2016年，高港区优化矛盾纠纷大排查、大调解、大接访机制，推进矛盾纠纷多元预防化解。坚持网格排查预警，畅通民意诉求表达渠道，组织开展“机关干部百村行”、矛盾纠纷排查化解“园区行、村居行、企业行”活动，走访普通群众、困难家庭、老党员5000余人，及时发现、化解矛盾纠纷741起。成立区巡回调解小组，定期到镇街、村（社区）巡回调解，帮助基层解决疑难问题。放大“何芬法官工作室”“检察院陈新群众工作室”示范效应，整合“蔡阿姨调解室”“余庆工作室”“夕阳红工作队”等民间调解资源，实现矛盾联合调解。推行社会矛盾纠纷群众评议，组建区、镇、村三级群众评议团98个，选聘群众评议员1700余人，开展“说事评理释法”。深化信访群众依法逐级走访权益卡制度，健全信访矛盾问题化解联动工作机制，完成重大敏感时期的信访维稳工作。

【综合服务管理网建设】 2016年，高港区推进社会化基础综合服务管理网建设，开展三级平台等级评定，加大日常监管和考核力度，完善纵向贯通、横向集成，多方联动、共建共享的综合服务管理体系。强化综治信息系统应用，实现“基础信息网上采集、决策指令网上响应、办事服务网上流转、工作流程网上监督、责任目标网上考核”，1名网格员参加省综治信息化实战应用技能比武获三等奖。拓宽综治信息系统服务范围，及时将灾害性天气预报、火灾预防等信息发送到手持终端。

【“三零”行动】 2016年，高港区开展政法部门护航三大主题“三零”行动，全面推行“账单式”“销号式”“回单式”服务，通过“零距离”服务、“零缝隙”预防、“零容忍”打击，打造优质高效的服务环境。全区政法系统领导班子成员分别挂钩联系79个企业（项目），累计为项目建设服务560余次（场），上门提供指导服务130余次，依法及时有效处置各类突发事件40余件。推动环溪机械配件厂、亚达机械制造有限公司、三江冷轧厂等“僵尸企业”退出市场。（陈　红）

·机关党建·

【概况】 2016年，区委区级机关工委辖党组织63个，其中，党总支部6个、党支部57个。党员1004人，其中，女党员272人、大专以上学历918人、35岁以下党员313人。发展党员11人，预备党员转正16人。全年22个基层党组织调整改选，新建区编委办、邮政分局2个党支部。

【入党积极分子培训】 5月25—27日，区委区级机关工委举办2016年度区级机关发展对象培训班，来自区级机关各党组织、系统党组织、企业党组织60名发展对象参加培训。培训内容包括党史党章、党员发展细则解读、预防职务犯罪、培育和践行社会主义核心价值观、廉洁自律准则、纪律处分条例等。组织培训班学员参加“周末高港·党员关爱服务行动”——法律服务进企业专场活动，先后到泰州市华强照明器材有限公司、高港现代农业园区上膳源泰州农场开展法律宣传和法律援助志愿服务，向企业和职工赠送法律、农业科技类书籍400余本。

【廉政提醒谈话】 9月19日，区委区级机关工委举办2016年度区级机关新提拔中层干部、新党员廉政谈话活动。区级机关各部门（单位）新提拔的股级中层干部代表以及2016年上半年新发展党员14人参加。活动要求做到两个字（“学”好党纪党规，“辨”明是非反正），用好两种身份（始终坚持“三严三实”，修“官”德，深入开展“两学一做”，合“民”意），做到三个正确对待（正确对待自己，摆正位置，保持平常心；正确对待诱惑，干净做事，清白做人；正确对待监督，自觉接受，时刻反省）。

【基层党组织规范化建设】 8月中旬，区委区级机关工委、区委组织部抽调机关部门党组织书记组成督查组，对机关部门党建工作开展督查，互相取长补短。9月30日，召开党组织规范化建设工作推进会，进行现场观摩交流等。

【周末高港·党员关爱服务行动】 2016年，高港区在“志愿江苏”服务平台注册成立“周末高港·党员关爱服务队”，运用平台做好志愿服务活动的管理、信息发布等工作。全年开展“点亮微心愿·助力微梦想”、义务植树、“健康高港行动计划——关爱老人·颐养天年·社会伴你行”、白蚁防治法规宣讲、项目建设业务培训基层行、法律服务进企业、国际志愿者日等主题活动10余场次，投入资金60余万元，服务

9月2日，高港区举行“点亮微心愿·助力微梦想”主题活动

（区委区级机关工委/供稿）

群众1万余人次。其中，慰问帮扶基层特困家庭、社会弱势群体、困难老党员、老干部等400余人次，关爱帮扶留守儿童300余人次，向企业、社区赠送各类图书1000余册。“周末高港·党员关爱服务队”被评为泰州市优秀志愿服务组织，“周末高港·党员关爱服务行动”被确定为泰州市文明优质服务品牌、首届江苏志愿服务展示交流会“爱心单位”，并入围2016年全国学雷锋志愿服务“四个100”先进典型推选活动。

【机关优质服务品牌创建】4月25—26日，全区机关党建暨服务品牌创建工作推进会召开，区级机关各部门（单位）党组织书记、党建工作联系人等80余人参加。会前，部分机关党组织书记到张家港参观学习品牌创建成功经验。会上，与会人员参观高港区机关服务品牌创建展示，区人民检察院、区人力资源社会保障局、区住房城乡建设局代表作交流发言，会议从提升总结促创建、丰富内容出精品、放大效应抓动力等方面对创建工作提出明确要求。9月初，在首届江苏志愿服务展示交流会上，“周末高港·党员关爱服务队”被省委宣传部、省文明办、省民政厅、团省委联合评为“爱心单位”。9月末，在泰州市举办的“讲品牌故事，创一流服务”学习交流会上，高港区“周末高港·党员关爱服务行动”获评一等奖，涉法涉诉预约服务和人江文化惠万家获三等奖。11月，区委区级机关工委联合区委组织部、区宣传部、区效能办制定《关于印发〈高港区机关服务品牌评选和管理办法〉（试行）的通知》《关于开展机关服务品牌评选活动的通知》。12月，以区农委“三农驿站”品牌创建推进为契机，组织区级机关部门党组织书记参加观摩，营造浓厚的服务品牌创建氛围。年末，评选出优秀服务品牌10个、服务品牌9个、提名服务品牌15个。

【十八届六中全会精神宣讲】12月1日，区委区级机关工委举办区级机关党的十八届六中全会精神宣讲报告会。区级机关各部门（单位）分管党务工作的负责人、党建联系人，办公室主任（综合科科长）等100余人参加。宣讲会上，区委党的十八届六中全会精神宣讲团成员围绕“学习六中全会精神、推进全面从严治党”主题，深入剖析党的十八届六中全会精神的重大意义以及全面从严治党的新要求。会议要求区级机关各部门掀起学习宣传贯彻十八届六中全会精神热潮，结合“两学一做”学习教育，深入基层开展宣讲活动，营造学习宣传贯彻十八届六中全会精神的浓厚氛围。

（薛兰云）

·机构编制·

【概况】2016年，高港区深化行政审批制度改革、推进口岸街道简政放权改革，做好政府职能转变和机构改革工作，创新和完善机构编制管理，较好地完成各项工作任务。全区行政编制总数为844名，其中，区级机关（含街道）行政编制572名、镇行政编制121名、政法专项编制151名。实有行政编制人员818人，其中，区级党政群机关473人、街道98人、镇110人。年内，区编委办获市年度考核第1名。

【口岸街道简政放权改革试点】4月，高港区召开口岸街道简政放权改革工作推进会，将区市场监管局口岸分局、区城管办柴墟中队下放到口岸街道，实行“一支队伍管执法”。对区市场监管局口岸分局、区城管办柴墟中队机构下放后人员管理、工资待遇、执法范围进行明确。

【行政审批制度改革】3月，区编委办梳理区级行政权力事项，共涉及法律法规规章992条。按照“法律、行政法规、部门规章、地方性法规、地方行政规章”进行分类，统一编排、统一编码、统一格式。8月25日，区行政审批制度改革联席会议办公室印发《关于公布泰州市高港区区级行政审批前置中介服务事项目录及收费清单的通知》。在区政府、区编委办网站公布全区中介服务事项、设定依据、实施机构、收费项目、收费依据及标准、服务时限等内容。共保留14个区级机关部门（单位）43项行政审批中介服务事项及收费项目，主要涉及技术审查、评估、评价、检验、检测、证明等内容。9月5日，区政府办公室印发《关于建立双随机抽查机制加强事中事后监管的实施意见》，明确推广“双随机”抽查机制的任务安排和时间进度，落实责任分工，强化过程管控，规范监管行为，创新管理方式，强化市场主体自律和社会监督，着力解决群众、企业反映的突出问题，提高监管效能，激发市场活力。10月13日，区政府第10次常务会议审议通过《高港区推进简政放权放管结合优化服务改革工作要点》，明确牵头部门、负责部门和完成时间。12月26日，区政府印发《区政府关于取消行政审批项目和承接省政府下放行政审批项目等事项的通知》，决定对应取消行政审批项目6项，承接省政府委托或下放管理层级的行政审批项目8项。

【政府职能转变与行政管理体制创新】 2月，高港区对“12345”服务热线、区长信箱、区长公开电话、在线访谈、大江论坛、数字化城管等平台进行整合，由区网络信息管理中心扎口管理全区各部门对外服务热线，实现“一个号码管服务”。明确区网络信息管理中心承担全区公共服务与管理平台建设管理职责，承办电子政务、政府信息公开的业务工作。区委常委会议审议通过《泰州市高港区相对集中行政许可权一体化改革试点方案》，于6月17日上报市委、市政府。6月，完成全区供排水相关职能划转工作。将区水利局负责的供水、排水、生活污水处理等管理职责划给区住房城乡建设局；整合区住房城乡建设局和区水利局事业单位，组建区市政公用事业管理中心；将涉及的人员编制、财务资产、档案文件一并划转。

【机构编制监管】 3月，区编委办开展2015年度全区机关事业单位人员变动情况分析工作。对照入编通知、核销编制备案表及2016年部门预算、编制审核时各单位提供的工资信息和文件，对全区各单位逐一进行清理，摸清基础数据。3—9月，会同区委组织部、区审计局对胡庄镇原党委书记进行“三责联审”。5月，对全区行政执法机构和人员情况开展调查，了解全区执法队伍机构和人员现状，推进依法行政工作。7月，重点对全区机关事业单位机构设置、在编人员数据库、人员增减统计表逐一核对汇总，形成完善的核查台账资料。全年做好机构编制信息库中机构、编制、领导职数及实有人员情况的核查、比对，定时掌握机构编制事项的变动情况，及时做好信息库的更新。开展科级机构及领导职数预审的申报工作。印发《区编委办关于申报2017年度全区机关事业单位空编使用计划的通知》，强化空编使用计划管理。

【事业单位年度报告】 1月12日，区编委办印发《关于做好事业单位统一社会信用代码制度改革和2015年度报告公示工作的通知》，全区于2016年1月1日起实施事业单位统一社会信用代码制度改革，2015年度法人年度报告公示工作同时开展。实施统一社会信用代码制度改革后，将由原机构编制部门核发的事业单位法人证书、质监部门核发的组织机构代码证、税务部门核发的纳税人识别号、人民银行核发的机构信用代码证改为由机构编制部门核发的加载统一社会信用代码的法人证书。3月，完成2015年度事业单位法人年度报告审核及统一社会信用代码赋码换证工作。全区203个事业单位全部申报年度报告审核，通过率100%。4月，全区181个事业单位完成法人年度报告公示工作。12月，区委办公室、区政府办公室印发《泰州市高港区事业单位信用等级评价办法（试行）》，对信用等级评价内容及标准、组织与程序、结果应用等进行明确和规范。

（陈　伟）

·信访工作·

【概况】 2016年，高港区未发生到京非正常访和集体访，未发生到省50人以上的规模访，未发生到市百人以上的大规模访，未发生因信访问题而引发的群体性事件。在敏感时期，全区未发生到京、杭上访，2次获省、市通报表扬。全年实现无到省集体访，被省处理信访突出问题及群体性事件联席会议办公室通报表扬，连续7年获评市信访工作先进区。全年共受理群众来信来访984人次，其中，来访243批813人次，来信171件。排查出各类有影响的矛盾纠纷36件，化解32件。

【初信初访办理】 2016年，高港区推行群众依法逐级走访权益保障卡制度。各责任单位规范工作流程，做好“发卡、打卡、录卡、用卡、督卡”5个环节，确保第一时间发放、录入、受理、交办。区信访局每月督查办理情况。初信初访一次性办结率达90%以上。

【要信要访处置】 2016年，高港区重视要信要访处置，实行“挂牌销号”制度。采取现场督办、部门联办、去函督办、网上提醒、电话催办、信访通报等形式，督办落实上级交办的信访件，做到交则必办、办则必果、件件有着落、事事有回音。在“阳光信访”信息系统上办理国家交办网上投诉件13件、省委书记与省长信箱来信33件、市委书记信箱来信27件，全部办结。

【信访督查督办】 2016年，区信访局对每一件信访事项办理作全程跟踪督查，对敏感时期信访工作责任落实情况开展联合督查6次，开展“阳光信访”信息系统应用、权益保障卡发放、法定途径分类处理等业务督查5次，开展信访积案化解和重点人员稳控专项督查3次，对15件基层报结信访案件进行回访。

【信访复查复核】 2016年，区信访局对每一件复查案件都及时召集相关职能部门集体会诊，分析情况。严格审查职能部门作出的答复书，对答复明显不当的，直接要求重新办理。在办理过程中，坚持实地调查原则，对受理的每一件复查件，组织各部门成立调查小组实地调查核实，确保调查结果真实可信。全年受理复查复核案件5件。

【领导干部接访下访】 2016年，高港区坚持领导干部接访下访常态化。区委、区政府主要领导根据省委要求，各包保"百县千案"4件，约谈信访人，倾听诉求，化解矛盾。区四套班子领导到区人民来访接待中心接访群众52批87人次，推动镇街、部门协调解决问题52件。全区各级党政干部参加"大走访大落实""机关干部百村行""周末高港·党员关爱服务行动"等活动，深入基层排查化解矛盾。累计征求群众意见建议896条，各镇街及村（社区）提出配套整改落实措施987条，召开专题会议630场次，化解矛盾纠纷741起。

【信访事项网上办理】 2016年，高港区全面推进网上信访信息系统平台建设，实现"阳光信访"平台全覆盖以及政府网站体系和网上信访平台的"无缝联接"。严格按照国家信访局《信访事项网上办理工作规程（试行）》优化工作流程。全年"阳光信访"平台办理信访件276件，办结268件，按期办结率100%。其中，群众满意评价件22件，满意率100%。

【信访积案集中化解】 2016年，高港区开展信访积案专项治理行动，将省交办1件及自身排查的5件疑难问题纳入集中化解范围，制定化解措施，逐案落实责任单位、责任人和化解时限，信访积案全部化解。

（区信访局）

·老干部工作·

【概况】 2016年，高港区有离休干部25人，平均年龄90岁。其中，90周岁以上16人，85~89周岁9人。副乡科级以上退休干部164人，其中，副县处级以上退休干部14人，正乡科级退休干部84人，副乡科级退休干部66人。有老干部党支部9个。

【老干部待遇落实】 2016年，区委老干部局向老干部免费赠阅《银潮》《泰州日报》《党的生活》等报纸杂志。组织老干部常态化开展学习文件、通报情况、参观考察、走访座谈等活动。与区级机关工委联合举办"情暖重阳、共话发展"主题活动，组织80余名老干部参观项目建设现场、建言献策。按政策要求发放特需费、参休费、护理费、交通费，及时发放住房补贴和补发工资，按规定将改制破产企业离休干部月租补贴调整到位。对老干部一年一次体检、一年两次统一慰问、因病住院或去世慰问等正常开展。

【老干部文体活动】 2016年，高港区组织老干部参加全区第三届全民健身运动会，定期开展乒乓球、象棋、门球、垂钓、掼蛋等比赛。区老干部活动中心成功承办全市老干部门球比赛。老干部排演的《港口名城，幸福高港》参加全市老干部文艺汇演。

【老干部思想建设】 2016年，高港区召开老干部代表座谈会，以"我看十八大以来的新变化"为题展开畅谈，征集全面从严治党的建议。重阳节，组织全区县处级退休干部赴淮安周恩来纪念地教学点参观、学习。定期召开老干部党支部书记培训班，为每个支部征订《离退休干部党支部学习参考》，并通过以奖代补的形式给予补贴，使党支部成为老干部学习教育的坚固阵地。在"省服务离退休干部工作精品社区"口岸街道蔡滩社区开展离退休干部党建工作试点，建立非建制性老干部党支部，实现社区离退休干部和异地流动老党员教育管理和服务全覆盖。

【"为党和人民的事业增添正能量"主题系列活动】 2016年，高港区在全区离退休干部中开展"为党和人民的事业增添正能量"主题系列活动。开展"青蓝工程"，以离退休干部与大学生村官、选调生、专门人才结对帮带的形式助推年轻干部成长；开展"护苗工程"，对留守儿童开展思想引导、文化辅导、心理疏导、行为指导和困难帮扶等关爱活动；开展"晚霞工程"，组织老干部建言献策，组建老干部工作队，涌现许庄"蔡阿姨调解室"、永安洲"夕阳红服务队"、蔡滩社区司仪志愿服务队等一批先进典型，口岸街道组建"夕阳红引导团"助力"百团千村万企大走访大落实"活动。

（史文娇）

·保密工作·

2016年，区保密局组织保密宣传和检查活动3次，重点开展"保密法制宣传周"活动，广泛宣传《中华人民共和国保守国家秘密法》及其实施条例。区委组织部、区人力资源社会保障局在对领导干部、新录用国家公务员培训时，安排保密法治教育课程。结合涉密人员保密管理工作举办保密工作业务骨干培训班1次。6月，分别对高考、中考的保密管理情况进行检查，实地检查试卷保密室，确保各类考试保密管理万无一失；9月，开展旧货交易市场保密检查1次；11月，开展政府网站保密工作专项检查。

（戚斐斐）

·对台工作·

【概况】2016年，高港区成立区委对台工作领导小组。制定《关于进一步推进台资企业集聚的实施办法》，从目标任务、主要举措、保障机制等方面对推进台资企业集聚提出新的要求。召开区台属联谊会第二届理事会第二次会议。在台湾工业总会下属的产业杂志发表题为《江东明珠·江苏泰州高港区》4000字的宣传推介文章，实现高港涉台宣传"零"突破。全年走访慰问台商2人、台属3人。招引落户台资项目10余个。

【对台交流】2016年，区台办组织参加两岸企业家峰会年会、江苏省海峡两岸青年论坛等活动。全年共组织4批次30余人的公职团组、6批次20余人的商务团组到台开展经贸交流活动。全年接待10余批次100余名台商到高港区访问。

【台资招引】2016年，高港区共招引落户将军机械、丸庄酱油、统一超商、绿泰光电等台资项目10余个，实际利用台资4000余万美元、人民币20余亿元，超额完成市交台资招引任务。

【台胞服务】2016年，区台办走访调研落户高港区的20余个台资企业，实地了解台资企业的生产经营状况，帮助台资企业解决实际问题。全年帮助5个台资企业解决招工、企业涉诉仲裁、征地拆迁等问题10余个。邀请在高港的台商、台属、台胞等40余人，在胡庄镇上膳源有机农场举行"品农家菜、叙两岸情"联谊活动。举办2016年泰州市高港区台商迎新年庆圣诞联谊活动，在高港工作的40余名台商、台属参加。中秋节和春节，走访慰问老台胞、生活困难台胞及台属，送去慰问金。

（蒋加华　钱锦江）

·农村工作·

【概况】2016年，高港区有82个涉农村（社区），总农户6.93万户，减幅0.29%；农业人口23.93万人，增幅0.04%，农村劳动力14.25万人，减幅0.14%；耕地1.28万公顷。有37个村（社区）实施"一事一议"，筹集资金141.66万元，建设项目40个。创成市级"强富美高"新农村十佳示范村1个，示范村7个。农村居民人均可支配收入达18565元。完成7000元以下人口和35万元以下经济薄弱村脱贫任务。

【村级集体经济发展】2016年，高港区村级集体经营性收入总额8849万元，平均每个村（社区）105万元，其中，村级集体经营性收入50万元以上的村（社区）55个，村级集体经营性收入100万元以上的村（社区）22个。

【三大合作组织发展】2016年，高港区社区股份合作社工商注册率100%，登记成员总数23.13万人；土地股份合作社累计工商注册32个，登记成员数7140人；新增农民专业合作社30个，新增登记成员数442人。推进农民合作社规范化建设，纳入征东农民合作社管理软件平台，建成市级以上"五好"示范社21个。

【农村改革试点】2016年，高港区63个应确权村（社区）全面开展农村土地承包经营权登记颁证工作，全部完成前期准备、权属调查、测量制图、公示审核、完善合同、建立登记簿等工作，经统计，实测地块13.83万块、8046.67公顷。创新农村财务管理方式，推动村级支出非现金结算，村级资金管理非现金结算实现"三个全覆盖"，即所有对象全覆盖，所有项目全覆盖，所有资金全覆盖。永安洲镇福沙社区开展农村集体经营性资产"股权到人、固化到户"改革试点工作。区、镇两级农村产权交易平台及村级服务点均建成运行，开展土地流转及产权交易服务，完成96笔交易，实现成交额5059万元。

【集体经济薄弱村帮扶】2016年，高港区对全区8个集体经济薄弱村的村集体年收入进行专项考核。完成建档立卡相关工作，将帮扶手册发放到位。至年末，8个集体经济薄弱村集体资产总额3743万元，村均467.88万元，增长16.1%；净资产总

12月15日，高港区举行农村土地承包经营权确权登记首批颁证仪式

（区农委/供稿）

额2809万元，村均351.13万元，增长8.12%；村级收入817万元，村均收入102.13万元。8个村达到脱贫标准。

【农村生态环境保护】 2016年，全区夏、秋季秸秆综合利用率分别达97.8%和96.34%。建设规模养殖场畜禽粪便处理中心1个。畜禽粪便综合利用率97.3%，农村清洁能源利用率超过75.5%。

【农村实事工程】 2016年，高港区实施农村新一轮实事工程。培育新型职业农民1324人，扶持农民自主创业308人，开展新生代农民工职业技能培训458人，退役士兵免费职业技能培训60人，农产品电子商务培训80人。新型农村合作医疗水平筹资标准调整为每人每年590元，全区新农合参保率100%。补助农村孕产妇住院分娩1338人。送电影下乡730场，送戏14场，送图书7000册。城乡居民最低生活保障标准由原来的每月570元提高到590元，城乡居民基本养老保险基础养老金标准提高到每人每月125元。改造农村危房47户。7个镇街及91个村居均配备儿童救助保护督导员。实施农村公路建设项目13个、22.5千米，建成公路桥梁1座、农桥23座及农村公路安全生命防护工程21.8千米。疏浚整治乡级河道2条、1.19千米，土方1.93万立方米，新建护岸2.35千米，新建部分配套设施。 （周　莹）

区人大

·综　述·

2016年，高港区召开区人代会1次，人大常委会会议12次、主任会议9次，组织审议专项工作报告23件；开展专题视察4次、执法检查3次、专题询问1次；作出决议决定13项，任免国家机关工作人员48人次；受理群众来信20余件，接待群众来访30余人次。至年末，高港区第四届人民代表大会共有代表174人，驻高港区的全国人大代表1人、省人大代表2人、市人大代表33人。

·重要会议·

【区四届人大五次会议】 1月13—15日召开。会议应到代表175人，实到代表172人，列席160人。会议听取并审议通过区政府工作报告，区国民经济和社会发展第十三个五年规划纲要，区2015年国民经济社会发展计划执行情况和2016年国民经济社会发展计划草案的报告，区2015年财政预算预计执行情况和2016年财政预算，区人大常委会工作报告，区人民法院工作报告、区人民检察院工作报告。选举赵晓玲为区第四届人民代表大会常务委员会主任，尹晓平、陆成林为委员；顾萍为区政府区长。组织被任命人员向宪法宣誓。

1月13日，泰州市高港区第四届人民代表大会第五次会议召开

（高卫东/摄）

【区人大常委会会议】 区四届人大常委会第二十六次会议　1月8日召开。初审《高港区国民经济和社会发展第十三个五年规划纲要（草案）》、区政府关于2015年国民经济社会发展计划执行情况和2016年计划草案的报告、区人大常委会工作报告稿，听取和审议区政府关于2015年区级预算调整方案及2015年预算预计执行情况和2016年预算草案的报告，听取市人大代表薛余俊和区教育局局长李俊仁的履职情况报告，审查通过区人大常委会代表资格审查委员会关于区第四届人大代表变动及补选情况的报告、关于召开区四届人大五次会议的有关事项。会议接受周树发、丁春枝、戴凤鸣辞去区第四届人大常委会委员职务的请求；决定任命张汉刚为区政府副区长（挂职）；任命乔向民为区人大常委会许庄街道工作委员会主任；任命王震为区人民法院审判委员会委员、民事审判第二庭庭长，华涛为区人民法院审判委员会委员、刑事审判庭庭长，周树平为区人民法院审判委员会委员、民事审判第三庭庭长，刘安丰、时良敏、高兰花、蒋霞宏为区人民法院审判员。

区四届人大常委会第二十七次会议　1月12日召开。通过区四届人大五次会议有关事项，补选李军为泰州市第四届人大代表。

区四届人大常委会第二十八次会议　3月31日召开。听取和审议区政府关于全区社会保险基金管理和监督情况的报告，并进行专题询问；审议通过关于批准《高港区园区、镇（街道）2016年度工作实施目标考评办法》的决议、关于加强区级预算审查监督的规定(试行);听取区人民法院副院长孙乃清、区人民检察院副检察长殷继东的履职情况报告。会议决定任命陆波为区商务局局长;任命吴新建、陈新、袁亚琴、唐人勇为区人民检察院检察委员会委员,汤晶萍、张娜、陈雍升、封云举为区人民检察院检察员。

区四届人大常委会第二十九次会议　4月25日召开。听取和审议区人大常委会执法检查组关于检查《中华人民共和国消费者权益保护法》贯彻实施情况的报告、区政府关于城市环境专项整治暨节点改造项目实施情况的报告、区人民检察院关于检务公开工作情况的报告,听取市人大代表陈文兰、区民政局局长毛一鸣、区环保局局长左祥生的履职情况报告。

区四届人大常委会第三十次会议　6月13日召开。会议决定任命刘洪为区政府副区长,决定免去张汉刚区政府副区长(挂职)职务。

区四届人大常委会第三十一次会议　6月28日召开。听取和审议区政府关于2015年区本级财政决算(草案)情况的报告、关于2015年度区本级预算执行和其他财政收支的审计工作报告,审查批准2015年区本级财政决算;听取和审议区人大常委会执法检查组关于检查《中华人民共和国道路交通安全法》和《江苏省道路交通安全条例》贯彻实施情况的报告,听取市人大代表张杰和区安监局局长胡怀扣的履职情况报告。会议免去时良敏的区人民法院审判员职务。

区四届人大常委会第三十二次会议　7月22日召开。会议决定任命孙宏建、杨益华为区政府副区长;决定接受顾萍辞去区政府区长职务的请求,任命孙宏建为区政府代理区长。

区四届人大常委会第三十三次会议　8月24日召开。听取和审议区政府关于2016年上半年国民经济社会发展计划执行情况的报告、关于2016年上半年预算执行情况的报告、关于推进文化名城建设情况的报告和区人民法院关于主审法官责任制实施情况的报告,听取区市场监管局局长高希兆的履职情况报告。会议决定任命蒋向荣为区政府副区长,决定免去陈军、蔡秋云区政府副区长职务。

区四届人大常委会第三十四次会议　9月23日召开。审议通过区人大常委会关于全区区镇两级人民代表大会代表名额和选举问题的决定,关于设立高港区选举委员会和永安洲镇、白马镇、大泗镇、胡庄镇选举委员会的决定。

区四届人大常委会第三十五次会议　10月25日召开。听取和审议区人大常委会执法检查组关于检查《江苏省物业管理条例》贯彻实施情况的报告,区政府关于“六五”普法情况和“七五”普法规划制定情况的报告、关于代表建议办理工作情况的报告,通过关于开展第七个五年法治宣传教育的决议、关于区第五届人民代表大会代表名额分配的方案、关于召开区五届人大一次会议的决定。会议决定接受程春生辞去区第四届人大代表职务的请求;决定免去肖志勇的区政府副区长职务;任命黄伟为区人民法院审判委员会委员,叶飞为区人民法院审判委员会委员、民事审判第一庭副庭长。

区四届人大常委会第三十六次会议　11月23日召开。会议免去李友荣的区人大常委会办公室主任职务、尹晓平的区人大常委会人事代表工作委员会主任职务、李秀年的区人大常委会法制工作委员会主任职务、朱冬林的区人大常委会教科文卫工作委员会主任职务、朱俊茂的区人大常委会办公室副主任职务、戴波的区人大常委会财政经济工作委员会副主任职务、孙长奋的区人大常委会教科文卫工作委员会副主任职务,决定免去张洪生的区司法局局长职务,任命尹晓平为区人大常委会办公室主任、张平为区人大常委会人事代表工作委员会主任、徐新为区人大常委会法制工作委员会主任、朱俊茂为区人大常委会教科文卫工作委员会主任、戴波为区人大常委会办公室副主任、常虎为区人大常委会办公室副主任、陈鸿斌为区人大常委会人事代表工作委员会副主任、赵鹏程为区人大常委会财政经济工作委员会副主任、陈礼庆为区人大常委会法制工作委员会副主任、凌晓娟为区人大常委会教科文卫工作委员会副主任,决定任命陈振东为区司法局局长,任命邢恩友为区人民法院副院长。

区四届人大常委会第三十七次会议　12月23日召开。初审区政

12月23日,高港区第四届人大常委会第三十七次会议召开

(区人大办/供稿)

府关于2016年国民经济社会发展计划预计执行情况和2017年计划草案的报告、关于2016年预算预计执行情况和2017年预算草案的报告，区人大常委会工作报告稿；通过区政府关于2016年区级预算调整的方案草案、关于召开区五届人大一次会议的有关事项。会议决定免去包亚的区政府副区长职务；任命李军为区人民检察院检察委员会委员；免去郭建东的区人民检察院检察委员会委员职务，严雪成、倪明根、吴玉传的区人民检察院检察员职务。

【区人大常委会主任会议】 区四届人大常委会第三十三次主任会议　1月8日召开。听取和审议区政府关于推进医疗卫生服务体系建设情况、"十三五"规划编制情况、2015年国民经济社会发展计划执行情况和2016年计划草案、2015年区级预算调整方案及2015年预算预计执行情况和2016年预算草案的汇报，听取区人大常委会代表资格审查委员会关于区第四届人大代表变动及补选情况的汇报，听取人事任免事项的说明，讨论关于召开区四届人大五次会议的有关事项。

区四届人大常委会第三十四次主任会议　1月12日召开。讨论关于区四届人大五次会议的有关事项，听取关于补选泰州市第四届人大代表的说明。

区四届人大常委会第三十五次主任会议　2月3日召开。讨论通过区人大常委会2016年度工作要点。

区四届人大常委会第三十六次主任会议　3月31日召开。初审区政府《关于园区、镇（街道）2016年度工作实施目标考评办法（草案）》和区人大常委会《关于加强区级预算审查监督的规定（试行）》（草案），听取人事任免事项的说明。

区四届人大常委会第三十七次主任会议　7月22日召开。听取人事任免事项的说明。

区四届人大常委会第三十八次主任会议　8月24日召开。听取人事任免事项的说明。

区四届人大常委会第三十九次主任会议　11月1日召开。听取区政府关于港口建设情况的汇报、关于调整"审议区政府关于国家级经济开发区创建工作情况的报告并开展专题询问"议题的建议。

区四届人大常委会第四十次主任会议　11月23日召开。听取人事任免事项的说明。

区四届人大常委会第四十一次主任会议　12月22日召开。听取区政府关于2016年国民经济社会发展计划预计执行情况和2017年计划草案的汇报，关于2016年区级预算调整方案、2016年预算预计执行情况和2017年预算草案的汇报；听取区人大常委会财经工委关于计划预算报告的初审意见；初审区人大常委会工作报告稿；讨论关于召开区五届人大一次会议的有关事项和区五届人大代表初任培训及表彰优秀片区召集人、人大代表优秀建议的工作方案。　（倪守红）

·重要活动·

【视察活动】 3月17日，区人大常委会组织部分市、区人大代表视察城市园林绿化建设情况。代表们实地察看金港路、新乔路、文圣河小游园和天逸华府、新港大道、基督教堂绿化建设情况，听取和审议区政府专题工作情况汇报。代表们建议牢固树立绿色理念，不断丰富绿色内涵，巩固放大绿色优势，坚持依法管绿护绿，推动城市园林绿化水平进一步提高。

7月21日，区人大常委会组织部分区人大代表视察全区项目大突破工作推进情况。代表们实地察看三河汇福粮油江苏基地项目、汇锦电子TV/PC一体机专用支架和转轴生产项目、凤栖湖景观区项目、苏萨食品"特种兵"饮料生产项目等重点项目现场，听取和审议区政府关于项目大突破工作推进情况汇报。代表们建议加大研发机构建设，提升科技创新能力，加快推进产业高端化、高新化发展；加大改革创新力度，积极破解要素瓶颈，创优项目建设环境；完善工作机制，加强组织领导、协调保障和督查考核，确保项目建设顺利推进。

7月22日，区人大常委会组织部分市、区人大代表视察全区规范社会培训机构管理和有偿家教治理工作。代表们实地察看胡庄镇的快乐驿站、社区校外辅导站，刁铺街道的北大教育中心、清大文化培训中心、泰州星晖琴行有限公司，高港文

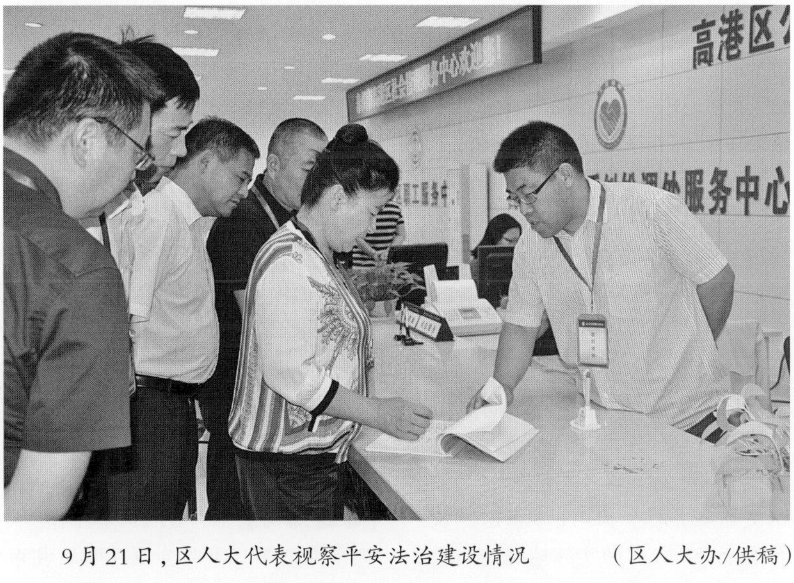

9月21日，区人大代表视察平安法治建设情况　（区人大办/供稿）

化体育艺术培训中心6个单位现场，听取和审议区政府关于高港区规范社会培训机构管理和有偿家教治理工作情况的汇报。代表们建议强化组织领导，完善监管机制；明确主体责任，加大治理力度；立足标本兼治，加强优质资源供给，促进教育事业健康发展。

9月21日，区人大常委会组织部分区人大代表视察全区平安法治建设情况。代表们实地察看区社会管理服务中心、口岸街道便民服务中心、口岸街道城东社区、区人民检察院为民服务中心等现场，听取和审议区政府关于全区平安法治建设情况的汇报。代表们建议强化底线意识，解决突出问题；顺应民生需求，提高群众满意度；抓实重点工作，促进依法治理；加强队伍建设，提升群众工作能力；强化督查指导，形成工作合力。

【执法检查】 3—4月，区人大常委会组成执法检查组，对《中华人民共和国消费者权益保护法》贯彻实施情况进行检查。4月12日，执法检查组开展消费者权益保护法集中执法检查活动，听取区政府关于消费者权益保护法贯彻实施情况的汇报，实地检查区“12315”平台、港华燃气、永安洲邻里中心、鹏欣瑞都、大润发超市、红星美凯龙、江苏移动和江苏有线高港营业厅8个单位，听取情况汇报，查阅台账软件资料。4月25日，区四届人大常委会第二十九次会议听取和审议执法检查组关于检查《中华人民共和国消费者权益保护法》实施情况的报告。建议区政府深化宣传教育，增强消费权益保护意识和维权能力；突出监管执法，营造规范安全放心的市场消费环境；完善组织机制，提升消费维权保障能力和实际成效。

4—6月，区人大常委会组成执法检查组，对《中华人民共和国道路交通安全法》和《江苏省道路交通安全条例》贯彻实施情况进行检查。5月12日，召开调研座谈会，听取交警、交通、住建、城管、规划、教育、法院等部门贯彻实施道路交通安全法和条例情况汇报，了解部门履职情况。5月18日，召开市民代表座谈会，听取9名群众代表的意见建议。5月25日，市、区人大联合执法检查组开展道路交通安全法和条例集中执法检查活动，听取区政府、永安洲镇政府关于道路交通安全法和条例贯彻实施情况的汇报，实地察看扬子江药业集团汽运公司、口岸实验学校、滨江新城规划展示馆、水景街区停车场、口岸大转盘节点改造现场。6月28日，区四届人大常委会第三十一次会议听取和审议区人大常委会执法检查组关于检查《中华人民共和国道路交通安全法》和《江苏省道路交通安全条例》贯彻实施情况的报告，建议区政府实施平安交通工程，落实政府的组织领导责任；实施文明交通工程，强化道路交通安全法律法规宣传教育；实施绿色交通工程，优先发展公共交通；实施畅通交通工程，加大道路交通基础设施投入；实施法治交通工程，坚持规范严格文明执法。

8—9月，区人大常委会组成执法检查组，对《江苏省物业管理条例》贯彻实施情况进行检查。9月23日，市、区人大联合执法检查组开展条例集中执法检查活动，实地察看刁铺街道圩岸社区、水岸帝景，口岸街道锦江花园、鑫港花苑、港城花苑，区住房城乡建设局物管科；听取区政府关于《江苏省物业管理条例》贯彻实施情况的汇报。10月25日，区四届人大常委会第三十五次会议听取和审议执法检查组关于检查《江苏省物业管理条例》贯彻实施情况的报告。建议区政府加大条例的学习宣传力度，加强物业管理组织建设，积极回应群众期盼，推动各职能部门形成齐抓共管良好局面。

【专题询问】 3月31日，区四届人大常委会第二十八会议在听取和审议区政府关于全区社会保险基金管理和监督情况报告的基础上，以联组审议的形式进行专题询问。常委会组成人员、部分代表就区外住院医疗补偿、机关事业养老保险基金收支倒挂、失地农民保障、保险基金增值、保险基金监督、保险费征收等方面的情况提出询问，有关部门分别受询作答。询问后，常委会形成审议意见，要求区政府强化扩面征缴，做大基金盘子；着力改善民生，提升保障水平；加强信息化建设，提升服务水平；强化基金监督，保障基金安全；加强联系沟通，积极应对省、市统筹。（倪守红）

·代表工作·

【“主任接待代表日”活动】 7月29日，区人大常委会集中组织开展区人大常委会主任、副主任接待代表日活动，听取基层代表对区人大常委会和“一府两院”的意见、建议。活动后，认真进行整理并交区各有关部门单位办理。

【“人大代表工作日”活动】 2016年，区人大常委会共组织开展4次代表工作日活动。征求选民对“三大主题”工作和“两学一做”学习教育活动等方面的意见，组织代表向选民述职，走访慰问困难群众。全年参加活动的市、区人大代表600余人次，接待走访选民2200余人次，收集交办意见和建议80余条。基本完成区人大代表和镇人大代表向选民述职工作。组织召开表彰会，对8名优秀人大代表片区召集人和本届以来的20件优秀人大代表建议进行表彰奖励。

【代表建议办理】 区四届人大五次会议及闭会期间，代表们共提出建议、批评和意见68件（连同议案转成的建议），见面率、办复率以及代表对办理工作的满意或基本满意率均达100%。7月19日，区人大办、区政府办公室和区政协办召开区人大代表建议、政协委员提案专题协商、督办座谈会，采取实地察看、听取汇报、与代表面对面交流等形式，密切承办单位和代表的沟通联系，提升办理成效。通过常委会负责人牵头督办、对口工委负责人参加督办等多种形式加强建议督办工作，提高建议办成率，确保代表满意、群众满意。10月25日，区四届人大常委会第三十五次会议听取和审议区政府关于代表建议办理工作情况的报告，要求区政府完善办理工作机制、抓好跟踪督办、提升建议办成率和满意率。　　（倪守红）

2016年高港区四届人大五次会议部分代表建议一览表

表5

编　号	建议人	案　由	主办单位	会办单位
164501	李菊萍等10人	关于新建口岸友谊闸和双龙闸的建议	区水利局	—
164502	刘俊等10人	关于将临港经济园投资开发有限公司升级为区级融资平台的建议	区财政局	临港经济园
164503	徐春兰等10人	关于改善港口路交通拥堵情况的建议	区城管办	区住房城乡建设局、交警二大队
164504	戚庆朋等10人	关于建设高港区生猪屠宰场的建议	区农委	—
164505	栾如军等10人	关于加大刁铺街道旧城改造投入力度的建议	刁铺街道	区住房城乡建设局
164506	王甫智等10人	关于拓宽改造刁铺解放路西段的建议	刁铺街道	区交通运输分局
164507	栾进等10人	关于将圩岸工业园区污水管网纳入全区污水处理体系的建议	高港高新区	刁铺街道
164508	吉俊等10人	关于维修加固刁铺南大桥的建议	刁铺街道	—
164509	吴朝勤等10人	关于加大对原村办企业厂房改造扶持力度的建议	市规划分局	区国土资源分局
164510	韩绍庆等10人	关于增设市场监管局许庄分局的建议	区编委办	区市场监管局
164511	张宏山等10人	关于新建白马工业集中区的建议	区规划分局	区国土资源分局、白马镇
164512	徐志辉等10人	关于建立许庄街道孔桥片区工业集聚区的建议	高港高新区	区规划分局、区国土资源分局
164513	于智等10人	关于加大大病困难群体的医疗费用报销比例和救助力度的建议	区人力资源社会保障局	—
164514	李年娣等10人	关于增设507公交区政府站的建议	区交通运输分局	—
164515	殷德明等10人	关于加大电捕鱼执法力度的建议	区农委	—
164516	窦新谋等10人	关于将海军东路东延至黄河村的建议	白马镇	—
164517	殷国海等10人	关于改扩建大泗学校的建议	大泗镇	区教育局
164518	于留贯等10人	关于实施泗白路北延拓宽工程的建议	区交通运输分局	大泗镇
164519	徐念久等10人	关于启动355省道东线工程的建议	区交通运输分局	—
164520	谢加宣等10人	关于将大泗镇二陈公路南延至胡庄镇、北延至白马镇的建议	区交通运输分局	大泗镇、白马镇、胡庄镇
164521	谢圣兵等10人	关于加强河道长效管护的建议	区水利局	—
164522	季宝宏等10人	关于加固宣堡港护坡的建议	区水利局	—
164523	王泰生等10人	关于提高退职村（社区）干部待遇的建议	区委组织部	—
164524	刘小如等10人	关于在宣堡港上新建桥梁的建议	区水利局	区财政局
164525	谢圣兵	关于更改507公交线路的建议	区交通运输分局	—
164526	谢加宣	关于加大对小农场奖励力度的建议	区农委	—

续表5

编　号	建议人	案　　由	主办单位	会办单位
164527	孙建华	关于规范家教机构办学条件的建议	区教育局	—
164528	李秀年	关于尽快筹建区老年大学的建议	区民政局	区委组织部、区教育局、区文体旅游局、区老建会
164529	高国达	关于调整我区现行房屋拆迁补偿办法的建议	区住房城乡建设局	—
164530	邱翠琴	关于加快农村污水治理进程的建议	区住房城乡建设局	—
164531	沈培林	关于加强村（社区）医务人员队伍建设的建议	区人口计生委	区编委办、区人力资源社会保障局
164532	周义松	关于增加永安水利站人员编制的建议	区编委办	区水利局
164533	顾　妲	关于加强时代广场、大润发周边的交通管制的建议	交警二大队	区规划分局
164534	韩九灯	关于进一步简化项目审批程序的建议	区政务办	—
164535	郭宏鹤	关于加强公职人员专业知识与技能培训的建议	区人力资源社会保障局	区委组织部
164536	郭宏鹤	关于加大行政审批事项公开力度的建议	区政务办	—
164537	郭宏鹤	关于化解民间融资难问题的建议	区金融办	—
164538	于　智	关于进一步加快滨江港城交通网络建设的建议	核心港区	区住房城乡建设局、区交通运输分局、区规划分局
164539	徐　琴	采取有效措施防止优质师生流失的建议	区教育局	—
164540	曹月华	关于在古田线、金果路沿线统一制作村居标牌的建议	区民政局	—
164541	吴继山	关于协调江广线工程沿线矛盾的建议	区高速办	刁铺街道、许庄街道
164542	韩绍庆	关于尽快开通星火路并做好与金果路的衔接的建议	许庄街道	交警二大队、区交通运输分局
164543	徐志辉	关于尽快启动振兴大道拓宽改造工程的建议	高港高新区	—
164544	沈同章	关于集中处置非生活垃圾的建议	区城管办	—
164545	沈同章	关于规划建设废品集中收购点的建议	区供销社	区规划分局、区国土资源分局

·人大常委会自身建设·

【镇街人大规范化建设】 3月11日，区人大常委会召开镇街人大工作座谈会，交流工作情况。3月15日，区人大办召开全区镇街人大秘书培训会议，提升人大秘书履职能力。6月23日，全市县乡人大工作和建设现场推进会将胡庄作为参观点，组织与会人员观看胡庄人大工作规范化建设专题片《规范履职绘华章》和专题展板“创新举措，规范履职，扎实推进基层民主政治建设”，实地察看人大电子

7月18日，区人大常委会召开全区镇街人大工作规范化建设推进会

（区人大办/供稿）

触摸屏、档案建设等情况。7月18日，召开全区镇街人大工作规范化建设推进会，观摩人大规范化建设现场，研究部署镇街人大工作规范化建设工作。年末，各镇人大主席团活动室全部建成，人大代表之家硬件设施配备到位，各项工作制度和档案资料健全完善，实现“履职有人员、办公有场所、工作有制度、办事有经费、活动有内容”的建设目标和任务，部分成功做法在全省推广。

【理论研究宣传】 2016年，区人大在《人民代表报》《人民与权力》《泰州人大》等全国、省、市新闻媒体发表理论研究和通讯稿件40余篇、信息100余条。重视人大信息化建设，完善人大门户网站、“高港人大”官方微信平台，及时发布人大工作动态。（倪守红）

区　政　府

·重要会议·

【概况】 2016年，区政府召开全体（扩大）会议1次，常务会议5次，项目编审会议4次，城建例会3次，区长办公会议17次，专题会议20次。

【区政府全体（扩大）会议】 8月15日，区政府召开四届五次全体（扩大）会议。区委副书记、代区长孙宏建出席并讲话，强调各地、各部门要鼓劲增压，坚定信心，进一步凝聚发展正能量；要攻坚克难，高点定位，确保圆满完成全年目标任务；要激情干事，务实创业，全面加强政府自身建设。（黄月琴）

2016年高港区政府重要会议一览表

表6

会议类别	召开时间	主　要　内　容
区政府全体（扩大）会议	8月15日	贯彻落实省委十二届十二次全会、省政府全体会议、市委工作会议和区第五次党代会精神
区政府常务会议	1月7日	讨论2016年政府工作报告、高港区国民经济和社会发展第十三个五年规划纲要（草案）等
	3月16日	讨论第三届全民健身运动会实施方案、设立区长质量奖相关事宜等
	8月15日	讨论2016年度夏粮受灾理赔方案、区直事业单位对外投资管理暂行办法等
	10月13日	讨论《高港区推进简政放权放管结合优化服务改革工作要点》《中国制造2025高港实施纲要》等
	12月20日	听取2016年主要经济指标完成情况预测和2017年目标初排情况的汇报、讨论2017年为民办实事项目等
项目编审会议	1月20日	研究老旧小区环境提升及停车场改造等项目审查及口岸街区控规等规划审查问题
	4月7日	研究金果路弱电管道六道增补为十二道等项目审定及规划图斑核查等规划问题
	8月2日	研究人武部二楼生活区改造等项目及古寿胜寺规划方案等规划审查问题
	10月12日	研究柴墟路污水管线等项目及高港区公交首末站选址等规划审查问题
城建例会	5月19日	研究协调扬子江南路11路公交站台搬迁问题等
	8月5日	研究协调凤栖湖景区施工便道及春港路东延有关问题
	10月26日	研究协调东方明珠幼儿园装修工程有关问题
区长办公会议	1月12日	研究区不动产统一登记职能整合和人员划转工作
	1月25日	研究柴墟路拆迁涉及口岸街道口岸社区集体建设用地有关矛盾问题
	1月28日	研究支持口岸船舶发展有关问题
	2月15日	研究垃圾运输费用调整有关问题
	2月15日	研究江苏汇福蛋白科技有限公司建设基金回购有关问题
	2月22日	研究凤栖湖景区项目投融资建设移交招标方案的有关问题

续表6

会议类别	召开时间	主 要 内 容
区长办公会议	3月7日	研究刁铺街道环溪社区陈东组剩余人口进保有关问题
	3月18日	协调泰州市恒元置业有限公司融资矛盾
	3月22日	督查推进蔡圩河东延、刁东中沟改造工程有关问题
	4月8日	研究凤栖湖景区古寿胜寺设计费调整问题
	4月20日	研究2016年1—3月相关单位专项经费追加事项
	4月22日	部署中心城区防控违法建设的责任再明确问题和锦绣珑湾小区违法建设的专项整治
	4月27日	督查高港书画院项目扫尾情况,研究解决相关问题
	5月28日	协调全区夏粮收购仓容不足相关事宜
	8月25日	研究部署中央环保督察组反馈意见的整改落实工作
	10月13日	研究财政经费安排等事项
	11月18日	讨论《高港区畜禽养殖污染治理工作考核奖补办法(试行)》事项等
区政府专题会议	2月1日	协调部分水利工程项目建设有关事宜
	4月21日	研究论证关于泰州中航船舶重工有限公司20.8万吨散货船长江江苏段航行、通航安全评估问题
	5月12日	关于中江环保科技(泰州)有限公司年综合处置50万吨含铁废盐酸和50万吨含铁污泥项目的研究论证
	5月28日	协调解决夏粮收购仓容不足相关问题
	6月1日	协调出租车补贴有关问题
	6月7日	研究口岸船舶公司提请区城投公司帮助提供融资担保有关问题
	8月16日	协调解决泰州出入境检验检疫局港口办事处相关问题
	10月9日	协调住建部2016年第一期规划摇杆违法建设图斑有关问题
	10月26日	研究讨论泰州市柯普尼通讯设备有限公司等18个企业申报小微创业贷情况
	11月7日	协调柴墟街区棚户区改造涉及到的3个原区属改制企业(登月集团、量刃具厂、合金粉末厂)拆迁补偿款处置方案及相关遗留问题
	11月14日	协调解决项目推进过程中存在的矛盾和问题
	11月14日	研究讨论江苏向东塑料科技有限公司等9个企业申报小微创业贷情况
	11月14日	协调刁铺大桥西桥头平交改造项目等问题
	11月15日	研究高港高新区在境外设立贸易公司可行性情况
	11月21日	关于自行车轮组、高端五金制造等7个工业投资项目评估
	11月28日	关于精密机械零部件、食用红曲素、新型柔性复合材料等8个工业投资项目评估
	12月5日	研究讨论龙凤堂三期、将军机械、久裕科技等7个项目开工相关手续办理工作,协调解决推进过程中存在的矛盾和问题
	12月6日	关于森德复合新材料、年产2万吨钢丝绳等3个工业投资项目评估
	12月10日	研究泰州市金丰泰法兰锻件厂厂房拆除相关事宜
	11月29日	协调人武部西南侧公共厕所污水管网顶管施工等问题

·为民办实事项目·

【概况】 2016年，高港区为民办实事项目涉及社会保障、教育文化、社会福利、环境卫生、公共设施、体育建设、小区整治、医疗惠民8大类共17个项目。至年末，17个项目均已实施或完成。

【社会保障】 2016年，全区新增就业12850人，新增创业6046人，完成就业培训9042人。开展城乡贫困家庭帮扶“五送”活动。12月，经过审核确定“送养老”10人，“送医疗”73人。完成全区7000元以下的低收入人口年度脱贫任务。

【教育文化】 2016年，东方明珠幼儿园、明发幼儿园2所公办幼儿园装修基本结束。东方明珠幼儿园占地0.67公顷，计划开设10个班级，可容纳300余名幼儿入学。明发幼儿园总占地0.73公顷，建筑面积6000平方米，总投资近5000万元，计划开设15个班级，可容纳500余名幼儿入学。

【社会福利】 2016年，全区11个标准化社区居家养老服务中心投入使用。

【环境卫生】 2016年，高港区完成蔡圩河东延、刁东中沟整治工程。完成区人武部西南侧公厕、育才花苑西南侧公厕、全民健身中心公厕、口岸实验学校西侧公厕4座二类以上公厕建设。

【公共设施】 至12月，“小威士”服务民生建设系统完成59个村卫生室的安装、102户“孤老病残”家庭安装。全部村居548个监控点建成并投入使用。全区252个“全球眼”完成升级改造。新投放公共自行车500辆，租赁服务系统5月建成运营。新增出租车20辆。

【体育健身】 2016年，体育公园二期建成并对外开放。形成以“一广场”（象棋广场）、“两馆”（游泳馆、健身馆）、“三场地”（篮球场、网球场、足球场）为基本架构的全民休闲健身中心。

【小区整治】 2016年，高港区完成28个老旧小区监控点位改造。完成刁铺街道人民路、沿河路、民二巷及口岸街道建设巷、小曲巷、沿河南路等6条主巷28条支巷的整治。完成20个社区、89个子项目的环境综合整治工程。

【医疗惠民】 2016年，高港区完成31个社区卫生室基础设施建设，全面提升基层医疗服务水平。

（朱春珑）

·政府法制·

【概况】 2016年，区政府法制办保障和促进行政机关依法行政，维护公民、法人和其他组织合法权益，认真清理和审核政府规范性文件，开展行政执法监督和依法行政业务培训活动，履行行政复议职能，推进法治政府建设。

【行政执法监督】 8月上旬，区政府法制办联合区人民法院、区人民检察院对17个重点行政执法部门106份执法案卷进行抽查，指导相关部门总结经验、查找差距、弥补不足，促进行政执法规范化建设。清理不符合条件的执法人员151人、执法监督人员30人。11月下旬，对全区申领执法证件的468名执法人员集中组织依法行政业务培训和法律知识测试。

【规范性文件制定备案】 2016年，区政府法制办严格按照规范性文件制定和备案的规定要求，向市政府及区人大常委会报备区政府规范性文件《高港区区本级政府投资项目管理办法》。加强部门规范性文件的实质性备案审查，对各镇街和部门报送备案的《关于促进社区集体经济发展的实施意见》等8件规范性文件从是否超越权限、内容是否适当、是否违反制定程序等方面进行严格审查。对市政府拟出台的《泰州市关于加快推进建筑业发展的意见》等20余件规范性文件征求意见稿进行研讨，提出修改意见。对高港区涉及招投标有关规定的文件进行全面清理。

【行政复议和应诉】 2016年，区政府法制办贯彻《中华人民共和国行政复议法》及其实施条例。办理行政复议案件6件、行政应诉案件6件。落实行政机关负责人出庭应诉行政案件制度，行政机关负责人出庭应诉率100%。

【涉法事务处理】 2016年，区政府法制办充分发挥法律参谋作用，对重大决策事项和各类规范性文件进行审核把关。全年审查各类政府合同28份，从签约源头上防范法律风险和经济风险。

（刘艳萍）

·信息与督查·

【政务信息】 2016年，区政府办公室编发《政务通讯》35期、专刊23期，上报政务信息近800条、应急管理信息90余条，被市采用29条、省采用10条。

【人大代表建议与政协委员提案办理】 2016年，区政府办理人大代表建议45件、政协委员提案116件，满意和基本满意率100%。

【专项督查】 2016年，区政府办公室开展政府常务会议、办公会议、专题会议相关议题完成情况督查，以及人大代表建议、政协委员提案办理情况督查。全年编印《督查通报》13期。

（王　欢　王润环）

·政策调研·

2016年，区政府研究室调研供给侧结构性改革和“一带一路”倡议等重点热点，调研项目建设、港口名城建设、城建工作、扶持实体经济发展、全域旅游等工作，为区委、区政府决策提供依据和参考。累计撰写各类文稿100余篇。（张智颖）

·应急管理·

【应急预案体系建设】 2016年，高港区按照“广覆盖、重实用、易操作”要求，组织修订完善各类应急预案。制定《关于进一步加强应急预案管理的通知》，督促相关部门修订完善《城市排水防涝应急响应预案》《突发性环境事件应急预案》等预案。要求各预案牵头部门进一步完善预案操作流程图，确保在第一时间高效有序处置突发事件。区级专项应急预案经区政府常务会议讨论通过并印发实施。部门应急预案、基层单位应急预案均在一定范围内征求意见，由各园区、镇街、部门主要负责人审定后印发实施。企业应急预案根据国家下发的应急救援预案编制要求，邀请专业部门进行制定，并按行业管理和属地管理原则，报主管部门和所在园区、镇街备案。

【应急队伍建设】 2016年，高港区按照“立足现实、着眼长远、专兼结合、整体联动”的原则，整合现有资源，加强应急救援队伍、专业技术队伍和志愿者队伍建设。以公安、消防、民兵预备役和各专业应急救援队伍为骨干，企业专兼职救援队伍为补充，社会志愿者共同参与的应急救援体系初步形成。

【应急知识宣传培训】 2016年，高港区结合“安全生产月”“防灾减灾宣传周”“安全教育月”“全国消防日”等主题教育活动，开展应急知识进工地、进社区、进校园、进企业、进机关、进农村“六进”活动，普及突发事件预防、避险、自救、互救、减灾等应急防护知识，提高社会公众公共安全意识和应对突发公共事件的能力。

【应急值守】 2016年，高港区始终把值守应急和突发事件信息报告工作作为政府值班工作“一岗双责”的重要内容，牢固树立值守应急责任重于泰山的观念，坚决克服各种麻痹思想和侥幸心理，做好值守应急和突发事件信息报告工作。全年上报应急信息120条，被市应急办采用10条。

抗洪抢险应急救援演练　　（区委宣传部/供稿）

【应急救援演练】 2016年，高港区按照“统一指挥、反应灵敏、协调有序、运转高效”应急救援要求，高度重视应急预案演练工作，在演练中检验预案，增强应急处置能力。4月7日，组织开展自来水公司处置氯气泄漏应急救援联合演练；5月18日，区人防办举行防空防灾疏散演练；5月31日，区人武部组织军地联合防汛抢险演练；8月16日，市安委办联合高港区举行危险化学品事故综合应急演练；9月14日，口岸街道新城社区举办消防演练活动；11月8日，区教育局开展校车事故应急演练；11月9日，泰州大自然德森堡木业有限公司开展消防应急演练；11月14日，市建工局联合高港区开展建筑施工冬季消防应急疏散演练；11月17日，市、区卫生计生委开展发热血小板减少综合症突发疫情应急演练。（刘　岩）

·外　　事·

2016年，区外事侨务办办理因公出国（境）任务审批审核手续15批39人次，办理护照签证手续15批39人次，办理外国人来华邀请函材料审核20批39人次。（郭　靖）

·电子政务·

【政府网站建设】 2016年，区政府网站群发布各类政务信息2.3万条，其中区政府门户网站发布2.12万条。在政府网站首页设置“国务院信息”专题，全年转载国务院信息922条。区政府网站开设“专题专栏”，先后制作“两会”专题、“高港区市场主体准入清单”和“高港区企业投资建设项目审批清单”专题、“高港杯”第三届全国象棋青年大师赛等专题，其中高港区第三届全民健身运动会专题、高港区民生价格专题等5个专题被泰州市政府网站采用。8月18日，在区政府网站首页添加“我为政府网站找错”监督举报平台入口。完善信息审查制度，健全审核机制、保密机制，建立审核台账，明确审核责任人，避免网站信息错误。全年向泰州市政府门户网站报送信息3002条，被采用588条，信息采用量列全市（非省直报点）第2位。

【网站集约化建设】 2016年，高港区印发《区政府办公室关于推进政府网站集约化建设的通知》和《关于推进网站集约化建设的工作方案》，整合全区27个部门网站，其中，关停26个部门网站，保留1个网站（高港高新区网站），申请关停的26个网站按照“新闻动态类”“公共服务类”“互动交流类”分类迁移至高港区政府门户网站，整合建成“中国·高港”政府门户网平台。推进部门间数据共享和业务协同，将政府门户网站打造成“一站式”综合服务平台。统一网站风格、色调。明确信息发布、互动交流、便民服务等共性栏目由各单位负责维护更新，个性或特色栏目由各单位提出申请后，以专栏或专题的形式在网站显著位置发布，确保各类信息发布的时效性。

【政务信息公开】 5月20日，区网络信息管理中心制定《2016年高港区政务公开具体工作任务分解表》，各镇街、部门根据分解表和本地本部门实际，制定2016年政务公开工作实施方案。6月上旬，区政府办公室召开过堂交流会，对各镇街、各部门实施方案进行评估。全年共发布行政权力运行清单、2015年度区本级财政决算、2016年度区本级财政预算、农村危房改造（安居工程）、项目进展、政府采购、就业招聘、价格监测等信息1000余条。政府信息公开平台发布政府信息1750条。

【电子政务平台】 11月3日，区网络信息管理中心制定《高港区电子政务建设与管理暂行办法》，规范全区电子政务项目建设和管理，实现项目建设管理、财政资金投入、资源数据共享的全面统筹。整合基层现有各条线信息化平台，减轻基层工作负担。调研论证行政权力下放和全流程网上办事功能，推进实体政务大厅向网上延伸，统筹服务资源，统一服务标准，做到无缝衔接、合一通办，让群众享受更多更快捷的政务服务。启动实施政府大楼宽带提速工程，升级改造全区办公OA系统。推进电子政务平台应用，提高系统的安全保密性，保障党政机关办公高效运行。全年接入OA平台的镇街及部门86个、收发员175人。全年公文交换近4000条。“一户一卡”系统录入数据达81268条，全年更新维护50余条。建立健全机房日常管理、网络定期维护等制度，保障机房安全和数据安全。优化电子政务网络平台，解决网络及接入设备故障，严格落实网络安全责任制规定，加强内外网络管理，确保全年不发生网络安全事故。

【网络舆情处理】 2016年，区网络信息管理中心对重要政策法规或规范性文件，以及涉及公众利益和专业性较强的公文，运用图片、图表、图解等方式发布解读信息，增强政策解读效果。依托“高港发布”“微高港”等微博、微信平台，及时发布各类权威信息。健全政务舆情收集、研判和回应机制，对重要政务舆情、重大突发事件等热点问题，依法按程序第一时间通过网上发布信息，阐明政策，化解矛盾，并根据工作进展持续发布动态信息。利用区长信箱、“12345”热线、大江论坛、依申请公开等监督交流平台，构建民生服务综合信息平台，通过统一电话号码、统一网络平台、统一信息资源、统一管理模式，构建层次分明、功能完备、资源共享、运行高效、管理规范的公共服务体系，认真答复处理公众诉求，倾听意见建议，接受社会批评监督，实现与公众的积极互动。全年区“12345”民生服务热线共接听市民来电3.6万余个，形成有效工单7007件，其中，市、区长信箱582件，市“12345”热线4439件，区“12345”热线1986件，办结率100%，满意率达96.2%以上。全年共搜集处置网络舆情1600余条；报送省内负面消息1.49万条，其中举报类消息1372条，采用率80%以上。共编印《高港网络舆情》249期，区领导批示39件。

（王　辉）

·政务服务·

【概况】 2016年，区政务办优化审批流程、提高服务效率、提升服务质量。全年大厅办理各类审批项目75747件，其中，即办件71834件、承诺件3913件，办结率99.96%，群众满意率100%。“微政务”微信公众号上线。

【相对集中行政许可权】 2016年，区政务办以全区信息平台公布的35个部门449个审批事项为基础，全面细化梳理行政许可事项以及与许可事项相关联的服务事项清单，对比周边地区，查漏补缺，厘清事项权限，形成5张清单，做细做实相对集中行政许可权改革的各项准备工作。参照先进做法，结合高港实际，科学设置科室，对许可、服务事项进行划转设想，以“高效便民”为原则，对联合审批事项进行推演，制定“证照联办”一次性告知单，确保事项无缝对接，实现“流水审批”无障碍。

【两张清单】 2016年，区政府印发《高港区“市场主体准入清单”和“企业投资建设项目审批清单”》。“两张清单”依据现行法律、法规和上级有关政策文件，在市、区审批权限范围内，从“平等准入”和“绝对禁止”正反两个角度，对涉及市场主体准入和建设项目审批的所有事项全面梳理，明确列出禁止和许可两类，实现“清单之外无审批，清单内容全公开”。“两张清单”的制定严格履行公众参与、专家论证、风险评估、合法性审查和集体讨论决定等程序。清单启用后，可按照提前介入、模拟审批、容缺并联的原则同步开展项目审批，将99道串联报批手续归并为63道流转手续，并将传统的项目审批流程整合为五大审批环节，即土地供应、联合评估、联合图审、规划许可、联合验收，将其细化为40个审批节点，报批周期至少压缩3个月以上。对区级审批事项承诺时限进行再提速，由法定时限261个工作日提速至87个工作日。在全市率先启动准入制度、投资建设项目审批改革。12月21日《新华日报》、9月6日《泰州日报》头版头条、9月21日《泰州日报》高港专刊分别进行专题报道。

【“店小二”专业服务团队】 2016年，区政府出台《关于推进“店小二”式专业化服务、提高项目建设审批效率的意见》，建立区、园区（镇街）两级“店小二”团队，以专业化的团队、专业化的流程、专业化的模式，全程推进项目建设审批“店小二”式的菜单定制、跑腿帮办、跟踪协调，确保精准服务、审批快捷。重点对新建重大项目实行“全事项并联预审”模式，将分散的项目审批流程整合为申请承诺、园区（镇街）申报准备资料、区项目专窗接件、分送职能部门提前预审、模式转换5个步骤。11月28日《泰州日报》头版头条对此举作专题报道。

【证照联办】 2016年，区政务办通过受理材料归并、环节精简、流程优化等方式，同步制定许可类事项清单审批标准。以“能并则并、能减则减，同步审批、提高效能”为原则，对审批服务事项进行环节归并、精简提速，避免重复提交材料，确保审批提速增效。对涉及办理营业执照相关前、后置经营许可证的18个事项，推演“证照联办”流程。联办后，申报材料由323件减少为293件，精简率9.3%，办理时限比承诺时限提速48.9%。对第三方中介机构的项目投资评估事项，精简材料6件，压缩时限20个工作日，原串联需11个审批环节，精简后只需4个审批环节。

【项目联审会办】 2016年，区政务办运用联合预审、联合踏勘、并联审批“三联”工作模式，根据项目落户、落地及审批建设要求，组织发改、环保、国土、经信、规划、安监等部门开展项目联合预审和现场踏勘，对项目安全评估、环境评估、用地规划等前置条件先行把关。建立项目化管理计划表，研究制定项目推进“路线图”和“时间表”，按照项目序时提前介入，跟踪督促，将涉及项目建设审批事项分为立项（项目审批）、用地审批、规划报建、施工许可、竣工验收5个控制节点，对照“统一受理、抄告相关、分头审批、限时回复”办理要求，实施联审联办。全年共跟踪服务项目118个，累计召开联合预审会议23次，组织联合踏勘19次，协调解决问题39件。

【工业企业“两证”补办】 2016年，区政务办牵头推进工业企业“两证”补办工作。成立“两证”补办工作小组，制定《高港区工业企业“两证”遗留问题审批服务例会制度》，定期召开协调例会，每周走进园区为企业现场办公。本着法治与创新相结合的原则及底线与变通相结合的原则，会同相关部门现场查勘会商，对存在问题开列清单。各部门根据项目现状，提出个性化解决方案。年内，共为扬泰电子、万向精工等54个项目开展“两证”补办前期准备工作，召开专项协调会23次，进园区现场会办16次，印发《情况简报》19期，其中昆仑光源等4个项目完成补办程序并报市、区两级部门盖章。

【政府采购】 2016年，全区政府采购范围涉及货物、工程、服务3大类，共30项140余个品种。全年共组织政府采购195次（公开招标47次，竞争性磋商招标25次，竞争性谈判招标28次，询价95次），政府采购预算9968.35万元，实际采购金额

3月7日，市、区联动召开高港高新区重大项目集中服务现场办公会

（区政务办/供稿）

8932.64万元，节约资金1035.71万元，资金节约率为10.39%。

（张　玥）

·机关事务管理·

【概况】 2016年，区机关事务管理局完成党政机关公务用车改革任务。全年共计出车2500余车次，行车40余万千米。承担全民健身中心二期工程等工程项目建设任务，组织实施一批办公用房装饰改造项目。整合盘活现有房源，优化调配使用。做好机关办公用房保障工作，实现办公用房公平配置和集约使用。开展能耗统计、用能监管、能源审计和节能考核，推广合同能源管理模式，提高节能管理专业化水平。健全人防、物防、技防相结合的安全保卫机制，做好物业管理工作，营造良好的机关办公秩序。服务区党代会、区人大及政协会议等各类会议2700余场次，参与在高港区举办的国家、省、市级重要会议和重大活动的后勤保障工作。妥善处理集访事件42起、1200余人次，接待个访群众400余次。年均完成水、电、汽、房屋、场地等各类维修6000余次。下属企业泰州市润勤服务有限公司全年营业收入约237万元，比上年增长40%，营业利润约26万元，增长73%。年内，区机关事务管理局获江苏省文明单位称号。

【工程项目建设】 2016年，区机关事务管理局完成区全民健身中心二期、人大议事厅、检察院业务用房等工程建设任务。组织实施区人大及政协办公用房、人武部办公楼、水利局办公楼、人才南楼和检察院食堂等一批装饰改造项目。做好区行政服务片区、机关大食堂、公安分局暨交警二大队业务用房建设改造等重大项目前期调研、项目审批、方案设计等工作。

【公共机构节能】 2016年，区机关事务管理局推动合同能源管理模式，实施节能改造，全区公共机构能耗明显下降。推进节能示范单位创建工作。开展宣传培训、能耗统计、技术改造和监督检查等工作，建立区级机关办公建筑节能监管体系，完成区级机关办公楼约2万平方米的建筑能源审计工作。开展“节能领跑，绿色发展”宣传活动，普及节能知识，营造节约氛围。

【公车改革和管理】 2016年，区机关事务管理局按照党政机关公务用车改革总体方案要求，做好司勤人员安置、取消车辆处置、公务交通补贴发放及成立公务用车服务平台等方面工作。全区共保留公务用车154辆，公开拍卖87辆，调剂使用3辆，年节支率8.6%，基本完成党政机关公务用车改革任务。建立公务用车智能化平台，安装北斗定位装置，实行车辆申请审批、调度派车、行车记录等一站式管理。统一车辆固定号段，从严落实车辆定点维修、定点加油、定点保险和维修监管、专家鉴定等制度。加强日常监管，定期检查各园区、镇街以及公务用车服务中心、执法执勤车辆管理中心保留车辆的使用、停放、维修、加油等情况。

5月21日，高港区举办公车改革取消车辆专场拍卖会

（区机关事务局/供稿）

【机关国有资产管理】 2016年，区机关事务管理局依托固定资产核算新软件，全面升级固定资产信息化管理系统。规范区级机关资产处置流程，建立健全固定资产的登记、保管、领用、交还及保养维修等制度。开展固定资产清理登记工作，及时核销报废资产。推进统一权属登记、统一调配使用、统一物业管理、统一维修管理、统一规划建设管理机制，基本实现区级机关办公用房集中统一管理。做好办公用房数据统计和档案管理，全面掌握供需情况，合理调整区人大、政协和总工会、妇联等部门（单位）办公用房，改善办公条件和环境。（高　婷）

区政协

·综　　述·

2016年，政协泰州市高港区第四届委员会共有界别19个，包括中共、工商联、无党派人士、工会、共青团、妇联、侨联、台联、文艺、新闻、教育、体育、医药卫生、农业和农村、经济、少数民族、宗教、科技、特邀。区政协委员157人，在高港区的市政协委员18人。常务委员会有主席1人，副主席5人，秘书长1人，常委22人。区政协有内设机

构5个,分别为办公室、学习提案文史委、经济城乡建设委、社会法制委、科教文卫体委。区政协召开全体会议1次、常委会议7次、主席会议6次,共讨论通过事宜46项;收到委员提案159件,立案116件,所立提案全部办复,委员满意率和基本满意率100%,表彰优秀提案12件;开展调研3次,形成调研报告3篇;组织视察、议政活动11次,提出意见、建议38条。 (朱 娟)

·重要会议·

【区政协四届五次会议】 1月12—14日,区政协四届五次会议召开。应到委员157人,实到145人。会议听取并讨论市人大常委会副主任、区委书记王建的讲话;听取并审议区政协主席任寿南所作的常委会工作报告和区政协副主席周法鸣所作的提案工作情况报告;列席区四届人大五次会议,听取并讨论政府工作报告。会议期间举行"港口名城"建设和"十三五"规划情况通报会,选举韩亚为区政协四届委员会主席,补选徐桂明、周正青为区政协四届委员会副主席,张霁明为区政协四届委员会常委,表彰2015年度优秀政协委员、优秀政协镇街工作委员会和四届四次会议以来的优秀提案。号召全区各党派团体和全体政协委员要把握和谐新要求,为全面落实区委四届六次全会精神聚合力;适应发展新常态,为顺利实现高港"十三五"发展良好开局献良策;顺应群众新期盼,为持续推进社会事业创新发展增实效;拓展履职新渠道,为广泛组织参政议政活动添活力,更好地在围绕中心、服务大局中贡献智慧和力量。

【政协常委会议】 2016年,区政协共召开常委会议7次。

四届二十二次常委会议 1月8日召开。会议通过四届五次会议日程安排、政协常委、委员调整、四届五次会议调整分组及召集人名单和区政协委员界别小组、镇街委员活动小组和"委员工作室"委员分组名单调整事项。

四届二十三次常委会议 1月12日召开。会议协商通过区政协四届委员会主席、副主席、常务委员候选人建议名单和区政协四届五次会议选举工作人员建议名单。

四届二十四次常委会议 1月13日召开。会议听取各组讨论市人大常委会副主任、区委书记王建在区政协四届五次会议上的讲话,区政协常委会工作报告和提案工作情况报告,区政府工作报告,区政协四届五次会议决议(草案)和协商候选人情况汇报。以举手表决的方式确定韩亚为区政协四届委员会主席候选人,徐桂明、周正青为区政协四届委员会副主席候选人,张霁明为区政协四届委员会常委候选人,提交区政协四届五次会议选举。

区政协四届五次会议分组讨论活动 (高卫东/摄)

四届二十五次常委会议 4月11日召开。会议通过区政协委派民主监督小组实施办法(试行)、2015年度社情民意信息工作先进个人名单和人事任免事项,通报区政协四届五次会议提案审查情况。

四届二十六次常委会议 8月11日召开。区委副书记、区政府常务副区长陈军通报上半年全区经济社会发展情况,常委们建言献策。会议通过区政协人事任免事项。

四届二十七次常委会议 10月25日召开。听取和讨论区政府办公室关于区政协四届五次会议以来提案办理情况的通报,常委们建言献策。会议通过区政协人事任免事项。

四届二十八次常委会议 12月23日召开。协商决定区政协五届一次会议委员名单,通过授权区四届政协主席会议召集并主持区政协五届一次会议预备会议的决定,通过区政协常委会工作报告和提案工作情况报告及报告人、关于召开区政协五届一次会议的有关事项。会议通过区政协人事任免事项,2016年度优秀政协委员、优秀政协镇街工作委员会和区政协四届五次会议以来优秀提案表彰名单。

【政协主席会议】 2016年,区政协共召开主席会议6次。

四届十八次主席会议 2月15日召开。讨论通过区政协2016年工作要点和区政协主席、副主席分工事项。

四届十九次主席会议 5月9日召开。讨论通过区政协议事规则以及调研、视察、议政工作规则。

四届二十次主席会议 5月27日召开。汇报5月工作完成情况及

6月工作安排。

四届二十一次主席会议　8月11日召开。通过区政协人事任免事项，通过关于召开区政协四届二十六次常委会议的实施方案。

四届二十二次主席会议　10月25日召开。协商讨论《区政协党组关于做好区政协换届工作的意见》，通过区政协人事任免事项和关于召开区政协四届二十七次常委会议的实施方案。

四届二十三次主席会议　12月23日召开。协商决定区政协五届一次会议委员名单，通过授权区四届政协主席会议召集并主持区政协五届一次会议预备会议的决定，通过区政协常委会工作报告和提案工作情况报告及报告人、关于召开区政协五届一次会议的有关事项。会议通过区政协人事任免事项，2016年度优秀政协委员、优秀政协镇街工作委员会和区政协四届五次会议以来优秀提案表彰名单。　（朱　娟）

·协商议政·

【专题协商】　9月2日，区政协社会法制委组织9名政协委员与区政府办公室、区人民法院、区人民检察院、区公安分局、区司法局对口协商社区矫正工作情况。建议提高认识，营造社区矫正工作良好氛围；完善机制，规范推进社区矫正工作；夯实基础，壮大社区矫正基层力量；加大支持，落实社区矫正各项经费。

11月14日，区政协科教文卫体委组织7名政协委员与区政府办公室、区编委办、区人力资源社会保障局、区文体旅游局对口协商镇街综合文化站人员配备与管理情况。建议认真落实国家、省、市相关文件精神，多途径充实基层文化工作者队伍，强化对基层文化单位的管理。

【主席走访活动】　6月13日，区政协主席韩亚组织开展主席走访行政执法工作体制改革和管理活动，听取区政府副区长李新美关于高港区在城市管理、市场监管等领域综合执法改革工作的情况介绍。提出在补齐短板上下功夫，彰显“党风民风家风正气浩然”的高港尊严精神；在体制改革上下功夫，彰显“干事创业发展精气神足”的高港尊严精神；在队伍建设上下功夫，彰显“待人接物处事厚道公道”的高港尊严精神等建议。

9月21日，区政协主席韩亚组织开展主席走访供给侧结构性改革活动，听取区政府副区长刘洪关于高港区供给侧结构性改革推进情况的通报。提出多形式优化结构，加快推进产业转型升级；多渠道采取措施，有效缩短商品房去化周期；多方位完善机制，助推企业做大做强；多角度突出重点，进一步补齐发展短板等建议。

9月2日，区政协召开社区矫正工作专题协商会　（区政协办/供稿）

【委员议政活动】　5月25日，区政协社会法制委组织9名政协委员，对区政府办公室、区民政局、区人力资源社会保障局、区卫生计生委开展加快发展养老服务业议政活动。建议注重养老基础设施建设，切实帮助解决养老机构发展中的难题，创新养老工作举措，加强老龄工作队伍建设。

8月12日，区政协经济城乡建设委组织17名政协委员，对区政府办公室、区住房城乡建设局、区城管办、区规划分局、区国土资源分局、区交通运输分局、交警二大队开展公共停车场建设议政活动。建议尽快出台规划，统筹推进公共停车设施建设工作；加快建设进度，有效化解城区停车难题；加大监管力度，进一步规范车辆停放。

12月7日，区政协科教文卫体委组织9名政协委员，对区政府办公室、区编委办、区人力资源社会保障局、区科技和知识产权局、区卫生计生委开展卫生人才队伍建设议政活动。建议规划引领、协力合作，强化卫生人才宏观管理；内培外引、多措并举，推进卫生人才培养工程；完善机制、营造氛围，优化卫生人才发展环境。

【调研活动】　3—5月，区政协围绕加快电子商务发展开展专题调研，听取区商务局、发展改革委、经济和信息化委、农委、供销社、市场监管局等部门情况介绍并开展研讨，召开“船易行”“润泰”“乐村淘”“壁纸商城”“博泰”等电商代表座谈会，实地考察永安洲镇东江社区电商服务站、润泰电子蜂鸟驿站等现场，并到兴化市和广东省揭阳市等地学习考察，形成调查报告。建议编制电商产业发展规划，出台相关扶持政策；建立健全电子商务支撑服务体系；加大招引和培养电商人才力度；积极促进“互联网+本地产业”深度融合。

5—6月，围绕推动创新型经济发展开展专题调研，分析存在的主要问题。提出以深化改革为引领，增强创新体系活力；持续提升企业自主创新能力，培育经济新增长点；加大项目组织力度，为科技创新提供支撑；培育高新技术企业，推动新型工业化产业集聚；深入开展政产学研合作，加快高新技术成果转化；全面实施知识产权战略，提高自主创新支撑力等建议。

7—8月，围绕精准扶贫工作开展专题调研，召开村干部代表座谈会，进村入户走访贫困户，组织问卷调查，听取区农委、民政局、财政局、残联等部门扶贫工作的情况介绍，到连云港市灌南县学习考察，形成调研报告。提出动态管理，力求对象精准；因“病”“开方”，力求措施精准；因人施策，力求方法精准；严格考核，力求效果精准等建议。被区政府主要负责人批示。

【视察活动】 6月23日，区政协组织12名政协委员视察职业教育工作情况。参观常州武进中等专业学校和泰兴中等专业学校，视察高港区中等专业学校等现场，听取情况介绍，开展座谈讨论。提出提高认识、强势推进，合力共建“技能型”职业强校；深化改革、健全机制，致力打造“双师型”教师队伍；优化专业、提升技能，倾力培养“工匠型”技术人才等建议。

9月22日，组织13名政协委员视察城区水环境情况。视察府前河、刁东中沟、蔡圩河东延、府后河、港城花苑无名河等已整治和未整治现场，听取情况介绍，开展座谈讨论。提出加大宣传，营造全社会爱护水环境的良好氛围；着眼整体，树立系统的清水活水理念；关注源头，落实严格的截污治污措施；立足长远，构建水环境整治工作长效机制等建议。

6月23日，区政协委员视察职业教育工作 （区政协办/供稿）

12月9日，组织8名政协委员视察构建和谐劳动关系情况。视察泰州中航船舶重工有限公司等现场，听取情况介绍，开展座谈讨论。提出以强化政府职能为“保障线”，规范劳动关系；以推进集体协商为“重点线”，保障职工权益；以签订劳动合同为“基础线”，规范源头管理；以落实工资支付为“稳定线”，规范工资管理等建议。

12月19日，组织12名政协委员视察重大项目建设情况。视察中医药科技园、特种兵饮料、汇福粮油、龙凤堂等项目建设现场，听取情况介绍，开展座谈讨论。提出加快产业集聚，补好科技创新短板；当好“店小二”，全力推进项目投产达效；创新机制，进一步强化项目管理等建议。 （朱 娟）

·民主监督·

【提案办理】 2016年，区政协共收到提案159件，其中，委员联名提案37件，专委会提案5件，政协工委提案2件。经审查，立案116件，其中，经济与城乡建设类44件，水利交通类19件，科教文卫体类26件，政法劳动人事类27件，并案9件，改作社情民意28件，改作委员来信6件转交有关部门研究和处理。四届五次会议立案交办的116件提案全部办结，见面率100%，委员满意率和基本满意率100%。

2016年高港区政协四届五次会议以来优秀提案一览表

表7

提案号	提案人	案　由
1645001	唐秧林	主动融入港口名城，服务港口经济建设
1645003	姚　洁	加强现代服务业发展，助推“三大主题”建设
1645005	孙　跃	提高园区标准厂房建设土地集约化水平
1645007	宗家林 徐亚明	加快港口名城建设，提升高港城市形象
1645025	张长荣 陈荣亚	发展农村新型经营主体

续表7

提案号	提案人	案　由
1645039	崔正彬	加强水利基础设施建设
1645054	陈礼晟	大力促进高新园区转型升级
1645071	李鹏举	加强建筑业运输车辆管理
1645080	王　玥	加强食品药品安全监管
1645112	丁觉民	进一步完善土地流转程序
1645113	薛荣明	成立镇（街）交通事故调解联络办公室
1645116	冀小燕	落实村一般干部养老保险制度

【社情民意信息】 2016年，区政协编发社情民意信息143期，其中，报区36期，区领导批示22期；报市政协107期，采用24期，市领导批示2期；省委办公厅采用1期；全国政协采用2期。针对长江沿线废污水排放总量居高不下、水体污染严重等问题，编写社情民意信息《长江经济带"大治理"刻不容缓》；针对中小企业创业过程中面临的融资难问题，编写社情民意信息《中小企业"降融资成本"离不开政府"搭桥"》。以上2篇社情民意信息被全国政协采用。高港区社情民意信息工作在泰州市三市三区政协中列第2名。

【委派民主监督】 2016年，区政协出台《委派民主监督小组实施办法（试行）》，首次向区环保局、市场监管局委派民主监督小组，到受派部门了解实情、收集民意、梳理问题、商讨对策，客观公正地提出整改建议方案，推动受派部门更好地改进作风、履行职能。就核心港区建设、职业教育、城区水环境治理、公共停车场建设等开展专题视察，助推政府工作有序开展。　（朱　娟）

·文史工作·

【史料征编】 2016年，区政协分别开展1966—1976年和改革开放时期（1977—1992）"三亲"（亲历、亲见、亲闻）史料征编工作，分别形成136篇43万余字稿本，征集108篇稿件。按照市政协文史委《诗咏新泰州》组稿要求，报送诗歌72篇。

【文史学术研究】 4—10月，专家、学者和政协委员围绕凤栖湖景区、古寿胜寺、雕花楼水景街区二期工程等重大项目，开展现场考察、文化挖掘和理论研讨工作。　（李文华）

·政协自身建设·

【镇街工委工作】 2016年，口岸街道工委组织委员视察高永路拓宽改造、口岸转盘改造等动迁现场，走访动迁对象，反映群众诉求，推动"阳光拆迁"。刁铺街道工委连续5年牵头开展"为了大山里的孩子"主题活动，先后帮扶湖南省洪江市熟坪乡中小学贫困生98人次，资助街道贫困学生49人，累计投入资金40余万元。许庄街道工委引导委员与特困户结成帮扶对子，累计挂扶10余名大学新生，帮助部分学生走上工作岗位，实现脱贫致富。永安洲镇工委先后就安置房团购、高永化工区转型升级、长江沿江湿地公园建设、农村综合体制改革等问题进行专题调研，提出的建议被党委、政府采纳，并得到落实。白马镇工委组织委员视察镇老行当文化园、宗教文化产业园、优力博物流园项目现场，为推进项目建设建言献策。大泗镇工委组织委员视察江苏中药科技园，调研中药养生小镇规划建设。胡庄镇工委组织委员视察上膳源农场、杏都葡萄专业合作社等。

【"政协委员工作日"活动】 2016年，区政协分别于2月、6月、8月、11月组织开展"政协委员工作日"活动。委员们调研视察、座谈走访，向基层干群宣传区第四次党代会第四次年会、区第五次党代会、区四届人大五次会议和区政协四届五次会议精神。帮助村（社区）理清工作思路，听取基层群众对政协工作的建议。开展调研走访，为打造"四个高港"建言献策。向区委、区政府反映建议40余条，部分建议被区领导批示，并得到落实。向所在社区赠送种植养殖、科技创业、医疗保健等书籍；开展老年人和妇女儿童权益保障、交通安全、消费者权益保护等知识讲座，为社区群众免费提供法律咨询服务；组织医疗专家到社区义诊，讲授卫生防疫知识，赠送药品。

【主席调研镇街政协工作】 2016年，区政协主席韩亚，副主席周法鸣、李强、胡万源、徐桂明、周正青分别到对应联系的镇街开展调研，听取委员对全区经济社会发展情况的意见、建议，对政协工作的意见、建议；收集群众普遍关注的社会热点、难点问题；了解委员工作、学习和生活情况。区政协通过提案、社情民意等方式，向区委、区政府和相关部门反映委员们提出的意见与建议。

【委员培训】 9月10—14日，区政协在无锡市社会主义学院举办政协委员培训班，区政协各委办、各镇街工委负责人，部分政协委员及特约信息员参加培训活动。培训内容有习近平治国理政思想与施政方略，供给侧结构性改革政策解读，新时期统一战线和人民政协的基本理论与基本知识，政协委员调查研究能力和如何撰写提案、社情民意等。

（朱　娟）

纪检·监察

·执纪审查·

【概况】2016年，区纪委累计受理信访举报292件，信访转立案41件，比上年增长173%，按期办结率100%。立案85件，涉及科级干部14人，分别增长54.5%和27.3%。“两规”案件8个，增长60%。移送司法机关8人，其中乡科级干部3人，分别增长60%和50%。创新科技办案，以研究和攻破被审查对象的心理防线为重点，把银行查账、手机分析、测谎技术作为支点，将科技化手段有机融入办案全过程，提升执纪审查工作效率。规范执纪管理，严格执行《问题线索不立案处置审查监督暂行办法》，出台《高港区纪委监察局问题线索集中管理办法（暂行）》，健全完善案件线索管理机制。制定完善《非“两规”“两指”人员审查谈话工作规范》《紧急突发事件处置预案》《高港区纪检监察重复越级信访举报办理人才库管理暂行办法》等制度。

【监督执纪“四种形态”】2016年，全区各级纪检监察组织共实践运用监督执纪“四种形态”624批次，其中，提醒谈话297件、批评教育81件、诫勉谈话104件、约谈33件、函询49件、组织处理9件。在换届过程中，开展换届纪律督查5批次，累计对区、镇党代表候选人廉政预审500余人次，建议暂缓2人。编制《实践监督执纪“四种形态”操作手册》《实践“四种形态”案例参考运用手册》，建立监督执纪“四种形态”导师挂钩指导制度，以及运用监督执纪“四种形态”月报告、季分析、年考评制度。相关做法被中央纪委监察部网站，以及省、市纪委专刊多次推介。

【专项整治】2016年，区纪委推进市委巡察整改专项行动，相关部门累计自查工程招投标项目157个，清退收回违规发放奖金及津补贴4.18万元。全额追缴“吃空饷”资金，建立编外用工情况信息库。组织开展“在岗不作为、履职不担当”、领导干部与企业主结“干亲”、侵害群众利益不正之风和腐败问题、违规吃请和公款吃喝等专项整治行动，发现各类问题线索78条，党政纪处分26人，移送司法机关2人。结合“机关干部百村行”活动，开展党风廉政建设大巡查活动，排查问题线索100余条。开展扶贫领域专项整治行动，对8大类、95小类扶贫项目和资金管理使用情况进行调查摸底，共排查扶贫领域问题线索36件，立案调查26人，涉及乡科级干部4人，党纪政纪处分16人，移送司法机关4人，挽回经济损失约120万元。开展“利剑”专项行动，对全区机关作风效能建设进行“拉网式”明察暗访，下发专题通报4期，问责21人。先后出台《高港区村级财务管理制度》《镇街政府性投资项目管理办法》等多个规范性制度。

·党风廉政建设·

【党风廉政建设“两个责任”落实】2016年，区纪委把全年党风廉政建设任务细化分解为8大类50项，实行项目化管理。将全区党政领导班子及成员的共性责任与个性目标相结合，全面推行党风廉政建设任务清单、负面清单、监督清单“三张清单”制度。全年报送负面清单258张，自查问题42个。印发《落实“两个责任”工作手册》600余本，组织检查4批次，发现并督办整改问题14条。组织白马镇、区水利局等6个单位向区委和区纪委当面报告主体责任落实情况，区纪委委员现场质询，从严检查履责情况。全年共实施“一案双查”7件、11人，其中乡科级干部9人，比上年分别增长75%、175%、200%。出台《高港区违纪典型案件通报制度》《高港区行政败诉案件过错责任追究办法（试行）》，有效规范和强化问责工作。全年共下发各类通报11期，实名通报78人。

【廉政宣传】2016年，高港区开展党委书记谈廉、分管领导谈责、纪委书记谈纪、支部书记谈心活动1100次，涉及党员干部8600余人。常态化开展新任领导干部任前廉政谈话。节假日、子女升学等关键节点，发送廉政提醒短信9批次、约7000条。组织观看大型廉政锡剧《呼唤》。各驻村联络组举办各类主题宣讲近300场次，听众1万余人。

【纪委基层行】2016年，区纪委对白马镇、区水利局、许庄街道管营村、胡庄镇史庄村、永安洲镇永胜社区开展专项巡察，发现各类问题79条，督促制定整改措施151条。强化驻村联络，驻村联络员每月至少1次驻村现场联络。对全区90个村（社区）开展问题线索“大起底”，共发现6大类100余条问题线索，立案39件，查处45人。发挥“互联网+”作用，建立微信群轮值管理制度，14名年轻干部轮流负责，每季度评选“最佳管理员”。初步建成包含监督执纪“四种形态”实践运用、“纪委基层行”流程信息化、纪检干部信息“一人一档”、“点单式、互动式”在线宣教、“随手拍”移动举报在内的5项信息化工程。

·行政监察·

2016年，区监察局先后对泰州市顺腾防腐工程有限公司“4·10”摔落事故、江苏海企化工仓储股份有限公司“4·28”火灾事故、泰州金航船舶设备有限公司“4·21”事故、泰州口岸船舶有限公司"7·30"事故进行调查核实，督促有关部门和单位全面落实监管责任，加大安全隐患排查力度，切实保障企业安全生产。对古马干河污染事件进行调查核实，迅速查清相关党员干部履职不力的违纪问题，给予1人行政警告处分。开展地条钢专项整治行政监察，对1名党员干部启动问责程序，给予行政警告处分。组织开展作风效能"利剑"专项行动，做到检查区域全覆盖、干部层级全覆盖、内部人员全覆盖，共组织明察暗访142人次，通报批评9人，其中乡科级干部2人。

·纪委自身建设·

【纪检监察队伍建设】 2016年，区纪委执行《纪检监察干部个人有关事项报告制度》，修订完善《全区纪检监察组织主要工作目标实施考核的意见》，将"纪检监察干部及时、准确报告个人重大事项"一项列入年度考核内容。全年共有7名纪检监察干部及时报送个人重大事项。从开展巡察监督、外部监督、重大事项报告、直查快办、完善制度保障5个方面，系统构建"五位一体"的廉政风险内控机制，修订23项、新制定8项制度，其中，健全完善各类会议制度5项，行为规范类3项，请示报告、经费开支等15项。编制《纪检监察工作业务流程图》68项。在全市率先建立纪检干部"一人一档"，对全区128名纪检监察干部的个人基本信息实行动态化管理。建立随机抽选纪检组长参加区纪委（监察局）机关月度例会当面汇报工作制度。抽调7名镇街和部门纪检干部到区纪委（监察局）机关进行跟班轮训。在全市率先设置村（社区）纪检干部，制定《关于进一步加强全区村（社区）纪律检查干部队伍建设的实施办法》，在全区90个村（社区）设置纪委书记（纪检委员）。在全区纪检系统开展"对标找差"活动，从区纪委（监察局）机关、部门镇街、年轻干部、后备干部4个层面分别推举出4名纪检干部先进典型。举办全区纪检干部《中国共产党廉洁自律准则》和《中国共产党纪律处分条例》电视知识竞赛，参加全市党章党规知识竞赛。

【内外监督】 2016年，区纪委明确三张"问责清单"，对运用监督执纪"四种形态""零报告"、担任纪检组长职务以来"长期零办案"、在区纪委组织开展的专项行动中"零成果"的三类人员，分阶段实施处理，集中提醒1批次，组织调整1人，推动镇街和部门纪检干部积极作为。镇街和部门纪检监察组织全年立案58件，比上年增长87.1%。推行"直查快办"办案机制，办理纪检监察干部信访件1起、纪检监察干部问题线索1件。举办"纪委开放日"活动。聘请纪检监察干部监督员和纪检监察工作信息员10人。

（高纪办）

3月25日，高港区举办纪检监察干部学习贯彻《准则》《条例》电视知识竞赛

（区网管中心/供稿）

民主党派·工商联

·民主党派·

【民革高港支部】 2016年，民革高港支部共有党员14人，其中，区人大代表2人，区政协委员5人。共撰写政协提案8件，其中1件被评为优秀提案。全年组织6次党员集中学习活动，主要学习中共十八届六中全会、习近平系列重要讲话，以及中央和省、市、区委有关统战工作会议及文件精神。支部先后6次组织党员到各自所联系的村（社区）进行走访调研，了解发展困难，关心群众生活，提出工作建议；先后为全区机关、企事业单位、学校、村（社区）开设法治讲座数10场次。重阳节期间赴胡庄镇养老院慰问老人，送去价值3000余元的慰问品。10月，组织3名支部党员到无锡社会主义学院参加学习培训。全年与姜堰区支部开展交流活动2次。

（丁觉民　徐永强）

【民盟高港支部】 2016年，民盟高港支部共有盟员22人，其中，市人大代表1人，区政协委员4人。组织盟员学习中共十八届六中全会和习近平系列重要讲话精神，参加省、市、区委举办的各种形式的学习班、座谈会等。围绕区委重要决策部署、中心工作和"三大主题"工作，提交政协提案7件；撰写社情民意3篇，被省采用1篇。12月，联系江苏海慈生物药业有限公司帮扶田河小学、孔桥中学2名孤儿学生。

（陈学东　徐永强）

【民建高港支部】 2016年，民建高港支部新发展党员9人，共有会员25人，其中，市政协委员1人，区人大代表1人、区政协委员4人。支部每季度集中学习政治理论1次，学习中共十八届六中全会、习近平系列重要讲话以及民建江苏省委、泰州市委有关会议与文件精神。全年召开组织生活会6次，参加民建泰州市委各项会议和活动。开展“双岗建功”活动，倡导会员在积极履行会员职责的同时，在本职岗位建功立业。支部成立高港区艺林飞扬艺术团。联合雨露爱心组织成员，到基层结对帮扶，为群众送去农业科技、健康生活等方面的书籍。支部会员杨明与高港润泰蜂鸟驿站负责人就电子商务企业的工商管理相关规定联合撰写提案，得到有关领导重视。支部会员侯先栋被评为“江苏最美志愿者”。

（郭玉林　徐永强）

【民进高港小组】 2016年，民进高港小组共有会员8人，其中区政协委员2人。4月，组织参加民进泰州总支组织的理论学习活动；7月，举行会员暑期培训会，进行撰写社情民意培训。区政协委员包继林定期到大泗镇走访调研，了解到大马村芋头滞销情况，积极帮助联系推销；撰写《加强城区环境卫生常态化管理》提案和《要大力整治露天烧烤》社情民意。6月26日，包继林代表民进泰州总支参加民进全省工作会议，获民进全省参政议政工作先进个人称号。

（包继林　徐永强）

【农工党高港总支】 2016年，农工党高港总支有党员21人，其中，区政协委员3人（区政协常委2人），政协特约信息员1人。

自身建设　4月，参加农工党中央在泰州举行的基层组织建设调研座谈会，并作交流发言；同月，1名党员参加农工党省委社情民意统战信息培训班。8月，组织部分党员参加“弘扬延安精神、坚定理想信念、做合格党派成员”为主题的农工党、民盟泰州市委骨干培训班。9月，总支利用教师节组织全体党员进行政治学习。12月，2名党员参加农工党江苏省新任基层组织负责人培训班。

公益活动　开展“中国环境与健康宣传周”“国际科学与和平周”和“6·26”国际戒毒日等宣传活动；先后在栖园小区举行“你健康，我快乐”大型健康咨询和体检，在口岸中心小学举行“医教一家亲，健康伴我行”健康宣讲进校园等活动。5月，联合区残联在时代广场开展“大手拉小手，同心助残友——关爱孤残儿童”慈善义卖活动，筹款近3000元。

参政议政　全年共撰写提交提案3件、信息5条、社情民意3条，其中1条社情民意被市政协采用。

（周　娟　徐永强）

【九三学社高港支社】 2016年，九三学社高港支社新发展社员3人，共有社员19人，其中，市人大代表1人、市政协委员1人，区人大代表1人、区政协委员4人。支社开展集中学习、主题讨论、分组交流活动。先后完成创新性经济发展、电子商务、城区水环境3个专题调研，形成3篇调研报告。支社政协委员共提交委员提案3份，分别为《加大慢性病防治经费投入力度》《为乡镇卫生院定向委培医学专科人员》《进一步完善地震避难场所建设》。

（徐桂明　徐永强）

·区工商联·

【概况】 2016年，区工商联新发展会员75人，共有会员923人。新成立行业商会2个，共有行业商会6个。区工商联与吉林省磐石市工商联、山东省潍坊市奎文区工商联、台湾空间美学创造协会、台湾区游艇工业同业公会建立友好关系。在汽摩配件行业协会、绳网吊索具行业协会中成立非公有制经济党组织。刁铺街道商会被评为省工商联系统先进基层商会、许庄街道商会被评为市工商联系统先进基层商会。区工商联在全市工商联系统年度测评中被评为先进单位，创建成全国“五好”县级工商联。

【区工商联第五次会员代表大会】 12月22日，区工商联第五次会员代表大会召开，与会代表141人，特邀代表64人。区委书记顾萍出席会议并讲话。会议听取审议区工商联第四届执行委员会工作报告，通过大会决议，选举第五届执行委员53人和出席市工商联第五次会员代表大会代表30人。是日召开的五届一次执委会选举周正青为区工商联第五届执行委员会主席，朱文正为专职副主席，25人为常务委员会委员。

【思想政治教育】 2016年，区工商联开展非公有制经济人士理想信念教育实践活动。通过主题教育、建章立制、先进评选等方式，强化非公有制经济人士思想政治工作。利用微信公众号、《泰州商界》高港专刊、《高港商会》和商会网站等平台宣传会员企业转型升级谋发展的典型案例和先进事迹。全年编发《高港商会》刊物2期，上报信息68条，被《高港新闻》和省、市工商联采用25篇。

【参政议政】 2016年，区工商联组织工商联系统全体常执委围绕“如何加强基层商会建设、服务经济发展”开展大讨论和建言献策活动；围绕“三大主题”工作，组织工商联界别政协委员集中走访会员企业，开展调研活动；围绕会员企业发展现状，开展“主席走基层”专题大走访调研；发挥三方劳动关系协调成员单位作用，针对全区和谐劳动关系情况开展调研活动，形成《高港区构建和谐劳动关系调研报告》。

【服务会员企业】 2016年，区工商联开办“高港民营企业大讲堂”活动4次，参加人数300余人。举办“冬日暖阳、邮储送贷”信贷沙龙活动，签约和授信资金近2亿元。在上海专题举行上海同乡会联谊活动，帮助会员企业高位嫁接、转型升级。开展送政策到会员企业活动，印发1500余份政策读本，帮助会员企业了解最新政策法规。

【光彩事业】 2016年，区工商联开展“全国扶贫日”活动。举行“携手庆双节、共圆中国梦”关爱留守儿童为主题的捐赠仪式。采取“多企帮一村”的形式，组织刁铺街道12个骨干会员企业与6个涉农社区结对共建，实施“资金、就业、创业、保障”四大扶贫措施。大泗镇商会成立“圆融资金助学基金会”。刁铺街道商会帮助刁铺中心幼儿园更新多媒体教学设备。组织部分会员企业帮扶湖南省怀化市贫困学生，累计资助困难学生98人次，捐助资金40余万元。12月，区光彩事业促进会成立。

【工商联法律顾问团成立】 5月31日，区工商联召开工商联法律顾问团成立大会。法律顾问团成员单位代表和会员企业代表100余人参加会议。会议听取顾问团筹备组筹备工作报告，通过《法律顾问团工作制度》，决定由27个律师事务所和60名顾问律师组成高港区工商联法律顾问团。（严　菲）

12月2日，泰州市高港区光彩事业促进会成立大会召开

（区网管中心/供稿）

人民团体

·区总工会·

【概况】 2016年，区总工会新增独立工会32个，新增会员4000余人。全区共有基层工会491个，其中，独立基层工会387个，联合基层工会104个，涵盖单位1917个，工会会员56215人。开展农民工集中入会行动，总计3.55万名农民工入会。建成雕花楼景区商户联合工会，覆盖商户80余户，工会会员400余人。“工会伴你行”志愿服务队注册志愿者342人。开展专项活动、医疗卫生、权益维护、精准帮扶、特色品牌、就业创业“六大特色”服务项目。《新华日报》《工会信息》《江苏工人报》《泰州日报》等媒体报道高港工会工作信息40余条。区总工会通过省级文明单位复查。

【工会组织建设】 2016年，区总工会开展农民工集中入会行动，总计3.55万农民工入会。推行规范建家，采取资源共享、补强短板、以奖代补的办法，按照“有依法选举的工会主席、有独立健全的组织机构、有服务职工的活动载体、有健全完善的制度机制、有自主管理的工会经费、有会员满意的工作绩效”要求，建成15个规范化企业工会和8个镇街“职工之家”，送出书籍5000余册。创新开展以“定性工作争一流、定量工作争第一，在全市工会工作中贡献更多高港份额，在高港发展大局中贡献更多工会份额”为内容的“双争双份”活动，出台《关于开展“双争双份”活动的实施意见》。开展“月讲月考”活动，每月开设一堂业务课程，举行一场专业知识考试，并将考试成绩在门户网站公示，促进工会干部不断学习知识，提高业务素质和服务水平。常态化开展“两学一做”学习教育活动，强化党性修养，提高理论水平。建立考核机制，推行量化考核。修订印发《高港区总工会制度汇编》，修订、制定工会工作流程65项。

【先进表彰】 2016年，高港区推荐评选区级以上劳动模范及先进人物34人，其中，李根生、余磊、刘敏、倪道凤、李传银、李付林、孙玉龙、黄良平、陈国荣、陈春香10人被评为市级劳动模范，曹斌、潘海霞、郭余庆3人被评为省级劳动模范，钱存宏被评为省先进工作者，张伟获全国五一劳动奖章。授予20人高港区劳动模范称号，授予17人高港区五一劳动奖章，授予华润雪花啤酒（泰州）有限公司等4个先进单位高港区五一劳动奖状，授予泰州统实企

5月3日,高港区召开劳动模范和高港工匠表彰大会　（高卫东/摄）

业有限公司制造一科等10个集体高港区工人先锋号称号。开展"最美职工"评选活动,10人被评为区"最美职工"。

【工匠评选】 3月,高港区印发《关于开展"打造港口名城·建功十三五"主题劳动竞赛的实施意见》。在全省率先开展工匠评选活动,选取架子工、电焊工、数控加工中心操作工、门座式起重机司机4个工种开展劳动竞赛,近400人报名参赛。经过比赛,授予劳动竞赛一等奖获得者周玉富、孙玉龙、杨旭明、张纲4人"高港工匠"称号,享受区级劳动模范待遇;授予二等奖获得者沈忠等7人"金牌工人"称号;授予三等奖获得者王小兵等10人"技术能手"称号。推荐评选出王海东、王军2名"泰州工匠"。制作工匠专题宣传片,在电视、报刊、网站、微信等媒体进行宣传报道,弘扬工匠精神。

【劳动模范服务管理】 2016年,高港区新建"劳模(工匠)创新工作室"3个,1条建议获评市优秀合理化建议,2项技术成果获评市"十大科技创新成果",2项技术获评市"十大先进操作法"。区政府出台《关于规范和提高区以上劳动模范待遇标准的通知》,在全省率先规范和提高劳动模范待遇,从养老补助、生活困难补助、外来人员就业地落户、家庭就业保障、子女入学、春节慰问、医疗健康、教育学习等方面进行规范和提高。按时、足额发放劳动模范低收入困难补助金、特殊困难帮扶金、春节慰问金。按规定组织劳动模范78人外出疗休养,为194名劳动模范免费体检,在五一劳动节、中秋节和春节等重大节日期间慰问劳动模范388人次。

【职工技能培训】 2016年,高港区围绕新医药、粮油食品、装备制造、新材料等四大特色产业,开办技能培训、就业创业培训等各类素质提升培训班,培训职工1500人次。船舶专业大专免费学历班常态化运行。全区新增初级工3581人、中级工1857人、高级工677人。

【工资集体协商】 2016年,区总工会建立完善工资集体协商联合督查综合考核奖励机制,表彰奖励先进集体10个、先进个人15人。推行行业工资集体协商,培育胡庄镇医疗器械行业和口岸街道绳网吊索具行业工资集体协商典型各1个。打造工资集体协商以会代训示范点9个,签订工资专项协议307份,签订行业工资集体协议3份,其中50人以上企业全部开展工资集体协商。市工资集体协商现场会在高港区召开。

【职工普法维权】 2016年,区总工会开辟《空中法庭》栏目,联合区人民法院等部门在泰州中航船舶重工有限公司开展"背上法律来打工"农民工学法周活动,在江苏上膳源生态农业发展有限公司开展"送法律进企业"服务农民工专场活动。累计发放法律书籍4300余册。与律师事务所签订合作协议,聘请专业律师、法律援助志愿者为职工提供维权咨询和帮助,范围覆盖至全区各园区、镇街。

【劳动保护】 2016年,高港区组织"安全隐患随手拍"活动,收集报送作品31个。组织"安全与职业病防治"征文活动,4篇征文被市总工会评为优秀等次。全年规模以上企业劳动安全卫生专项集体合同签订率50%以上,新增"劳动保护监督员片区服务站"2个,建成"爱心驿站"19个。集中开展劳动法律监督检查活动2次,实地抽查企业102个,提出整改建议43条。授予53个企业工会区劳动保护工作合格工会称号,500余名职工参加"网上安康课堂"培训学习。4—10月,高港区组织开展"安康杯"竞赛活动,参赛企业和职工数比上年增长6%,华润雪花啤酒(泰州)有限公司、泰州市创新电子有限公司获评泰州市"安康杯"竞赛优胜单位,江苏泰氟隆科技有限公司注塑车间B组、泰州市银杏织锦有限公司成筒车间获评泰州市"安康杯"竞赛优胜班组。

【女职工工作】 2016年,高港区签订女职工专项集体合同近300份,企业签订率达95%,规模以上企业签订率达100%。开展“阳光关爱行动”，组织1700余名女职工进行“两癌”检查，增加免费人乳头瘤病毒（HPV）检查项目。推进“爱心母婴室”创建活动，新增泰州乐太食品有限公司爱心妈咪小屋、江苏省海通索具有限公司爱心母婴室、泰州红星美凯龙爱心母婴室。推选表彰一批有突出贡献的女职工集体和个人。其中，高港区社会保险基金征缴中心、高港区国库集中收付中心、泰州市第三人民医院四病区、华润雪花啤酒（泰州）有限公司物流部成品班组、泰州市山路服饰有限公司加工组被评为泰州市五一巾帼标兵岗，地税三分局风险应对二科被评为江苏省五一巾帼标兵岗；戴妍、李兰、周婧、吉燕、殷春霞5人被评为泰州市五一巾帼标兵，孙承莉、韦莉2人被评为江苏省五一巾帼标兵。

【职工文化建设】 2016年，区总工会开展工会报刊赠阅活动，向各基层工会赠送工会报纸杂志共1300余份。江苏海企化工仓储股份有限公司被命名为全国工会职工书屋示范点。地税三分局、江苏洁乐医用敷料有限公司、江苏泰氟隆科技有限公司、江苏扬泰电子有限公司、江苏圆融建筑工程有限公司、泰州市乐太食品有限公司、泰州市银杏织锦有限公司、泰州统实企业有限公司8个单位获评泰州市工会“三个文化”建设示范单位。

【职工帮扶】 2016年，高港区在全市率先出台关于做好困难职工精准帮扶工作的实施意见，开展困难职工普查工作，建立电子档案，做到一户一档、一户一策，建立工会干部“一对一”帮扶结对制度。举办第十八批特困职工证发放暨“金秋助学”仪式，对64名特困职工给予每人每月590元的资助，对43名困难学子给予每人3000~4000元的资助。第二期“职工阳光互助互济”合作基金报销比例由60%提高至70%，全区共有1.43万名职工参加，累计发放互助金338人次，报销金额36.8万元。

【服务农民工】 2016年，高港区设立100万元“农民工圆梦”专项资金，开展服务农民工专场活动，捐赠热水器160套。开展送清凉、送安全、送法律活动，在全市率先向户外作业的劳动者送出意外伤害保险240余份。举办“金玉良缘”活动，为260名单身农民工搭建交友平台。

（隆四清）

6月13日，高港区举行“总工会企业行”服务农民工专场活动捐赠仪式

（区总工会/供稿）

·团区委·

【概况】 2016年，高港区打造区级青少年综合服务平台，注册青年志愿者200余人，发放青年创业贷款1800万元。全区新发展团员960人，团员总数19967人，有基层团（工）委19个，团总支34个，团支部352个，团干部214人，其中专职团干部14人。吴银庆获江苏省“我们身边的好青年”称号，曹光普获江苏省农村青年致富带头人称号，8个团组织被授予泰州市五四红旗团委、五四红旗团支部（总支）称号；5人被评为泰州市优秀共青团干部，5人被评为泰州市优秀共青团员；获评江苏好少年40人、泰州好少年80人；12人被评为泰州市十佳（优秀）少先队员、泰州市十佳（优秀）少先队辅导员。团区委被评为2016年度江苏共青团十佳学习型团组织、全市共青团工作先进集体。

【区少工委成立】 6月，经区委和市少工委批准，中国少年先锋队泰州市高港区工作委员会（以下简称“区少工委”）成立。区少工委由24名委员组成，设2名主任、2名副主任。6月17日，中国少年先锋队泰州市高港区第一次代表大会召开。会议审议通过大会选举办法，选举产生第一届少工委。

【团干部培训】 2016年，团区委先后开设7期团干部业务知识培训班，邀请团省委、团市委负责人围绕共青团宣传工作、共青团改革等专题授课。

【青少年教育】 2016年，团区委开展“十四岁青春仪式暨入团仪式”，指导青年团员迈好“青春第一步”，上好“入团第一课”。5月4日，高港区召开纪念五四运动97周年暨优秀创业青年座谈会，创业青年代表与区委主要负责人互动交流。12

月28日，召开“2017年度共青团与人大代表、政协委员面对面”座谈会。

【共青团新媒体】 2016年，团区委升级改版官方网站，划分7大栏目、30个子栏目，形成由文本、图片、影像等各种信息资料汇集的共青团数据库。改版微信公众号“团聚高港”，开辟“青关注”“青行动”“青学堂”“青公益”“青声音”等专栏，每日更新信息，累计发送信息600条。建立覆盖各镇街和企事业单位等直属团组织的共青团微博体系，持续做好“青春高港”新浪官方微博，累计发布信息4000余条。建立由团区委全体人员、各直属团组织负责人、大学生村官、青年志愿者和镇街团干、青年骨干通讯员组成的新媒体工作队伍，有成员150人。形成集收集、采编、审核、发布为一体的工作制度。邀请资深新闻从业人员开展专题培训。与“微高港”合作，从信息共享、活动共推、宣传共商3个方面整合资源和平台，建立联动合作模式。借助“大江论坛”等平台发动爱心人士参与关爱留守儿童、法治宣传、环保志愿服务等共青团特色活动，扩大共青团工作的覆盖面。开展“十大杰出青年”“最美创业青年”等网络投票评选活动。与公安、宣传、关工委等部门协调配合，成立青少年网吧巡查队，线上线下发放“清朗网络·青年力量”倡议书，引导青年依法、文明、理性上网。在重要时间节点发起微话题，同步转发、评论正能量消息。

【青年就业创业】 2016年，团区委联合区人力资源社会保障局定期召开返乡青年就业专场招聘会，共帮助200余名就业困难青年实现就业。深化“青年创业小额贷款”项目，累计为1000余名青年就业创业贷款提供利率、担保、授信、贴息等方面的优惠。建成青创空间“润泰蜂鸟驿站”。

【青年志愿服务】 2016年，团区委组织青少年志愿者开展长江水环境保护行动。6月8日，以“同饮长江水，共享母亲河”为主题的2016年江苏省青少年生态环保行动——长江水生物保护活动启动仪式在永安洲实验学校举办。组建高港区防汛抢险青年志愿者突击队，来自各园区、镇街、机关单位的36名团组织负责人和青年志愿者参加为期5天的抗洪抢险军地联合演练。开展“点亮微心愿，助力微梦想”“暖冬行动”“关爱行动”等活动，帮扶困难青少年200余人。

【青少年关爱】 2016年，团区委联合区人民检察院、区人民法院、区司法局、区民政局等单位，实施“牵手朝阳·校园卫士”系列工程，搭建“机关、学校、家庭、社会”四位一体的青少年教育、关爱、维权、帮扶工作网络。组建“汤姐姐法治课堂”、校园法治宣讲团，巡回走进中小学校，广泛开展“开学第一课”、法治教育观摩会、模拟法庭等活动；建立“少年帮教工作站”，开通“校园法制频道”，编写中小学生法治教育读本，向全区中小学生免费赠阅。9月，组织开展“中小学生自我保护情景剧”比赛，参赛作品获得市级特等奖、省级二等奖。持续推进重点青少年群体“成长护航工程”，开展心理疏导、创业扶持、困难救助等工作，经验做法在苏中片区座谈会上交流。中高考前夕，开展“轻松备考·12355与你同行”心理咨询辅导志愿服务。

【青少年综合服务平台】 4月，高港区青少年综合服务平台揭牌。该平台位于区卫生计生委大楼一楼，面积150平方米，由咨询导航区、会议培训区、心理辅导区、乐教活动区、公益嘉年华活动区组成。

【“青仔公益暑托班”】 2016年，团区委针对暑期少年儿童无人看护问题，面向贫困家庭子女、留守儿童、外来务工子女，开设“青仔公益暑托班”，在口岸、许庄、胡庄、永安洲4个镇街“青少年之家”设置辅导点，开展课业辅导、乐高、舞蹈、魔方、烘焙等课程。6月4日，举办“缤纷六月季——我和雕花楼有个约会”大型亲子户外活动。“青仔公益暑托班”被《新华日报》、《泰州晚报》、江苏文明网、《高港新闻》等媒体广泛报道。

【青创空间“润泰蜂鸟驿站”】 2016

2016年高港区中小学生自我保护情景剧大赛　（团区委/供稿）

年，团区委坚持“政府牵头、平台运营、孵化支撑、全民参与”的推进方式，建成青创空间“润泰蜂鸟驿站”，提供“办公+技术支持+融资+管理咨询+其他增值业务”的全方位服务，为全区创业青年提供创业平台，为创业者提供政策咨询、资金扶持、导师引领、工商注册、专利申请等“一站式”和低成本的服务。至年末，成功孵化创业项目39个，创成江苏省众创空间、长三角青年创业孵化基地，入选中国青年电商联盟成员单位。

（夏　艳）

10月9日，高港区举办“重阳美　婆媳情”最美儿媳故事分享会

（区妇联/供稿）

·区　妇　联·

【概况】 2016年，高港区有园区、镇街妇联8个，村、社区妇联90个，系统妇委会27个，基层妇女干部132人。区妇联被评为泰州市“双学双比”活动先进集体，在市妇联2016年度考核中获一等奖。

【村（社区）妇女组织建设】 2016年，区妇联推动村（社区）妇联主席100%进“两委”和村（社区）妇代会改建为妇联。在大泗镇时庄村启动全区“会改联”工作，观摩时庄村妇联换届现场。

【妇女创业就业】 2016年，区妇联举办巾帼创业创新“互联网+”知识讲座、农村妇女适用技术培训班和农村妇女“网上行”培训16场，培训妇女1600余人。举办“互联网+”巾帼创业创新大赛，11个电商类、手工类和农业类“互联网+”项目进入决赛，白马镇多福根雕项目分别获得市、区巾帼创业创新大赛手工类一等奖。举办高港区女企业家牵手女大学生创业沙龙，女企业家协会会员与10名创业女大学生代表互动交流，传授经验。

【妇女教育】 2016年，区妇联举办“扬港花新韵　展名城风采”优秀女性座谈会，号召全区广大女性争做“雅善才义”新女性。在白马镇举办外来俏媳座谈会，为外来媳妇送去书籍与技术。评选表彰首届高港区十佳最美巾帼人物，激励全区广大女性比学赶超，争做先进。开展“博雅·滞城女性大讲堂”，培训200余人。住建、财政等系统妇联开展演讲、岗位技能比赛活动。举办巾帼志愿服务培训班，提升志愿服务水平。

【家庭教育】 2016年，全区各级妇联组织开展最美家庭故事宣讲会66场，寻访“最美家庭”110户。赵玉芳家庭获评全国“最美家庭”，莫志娟家庭获评全国书香家庭。联合区级机关工委在机关部门中开展寻找“最美家庭”和征集家训家规活动，举办高港区寻找表彰机关“最美家庭”道德讲堂，表彰区级机关“最美家庭”12户，推动机关干部培树清廉家风。在许庄街道举办“重阳美，婆媳情”最美儿媳故事分享会。推进合格村（社区）家长学校创建工作，10个村（社区）获得市级优秀村（社区）家长学校荣誉称号。举办家庭教育巡回讲座27场，受益家长5000人。

【关爱妇女儿童】 2016年，区妇联开展“牵手成长　成就未来”助学活动，对25名中考生进行资助，发放助学金2.5万元。推动爱心储蓄罐项目，全区爱心家庭和单位认领爱心储蓄罐540个，撰写爱心征文36篇。重视留守儿童监护人家庭教育宣传，开展“儿童安全守护”行动，促进留守儿童健康成长。推进农村妇女“两癌”免费检查，为全区10238名妇女提供免费检查。申报“贫困母亲两癌救助款”，为1名贫困母亲申请救助款1万元。春节前，组织女企业家协会开展“港花新韵·冬暖人心”资助贫困妇女儿童活动，发放慰问金4.1万元，帮助79户贫困家庭、困境儿童、空巢老人。在白马镇前进村举办“反对家庭暴力，创建平安家庭，共建幸福高港”法律宣传活动，发放宣传资料2000余份。开展律师志愿者与“妇女儿童之家”结对共建活动，为基层妇女儿童提供法律服务。做好信访维权工作，共受理信访46件，全部及时处理。

【家庭公益项目】 2016年，各村（社区）依托妇女儿童之家，积极申报家庭公益项目。关爱外来媳妇公益项目和“港城彩虹”关爱留守儿童项目在全市公益项目比赛中分别

获得二、三等奖。"港城彩虹"、关爱外来媳妇和"萤火家园"3个项目共获得省妇儿工委7.2万元的项目资金扶持。 (陈 媛)

·区 科 协·

【概况】 2016年,区科协实施县级科协创新发展能力提升计划。开展科普宣传、青少年科学教育活动,举办青少年科技创新成果展、科技辅导员培训班。开展海智活动。举办省级学会高港会企合作集中对接活动、省科协"双创"大赛决赛项目高港对接活动、中国(昆山)国际创新创业大会高港分会场活动。《泰州市高港区全民科学素质行动计划纲要实施方案(2016—2020年)》经区政府常务会议研究讨论印发。区科协被省科协评为2016年度县级科协创新发展能力提升计划先进单位。刁铺街道通太社区获批江苏省社区科普益民计划奖补项目,永安洲镇润洲社区被省科协评为江苏省科普示范社区。至年末,全区有"两新"组织科协26个,农村专业技术协会79个,老科技工作者协会、农学会、医学会等区级学会协会15个。扬子江药业集团、泰州三福船舶工程有限公司、江苏康贝宠物食品有限公司等12个农村专业技术协会在民政部门注册备案,完成规范化样板建设。

【科普宣传】 5月14—21日,区科协举办以"创新引领 共享发展"为主题的第20届科普宣传周活动,在永安洲镇邻里中心广场举办启动仪式暨主场活动,12个机关部门组织志愿者以送医送药、宣传讲解、咨询答疑等形式服务群众。9月22日,在高港实验小学举办2016年度全国科普日高港主场活动——"高港青少年科技创新主题活动"。举办青少年科学教育成果展,电子百拼、航模、乐高、科学实验、传统非遗项目手工风筝与宫灯制作的观摩课。东南大学教授任祖平、全国十佳科技辅导员朱石明分别从指导青少年科技创新实践活动、推动科学教育课程设置优化等方面作专题辅导报告。区科协被省科协评为全国科普日特色活动优秀组织单位。年内,利用电子显示屏滚动播放低碳环保、节能减排等科普知识,向群众发送科普手机短信,在各单位网站增设科普栏目。

【科普惠农】 2016年,区科协引导村、涉农社区围绕特色农业发展,组建农村专业技术协会。高港区丰汇长江水产养殖专业技术协会获批省级科普惠农服务站、理事长陈伟获批省级科普惠农带头人,新增市级科普惠农示范基地项目2个、市级优秀科普惠农服务站2个。

9月22日,高港区开展全国科普日活动 (区网管中心/供稿)

【"海智计划"工作】 2016年,中国旅美科协副会长薄智泉博士、全日本中国人博士协会执行会长赵凤济博士等11名海外科技社团代表、海外科技人才应邀访问高港,对接共建离岸孵化基地、海外人才工作站和科技项目合作。区政府与中国旅美科协、全日本中国人博士协会2个海外科技社团就共建离岸孵化基地、海外人才工作站达成一致意见,签订合作协议。是年,高港区被省科协评为优秀"海智计划"工作基地。

【会企合作】 9月9日,区科协组织省营养学会、省电工技术学会、省通信学会、省轻工协会、省化学化工学会、省金属学会6个省级学会13名专家教授到高港与江苏海企化工仓储股份有限公司等6个企业开展科技需求对接服务活动,签订科技服务站共建协议。区政府聘请6个省级学会为高港科技智库专家团,并颁发聘书。江苏康贝宠物食品有限公司、舒禾江苏健康产业有限公司、江苏上膳源生态农业发展有限公司建成省级科技服务站。

【"科技咖啡馆"活动】 9月13日,区科协举办"科技咖啡馆·泰州高港站"活动,特邀嘉宾省社会科学院副院长、博士生导师吴先满与50个科技型、成长型和高新技术企业负责人围绕"供给侧结构性改革与2016年经济形势分析"进行交流。吴先满从供给侧结构性改革政策背景、目的意义、主要举措、初步成效和难点热点等方面向与会企业负责人介绍社科院课题组最新理论研究成果,分析研判当前经济形势。针对参会代表提出的“中小型民营企业在供给侧结构性改革中应该采取什么应对措施”“新形势新常态下民营企业家投资热度下降”“供给侧结构性改革与民计民生”等问题进行解答。

【“讲理想、比贡献”竞赛】 2016年，区科协组织220名科技人员参加“讲理想、比贡献”竞赛活动，泰州市宏泰电力设备有限公司一种油液净化装置、江苏扬子催化剂有限公司丙烷固定床脱氢催化剂、泰州市东方传动技术有限公司内齿圈的离子渗碳技术改进、泰州追日齿轮有限公司汽车锁环式惯性同步器、泰州市榕兴医疗用品股份有限公司硅凝胶技术、江苏格律斯科技有限公司一种新型汽车发动机机油泵、泰州市兴东煤矿机械制造有限公司煤矿井下综采工作面智能化供水供液系统、泰州市恒源化织厂深蓝色染料双偶氮染料研发、泰州晟禾水处理设备制造有限公司无动力柔性限流阀、斯托尔机械（江苏）有限公司智能缝合机器人控制系统、泰州市乐太食品有限公司预调理食品中病原微生物快速分子检测与溯源体系的建立与应用、江苏张驰轮毂制造有限公司年产50万只铝合金赛车轮毂项目、江苏德泰墙纸有限公司绿色高品质高档装饰金属墙纸、泰州市环科生物新能源有限公司生物柴油联产生物基增塑剂共14个项目被列入泰州市2016年“讲理想、比贡献”项目。

【“厂会协作”与“金桥工程”】 2016年，区科协组织400余名科技工作者参与“厂会协作”与“金桥工程”，全年申报新型抗燃油除水装置等11个项目。（陈　群）

2016年高港区“厂会协作”与“金桥工程”项目一览表

表8

项目名称	项目提供单位	项目需求单位	搭桥单位
新型抗燃油除水装置	—	泰州市宏泰电力设备有限公司	核心港区科协
185S大型机械用同步器	广东韶关宏大齿轮有限公司	泰州市金鹰齿轮有限公司	刁铺街道科协
模块化原子荧光光谱仪	北京吉天有限公司	江苏恒昇仪器有限公司	高港区科协
装有影像摄像头装置的鲨鱼鳍式天线	东南大学	泰州苏中天线集团有限公司	临港经济园科协
基于柔性轧制高精度热双金属带材	东北大学	江苏昆仑光源材料有限公司	临港经济园科协
PVC/PE/PVDC固体复合硬片脆性改良技术创新	南通大学	江苏凯威药用包装有限公司	临港经济园科协
制造业多源异构数据库的通用信息集成中间件软件	武汉理工大学	泰州市创新电子有限公司	临港经济园科协
年产50万只高性能铝合金赛车轮毂项目	—	江苏张弛轮毂制造有限公司	许庄街道科协
无动力柔性限流阀	省环境科学学会	泰州晟禾水处理设备制造有限公司	高新区科协
智能缝合机器人控制系统	扬州大学	泰州市天圣针织机械实业有限公司	白马镇科协
预调理食品中病原微生物快速分子检测与溯源体系的建立与应用	扬州大学	泰州市乐太食品有限公司	胡庄镇科协

·区　侨　联·

【概况】 2016年，高港籍在海外的华侨、华人约230人，主要分布在美国、欧洲、日本、澳大利亚等国家和地区。侨眷属约560人。全年接待6批15人次侨商考察。

【侨界服务】 2016年，区侨联开展“温暖侨心·幸福高港”活动，慰问归侨侨眷15人次，帮扶贫困侨眷2人次。全年接待侨界群众来访6批9人次，办理侨界群众来信4件。

【侨眷空巢老人关爱】 2016年，高港区构筑以社区为依托，侨务专兼职人员、志愿者为纽带的关爱侨界空巢老人服务体系，对侨界空巢老人每月至少电话联系1次，每季度至少上门探望1次，每半年至少办实事1件。（郭　靖）

实力高港

港 口

【概况】 2016年，泰州港高港港区（高港、杨湾、永安作业区）有长江泊位14座，其中，万吨级泊位10座，集装箱、石油、沥青、液化气等专用码头各1座。堆场面积60万平方米，其中，集装箱堆场14万平方米，各类仓库面积1.2万平方米。港口有各类装卸机械300余台（套），最大起吊能力40吨，港作船舶6艘。具备集装箱、件杂、散货、液体各形态货物的装卸能力，接卸木材、钢铁、原油、沥青、铁矿、煤炭、硫磺等主要大宗外贸货种近20个，与世界上40余个国家的港口有运输往来。完成货物吞吐量2369万吨，比上年增长26%；完成外贸吞吐量411万吨，增长9.5%；完成装卸自然吨1228万吨，增长47%；集装箱完成25万标准箱，增长20%。泰州港务集团有限公司完成总营业收入1.85亿元，盈亏持平。5月，集装箱公司韩欣被授予全国物流行业劳动模范称号，享受省部级劳动模范待遇。永安公司工艺技术部副经理倪鑫和集装箱公司岸桥班班长朱正鹏被评为泰州市企业首席技师。

【港口建设】 4月，高港作业区通用泊位工程通过竣工验收并运行，完成开放验收工作；永安作业区粮食指定口岸申报工作稳步推进，港区内煤炭业务搬迁至杨湾作业区；为适应船舶大型化及长江12.5米航道发展，杨湾作业区靠泊能力由5万吨级提升为减载靠泊10万吨级，通过省交通运输厅组织的专家评审。

2016年泰州港高港港区主要码头（泊位）一览表

表9

作业区	码头（泊位）名称	长度（米）	宽度（米）	结构型式	前沿机械	前沿水深（米）	实际靠泊能力（吨级）
杨湾作业区	万吨级通用件杂货码头	360	30	高桩板梁式	40吨门机1台，25吨门机6台	11.20	50000（减载靠泊10万吨）
	杨湾小码头	60	—	直立式	皮带机装船机系统1套	12.00	500
高港作业区	油品码头	250	—	直立式	管道	12.50	20000
	4号、5号、6号码头	337	西侧25 东侧27	高桩板梁式	25吨门机2台，10吨门机2台	10.50	30000
	汽渡码头	34	—	块石斜坡	—	1.50	500
	内河码头	170	—	重力式	5吨浮吊1台	5.00	1000
永安作业区	一期工程	270	25	高桩梁板式	25吨门机3台	12.00	70000
	二期工程	435	25	高桩梁板式	25吨门机6台	12.60	40000
	三期工程	240	45	高桩梁板式	25吨门机3台，集装箱桥吊4台	17.00	40000

【港口货源开拓】 2016年，杨湾作业区和永安作业区新增水渣中转业务，全年完成水渣吞吐量120万吨。6月，中转岳阳铁矿业务。至年末，岳阳铁矿吞吐量50万吨。全年中转武钢铁矿67万吨，比上年增长179%。继续实施货源多元化调整，开拓新型绿色货源，“前港后厂”物流发展模式持续推进。永安作业区后方亚东（中国）项目投产，全年完成自然吨72万吨；6月，“凯拉”轮装载4.7万吨大豆靠泊永安作业区。汇福粮油共完成装卸量45万吨；益海粮油靠泊作业船舶达205艘次，完成装卸量255万吨。

【港口服务】 年初，泰州港务集团有限公司调度指挥中心实时视频监控系统投入使用。新系统应用后，调度指挥中心对港口船舶航行、监管、生产实时监控，调度指挥人员在第一时间掌握现场情况，提升港口生产调度指挥信息化水平。10月，永安作业区和杨湾作业区港口岸电系统投入使用，满足船舶靠港期间用电需求，减少港口污染，岸电项目的实施获评泰州市“我为节能减排献一策”十佳合理化建议。

【港口安全管理】 2016年，泰州港务集团有限公司没有发生重特大事故，先后对《生产安全事故应急救援预案》《集团员工安全生产操作规程（制度）》进行修订。海陵港务公司、汽渡公司、轮驳分公司、港发物流公司、港久运输公司参照安全一级标准化要求开展创建活动。海陵港务公司、汽渡公司达到一级资质要求。6月，泰州港务集团有限公司通过职业健康安全管理体系再认证审核。年内，获长航系统“安康杯”竞赛优秀组织奖。

（季 玲）

开放型经济

·进出口贸易·

【概况】 2016年，高港区完成进出口总额145643万美元，比上年增长19.92%。其中，进口77784万美元，增长2.37%；出口67859万美元，增长49.24%。受出口船舶集中交付影响，全区出口增幅较大，居全市第1位。大豆进口额5.61亿美元，增长1.04%，占全区进口总额的72.1%。

【服务外包】 2016年，高港区新增服务外包企业7个，分别为江苏鹤天达软件有限公司、泰州车到软件科技有限公司、泰州市苏铁劳务有限公司、泰州市高港区乐村淘电子商务有限公司、江苏上膳源生态农业发展有限公司、泰州市武汉理工高技术产业研究有限公司、泰州瀛通商贸有限公司。全年完成服务外包执行额7320万元，比上年增长160.31%。

泰州国际集装箱码头 （永安洲镇/供稿）

【企业自营进出口】 至年末，全区有进出口实绩企业123个，其中，外贸流通企业16个、自营生产企业73个、“三资”企业34个。自营生产企业进出口3.64亿美元，比上年增长110.91%；“三资”企业进出口7.92亿美元，增长4.96%；流通企业进出口3.01亿美元，增长4.64%。进出口产品涉及船舶、大豆、化工、纺织服装、建材、轻工等，主要出口亚洲、欧洲和大洋洲，主要从南美洲、北美洲、亚洲进口。

【进出口扶持资金上争】 2016年，区商务局为外贸企业争取各类项目资金866.83万元。其中，中小企业国际市场开拓资金123.88万元，省商务发展专项资金95.94万元；省外经贸稳定增长暨市外贸发展专项资金373.01万元；促进开发型经济转型升级资金148.75万元；外贸稳增长目标考核专项资金125.25万元。

【企业参展广交会】 2016年，全区共组织14个企业参展第119、第120届广交会（中国进出口商品交易会），展出摊位41个，摊位类别涉及家具、工具、玩具、旅游休闲、餐具等，其中，一般性摊位31个、品牌摊位10个。 （詹 绛 张 杰）

·利用外资和港澳台资·

【概况】 2016年，高港区新批外资和港澳台资项目17个，增资项目4个，协议注册外资和港澳台资4.94亿美元，实际利用外资和港澳台资2.67亿美元，总投资3000万美元以上项目10个。泰州合志同方信息科技有限公司、统之幸食品（江苏）有限公司、泰州万诺纺织科技有限公司等一批重点项目落户。

【招商活动】 2016年，高港区先后

2016年高港区新批“三资”企业一览表

表10 单位：万美元

企业名称	企业性质	总投资	注册资本	协议利用资金
泰州德康箱包有限公司	合资	77	77	46
泰州杰睿环保科技有限公司	独资	9000	6000	6000
龙冉股份有限公司	合资	2304	2030	203
统之幸食品（江苏）有限公司	独资	2995	2995	1248
泰州汇祥机械设备有限公司	独资	2700	2200	2200
泰州瑞如信电子设备制造有限公司	独资	3000	2700	2700
泰州富吉光服饰有限公司	独资	2600	2050	2050
泰州万诺纺织科技有限公司	独资	3017	1584	1056
泰州市斯达尔贸易有限公司	独资	600	600	600
超优（泰州）进出口贸易有限公司	独资	10	10	10
泰州合志同方信息科技有限公司	独资	8953	3044	3044
泰州瑞根电子有限公司	独资	5000	4000	4000
泰州永港久发商贸有限公司	独资	6000	4000	4000
泰州港易成建设有限公司	合资	2218	2218	1035
森森新能源汽车（江苏）有限公司	独资	3000	1500	1500
泰州汇聚达贸易有限公司	独资	10000	10000	10000
旺福聚电器（泰州）有限公司	独资	3000	1200	1200

到北京、上海、深圳、中国台湾等地，以及日本、韩国、美国等国家开展专题招商活动。9月，在深圳举办泰州高港（深圳）投资说明会，邀请知名企业200余名客商出席活动。

（严 洋）

·经济技术合作·

【概况】 2016年，高港区新签外经合同额4786.5万美元，其中500万美元以上项目3个。完成新批境外投资项目5个，占全年目标任务的167%。实现外经营业额5200万美元，占全年目标任务的101%。江苏华泰建设工程有限公司获得对外承包工程资格证书。累计接待劳务人员报名及咨询600余人次，调解各类纠纷2起。

【境外投资】 2016年，泰州市天圣针织实业有限公司在中国香港设立森洋集团控股有限公司，投资额800万美元。扬子江药业集团有限公司在荷兰设立海鸥制药有限公司，投资额11万美元。江苏江洲农业科技发展有限公司设立江洲农业科技发展有限公司安哥拉分公司，投资额660万美元。江苏华夏重工有限公司、泰州市海新汽车部件有限公司分别在中国香港设立办事处。泰州汇锦电子在中国台湾设立办事处。

【江洲农业承包全省最大境外农业投资项目】 江苏江洲农业科技发展有限公司成立于2014年，注册资本3000万元，获得商务部颁发的境外投资资格证书和泰州市高港对外经济技术合作有限公司劳务外派资质证书。2016年，江苏江洲农业科技发展有限公司与安哥拉万博省政府达成开发1万公顷土地建设现代化农场的协议。该农场计划总投资6000万美元，集种植、养殖、加工、销售、科研于一体，为全省最大的境外农业项目。

（李雪云）

·江苏泰州港经济开发区·

■综　述

江苏泰州港经济开发区前身为2003年1月成立的高港科技创业园，2006年4月升格为省级经济开发区，定名为江苏泰州高港高新技术产业园区。国土资源部批准四至范围为：东至兴园路，南至官南路，西至周梓中沟，北至创业大道北500米。规划面积310公顷。2011年，省政府发文调整园区四至范围，保持310公顷不变，由2个区块组成：区块1规划面积125.25公顷，东至引江大道，南至纬八路南，西至长江大道，北至泰州出口加工区一号路；区块2规划面积184.82公顷，东至官沟中沟，南至官南路，西至周梓中沟，北至创业大道北500米。2013年1月，高港区以省级高港高新技术产业园区为载体，以原高港科技创业园、泰州港核心港区、高港区临港经济园为板块，创建国家级经济技术开发区，高港高新区创建国家级经济技术开发区工作被纳入全省《沿江地区转型发展五年推进计划（2013—2017）》。2014年5月，区委、区政府将高港高新区行政管辖范围调整为6696公顷，规划面积（发展方向区）调整为4751公顷，构建"一区三园"格局，由高港高新区代管泰州港核心港区、高港区临港经济园。2015年，高港高新区创建国家级经济技术开发区工作被列入泰州市国民经济和社会发展"十三五"规划。2016年10月，经省政府同意更为现名，下含高新技术产业园区、泰州港核心港区、临港经济园。2011—2015年，分别位列全省开发区第103、80、74、70、34位，省级开发区第78、46、39、35、11位。2016年，园区实现地区生产总值381.17亿元，工业总产值2129亿元，其中规模以上工业总产值2004亿元，财政总收入63.76亿元，一般公共预算收入38.74亿元，完成高新技术产业产值1030亿元，实际利用外资和港澳台资2.67亿美元，进出口14亿美元。获批国家级知识产权试点园区、江苏省知识产权示范园区、江苏省版权示范园区、江苏省粮油特色产业集群、江苏省创业孵化示范基地。（李雪云）

■ 高新技术产业园区

【概况】 2016年，园区实现地区生产总值93.4亿元，比上年增长5.7%；公共财政预算收入5.99亿元，增长26.2%；列统工业产值325亿元，增长9.81%；工业企业一般纳税人开票销售95亿元，增长16%；工业企业净入库税收5.3亿元，增长84%。产业结构持续优化，新型装饰材料、通用动力、汽车零部件等特色产业工业产值占全部工业产值的64.2%，开票销售占全部工业企业开票销售的68.2%。高新技术产业产值达200.8亿元，增长22.48%。战略性新兴产业、高新技术产业产值占规模以上工业比重分别达18.6%和61.77%。

【基础设施建设】 2016年，园区完成永平路、科创路、兴国路北延等重要道路改造工程，主要干道全部实现"黑色化"。铺设污水管网3千米、供热管网3.4千米、燃气管网4千米。明发五星级酒店、三星嘉苑二期、新城花园二期实现主体完工，投资30亿元的明发商业综合体开工建设。拆迁安置稳步推进，实施将军机械、爵尚壁纸、创业大道北侧门面房等项目动迁，动迁面积10万平方米，安置168户。

【项目建设】 2016年，园区新招引1亿元以上项目69个，总投资188亿元。其中，包括投资16亿元的万向精工全球智能示范工厂项目、1亿美元的久裕科技项目等重大优质项目。新开工1亿元以上项目41个，总投资133亿元，其中，新开工30亿元以上项目2个、10亿元以上项目1个、5亿元以上项目2个。竣工项目23个，总投资40亿元，在年度任务的基础上翻番。实际利用外资和港澳台资首次突破1亿美元，达1.03亿美元。

【科技创新】 2016年，园区新增高新技术企业8个，高新技术企业数累计24个。授权发明专利99件，万人发明专利拥有量16.57件。先后与清华启迪、品牌梦工场、哈尔滨工业大学等签订离岸孵化合作协议，并正式挂牌8个孵化基地。投入4亿元，与清华大学共建的泰州启迪智慧园正式开园，首批落实离岸孵化项目11个。与上海交通大学、河海大学、南京理工大学等30所知名院校和科研院所实现产学研合作，实施高质量产学研合作项目22个，共建产学研联合体6个，建成省级科技公共服务平台2个、省级以上工程技术研发中心1个、省级企业技术中心2个、外资研发机构3个。

【国内首个墙纸检测中心通过省级验收】 1月21日，泰州市产品质量监督检验所与高港高新区合作共建的江苏省墙纸产品质量监督检验中

5月18日，泰州久裕精密工业有限公司自行车零组件项目奠基

（区委宣传部/供稿）

心通过验收，是国内首个墙纸检测中心。

【创业中心获批省创业孵化示范基地】 10月8日，泰州市高港区高新技术创业服务中心获评2016年度江苏省创业孵化示范基地。创业中心主要围绕电子信息、新能源、新材料、软件、电子商务等特色产业，吸引创新创业人才，孵化创新实体。创业中心建筑面积15万平方米，其中，企业孵化场地6.6万平方米，企业加速器4.5万平方米，公寓、展示、会议、餐饮、卫生、娱乐等公共服务场地约4万平方米。先后有143个企业入驻，涉及高端装备、电商平台、新材料、环保设备、商贸物流、生物医药、纺织服装、软件设计等产业。成功孵化企业65个，部分企业成长为骨干企业，3个企业在“新三板”上市，5个企业培育成高新技术企业。中心建立入孵及孵出创业实体动态跟踪服务机制，鼓励创业带动就业，2015—2016年新增就业2200余人。

【省版权示范园区】 11月，省版权局批准高港高新区为江苏省版权示范园区。高港高新区自2013年成立版权科起，出台管理办法和扶持政策，鼓励引导园区内以壁纸为主的文化企业在产品开发上走原创创新之路，反对侵权抄袭，推动企业由生产要素发展驱动向科技创新技术驱动转变。至年末，园区登记版权1857件，申报数量逐年上升。

【国家知识产权试点园区】 12月28日，国家知识产权局公布2016年新一批19个国家知识产权试点园区名单，江苏省有4个入围，高港高新区位列其中。试点工作周期为2017年1月至2019年12月，国家知识产权局给予园区相应扶持政策，加大经费支持力度。按照高港高新区的创建方案，至试点期满，其发明专利申请量占比达40%、万人发明专利拥有量达26件、年均PCT专利申请量达15件；培育中国驰名商标、著名商标30件，江苏省名牌产品、泰州市名牌产品数量提升50%。

【江苏苏萨食品有限公司投产】 10月27日，江苏苏萨食品有限公司植物蛋白饮料项目在园区举行建成投产仪式。江苏苏萨食品有限公司在园区投资新建江苏苏萨食品产业园，总投资23亿元，主要建设20条植物蛋白饮料冲填生产线，实施年产4000万箱“特种兵”品牌椰子汁，以及椰蓉制品、椰子油制品、椰壳深加工等。此次投产项目为一期项目，项目总投资11亿元，其中设备投资近5亿元，规划设计植物蛋白饮料生产线20条，项目全部达产后年销售30亿元，纳税超1.5亿元。“十三五”期间，项目全部达产后预计实现年销售70亿元，纳税超3.5亿元，建成国内最大的椰子汁生产基地和植物蛋白饮料生产基地。

【万向精工二期项目签约】 9月11日，万向精工江苏公司二期项目——万向精工泰州工厂新增投资1000万套轮毂轴承单元暨打造全球最先进智能制造示范工厂项目在浙江杭州举行签约仪式。二期项目投资超10亿元，其中设备投资6亿~8亿元，引进最新一代智能生产线，提高企业生产效率，大幅降低人力、土地利用成本。　（耿　丹）

■ 泰州港核心港区

【概况】 2016年，泰州港核心港区实现地区生产总值95.55亿元，比上年增长11.7%。公共财政预算收入6.51亿元，增长2.77%。全社会固定资产投资148.77亿元，增长15.05%。工业总产值666.9亿元，增长26.3%。服务业增加值28.54亿元、税收7.05亿元，分别增长18.23%、48.99%。高新技术产业产值163.98亿元，增长17.89%。协议利用外资和港澳台资12829万美元，实际到账10681万美元。实施1000万元以上项目79个，其中1亿元以上项目28个，完成投资56.56亿元。园区获泰州市2016年度绩效管理先进市级专业园区一等奖。

【基础设施建设】 2016年，永安洲实验学校竣工交付使用，创成市优

1月30日，核心港区举行项目集中开工仪式　（高卫东/摄）

质结构工程。永胜花苑14幢安置房获评泰州市“梅兰杯”优质工程奖，永安花苑一期高层回购安置房内外粉刷完成80%。边防检查站全部完工，进行分项验收。长航派出所建成交付使用。6.93公顷的永安花苑二期土地成功摘牌。高港区法治宣传教育中心建成交付使用。马永路、创园路南北延、明珠大道东延竣工。锦江路南延（疏港北路）快车道及东侧慢车道施工结束，道路两侧供水、供电等市政管网全部结束。海军文化主题公园展示中心竣工，3艘舰艇安全进港。

【项目建设】 2016年，核心港区新签约1亿元以上项目42个。新开工1亿元以上项目25个，其中10亿元以上项目2个，计划投资近50亿元。汇福粮油、益海粮油维生素E、龙凤堂二期、恒达CMC（羧甲基纤维素钠）等项目竣工投产，丸庄酱油、东君控股、龙凤堂物流、科技孵化园等项目开工建设。

【服务业发展】 2016年，核心港区实现服务业增加值28.54亿元、税收7.05亿元，分别增长18.23%、48.99%。共有规模以上服务业企业45个。服务业产业投资41.11亿元，增长21.2%。服务业增加值占地区生产总值的29.87%，比上年提高1.65个百分点。

【科技创新】 2016年，核心港区完成高新技术产业项目立项76个，获批江苏省高新技术产品33个，实现高新技术产业产值163.98亿元，增长18.02%。泰州市正大饲料有限公司、江苏浩瀚蓝宝石科技有限公司、泰州三福船舶工程有限公司、泰州市胤鸿机械设备有限公司、泰州市金鼎电子有限公司、泰州市旺灵绝缘材料厂被认定为省高新技术企业。泰州市胤鸿机械设备有限公司、泰州市金鼎电子有限公司、江苏佳强照明电器有限公司、江苏扬子催化剂有限公司、泰州汇丰长江水产有限公司、泰州市江泰化工有限公司、江苏瑞畅复合材料有限公司、泰州永洋船舶有限公司被评为省级民营科技企业。全年新增注册商标50件，获批泰州市名牌产品4个、江苏省名牌产品1个，完成专利申报949件，其中，发明专利365件，PCT专利7件。

【“精品快航”航线开通】 8月16日，核心港区举行泰州港—洋山港“精品快航”航线签约暨首航仪式。该航线是泰州港首条外贸快航航线，改变传统“公共驳船”的运输方式，采用点对点运输，将原本3天的运输时间缩短70%。

【江苏能建新型炉内检修平台集成22项专利技术】 2016年初，江苏能建机电实业集团有限公司投入1000余万元与华北电力大学、华东电力设计院、国家电力公司水电施工设备质量检验测试中心等电力院校和科研单位合作，研发出集成22项专利技术的智能化、自动化、信息化程度高的新型炉内检修平台。该平台主材采用轻质铝合金材料，自重轻，装拆灵活，比传统的搭设满膛架检修节约时间半个月，节本增效200万元左右。11月15日，江苏能建机电实业集团有限公司与中国华电集团的两个子公司签订首批4000万元订单。

【汇福粮油打造“标杆式”低碳工厂】 汇福粮油利用高港区热电厂的余热热源，实现基地热源供给，实现二氧化碳零排放。引进世界最先进的蒸汽冷凝水余热利用系统，加工1吨大豆每小时用蒸汽210千克，比传统加工方式节约蒸汽50千克。按照公司每年加工400万吨大豆计算，可节约用煤10万吨，减少二氧化碳排放25.4万吨。每个车间的每条传输带都装隔音板、粉尘收集器。投入2000万元建成日处理能力1500吨的污水处理厂，引进荷兰的水处理技术，实现百分之百循环使用，确保污水零排放。实现企业数据信息实时准确的交换、识别、处理、维护与管理，保证产品、指标、消耗、物资与安全的数据化和智能化管理，通过科技手段提升节能降耗水平。 （李　誉）

■ 临港经济园

【概况】 2016年，泰州市高港区临港经济园实现地区生产总值106.79亿元，比上年增长10.7%；完成工业投资33.96亿元，增长35.48%；完成一般公共预算收入3.81亿元、列统工业增加值83.06亿元，分别增长7.4%、13.55%。实现高新技术产业产值197.96亿元，增长44.8%，占规模以上工业产值57.74%。工业企业一般纳税人开票销售突破80亿元，达86.61亿元，增长16.1%。实际利用外资和港澳台资突破1亿美元，超额完成区交任务。

【基础设施建设】 2016年，水岸景城二期顺利交付使用，小区幼儿园、邻里中心主体建成，安置区污水管线及提升泵站项目通过竣工验收。新增团结河、文圣河、小田河中沟等道路及河道绿化36万平方米，绿化覆盖率达44%。

【特色产业发展】 2016年，临港经济园围绕电子信息、高端装备、现代物流三大主导产业，实施补链扩链强链，加快引进上下游产业配套，形成规模集聚效应。电子信息产业：在集聚清华同方、绿泰电子、扬泰电子等项目的基础上，规划建设总投资30亿元的临港电子产业园，打造产业关联度高、功能配套完善、特色鲜明的“园中园”。高端装备产业：依托欧瑞格汽车自动变速箱、超人汽车电子等龙头企业，发挥吉林大学汽车动力传动研究院和国家级汽车零部件检测中心技术支撑，培育汽车零部件产业基地。现代物流

临港经济园标准厂房区 (口岸街道/供稿)

业:以圆通、中通、国通、安能等物流企业为基础,打造布局合理、便捷高效、绿色环保、管理规范的苏中快递产业园临港园区。推进物流与电商产业融合发展,打造区域性电子商务及物流产业基地。

【项目建设】 2016年,临港经济园新签约1亿元以上产业项目41个,其中1亿美元或10亿元以上重大项目2个。1亿元以上开工项目33个,其中超1亿美元或10亿元以上重大项目2个。欧瑞格传动、汇锦电子、天华索具等15个1亿元以上项目竣工投产,新竣工开票销售1亿元以上企业8个。在"百日竞赛"活动中,综合得分位列三大园区第1名,获评全区招商引资项目建设工作先进单位。

【转型升级】 2016年,创新电子获评全市十佳高新技术企业,三福船舶、创新电子、苏中天线、扬泰电子获评区十佳优秀企业。获批"两化"融合示范企业3个、试点企业4个,网上对标评估企业24个。成功申报省级企业技术中心2个、市级企业技术中心3个。凯威包装、昆仑光源获评市节能先进企业,扬泰电子、港城养生、汇锦电子、榕兴医疗获全区信息化推进奖,三福船舶、苏中天线、超人电子、创新电子获评全区社会贡献先进单位,华强照明、正申索具、凯威包装获评质量强区工作先进单位。9个离岸孵化基地挂牌运行,2个省级"众创空间"通过报批。澳伦特版材境外并购完成资产评估,环球船舶上市材料被正式受理,挂牌上市在即。临港经济园国有独资平台成为全区首个通过AA级评级的融资平台。

【吉林大学(泰州)汽车动力传动研究院落户】 7月10日,区政府与吉林大学共建吉林大学(泰州)汽车动力传动研究院签约仪式在泰州市政府举行,吉林大学(泰州)汽车动力传动研究院正式落户临港经济园。研究院一期预算总投资4.1亿元,用地3.33公顷,建设汽车动力传动工程研发中心、吉泰动力传动科技发展公司(暂定名)、动力传动产品试制试验中心、吉泰动力传动技术转移中心、人才培育与培训中心。

(戚冬娟)

农　业

·综　述·

【概况】 2016年,高港区粮食生产减产减收,平均亩产441.53千克。畜禽养殖平稳发展,生猪、蛋禽、奶牛和山羊规模养殖比重分别达88.1%、99.39%、100%和60.15%。推进土地适度规模经营,小农场、农业龙头企业、农民专业合作社、专业大户分别达246个、19个、358个和186户。新型规模经营主体规模经营面积6647公顷,占承包耕地面积的62.4%。实施高标准农田项目866.67公顷。推广各类农机具173台(套),农业综合机械化水平达82%。推动农业社会化服务组织建设,经工商注册登记的农业社会化服务组织118个,全区专业化统防统治和联防联治覆盖面68.6%。农产品质量安全追溯监管信息平台运行率100%,农产品质量抽检合格率100%。新申报无公害农产品26个,绿色食品续展7个,有机食品49个。全区"三品"产量占比达60.09%,被评为2016年度泰州市农产品质量安全绩效考核优胜单位,成功创建省级农产品质量安全县(区)。完成成片造林222.27公顷,森林抚育面积666.67公顷,建成省级村庄绿化示范村10个。农业利用工商和民间资本28.56亿元,其中,1000万元以上农业内资项目23个,总投资7.96亿元。农业实际利用外资和港澳台资2431万美元,农产品出口7352.8万美元。

【"十三五"现代农业发展规划】 2016年,高港区编制《高港区"十三五"现代农业发展规划》。规划主要分7个部分,分别为"十二五"现代农业发展回顾、"十三五"基本思路与目标、"十三五"现代农业产业发展规划、"十三五"现代农业服务体系发展规划、重点工程建设规划、配套基础设施发展规划、保障措施。

【农业综合开发】 2016年,高港区实施农业综合开发土地治理项目3个,治理面积866.67公顷,包括国家农业综合开发高标准农田项目1个,省级沿江高沙土项目(含市级高标准农田建设专项资金项目)2个,总投资1950万元,均为财政资金。项目区共建设泵站2座，硬质明渠7.94千米，暗渠0.98千米，暗管0.55千米，暗渠2.65千米，农桥11座，涵洞94座，盖板涵1座，跨渠桥12座，滴管11.47公顷，硬质水泥路35.82千米，栽种高杆女贞4661株、中山杉7415株。

【农业执法检查】 2016年，高港区开展农资打假、农业投入品整治、兽药饲料专项检查、非法电捕鱼整治等各类专项行动30余次，出动执法人员800余人次。联合市农委执法检查6次，检查规范农资经营点和农产品生产单位200余个。组织开展各类农资产品抽样送检59个批次；立案查处农产品质量案件1件、肥料案件4件、兽药案件1件、饲料案件1件、非法电捕鱼案件6件。

【农业保险】 2016年，高港区实现农业保险保费收入（不含农机保险）1189.98万元，农户承担144.29万元，其余全部由各级财政承担。高效设施农业保险实现总保费746.77万元，高效农业保险保费收入占62.75%。

【全国春季农业生产会议代表参观高港区】 3月20—21日，全国春季农业生产暨森林草原防火工作会议在泰州召开，全国350余名代表参加会议，其中省部级领导70余人，为泰州市组建以来承接的规格最高的会议。国务院副总理汪洋等带领与会代表参观高港区省级万亩永久性“菜篮子”基地（上膳源泰州农场）。 （周 莹）

·种 植 业·

【概况】 2016年，高港区农作物总播种面积26410公顷。其中，粮食面积17610公顷，比上年减少8.09%，总产量11.66万吨，减少14.89%；油料面积2080公顷，减少8.96%，总产量6487吨，减少10.21%；蔬菜（含菜用瓜）播种面积公顷4730公顷，减少4.63%，总产量16.02万吨，减少5.76%。

【粮食生产】 2016年，由于天气原因与种植面积减少，全年粮食产量下降。高港区水稻种植面积6500公顷，比上年减少12.52%；公顷产9119千克，减少2.73%；总产量5.93万吨，减少15.29%。主推品种为南粳5055、南粳9108，均为优质食味性稻米。夏粮生产面积8700公顷，减少5.74%，公顷产5371千克，减少10.09%，总产量4.67万吨，减少15.09%。其中，小麦种植面积8360公顷，减少5.54%，公顷产5400千克，减少10.15%，总产量4.51万吨，减少15.23%。品种推广以宁麦13为主。

【油料生产】 高港区油料作物主要为油菜籽和花生。2016年，油菜籽种植面积1300公顷，总产量3609吨，与上年持平。花生种植面积770公顷，总产量2853吨，分别比上年减少18.95%和20.55%。

【种植业补贴】 2016年，高港区推行农业三项补贴改革，合并原农资综合补贴、粮食直补、农作物良种补贴三项补贴资金，设立农业支持保护补贴。耕地地力保护补助面积8233.6公顷，发放标准为每公顷1800元，全区共补助1482.05万元。

【高产增效创建】 2016年，高港区共建设小麦万亩示范片3个和水稻万亩示范片4个，位于胡庄镇、口岸街道、大泗镇、许庄街道，示范片全部通过省、市级验收，其中大泗镇1个水稻示范片通过省级A级方验收。

【秸秆综合利用】 2016年，高港区夏季秸秆机械化还田面积6973公顷，秋季秸秆还田5341公顷，还田率超90%。还田补助资金369.48万元。区财政投入130万元，用于配套补助、工作经费、第三方核查和考核奖补，补助资金全部兑付到位。夏、秋秸秆综合利用率分别为97.8%和96.34%。 （周 莹）

·畜 牧 业·

【概况】 2016年，高港区实现畜牧业总产值4.92亿元、增加值2.46亿元。生猪年出栏8.44万头，蛋禽存栏45.04万羽，肉羊年出栏1.97万只，奶牛栏存356头。生猪大中型规模养殖比重76%。有县级以上规模养殖场194个，其中，生猪养殖场127个、山羊养殖场26个、蛋禽养殖

上膳源泰州农场林下养鸡场 （区委宣传部/供稿）

场29个、肉禽养殖场10个、奶牛养殖场2个。开展许庄街道、永安洲镇和白马镇3个乡级兽医实验室建设。开展刁铺街道、许庄镇、永安洲镇和白马镇4个乡镇畜牧兽医站省级“五有”乡镇畜牧兽医站建设。创建农业部畜禽标准化养殖示范场1个，省级生态健康养殖示范场1个。

【动物疫病防控】 2016年，高港区牲畜口蹄疫和高致病性禽流感等重大动物疫病应免率、抗体检测合格率、免疫标识佩戴率、免疫档案建档率均为100%。采集畜禽血样2974份，检测抗体8720份，发放使用消毒药2.5吨，消毒面积190万平方米。开展流行病学调查工作，排查畜禽养殖场（户）64户，查看生猪1.61万头、牛649头、羊0.59万只、鸡16.17万羽、鹅2万羽，省、市春秋防检查免疫抗体合格率均超过80%。

【动物检疫监督】 2016年，高港区未发生动物及其产品安全事件。检测“瘦肉精”样品1556份，均为阴性。全区动物产地检疫率100%，共检疫生猪7.33万头，家禽25.14万羽。出动执法人员450人次，检查饲料、饲料添加剂生产企业4个，兽药经营企业1个，规模养殖场（户）194个，未发现违法违规现象。强化病死动物无害化处理监管，建设病死畜禽收集点1个，杜绝病死畜禽及其产品流入市场、流向餐桌。

【畜禽屠宰监管】 2016年，高港区加强猪肉配供体系管理，强化日常监管、巡查和联合执法行动，重点关注生猪规模养殖户、个体猪肉经营户等。全年共出动执法人员720余人次，监管、巡查生猪养殖场（户）139个、小刀手150户。开展联合执法行动4次，检查农贸市场、超市、学校食堂等5个。

【畜禽养殖污染治理】 2016年，高港区出台《泰州市高港区畜禽养殖污染治理工作方案》《泰州市高港区畜禽养殖污染治理工作考核奖补办法（试行）》和《畜禽养殖区域划定方案》。根据“属地管理”原则，落实工作责任，组织调查摸底，划定养殖区域，实行“挂图作战”。全区关停搬迁养殖场（户）25个，实施养殖减排设施建设115个，建设各类粪污贮藏设施1.2万立方米。（周 莹）

·园艺业·

【蔬菜业】 2016年，高港区蔬菜（含菜用瓜）播种面积4730公顷，比上年减少4.63%，总产量16.02万吨，减少5.76%。蔬菜产值约2.68亿元，年外销蔬菜约4.2万吨。

【花卉苗木】 2016年，高港区各类苗木栽植面积1333.33公顷，主要经营性品种30余个；规模生产经营主体66个，具有绿化资质企业12个，苗木从业人员1万余人，年产值2.5亿元以上。引繁推广香橼、落羽杉、樱花、美国薄壳山核桃等优良树种10余个。拥有苗木基地40余个，在田苗木150余万株，林下复合经营面积433.33公顷；带动农户1200余户。（周 莹）

·林业·

【概况】 2016年，高港区新增造林面积179.2公顷，林木覆盖率达30.17%。完成森林抚育533.33公顷，四旁植树20万株，农田林网建设1130公顷，成功创建7个省级绿化示范村，完成新港大道绿色通道建设任务，恢复湿地面积13.33公顷，湿地保护率提升至48.51%。

【经济林果】 2016年，高港区现存100年以上的银杏嫁接树2351株，定植银杏树113.8万株，年产银杏果1.5万吨以上；改造低产低效银杏林186.67公顷。改、扩建葡萄、桃、冬枣等生产基地，增加猕猴桃、油桃、美国薄壳山核桃等新品种种植面积，全区水果种植面积达333.33公顷。（周 莹）

·渔业·

【概况】 2016年，高港区水产养殖面积617公顷，总产量6123吨，实现渔业总产值2.24亿元。长江专业捕捞渔船195艘，总吨位530吨，总功率2663千瓦。新增高效设施渔

11月15日，长江南京以下12.5米深水航道工程泰州段增殖放流活动在高港区举行（区农委/供稿）

业面积20公顷，占比26.2%，渔业“三品”认证率91.2%。区水产站在胡庄镇宗林村、永安洲镇东江社区建立水生动物疫病测报点3处，全年未发生重大水生动物疫病。农业部调整长江流域禁渔期制度，长江流域禁渔时间从3个月期延长到4个月，区农委制定《高港区2016年长江禁渔期制度实施方案》，召开长江禁渔工作座谈会，布置长江禁渔工作，与沿江单位签订长江禁渔期目标责任书。

【增殖放流】 11月15日上午，交通部长江南京以下12.5米深水航道工程指挥部、江苏省海洋与渔业局、泰州市人民政府在泰州长江公路大桥北岸（泰州海事码头）共同举办长江南京以下12.5米深水航道工程泰州段增殖放流活动，共放流四大家鱼鱼种70余万尾。 （周 莹）

·农业产业化·

【概况】 2016年，高港区实施省级现代农业产业（农业产业化引导）市立项项目2个，申请省级财政补助资金200万元。分别是泰州市高港区1000吨肉制品加工冷藏建设项目，总投资472.37万元，其中省级财政资金补助100万元，由泰州市乐太食品有限公司负责实施，项目完成市级验收；泰州金泰莱蔬菜产地初加工建设项目，总投资511.32万元，其中省级财政资金补助100万元，由泰州市金泰莱生态农业有限公司负责实施，项目完成区级验收。全区有市级以上农业龙头企业19个，其中，省级4个分别为江苏康贝宠物食品有限公司、江苏腾龙园林绿化工程有限公司、泰州市福太面粉有限责任公司、泰州市乐太食品有限公司。市级以上农业产业化龙头企业销售收入75.77亿元，比上年增长10.48%。

【农产品质量建设】 2016年，高港区成功创建省级农产品质量安全县（区）。完善农产品质量安全监管各项工作机制和规章制度，农产品质量安全监管站规范化运行，规模化果蔬生产基地实行农产品可追溯管理。区级、7个镇街监管站和7个规模果蔬基地检测点共上传速测果蔬样4.66万个，合格率100%；发布监管动态信息193条，添加巡查记录366条。市级以上农、畜、水产品例行监测、监督抽检和风险监测抽检样品325个，合格率均为100%。开展“三品”的认证和获证后监管工作，新申报无公害农产品26个，绿色食品续展7个，有机食品49个。全区种植业“三品”农产品产量达19.04万吨，占全区粮食总产量的60.09%；无公害渔业产地面积达562.67公顷。江苏上膳源生态农业发展有限公司、江苏西来原生态农业有限公司、江苏泰供海诞现代农业发展有限公司3个单位被评为2016年度江苏省农产品“创牌立信”示范单位。泰州市大江禽业有限公司、泰州中嘉农业开发有限公司、泰州市金路禽业有限公司和江苏逸夏果园有限公司申报江苏省农产品质量安全追溯管理示范单位，加入省放心吃货联盟网。

【“一村一品”建设】 2016年，高港区建设“一村一品”专业特色村10个，其中，蔬菜瓜果类2个，花卉苗木类2个，粮食种植类1个，畜禽类2个，水产养殖类1个，休闲农业1个，非农产业1个。主导产业总收入3.59亿元，从事主导产业的农户数5802户，特色产业种植面积696.67公顷。 （周 莹）

·农业机械化·

【概况】 2016年，高港区新增农机专业合作社10个，其中植保专业合作社9个，农机服务组织作业面积占机械化作业总面积的69%。农业综合机械化水平达82%，粮食生产主要农作物耕种收综合机械化水平90.27%。全区农机总动力11.6万千瓦，推广各类新型农机具173台（套），使用农机购置补贴资金251.8万元。

【水稻种植机械化】 2016年，高港区新增高速插秧机18台（套），水稻机插率92.72%。7个镇街机插率均达90%以上，整乡镇推进率100%。实现规模育秧秧池面积70.53公顷。

【农机监理】 2016年，高港区落实

胡庄镇机插秧现场 （胡庄镇/供稿）

农机安全生产责任制，深化安全生产专项治理活动，构建“平安农机”长效机制。注册登记联合收割机22台，拖拉机13台。年检拖拉机299台，年检收割机94台；驾驶员换证85人；注销长期脱检的变型拖拉机345台；投保各类农机政策性保险188份。

【省春耕备耕“送农机、送科技、送服务”下乡活动】 3月14日，全省春耕备耕“送农机、送科技、送服务”下乡暨农机“3·15”活动（高港区活动点）在口岸街道引江村举行。全省30余个农机生产企业现场展示秸秆还田、插秧、收割、植保、设施农业综合利用6大类近百种新型农机具。农机部门向群众免费发放资料，就相关政策法规、购机补贴、质量投诉、农机维修等接受群众咨询。

（周　莹）

·农业园区·

【概况】 2016年，高港区有各类农业园区10个。其中，省级农业产业园区1个、市级农业产业园区4个、其他特色园区5个。10个园区分别为省级高港现代农业产业园区、胡庄蔬菜园艺产业园区、大泗生态种养产业园、白马现代农业产业园、胡庄粮食现代化种植示范园、江苏中药科技园、高港农业生态园、高港区江鲜养殖园、永安洲御庐果园和胡庄提水养殖园。共涉及5个镇街、32个村居，规划建设规模4725.33公顷。

【高港现代健康农业产业园区建设】 高港现代健康农业产业园区以“绿色生产示范基地、健康产品供给基地、休闲观光旅游基地”为定位，是高港区首个跨镇街的大农业片区，规划范围60平方千米，覆盖全部现代农业产业园区。2016年3月，园区规划通过专家评审。完成园区主干线及高标准农田配套设施建设、报请市编办批复成立园区管委会、园区配套电商平台建设、园区农产品加工集聚区建设规划编制、农产品加工企业引进等工作。初步构建以专业合作社为纽带、专业大户和家庭农场为骨干、龙头企业为支撑的新型农业经营体系。

（周　莹）

工　业

·综　述·

2016年，高港区完成工业总产值2288.88亿元，比上年增长21.6%；规模以上工业产值、销售、利润分别达2106.07亿元、2073.7亿元和175.65亿元，分别增长20.4%、20%和13.9%。全年实施1亿元以上重大工业项目74个，工业投资235.36亿元，增长25.7%。扬子江药业集团获全球卓越绩效奖，江苏海企化工仓储股份有限公司获评省智慧物流示范培育企业，泰州市华强照明器材有限公司获评省服务型制造示范企业，江苏奥伦特印刷器材有限公司、江苏扬泰电子有限公司获批省级企业技术中心，江苏欧瑞格传动部件有限公司、泰州市金海运船用设备有限责任公司等9个企业获批市级企业技术中心。省“两化”融合示范园区建设实现全覆盖。核心港区、临港经济园、高新区三大园区均被评定为省“两化”融合示范园区；泰州口岸船舶有限公司通过国家级“两化”融合管理体系贯标评定，扬子江药业集团被列为国家级“两化”融合管理体系贯标试点企业，泰州苏中天线集团有限公司、江苏凯威药用包装有限公司、泰州正大饲料有限公司被列为省“两化”融合管理体系贯标试点企业。江苏神驰机电有限公司、江苏扬泰电子有限公司、泰州汇锦电子有限公司、江苏宇马铝业有限公司、江苏乐彩印刷材料有限公司、泰州市东方离合器有限公司、泰州市银杏织锦有限公司、泰州市榕兴医疗用品股份有限公司获评市“两化”融合示范企业；江苏洁乐医用敷料有限公司、富彤化学有限公司、泰州市柯普尼通讯设备制造有限公司获评市“两化”融合试点企业。

（孙　骁）

2016年高港区总产值前30强工业企业名单

扬子江药业集团
益海（泰州）粮油工业有限公司
泰州中航船舶重工有限公司
泰州市伟业拆船轧钢有限公司
国电泰州发电有限公司
江苏华夏重工有限公司
泰州口岸船舶有限公司
江苏能建机电实业集团有限公司
泰州三福船舶工程有限公司
泰州市华强照明器材有限公司
泰州市天润合成化工有限公司
泰州市旺灵绝缘材料厂
江苏康贝宠物食品有限公司
江苏扬泰电子有限公司
江苏凯威药用包装有限公司
泰州市创新电子有限公司
江苏宇马铝业有限公司
江苏联星光电有限公司
泰州市恒源化织厂
江苏昆仑光源材料有限公司
江苏欧瑞格传动部件有限公司
泰州市东方印刷版材有限公司
泰州市飞翔车辆工具厂
泰州苏中天线集团有限公司
富彤化学有限公司
泰州市博泰电子有限公司
江苏汇福蛋白科技有限公司
泰州超人汽车电子有限公司
泰州市环威商贸有限公司
江苏港城中药养生有限公司

·新医药产业·

【概况】 2016年，高港区新医药产业实现产值623.21亿元、销售621.07亿元、利税68.45亿元，比上年分别增长18%、17.9%、14.8%。有规模以上企业9个。

【江苏凯威药用包装有限公司】 创建于1994年，位于口岸街道春港东路。占地面积13.33公顷，建筑面积2.5万平方米。主要生产药用PVC硬片、药用PVC/PVDC复合硬片、药用PVC/PE/PVDC复合硬片等新型药用包装材料，广泛应用于食品、保健品包装行业。有职工342人，工程技术人员76人，其中高级职称人员6人。2016年，实现产值5.2亿元。

【扬子江药业集团江苏龙凤堂中药有限公司】 创建于2013年，位于永安洲镇。占地面积约100公顷，总投资50亿元，建成后预计形成年销售100亿元、利税15亿元。项目符合国家食品药品监管GMP要求，建成集中药及保健食品研发、中试于一体的国内一流的大健康产业基地。

（孙　骁）

·粮油食品产业·

【概况】 2016年，高港区粮油食品产业实现产值276.46亿元、销售268.86亿元、利税44.46亿元，比上年分别增长31.8%、31%、36.8%。有规模以上企业12个。

【益海（泰州）粮油工业有限公司】 成立于2006年，位于核心港区内。总投资2.31亿美元，注册资本8900万美元，占地近66.67公顷。主要从事大豆、菜籽等农产品的生产加工、仓储及销售，是"金龙鱼"系列食用油和米的主要生产基地之一。2016年，公司新建中转发运系统、全自动立体库、自动码胚系统等，减少人工劳动强度，提高作业效率。

【泰州统实企业有限公司】 创建于2012年，由台湾统一实业股份有限公司投资兴建，位于高港高新区内。总投资9000万美元，注册资本3000万美元，是高港区投资规模最大的台资企业。建有生产线3条和制盖线6条，生产"统一"牌冰红茶、低糖绿茶、鲜橙多、蜜桃多、冰糖雪梨、阿萨姆奶茶、伯爵奶茶、海之言等饮料。

"统一"饮料生产线　　（高港高新区/供稿）

【华润雪花啤酒（泰州）有限公司】 创建于2011年1月，位于高港高新区创新大道东侧，是央企华润集团旗下华润雪花啤酒（中国）有限公司全资子公司。年产啤酒20万吨，注册资本1850万美元。

【江苏康贝宠物食品有限公司】 创建于1992年，位于高港高新区创业大道南侧，集研发、生产、销售宠物食品为一体的实业公司。注册资本2000万元，总资产9000万元。

【泰州正大饲料有限公司】 是泰州市唯一的中外合资大型饲料工业企业。由正大集团投资2.5亿元，占地面积8公顷。采用国内最先进的饲料生产加工设备及中央自动控制系统，建设年产18万吨的现代化饲料生产线及配套设施。有3条自动化程度高的600制粒生产流水线，全套引进国际先进的超微粉碎系统，形成猪料专业生产线、禽料专业生产线、水产料专业生产线。

【汇福粮油江苏泰州公司】 创建于2014年，位于永安洲镇疏港北路西侧。总投资30.8亿元。占地28.33公顷，建成达产后年产饲料蛋白240万吨、膨化饲料20万吨、生物肽30万吨，年加工食用植物油60万吨，年产值200亿元，利润3.8亿元，入库税收总额10亿元以上。

（孙　骁）

·装备制造产业·

【概况】 2016年，高港区装备制造产业实现产值581.48亿元、销售570.81亿元、利税84.75亿元，比上年分别增长15.7%、16.1%、8%。其中，船舶行业实现产值362.14亿元、销售357.55亿元、利税55.46亿元，分别增长14.5%、16%和9.3%，有规模以上企业14个；汽车零部件行业实现产值115.54亿元、销售113.88亿元、利税14.58亿元，分别增长46.7%、47%和47.2%，有规模以上企业26个。

【泰州口岸船舶有限公司】 创立于20世纪70年代初期，有40年的造船历史，公司有各类从业人员9000余人，各类专业技术人员1000人，其中中高级职称400余人，经ABS、BV、CCS、DNV、GL、LR、NK、RINA等船级社认可的有证焊工1000余人，是国内十强民营造船企业。单舱万吨级重吊船被科技部等四部委评为国家重点新产品。取得国家授权的实用新型专利45项、发明专利4项，处于实质性审查阶段的发明专利有20项。参与编制国家行业标准6项，开发相关应用软件31项。

【泰州三福船舶工程有限公司】 创建于1985年，公司拥有职工近7000余人，各类工程技术人员500人，中高级技术人员120余人，国内外船级社认可发证焊工800余人。公司固定资产40亿元，可以承接10万吨以下各类散货船、多用途船、油轮、化学品船、拖船、海洋工程船、铺管船、驳船。产品远销德国、希腊、南非、意大利、新加坡、日本、韩国、印度尼西亚和中国台湾，得到美国ABS、德国GL、日本NK、韩国KR、法国BV、英国LR等国际船级社的检验和认可。2016年，公司造船完工量70.5万载重吨，持订单43艘船、131.22万载重吨，产品包括油轮、集装箱船和多用途船，建造周期排至2019年末。

【泰州苏中天线集团有限公司】 创建于1986年，2000年改制为有限公司，注册资金8880万元，有员工326人。是国内规模最大、技术开发力量最强、自动化程度最高的汽车天线专业制造商。2016年，公司总资产25953万元，实现销售收入40211万元，利税总额5221万元。

【江苏华夏重工有限公司】 2011年3月投产，位于永安洲镇育才路南，由泰州市华夏机械制造有限公司投资建设。项目总投资3亿元，注册资本5000万元，占地10.53公顷，使用古马干河岸线500米，总建筑面积6.29万平方米。新建万吨级造船平台1座，船坞宽29米，长136米，适用建造6000吨以下各类挖泥船舶。主要生产排水量6000吨左右的非自航绞吸式挖泥船和排水量10000吨左右的自航耙吸式挖泥船。

【江苏能建机电实业集团有限公司】 创建于1984年，系原国家电力公司定点生产企业，是集自动化控制、分离机械、维修机具、医疗机械等制造为一体的高新技术企业。主要生产KGJ空气干燥机、GDJ锅炉炉膛检修吊架、ZLY透平油真空滤油机、小型无气泡真空注抽机、NJ212微机CT过电保护装置、高速列车用闸瓦闸片、DFQ多方位牵引床、蓝宝石晶体等。集团公司下设9个分公司，包括泰州市昊天房地产开发有限公司、江苏鹤天达软件有限公司、江苏永合管业有限公司、江苏浩瀚蓝宝石科技有限公司、江苏昊天闸瓦闸片制造有限公司、泰州市鹤天达大酒店有限公司、江苏省普菲柯医疗器械总厂、泰州市高永化工开发有限公司、泰州市浩瀚物业有限公司。总资产1.28亿元，职工532人，技术人员98人，占地面积8.2万平方米。

【泰州市博泰电子有限公司】 成立于2005年11月，位于永安洲镇马船路10号，系专业从事微波高频电路板高频器件研发、设计、加工的省级高新技术企业，是江苏省“两化”融合转型升级示范企业、江苏省企业知识产权管理标准化示范单位、江苏省2015—2016年度电子商务示范企业、江苏省管理创新优秀企业，建有省级高频器件技术中心、省级高频多层电路板工程技术研究中心。注册资本1200万元，占地面积3.33公顷，建筑面积2.19万平方米，总资产9400万元，银行信用等级AAA级。有员工160人，大专以上学历67人，从事研究开发人员31人，博士生3人，研究生1人，高级技术人员8人。

【泰州市惠利电子材料有限公司】 创建于2004年，占地面积3.2公顷，建筑面积1.27万平方米，固定资产4600万元。研发与生产电子元器件用各类封装绝缘材料。产品主要应用于汽车和摩托车的点火器、节能型照明的LED等光电子产品的绝缘封装，数码显示器、集成电路、电阻、电容和大型环保防腐设备的表面处理。公司通过ISO 9001质量管理体系认证，产品获美国UL安全认证。

【万向精工江苏有限公司】 系浙江万向精工有限公司全资子公司，2011年3月正式投产，位于高港高新区内。占地面积13.33公顷。主要开发生产“万向WANXIANG”“WGC”

泰州市博泰电子有限公司生产车间　　（高卫东/摄）

牌汽车轮毂轴承单元（第一代、第二代、第三代带ABS电子速度传感器）、汽车轮毂轴承等汽车零部件产品。

【泰州市旺灵绝缘材料厂】 创建于1984年，2000年改制为股份合作制企业，位于永安洲镇马船东路8号。有职工290人，工程技术人员46人，其中高级职称人员11人。固定资产1亿元。主导产品有聚四氟乙烯玻璃布覆铜箔板系列、微波复合介质基片系列、LED铝基板系列、微波电子器件及绝缘、防黏漆布等，产品广泛应用于航天、航空、通信、导航、雷达、电子对抗、无线传感网络、半导体照明等。市场占有率90%以上。其产品与神舟系列飞船配套成功，先后获航天科技集团公司、中国载人航天工程办公室等单位嘉奖。

【泰州市创新电子有限公司】 创建于2001年，注册资本3000万元，位于高港区临港经济园友谊港路189号。专业从事液晶显示器支架、笔记本电脑转轴、一体机电脑支架、汽车零部件等机构件的研发与制造。2016年，公司投入创新研发资金4300余万元，全年营业额5亿元。

【江苏神驰机电有限公司】 创建于2009年2月，由重庆神驰机电股份有限公司投资兴建，总投资1亿元，注册资本3000万元。占地4.2公顷，建筑面积3万平方米，可年产60万台电机和30万台通用机械，产品主要销往美国、加拿大、日本和欧洲。拥有国内及国外专利22项，研发出节能型智能变频电机逆变装置。

【泰州市欣港电子材料有限公司】 创建于2010年3月，位于刁铺街道，专业生产加工金盐、柠檬酸金钾、汽车窗框、塑粉、镀用活化剂等产品。有职工126人，其中，残疾人员36人，工程技术人员12人（高级工程师3人，中级职称9人）。占地面积2.4万平方米，建筑面积1.3万平方米。

【江苏扬泰电子有限公司】 创建于2013年7月，位于临港经济园东风路南侧。职工568人，其中研发技术人员170人，固定资产2亿元。2016年，公司被评为江苏示范智能车间、江苏省企业技术中心、江苏省“两化”融合试点企业。全年公司开票销售近4亿元。

【泰州市宏泰电力设备有限公司】 创建于2003年9月，是全国分离机械协会会员单位、全国分离机械标准化委员单位、真空净油机行业标准修订单位。公司位于永安洲镇上桥社区，占地面积1.2公顷，办公楼面积1595.77平方米，厂房面积9500平方米。有车床、刨床、剪板机、折弯机、航吊等大型设备31台（套），电焊机、钻床等小型设备数10台（套）。产品广泛应用于电力、石油、化工、冶金、矿山、机械、航空、船舶、铁路等行业。获中国知名滤油机、升降机十佳品牌称号。2016年，公司分别通过ISO 14001：2004环境管理体系和GB/T 28001-2001/OHSAS 18001：2007职业健康安全管理体系认证。 （孙　骁）

·新材料产业·

【概况】 2016年，高港区新材料产业实现产值152.77亿元、销售150.03亿元、利税20.4亿元，比上年分别增长10.8%、10%和-3.6%，有规模以上企业35个。其中，壁纸行业实现产值5.56亿元、销售5.7亿元、利税0.19亿元，分别增长9.5%、17.6%和62.6%，有规模以上企业9个。

【泰州市恒源化织厂】 创建于2001年4月4日，位于高港区江平东路188号，主要从事活性染料及医药中间体的研发与生产，产品畅销全国并有部分出口。公司专业制造STARZOL LB型、LES型、L型、LS型等系列活性染料及染料中间体和医药中间体。公司设有新产品开发部和染料研究所，有大专以上学历48人，工程师10人，高级工程师3人。配备高效液相色谱和测色仪等先进检测设备。

【泰州市永昌化工有限公司】 成立于2003年9月，位于永安洲镇高永工业园区内。占地面积1公顷，建筑面积3600平方米。2004年4月，建成年产5000吨三氯化磷装置。2005年后，对三氯化磷原料进行深加工，开发衍生产品三氯氧磷、亚磷酸，形成磷化工产业链。累计投入2500万元，建成年产5000~21000吨的生产线4条。有员工65人，其中工程技术人员8人。主要从事三氯化磷、三氯氧磷、亚磷酸的生产和销售。有三氯化磷生产装置4套、三氯氧磷生产装置4套、亚磷酸生产装置6套。产品畅销华东地区，并出口到东南亚、欧洲。

【富彤化学有限公司】 创建于2004年10月，位于永安洲镇高永工业园区内，注册资金1亿元，占地13.33公顷，员工200余人。生产三氯化磷、三氯氧磷、有机磷阻燃剂等。通过ISO 9001、ISO 14001质量体系认证及欧盟REACH认证，先后获得全国氯碱行业标准化工作先进单位、江苏省高新技术企业、江苏省信用等级AAA企业等荣誉，是三氯化磷和三氯氧磷行业标准参与制定单位，也是中国监控化学品协会理事单位。产品行销全国，并出口欧美等国际市场。2016年，实现销售收入48606.77万元，净利润804.85万元，出口创汇1752.93万美元。

【泰州市亚星塑业有限公司】 创建于1995年，系集销售、制造、研发为一体的综合性企业。位于永安洲镇标准厂房区永新路。其前身是泰州市亚星特种塑料器材厂，是中国有机氟（硅）协会会员、中国电子元器件协会会员单位，通过ISO 9001：2000质量管理认证。有职工120余人，其中专业技术人员60余人。主营业务为聚四氟乙烯（teflon）制品、电子元器件用耐温绝缘制品及片式元器件包装用编带材料3个板块近100个品种，广泛应用于电子、化工、轻工及航天等领域。具备年产铁氟龙（特氟龙）高温输送带、网带、微波输送带150吨，电磁流量计衬里（四氟防腐衬里）1万台，聚四氟乙烯（PTFE）\聚全氟乙丙烯（F46）板、管、棒、膜（活化处理膜）、漆布（塑钢焊布）、胶带150吨及49us系列垫片5亿只，SMD编带千万米的生产能力。2016年，公司新上高精度聚四氟乙烯薄膜、聚四氟乙烯玻璃纤维布项目，总投资9360万元，可新增开票销售近亿元、利税3000万元。

【江苏泰氟隆科技有限公司】 创建于1997年，位于永安洲镇永新东路8号，系专业从事高分子新材料研发、生产、销售为一体的科技型企业，通过ISO 9001：2008质量管理、ISO 14001：2004环境管理及OHSAS 18001：2007职业健康安全管理三体系认证，为江苏省民营科技企业、江苏省科技型中小企业、江苏省高新技术企业、泰州市"两化"融合试点企业。产品涵盖聚四氟乙烯（Teflon）系列、功能薄膜系列、电子元器件用耐温绝缘制品及片式元器件承载带系列、太阳能光伏组件应用材料四大系列近100个品种，广泛应用于电子、电器、化工、轻工、航空航天、军工、船舶、高铁及太阳能光伏等领域。"泰氟隆"牌聚四氟乙烯薄膜、单面活化膜及宽幅活化膜、聚四氟乙烯玻璃漆布及透气布、粘胶带、超高分子量聚乙烯薄膜等产品长期与航空、航天、科工集团及科研院所等单位配套。

【泰州市今朝伟业精细化工有限公司】 创建于2000年，位于永安洲镇高永工业园区兴园路19号，是集研究、开发、销售为一体的新型医药化工企业。占地1.66万平方米，有职工50余人，其中技术人员5人。有中心实验室1个、质检中心1个、生产车间2个及废水处理站1个。以生产经营医药中间体、医药原料药为主。与上海药物所、沈阳药科大学、上海医药工业研究院、北京化工大学共建药物工程开发中心，建立成果孵化及研究基地。

【泰州市科冕木业有限公司】 创建于2011年1月，位于永安洲镇疏港路，注册资本3.07亿元，占地20.07公顷，计划总投资23.19亿元，年销售原木100万立方米，年加工原木60万立方米。主要生产单板层积材、胶合板、中密度纤维板及实木复合地板等。公司单板层积材（LVL）生产线总投入1.4亿元，从芬兰引进，是国内首条单板层积材生产线。

【江苏乐彩印刷材料有限公司】 创建于2009年6月，位于胡庄镇，占地面积1.33公顷，厂房面积1.2万平方米，总投资4000余万元。是专业从事印刷版材生产的企业，主要产品有阳图型PS版，热敏CTP版、CTCP版材。 （孙　骁）

·电力工业·

【概况】 2016年，高港区有规模以上电力工业企业1个（国电泰州发电有限公司）。全年发电量完成227.12亿千瓦时，实现利润总额13.75亿元，创历史最高记录，在全省火电企业、国电集团公司均排名第1位。入厂标煤单价完成593.61元/吨（含税），比对标单位低42.65元/吨，位列全省同类型机组第1名。平均上网电价328.5元/兆瓦时（含税），比上年下降26.45元/兆瓦时。实现营业收入66.3亿元，增加20.75亿元；资产负债率57.99%，下降10.52个百分点；经济增加值（EVA）完成9.41亿元，增加0.95亿元。国税开票销售69.99亿元，增加9.81亿元；上缴税费6.76亿元，增加1.79亿元。

【国电泰州发电有限公司】 2016年，国电泰州发电有限公司先后获国家煤电节能减排示范电站、江苏省电力安全生产先进单位和集团公司五星级企业、先进单位等称号。

安全生产　全年未发生重大设备、人身轻伤及以上事故，实现连续安全生产3143天。全面落实各级人员安全生产责任制，强化高危领

国电泰州发电有限公司　（国电泰州发电有限公司/供稿）

域和重点环节风险管控，加强外包人员、外包队伍、外包工程管理，持续推进现场安全文明生产标准化工作，6月通过国电集团公司的现场复评。利用2号机 B 修和1号机 C 修时机，及时发现并处理1号机高压导汽管 P91 材料硬度值偏低的重大危险源，消除机组存在的安全隐患。重点解决高中压缸隔板强度不足、水冷壁腐蚀等缺陷，从根本上提高设备的可靠性。建成国电系统首个码头岸电系统，实现船舶靠港期间发电机大气污染物零排放。全面推行运行管理全要素分析，强化对标管理，以小指标竞赛为手段，开展能耗对标，以问题为导向，开展锅炉风烟系统阻力监测和分析、炉内烟气状态监测、厂用电分析等专题优化活动，及时发现并采取对策解决空预器和除雾器差压升高、一氧化碳浓度高、脱硫厂用电率平均值偏高等问题。二期工程建成即实现超低排放，2号机组被环保部和国家能源局确定为超低排放示范机组，获江苏省火电企业能效水平对标1000兆瓦等级“标杆机组”和全国可靠性“金牌机组”称号。

提质增效 全年争取外部替代电量19.53亿千瓦时，增加边际利润2500万元。争取到环保、“以热定电”和二次再热奖励电量6.4亿千瓦时，增加利润4480万元。在直供电交易中签订交易电量40.75亿千瓦时，获得直供电奖励基数电量4.25亿千瓦时，增加利润2975万元。优化内部电量结构，全年二期替代一期发电18.98亿千瓦时，节约燃料成本1500余万元。严格规范销售固体废弃物。利用长江码头和水路优势开发远端市场，销售范围覆盖福建、江西、湖南和湖北等地，全年销售固体废弃物130万吨，实现销售利润4200余万元，比上年增加23.5%。多措并举保供控价。全年累计掺烧经济煤种796.77万吨，掺烧比例达81.82%，节约燃料成本2.71亿元。严格执行进口煤和内贸煤网上阳光比价采购，全年阳光采购煤炭484.46万吨，采购价格平均下降72.94元/吨。根据资金市场形势变化，动态调整融资策略，优化长短贷比例，全年综合资金成本4.38%，下降0.33个百分点，节约财务费用4500余万元。开展二期环保、节能节水、安全设备专项纳税筹划，全年抵免所得税1.17亿元。利用国家环保政策，有效降低环保成本，获得各类环保专项资金500余万元。

二期扩建工程 开展系统优化工作，深入研究二次再热与一次再热机组的差异，制定并落实差异点的方案和措施，对锅炉燃烧方式、汽轮机启动方式、一次调频、再热汽温和热力系统等进行调整优化和技术攻关，提升机组的经济性和安全可靠性，确保发电效率最高、能耗指标最优。全年两台机组发电132.45亿千瓦时，供电煤耗完成272.06克/千瓦时，实现利润9.69亿元。3号机组投产后实现无故障运行400天，连续运行达316天。先后高标准完成环保、消防、水土保持、档案验收、工程结算等专项验收，做好二期工程收尾工作。 （张倩倩）

扬子江药业集团

【概况】 2016年，扬子江药业集团实现总产值592亿元、销售590亿元、利税71.3亿元，比上年分别增长18%、17.9%和18.6%。各项主要经济技术指标均创历史新高，名列国内医药行业前茅。集团总部缴纳税收29.5亿元，增长13.5%，名列2016年全市国税纳税50强第1名，位居全省国税纳税百强榜第21位。被省委、省政府评为江苏省优秀企业。集团连续15年支持中华医学科技奖评选，向盐城“6·23”龙卷风重灾区捐赠500万元款物，资助“重走长征路”等公益活动，组织党员慰问全区265户特困户。

【企业实力】 3月，扬子江药业集团有限公司获第二届中国质量奖提名奖。7月，全国医药工业信息年会发布2015年度中国医药工业百强企业榜单，扬子江药业集团名列榜首。8月，在泰国曼谷国际质量管理小组大会（ICQCC）上，扬子江药业集团获5项国际 QC 金奖。9月，被评为2016年全国质量管理小组活动优秀企业。11月，获2016年度全球卓越绩效奖（世界级），成为国内第一个也是唯一一个获得全球卓越绩效奖（世界级）的制药企业。12月，扬子江药业集团上榜2016年中国品牌价值评价信息榜单，为中国生物医药类品牌强度、品牌价值双料冠军。12月21日，扬子江药业集团国际化导向的中药整体质量标准体系创建与应用获国家科学技术进步二等奖。

【2015年中华医学科技奖颁奖大会】 1月30日，由中华医学会主办，扬子江药业集团协办的中华医学科技奖（2015）颁奖大会在北京召开，共有83项医学科研成果，其中，一等奖7项，二等奖27项，三等奖45项，另有卫生管理奖和医学科普奖各2项。同期颁布第二届树兰医学奖。2015年中华医学科技奖获奖代表及学会所属各专科分会主任委员、秘书长，全国医务工作者代表共计600余人出席颁奖大会。

【第四届健康中国医药连锁高峰论坛暨和熙论坛】 5月6—8日，第四届健康中国医药连锁高峰论坛暨和熙论坛在扬子江药业集团举行，来自全国各地医药连锁企业1000余人参加。围绕“大变革时代下药店品质回归”的主题展开探讨。该届高峰论坛就宏观经济做客观分析，就新形势下制造业与零售业的合作新模式作剖析。

【蝉联全国医药行业 QC 成果一等奖“十二连冠”】 7月，在第37届全国医药行业质量管理（QC）小组成果发表会上，扬子江药业集团92个课题全部获一等奖，88个课题获最佳发表奖，包揽全部7个小组的第1名，蝉联全国医药行业QC成果一等奖“十二连冠”。

【“重走长征路”大型全媒体行动】 8月23日，大型全媒体行动“重走长征路”启动仪式在江苏广电总台举行。省委党史工办主任张亚青，江苏广电总台台长卜宇、副台长陈辉，全国人大代表、扬子江药业集团董事长徐镜人一同点燃火炬，宣布“重走长征路”大型全媒体行动正式启动。该活动由扬子江药业集团资助，主题是纪念长征胜利80周年，弘扬长征精神。

【“神曲消食口服液”华南地区上市会】 10月21日，扬子江药业集团上海海尼药业有限公司举办“神曲消食口服液华南地区上市会”，邀请中华医学会儿科学分会主任委员赵正言，以及来自全国各地医疗卫生系统儿科领域的专家、教授500余人出席大会。与会人员就儿科领域的最新研究热点和前沿问题作专题报告与深度讨论。（扬子江药业集团）

建 筑 业

【概况】 2016年，高港区完成建筑施工总产值503.28亿元，比上年增长16.58%，占年度指标的105.06%；完成工程结算收入267.04亿元，增长16.76%，占年度指标的105.13%；完成入库税收4.42亿元，增长18.69%，占年度指标的109.89%。完成当年工程2611项，施工面积2807万平方米，竣工工程1573项，竣工面积1413万平方米。完成境外营业额706.1万美元。全年共处理拖欠农民工工资投诉36起，涉及农民工3219人，追讨工资款6703.23万元。

【建筑市场管理】 2016年，全区工程报建65项，总建筑面积390万平方米，总造价58.32亿元，办理外地施工企业信用管理手册19项。建立完善建筑施工企业信用监管平台，开展建筑施工领域安全隐患专项整治行动和4次建筑市场综合大检查，下发停工通知书33份、整改通知书和督办函396份。

【资质管理】 2016年，全区86个施工企业完成资质就位和换证。完成建筑业企业建造师初始注册、变更注册、增项注册274人次。举办中级施工员培训230人次，技术工人培训423人次，建筑施工企业主要负责人、项目负责人和专职安全生产管理人员三类人员教育培训824人次。工程系列高中级职称评审通过250人，初级职称评审通过72人。

【工程质量管理】 2016年，高港区强化对工程项目参建各方执行建设工程质量管理规定和工程建设标准情况的监督检查，对检查中发现有重大工程质量问题的项目，及时发出整改通知，限期整改，依法查处违法违规行为。全年创成省优工程2项，创“梅兰杯”等市优质工程19项，创建省级文明标准化工地2个、市级文明标准化工地11个。

【江苏大江建设工程有限公司】 前身为1998年成立的泰州市高港建筑安装工程总公司。2000年，改制为股份制公司并更名为泰州市高港建筑安装工程有限公司。2007年10月，定为现名。2008年3月，取得房建施工总承包一级资质。同年8月，经商务部批准，获对外承包工程经营资质证书。拥有深圳分公司、北京分公司、广西分公司、泰州分公司、六盘水分公司、南京分公司和安哥拉分公司7个分支机构。2016年，在承揽深圳满京华艺展中心51万平方米规模工程的基础上，年末又中标龙岗区保障性住房57.6万平方米的EPC项目（工程总承包）。全年完成建筑业总产值51.38亿元，利润8584.8万元。被评为2016年度泰州市建筑业明星企业。

【江苏三泰建设工程有限公司】 前身为1983年成立的泰兴县（市）刁铺建筑安装工程公司。1998年，更名为泰州市刁铺建筑安装工程公司。2005年，更名为泰州市刁铺建筑安装工程有限公司，取得房屋建筑工程施工总承包二级资质。2007年，更为现名。2010年，取得市政公用工程施工总承包、装饰装修、钢结构专业承包二级资质。2011年，公司参编住房和城乡建设部颁布的《择压法检测砌筑砂浆抗压强度技术规程》行业标准。2014年11月，取得房屋建筑工程施工总承包一级资质。2016年，承建的泰州市永安花苑一期一标段、泰州药城华盛香樟湾二标段、泰州市第一外国语学校工程建筑面积均超10万平方米。全年完成总产值24.86亿元，工程结算收入14.85亿元，创利税1.77亿元。被评为2016年度泰州市建筑业明星企业。（姚　翔）

服 务 业

·综　　述·

2016年，高港区实现服务业增加值165.32亿元，比上年增长12.3%；服务业增加值占GDP比重39.1%，提高2.1个百分点；完成服务业税收24.2亿元，增长23.7%；完成服务业产业投资126.22亿元，增长32.2%；招引落户服务业项目32个。重点推介16个服务业项目，制作招商宣传资料，编写项目投资指南。组团参加2016中国香港（泰州）服务业投资说明会、上海服务业投资促进周宣讲等招商活动，共签约项目4个，总投资达10.38亿美元，分别是单体基础设施项目、智能显示终端制造项目、融资租赁项目、高层次人才创新创业园项目。全年完成服务业项目签约备案62个，总投资约75.37亿元，完成新开工服务业项目备案32个，总投资约107.92亿元。新签约项目中，至诚物流园项目、凤栖湖景观区项目以及水景街区二期工程等项目开工建设。

（朱春珑）

2016年高港区服务业营业收入前10强企业名单

江苏海投新能源投资有限公司
国电龙源环保泰州有限公司
泰州港务集团有限公司
江苏泰州大桥有限公司
泰州市高港高新区开发投资有限责任公司
泰州兴舟工业自动化装备有限公司
泰州顺丰运输有限公司
江苏临港经济园投资开发有限公司
泰州益嘉物流有限公司
泰州市德源投资管理有限公司

·金 融 业·

■ 金融管理与服务

【概况】 2016年，高港区建立企业运行质态"健康档案"，设立5000万元金融信贷风险基金，为企业融资提供增信服务。举办第五届和第六届"金融超市"活动，市、区60余个金融机构与100个企业达成130余个融资意向合作项目，金额50亿元。至年末，工商银行、农业银行、中国银行、建设银行、交通银行、邮政储蓄银行、招商银行、江苏银行、南京银行、中信银行、泰州农商行、江阴农商行、兴福村镇银行均在区内设有支行。人保财险、人保寿险等15个保险机构开展业务。有小额贷款公司6个，其中，农村小额贷款公司5个、科技小额贷款公司1个，注册资本8.05亿元，贷款余额10.4亿元，支持客户数644户。全区金融机构存、贷款余额分别为428.34亿元、258.69亿元，比上年分别增长22.28%、13.95%，存、贷款增幅分别高于全市平均水平3.48个和1.67个百分点。

【金融信贷】 2016年，高港区在全区推广小微创业贷产品，为19个企业解决融资难、融资贵问题。推动南京银行与江苏乐彩印刷材料有限公司达成全市首笔投贷联动业务。南京银行旗下的股权投资公司以参股的方式，向江苏乐彩印刷材料有限公司进行投资占股3%，向企业投放贷款3000万元。协助江苏望涛投资建设有限公司通过银行间市场交易商协会发行PPN 16亿元，推动江苏银行与高港城投公司合作发行棚改基金16.5亿元，帮助泰州三福船舶工程有限公司发行公司债券9亿元。

【企业上市服务】 2016年，高港区定期邀请中信建投证券、国信证券、兴业证券、华福证券等券商机构调研走访全区成长型企业，引导企业负责人树立现代企业思维，帮助企业出谋划策。对拟挂牌上市企业，帮助对接券商、会计、律师等中介机构，对梳理出来的问题扣口服务、专人负责，协调各职能部门开设"绿色通道"，为企业快速办理各项审批事项、出具各种手续和证明。

【小额贷款公司监管】 2016年，高港区召开小额贷款公司监管会议，要求各小额贷款公司规范运营。指定专人负责日常监管，建立健全小额贷款公司财务数据和经营情况定期报送制度。定期对小额公司季度账目情况查询，了解小额公司实时经营情况及存在问题。年末，对区内6个小额贷款公司进行年度审计，要求各小额贷款公司对审计中出现的问题进行整改，形成整改报告，规范运营。

【金融监管】 2016年，高港区常态化开展金融风险隐患排查和金融知识宣传活动，普及金融知识，增强群众防范意识。成立高港区互联网金融风险专项整治工作领导小组，对各园区、镇街的理财投资类企业进行摸底排查。协助富彤化学有限公司、江苏华夏重工有限公司等企业完成资金转贷，稳定企业现金流，防范和化解金融风险。年内，进入全省金融生态环境综合测评前10名。

【"金融超市"活动】 3月和5月，高港区举办第五届、第六届"金融超市"（金融服务月）活动。开展证银

3月1日，高港区举行第五届"金融超市"金融恳谈会暨签约仪式

（高卫东/摄）

企融资服务推介会、金融形势分析会等活动，集中邀请银行、券商、律所等到各园区、镇街开展创新金融产品以及企业资本运作专场对接活动，与各地企业负责人面对面交流沟通，编印《银行金融创新产品汇编》发放给企业家，帮助企业家了解金融信贷产品政策，密切银企战略合作关系，确保重点企业项目建设和发展资金的信贷需求。共促成137个银企项目意向合作，总计金额50亿元。（马　霓）

■银　　行

【中国工商银行股份有限公司泰州高港支行】 2016年，支行人民币各项存款余额23亿元，比年初增加1.96亿元；贷款余额9.97亿元，比年初减少5.04亿元。办理结售汇业务量11451万美元，比上年增长6950万美元；国际贸易融资发生额46889万美元；单证业务量9508万美元，增长1772万美元；跨境人民币结算业务量1.57亿元，增加4934万元；外汇中间业务收入1919万元，增加1725万元。

存款管理　坚持存款基础地位，提高市场份额占比。做好重点客户及重点项目营销。利用营销资源，发挥支行渠道、产品、费率等综合竞争优势，进一步推动个人资金归集业务发展。把握住“节节高”和“薪金溢”等创新产品上线的有利契机，确保客户收益最大化，促进储蓄存款快速增长。强化存款和金融资产的协调发展。建立理财类业务营销管理的长效机制，加强对市场不同需求的分析和不同时间段销售策略的研究。（魏金山）

【中国农业银行股份有限公司泰州高港支行】 2016年，支行本外币各项存款余额63.85亿元，比年初净增11.62亿元；本外币各项贷款余额20.34亿元，比年初下降0.2亿元。支行内控评价继续保持一类行水平，综合绩效考核动态排名保持系统内领先地位，获2013—2015年度江苏省文明单位称号。

资产业务　针对信贷规模偏紧、部分贷款大户还贷致使信贷规模持续下降等不利因素，调整信贷计划，积极支持地方实体经济和小微企业。在法人客户方面，通过高层对接与营销，成功营销江苏泰高高速公路有限公司项目贷款8000万元，龙源环保项目贷款2000万元。在个人客户方面，从年初开始增强对个贷客户经理的培养与考核，充分提高竞争意识、市场意识和份额意识，主动走进楼盘营销，全年个人购房贷款比年初净增9388万元，比上年增加1619万元；全年支行二手房贷款比年初净增960万元，提高4.66个百分点。

负债业务　组织实施“春天行动”“激情仲夏”和“赢在金秋”等专项竞赛活动，从强化网点外拓营销、实施客户分群营销、做实大堂协作营销、加强贵宾客户维护、推进产品组合营销、发挥资产业务杠杆作用等方面着手，夯实存款基础，打牢日均份额，提升整体贷存比，实现本外币各项存款平稳发展。其中，本外币储蓄存款余额27.79亿元，比年初净增2.1亿元；本外币对公存款余额36.07亿元，较年初上升9.52亿元。

中间业务　实现中间业务收入3723万元，拨备前利润11816万元、拨备后利润11978万元。成功营销泰州市新滨江开发有限责任公司10亿元非公开发行公司债监管账户，共获得280万元的资金监管费。新增信用卡有效客户数3800户，实现信用卡中间业务收入483万元。

（蒋建华）

【中国银行股份有限公司泰州高港支行】 2016年，支行本外币存款余额48.1亿元，较年初增长5.28亿元，其中，公司存款余额27.99亿元，储蓄存款余额20.11亿元。本外币各项贷款余额29.88亿元，较年初增长12.18亿元，其中，公司贷款余额24.18亿元，个人消费贷款余额5.7亿元。

国际结算业务　实现国际结算市场业务量5.6亿美元，同业排名第1位。新增远期结售汇0.9亿美元，在全区名列前茅。成功为江苏广鑫投资发展有限公司续做2亿元利率掉期业务，为江苏汇福蛋白科技有限公司投放2050万欧元外汇。

（程伟倩）

【中国建设银行股份有限公司泰州高港支行】 2016年，支行本外币各项存款余额59.55亿元，净增11.1亿元；各项贷款余额46.94亿元，净增10亿元；利润10995万元；中间业务收入5570万元。被建行泰州市分行授予2016年度工作先进集体称号。

资产业务　办理全区也是系统第一单船舶保函业务、系统首笔国际双保理业务、系统首笔黄金租借借款业务、票据池质押融资等新业务。投放深业投资资产收益权理财产品。（邵应宝）

【交通银行股份有限公司泰州高港支行】 2016年，支行本外币各项存款余额21亿元，比年初增长1亿元。发放各类贷款19亿元，其中，个人贷款2.5亿元，企业贷款16.5亿元。国际业务结算5.47亿美元。调整优化信贷结构，支持重点企业、重点项目和科技节能企业发展，加大城市建设投入。发放大中型企业本外币一般授信贷款13.62亿元，其中，益海（泰州）粮油工业有限公司进口信用证1700万美元，泰州三福船舶工程有限公司出口风险参与1650万美元，江苏远航船舶国际贸易有限公司外债4500万美元，泰州市新滨江开发有限责任公司5亿元贷款，江苏恒嘉水利有限公司1.75亿元贷款。发挥小企业“展业通”贷款门槛低、流程短的优势，发放小企业贷款30笔，计2.88亿元。（凌　杰）

【中国邮政储蓄银行股份有限公司泰州市高港支行】 2016年，支行实现各项存款余额20.7亿元，贷款余额11.46亿元。

资产业务　新增“白领贷”，对优质客户进行实地走访。推出“农保贷”“富农贷”，支持农村经济发展。扶持中小微企业和个体经营户发展。做好国电泰州发电有限公司等项目服务工作。

负债业务　组织“钜惠来袭第一季、第二季”专项活动，强化网点外拓营销，充实网点大堂协作营销，实现各项存款的平稳发展。注重传统对公业务的发展，提升对政府职能部门的综合化服务，加强与江苏汇福蛋白科技有限公司、泰州三福船舶工程有限公司的合作。

（包粉华）

【招商银行股份有限公司泰州高港支行】 2016年，支行本外币各项存款余额10.9亿元，贷款余额4.03亿元。新增对公结算账户1544户，新增对公企业银行用户1412户。

金融服务　与扬子江药业集团合作，通过开立对公结算账户，联动营销信用贷、信用卡等配套金融产品，实现“金葵花”客户等高净值客户的增长。（陈　乐）

【江苏银行股份有限公司泰州高港支行】 2016年，支行各项存款余额46.7亿元，较年初新增16.3亿元，其中，公司存款余额43.66亿元，较年初新增15.34亿元；储蓄存款余额3.04亿元，较年初新增0.96亿元。各项贷款余额39.98亿元，较年初新增13亿元；其中，公司贷款余额37.49亿元，较年初新增12.05亿元；个人贷款余额2.49亿元，较年初新增9500万元；全口径小企业贷款新增80901万元。实现国际业务结算量16572万美元。实现跨境人民币结算量37657万元。实现净利润11852万元。

信贷支持　年内，支行加强与各大园区对接，梳理存量授信客户，叙做存单收益权、全额银票、商票ABS等产品，投放棚改基金7.44亿元、结构化融资3亿元、稳赢计划2.5亿元；与迈世达电子及绿泰电子进行“银企合作协议”签约，开展代发工资、国际结算、单位结算卡等业务；成功获批分行辖内首笔投融贷业务，金额1000万元；与区科技和知识产权局、地税三分局联系，加强“科技之星”“税易融”“人才贷”等特色产品推广。（汪　俊）

【南京银行股份有限公司泰州高港支行】 2016年，支行各项存款余额35.38亿元，其中，企业存款20.94亿元，储蓄存款3.4亿元；贷款余额21.1亿元，其中，公司贷款余额19.7亿元，个人类贷款1.43亿元。

金融服务　12月13日，支行与临港经济园签订联投共贷战略合作协议，全年表内外授信总额32.16亿元。打造“金梅花”理财品牌和“信易贷”“购易贷”“房易贷”等个人金融服务产品。（张　平）

【中信银行股份有限公司泰州高港支行】 2016年，支行各项存款日均余额15.24亿元，较年初增长3.76亿元。其中，对公存款日均13.32亿元，较年初增长2.53亿元；储蓄存款日均1.92亿元，较年初新增1.23亿，增幅178%。先后获批并投放口岸水景街区4亿元经营性物业和高港自来水2亿元中期流贷。获批5亿元高港城市建设信托项目。益海（泰州）粮油工业有限公司1亿元贸易融资授信获批。成功办理中信建投资本基金托管业务。

（郑宝鹏）

【江苏泰州农村商业银行股份有限公司新港支行】 2016年，支行各项存款余额76.07亿元，净增17.9亿元，比上年增加30.77%；各项贷款余额30.7亿元，净增2.05亿元，增加7.16%。

产品创新　结合区域发展特点，通过前期调研走访，在部分服务型行业、具有专业特色的各类市场和城市居民中推广“阳光信贷”；根据市场特点和客户需求，推出“精英贷”“惠民贷”“惠农贷”“家庭消费贷”“科技贷”等信贷产品；购入全辖范围内首辆流动银行车，推行“银行+物业+商圈”的新型营销模式；推行“益农存”，让储户以灵活的期限享受定期的收益。

中间业务　企业网银、个人网银、手机银行实现行内、跨行转账

江苏泰州农村商业银行股份有限公司新港支行　（该支行/供稿）

全部免费,新增企业网银212户、个人网银886户、手机银行签约3386户、微信银行4401户。（陈 达）

【江苏江阴农村商业银行股份有限公司高港支行】 2016年,支行总存款6.18亿元,比年初增长13400万元,超全年目标任务3627万元;总存款日均5.47亿元,比年初增长10649万元,超全年目标任务3750万元。新增对公贷款有效客户8户。拓展“收银宝”业务有效户44户。（仇文鸣）

【泰州高港兴福村镇银行有限责任公司】 2016年4月7日,泰州高港常农商村镇银行有限责任公司更名为泰州高港兴福村镇银行有限责任公司。至年末,实现各项存款余额18120.44万元,各项贷款余额25591.35万元。（汪 悦）

■保 险

【中国人民财产保险股份有限公司泰州市分公司高港营业部】 2016年,营业部有工作人员21人,内设经理室、综合部、业务一部、业务三部、农险业务部、三农业务部、电子商务业务部、社会医疗保险服务部、理赔分部。实现总保费收入9229万元,比上年增长21.5%;其中,车险保费收入4911万元,增长8.94%;非车险保费收入3316万元,增长46.72%;农险保费收入446万元。（李 丹）

【中国人寿保险股份有限公司泰州市高港支公司】 2016年,支公司实现总保费收入1.57亿元,比上年增长3.2%,其中,个人保险业务实现保费收入9552万元,增长22.5%,银行保险业务实现保费收入5294万元,团体保险业务859万元。全年处理赔付案件1407件,赔款支出1089.7万元,结案率99.2%。

业务发展 个险渠道各项指标创新高,首年期交2077.4万元,其中十年期交1432.18万元,实现标准保费1032.82万元,短期险保费290.34万元。银保渠道实现新单保费目标4772万元,其中期交保费535万元。团险渠道实现短期险业务收入689.6万元。（赵桂根）

·物 流 业·

【港口物流】 2016年,高港区港口物流完成港口吞吐量2300万吨。集装箱物流中心加快运营,年集装箱吞吐量25万标准箱;总投资5亿元的东君集装箱配套物流项目成功落户,集装箱物流储运基地、汇福物流、永福港务码头、益海码头有限公司内河码头扩建等一批沿江物流项目建设加速推进。

【特色物流】 2016年,顺丰速运泰州高港中转场、至成储运项目、全胜物流仓储等一批区域集散中心项目投入运营;冷链物流方面,先后建成乐泰冷链物流中心、上膳源冷链物流中心、集泰现代果蔬冷链物流中心等一批专业冷链物流项目。

【高港综合物流园】 成立于2007年。园区规划占地面积418.7万平方米,累计投入60亿元,拥有各类码头25座,其中公用码头17座,建成物流配套道路25千米,拥有6000平方米综合办公区,具有行政服务、金融结算、信息服务等功能,先后引进益嘉物流、益海码头、荣邦特种物流等大型物流企业。2016年,申报省级示范物流园区,通过规划评审。园区全年实现营业收入187.8亿元,完成税收12.2亿元。

【江苏海企化工仓储股份有限公司】 创建于2005年6月,由江苏省海外企业集团及其全资子公司——香港钟山有限公司投资组建,位于永安洲镇建桥路。注册资本2亿元,总投资5.3亿元。建成30万立方米库容及5万吨液体化学品公用码头泊位2个、2000吨级泊位3个。主要存储苯类、醇类、酯类液体化工原料。码头年吞吐能力400万吨。2012年,被认定为高新技术企业,是国内化工仓储行业中最早通过高新技术企业认定的企业之一。海企库区成为全国最大的环氧丙烷、对二甲苯进口中转基地和醋酸、醋酸乙酯的出口中转基地;建成泰州市首个保税仓库,先后为香港海峡石化、台湾联成化学、成都欣华欣等公司办理保税业务,保税业务占总业务量的十分之一。被江苏光大银行确立为省内首个化学品监管仓库,为石化类商品生产商、贸易商提供流动资金授信服务。为全国最大的化工品期货交易所——郑州商品交易所的甲醇指定交割库。（鲍 勇）

江苏海企化工仓储股份有限公司 （永安洲镇/供稿）

·邮政通信·

■ 邮　　政

2016年，高港区实现邮政业务总收入4521.69万元，比上年增长9.1%。其中，邮务类板块累计实现收入725.67万元，增长101.92%；金融类板块3762.79万元，增长20%；速递物流板块累计实现收入33.23万元，降低36.5%。有顺丰、中通、申通等知名快递企业20个，其中分拨中心11个。全年快递业务量1399.02万件，快递业务投递量1798.83万件，经营收入3.05亿元，比上年分别增长39.08 %、44.53%、32.48%。（嵇晓东）

■ 通　　信

【电信】 2016年，中国电信股份有限公司泰州分公司高港区局（以下简称"区电信局"）主营收入完成1.03亿元，比上年增长2.8%。"天翼"用户净增0.54万户，宽带用户净增0.41万户，电信电视用户净增0.89万户，百兆宽带用户净增1.23万户。新开门店17个，其中新建门店9个。

业务发展　2016年，区电信局完成技防村监控建设、252个全球眼监控升级、市第三人民医院机房改造等13个新业务，实现签约额3134万元。完成区人民法院等"天翼"团购大单，增加"天翼"手机460余部、宽带用户60户。（王　立）

【移动通信】 2016年，中国移动通信集团江苏有限公司泰州分公司高港营销中心（以下简称"高港移动"）用户规模达19.5万户，其中，3G、4G用户16万户，4G用户人均流量700兆。全年运营收入超过1.3亿元，比上年增长2.36%。参与企事业信息化建设，全年新增签订专网专线、一网通167条，范围覆盖全区7个镇街，产生收入328万元。为园区入驻企业服务，新增用户1224户。参与惠民工程建设，拓展小区视频监控、公安警车监管、国土卫士等7个民生项目。

网络建设　至2016年，高港移动累计建设4G基站63座，累计建设2G室内分布系统20个、4G室内分布系统25个，网络质量持续提升，平均下载速率20兆以上。

业务发展　2016年，高港移动全年新增覆盖小区（行政村）57个，新增覆盖用户1.11万户，基本实现标准小区全覆盖，宽带总覆盖8.6万户，98%以上小区和村（社区）实现宽带接入。全年宽带用户净增8168户。对所有宽带小区完成光纤改造，到户带宽可达100兆，满足用户对网速的需求。（黄银根）

【联合通信】 2016年，中国联合网络通信有限公司泰州市高港区分公司（以下简称"高港联通"）完成通信服务收入1848万元，共新建4G基站25座，新增合作厅7个、便利店26个。（邹　群）

·商贸流通·

■ 市场建设

【商品市场】 2016年，全区有各类商品市场16个，其中，农贸市场12个，工业消费品市场1个，小商品市场1个，建材家居市场2个。

【成品油市场监管】 2016年，高港区有加油站（点）22个通过成品油零售经营批准证书年检，其中，中石化12个、中石油2个、社会加油站8个（水上加油点4个）。各加油站（点）全部完成油气回收改造。（尹　曦）

■ 批发零售业

2016年，高港区社会消费品零售总额49.33亿元，比上年增长12.2%；净增限额以上批发零售住宿餐饮企业21个。其中，批发贸易额25.5亿元，零售贸易额20.91亿元，住宿和餐饮业营业额2.92亿元。（尹　曦）

2016年高港区批发零售企业销售前10强名单

扬子江药业集团江苏扬子江医药经营有限公司
正丰国际贸易（江苏）有限公司
江苏省瑞海国际贸易有限公司
泰州江源康药业有限公司
江苏阔海能源有限公司
泰州华油中海燃料有限公司
泰州市高港区润良商业有限公司
泰州港能煤业有限公司
泰州市国泰电力燃料有限公司
泰州海泓新能源有限公司

■ 粮食购销

【概况】 2016年，高港区粮食系统完成地储粮轮换、库存检查、全社会粮食食用油及油料供需调查、仓储企业熏蒸作业备案、地方应急粮油加工企业落实、烘干中心建设等工作。全年原粮收购301382吨，其中，小麦73064吨，粳稻228318吨；累计销售364575吨，其中，小麦61080吨，粳稻303495吨。

【罩棚仓建成】 2016年，高港区投资220万元分别在大泗镇、胡庄镇抢建6700吨罩棚仓，赶在夏粮收购前解决全区仓容不足的问题，破解农民卖粮难题。

【订单收购】 2016年，高港区对全区种粮大户和新型农业经营主体的类型、经营面积、粮食产量、出售意向等情况进行调查摸底，指导国有粮食企业与农场主签订3333.33公顷的粮食订单（夏粮1333.33公顷，秋粮2000公顷）。（毛梅林）

■ 供销合作

【概况】 2016年，高港区供销系统实现商品销售总额68.09亿元，消费品零售额21.1亿元，农产品购销10.7亿元，农副产品交易额13.8亿元，连锁销售11.7亿元，农资产品销售4278万元，电子商务农产品销售4503万元，基层社销售1.71亿元，实现利润2300万元。区供销社获2016年全市供销系统综合业绩特等奖，在创新创优、电子商务、基层组织建设、“新网工程”工作考评中获单项奖。江苏福齐天生物科技有限公司、泰州市乐太食品有限公司被评为全市供销系统十强企业，白马供销社被评为全市供销系统优秀基层社，高港区同人于野植保专业合作社、高港区鸿福升种植专业合作社被评为全市供销系统优秀专业合作社。

【社有企业管理】 2016年，区供销系统完善修订所有参控股企业的合作协议，对股份不到位的进行专项治理，规范变更工商注册。成立社有资产管理委员会，具体负责参控股企业的监督管理，确保社有资产保值增值。对全系统各企业重新签订安全责任书，落实主体责任，制定整改方案和应急预案，实现连续17年“零事故”。

【基层社建设】 2016年，全区经工商部门注册经办参办各类农民专业合作社4个，提档升级三星级为农服务社4个，建办庄稼医院4个，上膳源泰州农场和田野现代农业综合服务中心成为全省基层社建设现场会观摩点。

【永诚蔬果专业合作社】 于2012年9月创办，位于白马镇陈家村。生产基地40公顷，其中标准化蔬菜基地26.67公顷，合作社社员总数622户，带动农户1210户。“海诞牌”蓝山大白苦瓜、之豇原种、高产王油桃、泰国杂交莴笋等蔬果获农业部无公害农产品证书。2016年，合作社销售总额1200万元。（李桂宏）

·住宿餐饮业·

【概况】 2016年，全区住宿业营业额748万元，餐饮业营业额2.84亿元。有限额以上住宿餐饮企业15个，星级酒店1个，连锁酒店2个。

【烹饪餐饮行业协会工作】 2016年，高港区组织餐饮企业参加2016年泰州金秋美食展，获评泰州当家菜2道、泰州当家点心1道、泰州名菜5道、优秀菜品10道。（周 洪）

·电子商务·

【概况】 2016年，高港区成功创建省级电子商务示范镇2个、示范村1个。成立泰州市高港区电子商务协会，首批会员24个。

【农村电子商务】 2016年，全区7个镇街共建有9个农村电商服务站，其中，口岸街道2个、永安洲镇1个、刁铺街道1个、许庄街道1个、大泗镇1个、白马镇1个、胡庄镇2个。全区19个农产品龙头企业中有6个开展电子商务，占比32%。全区成功创建省级农村电子商务示范镇2个、省级农村电子商务示范村1个，累计有省级农村电子商务示范镇2个（口岸街道、许庄街道）、农村电子商务示范村3个（口岸街道田河社区、许庄街道马厂社区、胡庄镇宗林村）。

【“乐村淘”电商服务平台】 2016年，“乐村淘高港特色馆”上线运营，与21个企业签订网络协议，代理品种超过79个。全区建成“乐村淘”体验店121个，基本实现高港区行政村全覆盖。具有网络购物、缴费支付、取送货品、农产品上行等基本服务功能。至年末，平台关注人数9.3万人，每日下单15单左右，月销售量15万元左右。

“乐村淘”线下体验店 （区商务局/供稿）

【高港电商创业中心】 11月14日，高港高新区与江阴大学生创业园品牌“梦工场”和江阴天安电商产业园离岸孵化基地签约，创立高港电商创业中心（电商产业园），是集高港名特优产品展示中心、电商服务中心、智能仓储物流中心、大学生电商创业中心、农村电商创业中心于一体的综合性创业创新园区。首期开放面积6500平方米，可提供独立办公室13个和开放式工位39个，容纳200人办公。（焦 岩）

科　技

·综　述·

2016年，高港区完成高新技术产业产值1168.75亿元，占规模以上工业产值58.6%。全社会研发投入占地区生产总值的3.8%，居全省前列。全年获批各类科技计划项目200余项。新增省高新技术企业20个、高新技术产品88项。获批市级以上科技进步奖5项。博士生工作团入驻高港区10个企业。全年新签订产学研合作协议项目60项，新建产学研联合体16个。校企联盟“泰科易”平台完成交易20项，交易金额累计1745.3万元。新增省级工程技术研究中心1项、省级研究生工作站1个、市级工程技术研究中心8个。获批国家星创天地1个，省级众创空间2个。12个企业获批省“苏科贷”，累计获批各级各类科技贷款4050万元。申请专利4640件，专利授权667件。新组织13个企业进行省贯标备案，获批省知识产权贯标先进单位1个。高港区获批江苏省知识产权强省建设区域示范区，高港高新区获批国家知识产权试点园区、江苏省知识产权示范园区。　（王　媛）

·科技研发机构·

【概况】 2016年，区科技和知识产权局组织企业与南京航空航天大学、中国科学院长春应化所、常州工学院、南通大学等高校院所开展产学研对接交流活动，促成产学研合作协议项目60项，新建产学研联合体16个。江苏省(超人)汽车系统工程技术研究中心获批省级工程技术研究中心，泰州市金海运船用设备有限公司获批省级研究生工作站，泰州市氟塑料功能薄膜工程技术研究中心、泰州市多锥面同步器工程技术研究中心、泰州市脚轮设计应用工程技术研究中心、泰州市高密度柔性线路板工程技术研究中心、泰州市银杏果叶深加工及综合利用工程技术研究中心、泰州市超大尺寸蓝宝石制备智能化成套装备工程技术研究中心、泰州市(海天)晶体管封装工程技术研究中心、泰州市薄壳山核桃选培工程技术研究中心获批市级工程技术研究中心。

2016年高港区新增市级产学研联合体一览表

表11

联合体名称	申报单位	合作高校
银杏方便食品开发中心	江苏港城中药养生有限公司	江南大学
线型ABS传感器研发中心	泰州圣斯泰科汽车部件有限公司	中国计量大学
智能缝合机控制系统研发中心	泰州天圣针织机械实业有限公司	扬州大学
蔬菜保护地土壤次生盐渍化生态消减技术研究中心	江苏泰供海诞现代农业发展有限公司	扬州大学
南京林业大学和江苏乐彩印刷材料有限公司产学研合作基地	江苏乐彩印刷材料有限公司	南京林业大学
凯威药包—南通大学研究生工作站	江苏凯威药用包装有限公司	南通大学
车载4G、WIFI天线产学研联合体	泰州苏中天线集团有限公司	东南大学
隔热喷涂铝型材系列研发中心	江苏宇马铝业有限公司	南京理工大学泰州科技学院
北京交通大学—神驰机电新型高性能电机研发中心	江苏神驰机电有限公司	北京交通大学电气工程学院
新型LED球形灯芯研发	江苏佳强照明电器有限公司	东南大学电光源研究中心
高性能微波高频电路板工程技术研究中心	泰州市博泰电子有限公司	西安交通大学
双闭环控制的电机节电及软启动综合保护控制器产业化产学研联合体	江苏瑞源电力科技有限公司	河海大学常州校区
泰州市银杏织锦有限公司工程技术中心	泰州市银杏织锦有限公司	南通大学
江苏大学—泰州市海博汽车科技有限公司共建纯电动车电机驱动系统关键技术研究中心	泰州市海博汽车科技有限公司	江苏大学
超大尺寸蓝宝石制备的智能化成套装备工程技术研究中心	江苏浩瀚蓝宝石科技有限公司	东南大学
江苏欧瑞格传动部件有限公司企业技术中心	江苏欧瑞格传动部件有限公司	吉林大学汽车工程学院

7月23日,泰州市高港区第二届"蓝火计划"博士生工作团启动

(区科技和知识产权局/供稿)

【"蓝火计划"博士生工作团】 7月23日,"蓝火计划"博士生工作团泰州高港分团启动,派驻期为1个月,持续性服务周期为1年。成员为来自同济大学、华东理工大学、大连海事大学等12所高校的16名博士生,分别入驻扬子江药业集团、江苏神驰机电有限公司等10个企业。共梳理分析企业技术需求和难题33项,提出企业生产工艺优化方案36个,开展专业知识培训讲座18次,参与编制企业科技计划项目8项,撰写技术报告21份,开展各类科研试验28次,考察服务企业16个。

(王 媛)

·科技计划·

2016年,全区获批各类科技计划项目200余项。其中,省科技基础设施建设计划2项(泰州超人汽车电子有限公司江苏省工程技术研究中心、泰州市金海运船用设备有限责任公司江苏省研究生工作站),省重点研发计划(工业)2项(泰州市博泰电子有限公司低PIM高性能微波高频复合陶瓷基板的关键材料和工艺技术研究、泰州市金海运船用设备有限责任公司环保型混合芳烃装车尾气综合处理回收工艺的研发),省成果转化资金项目1项(扬子江药业集团治疗非NSCLC小分子靶向抗癌药物盐酸厄洛替尼片的研发及产业化),省双创博士(企业创新类)1人(扬子江药业集团董达文),省政策引导类计划(农业科技社会化服务奖补资金)1项(泰州市集泰农产品有限公司高港银杏产业分店),市科技基础设施建设计划8项,市企业知识产权战略推进计划4项,市"正版正货"承诺计划10项,市科技支撑计划4项。 (王 媛)

·高新技术产业·

2016年,高港区实现高新技术产业产值1168.75亿元,占规模以上工业产值58.6%。江苏浩瀚蓝宝石科技有限公司等20个企业被认定为省高新技术企业。全区累计有高新技术企业55个。江苏赛维环保有限公司等35个企业被认定为省民营科技型企业。泰州苏中天线集团有限公司的CD101-16集成天线等88个产品被认定为省高新技术产品。

(王 媛)

2016年高港区新认定省级高新技术企业、高新技术产品、民营科技型企业一览表

表12

类别	项目名称	承担单位
高新技术企业	—	江苏浩瀚蓝宝石科技有限公司
	—	江苏凯圣新材料科技有限公司
	—	泰州永盛彩印包装有限公司
	—	江苏张驰轮毂制造有限公司
	—	泰州浙华机械精锻有限公司
	—	泰州三福船舶工程有限公司
	—	泰州正大饲料有限公司
	—	泰州市创新电子有限公司
	—	泰州市江滨压延厂
	—	泰州市金海运船用设备有限责任公司

续表12

类别	项目名称	承担单位
高新技术企业	—	泰州龙冉装饰材料有限公司
	—	江苏子辰教育设备有限公司
	—	泰州市建源仪表有限公司
	—	泰州市旺灵绝缘材料厂
	—	泰州市金鼎电子有限公司
	—	泰州友润电子科技股份有限公司
	—	江苏乐彩印刷材料有限公司
	—	泰州市柯普尼通讯设备有限公司
	—	泰州市胤鸿机械设备有限公司
	—	江苏澳伦特印刷器材有限公司
高新技术产品	YMGP158 新型节能平开窗及铝型材	江苏宇马铝业有限公司
	YMGR65E 新型节能平开遮阳一体窗	江苏宇马铝业有限公司
	新型高效率动力机械装置	泰州市国盛动力机械有限公司
	一种新型自动排渣放水器	泰州市沿江电子机械制造有限公司
	聚四氟乙烯双面处理漆布	泰州市光明电子材料有限公司
	锅炉炉内检修平台用导向稳定控制系统	江苏能建机电实业集团有限公司
	微波复合介质覆铜箔基片	泰州市旺灵绝缘材料厂
	主动圆柱齿轮轴	泰州市东方传动技术有限公司
	船舶航行值班报警器	泰州市柯普尼通讯设备有限公司
	PTFE 功能薄膜	江苏泰氟隆科技有限公司
	新型超耐磨聚四氟乙烯膜材	泰州市亚星塑业有限公司
	锅炉炉内检修平台主梁快装加强构件	江苏浩瀚蓝宝石科技有限公司
	高性能电缆与软管双锁紧接头	泰州市江滨压延厂
	TEP（磷酸三乙酯）	富彤化学有限公司
	新型高柔性防腐安全钢丝绳	江苏中泰吊索具有限公司
	SC-300系列回旋震荡提取仪	江苏衡昇仪器有限公司
	可循环利用的机械传动式 LED 灯	泰州市华强照明器材有限公司
	CD101-16集成天线	泰州苏中天线集团有限公司
	采用多齿轴交错连杆联动型的显示器支撑架	泰州市创新电子有限公司
	具有底座水平插拔式快拆机构的显示器支撑架	泰州市创新电子有限公司
	超薄型滑轨的薄型显示器升降支撑架	泰州市创新电子有限公司
	轴杆式立柱式气弹簧可升降型显示器升降支撑架	泰州市创新电子有限公司
	90千瓦永磁同步电机	泰州市海博汽车科技有限公司
	高耦合度微带高频电路板	泰州市金鼎电子有限公司
	多西他赛注射液	扬子江药业集团
	注射用生长抑素	扬子江药业集团
	高效经济型208000DWT 散货船	泰州中航船舶重工有限公司

续表12

类别	项目名称	承担单位
高新技术产品	“异丁醛”低损耗化工储罐安全储存装置	江苏海企化工仓储股份有限公司
	环氧丙烷在拱顶化工储罐密闭低压安全环保储存装置	江苏海企化工仓储股份有限公司
	低PIM高性能微波高频复合陶瓷基板	泰州市博泰电子有限公司
	高频率宽介电信号传输用高频电路模块基板	泰州市博泰电子有限公司
	FHQ-1000便调式锅炉煤粉发火器	江苏益众节能设备有限公司
	基于柔性轧制高精度5J1480合金带材	江苏昆仑光源材料有限公司
	基于柔性轧制高精度4J43膨胀合金材料	江苏昆仑光源材料有限公司
	基于柔性轧制高精度5J1070合金带材	江苏昆仑光源材料有限公司
	高固色率活性深蓝LB	泰州市恒源化织厂
	注射用头孢尼西钠	扬子江药业集团
	注射用培美曲塞二钠	扬子江药业集团
	注射用头孢西丁钠	扬子江药业集团
	头孢丙烯片	扬子江药业集团
	头孢克洛缓释胶囊	扬子江药业集团
	铬系列微球状流化床异丁烷脱氢催化剂	江苏扬子催化剂有限公司
	新型节能球形散热灯芯	江苏佳强照明电器有限公司
	一种螺旋散热灯芯	江苏佳强照明电器有限公司
	新能源汽车动力装置	江苏欧瑞格传动部件有限公司
	zc2015-3多媒体终端系统（自助服务终端）	江苏子辰教育设备有限公司
	34500DWT环保型化学品船	泰州三福船舶工程有限公司
	12500DWT全能重吊船	泰州三福船舶工程有限公司
	远程救援发射装置	泰州市金海运船用设备有限责任公司
	新型水力泄水阀	泰州晟禾水处理设备制造有限公司
	检修平台运行梯形监测控制系统	江苏能建机电实业集团有限公司
	一种新型节能铝合金推拉门及铝型材	江苏宇马铝业有限公司
	HH-1煤粉机智能下煤装置	江苏益众节能设备有限公司
	耐腐蚀铝合金轮毂	江苏张驰轮毂制造有限公司
	减震铝合金轮毂	泰州市康驰汽车配件有限公司
	多功能LED智慧路灯	泰州市华强照明器材有限公司
	采用仿生复合纳米工艺的包装材料	泰州永盛彩印包装有限公司
	一种蓝宝石晶体生长炉	江苏浩瀚蓝宝石科技有限公司
	一种新型高效节能的水冷提拉杆式单晶生长炉	江苏浩瀚蓝宝石科技有限公司
	采用新型工艺生产的防霉建筑材料	泰州龙冉装饰材料有限公司
	具有防潮功能的新型建筑材料	泰州龙冉装饰材料有限公司
	一种失效盘式继电保护的液压装置	江苏能建机电实业集团有限公司

续表12

类别	项目名称	承担单位
高新技术产品	操作手柄故障检测系统	江苏能建机电实业集团有限公司
	阴图热敏 CTP 版材	江苏澳伦特印刷器材有限公司
	阴图紫激光感光树脂数码印版	江苏澳伦特印刷器材有限公司
	一种高可靠性新型 T0-220C 型引线框架	泰州东田电子有限公司
	一种易散热性新型 T0-3P 型引线框架	泰州东田电子有限公司
	一种集成电路用 FSIP14 型引线框架	泰州东田电子有限公司
	新型蒸汽加热高真空滤油机	泰州市宏泰电力设备有限公司
	双侧风节能冷风机	泰州库宝制冷设备制造有限公司
	新型吊顶式高效冷风机	泰州库宝制冷设备制造有限公司
	平台倾斜自动报警装置	江苏浩瀚蓝宝石科技有限公司
	采用铝制连接件的锅炉炉膛检修平台	江苏浩瀚蓝宝石科技有限公司
	锅炉炉膛检修平台机器弹性限位轮机构	江苏能建机电实业集团有限公司
	采用铝制接头卡板的锅炉炉膛检修平台	江苏能建机电实业集团有限公司
	新型组合式高散热底座	泰州汇锦电子有限公司
	新型全方位液晶定位显示器支架	泰州汇锦电子有限公司
	一种可拉拽便携链式纸箱	泰州永盛彩印包装有限公司
	一种循环半导幕式双侧制冷饮品展示柜	江苏奥莱克冷链有限公司
	新型自动调温的四氟烧结炉	泰州市金驰电力设备有限公司
	多媒体教学课堂及时反馈装置	江苏子辰教育设备有限公司
	疏浚船用定位桩台车系统	江苏华夏重工有限公司
	疏浚船用定位桩提桩系统	江苏华夏重工有限公司
	新型智能变频发电机	江苏神驰机电有限公司
	聚酰胺/铝/聚氯乙烯冷成型固体药用复合硬片	江苏凯威药用包装有限公司
	聚氯乙烯/低密度聚乙烯固体药用复合硬片	江苏凯威药用包装有限公司
	一种新型铝合金幕墙结构及其铝型材	江苏宇马铝业有限公司
	采用热处理工艺的高强度铝合金轮毂	江苏张驰轮毂制造有限公司
	双向拉伸聚四氟乙烯膨体薄膜	泰州市光明电子材料有限公司
民营科技型企业	—	江苏赛维环保有限公司
	—	江苏泰供海诞现代农业发展有限公司
	—	江苏张驰轮毂制造有限公司
	—	泰州市金鼎电子有限公司
	—	泰州市宏达工矿安全部件有限公司
	—	泰州鑫银照明材料有限公司
	—	江苏圣琪双金属材料有限公司
	—	泰州吉比特动力技术有限公司

续表12

类别	项目名称	承担单位
民营科技型企业	—	泰州市江泰化工有限公司
	—	泰州市海博汽车科技有限公司
	—	江苏益众节能设备有限公司
	—	泰州市乐太食品有限公司
	—	泰州市胤鸿机械设备有限公司
	—	江苏扬子催化剂有限公司
	—	泰州贺安特动力科技有限公司
	—	泰州市美诺医疗器械有限公司
	—	江苏泓博舞台设备科技有限公司
	—	泰州市金海运船用设备有限责任公司
	—	泰州龙冉装饰材料有限公司
	—	泰州浙华机械精锻有限公司
	—	江苏爵尚壁纸有限公司
	—	江苏欧瑞格传动部件有限公司
	—	泰州市恒源化织厂
	—	江苏港城中药养生有限公司
	—	泰州市万达轮业制造有限公司
	—	泰州市水处理设备厂
	—	泰州丰汇长江水产有限公司
	—	泰州永洋船舶制造有限公司
	—	江苏佳强照明电器有限公司
	—	江苏京华澄电力科技有限公司
	—	江苏瑞畅复合材料有限公司
	—	江苏美艺舞台设备工程有限公司
	—	泰州市榕兴医疗用品股份有限公司
	—	泰州麒润电子有限公司
	—	江苏逸夏果园有限公司

·科技成果·

【概况】 2016年,高港区获市级以上科技进步奖励项目5项。其中,国家科技进步二等奖1项(扬子江药业集团参与完成的国际化导向的中药整体质量标准体系创建与应用),市级科技进步奖4项。区政府评选出区科学技术一、二、三等奖共21项。

【获国家科技进步二等奖1项】 1月,扬子江药业集团参与完成的国际化导向的中药整体质量标准体系创建与应用项目获国家科技进步奖二等奖。该项目以“中药标准主导国际标准制定”为目标,综合应用中药化学、中药分析、化学计量学等多学科的新技术和新方法,构建符合中药复杂体系特点和广泛适用的中药整体质量标准体系,推动中药标准的国际化与中药产业的标准化发展。

(王　媛)

2016年高港区市、区级科学技术奖项目一览表

表13

级别	等次	项目名称	企业名称	完成人
市级	一等奖	中药六类新药柴芩清宁胶囊	宋敏、曾海松、邵秋红、赵倩、吴晓美、吴革林、游慧	扬子江药业集团
	二等奖	高品质蓝宝石智能化长晶成套系统	吴成荣、郭余庆、蒋长峰、张凤、马海霞、郭维、郭宏鹤、施吉祥、王军	江苏浩瀚蓝宝石科技有限公司
	三等奖	低互调微波高频LTCC电路基板	倪新军、贺永宁、李健凤、刘兆、倪文波、褚华岳、施吉连、蒋文、毛建国	泰州市博泰电子有限公司
		汽车侧窗玻璃印刷天线放大器系统	蒋小平、宋健、殷伟、施蓉、王月梅、李春玫、李红梅、叶鸭权	泰州苏中天线集团有限公司
区级	一等奖	新型造影剂碘克沙醇注射液的开发	董志奎、李浩冬、张沛、顾文斐、路显峰、王德国、黄翔、谷玥晨、顾剑	扬子江药业集团
		节能型64000载重吨散货船设计与制造	汪德庆、丁荣、周景雷、黄正东	泰州三福船舶工程有限公司
		汽车侧窗玻璃印刷天线放大器系统	蒋小平、宋健、殷伟、李春玫、施蓉、王月梅、薛国斌	泰州苏中天线集团有限公司
		抢险救灾用便携式发电机	艾纯、刘吉海、张正伟、唐帅、陈琼、周福兴、洪洁、毛力	江苏神驰机电有限公司
		绿色环保型免冲洗CTP板材	刘华礼、顾爱清、何学琴、周建莉、徐震龙、黄良平、田鹏、杨青、孙卫卫	江苏乐彩印刷材料有限公司
	二等奖	环氧丙烷双循环安全卸船密闭工艺技术	史先召、黄伟金、黄福光、李岩、钱慧、孙冬	江苏海企化工仓储股份有限公司
		非肌层浸润膀胱尿路上皮癌二次电切术的临床疗效	金晓武、吴峰、凡金虎、陈芳、黄海琴、蒋奇明、蒋玉华	泰州市第三人民医院
		新型流体截污装置	戴文平、黄卫东、吉春美、戴庆平、徐健峰、樊静	泰州晟禾水处理设备制造有限公司
		低PIM高性能微波高频复合陶瓷基板	倪新军、贺永宁、刘兆、李健凤、倪文波、毛建国、蒋文	泰州市博泰电子有限公司
		高强度耐磨主动圆柱齿轮轴	江国辉、江波、陈万锁、陈春香、孙林生	泰州市东方传动技术有限公司
		高密度柔性线路板的研究及产业化	施积昌、俞宜、陈晨、潘亚琴	江苏扬泰电子有限公司
	三等奖	银杏外种皮中活性成份的挖掘及其在银杏饮料中的应用	徐学碗、范柳萍、李进伟、张志红、徐剑	江苏港城中药养生有限公司
		浅针刀类华佗夹脊穴治疗急性腰扭伤	陈永东、冯冬梅、孙治东、乔婷婷、徐国娟	泰州市高港中医院
		智能取筒机器人	秦勇峰、唐晶、赵文龙、周林生	江苏保力自动化科技有限公司
		双螺旋刀全伺服切纸机控制系统研发与应用	禹爱民、董士界、陈淑敏、刘斌	江苏臻玏电气有限公司
		石油钻杆接头立式精密锻造工艺及新型高密度石油钻杆接头	张学华、张伟、杨奕聪、杨奕冬、张一平	泰州浙华机械精锻有限公司
		150QM发动机箱体组件	唐晓震、唐维刚、严亚萍	泰州市天鑫机械有限公司

续表13

级别	等次	项目名称	企业名称	完成人
区级	三等奖	CTP计算机直接制版技术	芮翔、常建华、高亚兵	江苏澳伦特印刷器材有限公司
		智能缝合机器人	程林森、张海、马恒喜、蒋继章、周建华	泰州市天圣针织机械实业有限公司
		多媒体终端系统（自助服务终端）	庄菀露、孙榕跃、董友生、周文君、韩阳	江苏子辰教育设备有限公司
		利用资源循环技术制备液晶显示器的新型绿色拆解技术的应用	刘长明、陈万根、李峰、胥荣华	泰州汇锦电子有限公司

·知识产权保护·

2016年，高港区专利申请量4640件，比上年增长46.05%，其中，发明专利申请量1524件，增长66.74%；专利授权量667件，其中，发明专利授权50件，增长16.28%。万人发明专利拥有量18.6件，比上年增加6.51件。新增泰州库宝制冷设备制造有限公司、泰州市天圣针织机械实业有限公司、泰州市宏博节能环保科技有限公司、江苏省强槐体育用品有限公司、泰州市海博传动机械科技有限公司、泰州吉比特动力技术有限公司、江苏飞耀机械制造有限公司、江苏福马高新动力机械有限公司、泰州市乐太食品有限公司、泰州市荣美液压机械制造有限公司、泰州市康驰汽车配件有限公司、富彤化学有限公司、泰州市金海运船用设备有限公司13个企业为省地方标准《企业知识产权管理规范》贯标备案企业，泰州市榕兴医疗用品股份有限公司获评江苏省知识产权贯标先进单位。泰州市金鼎电子有限公司、江苏奥莱克冷链有限公司和江苏浩瀚蓝宝石科技有限公司获批2016年度江苏省企业知识产权管理标准化示范单位。至年末，全区有《企业知识产权管理规范》省级备案创建单位43个、合格单位16个、先进单位12个。

（王　媛）

·科技服务·

【科技金融】 2016年，区科技和知识产权局先后组织申报“苏科贷”12项，其中，泰州库宝制冷设备制造有限公司获贷金额150万元，泰州市榕兴医疗用品股份有限公司获贷金额500万元，泰州晟禾水处理设备制造有限公司获贷金额300万元，江苏子辰教育设备有限公司获贷金额300万元，泰州市柯普尼通讯设备有限公司获贷金额300万元，泰州市昊鑫电力机具有限公司获贷金额300万元，泰州市博泰电子有限公司获奖金额500万元，泰州市海博汽车科技有限公司获奖金额300万元，泰州市东兴合金材料有限公司获贷金额100万元，泰州超人汽车电子有限公司获奖金额300万元，泰州市宏泰电力设备有限公司获奖金额500万元，江苏保力自动化科技有限公司获奖金额500万元，共获批科技低息贷款4050万元。3月，与昆山市同批被列入省科技厅“苏科贷”合作地区，昆山市与高港区及交通银行、南京银行、苏州银行签署“苏科贷”三方合作协议。

【省农村科技服务超市】 2016年，省科技厅确认第六批江苏农村科技服务超市分店、便利店，泰州市集泰农产品有限公司承担的许庄银杏产业便利店获确认。泰州市集泰农产品有限公司承担的高港银杏产业分店获省农业科技社会化服务奖补资金7万元。全区共有江苏农村科技服务超市分店1个、便利店3个。

【省级“众创空间”品牌】 2016年，江苏省科技厅公布第三批省级众创空间名单，高港2个“众创空间”入选，分别是泰州市华强照明器材有限公司的华航智慧光电创新工场和江苏润泰企业孵化器有限公司的润泰蜂鸟“众创空间”。全区共有省级“众创空间”3个。

（王　媛）

经济综合管理

·发展规划管理·

【概况】 2016年，全区完成固定资产投资380.16亿元，增长23.7%；服务业产业投资126.22亿元，增长32.2%。区发展改革委上争项目30个，获各类扶持资金3590.18万元。全区新开工1亿元以上项目108个，其中，10亿元以上项目3个，30亿元以上项目3个。

【“十三五”规划编制】 2016年1月15日，区四届人大五次会议审议通过《高港区国民经济和社会发展第十三个五年规划纲要（草案）》。至12月，全区编制“十三五”专项规划23个。

高港区“十三五”专项规划一览表

表14

规划名称	牵头部门（单位）
高港区农业经济发展“十三五”专项规划	区农委
高港区工业经济转型升级“十三五”专项规划	区经济和信息化委
高港区国民经济和社会发展信息化建设“十三五”专项规划	区经济和信息化委
高港区战略性新兴产业发展“十三五”专项规划	区发展改革委
高港区服务业发展“十三五”专项规划	区发展改革委
高港区旅游业发展“十三五”专项规划	区文体旅游局
高港区金融业发展“十三五”专项规划	区金融办
高港区科技创新“十三五”专项规划	区科技和知识产权局
高港区开放型经济发展“十三五”专项规划	区商务局
高港区综合交通体系建设“十三五”专项规划	区交通运输分局
高港区水利建设“十三五”专项规划	区水利局
高港区气象事业发展“十三五”专项规划	区气象局
高港区消防事业发展“十三五”专项规划	区消防大队
高港区国土资源“十三五”专项规划	区国土资源分局
高港区环境保护与生态建设“十三五”专项规划	区环保局
高港区环卫事业发展规划	区城管办
高港区教育事业发展“十三五”专项规划	区教育局
高港区卫生事业发展“十三五”专项规划	区卫生计生委
高港区安全生产“十三五”专项规划	区安监局
高港区党史地方志档案事业发展“十三五”专项规划	区史志办
高港区停车场建设“十三五”专项规划	区城管办
高港区“十三五”园林绿化规划	区住房城乡建设局
高港区城市排水（雨水、污水）专项规划	区住房城乡建设局

【经济预警预测分析】 2016年，区发展改革委加强对经济运行的监测和分析，总结全区经济运行中取得的成绩，剖析存在的突出问题，有针对性提出应对措施，按季形成经济运行形势分析报告，提交区人大常委会审议通过《关于全区2016年国民经济和社会发展计划执行情况和2017年计划草案的报告》，为区委、区政府研究部署发展举措提供依据。

【投资管理】 2016年，区发展改革委窗口完成办件量241项，包括核准项目3个、备案项目86个、政府投资项目审批74个，出具前期工作意见5个，转报转发市发展改革委审批项目7个，出具节能审查意见或节能备案通知66个。全区固定资产投资380亿元，比上年增长23.7%。

【项目上争】 2016年，区发展改革委共上争30个项目，涉及服务业、高新技术产业、安居工程等领域，获各级各类奖励扶持资金3590.18万元。其中，中央预算内资金2906万元，省级扶持资金40万元，市级扶持奖励资金644.18万元。

【重大项目建设】 2016年，高港区新开工1亿元以上投资项目108个，计划总投资261.7亿元。其中，5亿~10亿元项目4个，计划总投资20.44亿元；10亿~30亿元项目3个，分别是水景街区二期、龙凤堂物流基地和丸庄酱油天然酿造项目；30亿元及以上项目3个，分别是明发商业广场、大自然家居产业园和凤栖湖公园项目。竣工项目53个，实际完成投资107亿元，汇福粮油江苏基地、欧瑞格自动变速箱、苏萨“特种兵”饮料等大项目建成投产。

工业项目　84个项目全部开工，总投资145.29亿元，当年实际投资90.48亿元。

服务业项目　24个项目全部开工，总投资116.45亿元，当年实际投资25.87亿元。（朱春珑）

11月2日，高港区召开全区项目点评会　（区网管中心/供稿）

2016年高港区重大项目建设情况一览表

表15　　单位：亿元

项目名称	建设单位	建设规模及内容	总投资	年内完成投资	年内建设进度
合计（108个）	—	—	261.74	90.48	—
工业项目（84个）	—	—	145.29	64.61	—
大自然木门窗项目	泰州大自然德森堡木业有限公司	利用厂区原有土地，新增厂房面积5000平方米，年产木门窗8.2万平方米	1.10	1.30	试生产
万向智能化生产项目	万向精工江苏有限公司	利用原厂区厂房，新增汽车轮毂智能化生产线5条，年产150万套新型低摩擦轮毂轴承单元	1.80	2.00	部分投入生产
鹏翎年产5000万件橡胶板、管、带及塑料制品技改项目	江苏鹏翎胶管有限公司	利用原厂区厂房，新增生产线5条，年产5000万件橡胶板、管、带及塑料制品	1.05	1.05	设备安装调试
精密五金制造项目	星徽精密制造（泰州）有限公司	项目一期用地2.67公顷，新建厂房、办公楼及附属用房28409平方米，主要从事生产智能家具铰链五金产品	5.00	1.00	厂房主体竣工
年产800万套LED电源驱动项目	泰州安特源科技股份有限公司	改造原有厂房6000平方米，设备投入6000万元，新增10条LED电源驱动器生产线	1.00	1.00	竣工投产
半导体集成电路及引线框架项目	泰州友润电子科技股份有限公司	改造原有厂房7000平方米，主要从事半导体集成电路及引线框架生产	1.20	1.20	部分投产
统实瓶盖线项目	泰州统实企业有限公司	利用企业原有厂房进行改造，设备投入5000万元，新增6条制盖线	1.00	1.10	部分投产
摩托车发动机箱体生产项目	泰州市天鑫机械有限公司	厂房5000平方米，年产50万台（套）高档节能型踏板摩托车发动机箱体	1.05	1.10	设备调试试生产
康贝年产3000吨宠物食品项目	江苏康贝宠物食品有限公司	改造原有厂房5000平方米，年产2500吨植物咬胶和年产500吨营养肉质宠物食品	1.02	1.02	竣工投产
智能变压器项目	江苏泽锦新能源科技有限公司	用地1.33公顷，厂房6000平方米，主要建设智能变压器项目	1.50	0.80	设备调试试生产
万诺线业生产项目	泰州万诺线业有限公司	计划用地1.73公顷，新建厂房3万平方米，主要从事外贸制线	1.50	0.60	工程完成50%
银杏织锦生产项目	泰州市银杏织锦有限公司	厂房1.5万平方米，新购置生产设备，设备投入6000万元	1.10	1.15	投产
柔雅医药项目	泰州柔雅医药有限责任公司	用地1.33公顷，新建厂房3万平方米，主要建设医药科技平台中心项目	1.20	0.28	工程完成20%
金海运船舶设备技改项目	泰州金海运船用设备有限责任公司	改造原有厂房，设备投入7000万元，主要从事船用设备项目	1.30	1.10	试生产
保力纸币自动包装线项目	江苏保力自动化科技有限公司	新建厂房6000平方米，主要从事纸币自动封包项目	1.10	1.10	试投产
张弛轮毂二期项目	江苏张弛轮毂制造有限公司	新建厂房6000平方米，主要从事汽车轮毂项目	1.10	0.50	主体工程完成50%
高性能电池扣板生产项目	泰州沣晟电子科技有限公司	项目总投资1.2亿元，计划改造装修厂房7000平方米，购置进口、国产各类设备120台（套），主要生产高性能电池扣板	1.20	0.40	部分设备进场

续表15

项目名称	建设单位	建设规模及内容	总投资	年内完成投资	年内建设进度
高档墙纸项目	泰州市麒雅墙纸有限公司	项目总投资1.2亿元，建筑面积8000平方米，主要建设高档墙纸项目	1.20	1.20	竣工投产
高档数码打印墙纸生产项目	泰州悦然纸尚装饰材料有限公司	项目总投资1.5亿元，租用厂房面积5000平方米，主要建设高档数码打印墙纸生产项目	1.50	1.20	部分设备进场
年产5000万只饮料罐项目	泰州奥瑞金苏萨金属包装有限公司	项目总投资1.8亿元，主要从事年产5000万只饮料罐项目	1.80	0.30	部分设备进场
大自然年产600万平方米实木复合地板项目	泰州大自然家居有限公司	项目新增用地8.67公顷，新建厂房、办公用房、库房等总建筑面积43680平方米，项目完全达产后将年产600万平方米实木复合地板	31.00	1.00	基础施工
富泰铅酸蓄电池修复再利用项目	江苏富泰通用设备有限公司	项目总投资1.2亿元，购置1.1万平方米标准厂房及办公用房，年产10万只蓄电池，项目达产后年销售2.5亿元，利税2000万元	1.20	1.20	竣工投产
中优壁纸生产项目	泰州市中优壁纸有限公司	购置1.8万平方米厂房及办公用房，年产250万卷壁纸，项目达产后年销售2.5亿元，利税2200万元	1.50	1.50	竣工投产
永成科技孵化器项目	泰州永成投资开发公司	项目用地4.9公顷，新建厂房、综合办公楼及配套设施共计6.81万平方米	3.00	0.50	完成基础工程
创亿机械设备生产项目	江苏创亿机械有限公司	项目用地2.51公顷，建设生产厂房、办公楼以及附属用房等，总建筑面积约2.96万平方米	1.34	0.60	设备安装调试
聚四氟乙烯薄膜材料项目	泰州市亚星塑业有限公司	项目用地2.33公顷，新建厂房等，建筑面积3.11万平方米	1.20	1.20	设备安装调试
益海膨化大豆、筒仓扩建项目	益海（泰州）粮油工业有限公司	项目用地1公顷，建设膨化大豆加工车间、筒仓及中转运输皮带机	1.20	0.60	完成土建工程建设
福缘达弧形强冷式蒸发器技改项目	江苏福缘达热工科技有限公司	项目用地0.8公顷，新建厂房办公楼8280平方米，机械设备82台（套），年产10万吨弧形强冷式蒸发器	1.08	1.08	试生产
年产10000吨特种铝材项目	江苏能建特种铝材科技有限公司	利用原有厂房和预留地新增建筑面积3000平方米，购置正反向双边挤压机、淬火炉、退火炉等设备21台（套），建成后可形成年产1万吨特种铝材的生产能力	1.09	1.10	试生产
泰丽壁布生产项目	江苏泰丽环保科技有限公司	利用原有厂房及办公楼等5000平方米，购置3D打印机、自动控制生产壁布系统等进口、国产设备45台（套）	1.00	1.00	试生产
年产2700吨医用原料药技改项目	江苏荣天化工有限公司	利用原有厂房，建设医药用双三甲硅基乙酰胺、5-甲基嘧啶生产线，并对厂房及办公配套工程进行适应性改造，购置三乙胺回收装置、DCS、废水蒸发处理装置等国产设备188台（套）	1.52	1.52	设备安装调试
全球卫星导航（GNSS）天线项目	江苏三和欣创通信科技有限公司	租赁旺灵厂房2600平方米，用于GNSS天线厂房建设、购置设备、产品试制、生产和销售等。并购置微波暗室及测量系统、矢量网络分析仪、精密GNSS接收机等专用实验室仪表设备。项目建成后预计年产高精度GNSS天线系列18万只以上	1.21	0.50	购置设备，产品试制

续表15

项目名称	建设单位	建设规模及内容	总投资	年内完成投资	年内建设进度
光明年产30亿只SMD黑垫片生产线投资项目	泰州市光明电子材料有限公司	用地0.82公顷，建筑面积1.2万平方米，建设晶体谐振器用SMD黑垫片生产线，建成后能形成年产30亿只石英晶体谐振器用SMD黑垫片的生产能力，预计年可新增销售1.5亿元，利税1500万元	1.08	0.88	设备安装
先导年产1500吨光纤电子用石英棒管材项目	江苏先导石英科技有限公司	项目一期改造厂房面积约3000平方米，建设国内先进的先导石英材生产线，项目建成达产后可年产1500吨光纤电子用石英棒管材	1.29	0.58	设备安装
中航新建联合二车间及数字化造船技术改造项目	泰州中航船舶重工有限公司	新建联合二车间，采用先进生产工艺，引进吸收Tribon软件系统，开发逆向工程与节拍生产系统软件，并添置相配套的系统设备、精控下料设备、数控切割、焊接、涂装设备、吊装设备等，形成“节拍生产，精益制造”的逆向节拍船体制造生产线。项目达产后年可新增销售2.5亿元，利润2500万元，税金1000万元	1.35	1.35	联合二车间建成、设备购进
豆粕筒仓、油罐区项目	益海（泰州）粮油工业有限公司	利用厂区内原有存量土地，建设1.8万吨罐区，其中1000吨罐14个、500吨罐8个，同时配备装油台1个及业务配套的输送管线若干。建设6个3000吨豆粕筒仓，总仓容1.8万吨；拟建配套200吨/小时的豆粕输送设备、散装豆粕直取装车设备1套	1.20	0.40	基础工程完工
丸庄酱油天然酿造项目	丸庄益海嘉里（泰州）食品有限公司	总投资1.25亿美元，用地面积11公顷，总建筑面积6.64万平方米，主要建设制曲车间、发酵车间、压榨车间、调配灭菌车间、包装车间、办公及物流区域、原料车间及其他配套工程。项目达产后年产13万吨天然酿造酱油	10.00	0.60	基础施工
年产420万条同步带生产线扩建投资项目	江苏猎豹传动带有限公司	该项目扩建厂房约4000平方米，购置硫化机、硫化罐、成型机、切割机、磨光机、烫印机等国产先进设备，形成年产420万条同步带生产能力，项目达产后预计形成销售1.3亿元，利税1300万元	0.60	0.30	试生产
年产2万吨焦磷酸钾系列产品二期项目	江苏骏佳化学有限公司	该项目采用先进生产工艺，购置研磨机、高压均质机、卧式三辊机、卧式研磨机、反应釜等国产先进设备；环保投资350万元。项目投产达效后，预计新增销售1.8亿元，利税1800万元	0.55	0.55	试生产
年产2500吨水性涂料产品二期项目	劳安化工江苏有限公司	该项目采用自动化控制的先进生产工艺，购置立式乳化机、高压均质机、卧式三辊机、卧式研磨机、反应釜等国产先进设备；环保投资250万元。项目投产达效后，预计形成年产2500吨水性涂料产品，新增销售1.8亿元，利税1800万元	0.58	0.58	试生产
装备生产线数字化精控管理技术改造项目	泰州三福船舶工程有限公司	购置智能化钢板预处理生产线、智能化焊接生产线等国产设备66台（套），对原来的下料加工、分段装备、涂装生产线进行智能化改造，形成数字化精控装备生产线	5.00	1.00	生产线改造

续表15

项目名称	建设单位	建设规模及内容	总投资	年内完成投资	年内建设进度
华夏重工海工装备定位桩台车系统技术改造项目	江苏华夏重工有限公司	新增建筑面积2500平方米，建设海工装备定位桩台车系统技术改造项目，购置数控龙门镗铣床、数显落地镗铣床、双柱立式车床等国产设备41台（套），项目建成后可形成年产6台大型定位桩台车系统和相关辅助设备的生产能力，预计年可新增销售收入1.5亿元，利税2500万元	1.18	0.25	设备安装
益海全自动立体库项目	益海（泰州）粮油工业有限公司	总投资1100万美元，利用厂区内原有存量土地，建设1万个货位全自动立体库，建成后可形成300吨/天的发货能力	0.76	0.21	旧库区拆除、新库区开工
扬子江口服液项目	扬子江药业集团	用地约1公顷，建设面积约6000平方米，新上口服液生产线4条，年产1.2亿支口服液	1.01	1.20	试生产
扬子江提取5号车间项目	扬子江药业集团	用地约1公顷，新建厂房约1.2万平方米，建设药品提取生产线4条，年处理中药材100吨	1.05	1.25	试生产
德科电气项目	泰州市德科电气有限公司	用地2.86公顷，新建厂房、办公楼等约2.1万平方米，建设年产200万支高压复合绝缘子及150万支避雷器，年销售3亿元以上	1.20	0.80	土建完成60%工作量
船体分段智能仓储设备生产项目	泰州市中航船舶重工有限公司	用地4.2公顷，建筑面积1.2万平方米，新上智能仓储设备及船体分段设备	1.05	1.05	建成运营
苏中天线金属制线项目	泰州市苏中天线集团有限公司	用地1公顷，建筑面积约7500平方米，主要生产汽车天线同轴线，达产后年产同轴线4500万米	1.05	1.05	建成运营
年产300吨纳豆激酶生物工程产业化项目	舒禾江苏健康产业有限公司	改造1.2万平方米厂房，新上5条纳豆激酶产品生产线，年设计生产能力300吨	1.10	1.10	装修改造竣工，部分设备进场
年产5000台（套）分子热机项目	沃亨能源技术有限公司	改造1.2万平方米厂房，新上4条高科技分子热机（热泵）生产线，年设计生产能力5000台（套）	1.50	0.63	装修改造竣工，部分设备进场
科技孵化器项目	临港投资有限公司	用地约2.33公顷，新建四层标准厂房，建筑面约5.8万平方米	1.20	0.50	基础工程完工
西亚胶带扩建工程	泰州市西亚胶带集团有限公司	增加同步带、片基带、特殊输送带、耐高温带、多楔带、输送带生产线	1.01	0.88	购置同步带、片基带、特殊输送带、耐高温带、多楔带、输送带等生产设备，调试安装投产
元和丝业扩建项目	泰州市元和丝业有限公司	用地面积2.73公顷，扩建面积2.26万平方米，新建蚕丝被生产车间2栋、鲜蚕冷库1栋及综合办公楼	1.06	0.10	1号厂房主体施工
年产1.2亿罐银杏核桃露项目	江苏港城中药养生有限公司	对原厂房进行改造，新上银杏核桃饮料生产线2条，年设计生产能力1.2亿罐	1.50	0.75	厂房改造竣工、部分设备进场
凯威聚氯乙烯硬片包装项目	江苏凯威药用包装有限公司	购置压缩机、行星挤出机、进化设备37台（套），新上新型医药包装用生产线	1.00	0.75	试生产
扬子江药业吸入剂项目	扬子江药业集团	对原厂房进行改造，改造面积约8000平方米，购入吸入剂生产设备，新上吸入剂生产线4条	1.06	1.06	设备安装调试

续表15

项目名称	建设单位	建设规模及内容	总投资	年内完成投资	年内建设进度
泓川汽车配件项目	江苏泓川建设有限公司	新建综合楼1栋和标准厂房1栋，购置汽车零部件生产和检测设备，新上汽车零部件生产线4条，从事汽车变速箱、发动机、后桥配件生产销售	1.10	0.11	项目建设主体完工
扬子江肿瘤试剂项目	扬子江药业集团	总投资1.3亿元，改造厂房建筑面积约1万平方米，新上肿瘤试剂生产线4条，项目达产后年销售3亿元，利税2500万元	1.30	1.01	竣工投产
扬子江大容量注射剂项目	扬子江药业集团	总投资1.3亿元，实施GMP改造厂房建筑面积约1.2万平方米，新上大容量注射剂生产线，项目达产后年销售3亿元，利税2000万元	1.30	0.62	厂房改造竣工、部分设备进场
扬子江小容量注射剂项目	扬子江药业集团	总投资1亿元，实施GMP改造厂房建筑面积约1万平方米，新上小容量注射剂生产线，项目达产后年销售2亿元，利税1800万元	1.00	0.71	厂房改造竣工、部分设备进场
榕兴敷料项目	泰州市榕兴医疗用品股份有限公司	新建厂房9500平方米，新上医用敷料全自动生产线6条，项目建成后可年产3000万平方米医用敷料	1.06	0.21	厂房主体工程完成60%
亿源PET塑钢带生产线改造项目	泰州市亿源包装材料有限公司	计划总投资1.01亿元，用地面积约1.2公顷，建筑面积约9500平方米，设备投入5500万元，引进YXZX-PET90A高端智能全自动机用PET塑钢带生产线、检测设备、数控、空调机组等设备，用于PET塑钢带的生产。项目建成后，可形成年产2.2万吨PET塑钢带的生产能力，预计年可新增销售1.5亿元，利税3600万元	1.01	0.26	车间改造完成
五洲光源材料生产项目	泰州市五洲光源电器材料厂	改造办公楼、厂房面积约8000平方米，引进自动数控拉线机、制线机等生产设备，新上光源材料生产线3条，达产后预计年可生产8000吨光源专用金属材料、7000吨精密合金材料	1.03	0.30	办公楼改造完成
口岸机带曳引钢带项目	泰州市口岸机带有限公司	购置德国ARKU卷材预整机组，开卷机、冲压送料机组、横剪机组等设备，改造原厂房建筑面积约4000平方米，新建智能曳引钢带生产车间建筑面积约2300平方米，项目建成后，可形成年产1500万米曳引钢带的生产能力	1.01	0.40	厂房主体工程完工
新能源风电设备项目	江苏环球智能机械科技发展股份有限公司	用地约1公顷，总建筑面积1.2万平方米，新建生产车间及配套设施。计划设备投入约9000万元，引进进口智能电焊机、等离子切割机、冲压机、剪板机、折弯机等设备，项目建成后，年可新增销售收入2.1亿元，利税5500万元	1.30	0.16	厂房基础施工
海通电梯导轨项目	浙江海通钢业有限公司	新建厂房及办公用房约3万平方米，购置各类设备60台（套），项目投产后预计年产10万吨电梯导轨，年新增开票销售3亿元，纳税1800万元	1.20	0.10	完成基础工程和部分设备购置
锐创石油机械配件项目	泰州锐创纳米金属技术有限公司	盘活刁铺街道闲置土地，改扩建1.5万平方米厂房，年产5000台石油机械项目	1.00	1.00	工程竣工
鼎驰机械配件生产项目	泰州鼎驰机械配件有限公司	新建厂房及办公楼6300平方米，购置各类进口及国产设备50台（套）	1.40	0.60	完成基础工程建设

续表15

项目名称	建设单位	建设规模及内容	总投资	年内完成投资	年内建设进度
汽车变速箱总成项目	泰州吉泰新能源科技有限公司	新建厂房及办公楼面积1.2万平方米，购置汽车变速箱总成生产设备60台（套）	1.50	0.55	主体工程完工
燃气管道设备生产项目	泰州瑞洋立泰精化科技有限公司	用地1.15公顷，建筑面积1.5万平方米，从事燃汽管道设备的研发及生产	1.10	0.28	项目开工建设，完成正负零以下基础工程
白马新能源电动车外壳及零配件生产项目	江苏白马新能源电动车有限公司	用地约1公顷，改造厂房4000平方米，新上2条电车外壳及配件生产线	1.10	1.10	完成土建工程建设
消防装备器材项目	江苏腾龙消防器材有限公司	用地1.33公顷，新建标准厂房1.2万平方米，综合研发大楼4000平方米	1.15	0.20	完成基础建设
银海通用设备生产项目	江苏银海机械制造有限公司	用地1.33公顷，建筑面积1.5万平方米，年产量900台高端数控机床	1.17	0.90	部分设备进场，钢结构厂房建设
智能代步工具项目	江苏优微轮电动科技有限公司	用地1.67公顷，建筑面积3.2万平方米，年产3万套智能代步工具	1.10	0.95	新建厂房、订购设备
四通机具项目	泰州市四通机具厂	计划用地1.67公顷，建筑面积1.2万平方米，年产7000套钻杆钻具	1.10	1.00	新建厂房、订购设备
舞台文化产业项目	泰州市高港区神九新材料有限公司	用地2.13公顷，新建厂房及附属用房2.2万平方米，从事舞台设备、灯光、音响等研发、生产及工程安装	1.30	0.40	主体建设完成50%
贝尔泰克医疗器械生产项目	贝尔泰克医疗器械江苏有限公司	改造厂房1.7万平方米，新增设备6000万元，增加年产10万套钉板系统生产线	1.05	1.05	设备调试
众创景大消防器材生产项目	江苏众创景天消防科技有限公司	用地1.6公顷，新建厂房、办公楼及附属用房1.6万平方米，购置消防装备生产设备60台（套）	1.00	0.08	完成基础工程
舞台设备生产项目	泰州市美艺舞台设备工程有限公司	用地约1公顷，新建厂房及附属用房约1万平方米，从事舞台设备、灯光、音响等研发、生产及工程安装。投产后新增销售8000万元	1.05	0.40	主体建设封顶
乐彩免冲洗印刷版材生产线及CTP制版机生产线扩建改造项目	江苏乐彩印刷材料有限公司	用地1.67公顷，新建9000平方米的生产型综合用房，并新上免冲洗CTP版材生产线和CTP制版机生产线各1条，对原有2条CTP版材生产线进行升级改造	1.05	1.05	完成50%土建工程量
年产600万只高档汽车箱包项目	泰州市德康箱包有限公司	用地2.67公顷，新上汽车用箱包生产线，年设计生产能力600万只，销售额1亿元	1.10	0.60	一期厂房主体建设度达50%以上
速冻调理食品项目	江苏乐太食品有限公司	用地1.93公顷，新建3万平方米的冷冻仓库，新上速冻肉类食品生产线2条，预计销售额2亿元，利税800万元	1.10	0.65	完成50%土建工程量
科创医疗器械生产基地项目	江苏科创医疗用品有限公司	拟用地1.67公顷，建设1.8万平方米的厂房和仓库，新上二类医疗器械生产线，年产值1.5亿元，利税1000万元	1.08	0.60	综合楼和生产综合用房主体封顶
年产1.3万吨新型水溶肥生产项目	江苏易民农业科技有限公司	用地1.64公顷，投资1.2亿元，建设1.5万平方米厂房，新上现代化新型水溶肥生产线，年产值2亿元，利税800万元	1.20	0.30	建筑物出正负零
服务业项目（24个）	—	—	116.45	25.87	—
明发商业广场项目	明发集团泰州房地产开发有限公司	用地14公顷，建筑面积20万平方米，主要建设商业百货、影院、超市、酒店公寓等	32.00	3.00	基础工程
统超仓储物流项目	泰州统一超商有限公司	一期用地3.33公顷，新建仓储、办公及辅助用房等共计约2万平方米，建设仓储物流配送中心	5.00	1.40	主体封顶

续表15

项目名称	建设单位	建设规模及内容	总投资	年内完成投资	年内建设进度
窦氏仓储物流项目	泰州市窦氏集装箱运输有限公司	用地2公顷，建筑面积3.5万平方米，主要从事集装箱物流业务	1.00	1.00	建成运营
东君控股物流项目	江苏东君控股有限公司	用地17.6公顷，一期用地10.2公顷，新建物流仓库、堆场、加油站、4S店等	5.44	0.45	写字楼封顶，仓库竣工验收，堆场建设完成
正德物流项目	江苏正德物流有限公司	用地0.91公顷，建成经营调度中心、车辆维修厂等综合服务中心，主要经营道路危险货物运输及普通货物仓储、货运代理	1.20	0.26	基础工程完工
龙凤堂物流基地项目	扬子江药业集团	用地14公顷，总建筑面积5.23万平方米，建设物流仓库7栋及辅助设施	10.60	4.00	基础工程完工
汇福码头改造项目	江苏汇福蛋白科技有限公司	利用江苏太平洋钢管有限公司出管码头，将原5000吨级件杂货泊位改造成2000吨级件杂货泊位及配套设施	1.10	0.40	完成水工部分施工
淳蓝生态景观旅游项目	淳蓝环保投资发展有限公司	流转土地约8.67公顷，建设办公楼1000平方米，建设景观亭、绿化带、垂钓中心、餐饮中心和开挖人工湖2.67公顷等	1.02	0.90	基础设施建设完工
扬子江药品研究所项目	扬子江药业集团	对研究所8~11楼进行改造，改造面积约5600平方米并购置药品研究所设备	1.30	1.40	试生产
至成储运项目	泰州市安能物流有限公司	用地2.87公顷，新建综合大楼、分拣中心等约2.5万平方米	1.50	1.35	土建竣工
古南都大酒店改造项目	南京致弘酒店管理有限公司	对原苏安商业广场进行酒店装修改造，建筑面积1.8万平方米，集酒店、住宿、休闲于一体，按照4星级标准实施	1.20	0.85	外部装修结束，进行内部装修
全胜物流仓储项目	扬州远安物流有限公司	用地约2公顷，购置大型货运车120辆	1.10	0.70	场地、办公楼及辅助用房竣工
凤栖湖景观区项目	泰州市港城建设投资发展有限公司	33.33公顷湖面开挖、整理成型，恢复建设古寿胜寺以及凤栖湖公园及配套设施，打造省级旅游度假区	30.00	2.00	湖面扩大整理及旅游景观配套施工
安乐窝家居互联网+及展示中心项目	泰州市金港装饰城有限公司	对成本、供应链等环境进行改造和升级，使现代家居建材实现线上销售、线下服务，新建线下实景体验馆1.2万平方米	1.03	0.63	完成装饰主材和家具供应整合、装企供应链整合、安乐窝线上交易平台建设、线下实景体验馆（6000平方米）建设
水景街区商业街二期项目	江苏古柴墟文化产业发展有限公司	位于口岸街道柴墟东路，用地面积9.3万平方米，新建商业用房建筑面积3.05万平方米，改建建筑面积2.15万平方米，主要建设餐饮、文创空间、园区孵化产业基地、娱乐、主题展览、商业等9大板块	12.00	1.00	完成保留建筑的部分修缮
江苏通标泰州检测基地项目	江苏通标工程有限公司	项目租用江苏临港经济园开发有限公司标准厂房4000平方米，其中实验室3000平方米、办公及其他用房1000平方米，购置各类检测设备228台（套）	1.50	0.30	内部开始装修改造
郁金香国际水汇项目	泰州恒江水汇中心	改建装修2.6万平方米建筑，建成洗浴、休闲、健身等综合性商务休闲会所	1.05	1.10	试运营
仓储物流项目	江苏优力博国际货运有限公司	用地1.52公顷，建筑面积1900平方米，从事仓储物流经营	1.20	0.88	完成土建工程建设

续表15

项目名称	建设单位	建设规模及内容	总投资	年内完成投资	年内建设进度
高港大泗医疗器械骨科器械交易市场项目	大泗医疗器械产业投资有限公司	用地面积约1.47公顷，新建厂房及辅助用房2.7万平方米，建设集销售、展示、物流、会务、培训、融资、信息化管理为一体的综合性、全国性医疗器械科技服务创新产业园	1.15	0.60	建筑工程量完成50%
瑞泰仓储物流项目	泰州市瑞泰物流有限公司	用地2.53公顷，新建仓储及附属用房2.5万平方米，新购大型运输用车100余辆，主要从事工农业产品的仓储、冷藏、配送	1.06	0.20	主体建设完成50%
神农养游景区	江苏神奇中药科技有限公司	用地约13.33公顷，新建神龙广场、神龙氏大雕像、神农大道、历史文化长廊、长寿湖、神农湖景区等项目，建设具有中医药特色的养生、旅游项目	1.80	1.80	工程竣工，进行试营业
医疗器械代储、代配项目	大泗医疗器械物流有限公司	租用标准厂房约8000平方米，建设医疗器械恒温库，物流全过程系统，采购升降平台、电子货架、叉车、冷链车等设备，与中科院软件研究所合作开发医疗器械第三方平台系统，申请省级第一个三类医疗器械代储、代配营运资质，对三类医疗器械仓储及配送领域进行整合和服务	1.00	0.60	完成厂房装修、改造，开发医疗器械第三方平台系统，成功申请省级第一个三类医疗器械代储、代配资质
医疗器械检测中心项目	泰州市春林医疗器械科技有限公司	用地2.33公顷，一期1公顷，新建医疗器械研发中心、检测中心、展销中心等	1.10	0.60	主体封顶
御膳源农业生态旅游项目	泰州市御膳源生态农业有限公司	占地13.33公顷，打造养生服务区、自由采摘园、名贵花木观赏园、游客服务区和休闲垂钓区	1.10	0.45	完成垂钓区建设，完成采摘园果树种植，建成游客服务区，完成观赏走廊建设和苗木种植

·财　　政·

【概况】 2016年，高港区完成一般公共预算收入40.44亿元，完成年初预算目标的102.9%，比上年增长15.3%，高于全市平均增幅13.6个百分点，其中，税收收入33.25亿元，完成年初预算目标103.8%，增长15%。一般公共预算支出35.09亿元，增长10.4%。年内，区财政局被评为江苏省财政系统先进集体。

【服务经济转型升级】 2016年，区财政局落实“营改增”结构性减税政策，安排科技创新奖励、科技进步奖及兑付“科技创新券”等专项资金1088万元，设立“苏科贷”专项资金500万元，牵头推进“江苏小微企业创业创新发展贷款”工作。推行“拨改投”“拨引贷”等模式，发展城市建设发展基金，与12个银行签订288亿元城市建设发展基金战略合作协议，逐步推进“资金”向“基金”转变。

【保障民生支出】 2016年，高港区拨付城乡低保1356.78万元，困难残疾人生活补贴1443.7万元，新农保财政补助7409.03万元。拨付550.61万元资金用于医疗补助，推行即时结报，对政策范围内个人负担部分，在年度最高限额内按70%的比例给予救助。支付农业支持保护补贴等资金1482.05万元，惠及农户5.51万户。水系建设投入3406.2万元，建成高标准农田866.67公顷、农桥23座、农村公路21.88千米。推进教育现代化建设，新海军小学、孔桥实验学校开工建设，建成东方明珠区级公办幼儿园，投入8737万元用于区属学校教学楼加固、教学装备购置等。深化与苏演院线合作，及时兑付文化惠民券158.25万元。总投入3800万元的全民健身中心二期工程建成投运。

【财政体制改革】 2016年，区财政局实施全口径预算编制，完善全口径预算体系，编制4本预算，即一般公共预算、政府性基金预算、社保基金预算和国有资本经营预算。加强项目预算管理，将经常性项目纳入年初部门预算，进一步减少年初切块预留资金，提高预算编制到位率，提高预算编制的科学性、完整性。建立健全国有资产管理体制机制，对全区国有资产进行清查，制定《高港区国有资产管理实施办法》，注册成立泰州鸿港国有资产经营有限公司和泰州引江城市建设有限公司,打造区级投融资平台。规范债务审批,制定出台《高港区政府性债务管理实施细则》,切实防范债务风险。全年完成政府购买服务项目24个,比上年增加4个;政府购买服务预算1317.83万元,实际采购金额1221.01万元,节约财政资金96.82万元,节约率7.35%。

【财政资金监督】 2016年,高港区围绕"全区财政一盘棋、资金监管无缝隙"的管理理念,强化资金监管,规范收支行为,提高资金效益。制定《高港区村级财务管理制度》《高港区村级工程建设项目管理办法》,组织开展镇街、园区财务收支检查,村(社区)财务全面实行国库集中支付,撤销村级银行账户,缴入财政专户3.04亿元。加强存量资金管理,发布《关于进一步规范单位银行账户管理的通知》《关于清理单位往来款项的通知》,撤销账户94个,清理各类往来款5.03亿元。出台《高港区区级财政专项资金管理办法》,参与制定《高港区本级政府投资建设项目资金管理办法》,在全市范围内率先实现医疗卫生机构、社保基金支出国库集中收付。严控部门经费支出,全年累计核减部门一般性经费追加申请4680万元,对不符合规定的支出不予列支。 (赵 明)

·税 务·

■ 国家税务

【概况】 2016年,泰州市国家税务局第二分局(以下简称"国税二分局")完成各项国税收入31.96亿元,比上年增收37571万元,增长13.32%。其中,直接收入31.65亿元,增收4.08亿元,增长14.79%;免抵调库收入3100万元,减少3200万元,下降50.79%。入库增值税28.85亿元,增长12.52%,其中,一般增值税27.23亿元,增长9.91%;营改增16.22亿元,增长87.1%。入库消费税2766.32万元,增长5.86%。入库企业所得税25.2亿元,增长50.92%。完成区级公共财政预算收入13.62亿元(财政口径),增长72.67%。累计办理出口退税5亿元,办理其他各类退税7934.74万元。年内,被评为全国工会"职工书屋"示范点、江苏省文明单位。

【税收管理改革】 10月1日,金税三期如期上线,完成税收管理改革"第四战役"战略目标。优化人力资源配置,成立数据情报保障团队、法律规范保障团队、风险识别团队、应对实施团队、集体审议团队。立足于实战案例讲解和交流,采取有效措施,提高应对人员税收数据应用分析、理解能力和评估约谈能力,以及税务文书、模型、案例的撰写能力。以风险应对模板为纲领规划风险应对工作流程,推动分析团队、应对支持保障团队、应对实施团队的分工协作,按照风险应对工作模板要求,发挥团队优势,围绕上级推送的涉税疑点,利用数据平台所提供的数据情报资源,集体开展案头分析、预案审议,确保涉税风险疑点分析全面、精准。完善风险管理的运行机制、案例引导机制、集体审议制度和查前培训等配套制度。通过任务的整合、职能的调整、岗责的完善、流程的规范,逐步规范风险管理各环节工作。全年共组织风险应对62户次,入库税款近1500万元,调整企业年度亏损近1800万元。以《纳税评估法律适用指引》为蓝本,嵌入深度分析、预案制作、应对处理等环节,以法律指引约束执法程序。

【税收宣传】 2016年,国税二分局开展税法宣传进学校、进社区、进乡村、进企业活动。全年开展宣传20次,宣传辅导1200人次,培训企业财会人员180人次,成立党员义工税法宣传小分队4个,设立微信群、QQ群,发放营改增宣传资料10类2000余份。开展便民办税"春风行动",为"新三板"上市企业提供政策宣传上门服务、涉税事项定制服务8户次。 (国税二分局)

■ 地方税务

【概况】 2016年,泰州市地方税务局第三分局(以下简称"地税三分局")共组织入库各项收入38.83亿元,比上年增收10.62亿元。其中,组织入库税收收入28.5亿元,增收11.01亿元。组织入库一般公共财政预算收入20.17亿元,增收6.36亿元。组织入库区级一般公共财政预算收入19.63亿元,增收6.11亿元。组织入库其他收入10.33亿元,减收3926万元。其中,组织入库社会保险费7.89亿元,减收4892万元。营业税入库11.39亿元,减收2.44亿元。企业所得税入库2.95亿元,减收2897万元。分行业看,制造业企业所得税入库1.83亿元,减收5382万元;房地产业企业所得税入库1630万元,增收1100万元;交通运输、仓储和邮政业企业所得税入库837万元,增收415万元。个人所得税入库7.86亿元,增收5.7亿元,分税目看,工资、薪金所得个人所得税入库1.7亿元,增收2199万元;财产转让所得个人所得税入库3.89亿元,增收3.85亿元;利息、股息、红利个人所得税1.49亿元,增收1.39亿元。房产税入库6481万元,增收1215万元。城镇土地使用税入库9867万元,增收1760万元。土地增值税入库8634万元,增收1765万元。未有耕地占用税入库,净减收2390万元。契税入库4597万元,减收4630万元。

【风险应对管理】 2016年,地税三分局按照改革后的风险应对工作规范,在风险应对质量抽查中,优秀率达100%。围绕建筑项目应开票未开票、土地增值税应清算未清算、投入使用房产土地未按规定缴纳房产税和城镇土地使用税等重点内容,全面排查、分析涉税风险疑点,纳入分局风险应对计划,围绕组织收入提高风险应对自报案源的针对性和有效性。全年税源信息反馈合计查补税额5900万元。全年完成风险应对纳税户387户，人均33户，风险应对合计查补税款8708.83万元，风险应对有效率99.22%，中等风险应对贡献率3.28%。

【“金税三期工程”上线】 2016年，地税三分局对2.6万余条数据进行核实维护，提高迁移数据质量。制定“金税三期工程”上线首期申报应急方案，按照分小组、分片区、分时间责任要求，对首期申报催缴工作进行细致安排。全体人员逐户调查核实纳税人状态，逐户进行错峰申报提醒，推进纳税人准期申报。“金税三期工程”系统上线前，根据大集中系统自动推送的2400余条待匹配的纳税人信息，分类别、分片区逐户核实确认是否应予匹配。11月，对366户待匹配户逐户上门核实。11月末，国地税共管户匹配率达98%以上。 （顾　蕾）

·统　　计·

【统计调查】 2016年，区统计局开展劳动力抽样调查，做到报表填报及时、全面、准确，切实提高源头数据质量。坚持入户核查制度，及时发现、解决调查中遇到的困难和问题，准确反映就业形势。开展农业、工业、服务业、投资、基本单位等统计调查。全区500余个联网直报单位实现上报率、直报率、验收合格率、审核通过率100%的目标。在全市统计工作综合考核的14个专业中，全区有10个专业处于第一方阵。开展新产业、新业态、新商业模式领域单位摸底排查、基层培训部署、名录整理维护等前期工作，建立工作协调和信息共享机制。开展众创、众包、众扶、众筹“四众”企业调查，强化部门联动，充分利用科技企业孵化器、企业公共服务平台、中小企业创业投资资金、企业注册登记信息等相关行政记录采集和补充调查名录，加载、维护数据报送平台，提升企业源头统计数据质量。

【农业普查】 2016年，高港区在区、镇两级成立农业普查领导机构，编制农业普查工作方案与细则，完成综合试点、普查指导员和普查员选聘、普查区和普查小区划分、业务培训、清查摸底、入户登记等工作。

【统计服务】 2016年，区统计局印发《高港统计年鉴》200册，《高港统计月报》1650册，《高港统计手册》150册。全年共撰写统计分析、专报97篇，获区主要领导批示7篇；撰写信息547则，被国家统计局采用4则，省委办公厅、省政府办公厅采用2则，省统计局采用65则。

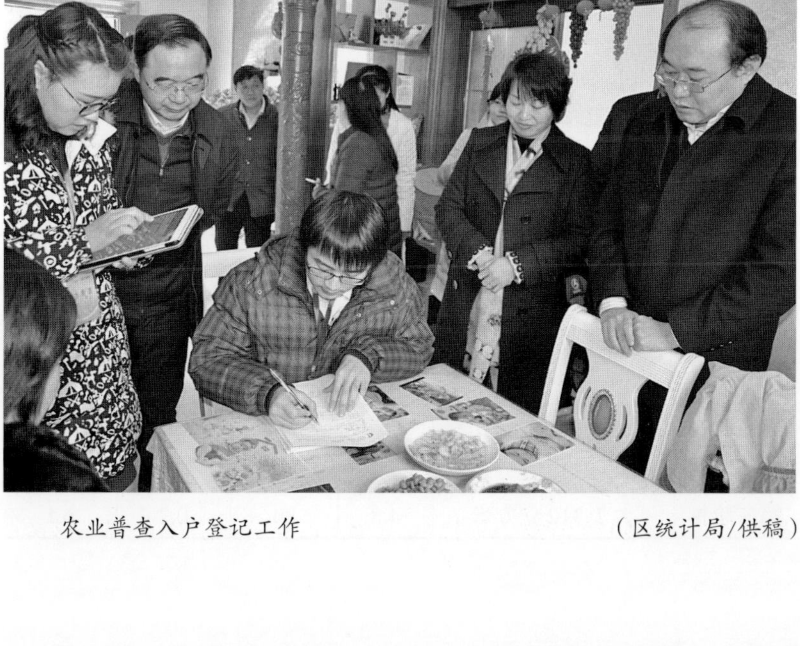

农业普查入户登记工作 （区统计局/供稿）

【统计基础建设】 2016年，区政府制定《关于进一步加强统计工作的意见》，从机构设置、人员性质、经费来源、监督考核等方面深化对基层统计站的管理，全力推进统计系统人财合一，实现基层站所的垂直管理。开展“多证合一、一照一码”改革背景下名录库管理工作和“四上”单位审批工作。运用现代信息技术，将基本单位名录库更新维护节点延伸至全区每个村居，实现统计内网村村通，所有村居可以直接联网直报、更新维护，形成横向到边、纵向到底、全方位覆盖的基本单位名录库更新维护网络，名录库村居维护经验在全省推广。落实统计系统、部门、镇街、企业、村居“五位一体”规范化创建目标要求。定期对“五位一体”规范化建设推进情况进行“回头看”，做到查漏补缺、补齐短板。以基层统计站垂直管理为契机，设计开发镇街统计规范化建设电子评估系统，各统计站按时上传规范化日常管理佐证材料，实现规范管理动态化。在高港区召开的2016年全市乡镇统计规范化建设现场会上，该系统被专题推广。

【投资项目统计】 2016年，区统计局严格执行新开工项目入库管理办法，现场核查新开工项目，建立1亿元以上项目库，按月做好入库审批和维护工作。健全项目前置管理、新开工项目入库管理、数据质量评估等制度，实现项目统计全过程管理，确保投资项目及时入库、准确报数。投资数据质量控制经验在全市推广。

【统计执法】 2016年，区统计局将“数据造假、以数谋私”专项治理列入全局重点工作，组建班子，完善调查方案，明确责任分工，量化目标任务，对照专项治理的目标和内容，对账销号，限时整改，逐项落实，坚决杜绝违背统计法、影响统计工作独立性的行为。建立统计执法工作机制，发放《统计法律事务告知书》《致调查单位的一封信》各500余份，组织制定统计监审计划，完成工业、贸易、建设领域、农业、劳动工资等7个专业40个联网直报企业的执法检查。不定期开展统计执法巡查。全年共对5个联网直报企业进行行政处罚。（区统计局）

·审　计·

【概况】 2016年，区审计局共实施计划内审计项目16个，实施固定资产投资造价审核、跟踪审计项目151个，审计查出违纪违规金额5222万元，管理不规范金额3.13亿元，核减工程造价2.9亿元，直接促进财政增收节支、挽回（避免）损失等可用货币计量的审计成果总计3.42亿元，向纪监机关移送案件线索13条，15人因审计被给予党纪处分。根据区领导和相关部门要求，完成40余个交办协办事项。1个项目被评为泰州市优秀审计项目。各镇街审计所共审计项目169个，查出违纪违规金额1894万元，核减工程造价1027万元。

【财政财务审计】 2016年，区审计局组织对本级预算执行、区水利局及区农委预算执行情况和其他财政收支等进行审计。除揭示预算执行和财政管理中存在的问题外，注重从预算体制、制度、管理上提出改进和完善的建议，为人大加强预算监督、政府加强预算管理提供服务。全区7个镇街审计所对科室、村（社区）财务进行审计，规范镇街财务管理。

【民生项目审计】 2016年，区审计局对全区村级组织财务管理情况、彩票公益金管理使用情况、区排污费，以及区残疾人就业保障金征收、管理和使用情况等开展审计调查，对盐城龙卷风、冰雹特大灾害捐款物资实施跟踪审计，提出健全体制机制的建议，及时将发现的疑点线索移送纪检部门处理，促进加强民生资金和项目管理。会同区财政局、区监察局、区农委等部门印发《高港区村级财务管理制度》。

【经济责任审计】 2016年，区审计局完成对区财政局、区水利局、区民政局、区农委、区住房城乡建设局原主要负责人，白马镇原镇长任期经济责任审计，会同区委组织部和区编委办等部门对胡庄镇原主要负责人实施“三责联审”。

【固定资产投资审计】 2016年，区审计局完成全区园区、镇街政府性投资建设项目管理情况审计，对凤栖湖水生态治理工程、保障性安居工程实施跟踪审计，对高港实验小学塑胶跑道等项目实施造价审核，组织社会中介机构对高港中小学、基督教堂、王营花苑一期等重点工程建设项目实施跟踪审计，规范建设行为，保障工程质量，提高投资效益。助推《高港区区本级政府投资项目管理办法》的出台。各镇街审计所对本级财政投资的基本建设项目进行审计，在核减工程投资、节约财政资金方面发挥显著作用。

【审计整改工作】 2016年，区审计局先后到区住房城乡建设局、区水利局等部门，就审计工作报告揭示问题整改落实情况进行督查。起草并提请区政府印发《关于进一步加强审计整改工作的意见》，促进审计整改的制度化、规范化建设。（沙　亮）

·物价管理·

■ 价格改革

【居民用水阶梯价格改革】 高港区居民用水阶梯价格制度自2015年12月31日用水量起实施，对用水户的第一次抄表执行原价格，第二次抄表执行阶梯价格，并同步实施低保、特困户和特困职工的优惠政策。2016年，区物价局重点对该政策实施情况进行专题督查，根据《省物价局关于清理供水供气专业服务收费的指导意见》要求，经市场调研，自2016年10月1日起，放开全区居民供水专业服务收费管理。

【企业用气价格改革】 2016年6月1日，高港区实施大用户交易政策。由区范围内符合准入条件的水、气、热用户与供水、供气、供热企业，按照自愿参与、自主协商的原则，在价格政策指导下，通过签订购销合同，确定一定时期内购销数量和价格。其中，水气热用户的准入条件分别是上一年度用水量在10万立方米以上、用气量在100万立方米以上、用热量在供热企业全部用户中排前5位的企业。全区共有14个企业享受，其中热力5个、自来水7个、天然气2个。实施直接交易价格，降低企业生产成本，每年可减轻企业负担1000余万元。（赵　菲）

2016年高港区阶梯水价标准一览表

表16　　　　单位：元/立方米

阶梯划分	户年用水量	基本水价	污水处理费	水资源费	到户水价
第一阶梯	小于等于204立方米	1.6	1.1	0.2	2.9
第二阶梯	204~312立方米	2.4	1.1	0.2	3.7
第三阶梯	大于312立方米	4.8	1.1	0.2	6.1

2016年高港区居民水、电、气收费标准一览表

表17

收费项目	计价单位	计费标准	备　注
居民生活用水	元/立方米	2.90	到户价=基本水价+污水处理费+水资源费；低保户、特困户每月免6吨水费
居民生活用电	元/千瓦时	0.53	峰谷分时电价：峰期8:00—21:00，0.56元/千瓦时。谷期21:00至次日8:00，0.36元/千瓦时。居民生活用电试行阶梯式电价，居民月用电量分为3个档次：第一档为230千瓦时及以内，维持现行电价标准；第二档为231~400千瓦时，在第一档电价的基础上，每千瓦时加价0.05元；第三档为高于400千瓦时总分，在第一档电价基础上，每千瓦时加价0.3元。阶梯电价按年为周期执行。对城乡低保户和农村“五保”户家庭每户每月给予15千瓦时免费用电基数。对未实行“一表一户”的合表居民用户，实施“一表一户”改造后，按阶梯电价执行。履行前，电价每千瓦时提高0.02元
居民生活用气（管道天然气）	元/立方米	2.42	低保户、特困户每月免6立方米气费（不足6立方米按实计算）

■ 价费管理

【行政事业性收费规范】 2016年，高港区纳入收费年报的单位有73个，其中列入国家《收费统计目录》并进入“全国动态监管系统”的有35个。应纳入收费年报的收费单位73个，实际上报单位73个，上报率100%（包括网上上报）。区物价局对2009—2016年降本减负情况进行全面梳理和统计，减免收费总额为708.58万元，其中涉企收费总额为657万元。公布《泰州市高港区行政事业性收费项目清单》《泰州市高港区经营服务性收费项目清单》《泰州市高港区政府性基金项目清单》《泰州市高港区涉企收费项目清单》《泰州市高港区区级行政审批前置中介服务事项目录及收费清单》，实现清单外无收费。至年末，全区共有涉企收费单位26个，涉企行政事业性收费项目156项，其中，行政机关8个、58项，事业单位18个、98项。

【价格监测】 2016年，区物价局强化价格监测预警，每月5日、15日、25日按时上报集贸市场和超市、商场内所售居民食品价格及生活必需品的价格水平；每月5日前分别对上个月市场物价水平和动态进行总结分析，并预测价格走势。全年撰写价格监测期刊12期。 （赵　菲）

■ 价格监督检查

【房地产市场价格监管】 4月26日至5月5日，区物价局对泰州恒建置业有限公司、江苏圣宸置业有限公司商品房价格情况进行专项检查，对鹏欣瑞都、明发广场2个楼盘开展市场巡查，检查发现商品房销售价格明码标价情况执行到位。全年有4个房地产开发商申报6批次约10万平方米普通住宅商品房销售价格，带电梯多层申报均价5800元/平方米，高层申报均价5000元/平方米。完成19个住宅及商业小区前期收费标准备案登记。

【平价商店价格监管】 2016年，高港区有平价商店13个，在日常智能监管系统的基础上，强化价格监督员的巡查能力，组织定期检查每月1次、不定期检查每季度1次，职工监督员检查每月4次，区物价局物价科科长检查每月1次。

【价格检查】 2016年，区物价局开展元旦、春节、中秋、国庆等节日期

2月2日，高港区开展春节前市场价格检查　（区物价局/供稿）

间市场价格专项巡查6次，重点对生活必需品、交通旅游、商贸服务等领域市场价格行为进行监管。“双11”前夕，对辖区内顺丰等26个快递企业开展专项督查，强化明码标价和诚信经营的政策引导，规范快递行业市场价格行为。4—5月，配合市物价局对辖区内电信、移动和联通公司各营业网点的价格行为进行专项检查，相关定性及处理工作移交市物价局统一处理。

【价格举报】 2016年，区物价局加强“12358”价格举报电话的值守工作，保证24小时值班，及时答复“12358”价格举报电话、物价局网站举报箱、市(区)长信箱、“12345”政府热线、大江论坛等各类投诉平台上群众提出的问题。全年接听电话42次，接待来信来访32件，共受理价格举报投诉案件4件，价格咨询40件，办结率和回复率均达100%。

(赵　菲)

■ 价格公共服务

【成本监审】 2016年，区物价局对雕花楼景区门票价格进行成本监审，为雕花楼景区门票价格制定提供科学、合理的成本依据。配合区城管办和区财政局核算高港区港泰环卫保洁服务站运输成本，通过核减成本为区财政每年节约资金70余万元。

【农村土地流转成本调查】 2016年，区物价局开展农村土地流转及粮食规模种植相关情况调查，全年全区农村实现土地流转8160.2公顷，流转比例为61.7%，土地流转平均价格90元/公顷，复垦保证金13.33元/公顷。

【价格认证】 2016年，区物价局协助公安机关、检察院办理案件65件，标的额约126万元。全面开展二手房交易计税价格认定工作，完成涉税价格认定近70件，涉税金额约1.5亿元。对江广线、泰镇高速、355省道、污水管网、供电工程等涉及的苗木、水蛭、孔雀、野猪等物品进行价格认定。全年累计为政府节约资金近1000万元。

【民生价格公示】 2016年，区物价局在“微高港”平台开设“价格与民生”专题，每周四定期发布“价比三家”实时数据、区内重要民生价格最新价格走势分析等价格信息。实施“价比三家”提醒函制度，对每周上报的各类数据进行综合分析，当经营企业销售的实行市场调节价的重要民生商品价格明显高于市场平均价时，区物价局监测科通过实行重要民生价格提醒函制度，促进企业规范内部经营管理，围绕市场科学定价，将商品价格调整到合理水平，保证市场重要民生价格基本稳定。全年共向各经营单位出具价格监测提醒函6份。

(赵　菲)

·工商行政管理·

【概况】 2016年，高港区企业登记注册总数1320户，注册资本总额95.02亿元，其中有限责任公司1108户。累计注册外商投资企业13户，均为外商独资企业，注册资本3.85亿美元。新增个体工商户4052户，从业人员8282人，注册资本5.63亿元。私营企业数1290户，其中，有限责任公司1025户、独资企业265户，雇工人数11288人，注册资本60.33亿元。农民专业合作社30个，注册资本5425.4万元。广告经营单位178户，从业人员761人，广告经营额8130万元。全年检查合同230份，金额1.86亿元；办理动产登记抵押25件，帮助企业融资15.8亿元，盘活企业资产19.75亿元。办结各类工商案件46件，罚没入库70.36万元。

【全市民营经济考核“七连冠”】 2016年，全区净增个体工商户2165户，完成市交目标的191%；净增私营企业1052户，完成市交目标的125%。培育发展工业设计、文化创意、科研成果转化、专利技术应用、招商引资、产权转让、物流、外包等中介组织10个，招引上市审计、质量认证、专利申请中介组织2个，完成全年目标的100%。高港区连续7年获全市民营经济考核一等奖。

【商事制度改革】 2016年，高港区先后推行“先照后证”“三证合一”“一照一码”等改革措施，削减前置审批事项179个，保留前置审批事项48个。9月19日，为台湾居民许文致办理全区首张台湾居民个体工商户营业执照——“高港区美山软件工作室”。10月1日，启动企业“五证合一”工作，全区共核发“五证合一”营业执照543份。12月1日，启动个体工商户“两证合一”工作。帮助扬子江药业集团新办1000余份个体工商户营业执照。试点个体工商户“简易注销”，在全省率先出台相关管理办法，公示首批拟注销名单1039户并全部依法注销。

【信用监管】 2016年，高港区在全省率先上线运行“市场监管信息平台”，实现各审批部门许可、处罚信息实时共享与交换。制定“双随机”抽查办法，对食品、药品医疗器械以及保健品化妆品生产经营企业实施“双随机”抽查。完成全区268个企业年报公示信息的抽查工作，对其中30个企业进行财务审计，抽查结果依法在全国企业信用信息公示系统中公示，其中67户在登记住所无法取得联系、11户涉嫌年报数据弄虚作假拟列入经营异常名录，检查中发现问题的市场主体78户，约占检查总数的29%。全区企业、个体户和农民专业合作社年报率均列全市第1名，其中，企业年报率超出省平均水平1.84个百分点，多个企业依法被列入经营异常名录。“工商网监”认领比例和亮标比例列全市第1名，网络交易监管工作获得省工商局表彰。开展“守合同重信用”企业公示活动，提升企业信用建设水平，江苏大邦清洗有限公司、泰州口岸船舶有限公司、江苏光华运动器材制造有限公司、扬子江药业集团4个企业被评为国家级“守合同重信用”企业。

【广告企业管理】 2016年，泰州市宏峰广告有限公司申报国家二级资质获得认定。组织辖区内企业参加品牌广告创意设计大赛，选送40幅作品参加广告作品评选活动。

【商标品牌培育】 2016年，高港区新增注册商标214个，扬子江药业集团“扬子江”商标获批中国驰名商标，新增江苏省著名商标5个、泰州市知名商标10个。

2016年高港区新增中国驰名商标、省著名商标、市知名商标一览表

表18

类　别	商标名称	企　业　名　称	备　注
中国驰名商标	扬子江	扬子江药业集团	2016年新认定
江苏省著名商标	护佑及图	扬子江药业集团	2016年新认定
	苏安	江苏能建机电实业集团有限公司	2016年新认定
	泰氟隆及图	江苏泰氟隆科技有限公司	2016年新认定
	博泰拼音图形	泰州市博泰电子有限公司	2016年新认定
	德泰墙纸	江苏德泰墙纸有限公司	2016年新认定
	荣鑫及图	江苏荣鑫通用设备有限公司	2016年重新认定
	TONGHAI 及图	江苏省海通索具有限公司	2016年重新认定
	韦迪 WEIDI	扬子江药业集团	2016年重新认定
	扬子江	扬子江药业集团	2016年重新认定
	昆仑及图	江苏昆仑光源材料有限公司	2016年重新认定
泰州市知名商标	图形	江苏亚太吊具有限公司	2016年新认定
	鑫华东消防	泰州市华东消防器材有限公司	2016年新认定
	图形	泰州三安消防装备有限公司	2016年新认定
	ZDREAM WULIU 及图	江苏正德物流有限公司	2016年新认定
	苏安及图	江苏能建机电实业集团有限公司	2016年新认定
	丰华烟酒	泰州市丰华烟酒有限公司	2016年新认定
	喜华及图	泰州市银杏索具有限公司	2016年新认定
	金蓝	江苏金蓝索具有限公司	2016年新认定
	大邦一指及图	江苏大邦清洗有限公司	2016年新认定
	华照	泰州市华强照明器材有限公司	2016年新认定
	晨威及图	泰州市晨阳压缩机有限公司	2016年重新认定
	昆仑及图	江苏昆仑光源材料有限公司	2016年重新认定
	凯威及图	江苏凯威药用包装有限公司	2016年重新认定
	荣鑫及图	江苏荣鑫通用设备有限公司	2016年重新认定
	荣鑫及图（不同类别）	江苏荣鑫通用设备有限公司	2016年重新认定
	永泰及图	泰州市华通劳保用品厂	2016年重新认定
	亚力及图	江苏亚力吊装设备有限公司	2016年重新认定

续表18

类　别	商标名称	企 业 名 称	备　注
泰州市知名商标	昊鑫及图	泰州市昊鑫电力机具有限公司	2016年重新认定
	奥华及图	泰州市奥华体育健身器材有限公司	2016年重新认定
	喜洋洋及图	江苏光华运动器材制造有限公司	2016年重新认定
	泰华峰	泰州华峰救护装备有限公司	2016年重新认定
	绿涛	泰州市高港区绿海花卉苗木专业合作社	2016年重新认定
	远亚及图	江苏能建机电实业集团有限公司	2016年重新认定
	奇香阁及图	泰州市高港区奇香阁江鲜食府	2016年重新认定
	宏泰	泰州市宏泰电力设备有限公司	2016年重新认定
	图	泰州市宏泰电力设备有限公司	2016年重新认定
	普迪及字母	江苏大邦清洗有限公司	2016年重新认定
	御庐园及图	泰州御庐园现代农业科技有限公司	2016年重新认定
	图形	泰州亚星塑业有限公司	2016年重新认定
	真江	泰州丰汇长江水产有限公司	2016年重新认定
	扬子江	扬子江药业集团	2016年重新认定
	亚太祖奎及图	江苏亚太吊具有限公司	2016年重新认定
	图形	江苏郁金香装饰材料有限公司	2016年重新认定
	Yu jin xiang	江苏郁金香装饰材料有限公司	2016年重新认定
	泰氟隆及图	泰州市泰氟隆科技有限公司	2016年重新认定
	启佑及图	江苏启迪教学仪器有限公司	2016年重新认定
	美艺舞台及图	江苏美艺舞台设备工程有限公司	2016年重新认定
	中鑫科技及图	泰州市中兴医械科技有限公司	2016年重新认定
	强槐及图	江苏省强槐体育用品有限公司	2016年重新认定
	子辰教仪及图	江苏子辰教育设备有限公司	2016年重新认定
	福缘达	江苏福缘达热工科技有限公司	2016年重新认定
	HXZG	江苏华夏重工有限公司	2016年重新认定
	福齐天	泰州市福齐天生物科技有限公司	2016年重新认定
	海诞	江苏泰供海诞现代农业发展有限公司	2016年重新认定

【消费维权】 2016年，区市场监管局共受理各类投诉、举报538件，其中，职业投诉举报53起，办结率98%，消费者满意率97%。3月15日，开展新《中华人民共和国消费者权益保护法》和新《中华人民共和国食品安全法》进校园讲座，现场发放《青少年维权知识读本》《食品安全小知识》等宣传折页200余份。

（戴　静）

·质量技术监督管理·

【质量强区工作】 2016年，高港区设立“区长质量奖”。区政府与市质监局签订《质量强区战略合作协议》。检验检测中心建设进展顺利，省特防中心获准筹建国家级检测中心，省计量中心完成一期工程主体建设。全区通过ISO 9000认证的企业数达361个，比上年增长25%。对辖区各级政府投资或民生工程的11个工地开展拉网式检查，发现6起建筑钢材质保书造假问题，全部予以立案查处。全年查办质监案件28件，罚没款180.5万元，其中2件案件被省质监局列为督办案件。

【产品质量安全管理】 2016年，高港区新增省名牌产品2个、市名牌产品8个、服务业名牌2个，全区累计有省名牌产品3个、市名牌产品23个。扬子江药业集团获得中国质量奖提名奖。扬子江药业集团、泰州市华强照明器材有限公司获批2016年度江苏省质量信用AAA级企业，实现全区AAA企业零突破。国抽、省抽两级产品监督抽检合格率均为100%，为全市唯一。全年共为10个企业开展生产许可证到期换证申报服务工作，新申报2个。根据省、市质监局部署，对全区41个获证企业进行日常巡查。

【标准化工作】 2016年，江苏宇马铝业有限公司和泰州正大饲料有限公司通过AAAA级标准化良好行为企业创建验收。《日常防护性口罩技术规范》国家标准、《JHY-500型气动救援抛投器规范》军工标准等先后发布，吊索具联盟标准通过省标准审查组的审查，长江河豚鱼养殖标准化试点被列为泰州市农业标准化试点项目，全市首批七星鲈鱼养殖技术规范地方标准通过评审。

【特种设备安全管理】 2016年，高港区开展特种设备安全专项整治活动20余次，通过企业自查、部门抽查等实现隐患排查全覆盖，发现403处安全隐患，全部进行闭环处理并整改到位。（戴　静）

2016年高港区省、市名牌产品一览表

表19

	企业名称	产品名称
省名牌产品	泰州市华强照明器材有限公司	“华照”牌嵌入式LED灯具
	江苏华夏重工有限公司	HXZG及图形牌疏浚设备
	江苏能建机电实业集团有限公司	“远亚”牌微机型电流互感器保护装置
市名牌产品	江苏子辰教育设备有限公司	“子辰教仪”牌教学仪器设备
	泰州市榕兴医疗用品股份有限公司	“藻舒榕”牌藻酸盐敷料
	泰州汇锦电子有限公司	图形牌电视支架
	江苏扬泰电子有限公司	“扬泰电子”牌FPC柔性线路板
	泰州市华强照明器材有限公司	“华照”牌嵌入式LED灯具（LED筒灯）
	江苏逸夏果园有限公司	“逸夏”牌猕猴桃
	江苏西来原生态农业有限公司	“西来原”牌湖羊肉羊
	泰州市高港区光普家庭农场	“光普”牌盆栽蔬菜
	江苏金震手机连锁商贸有限公司	服务业名牌
	江苏正德物流有限公司	服务业名牌
	泰州市天鑫机械有限公司	“天泰翔”牌小型汽油机缸体、箱体
	江苏凯威药用包装有限公司	“凯威”牌药用PVC硬片
	江苏荣鑫通用设备有限公司	“荣鑫”牌吊带
	江苏东方力神吊装设备有限公司	“东方力神”牌吊索具
	泰州市金鹰齿轮有限公司	“金能”牌汽车同步器总成
	泰州友润电子科技股份有限公司	“友润”牌引线框架
	江苏典雅墙纸有限公司	“典雅”牌墙纸
	江苏飞耀机械制造有限公司	“飞耀”牌PLC多点液压同步顶升设备
	泰州市博泰电子有限公司	“博泰”牌微波高频电路板
	泰州市福太面粉有限责任公司	“福兔”牌面粉
	泰州市福太面粉有限责任公司	“福兔”牌挂面
	泰州丰汇长江水产有限公司	“真江”牌河豚鱼
	泰州市高港区三福水产养殖有限公司	“三福江蟹”牌螃蟹

精致高港

城乡规划

【概况】2016年，泰州市规划局高港分局（以下简称"区规划分局"）转变规划工作观念，提升规划服务水平，服务重大工业项目和基础设施项目建设。完善规划编制，推进口岸街区控制性详细规则编制，配合做好镇村布局规划优化。承办人大代表建议、政协委员提案12件，其中，主办件3件、会办件9件。

【口岸街区控制性详细规划】2016年，区规划分局配合规划设计单位于一季度完成口岸街区现状调研。就控制性详细规划方案中基础设施布局、工业用地安排等重大问题向区委、区政府负责人专题汇报，明确编制思路方向。5月31日，征求住建、水利、教育等行业主管部门意见，将部门意见交由规划设计单位研究落实。6月24日，规划方案通过专家论证。9月13日，再次就规划方案内容征求镇街及部门意见。年内，规划成果报市规划委员会待审。规划范围总面积约9.6平方千米，其中，建设用地范围东至高港大道、南至人民路、西至金港路、北至通港路，面积约6.89平方千米。功能定位为以生活功能为主，生产功能为辅，配套完善，环境优美，集行政办公、商业服务、文化娱乐功能为一体的高港核心城区。规划用地布局结构为"一心、三轴、三区"。一心：高港区行政服务中心。三轴：扬子江路发展轴、春港路发展轴、柴墟路发展轴。三区：新城片区、老城片区、产业片区。

【镇村布局规划】2016年，区规划分局将镇村布局规划纳入年度考核工作目标。配合市规划局开展规划编制，按照重点村、特色村、一般村的要求，对现有的自然村进行分类，组织逐镇街对接，形成初步规划方案。5月8日，镇村布局规划优化方案通过专家论证。6月29日，规划成果获市政府批复。

【道路选址规划】2016年，区规划分局配合住建、交通部门和相关园区、镇街开展道路选址，协调环港大道与扬子江路交叉口处路线方案问题，专题汇报金港北路选址方案并提出方案比选意见，派出专人帮办通港路东延、春港路东延选址。完成环港大道、金港北路、通港路东延、春港路东延、疏港北路、创业路、上马路、永盛路东延、永盛路西延、兴旺路等10余条道路的规划选址手续。

【学校建设规划】6月，区规划分局办结孔桥实验学校项目工程规划许可，保障项目顺利动工建设。会同教育部门开展高港职业技术学校扩建、田河学校迁建、胡庄学校迁建选址工作，多次现场踏勘，提出规划选址意见。完成泰州市海军小学、白马幼儿园等规划许可手续办理。

【项目审批】2016年，高港区组织召开项目编审会5期，讨论项目87个。区规划分局共向市规划局技术审查委员会上报项目53个，办理建设项目选址意见书25份，用地面积200万平方米；办理建设用地规划许可证36份，用地面积127.3万平方米；办理建设工程规划许可证60份，建筑面积91.5万平方米；办理用地规划红线图49宗，用地面积295.9万平方米；依据规划编制上市规划条件及出具红线30份，用地面积113万平方米；批准各类单位建设、工业企业规划设计方案42个；完成17个项目规划核实。

【项目审查告知】2016年，区规划分局完善项目审查书面告知制度，规范项目受理通知书、补正材料通知单、规划方案审查意见、项目审查意见、项目办理告知函等书面反馈材料，明确界定项目办理时限、责任。共计发放项目受理通知书223份，补正材料通知单22份，规划方案审查意见10份，项目审查意见21份，项目办理告知函16份，有效化解审批难、审批慢等问题。

【规划服务】 2016年初，区规划分局对规划方案经过预审且按照规划方案建设的项目，报请上级主管部门同意，取消城管部门违法建设处理前置，完成扬子江药业集团提取车间、顺丰速递、汇福粮油、泰州口岸船舶有限公司等重点项目规划手续补办。参加园区、镇街组织的项目审查会议，开展规划预审，提出规划建议，从源头上预防违反规划问题的产生。采用建筑质量鉴定方式，解决新安阻燃等项目补办工程规划许可难题。4月，编写《服务项目建设帮办业务培训资料》，开展项目建设业务培训基层行活动，讲解规划业务流程、报建材料要求、办理技巧，解答相关问题。6月，开展企业投资项目模拟审批，就项目建设流程、企业可以提前开展下步工作时间节点的把握等问题向园区、镇街企业服务人员进行讲解，参与企业投资项目并联审批告知清单材料准备，提出规划修改意见。11月，对历史遗留工业项目补办"两证"开展现场踏勘工作，对企业存在问题提出整改要求。全年共出具14个项目的规划初审意见。强化项目请示汇报，完善事权内项目先审批后再在会议上通报的制度，减少会议审查对办理项目的影响；调查、梳理群众关注的历史遗留问题、企业遇到的棘手难题。年内，办结金港北路相关地块整治规划红线、环港大道选址、胡庄镇健康物流园等项目规划手续。

【规划宣传】 2016年，区规划分局规范规划公示程序，严格执行建设项目批前公示、批后公布制度，共计组织批前公示40项、批后公布34项，在项目建设现场和市规划局网站进行同步公示。12月，开展规划成果宣传活动，在金港中路肯德基店前广场，展示、宣传许庄街区、刁铺街区等6个控制性详细规划和寿胜寺规划建筑方案成果，接受群众咨询。 （李德江）

城市建设

【概况】 2016年，全区实施重点城建项目89个，完成投资62亿元。新增道路10条、27.32千米。完成市政公用设施投入7363万元。新增绿地面积61.44万平方米，绿化覆盖率43.55%。拆除合法房屋面积约19万平方米。

【重点城建项目建设】 2016年，全区实施重点城建项目89个，育才花苑二期、高新区中转场（顺丰速递）、明发城市综合体（一期二阶段）、永安洲实验学校、污水管网建设、高港体育公园、水岸景城幼儿园等项目竣工交付，口岸中心小学异地改扩建、孔桥实验学校异地新建、海军小学、永安花苑、东方明珠二期、泰州国际财富中心、古寿胜寺、宗教文化产业园、老行当文化园二期等项目进展顺利。

永安花苑 位于永安洲镇中心路东侧，马永路南侧，占地面积12.04万平方米，总建筑面积24.89万平方米，地上建筑面积18.9万平方米，地下建筑面积5.99万平方米，公租房3812.38平方米，高层住宅（安置房）13.91万平方米，低层住宅3.68万平方米，商业用房3523.37平方米，总投资8亿元。年末，主体全部封顶。

东方明珠二期 北临春港路，西临王营路，东临沿江高等级公路，南至规划中的春城路。项目总用地面积约7.42万平方米，规划住宅总户数1208户，总建筑面积约21.94万平方米，绿地率38%，项目包括小高层住宅、高层住宅、商业用房、物管用房、社区管理用房以及地面和地下停车位，总投资约9亿元。

【道路建设】 2016年，高港区开工建设城市主次干道22条、35.39千米，完成投资8.81亿元。创业大道东段改造、龙港路、金港路南延、龙窝路、春城路西延、马永路等项目完成通车，扬子江南路扩建、环港大道、春港路东延、锦江路南延、明珠大道东延等项目开工建设。

扬子江南路扩建 起于扬子江路与人民路交叉口，沿老路向南至长江大道，道路全长2千米，全线按照一级公路标准建设，采用城市道路断面，标准断面宽度40米。建设

春港路东延段 （区住房城乡建设局/供稿）

内容包括道路工程、桥涵工程、管线工程、照明工程、标志标线及配套交通设施。

环港大道　由现状环港大道、东延和西延段组成。对现状环港大道约1.4千米进行改建，东延段道路起点位于现状环港大道和高港大道交叉口，东至新港大道，长约1.6千米，西延段道路起自长江大道，东至扬子江路，长约3.3千米，道路全长6.3千米，道路红线宽60米。

春港路东延　起于春港路、新港大道交叉口，向东跨越集成中沟，止于泰镇高速预留通道桥，全长1.78千米。道路红线总宽60米，其中，道路宽42米，两侧绿化带各宽9米。建设内容包括道路主体及配套市政排水、照明灯工程。

【市政公共设施建设】 2016年，全区市政公用设施总投资7363万元。启动城区排水专项规划编制、应急避难场所设计等工作，完成黑臭水体整治、城区积水点整治、雨污水管网完善、城区雨水管道疏通、地下管线探测、城区污水干线普查及污水管网全覆盖设计、新增50个市政消火栓、补建市政消火栓及取水码头等工程。全年修复城市道路8000平方米，更换大理石道板1880平方米，疏通雨水管网50千米，维修隐患消防栓36个，补缺井盖85个，维修损坏护栏380米，更换路灯中华灯灯罩215个、配件306个，更换景观灯67盏，抢修电缆5130米，市政设施完好率、路灯亮灯率分别达95%、99%以上。建设污水管网19.5千米，污水管网增加率12.27%。铺设燃气管网6.8千米，新建小区接通燃气650户，新增工商业用户28户，实现管道燃气达镇率100%。

【城镇绿化】 2016年，高港区新增绿地面积61.44万平方米，其中，道路绿化39.3万平方米，河道绿化7.3万平方米，公共绿地15.56万平方米。全区绿化覆盖率43.55%，城镇人均公共绿地面积11.39平方米，建成区绿化指标在市城镇绿化考核中名列前茅。全年新建小游园10个，分别为解放路节点游园、银杏路节点游园、王营河路游园、东方明珠游园、柴墟路游园（北节点）、水岸景城南侧游园、水岸景城西侧游园、迎江路游园、扬子江南路游园、勤政路游园。

【城乡动迁】 2016年，高港区主要实施环港大道、祥泰路互通、金港北路周边改造、口岸转盘周边改造、扬子江南路改造、春城路、扬子江路南侧地块、许庄街道周梓社区与官沟社区改造等9个项目，共计拆除约760户，拆除合法房屋面积约19万平方米。在主城区范围内全面推广“市场化评估、货币化安置”的动迁模式，货币化安置率达100%。审计部门全程跟踪审计，动迁工作平稳、有序、依法推进，做到“公开、公平、公正”拆迁。（朱　群）

镇村建设

【概况】 2016年，高港区完成农村贫困户危房改造47户和永安洲镇东江社区31户渔民上岸安置目标任务。许庄街道蔡庄村省级美丽乡村建设示范项目创建通过省、市考核验收。

【小城镇建设】 2016年，高港区用于小城镇基础设施建设投资4.01亿元，其中，道路建设3.48亿元，铺设和修建道路35条，污水处理设施达镇率75.4%，管道燃气达镇率100%。城镇绿化覆盖率逐年提升，绿化覆盖率43.46%，人均公园绿地11.4平方米，生活垃圾无害化处理和环卫基础设施实现全覆盖，客运班车通达率100%。

【渔民上岸工程】 2016年8月，永安洲镇东江社区31户渔民上岸安置工程全部竣工，共获得国家补助资金93万元，通过省、市验收。渔民上岸工程是由住建部牵头，国家发展改革委、农业部、国土资源部共同推进实施的渔民上岸安居工程，主要解决无房户、危房户、临时房户和住房面积狭小的四类渔民住房问题，根据渔业部门前期的调查摸底，永安洲镇东江社区31户渔民被确定为补助对象。

【“美丽乡村”示范建设】 2016年，许庄街道蔡庄村成功创建省级“美丽乡村”建设示范项目，通过省、市考核验收，获得市级优秀等级。蔡庄村总投入566万元，获得省级奖补资金320万元，完成村口标识、道路改造、河道河坡整治、绿化种植、垃圾房配置、污水处理设施建设、文化氛围营造等“美丽乡村”建设项目。（朱　群）

【中药养生小镇】 2016年，大泗中药养生小镇创成泰州市首批、高港区首个市级培育建设的特色小镇。小镇规划范围3平方千米，东至双马路，西至泰镇高速，北至康乐中心路，南至府前路，其中核心区域1平方千米。主要以中医中药为主题，突出健康养生养老，发展文化旅游，致力于打造全国知名的中药养生特色小镇。江苏中药科技园核心区域基本建成，部分功能区对外开放。启动200公顷中药种植景观区建设，全面推进大泗、康乐、马龙等沿线村居土地规模流转，与南京农科院、安徽亳州药业发展局等开展战略合作，规模种植观赏性中药材。全面完成中药商贸文化街区规划区域内81户农户动迁入户调查和评估工作。（卞　倩）

【雕艺小镇】 2016年，白马镇规划东至泰镇高速、西至前进河、南至秧田河、北至周山河的3.5平方千米特色小镇总体发展空间，围绕世泽雕艺、白马庙、海纪馆重点打造1平方千米核心功能区，规划建设展示馆、雕艺城、雕艺产业园、海军主题公园。制作宣传片、宣传手册，宣传特色小镇创建工作。重点推进金马大街、将军路、直港河整治工作，营造整洁有序集镇环境。加快推进世泽雕艺园主馆和展示馆建设，做好白马庙建设后续工作。突出企业在特色小镇建设中的主力军作用，招引木雕、根雕、石雕、泥雕、砖雕、沙雕、铜雕、玉雕等雕刻企业，推进特色小镇建设。（朱 峰）

市政项目投融资

【概况】 2016年，泰州市港城建设投资发展有限公司（以下简称“区城投公司”）树立经营城市理念，稳步推进城市投融资工作。全年偿还各类贷款超过40亿元，新增融资超过55亿元，保证全区重点城建项目顺利实施。

【推进市政项目建设】 2016年，区城投公司项目建设总投入21.16亿元。其中，城市道路建设10.22亿元（春港路东延1.7千米、环港大道6千米、扬子江南路扩建1.8千米、通港路北延1.6千米、金港路北延1.1千米、金港路南延1.8千米、龙窝路0.47千米、春城路0.65千米，口岸转盘改造、柴墟路改扩建等）；安置小区工程款4.83亿元；其他民生及基础设施工程4.89亿元；开发商团购房款1.22亿元。累计为530户提供拆迁资金保障，拆迁面积15万平方米，支付拆迁及土地费用6.94亿元。

【债券直融业务】 2016年，区城投公司拓展债券直融业务，在发展改革委通道发行企业债券10亿元，在证交所成功发行公司债券12.5亿元，在银行间交易商协会成功发行16亿元PPN债券，在江苏银行设立棚改基金16.4亿元。

【融资成本控制】 2016年，区城投公司与金融机构积极沟通，降低存量项目贷款成本，与徽商银行、南京银行、江苏银行等重新签订协议，提前归还的原成本高、风险大、融资结构不合理的融资产品，提前归还的借道融资及短期流动资金贷款超过10亿元。将融资成本控制在年利率5.5%以内，资金使用效率显著提高。（区城投公司）

房地产综合开发

【概况】 2016年，高港区开工住宅面积60万平方米，竣工面积45万平方米。鹏欣瑞都、腾龙御园二期、水岸景城、金通玉兰园等项目基本建成。天逸华府二期、明发国际广场二期、南韵家园二期开工建设。

天逸华府 南临港城路，北临春城路，东临通江路，西临王营路。由江苏宇泰置业有限公司投资建设，占地面积15公顷，建筑面积38.61万平方米，总投资15亿元。年内，二期项目竣工19万平方米。

明发国际广场二期 位于泰高路东侧，一期西侧，占地面积28公顷，建筑面积42万平方米，总投资30亿元。年内，二期项目竣工20万平方米。

南韵家园 位于港城路北侧，王营河西侧。由泰州恒建置业有限公司投资建设，占地面积9.05公顷，建筑面积15.7万平方米，总投资15亿元。年内，二期项目竣工交付6万平方米。

【房产管理】 2016年，区住房城乡建设局办理预销售许可事项17件，批准预售面积73.44万平方米。办理房产抵押888件。新建商品房交易2079宗，存量房交易407宗。评估180宗。发证登记2774件。房产测绘48.63万平方米。开具无房证明2412份。

【物业管理】 2016年，区住房城乡建设局征收住宅专项维修基金2604万元，新增外地备案物业企业3个，指导成立业委会2个。实施老小区“微整治”项目，完成林盛大厦、府后人家、名仕雅居、滨河花园、向阳人家整治项目。加强后街背巷整治，完成6条主巷、28条支巷的综合整治。对全区整体交付并使用5年以上住宅小区的电梯进行全面排查，排除安全隐患。建立健全投诉回访机制，处理各类投诉92起，回访满意率100%。（朱 群）

天逸华府住宅小区 （区住房城乡建设局/供稿）

城乡管理

【概况】 2016年，区城管办开展建筑垃圾清理、视觉空间美化、停车秩序整治、违法建设快查快处4个专项整治活动，落实长效管理机制，提升城区整体形象。全年实施行政处罚案件5件，其中适用一般程序的5件。雕花楼步行街、口岸街道蔡滩社区分别创成省级城市管理示范路和示范社区。高港区村庄环境长效管理、城市环境综合整治、违法建设防治和城市管理工作考核均获泰州市第1名。区城管办获全市城管系统绩效管理目标考核第1名。

【省级优秀管理城市创建】 2016年，高港区开展“931”城市环境综合整治。共制定“九整治”项目11个、“三规范”项目514个和拓展项目32个，全部完成整治任务，得到省、市检查组一致认可。区城管办牵头整治后街背巷34条，老旧小区2个，城市河道4条。集中整治城区范围内的建筑垃圾、违法建设、户外广告和停车秩序，共清理建筑垃圾600余车，拆除不规范广告230余处、竖式灯箱200余个、“小耳朵”灯箱500余个、高炮广告3处、过街灯桥8个、二层广告50余处、绿岛灯箱40余处，城区市容环境得到改善。新建便民疏导点1个、小游园10个，对金港北路、向阳北路、环溪路户外广告、店招店牌及立面进行整治，店招店牌全面实施硬质化，沿街立面全部出新。

2016年高港区城市环境综合整治项目一览表

表20

1. 棚户区

序号	项目名称	项目位置	占地面积（公顷）	类型（改善型/改造型）	备注
1	金港路南延	口岸街道城南社区、龙窝口社区	4.88	改造型	完成

2. 老旧小区

序号	项目名称	项目位置	建筑面积（万平方米）	备注
1	教育新村	口岸街道新城社区	3.1	完成
2	百年豪景	口岸街道蔡滩社区	8.4	完成

3. 背街小巷

序号	项目名称	长度（米）	备注
1	丰乐北村	1500	完成

4. 城市河道

序号	项目名称	长度（千米）	备注
1	友谊港	3	完成
2	张马中沟	2.15	完成
3	文胜河	1	完成
4	小田河中沟	0.6	完成

5. 低洼易淹易涝片区

序号	项目名称	受淹面积（公顷）	备注
1	兴洲社区河双向泵站	5	完成
2	向阳路东侧雨水管网改造工程	2	完成

6. 建设工地

序号	项目名称	项目位置	类型（建筑、市政、拆迁、待建）	备注
1	明发大酒店工程	高港高新区环港大道南，马厂中沟两侧	建筑	完成

续表20

7. 规 范 占 道 经 营

序号	整治措施	位 置	经营面积(平方米)	摊位数量(个)	备注
1	经营疏导点设置	口岸大桥便民疏导点	1600	180	完成

8. 停 车 设 施

序号	项目名称	方 式(新建设施/利用已有设施)	增加泊位(个)	备注
1	高港实验小学停车场	新建	100	完成
2	高港生态公园体育馆停车场	新建	110	完成

9. 户 外 广 告

规范整治项目		工作规模(处)	备注
集中清理	未经审批、违规设置的户外广告	1	完成
	楼顶广告	1	完成
集中整治	设施陈旧破损的户外广告	210	完成
	长期空白闲置的户外广告	38	完成
	存在安全隐患的户外广告	52	完成

10. 长 效 管 理

类 别	具 体 内 容	备注
数字化城管系统建设运行	进一步完善数字化城管信息采集处置工作,加大应急处置力度,确保超保修期的平稳过渡,力争问题发现率95%,处置率100%,及时处置率95%	完成
城管工作重心下移	城区非涉农社区7个全部建立城管工作站,城市管理覆盖率100%	完成
完成环卫机械化水平	购置洗扫车1辆、垃圾压缩车2辆、电动扫路车5辆,机械化清扫率80%	完成
老旧小区物业管理	老旧小区全面落实"基本保洁、基本保绿、基本养护"的管理服务要求,其他小区物业管理覆盖率100%	完成
河道管理	日常保洁覆盖率100%	完成
停车管理	建立健全停车管理制度,按照职责分工加强管理	完成
户外广告管理	根据相关文件精神,按照审批程序加强管理	完成

11. 违 法 建 筑 拆 除

序号	区 域	数量(处)	建筑面积(万平方米)	备注
1	城市居住区	10	0.1	完成
2	城郊结合部	10	0.1	完成

12. 公 共 自 行 车

序号	地 址	泊车位(个)	自行车投放量(辆)	备注
1	高港城区	25	500	完成

13. 城 市 家 具

序号	项 目 名 称	内 容	备注
1	休闲服务设施	休闲座椅8个	完成
2	交通服务设施	交通指示牌10个、路铭牌18个	完成
3	环卫设施	果皮箱300个、移动公厕10座	完成

续表20

序号	名称	位置	备注
4	美化亮化设施	花坛35个、树池30个、雕塑15个、夜景照明5个	完成
14. 其 他 项 目			
序号	名 称	位 置	备注
1	道路建设	创业大道东延	完成
2	游园建设	春港路游园	完成
3	游园建设	柴墟路游园（南节点）	完成
4	游园建设	金港路游园	完成
5	游园建设	文圣河景观游园	完成
6	游园建设	新乔路景观游园	完成
7	游园建设	团结路景观游园	完成

【城乡环境卫生管理】 2016年，区城管办开展城乡生活垃圾一体化处理工作，及时收集各镇街的生活垃圾，统一密闭运输至泰州垃圾焚烧发电厂进行无害化处理，全年处理量约5.68万吨，投入处置费约455万元、运输费约361万元，处理率达100%。采取随机、不通知、明察暗访等方式开展村庄环境长效管理，全区有管护人员792人，全年共投入经费约1006万元。各镇街按照期限对存在的问题进行整改落实，巡查小组再进行复查，最终形成通报每月上报区政府。

清洗车作业　（区城管办/供稿）

【社区城管服务站建设】 2016年，区城管办按照“先试点总结经验、后推广扩大影响”的建设路径，分阶段渐进式推进社区城管服务站建设。建立健全《社区城管服务站工作职责》《防违控违巡查工作制度》《社区城管服务站工作流程图》等制度，提升服务水平。站内接入数字化城管三级平台，对社区内属于数字城管处置范围的事务，通过平台交办、督办，加快社区城管服务站运转效率。11月中旬，全区8个城市社区、6个涉农社区及3个集镇所在地社区城管服务站全部建成并投入使用。

【环境卫生基础设施建设】 2016年，区城管办编制《泰州高港区环境卫生专项规划》，建成人武部、育才花苑、体育公园3座二类以上公共厕所，购置洗扫车1辆，对全区垃圾中转站安装视频监控系统，投资840万元启动观五垃圾中转站建设，逐步完善环卫基础设施。编制《高港区中心城区停车设施专项规划》，建成高港实验小学和区水利局停车场2座，启动蔡西小区停车场建设。

【违法建设防控】 2016年，区城管办修订《高港区违法建设防治工作考核扣分细则》，重新修编《高港区违法建设防治督查暂行办法》，推动全区违法建设防治工作长效有序开展。发送违法建设督办建议函1份、督办单7份、任务派遣单67份，提高违法建设处置效率。接待群众来电来访156人次，办理各类违建案件（领导交办、市任务派遣、“12345”服务热线等）42件，均已办复、办结。开展“一户一卡”年审，涉及全区86个村（社区），面积449.54万平方米，共变更卡片18451户（更改12906户，注销5545户），变更率为17%。制定《高港区建成区违法建设专项治理工作五年行动实施方案》，并结合违法建设快速处置专项行动，对违法建设进行拆除，全年共拆除违法建设268处，面积2.01万平方米，创成市级无违建示范小区2个（东方明珠、龙湖美景）。

【数字城管建设】 2016年，区城管办对数字化城管平台网络系统进行更新升级，确保与市级数字化平台的互联互通，实现实时通信，整合公安G320高清监控系统，完善动态实时监控子系统。定期组织各类业务培训9次，加强信息采集员、接线员、二级平台操作员、受理员的业务能力和操作水平，提高处置质量和服务效率。全年共收集到各类城市管理问题信息32918条，立案32908件，办结32908件，处置率99.99%，及时处置率99.31%。

【公共自行车投入使用】 5月31日，高港区公共自行车服务系统启动运行。首批投放公共自行车500辆，设置借车点30个，其中，口岸街道18个、刁铺街道7个、许庄街道5个。公共自行车全部为"捷安特"品牌，车身颜色为荷叶绿，框架材质为铝合金，链条、链盖、后挡泥板等部件均为不锈钢材质，车辆质量轻、弹性好，颠簸感弱，骑行舒适。设租车卡办理服务点2处，分别为凤城一卡通办卡点和蔡滩花苑办卡点。1小时内免费，单次超时按1元/小时收费。市民凭借车卡，在市内的高港区、海陵区、医药高新区，以及扬中、扬州、盐城、常州等周边城市实现通借通还。 （陈 乔）

交　通

【概况】 2016年，全区公路总里程685.2千米。其中，按技术等级分，高速公路18.2千米，一级公路99.3千米，二级公路84.7千米，三级公路70.4千米，四级公路426.3千米，等外公路4.5千米；按行政等级分，国道18.2千米，省道41千米，县道129千米，乡道213.8千米，村道283.2千米。公路桥梁273座。有过江通道1条（泰州长江公路大桥），汽渡1个（高港汽渡）。有通航船闸2座。公路客运总量52.59万人次。共开通公交线路22条，营运车辆119辆，线路总长422.2千米，日运营989趟次，实现全区村（社区）全覆盖。

【交通项目建设】 2016年，高港区实施环港大道建设、高港大道（沿江高等级公路）城市化改造、金果路上跨宁通公路大桥、祥泰路南延、鼓楼路南延、春港路东延、金港路北延、通港路建设及泗白路改扩建等交通工程。

高港大道（沿江高等级公路）城市化改造　道路全长17.2千米，由市公路处通过招投标确定设计单位。至2016年末，该项目确定线路走向及断面形式、综合管廊的实施范围、古马干河桥梁的拓宽改造方式、投资方式及实施主体，进行施工图深化设计。

金果路上跨宁通公路大桥　涉及自来水、国防光缆、弱电管道、绿化等迁移工作，年内开通。

祥泰路南延、鼓楼路南延　祥泰路、鼓楼路南延在高港区境内各0.6千米。至2016年末，开展前期准备工作。

金港路北延　起点位于环溪路与金港路交叉处，向北与解放路相交后继续向北，终点位于环港大道，道路全长1.08千米，道路红线宽度40米。同步实施解放路西延段拓宽改造工程。至2016年末，完成项目拆迁，进行项目交地工作。

通港路　起点位于通港东路与高港大道交叉处，终点位于东风路与新港大道交叉处，道路全长1.65千米，道路红线宽度60米。至2016年末，完成施工招投标、附着物评估，进行项目交地。

泗白路改扩建　道路起点位于大泗加油站，向北至陈家村后路线转向东，终点位于海军大道，道路全长约7千米。至2016年末，该项目确定投资方式、实施主体、线路走向和断面形式，完成施工图深化设计，组织施工招投标。

【农村公路建设】 2016年，高港区实施农村公路规划工作。新一轮县道网规划通过省公路局的审查，规划县道17条共155千米。对乡村道网进行新一轮规划编制工作。对22千米农村公路进行提档升级，对1座桥梁进行改造。永安洲镇通过招投标确定管养单位，成为全市第一个由专业单位负责道路养护的乡

泗白路　　（区住房城乡建设局/供稿）

镇。对县道24千米、乡村道100余千米实施生命安全防护工程，确保道路通畅安全。投入2000余万元完成县道老田许线5千米、刁泗路赵王路段1.8千米、孔泗路4千米大修。

【春节运输】 2016年春运期间，高港客运站共运送旅客4.43万人次，比上年下降15%，汽渡共运送旅客5.21万人次，运渡车辆2.18万辆，分别下降15%、10%。无一起安全事故，无一起旅客、车辆滞港压站事件。

【交通专项整治】 2016年，高港区开展为期半年的打击"黑车"专项整治活动，交通、交警、公安部门联动，新闻媒体参与，采取白天与夜间相结合、节假日与正常工作日相结合的方式开展联合执法。在区域重点路段安装高清摄像头，对违章进行取证。共查处"黑车"10辆，收缴非法营运标志牌、灯具40余个。

【交通安全生产】 2016年，高港区要求各运输企业认真吸取全国发生的各类交通事故的教训，加强安全隐患排查和安保防范工作。交通工程承包企业采取有效措施，做好安全监管工作。全年共安排83人次，对公交、客运、汽渡、运输企业进行安全检查，查出隐患63个，并全部整改，投入整改资金160余万元。全年全区共运送旅客574.8万人次。其中，汽渡运送客、货车辆24.4万辆，运送旅客52.4万人次。公交三分公司运送旅客470万人次。

【K3路公交线路开通】 5月15日，K3路（高港义乌大市场至泰州火车站）公交线路开通，发车时间根据动车的时刻表制定。开通初期每天6辆车、12个班次、60趟次，沿途停靠15个公交站点，单程41.2千米。是高港区开通的第2条快速公交线路，首条直达火车站的公交线路。

（黄维民）

水　利

·综　述·

2016年，高港区小型农田水利重点县项目和省级农村河道疏浚整治工程完成投资3406.2万元。完成2条中沟集镇段整治工程，建设城区水源调度建筑物，改善城区水环境。凤栖湖建设项目有序推进。全年共疏浚整治河道8条13.31千米，实施岸坡防护18.07千米，新建涵洞13座、闸站1座。征收水资源费227.48万元，堤防占用费100余万元。农村河道长效管护考核名列全省第6名，市级考核获得第1名。

·防汛防旱·

【汛前检查及物资储备】 2016年，区防汛防旱指挥部办公室多次组织工程技术人员，按照"查全、查细、查实"原则，对沿江涵、闸、站逐一检查，逐一技术鉴定，对城区防洪设施认真梳理，将检查出的问题向有关镇街、企业通报，督促落实除险加固措施。汛前共储备"三袋"（草袋、麻袋、编织袋）10万个、木桩440根、土工布0.7万平方米、块石5000吨、钢管9100米、应急排水泵4台（套）、打桩机2台、应急灯8盏、救生衣30件、土工滤垫250块。

【抢险救灾】 6月29日起，沿江11座一级排涝站全部开启，每天排涝440万立方米。7月上旬，全区大部分地区出现集中强降雨，受梅雨锋雨带强降雨影响，高港城区7月1—8日共降雨310毫米，胡庄镇降雨433.8毫米，永安洲镇降雨503.6毫米，内河水位迅速上涨，最高（口岸闸）达4.44米，为1991年以来内河最高水位，超警戒水位0.64米。受文胜河水位不断上涨的影响，7月3日，口岸街道徐桥村段局部发生漫堤险情，部分农田受淹，口岸街道组织干部群众对堤坝进行加固，区人武部调集其他镇街民兵应急队伍进行增援，经过6个余小时的抢险，险情得到控制。永安洲镇与泰兴市滨江镇衔接段由于港堤标准不高，发生漫堤险情，永安洲镇动员机关干部和附近社区干部及民兵抢险突击队近250人投入抢险，使用编织袋2万条、挖掘机械1台，有效控制险情。7月5日早晨，永正排涝站出水道迎

建设中的凤栖湖　　（区住房城乡建设局/供稿）

7月3日，口岸街道组织干部群众对文胜河堤坝进行加固

（区委宣传部/供稿）

水坡封堵接缝处出现渗漏管涌现象，区防汛防旱指挥部办公室启动预案，组织人员、物资开展抢险。针对管涌险情和幸福闸江堤土质地形特点，区防汛防旱指挥部办公室、永安洲镇、区人武部制定抢险方案，在江堤迎水面布置黏土前戗截涌，背水面实施沙石反滤围井，经积极抢修，江堤内侧的渗漏点封堵加固完成，险情排除。7月6日，长江高潮水位达5.65米，新安阻燃、今朝伟业公司古马干河挡墙发生倒灌，永安洲镇组织抢险队员约150人进行抢险，在原挡墙后构筑二道堤，有效控制险情，使用编织袋2万条。区环保局指导危化品处置，至16时封堵到位。南官河煤炭场段与加油站段、宣堡港与南官河交界处由于原挡墙建设时间长，地面高程低，遇强降雨出现渗漏现象，险情发生后，区水利局、口岸街道、区住房城乡建设局召开协调会，组织人员加固港堤，调拨排水机械进场排水。动用挖掘机4台，编织袋1.3万条，调运土方2200立方米，排除险情。8日，长江大通流量达每秒6.97万立方米，为2003年三峡工程建成以来最大流量。区防汛防旱指挥部办公室启动应急预案，将汛情通知到各镇街及沿江企业，第一时间赶赴排涝现场协调处理。

【防汛工程】 2016年，高港区在汛后组织实施防汛岁修工程，投入140万元，完成同兴港上游段应急防汛项目，共计抛石10245立方米。投入80万元，完成文胜河兴隆段、郎庄段堤防加固工程。

·农田水利·

2016年，高港区投资3406.2万元推进重点县项目和省级农村河道疏浚整治工程，累计疏浚河道8条13.31千米，实施岸坡防护18.07千米，新建涵洞13座、闸站1座，项目地点涉及3个镇街、15个行政村。

·河道整治·

【城区水环境整治】 2016年，高港区投资2000万元，建设张马支沟闸站和集成中沟闸桥，形成凤栖湖区引排水通道。投资1000万元，在刁东中沟与许庄河交接处建设双向引排闸站。投资550万元，对蔡圩河东段（王营河至高港大道）685米河道进行沟通疏浚、挡墙护岸和绿化护坡。投资4100万元，沿通港路东延段北侧新开河道2.5千米，连接支河300米。投资120万元，疏浚河道410米，并建设预制方桩护岸和绿化护坡。主城区水系基本建成相对封闭独立的保水圈。

【河道管护】 2016年，高港区修订《关于进一步加强和完善全区河道长效管理的意见》，细化《高港区农村河道长效管理考核评分细则》。明确水利部门、各镇街、各村组在各类河道管理中的责任和职责，统一区属干河、镇属中沟、村庄河道的管理标准，规范河道管理的督查考核及奖惩机制。由“周巡查、季考核”变成“日巡查、月考核”，提高巡查频率，扩大巡查范围，发现存在的问题，通知管理单位及时整改到位。每月对全区河道长效管理情况进行考核，对管护效果较差、整改不到位的进行通报。

·水政水资源管理·

【水行政执法】 2016年，区水政大队组织汛前清障，共清理渔网渔簖384处，拆除违章建筑400余平方米。加大巡查力度，严厉打击非法采砂。坚持“预防为主、查处并重”的原则，不断加大水政执法巡查力度，做到每周巡查骨干河道2次以上，对长江敏感水域每日定点巡查1次。全年共进行日常巡查242次，长江河道采砂管理执法巡查180次，其中江上巡查30次，共抓获非法采砂船4条。

【严格水资源管理制度】 2016年，高港区制定《最严格水资源管理考核联席会议制度》和《高港区最严格水资源管理制度实施意见》。对取用地表水、地下水的自备水源用水户和5万立方米以上的自来水用水户下达用水计划及用水定额。

【节水型载体创建】 2016年，富彤化学有限公司、汪群小学、许庄中心幼儿园等单位完成节水载体创建工作。国电泰州发电有限公司水平衡测试组进场。益海（泰州）粮油工业有限公司建成循环水利用展示馆，获批省循环水利用节水教育基地。扬子江药业集团等企业申报省级节水型企业。

【再生水利用】 2016年，高港区制定排水专项规划和再生水利用规划，在污水处理厂旁新建再生水厂。建设再生水利用加水站，将经过处理的中水用于绿化及道路浇洒等。

（白　伟）

土地资源管理

【概况】 2016年，泰州市国土资源局高港分局（以下简称"区国土资源分局"）累计报批用地133.94公顷，盘活存量建设用地92.27公顷。出让经营性用地22.2公顷，收取出让金2.54亿元；出让工业用地42.09公顷，收取出让金1.67亿元，出让金到账率100%。报省批准项目用地规划调整面积45.6公顷，上争省国土资源厅规划流量指标320公顷，上争规划空间指标200公顷，完成新增耕地28.8公顷，增减挂钩8.33公顷。依法立案查处违法用地10宗，面积8.32公顷。受理群众来信23件、来访19批，办理区长信箱及行风热线求助27件，结案率100%。

【用地服务】 2016年，区国土资源分局报省批准项目用地规划调整1次，调整面积45.6公顷，确保扬子江龙凤堂、将军机械等一批重大工业项目用地审批。开展中心城区外规划中期评估，累计上争省国土资源厅规划流量指标320公顷，缓解全区规划空间严重不足的压力。开展土地利用总体规划调整完善工作。在市国土资源局下达指标的基础上，上争规划空间指标200公顷。强化重大项目和重点民生工程用地服务，从勘测定界、规划调整到征地洽谈、组卷报批，全程跟踪，专人服务，累计报批用地133.94公顷；盘活存量建设用地92.27公顷。保证全区1亿元以上项目和重点基础设施及民生项目的用地需求。累计出让经营性用地22.2公顷，收取出让金2.54亿元，出让工业用地42.09公顷，收取出让金1.67亿元，出让金到账率100%。

【耕地保护】 2016年，区国土资源分局建立耕地补充考核机制，完善基本农田保护规划，推进占补平衡、增减挂钩项目实施。全年累计完成新增耕地28.8公顷，增减挂钩8.33公顷。胡庄镇省级基本农田整理项目、大泗镇土地综合整治项目申请省级验收。推行基本农田保护责任巡查机制，实行分片包干和基本农田占用"零报告"制度，无占用基本农田违法用地案件发生。

【土地集约利用】 2016年，区国土资源分局联合区人民检察院、核心港区开展联江物流涉嫌闲置土地调查。开展工业用地调查工作，建立工业企业用地数据库，摸清全区工业企业用地规模、产出效益等基础数据。参与项目用地审查，加大用地规模核定力度，严控用地"准入"，累计核减项目用地规模56.67公顷。加大项目用地供地力度，采取交办、协调等方式，全区项目用地供地率达80%。

【土地执法】 2016年，区国土资源分局按照"查防并举，重在预防"思路，建立土地执法动态巡查、违法用地24小时报告、土地执法监察绩效考核等制度，从严防范和控制违法用地。依法立案查处违法用地10宗、面积8.32公顷，罚款28.15万元，没收建构造物5.13万平方米，责令拆除建构造物3.03万平方米，申请法院强制执行12件、面积3.53公顷，处理责任人10人。

【土地确权登记】 2016年，高港区在全省率先完成农村宅基地和农房合一调查登记发证试点工作，10月颁发泰州市首批农村宅基地和农房不动产权证书，累计完成地籍测量、权属调查8000余户，具体做法入选《江苏省基层改革案例》。泰州市不动产登记中心高港分中心于2016年2月23日揭牌，运行后共发放不动产权证书2582本，发放不动产抵押证明826份；出具各类不动产权属证明1884份；办理抵押权注销799宗（户）；办理查封业务计202宗（户）；办理解封业务计51宗（户）；受理进城农民和外来务工人员购房补贴申请46户。

【地质灾害评估】 2016年，区国土资源分局开展地质灾害危险性评估级别核定和备案，全年评估备案37宗，其中，危险程度一级2宗、二级2宗、三级33宗，准确率100%。

（王珊珊）

2月23日，泰州市不动产登记中心高港分中心揭牌　（区国土资源分局/供稿）

魅力高港

精神文明建设

【文明创建】 2016年，高港区连续8次在全市文明指数测评中获第1名，通过省级和国家级考核验收。申报实施社区环境综合整治项目21个，累计投入资金2000余万元。开展泰州文明市民“十要十不要”主题教育活动。12个社区被评为泰州市创建文明城市先进社区，其中，一等奖2个、二等奖5个、三等奖5个。锦江花园、水岸帝景、三星嘉苑获评泰州市文明小区。全区21个单位获评2013—2015年度江苏省文明单位，2个镇获评2013—2015年度江苏省文明乡镇，2个村获评2013—2015年度江苏省文明村，3个社区获评2013—2015年度江苏省文明社区，4所学校获评2013—2015年度江苏省文明校园。

6月23日，高港区召开深化全国文明城市创建动员会

（区网管中心/供稿）

【培育和践行社会主义核心价值观行动】 2016年，高港区开展社会主义核心价值观社会宣传活动，开展“图说我们的价值观”“讲文明树新风”等公益广告宣传。搭建区、镇街、村（社区）三级美德善行平台，村（社区）设立“美德善行”文化墙，各镇街打造美德善行广场，区层面设立美德善行展示馆。全区打造“美德善行”文化墙总面积近1.2万平方米。全区各镇街、村（社区）全部建立美德善行榜，每半年更新1次，全年上榜好人300余人，镇街、村（社区）建成覆盖率100%。印发《关于在区级机关部门（单位）开展社会主义核心价值观建设“进机关”工作实施方案》。

【“典型培育”工程】 2016年，高港区开展道德模范和“中国好人”推荐、学习、宣传工作。泰州口岸船舶有限公司焊接工艺室主任王海东当选省“最美职工”和“江苏好人”。开展高港区2016年“大江儿女·最美人物”评选活动，评选产生“大江儿女·最美人物”10人（张敏、王雪明、汤晶萍、周美凤、李乃平、吴余庆、王兰芳、夏迁、颜俊、曲朝霞），组织宣讲团进机关、进社区、进企业、进医院、进学校开展巡回宣讲。全区累计上榜“中国好人”13人，在全省县（市、区）率先实现“助人为乐”“见义勇为”“诚实守信”“敬业奉献”“孝老爱亲”5类“中国好人”全覆盖，人均好人拥有量全省第一。顾纪和当选2015—2016年度“感动泰州”美德善行十大人物，吴荣纪、王海东获提名奖。

乔向民、侯先栋等10人当选泰州市“最美人物”。

延伸阅读：高港区“中国好人”名单

助人为乐好人：胡庄镇赵玉芳、史记宏夫妇（2014.08），泰州市诚泰测绘服务有限公司总经理侯先栋（2015.10），口岸邮政支局投递员吴荣纪（2016.09）

见义勇为好人：口岸街道居民李良（2012.01）

诚实守信好人：泰州市东方离合器有限公司董事长、总经理江国辉（2013.09）

敬业奉献好人：胡庄镇薛垛村党支部书记张晓兰（2011.03），许庄街道乔杨社区党委书记乔向民（2011.12），大泗学校教师张卫东（2012.10），刁铺街道界牌社区荣誉书记高寿祥（2012.10），口岸街道徐庄村党总支书记徐勤生（2014.11），区人民检察院袁亚琴（2015.07）

孝老爱亲好人：口岸街道张马社区居民姜玲玲（2014.05）

【“道德讲堂”建设】 2016年，高港区建成“道德讲堂”134个，实现村（社区）全覆盖。全年举办“道德讲堂”总堂活动20期、800余场次，5000人次参加。

10月18日，高港区举办第十五期道德讲堂总堂活动

（区科技和知识产权局/供稿）

【“文明家庭”建设】 2016年，高港在全市率先全面实施“文明家庭”创建活动，共评选产生三星、四星、五星级文明家庭2.2万户，其中，五星级文明家庭示范户10户、提名9户。五星级文明家庭示范户分别为许庄街道马厂社区朱建国家庭、永安洲镇建安社区刘桂生家庭、刁铺街道关桥社区杨连荣家庭、口岸街道引江社区张竹山家庭、口岸街道东南社区陈兆祥家庭、永安洲镇福沙社区赵文杰家庭、胡庄镇史庄村赵玉芳家庭、口岸街道丰乐北村徐勤生家庭、大泗镇时庄村曹宝正家庭、白马镇前进村熊红发家庭，五星级文明家庭示范户提名分别为胡庄镇史庄村陈改英家庭、胡庄镇刘元村单菊兰家庭、许庄街道三星社区宗家林家庭、永安洲镇上桥社区封兴华家庭、白马镇白马社区胡志荣家庭、口岸街道集成村栾德平家庭、大泗镇二陈村谢卫东家庭、胡庄镇胡庄社区程春林家庭、大泗镇大泗社区戴广宏家庭。区四套班子负责人结合“大走访大落实”活动进行入户授牌。

【未成年人思想道德建设】 2月22日，泰州市暨高港区2016年度“我们的节日——元宵”民俗展演活动在高港区举办。7月，举办2016年度优秀童谣征集推广传唱活动。年内，开展泰州市暨高港区“学习和争做美德少年”系列活动，推进高港区2016年度“七彩的夏日”——未成年人暑期社会实践系列活动。引导全区7所文明礼仪示范学校和“文明护照”推广学校推进学生文明礼仪养成教育，培育高港实验学校文明礼仪——“尚美少年说”学生论坛，高港实验小学“八礼四仪”——纪念卡、文明章，田河中心小学“品行银行”储蓄活动等品牌。

【志愿服务】 2016年，高港区完成“志愿江苏平台”年度志愿者招募注册工作。围绕“家政服务、文体活动、文明普及、心理疏导、医疗保健、法律服务、美化绿化”等内容，常态化开展“学雷锋志愿服务进社区”各项活动。吴荣纪、孙捷、钱维胜、李锦文被评为2015—2016年度全市优秀志愿者，高港区“工会伴你行”志愿服务队、永安洲镇中心小学志愿者服务队被评为2015—2016年度全市优秀志愿服务组织。“周末高港·党员关爱服务行动”子项目“点亮微心愿·助力微梦想”参与江苏省首届志愿服务展示交流会重点项目集中推介，区委区级机关工委被省委宣传部、省文明办评为江苏省爱心单位，“周末高港·党员关爱服务队”入围中央“100个最佳志愿服务组织”候选名单。

（杨盟 杨寅）

文　化

·综　述·

2016年，高港美术馆（书画院）建成开放，区书画院成为泰州分院，实现资源共建共享。30个村居完成综合性文化服务中心建设，基本建成图书馆总分馆制度，实现图书通借通还“一卡通”。举办“大江放歌”广场文艺演出、“苏演院线”专场演出等各类文化活动80余场。

加强文化惠民券的使用和管理，组织文化惠民演出120场。围绕庆祝泰州建市20周年等重要节点，精心组织文艺大创作，舞蹈《宫灯情缘》、音诗画《遇见高港、遇见幸福》、歌舞《常到百姓家中串串门》3个节目获全市优秀节目奖。3个项目入选江苏省非物质文化遗产名录。高港高新区创成江苏省版权示范园区，泰州龙冉装饰材料有限公司创成江苏省版权示范企业。加强文化市场监管，开展文化行政执法活动。组织14个文化企业申报省、市文化产业引导资金近700万元。全市文化产业增加值占GDP比重为7.2%。

（仲伯荣）

·文化设施·

【高港美术馆(书画院)】 8月13日，高港美术馆（书画院）揭牌开馆，该馆位于口岸雕花楼景区西侧，占地面积2465平方米，建筑面积3540平方米，总投资1000余万元。内设展览厅、创作室、培训室、学术报告厅等，具有书画展览、交流、研究、收藏、培训等公共文化服务功能。至年末，美术馆工作人员中有书法家1人、画家2人，艺术创作成果丰硕。全年书画院开展各类书画展览、笔会活动。举办“江东明珠·美好高港”书画作品展。参与组织泰州文艺名家“走进雕花楼”，在书画院开展书画创作。书画院画师及本地著名书法家到汪群小学开展书法基本功指导。协助老年书画协会举办“九九重阳·壮心不老”高港区第四届老年艺术节书画展。与区文联共同举办“2016·高港区美术作品展”。到高港实验小学与师生进行笔会。

【高港历史文化展示馆】 以李信昌过载行为载体，位于柴墟路北侧，是高港保存较为完好的过载行，是口岸地区商贸发展繁荣的历史见证。呈晚清时期民居建筑风格，坐北朝南，为砖木结构，局部二层，总占地面积1380平方米，建筑面积1116平方米，清代前商后宅建筑的典型代表。高港历史文化展示馆从历史沿革、商贸文化、民俗文化、宗教文化、红色文化、高港名人、柴墟八景、高港新貌8个方面再现高港的历史文化进程。2016年，共接待游客近3万人次。

【国学文化启蒙馆】 以孙氏四方楼为载体，位于口岸雕花楼景区庆元街82号，建于清代末期，总占地面积367平方米，建筑面积405平方米。坐西朝东，平面呈四方形，东西两进二层小楼。两小楼间有小天井呈回廊式，天井二层楼板外侧雕有各式各样精美的雕花，二楼回廊四周是欧式铸铁护栏。2010年，被泰州市列为市级文物保护单位，并进行修缮。修缮后的孙氏四方楼，在保留原风貌的同时，被打造成国学文化启蒙馆，重点展示国学文化知识及传统私学发展的历史沿革。2016年，共接待游客近6万人次。

国学文化启蒙馆（孙氏四方楼） （区委宣传部/供稿）

【中华武进士馆】 以戚氏进士第为载体，位于口岸雕花楼景区庆元街94号，总占地面积1906平方米，建筑面积1654平方米。系戚世光于明朝天启二年（1622）中武科进士后所建。坐北朝南，原宅为明代建筑，现存大门堂、对厅、敞厅、卷屋、堂屋等前后五进，敞厅正梁上方挂1对贴金雕龙纹“圣旨诰命”木龛，门前有1株400余年的古黄杨。2010年，被列为市级文物保护单位，并进行修缮。修缮后的戚氏进士第在保留原风貌的同时，被打造成中华武进士馆，重点展示古代科举考试中关于武进士的内容。2016年，共接待游客近8万人次。

【文化馆】 2016年，高港区文化馆组织开展“大江放歌”广场文艺演出8场，“苏演院线”演出12场，大江艺术团“文化港城行”基层巡演8场，文化惠民券资助演出241场、金额158.25万元。举行高港区群众文艺大创作专场演出，并参与泰州市群众文艺大创作暨专场演出活动。举办“九九重阳·壮心不老”老年艺术节专场演出、全国“文化遗产日”等活动和演出，观众人数达10余万人次。继续开展春、秋两季成人免费公益性培训班，培训学员500人次。

【图书馆】 高港图书馆位于区文化中心，建筑面积2051平方米，为国家一级馆。2016年，共新增图书7000册，征订报刊220种，接待读者3.8万人次。“4·23”世界读书日期间，邀请著名作家丁立梅走进校园作读书、写作专题报告。参加全省少儿数字图书馆数字资源的联合采购，并对少儿数字图书馆的一系列线上线下活动进行宣传和推广，提高数字资源的利用率。组织全区中小学生参加泰州市和江苏省2016年度红领巾读书征文比赛，2人获市级奖，1人获省级奖。加强机关干部“读吧”建设，向领导干部赠送图书。总分馆“一卡通”运行正常，全区所有“农家书屋”与区图书馆实现通借通还。

【中广蓝海影城】 中广蓝海影城位于金港中路时代百货商场6楼，总面积3600平方米，投资1000余万元，按照全国一线影院标准建设，是全区首个星级多厅式影院。有专业电影厅5个、座位813个，最小的影厅可容纳140人，最大的影厅可容纳243人。配备可放映15.1声道的全景立体声影厅。5个厅全部装备并采用先进的2K放映装置，配备3D设备。2016年，电影播放场次7722场，接待观众12.56万人次。

（姚家艳）

·文学艺术·

【文联组织】 2016年，区文联下辖书法家协会、作家协会、摄影家协会、诗词楹联协会、音乐舞蹈家协会、京剧协会、老年书画协会、美术家协会（9月成立），共有会员487人。其中，书法家协会52人，国家级会员3人，省级会员7人，市级会员17人；作家协会32人，省级会员2人，市级会员12人；诗词楹联协会135人，国家级会员1人，省级会员6人，市级会员12人；摄影家协会50人，国家级会员3人，省级会员6人，市级会员12人；音乐舞蹈家协会90人，省级会员3人，市级会员20人；京剧协会57人，市级会员3人；老年书画协会33人，省级会员5人，市级会员12人；美术家协会会员51人，省级会员3人，市级会员18人。

【文学艺术活动】 2016年，高港区举办泰兴高港书画联展、迎五一书法比赛、“为民务实清廉”书法大赛、“我眼中的高港”摄影展、首届职工摄影大赛等系列活动。9月初，区美术家协会成立，举办高港区首届美术展。区戏剧家协会举办大型文艺演出46余场次。区摄影家协会和市摄影家协会到兴化市沙沟镇开展送“年笑”活动。区摄影家协会组织“魅力永安洲”“生态文明·农村新貌”等主题摄影创作采风活动。书法家协会、摄影家协会等举办“文艺大讲堂”6场。区书法家协会在汪群小学成立校园书法社团，面对面辅导学生学习书法。

【文学艺术作品获奖】 2016年，在第三届“祥泰之州”美术书法展、摄影展上，孙志勇行书获书法类作品奖，曹明德四季花鸟屏（中国画）获美术类提名奖，高卫东摄影作品《旋律》获摄影类作品奖。高卫东摄影作品《造船工》获江苏省新闻摄影二等奖，摄影作品《旋律》获“光辉的历程”纪念中国共产党成立95周年省摄影书法作品展一等奖。

（高卫东　孙　捷）

·公共文化·

【“大江放歌”广场演出】 2016年，高港区举办“大江放歌”广场演出8场。4月，口岸街道举办“建设港口名城，铸就美好口岸”专场演出；5月，白马镇举办“打造三大名城，构建和谐白马”专场演出；7月，区文体旅游局举办“美丽泰州，幸福高港”专场演出；8月，刁铺街道和许庄街道分别举办“重振雄风，再铸辉煌”“统筹城乡建设，推进融合发展，打造强富美高新许庄”专场演出；9月，胡庄镇举办“发展现代农业，建设品牌园区”专场演出；11月，大泗镇和永安洲镇分别举办“立足高品味，打造新亮点，全力推进中药养生小镇建设”“滨江港城，魅力江东”专场演出。

【“苏演院线”演出】 2016年，高港区举办“苏演院线”演出12场。1月，举办“黄梅戏经典唱段”音乐会；2月，举办现代京剧专场《沙家浜》；3月，举办“丝竹雅韵”民族音乐会；4月，举办扬剧专场《大义周仁》；5月，举办木偶剧专场；6月，举办锡剧专场《八珍汤》；7月，举办越剧专场《梁祝》；8月，举办少儿武功剧专场《龙城传奇》；9月，举办舞蹈专场《国色天香》；10月，举办“荷兰西海岸大乐队”专场演出；11月，举办悬疑情感剧《八美千娇》；12月，举办相声专场演出。

【大江艺术团“文化港城行”巡演】 2016年，大江艺术团开展“文化港城行”巡演活动8场，观众近3.8万

大江艺术团专场演出　（区委宣传部/供稿）

人次。7月18—28日，分别在永安洲镇、许庄街道、刁铺街道、白马镇、胡庄镇、口岸街道、大泗镇、大江剧院巡演。演出节目有小品《婆婆也是妈》、歌伴舞《花好月圆》、戏曲《双推磨》等。

【老年艺术节】 10月9日，高港区在美术馆（书画院）举办为期1周的"九九重阳·壮心不老"第四届老年艺术节书画作品展，共有35幅书画作品参展。当日，在大江剧院内举办"九九重阳·壮心不老"第四届老年艺术节专场文艺演出，演出戏曲、说唱表演、舞蹈、器乐等节目15个，观众500余人。

【社区文艺调演】 12月22日，高港区举办"赞和谐家园，颂文明高港"第四届社区文艺调演活动，全区7个镇街16个社区代表队参加调演，永安洲镇永胜社区音诗画《大爱筑长堤》、口岸街道龙窝口社区舞蹈《临港园的桃花开了》、高港区老年艺术团舞蹈《爱心妈妈》、刁铺街道关桥社区舞蹈《清江画廊土家妹》获一等奖，高港区京剧联谊会黄梅戏《仙女赞高港》等5个节目获二等奖，胡庄镇喜洋洋艺术团歌伴舞《梅花赞》等7个节目获三等奖。音诗画《大爱筑长堤》作者毛红星，小品《又到除夕夜》作者张华俊，舞蹈《花船开高港》作者毛学邦，三句半《闲不住的老党员》作者张长荣、蔡良富获优秀创作奖。 （蔡 荀 王乃星）

·非物质文化遗产保护·

【3个项目入选省级非遗名录】 1月，高港区宫灯制作技艺、泰州木雕、传统绳带编织技艺入选江苏省第四批非物质文化遗产名录项目。宫灯制作技艺自清嘉庆年间从扬州传入刁铺太平村，历经五代人传承，主要工艺流程有选料，设计图样，制作灯架，雕刻梁、柱上端的龙头、凤首，雕刻框扇花板，打磨油漆框架，

高港宫灯 （区委宣传部/供稿）

切割玻璃，在玻璃上绘画，绕制大红珠穗流苏，组装。传统绳带编织技艺起源于清代中期田河一带，历经六代人传承，今编织技师采用新型高强化纤原料，改革编织技艺，制成多型号高强精密吊绳。帅氏木雕师祖为清乾隆年间木雕艺人帅仿乐，历经五代人传承，主要工艺流程有选材、烘干、画稿、雕凿粗坯、凿细坯、修光、打磨、着色上光。

【非遗保护活动】 2—3月，非物质文化遗产保护工程中心与高港区实验小学共同举办新春第一堂课——"太平宫灯制作技艺"进校园活动、非遗传承实践活动。3月，根雕、宫灯项目传人袁永亮、芮春生参加全国第51届"金凤凰"创新产品设计大赛，作品分获铜奖、优秀奖。9月中旬，区非物质文化遗产保护中心与高港中等专业学校合作，成立虎头鞋、高港风筝等非物质文化遗产社团，开展实施"弘扬非遗文化 点燃智慧之光"非遗社团综合实践活动。6月11日，在江苏高港中等专业学校举办"让文化遗产融入现代生活"高港第十一个"全国文化遗产日"活动。10月，根雕传人袁永亮根雕作品《吉祥献瑞》在徐州举办的中国"汉博杯"工艺美术大赛上获银奖，作品《禅意》获铜奖。

（蔡 荀）

·文化产业·

2016年，高港区有文化产业认定单位492个，主要门类有休闲娱乐、艺术培训、广告印刷、舞台设备、工艺壁纸生产、观光旅游等。全区有各类文化市场经营单位133个，印刷发行单位24个。文化产业增加值占地区生产总值的7.2%。年内，组织文化企业参加泰州市第四届文化产业产品展示会，工艺壁纸、木雕、宫灯、根雕等近百件文化产品参展。 （王乃星）

·文化市场管理·

【概况】 2016年，高港区开展校园周边文化市场集中检查行动、"4·22"事故后文化市场安全生产大检查、暑期娱乐市场清理整顿、暑期网吧和电子游戏室专项整治、夏季消防安全大检查大整治、中秋和国庆期间出版物市场集中检查、文物汛期安全大检查等文化行政执法专项行动。全年出动检查人员1300余人次，检查各类文化经营场所600余个次，查缴非法音像制品、盗版软件20余盘，盗版图书400余册，立案13起，罚款25000元；检查文物古建筑单位30个次，省级文物保护单位古雕花楼加装

避雷针。全年受理举报电话、人民来信8件。

【扫黄打非】 2016年，高港区调整“扫黄打非”工作领导小组成员，制定2016年“扫黄打非”工作方案，明确工作职责，保障“扫黄打非”工作落到实处。开展“扫黄打非·净网2016”“扫黄打非·清源2016”“扫黄打非·秋风2016”“扫黄打非·护苗2016”等专项整治行动，加强市场监管和治理整顿。

【网吧管理】 2016年，高港区有营业性网吧24个，客户端2836台。全区文化执法部门出动检查人员500人次，检查网吧场所300个次。处理网吧违规接纳未成年人案件5件，罚款1万元；处理网吧未按规定核对、登记上网消费者有效身份证件案件4件，罚款4000元；处理网吧未按规定悬挂网络文化经营许可证案件1件，罚款1000元。

【新闻出版版权管理】 2016年，高港区举办“4·26”版权宣传周启动仪式，提高全区政府部门、企事业单位、社会团体及社会公众自觉尊重版权意识和保护版权能力。泰州龙冉装饰材料有限公司获评江苏省版权示范单位，高港高新区获评泰州唯一的江苏省版权示范园区。推进江苏省“农家书屋”提档升级示范区创建工作，配套专项资金110万元，集中采购电脑110台、图书扫描仪90个、图书6万余册、书架180顶、室牌90个、制度450张，做到统一管理，统一标识，统一规章制度，统一铭牌。 （孙丽婷）

·电视节目·

【概况】 2016年，高港城市频道累计播出6205小时，每天播出17小时。全年自制电视节目260小时，承接制作各类专题片11部，录制大型活动2场次。加强民生新闻采制力度，借助热线电话、QQ群、大江论坛等平台，关注老百姓热点问题。在2016年泰州市优秀广播电视节目评奖中获一等奖1个、二等奖1个、三等奖3个。

【新闻宣传】 2016年，高港电视节目中心在《泰州新闻》《新闻夜班车》《小范帮你忙》等栏目发片350余条，其中《泰州新闻》头条和主题新闻近80条。《长江泰州段发现野生中华鲟》《全省首家船民自助银行在泰州高港投入运行》《开办助餐点 让老人吃上“热乎饭”》《盆栽菜大量上市 养生类蔬菜供不应求》等23篇报道被江苏卫视采用。与泰州广播电视传媒集团（台）外宣中心合作采制的《2015中华医学科技奖在京揭晓》《第三届“高港杯”全国象棋青年大师赛开幕》《泰州警方开具第一张〈家庭暴力告诫书〉》及全国“两会”组合报道（徐镜人）等5篇报道被中央电视台《新闻联播》《新闻直播间》《焦点访谈》等栏目采用。

【节目制作】 2016年，高港电视节目中心周日版《高港新闻》改版成功，继续做精一周时政要闻《要闻速览》，做强深度报道《周日视点》，做细主持人脱口秀《洪斌有道》。《高港新闻》开设《弘扬“三个不相信”精神，推进“三大主题”工作》《项目大突破》《“高港尊严”引领港城崛起》等6档专栏，以及《最美高港人》《高港十大杰出青年》《党员先锋谱》《聚焦高考、中考》《高港非遗》等系列、连续报道20余组180余篇。“走基层、转作风、改文风”采访活动常年开展，推出体验式和调查式报道53篇。春节期间推出《回眸十二五，展望十三五》6集，三八妇女节期间推出《巾帼风采》5集，夏收夏种期间推出《基层行》9集，教师节期间推出《园丁风采》11集，全年推出《大江儿女》系列60集。摄制电视专题片11部。

【社会热点报道】 2016年，《高港新闻》民生热线接听观众反映的问题和新闻线索120余起，答复率98%以上，帮助群众解决生产生活、环境污染、矛盾纠纷等民生类问题近百起。推出《驾照可自学 你会选择吗？》《不要让“江刀”成为回忆》《“限塑令”实施8周年，你还在“我行我塑”吗？》《户籍制度改革显成效 城乡居民共享发展成果》《跨越千里的助学行动》《产量减少上市推迟，中秋吃蟹有点贵》《提档升级，让农家书屋找回读者》等社会热点报道。

【特色栏目】 4月14日，区委政法委、高港电视节目中心联合打造的《法治天地》栏目开播，该栏目总时长为15分钟，分《政法要闻》《法治风采》《法律之窗》三大板块。每月第二周、第四周周四晚《高港新闻》后播出，全年共播出18期。策应“两学一做”学习教育，在《高港新闻》推出《“两学一做”见行动》专栏，全年推出动态、主题类报道80余篇。

【编辑技术升级】 2016年，高港电视节目中心对硬盘播出系统进行体检，制定高清硬盘播出系统更换技改方案，全年新增高清非线性编辑工作站1部，新添数字录像机1台，提升节目编辑制作功能。严格执行技术维护检修制度，筑牢节目生产和安全优质播出防线。全年高港城市频道安全播出6205小时，播出电视剧36部、电影96部、《今日扬子江》栏目26期、《高港警方》栏目24期。 （孔令武）

·党 史·

【概况】 2016年，区史志办打造“‘史志’不渝，资政育人”服务品牌。开展党史知识进机关、进农村、进社区、进学校、进企业、进军营“六进”活动。撰写党史宣传报道文章。启动高港地方党史编写工作，计划

2020年出版发行。举办全区纪念建党95周年“两学一做”知识竞赛。

【党史编写】 2016年，高港区启动《中共高港地方史（1997—2016）》编写工作，计划2020年出版成书。收集区党代会报告，高港区大事记，高港区党史大事记，1997—2016年《泰州年鉴》、2010—2016年《高港年鉴》，市委、市政府历年工作报告汇编，中共江苏地方简史等资料。组织外出学习调研，拟定《关于组织开展改革开放新时期高港党史编写工作的实施方案》，明确指导思想、工作体制、工作内容和进度安排。

【纪念建党95周年暨“两学一做”学习教育知识竞赛】 2016年，高港区运用微信答题、书面知识竞赛、现场竞答赛等多种形式，开展“两学一做”党史知识宣传教育活动。6月30日，举行纪念建党95周年暨“两学一做”学习教育知识现场竞答赛。来自区级机关、园区、镇街和企事业单位的10支代表队参加比赛，高港高新区代表队获一等奖，许庄街道、区级机关工委代表队获二等奖，核心港区（永安洲镇）、胡庄镇、口岸船舶代表队获三等奖。（朱素芹）

·地　方　志·

【概况】 2016年，《泰州市高港区志》通过泰州市终审。《高港年鉴（2016）》出版发行。《高港区大事记》正常编印。全省乡镇年鉴编纂工作座谈会在高港区召开，高港区乡镇年鉴编纂工作经验在全省推广。《永安洲年鉴》做到每年一鉴。全年编印《高港区月度大事记》12期。

【区志编纂】 9月20日，市党史方志档案办公室在高港区召开终审会，《泰州市高港区志》通过终审。根据终审意见和区领导、承编单位审稿意见，区史志办组织人员对区志稿件进行修改、完善，需要承编单位核实、补充的，及时做好对接工作，将大事记下限延伸至2016年。开展公共彩页配图准备工作，挑选图片700余幅，编辑图片说明，设计图片编排方案。完成正文插图准备工作，整理图片800余幅。

【《高港年鉴》编纂】 2016年，区史志办举办年鉴业务培训班，指导、督促各单位做好供稿工作。开展年鉴编辑部业务交流和督查、点评活动，督促编辑人员提高编辑水平。邀请多名专家帮助审稿，确保年鉴编纂质量。12月，《高港年鉴（2016）》出版发行。主要记载2015年全区政治、经济、社会发展情况，全书60万字。设类目、分目、条目3个层次，分目下视情设二级、三级分目。设特载、媒体聚焦、专记、高港概貌、高港名片、政治、法治·人民武装、经济、综合管理与监督、城乡建设、社会事业、街道·镇、人物·荣誉、附录14个类目，具有时代特色。向全区党代表、人大代表、政协委员免费赠送年鉴。

【全省乡镇年鉴编纂工作座谈会在高港区召开】 4月21日，省地方志编纂委员会办公室在高港区召开全省乡镇年鉴编纂工作座谈会，推广高港区乡镇年鉴编纂工作经验做法，探索全省乡镇年鉴编纂工作途径。会议提出，编纂乡镇年鉴是保存乡村历史文化记忆的需要，要充分认识编纂乡镇年鉴的重要意义；明确乡镇年鉴“乡镇名片、乡土教材”的功能定位，积极探索乡镇年鉴编纂的新路子；坚持因地制宜、因势利导、积极试点、稳步推进原则，推进乡镇年鉴试点工作。会上，高港区史志档案办公室、永安洲镇政府、张家港市委党史地方志办公室等单位介绍编撰乡镇、村年鉴的体会、经验与做法。（朱素芹）

·档　　案·

【概况】 2016年，区史志办强化培训和指导，推动提升全区档案管理水平。推动土地确权档案工作。开发档案信息资源，为群众查档提供更加简便、优质、高效服务。对全区65个单位开展档案工作检查。区档案馆共有馆藏档案62个全宗，其中，文书档案共有9000余卷和16余万件，婚姻档案4万余件。

【档案查阅利用】 2016年，区史志办开发档案信息资源，主动、及时、超前提供利用服务；创新服务手段，

4月21日，全省乡镇年鉴编纂工作座谈会在高港区召开

（区史志办/供稿）

区档案馆库房　　　　（区史志办/供稿）

完善“8小时外查档制度”；改进服务模式，对馆藏档案实行全文数字化，为群众查档提供更加简便、优质、高效服务。区档案馆共接待查档560余人次，提供档案1500余卷，复印档案资料上万页。

【档案业务指导与监督】 2016年，区史志办指导高港基督教堂制定档案分类方案，规范整理文书、会计、实物、藏经等档案。指导区住房城乡建设局创建省三星级档案室，区住房城乡建设局加大档案工作经费投入，通过购买服务，推动城建档案工作规范化，高分通过省三星级档案室测评。9—10月，分批次对园区、镇街、机关部门、相关企业等近70个单位的档案工作人员进行现场操作指导。组织相关单位档案人员参加苏州大学、南京大学举办的档案技能实训。结合档案年检对全区65个单位开展档案工作检查，印发年检情况通报。在永安洲镇召开全区土地确权登记颁证档案整理现场推进会，从档案整理的工作要求、档案验收的程序和标准等方面，指导镇街做好农村土地承包经营权确权登记颁证档案工作。

【档案安全体系建设】 2016年，区史志办健全完善档案安全保密制度，把安全责任、安全制度、保障措施落到实处。构建人防、物防、技防相结合的综合防范体系，确保馆藏档案安全。　（朱素芹）

体　　育

【概况】 2016年，高港区高标准建成4个市级和3个区级全民健身示范工程，农村“15分钟体育健身圈”基本建成。建成省级体质测定与运动健身指导站。创成江苏省公共体育服务体系示范区。举办各类赛事活动60余场次。举办高港区第三届全民健身运动会。举办“高港杯”第三届全国象棋青年大师赛。

【全民健身中心】 全民健身中心分为两期工程建设，二期工程包括体育文化广场、游泳馆、笼式足球场、网球场。体育文化广场位于综合运动馆东侧，占地约4000平方米，可以举行大型文体活动，满足市民的广场健身需求。游泳馆位于综合运动馆西侧，占地约3000平方米，建25米×21米标准室内游泳池、400平方米少儿训练池和幼儿嬉水池。笼式足球场位于综合运动馆北侧，占地约3000平方米，建两片人造草坪足球场。网球场位于综合运动馆西南侧，占地约1500平方米，建两个塑胶网球场。

【全民健身基础设施建设】 2016年，高港区完善“城区10分钟体育健身圈”建设，95%的自然村实现体育健身器材全覆盖，农村“15分钟体育健身圈”基本建成。推进村（社区）体育健身示范工程建设，建成胡庄镇丁庄村及胡庄社区、口岸街道徐桥村及戴集社区4个市级全民健身工程示范点，胡庄镇陈隆村、大泗镇大马村、白马镇黄河村3个区级全民健身工程示范点。全年新建、更换健身路径57套。

第三届全民健身运动会跳绳比赛现场　　　　（高卫东/摄）

【学校体育】 5月13—15日，高港区承办泰州市2016年校园足球联赛小学组比赛，高港代表队获小学男子第3名、女子第6名。5月21—22日，举办高港区第三届全民健身运动会中小学生乒乓球比赛，21所中小学近200名选手参加比赛。5月27—28日，举办高港区第三届全民健身运动会小学篮球比赛，12所小学176名运动员参加比赛。10月17—18日，举办高港区第二十届中小学生田径运动会，21支代表队252名运动员参加比赛，共破10项赛会纪录，2名运动员达国家三级运动员标准。11月12—13日，在泰州市第五届运动会青少年部田径比赛中，口岸实验学校初中部获全市初中组第1名。11月19日，举办高港区第六届中小学生阳光体育冬季比赛，21支代表队320名运动员参加比赛。12月17日，在泰州市第二届学生阳光体育冬季三项比赛中，刁铺中心小学获二年级组第1名、五年级组第1名及团体总分第1名。

【省级公共体育服务体系示范区】 9月，高港区创成省级公共体育服务体系示范区。至年末，高港区人均公共体育场地面积达3平方米，建成城区“10分钟体育健身圈”，基本建成“农村15分钟体育健身圈”，全民健身电子地图覆盖率100%。

【高港区第三届全民健身运动会】 3—8月，高港区举办第三届全民健身运动会，共设置5个组别12个项目，开展乒乓球、羽毛球、跳绳、拔河、棋牌、钓鱼、台球、篮球、足球、太极拳、广场舞等比赛，约10万余人次参与活动。5月30日，高港杯第三届全民健身运动会开幕式在永安洲实验学校举行，展示《龙鼓欢腾》《多彩花球》《杨柳青青》《太极雅韵》《舞动中国》《茉莉飘香》等表演。8月8日，高港区第三届全民健身运动会闭幕式暨高港区庆祝全国第八个全民健身日健身成果展示活动在区全民健身中心羽乒馆举行。全区7个镇街的8支代表队共240余人参加，展示江畔花鼓、快乐健身操、广场舞、跆拳道、啦啦操、手鼓舞等体育健身项目。

【“高港杯”第三届全国象棋青年大师赛】 10月11—13日，“高港杯”第三届全国象棋青年大师赛在高港区举办。男子28名青年大师、女子8名青年大师共进行7轮角逐。江苏泰州籍选手程鸣获男子组冠军，赵鑫鑫、王天一、孟辰分获亚、季、殿军；吴可欣、梁妍婷、左文静分获女子组冠、亚、季军。中央电视台、江苏电视台、泰州电视台和《扬子晚报》《泰州日报》《泰州晚报》等媒体进行专题报道，新浪网、中国棋牌网、中国智力运动网、广东象棋网等网站进行直播。（谢　丽　尹晓波）

旅　游

【概况】 2016年，高港区共接待游客73.38万人次，比上年增长18.16%；实现旅游总收入8732.65万元，与上年持平；旅游产业带动周边就业1164人。全年上争省、市级旅游专项引导资金115.22万元。口岸雕花楼景区被评为国家AAAA级景区。全区新创成省四星级乡村旅游区1个，省三星级乡村旅游区1个。全年旅游行业无安全生产事故，实现旅游零投诉。

【旅游项目建设】 2016年，全区新开工或续建旅游项目16个，完成投资额20亿元。其中，景区类项目包括口岸雕花楼景区提升工程、口岸水景街区二期、白马海军诞生地博览园、海军舰艇公园（春江湿地公园）、凤栖湖景区5项，完成投入4.91亿元；乡村旅游类项目包括天德园生态农庄、御庐园生态果园、白马庙森林公园配套设施建设3项，完成投入902.71万元；医疗健康与养生养老类项目包括龙凤堂中药基地项目、胡庄生态旅游健康养生服务项目、江苏中药科技园3项，完成投入11.21亿元；基础设施类项目包括海军大道东延工程和高港体育公园2项，完成投入1亿元；旅游住宿餐饮类项目包括明发国际大酒店、郁金香大酒店、金源大酒店许庄分店3项，完成投入2.79亿元。

【旅游品牌创建】 2016年，口岸雕花楼景区被评为国家AAAA级旅游景区，上膳源泰州农场获评江苏省四星级乡村旅游区，天德园生态农庄获评江苏省三星级乡村旅游

鑫马生态园　（白马镇/供稿）

区。全区有国家AAAA级旅游景区1个,国家三星级酒店1个,省四星级乡村旅游区2个,省三星级乡村旅游区2个,省二星级乡村旅游区2个,省级工业旅游区1个,省二星级旅行社1个。

【口岸雕花楼景区】 2016年,口岸雕花楼景区从公共服务设施完善、旅游安全、环境整治、综合管理、市场营销、景观质量提升等方面提升景区档次。改造旅游厕所,规范标牌标识,改造增建停车场,打造"智慧景区",完善游客服务中心功能,全面优化景区的管理水平和服务质量。举办首届大型庙会文化活动、第二届亲子风筝节、《欢乐宝贝》特别栏目走进口岸雕花楼、"金秋祈福,欢度国庆"文艺汇演等活动。全年景区接待旅游人数58万人次。年内,获批国家AAAA级景区。

【凤栖湖景区项目建设】 7月,古寿胜寺项目开工建设,位于凤栖湖北岸,总投资约1.5亿元,占地面积73244平方米,为凤栖湖景区重要组成部分。主要包括宗教场所及寺院配套休闲场所。年内,山门殿、天王殿、大雄宝殿、藏经楼东西厢辅房等建筑主体基本结构封顶,罗汉塔完成基础工程。凤栖湖公园项目完成前期方案设计招标工作。12月,凤栖湖公园项目湖面的整理和开发启动建设。 (陶 澍)

生态建设

【概况】 2016年,高港区集中式饮用水源水质达标率、覆盖率、地表水水质达标率均为100%,长江高港段水质达Ⅱ类标准,口岸闸、口岸桥等考核断面水质为Ⅲ类;南官河坝口以北建成备用饮用水源地。城市环境噪声达标区建设覆盖率100%,区域环境噪声54.8分贝,交通噪声66.9分贝。环境空气质量持续改善,城市环境空气质量优良率较2015年上升2.9%,PM2.5浓度年均值较2014年、2015年浓度均值下降23.8%。口岸街道田河社区、永安洲镇兴隆社区与建安社区、刁铺街道万庄社区、许庄街道三旗营社区获评2016年度泰州市绿色社区。大泗中心幼儿园、刁铺中心幼儿园获评2016年度泰州市绿色学校(幼儿园)。

【生态文明示范区建设】 2016年,高港区启动生态文明示范区建设工作。编制《泰州市高港区"十三五"生态环境保护规划》和《高港区生态文明建设规划》,做到环保专项规划和城市总体规划、土地利用规划等"多规融合"。召开全区生态文明建设工作会议,并以目标责任状的形式明确各园区、镇街、部门创建职责及创建任务。出台《泰州市高港区生态文明建设环境保护重点任务行动方案(2016—2017年)》《高港区生态红线保护区镇街实行差别化考核试行办法》《高港区生态红线保护区生态补偿暂行办法》《高港区生态红线区域保护监督管理暂行办法》《泰州市高港区生态文明建设考核评价与责任追究办法》。加强生态红线管控,对不同生态红线区域实行差别化的管控措施。优化调整生态红线区域,经省环保厅确认省级生态红线面积增加6.7平方千米。全区19个覆盖拉网式农村环境综合整治工程全部完成,提前1年完成覆盖拉网式农村环境整治试点建设任务。推进绿色创建工作,创成省级绿色社区1个、市级绿色社区2个,省级以上绿色学校1所、市级绿色学校2所。

沿江绿色生态走廊 (区委宣传部/供稿)

【污染物减排】 2016年,高港区排定减排工程,向有关镇街、部门下达减排任务。推动全区畜禽养殖污染减排工程实施,并对其他减排工程进行督查,13个年度减排工程全部完成。加大减排工程督查力度,相关部门及时帮助解决工程施工中出现的问题,指导企业做好相关软件资料的收集、整理。开展排污权交易试点,全区4个企业共投入120.5万元通过协议方式取得初始排污权。组织企业参加排污权市场交易活动,1个企业在4项主要污染物排污权拍卖中,拍得2项指标。市属重点污染源全部建立自动监控系统,与市环保局监控中心24小时联网。加大现场监管频次,从源头上减少污染物产生。全年共削减化学需氧量154吨、氨氮19吨、二氧化硫100吨、氮氧化物160吨,完成市下达的主要污染物总量减排任务。

【大气污染防治】 2016年，高港区制定《2016年泰州市高港区大气污染防治工作计划》，明确全年工作任务及环境空气质量改善目标。区住房城乡建设局、城管办等部门对施工扬尘、渣土运输及道路扬尘实施管控。核心港区投入140万元，建成高永化工园区大气污染监测监控预警系统。组织实施《泰州市高港区保障G20峰会空气质量工作方案》，对辖区内27个管控企业严格按照“一厂一策”落实限产、停产方案。全面整治燃煤小锅炉，全年整治57台。推进挥发性有机物防治和港口岸电工程，全区6个挥发性有机物治理任务全部完成，港口岸电工程安装到位。环境空气质量持续改善，城市环境空气质量优良率较2015年上升2.9%，PM2.5浓度年均值较2014年、2015年浓度均值下降23.8%。

【企业环境行为信用评价】 2016年，高港区将环境信用评级纳入企业信用评价体系，组织对辖区内污染源企业的环境行为进行评级，通过环保评级与信贷限制联动机制，激励企业自觉强化污染防治，有效控制高耗能、高污染企业产能扩张。全区150个参评企业中评价等级为绿色8个、蓝色134个、黄色4个、红色2个、黑色2个。20个企业开展环境污染责任保险试点。

【化工园区整治】 2016年，高港区制定《高港区环境监管网格化实施方案》，实行三级网格化监管，区、镇、村逐一明确监管责任人，落实监管方案。对高永化工园区及环境问题突出的企业进行专项执法检查。聘请南京大学环境规划设计研究院对化工园区及园区企业的环保问题逐一会诊，编制完成《化工园区整治方案》。

【危险废物管理】 2016年，高港区组织全区所有危险废物产生、经营单位规范化管理培训2次。开展危险废物专项检查，对5个危险废物违法企业实施行政处罚。推行网上申报转移企业60个。

【环境监察】 2016年，高港区遵循“双随机”抽查机制，分组对全区污染源企业进行交叉互查、夜查、突击检查，排查环境风险隐患和环境违法行为，对中央环保督察组交办和偷排偷放、非法排放有毒有害污染物、非法处置危险废物等违法行为依法从严处罚。立案查处环境违法行为26件，其中移送公安机关3件，处罚金额208万元；下达整改通知书20个，其中，对13个企业下达停产整改通知书，7个企业下达责令改正违法行为决定书。推进环境监察标准化建设，建成环境监察移动执法平台。

【环境监测】 2016年，高港区对区内32个企业实施日常监督性监测。加强南官河口岸闸和宣堡港口岸桥等省、市考核断面的监测。开展黑臭河道整治，定期通报水质监测结果。邀请上海市环境科学研究院在高港设立临时空气监测点，开展大气污染源解析。王营空气自动监测点移交环保部运行维护。

【建设项目环境管理】 2016年，高港区严格执行市政府《关于切实加强环境准入管理的决定》，完善环境与发展综合决策机制，严把审批关、建设关、验收关。从源头上控制污染，先后否决选址不当、污染治理难以达标的水泥添加剂等3个项目。对有利于结构调整和转型升级的重点项目采取“容缺受理”方式，加快审批速度。全年共审批建设项目100个，其中，工业项目42个、三产项目58个，验收33个。大中型建设项目环境影响评价报告书（表）、登记表审批率、“三同时”执行率均达100%。完成308个环保违法违规项目的清理，其中，关闭16个，规范整顿165个，完善备案127个。

【环保宣传】 2016年，高港区开展新修订的《中华人民共和国环境保护法》《中华人民共和国大气污染防治法》宣传，对各镇街环保工作人员、村居代表、重点污染监管企业负责人进行法治培训。邀请省环保厅专家作“环境法治：生态文明建设的基本保障”周末法治专题讲座，400余人参加培训。借助“4·22”地球日、“6·5”环境日等，设立咨询台、展板，开展首届“最美绿色庭院”评选等活动，向群众宣传保护生态环境理念、典型做法、成功经验和突出成果。在雕花楼步行街组织

6月2日，高港区开展世界环境日宣传活动　（区环保局/供稿）

的“生态文明建设宣传一条街”活动被省环保厅评为优秀奖。

(徐会兰)

延伸阅读:2016年高港区环境质量公告

一、环境空气质量

(一)AQI指数情况

2016年,高港区环境空气质量AQI指数100以下天数为249天,占全年总天数的67.9%。

(二)环境空气六项指标

1. 二氧化硫(SO_2)

全年平均浓度为16微克/立方米,较2015年下降20%,达到环境空气质量二级标准限值(60微克/立方米)。

2. 二氧化氮(NO_2)

全年平均浓度为34微克/立方米,较2015年上升6.2%,达到环境空气质量二级标准限值(40微克/立方米)。

3. 可吸入颗粒物(PM10)

全年平均浓度为97微克/立方米,较2015年下降13.4%,超过环境空气质量二级标准限值(70微克/立方米)0.38倍。

4. 细颗粒物(PM2.5)

全年平均浓度为53微克/立方米,较2015年下降15.9%,超过环境空气质量二级标准限值(35微克/立方米)0.51倍。

5. 一氧化碳(CO)

全年平均浓度为1.9毫克/立方米,较2015年上升90%,达到环境空气质量二级标准限值(4毫克/立方米)。

6. 臭氧(O_3)

日最大8小时滑动平均值第90百分位数浓度为184微克/立方米,较2015年上升75%,超过环境空气质量二级标准限值(160微克/立方米)0.15倍。

二、水环境质量

(一)饮用水源地

2016年,高港区城市集中式饮用水源地——泰州市长江永安洲永正水源地水质达标率100%。

(二)地表水

2016年,全区两个地表水监测断面南官河口岸闸和宣堡港口岸桥水质现状为III类,优于考核要求IV类标准。

三、声环境质量

(一)区域环境噪声

2016年,城区区域环境噪声昼间平均等效声级为54.8分贝,比2015年上升0.2分贝。依据《声环境质量常规监测暂行技术规定》,高港区区域环境噪声评价为“较好”。

(二)交通噪声

2016年,城区交通噪声平均等效声级为66.4分贝,较2015年上升0.1分贝。依据《声环境质量常规监测暂行技术规定》,高港区交通噪声评价为“好”。

四、生态环境质量

依据《生态环境状态评价技术规范》(HJ 192-2015),2016年高港区生态环境质量指数为64,处于良好状态。

生态停车场　(区住房城乡建设局/供稿)

幸福高港

公共服务

·教　　育·

■综　　述

【概况】 2016年，高港区有中小学、幼儿园36所，其中，普通中等专业学校1所、高中2所、初中8所、九年一贯制学校2所、小学10所、幼儿园13所。中小学生22805人，在园幼儿6404人。教师2554人，其中，普通中等专业学校248人、高中378人、初中734人、小学796人、幼儿园398人。省特级教师10人，省特级教师后备人才5人，市级骨干教师162人。

【教学科研】 2016年，高港区教育系统承担的10项江苏省规划教研课题和96项市级课题开题，6项江苏省教育科学"十二五"规划课题和40项泰州市规划课题结题。组织开展全区中小学全学科全年级"教学大比武"活动，搭建"新秀露台""能手擂台""骨干展台""名师讲台"等比武平台，组织各学科教师说课、命题、解题等比赛，15人次获省、市级教学比赛一等奖。继续开展"学科优质化"工程，采取"自身研修、内部培训、外出研学"方式，通过诊断课堂教学问题，开展教学微技能研究，提升教师教学反思和研究能力，改革课程体系，并运用相关量表专用工具，定期对学科发展进行诊断评价，有针对性地转变教师教育教学理念，加强理论和实践培训指导，全面提升教师专业素养。推进"学科优质化"工程，学员在省级刊物发表论文近50篇，4个省级教研课题开题。

【教育督导】 2016年，高港区构建"区—督学责任区—校（园）"三级工作网络，实现所有校（园）责任督学挂牌督导全覆盖。按"学年有计划、每月有重点"要求，组织专兼职责任督学驻区（督学责任区）入校挂牌督导16次，其中，经常性督导12次，综合督导2次，专项督导2次。2—6月，组织教育现代化建设监测工作，高港区综合得分86.07分，比目标值85分高1.07分。3月，组织《义务教育学校管理标准（试行）》实验工作评价，11所学校创成市级示范校，所有义务教育学校均创成市级合格校，高港区获评《义务教育学校管理标准（试行）》实验工作先进区。4月和11月，先后对4所小学、3所初中进行素质教育督导评估。2月、9月、10月、11月，先后组

口岸实验学校田径场　　（区委宣传部/供稿）

织开学工作、校园欺凌专项治理、江苏省义务教育学校标准化建设监测3个方面共4次专项督导。年内，接受省督政回访和市督政情况反馈，其中，在市级督政情况反馈会上，高港区获评2015年泰州市县级政府教育工作督导考核优秀等次。义务教育阶段学校小学综合差异系数为0.23，初中综合差异系数为0.35，达省定“小学小于0.55、初中小于0.45”的要求，区政府教育督导室获江苏省促进义务教育均衡发展先进集体称号。

【教育基础设施建设】 2016年，新口岸中心小学进行主教学楼加固施工，孔桥实验学校完成框架部分建筑，进行纳墙工程；新海军小学食堂、艺体楼、图书馆、行政楼、教学楼封顶。新许庄小学的建设项目和过渡方案经五届区委一次常委会议讨论通过。投入291.43万元用于学校维修改造，投入75万元鉴定全区校舍安全抗震性能。投入147.7万元为义务教育阶段学校更新单人课桌椅2536套，触摸一体机53台。投入475.8万元，完成新建的明发幼儿园和东方明珠幼儿园装备采购。公共资源服务平台优质资源不断丰富，全国“一师一优课，一课一名师”平台汇聚部级优课12节，省级优课28节，市级优课167节；省教育信息化资源平台汇聚各类资源67683条；在市“泰微课”资源平台共上传微视频资源5829条，其中A级资源1782条、B级以上资源4213条。

【校车安全工程】 2016年，全区37辆国标校车正常运行，日接送学生2889人次。区校车安全管理工作领导小组采用“政府主导、部门联动、学校监管、公司化运营”的管理模式，全面实行定时、定点、定车、定线、定位“五定”和统一审批、统一标准、统一管理、统一培训“四统一”管理，建立包括驾驶员信息、车辆信息、三方责任书等14项内容的“一车一档”资料。组织开展专项整治活动，严厉打击“黑车”，严查教师随车情况，查处超员、超速等违规行为，逐一勘查整改校车运营线路隐患。全年投入近200万元用于乘车学生和随车照管员补贴、校车保险及校车考核。全区校车运营正常，未发生安全事故，高港区被评为泰州市校车安全管理先进市（区）。江苏电视台教育频道专题报道高港校车安全管理经验2次。

【教师队伍建设】 2016年，全区有区级以上骨干教师352人，叶新和通过正高级专业技术资格评审，实现正高级教师零的突破。陈李、李龙山成为省第四批特级教师后备人才，张晖、陈李成为市第三期卓越教师培养工程培养对象。首次在中小学幼儿园教师专业技术资格评审中进行教育教学能力考核，评审认定一级教师357人、二级教师45人。8名教师参加公派出国（境）交流学习。4月，组织24名中小学校长赴苏州参加第七期校长培训班。7月，组织26名中小学校长赴南京参加第八期校长培训班，提升校长的特色创新力、课程领导力和管理优化力。12月4—6日，高港区教师发展中心接受江苏省示范性县级教师发展中心评估验收，高分创成江苏省示范性县级教师发展中心。

■ 学前教育

2016年，全区有幼儿园13所，其中，公办9所、民办4所；省优质园11所，市优质园2所。在园幼儿6404人，教师398人，学前教育毛入园率99.87%。年内，泰州市金泰堡幼儿园被认定为高港区普惠性民办幼儿园，水岸景城小区配套幼儿园主体工程封顶。明发实验幼儿园和东方明珠幼儿园被纳入市、区为民办实事项目，完成装修和教育装备采购。公开招聘全额事业编制幼儿教师35人，占招聘总数的50.07%。8月，组织全区园长、骨干教师34人到上海考察学习1周。10月，组织新招聘的幼儿教师24人到苏州著名幼儿园跟岗学习2周。在全市幼儿教师观察分析和课程设计能力比赛中，6名教师获奖，其中一等奖2名。永安洲中心幼儿园和许庄中心幼儿园申报的“亲近生活，乐享童年”成为江苏省第三批课程游戏化建设项目。许庄中心幼儿园和刁铺中心幼儿园成为泰州市第二批学前教育课程游戏化建设基地。刁铺中心幼儿园“自然课程”游戏化建设——“秋天的田野”主题活

刁铺中心幼儿园　　（区教育局/供稿）

动被市教育局选送参加江苏省学前教育教研成果展示。

■ 义务教育

【概况】 2016年，全区有义务教育阶段学校20所，其中，小学10所、初中8所、九年一贯制学校2所。在校小学生11817人、初中生5516人；小学教师796人，初中教师734人。高港实验小学创建成全国校园足球特色学校、省艺术特色学校，口岸实验学校、高港实验小学、大泗学校创成省传统体育项目学校。口岸实验学校、胡庄中心小学分别创成省健康促进金牌学校和银牌学校，汪群小学等4所学校创成泰州市体育特色学校，口岸实验学校被市教育局、体育局评为体教融合先进学校。6所学校被泰州市评为体育艺术“一校一品一特色”学校。

【中考招生】 2016年，高港区1678人参加中考，全区中考平均分548.76分，超过全市平均分。录取江苏省泰州中学174人，录取比例10.4%；录取四星级高中498人，录取比例29.68%，较2015年提高近6个百分点。高港实验学校的杨圣霖以722.5分列泰州市城区总分第1名，高港区考生连续3年获城区“中考状元”。

■ 普通高中教育

【概况】 2016年，全区有市直普通高中2所，其中，江苏省口岸中学为四星级高中，泰州市第三高级中学为三星级高中。在校学生3096人，教师378人。

【高考情况】 2016年，高港区998人参加高校招生考试，其中，普通类考生872人、纯体育艺术类52人、新疆班考生74人。江苏省口岸中学作为高考考点，编排考场41个。被高校录取957人，其中本科596人。

■ 职业教育

2016年，全区有中等职业学校1所——江苏省高港中等专业学校，在校学生2376人（中职学生2005人，成人教育371人），教师248人。毕业生664人，其中，近300人到泰州市创新电子有限公司、泰州飞翔车辆工具厂、泰州港务集团有限公司、江苏扬泰电子有限公司等企业工作。普通高校对口单独招生考试中，12人本科进线，公办大专及以上进线率100%。3项省级课题、7项市级课题、10项校级课题结题或开题，1名教师获得省信息化教学大赛二等奖，1名教师获得省教学大赛三等奖。高港中等专业学校获泰州市大中学生军训汇演中职组团体第1名，泰州市职业学校足球比赛亚军，泰州市田径比赛团体总分第2名，泰州市第五届运动会阳光体育冬季三项比赛团体冠军。2名学生分别获泰州市职业学校“践行公约”演讲比赛一、二等奖，2名学生获泰州市职业学校“阳光十佳学生”称号，3名学生被评为省“三创”优秀学生，1名学生被评为省“三创”优秀学生干部，13综高（2）班、14综高（2）班获省先进班集体称号。江苏省高水平现代化职业学校和机械加工技术、工业分析与检验2个省级高水平示范性实训基地创建成功，与台湾德霖技术学院签订合作办学备忘录。

高港实验小学课堂 （高港实验小学/供稿）

■ 社区教育

2016年，全区从业人员继续教育年参与率达62.3%，城市、农村居民社区教育活动年参与率分别为60.3%、42.2%，老年人年参与率20.6%，终身学习网络覆盖率100%。开展农村妇女“网上行”基础技能培训，692名学员获现代女性网络技能初级证书。举办泰州市2016年全民终生学习周启动仪式，22人被评为社区教育先进个人。刁铺街道、许庄街道社区教育中心通过省标准化社区教育中心验收。《建设社会主义新农村背景下农民素质培训的实践研究》省级课题通过立项。

（王劲松）

·医疗卫生·

■ 综　　述

【概况】 2016年，全区共有医疗卫生单位82个，其中，市第三人民医院、区中医院、区疾控中心、区卫生监督所、区妇幼健康计划生育服务中心各1个，镇街卫生院9个，民营眼科医院、儿科医院各1个，村卫生室（社区卫生服务站）63个，个体诊所3个。编制病床1077张，实际开放病床880张，卫生技术人员1085人，门诊、急诊865179人次，住院20205人次。其中，泰州市第三人民医院编制病床400张，实际开放病床400张，卫生技术人员337人，门诊、急诊199153人次，住院9786人次；高港中医院编制病床310张，实际开放病床120张，卫生技术人员128人，门诊、急诊147596人次，住院3435人次。有医务人员1085人，注册医生541人，每千人拥有医生数为2.08，注册护士437人，床护比为0.5。年内，高港区在全省率先实行生育保健一簿通；承办全市分级诊疗试点及全市人口健康文化园观摩现场会；在全国首届“万步有约”职业人群健走激励大奖赛活动中，高港区被评为省内优秀示范区，高港区港城队获优秀团队奖。区卫生计生委先后获2013—2015年度江苏省文明单位、泰州市卫生计生系统考核一等奖、泰州市卫生计生系统建市20周年文艺调演二等奖。白马镇黄河村卫生室和岱白村卫生室创成江苏省示范村卫生室，口岸街道徐桥村和吴楼村创成江苏省卫生村。口岸街道城南社区、戴集社区、东南社区和集成社区创成泰州市卫生村。

【医疗资源整合】 2016年，高港区择地新建刁铺医院、许庄社区卫生服务中心。结合城乡综合体制改革，对全区村卫生室资源合理调整，投入2250万元用于村卫生室的基础设施建设和设备添置，全部建成面积220平方米以上的省级示范村（居）卫生室。至年末，完成妇幼保健和计划生育服务资源的整合，出台《关于优化整合镇（街道）妇幼保健和计划生育技术服务资源的实施意见》。

【公立医院改革】 2016年，高港区继续实施公立医院综合改革，泰州市第三人民医院、高港中医院实现药品零差率销售政策平稳过渡。泰州市第三人民医院、高港中医院取消门诊输液。高港中医院开展临床路径的专业数、病种数、入组率和完成率符合省卫生计生委要求。开展“优质护理服务示范工程”，建立以电子病历为核心的医疗信息化服务进程，提高医务管理效率。落实医师多点执业政策，鼓励区级医院医师在夜间、双休日、节假日等时间，到基层医疗机构执业，推动优质医疗资源重心下沉。

【分级诊疗】 2016年，高港区根据国家卫生计生委、中医药管理局下发的《关于做好高血压、糖尿病分级诊疗试点工作的通知》精神，结合高港区实际，遴选高血压、糖尿病、脑卒中等慢性病诊疗进行试点，实施分级转诊、搭建绿色通道、编印诊疗方案，建立上下联动、分工协作机制。综合运用医疗、医保、价格、宣传等手段，逐步建立“基层首诊、双向转诊、急慢分治、上下联动”的就医制度。建立试点联合病房。三级医疗保健网根据不同的职能和定位有序运转。完善基本药物制度，确保基层医疗机构药品配备满足常见病、慢性病等患者用药需求，适应专科、专病患者和康复期（恢复期）患者下转需求。

【乡村医生签约服务】 2016年，高港区推进“家庭医生”和乡村医生签约服务。健康服务团队坚持每周到社区巡诊，为老年人、孕产妇、儿童、残疾人、慢性病人、计生特殊家庭、精神病人以及行动不便的人员提供上门诊疗服务，落实好慢性病患者、高危孕产妇、体弱儿等人员的健康管理服务，与居民建立长期、稳定、可及的健康服务关系。全区累计签约服务1.99万户居民，签约6.13万人。

【最美医务工作者评选】 2016年，高港区开展“最美医务工作者”评选活动。评选范围为在岗一线医务工作者（含乡村医生），已获得区级以上劳动模范荣誉称号的人员。评选推荐工作坚持实事求是和公开、公平、公正的原则，采取单位推荐和自荐相结合的方式，由各医疗卫生单位按照好中选优原则确定候选人，进行材料整理、审核把关、公示无异议后扎口上报。22名医务人员被评为“最美医务工作者”。（王　军）

大泗镇霍堡村卫生室　（大泗镇/供稿）

■ 公共卫生

【概况】 2016年，全区无甲类传染病发生，共报告乙类传染病11种201例，丙类传染病4种381例。与上年同期比，报告传染病总数上升4.86%。登记活动性肺结核病人60例，其中新发涂阳27例。报告艾滋病病毒感染者3例，新增管理艾滋病病毒感染者（HIV）16例。全区春季查螺总面积为456.39万平方米（其中江滩150.58万平方米），灭螺总面积141.93万平方米。全年血防查病3279人，流动人口查病1287人，均未查出病人，血检阳性6人，扩大化疗6人。完成居民户碘盐监测302份，疟原虫血检810人，发现2例输入性恶性疟、1例输入性卵形疟。建立居民电子健康档案194194份，建档率77%，65岁以上老人健康管理32701人。高血压病人规范管理率65.51%，糖尿病病人规范管理率61.46%。居民死因登记报告2452例，肿瘤病例登记报告1050例，急性心脑血管事件登记报告1300例。为全区288名低保精神障碍患者提供免费服药服务。全区儿童基础免疫接种率97%以上，按要求开展脊髓灰质炎、麻疹、乙肝、乙脑、流脑、流行性腮腺炎监测工作，完成麻疹、麻风腮免疫水平监测任务。推广适龄儿童预防接种异常反应补偿保险服务，全区成功投保267例。开展“居民健康素养评估学习系统”自测活动，全区9653人次参与学习系统自评。大泗镇卫生院、永安洲镇卫生院积极申报创建健康促进医院。指定泰州市第三人民医院为高港区食源性疾病监测省级哨点医院，负责食源性疾病病例、食源性异常病例的信息报送，全年采集病例150例。围绕“普及食品安全知识，提高自我防范能力”主题，开展食品安全知识“进企业、进学校、进社区”活动。

9月7日，高港区举行“主题健走周”活动 （区卫生计生委/供稿）

【“万步有约”职业人群健走激励大奖赛】 “万步有约”职业人群健走激励大奖赛由中国疾控中心慢病中心组织开展，2016年为首届，邀请全国国家级慢性病综合防控示范区和部分重点省级示范区组队参加。作为国家级慢性病综合防控示范区，高港区组织6个参赛队共126人参赛。5月16日，在高港大江剧院举行启动仪式。6月、8月，开展“万步有约”健康讲座及实地健走活动。9月7日，在高港区全民健身中心象棋广场举行“主题健走周”活动。全区共报送摄影作品10余件、征文作品5篇。高港区在全国212支参赛队伍中获第46名，列江苏省22支参赛队第3名。队员们历程总计12455.56千米，万步率高达98.63%，91名队员达100%。在首届“万步有约”职业人群健走激励大奖赛活动中，高港区被评为省内优秀示范区，高港区港城队获优秀团队奖。 （侯明敏）

■ 妇幼保健

2016年，高港区计划生育宣传技术指导站更名为高港区妇幼保健计划生育服务中心。区妇幼保健计划生育服务中心在全市率先将育龄妇女（含流入育龄妇女）的生育服务登记、儿童预防接种、孕产妇保健、儿童保健手册等9种登记簿整合成《高港区生育保健便民服务簿》，实现妇幼、计生“九簿合一”一站式服务。全区规范完成孕前优生健康检查1034人，目标人群覆盖率100%，评估为高风险人数110人，早孕随访296人次，妊娠结局随访370人次。育龄妇女“两癌”（乳腺癌和宫颈癌）筛查10238人，落实农村孕产妇住院分娩补助1309人。妇女增补叶酸816人，增补叶酸知识知晓率100%。禁止非医学需要的胎儿性别鉴定和选择性别的人工终止妊娠。全区无一例儿童死亡漏报、活产漏报；婴儿死亡率2.03‰、孕产妇死亡率0；婴儿出生缺陷率0.26‰。 （周　娟）

■ 爱国卫生

【概况】 2016年，区卫生计生委按照“政府组织、分级负责、部门协调、全民参与、科学治理、社会监督”的爱国卫生工作方针，以爱国卫生月、卫生镇（村）创建为抓手，开展爱国卫生运动。对全区卫生计生系统部分单位控烟情况进行督查和暗访，结合“5·31”世界无烟日开展宣传活动2次，发放宣传材料500余份。开展春、夏季爱国卫生运动。组织城乡居民开展较大规模的环境清理活动，把城乡结合部、城中村、公路沿线、车站、农贸市场、建筑工地、工作场所和居室内外作为环境清理的重点场所，清除城乡积存垃圾，疏通污水管网河塘沟渠，保护饮用水水源。组织宣传活动1次，受众人数380人，组织专家讲座巡讲1场，受众人数50人。发放宣传材料1200份，受众人数2300人。开展病媒生物防制工作，春、秋两季共发放鼠药540千克、蟑螂药2万袋。

【卫生镇（村）创建】 2016年，胡庄镇创成市级卫生镇。口岸街道徐桥村和吴楼村，刁铺街道通太社区，许庄街道蔡庄村，永安洲镇永兴村，大泗镇霍堡村，胡庄镇单王村和丁庄村，白马镇前进村9个村创成省级卫生村。口岸街道城南社区、戴集社区、东南社区和集成社区，刁铺街道圩岸社区，许庄街道官沟社区和赵王社区，胡庄镇胡庄村和赵市村9个村创成市级卫生村。（姚 瑶）

■ 卫生监督

4月，高港区对村卫生室（社区卫生服务站）开展综合监督检查工作，共检查村卫生室（社区卫生服务站）62个，重点检查医疗机构执业管理、人员依法执业情况、消毒管理情况、医疗废物管理情况。与各村卫生室及乡村医生签订依法执业承诺书100余份，在各村居委会张贴打击非法行医告市民书54余份。对供水单位进行每季度1次的现场快速抽检工作，主要对出厂水的余氯、色度、浊度、pH 值等指标进行现场快速抽检。集中供水单位的卫生许可证均在有效期内，各项规章制度健全，消毒设施运转正常，能按要求对水质进行检验，基础资料齐全，出厂水余氯、色度、浊度、pH值全部合格。5—8月，对主城区的公共场所卫生管理制度落实情况进行监督检查，监督各项卫生管理制度落实情况、“两证”办理及公示情况、控烟情况以及公共用品用具消毒情况。其中，住宿场所50个、沐浴场所16个、美容美发场所34个、超市2个、影剧院1个、KTV 2个，下发卫生监督整改意见书48份，立案查处1个。12月，对辖区内的公共场所单位进行量化分级评分并张贴等级公示，其中，A 级8个，B 级89个，C 级24个。全年新发卫生许可证46份、延续45份、复核101份，培训发放卫生知识培训合格证6740份。（孙选萍）

■ 中医药事业

2016年，区卫生计生委指导全区各医疗卫生单位开展“全国基层中医药服务监测”上报工作，对各单位开展中医情况以及设备进行调研摸底。组织中医院、高港人民医院开展中医专家讲课以及针灸培训班，针对广大群众开展中医健康知识讲座6场次，累计培训390余人次。许庄街道、刁铺街道、大泗镇、永安洲镇完成“中医馆”建设，通过省级考核验收。高港人民医院陈萍通过“省第二批中青年中医人才”市级研修班结业考核，高港中医院陈永东通过“国家和省有关人才培养项目的考核”区级考核。组织中医药专家对全区综合医院、中医院、社区卫生服务站、村卫生室进行中药饮片专项检查。高港中医院、慕云儿童医院、田河社区卫生服务中心、刁铺社区卫生服务中心分别申报国家和省中医药旅游示范项目。

（王善军）

■ 医政管理

【概况】 2016年，高港区继续推进医疗卫生对口合作工作，区政府与泰州市人民医院签订合作共建泰州市第三人民医院的战略合作协议，成立医管会，拟订医管会议事规则和合作共建运营方案、医疗设备添置方案、人员定编定岗方案，完成泰州市第三人民医院技术评估和资产评估。区编委办核定泰州市第三人民医院640名和高港中医院465名人员总额，泰州市第三人民医院改扩建工程和CT、MRI、DSA等大型医疗设备购置提上议事日程，破解医院规模、人才、装备不足的瓶颈。开展“名医巡诊”工作，组织区内泰州市基层名中医3人、泰州市第三人民医院退休高级职称在聘人员7人，包括骨科、泌尿外科、肛肠科、儿科、口腔科、中医内科、中医妇科，分批到基层巡诊20余次。建立村卫生室名医工作室和团队工作室，组织泰州市第三人民医院专科医师和基层医疗机构业务骨干定期到村卫生室坐诊服务，方便群众看病就医和健康咨询。开展村卫生室人员药物合理应用培训30人、急救知识培训30人次。组织泰州市第三人民医院和高港中医院参加市级护理临床教学微视频比赛活动；举办高港区“5·12”医护人员技能大比武活动，组织参加泰州市基层岗位练兵和技能竞赛。组织住院、全科医师规范化培训和全科医师转岗培训工作。开展基层“医疗质量推进月”活动，开展医疗机构和医务人员依法执业情况、毒麻药品和处方管理规范情况、医院感染、抗菌药物规范使用、病历质量等专项检查。在基层医疗机构巡回开展院内感染、分级诊疗、肿瘤的早期筛查等讲座，培训近1000人次。开展管理人员、基层医护人员务实进修30余人；参加省、市各类培训200余人次。在泰州市第三人民医院、高港中医院、眼科医院选择输尿管结石、乳腺良性肿块、白内障等病种开展日间手术试点。全区共开展日间手术407例。开展优质护理，病房优质护理覆盖率90%。开展医师定期考核，印发《高港区2015—2016医师定期考核实施方案》，对全区101名执业（助理）医师进行理论和实践技能即一般程序的考核，对195名执业（助理）医师进行简易程序考核。核定全区具有麻醉处方权的执业医师114人。基层医疗卫生单位全面参加市招标平台招标检验试剂和检验耗材。加大院感控制、医疗废弃物规范处置、污水处理监督管理力度，全区医院废水处理装置完好率100%，医疗废弃物规范处置率100%。组织实施基层骨干人才遴选，共遴选24名基层骨干人才，其中蔡志华等9人申报省级基层卫生骨干人才。开展全区62个村卫生室的静脉输液核准工作。

【医疗卫生对口支援】 2016年，泰州市第三人民医院与各基层医疗机构签订对口支援协议，安排骨干医生10人对口支援永安洲镇、大泗镇、白马镇等9个基层医疗机构，解决区内基层医疗机构服务能力不足的困难，方便病人就医。

【特色专科建设】 2016年，泰州市第三人民医院、高港中医院创建中医儿科、针灸、肛肠科等市级重点学科。田河社区卫生服务中心的中医喉科创建成省特色专科。基层医疗机构按照“一院一品”要求打造特色专科。刁铺街道社区卫生服务中心引进国医大师——朱胜华、朱婉华嫡系传人，建立名医工作室。许庄社区卫生服务中心与江苏省人民医院康复科合作，开设康复病区，实行一患一策、一患一护的健康指导和康复治疗。永安洲镇卫生院、大泗镇卫生院、许庄社区卫生服务中心和田河社区卫生服务中心分别在骨科、中风后遗症针灸、康复及临终关怀等特色科室建设上取得初步成效。

【平安医院创建】 2016年，高港区定期召开平安医院创建专题会议和安全工作例会，每半年对医疗单位进行安全检查，全区11个公立医疗机构、2个民营医疗机构全部纳入平安医院创建体系。开展医院内电、气、医疗设备和压力容器等的检修和维护，消除安全隐患，加强对各类技防监控设施的维护和升级改造。医疗单位医疗责任保险参保率100%，1万元以上赔付的医疗纠纷全部通过区医患纠纷人民调解委员处理。在全市率先推出医务人员意外伤害险，由各单位为全体医务人员购买。建立健全警医快速对接机制，确保医院正常医疗工作秩序。组织开展安全知识培训、指导全区各医疗机构进行安全评估。 （赵亚萍）

·人力资源·

■ 综　　述

2016年，高港区城镇新增就业12850人，新增创业6046人，带动就业23016人，城镇登记失业率1.78%，继续保持全市最低。城镇职工基本养老保险、医疗保险参保人数分别为6.52万人、7.7万人；城乡居民基本养老保险参保人数为5.62万人，城乡居民基本医疗保险参保率100%。职业技能鉴定获证人数4587人。引进高层次人才241人，其中海外人才38人。全年招聘事业单位工作人员110人（含教师、医护人员），实现事业单位招考安全无事故和零差错。招录公务员15人，安置军队转业干部8人。劳动监察联动平台按期运行率100%，劳动人事争议案件处理结案率100%，立案受理举报投诉、劳动纠纷和突发事件125起，调解劳资纠纷422起，为职工追讨工资8236万元。区人力资源社会保障局被评为省文明单位、省部门统计示范点、省人力资源社会保障厅完善就业服务体系和社会保障体系工作计划及试点示范项目、省青年文明号。 （李　玲）

■ 城乡就业

【就业情况】 2016年，全区城镇新增就业12850人；城镇登记失业人数1611人，比上年减少198人，城镇登记失业率1.78%，继续保持全市最低。帮助城镇失业人员再就业3276人，其中就业困难人员就业438人，城镇零就业家庭动态为零。新增家庭服务业从业人数198人。年末，全区城乡从业人员15.1万人，其中，第一产业从业人员2.5万人，第二产业从业人员7万人，第三产业从业人员5.6万人。

【创业带动就业】 2016年，高港区深入贯彻技能培训补贴管理暂行办法、促进全民创业暂行办法等扶持政策，落实培训补贴近41万元、社会保险补贴9.7万元，投放小额担保贷款1380万元、劳动密集型企业贷款1660万元，共扶持创业2357人，带动就业11800人。在全区7个镇街举办SYB（意为“创办你的企业”）创业培训56期，培训2380人。

【就业服务】 2016年，高港区完善

1月29日，高港区举办城乡劳动力交流洽谈会永安洲镇专场活动
（区人力资源社会保障局/供稿）

"15分钟公共就业服务圈"和"就业e图"，186个打点单位提供334个工种、1.3万个岗位。实行全区城乡人力资源实名制动态管理，开展高校毕业生实名制调查，就业服务工作及就业率全市排名第1位。举办各类市场招聘活动56场，提供岗位6500个，帮助3112人实现就业。1月29日、2月15日、2月19日、2月22日分别在永安洲镇、大泗镇、胡庄镇、白马镇举办"春风行动"大型劳动力交流洽谈会，共254个企业参加，涉及粮油食品、装备制造、电子信息、生物医药、服务业等20余个行业，提供就业岗位6045个，吸引求职者7100余人进场洽谈，达成就业意向3968人次。贯彻落实《泰州市高港区技能培训补贴管理暂行办法》，统筹城乡所有适龄的有培训需求和求职愿望的失业人员及企业职工免费参加技能培训，并实行职业技能鉴定补贴直补企业机制，对企业组织职工参加培训，经鉴定获取职业资格证书的，按照初级、中级、高级三级，分别给予企业50元/人、100元/人、150元/人的鉴定补贴，鼓励和引导企业主动参加职工技能提升培训。先后为江苏欧瑞格传动部件有限公司、江苏扬泰电子有限公司、江苏汇福蛋白科技有限公司、江苏能建机电实业集团有限公司、泰州市华强照明器材有限公司、大润发超市等32个区内重点企业开展职工技能提升培训，共开设48个班次，培训职工2870人，其中，高技能人才1060人，通过高技能人才鉴定获证866人。

【企业用工服务】2016年，高港区破解企业用工难题，构建企业用工精准服务体系，为企业点对点提供用工管理、技能培训、降本减负等服务，保障大企业大项目用工需求，助推企业转型升级。全年收集128个企业缺工信息480条、岗位1120个；建成省外劳务基地12个，校园合作站10个，为江苏扬泰电子有限公司、万向精工江苏有限公司、泰州大自然德森堡木业有限公司等企业定向送工1000余人。贯彻落实供给侧结构性改革要求，阶段性调整保险费率，企业养老保险费率下调1%，失业保险费率下调0.5%，工伤保险费率平均下调0.17%，累计为区内企业节约成本近2000万元。实施失业保险支持企业稳岗政策，帮助企业稳定职工队伍，全年为华润雪花啤酒（泰州）有限公司、泰州统实企业有限公司、明发集团等18个企业发放稳岗补贴约125万元。"打好用工服务'组合拳'，助推企业转型快发展"项目被评为高港区2016年度创新创优二等奖。

（李　玲）

■ 人才开发

【高端人才招引】2016年，高港区围绕重点行业和关键领域，加大企业博士后创新实践基地建设，江苏能建机电实业集团有限公司获批江苏省博士后创新实践基地。依托基地平台实施"人才+项目"引才，为泰州龙冉装饰材料有限公司引进韩国籍设计总监1人。组织区内企业到北京大学、清华大学、南京大学等知名高校和产业优势区域参加各类人才招引活动，依托科技镇长团建立"人才服务校园工作站"10个，实现常态化引才。全年共引进高层次人才241人，其中海外人才37人。

【人才服务】2016年，高港区开展"人才服务360"专项行动，围绕企业人才现状、产学研合作情况、人才服务需求和人才工作建议等内容，精心设计"高港区企业人才需求服务卡"，实地走访各类大中型企业206个。通过政策宣讲、工作座谈、现场咨询、问卷调查等方式，征集企业人才服务需求并整理汇编成册。根据企业实际需求，为企业提供一对一的"订单式""个性化"人才服务。全年累计为323名高层次人才和应届高校毕业生发放"购房券"1318万元，帮助32个企业攻克技术难题42个，创造直接经济效益1.65亿元。8月11日，全市"企业人才服务360"活动现场会在高港区召开。

【人才培养】2016年，高港区推进"蓝领精英培育工程"。全年新增省有突出贡献中青年专家1人、市有突出贡献中青年专家2人，1人获得国家"千人计划"专家资助，新增高技能人才1397人、专业技术人员767人，2人获市企业首席技师称号，建成市技能大师工作室1个，每万名劳动者中高技能人数达到1049人，高层次人才占全区人才资源总量8%，高于全市3.2个百分点。

（李　玲）

■ 人事管理

【军转干部安置】2016年，高港区坚持"阳光安置"政策，通过档案积分、公开选岗等程序，安置军队转业干部8人，妥善做好军转干部服务管理工作。

【事业单位招考】2016年，高港区公开招聘事业单位工作人员110人，其中，中小学教师33人、幼师34人、医护人员7人、其他事业编制人员36人。招考工作全程接受纪检监察部门和社会监督，确保阳光招录、公平公正，考录工作实现安全、无事故和零差错、零投诉。

【事业单位人事管理】2016年，高港区完善事业单位人事管理制度，注重改革引领，强化监督管理，突出服务优先，事业单位岗位设置和岗位聘用日常管理不断加强。全区32个部门的185个事业单位全面完成岗位设置和人员聘用工作，涉及事业人员3485人，基本形成按需设岗、竞聘上岗、按岗聘用、合同管理的工作机制，事业单位岗位聘用率100%，聘用合同签订率99%以上。

【规范机关事业单位津贴补贴发放】 2016年，高港区加大对全区各类机关事业单位津贴补贴和奖金发放情况专项检查力度，出台《关于印发高港区机关事业单位违规发放津贴补贴和奖金专项清理工作方案的通知》，重申严格执行津贴补贴发放相关规定，并由区纪委、区委组织部、区审计局、区财政局、区人力资源社会保障局等部门组成联合检查组，到74个机关事业单位进行核查5次。

【机关事业单位年度考核】 2016年，全区政府机关公务员258人、参照公务员法管理人员51人、工勤人员36人参加年度考核。通过民主测评和实绩考核，评出公务员优秀等次48人、称职等次191人、不称职1人，18名新录用人员不定等次；参公人员优秀等次12人、称职等次36人、不称职1人，未定等次2人；工勤人员优秀等次6人、称职等次30人。对2014—2016年连续3年度获优秀等次的5人记三等功，对2016年度获优秀等次的42人给予嘉奖。事业单位工作人员3299人参加年度考核，其中，管理岗位625人，专业技术岗位2587人，工勤技能岗位87人。通过民主测评和实绩考核，管理岗位评出优秀93人、合格512人，未定等次20人；专业技术岗位评出优秀402人、合格2103人、不合格4人，未定等次78人；工勤技能岗位评出优秀1人、合格86人。

【工资福利管理】 7月1日起，高港区调整机关事业单位工作人员基本工资标准，将部分规范津贴补贴、绩效工资纳入基本工资，涉及机关事业单位在职工作人员约3600人。根据《省人社厅、省财政厅关于2016年调整退休人员基本养老金的通知》《省人社厅、省财政厅关于2016年调整退休人员基本养老金的补充通知》精神，9月，高港区机关事业单位、企业离退休人员养老金待遇进行同步调整，调资起始时间为2016年1月1日，涉及机关事业单位退休人员共计2079人，平均调资287元/人，个人工资增幅6.05%左右。全年区人力资源社会保障局为全区机关事业单位工作人员办理正常晋升及职务、职称、津补贴等工资变动核定1.2万余人次。为88名达到退休年龄人员办理退休。办理抚恤金及遗属生活困难补助48人。组织离退休老干部352人参加健康检查。

【机关工作人员培训】 2016年，高港区在泰州市公务员培训网络平台组织全区科级以下机关工作人员400余人参加培训，通过个人自学、网络在线学等方式开展学习。实施年轻公务员成长计划，帮助89名年轻公务员成长成才，开展“公文写作”和“演讲与口才”讲座各1期。组织新录用人员79人参加初任培训。选派基层科级公务员3人到苏南对口培训。

【“吃空饷”问题专项治理】 2016年，高港区持续加大对各类机关事业单位“吃空饷”问题“回头看”专项检查力度，出台《关于建立机关事业单位防治“吃空饷”问题长效机制的意见》《关于印发高港区机关事业单位工作“吃空饷”问题“回头看”专项治理工作方案的通知》《关于高港区机关事业单位工作人员病假期间工资待遇的通知》等文件，细化长病假人员工资待遇执行等制度规定，搭建由区委组织部、区人力资源社会保障局、区编委办、区财政局等部门联网贯通、资源共享的人员和工资信息平台，建立健全长效监管和联动工作机制，从源头上防止“吃空饷”及变相“吃空饷”问题的发生。 （李 玲）

■ 维权服务

【欠薪预防管理】 2016年，高港区开展农民工工资支付专项检查，全面排查各类劳动密集型企业工资支付、欠薪隐患，共排查用人单位531个，其中，工业企业455个、建筑施工企业76个，涉及农民工25988人。经排查，共有18个工业企业、11个建筑施工企业分包队存在拖欠工资现象，拖欠金额7923.47万元。在全市率先出台《关于完善劳动保障行政执法案件“两法”衔接三方协调机制实施指导意见》，建立健全行政执法与刑事司法“两法”衔接和人社、公安、检察“三方”协调机制，对欠薪案件互通信息、联合审理、联动查处、灵活处置，有效规范办案程序，缩短办案周期，提升执法效率。全年通过三方协调机制移送欠薪案件20件，公安部门立案受理20件，追捕恶意欠薪犯罪嫌疑人8人，移送检察机关提起公诉1件，无一例错案，通过专有账户直接监督24个用人单位发放2213名农民工工资2124.36万元。“构筑欠薪防控体系，让农民工吃上‘定薪丸’”被评为2016年度泰州市人力资源社会保障系统为民服务优秀项目。

【劳动争议仲裁】 2016年，区劳动人事争议仲裁院共处理各类劳动争议案件1400件，其中，不予受理案件14件，立案处理案件150件，案外调解案件1236件，涉及劳动者1426人，劳动争议案件涉及经济标的3000余万元。立案处理150件劳动争议案件全部按期审结，结案率100%，全年未发生一起错案。网上系统录入率达100%。全年各类基层调解组织调解劳动人事争议案件999件，占本地劳动人事争议案件总数的71.36%。仲裁院积极推进企业外包用工管理相关制度建设，主动走访企业一线，实地指导企业建立本单位外包用工登记备案、外包用工管理等机制，督促企业健全完善本单位职工及承包方职工花名册，明确所有人员的劳动关系归属，强化企业在外包用工中的监控管理职能。

【和谐劳动关系创建】 2016年，高

港区开展和谐劳动关系企业创建、诚信企业评比等活动，将创建范围由企业向社区、工业园区等区域拓展，规范创建标准、改进创建评价、完善激励措施，引导企业和职工建立协商共事、效益共创和利益共享的新型劳动关系，维护社会和谐稳定。全区建成泰州市和谐劳动关系园区1个（泰州市泰州港核心港区），泰州市十佳和谐企业2个（泰州市华强照明器材有限公司、江苏海企化工仓储股份有限公司），市劳动关系和谐企业16个，区劳动和谐企业72个。（李　玲）

公共安全

·公　　安·

■ 综　　述

【概况】 2016年，泰州市公安局高港分局（以下简称“区公安分局”）破获刑事案件288件，抓获刑事作案嫌疑人员318人，刑拘188人，提请批准逮捕109人，公诉223人。破获经济犯罪案件17件，刑拘11人，移送起诉39人，挽回经济损失2651万元。查破治安案件2064件，查处违法嫌疑人员362人。接待处理群众来信来访54件，比上年下降28%，其中，来信21件，下降52%；来访33次，下降15%。查办信访54件，查结率100%。受理“12345”政府热线47件，降低0.02%，市长热线2件。完成重大等安保任务45次，妥善处置各类群体性事件51件。侦破八类案件8件，连续5年实现八类案件破案率100%，实现建区19年命案全破。全年14个单位、129名民警受到表彰奖励，其中20人次获个人三等功，6人获市厅级及以上表彰。区公安分局连续第5次获评省级文明单位，区公安分局办公室被省公安厅政治部评为全省公安调研工作成绩突出集体。吴银庆被省文明办评为“2016江苏好青年”，耿浩被省公安厅评为全省公安机关执法示范岗位，鞠荣祥被泰州市委评为全市优秀共产党员。

【公安微警务】 2016年，区公安分局投资25万元建成“高港公安微警务”平台，上线包括出入境、户籍、执法等6个服务板块，为群众提供预约、咨询、查询、举报和自助移车等58项具体服务。年内，共吸纳网民2.13万人关注，受理求助查询、办事服务360余件次。（戴　华）

■ 刑事侦查

【“百日集中攻坚”行动】 8月1日至11月10日，区公安分局组织开展“百日集中攻坚”行动。行动期间，共破获刑事案件31件，抓获犯罪嫌疑人186人，公诉150人。

【百日追逃专项行动】 10月25日至12月31日，区公安分局开展百日追逃专项行动，抓获一批网上逃犯。年内，共抓获网上逃犯42人，网上逃犯清网率达82.3%。

【经济案件侦查】 2016年，区公安分局破获经济犯罪案件17件，刑拘11人，提请批准逮捕7人，移送公诉39人，挽回经济损失2651万元。

【打黑除恶】 2016年，区公安分局共摧毁涉黑涉恶犯罪团伙8个，破获刑事案件8件，抓获犯罪嫌疑人56人。核查各类涉枪线索20余条，破获案件30余件，查获枪支20余支，扣押各类枪支零件100余件。

【“泰安”行动】 2016年，区公安分局持续组织开展以大要案件侦破、打击侵财性犯罪、电信诈骗犯罪侦防、打黑除恶工作以及打击毒品犯罪为主要内容的“泰安”行动，工作成效显著。年内，共破获刑事案件217件，破案数比上年上升16%。

【涉毒案件侦破】 2016年，区公安分局加大对涉易制毒化学品犯罪的侦破力度，共破获毒品案件2件，查处吸毒人员97人，缴获毒品2克。

【电信网络诈骗案件侦破】 2016年，全区发生电信网络诈骗案298件，破24件，破案率8.1%，电信网络诈骗案破案率列全市第1名。（戴　华）

■ 治安管理

【“清水蓝天”专项行动】 2016年，区公安分局继续组织开展打击危险废物生产单位非法排放、倾倒、处置危险废物犯罪的“清水蓝天”行动。年内，先后侦办“6·19”“6·22”公安部督办特大污染环境案件，共移诉15人。

【公共场所治安管理】 2016年，区公安分局组织对全区娱乐休闲服务场所开展暗访，共检查场所86个次，对有涉黄违法行为的场所责令停业。年内，共为156个宾馆、旅馆换发特种行业许可证，新开旅馆7个，为3个公共娱乐场所安装治安管理系统，办理从业人员管理卡108份。共检查旅馆321个次，下发整改通知书16份，处罚17个。加强网吧管控力度，与各网吧业主签订网络安全管理责任书，网络安全员配备率和培训率均达100%。网吧检查覆盖率100%，实名率98.75%。通过网吧管理基础工作抓获犯罪嫌疑人12人。

【危险物品管理】 2016年，区公安分局与全区190余个涉危涉爆单位负责人签订安全管理责任书。共组织危爆行业集中清查行动18次，清查危险物品企业11个，清查烟花爆竹仓库及零售网点230个次，签订责任保证书23份，治安处罚相关责任人7人。在全区14个剧毒化学品使用单位强制推行物联网等远程视频监控工程，实现对危险物品的全流程、实时化、全天候监控。全年未发生重大案（事）件和治安灾害事故。

【寄递业管理】 2016年，区公安分局在全市率先推广安装物流寄递业实名登记系统，安装后台客户端9台、手机APP软件66部。全市寄递渠道安全监管现场推进会在高港区召开，区公安分局在会上作寄递业管理经验交流。

【“平安义工”】 2016年，区公安分局共开展平安义工业务培训会8场，通过平安义工破获案件3件，全区在册平安义工志愿者1.5万余人，抓获违法犯罪嫌疑人8人，帮扶救助群众12人，化解矛盾纠纷58起。

【校园安保】 2016年，区公安分局共组织5轮全区中小学、幼儿园安全大检查活动，实现全区36所校园安全防范全覆盖，通过检查发现各类安全隐患51个，依法下发责令限期整改通知书21份，治安处罚4人。开展“安防进校园”宣传教育活动75次，受教育师生4万余人次。

【“小威士”智能报警系统】 2016年，区公安分局升级“小威士”智能报警系统，增加视频、监控、查询检索等功能。“小威士”工程纳入2016年区政府为民办实事项目。年内，共为社区医疗卫生站安装“小威士”59个，为单位场所、敬老院安装31个，为孤老病残家庭安装192个。接受各类报警和求助280余起，超前化解矛盾纠纷34起，帮扶群众132次，主动防范治安、刑事案件5件。

【应急处突行动队】 2016年，区公安分局会同交警、消防等部门建成36人的应急处突行动队。年内，大队共接处警610件，登记录入盘查人员1.96万人；抓获各类违法犯罪嫌疑人179人，被处以行政拘留以上处罚的128人，其中逃犯4人；成功处置各类群体性事件48件。

区公安分局检查G20峰会高港区安保执勤工作 （区公安分局/供稿）

【安全保卫】 2016年，区公安分局完成各类安全保卫任务46次，包括全国春季农业生产暨森林草原防火工作会议、市委工作会议等重要警卫安保任务。完成重要节点的社会面巡逻防控和活动安保工作。

【“站地”联勤联动机制】 5月11日，区公安分局建立“站地”联勤联动机制，即每天抽调警力到泰州长江公路大桥开展联勤联动，现场查获的违法犯罪嫌疑人或需要配合的警情，由巡特警大队统一扎口并协助处置。协作抓获各类违法犯罪嫌疑人70余人，收缴各类管制物品、吸毒工具等50余件，查获K粉50余克。 （戴　华）

■ 户政管理

【户口管理服务】 2016年，区公安分局共受理户口审批材料1702件，共办理身份证20686张，受理跨省异地办证114人、省内异地办证262人，纠正户口登记项目差错2210个。

【流动人口管理】 2016年，区公安分局共登记暂住人口4.13万人，登记房屋出租户9215户，集中采集信息5300人。清查流动人口聚集地9处，发放流动人口须知1万余份，签订房屋出租责任书2万余份，提供咨询3100人余次。共办理居住证6343张。

【“清源”行动】 3月，区公安分局开展实有人口和实有房屋“清源”专项行动，对全区45个社区警务责任区进行实地检查验收。共登记流动人口2.18万人，新登私房出租户1314户，摸排无户人员76人，帮助落户55人。

■ 出入境管理

【出入境服务】 2016年，区公安分局共受理出境申请7623人次，其中，电子护照3701人次、赴港澳台申请3922人次。全年未发生群众投诉和违规违法办理出入境证件事件。

【涉外安全管理】 2016年，区公安分局强化对境外人员居住地的调查和安全检查，加强对临时入境境外人员登记管理。共登记长期居住或经常往来高港区的人员150人，其中，常住高港区境外人员56人（外国人20人、中国台湾居民36人）。

（戴　华）

■ 道路交通治安管理

【概况】 2016年，泰州市公安局交通警察支队二大队（以下简称“交警二大队”）接处警1.14万件，比上年增长7.88%，查处各类交通违法行为13.68万件，处罚13.62万件，扣留车辆1210辆，扣留证件99本。全区交通事故造成死亡33人，伤45人，直接经济损失205.4万元，分别增长3.13%、9.76%和-65.42%。完成春运、五一、端午、高考、中考等各类交通安全保卫任务119件。交警二大队被评为江苏省文明单位。

【路面勤务管理】 2016年，交警二大队采取流动巡逻与定点查纠相结合等方式，坚持早晚高峰岗制度，重点对无牌无证、超载超速、酒后驾驶、疲劳驾驶、逆向行驶等严重交通违法行为查纠治理。实现酒驾整治常态化，累计查处酒后驾驶违法行为80起，醉酒驾驶52起。定期开展酒驾毒驾整治，抽调警力对渣土车、混凝土运输车、沙石车、危化品运输车辆开展专项整治活动。全面开展"严管街"违停整治工作，确定金港路、扬子江南路、通扬路为第二批"严管路段"，安排专人加大违法停车拍摄取证力度，联合高港电视台跟踪报道整治情况，不断优化道路通行环境。

【交通安全宣传】 2016年，交警二大队先后到江苏省口岸中学、高港实验学校对全体师生开展交通安全宣传。到口岸街道为村（社区）干部上交通安全宣传课，发放《致新港大道沿线广大居民的一封信》。到中海油气（泰州）石化有限公司开展交通安全宣传知识讲座。在报纸、广播、电视等新闻媒体设置宣传专栏和专题节目。

【交通安全隐患排查】 2016年，交警二大队针对口岸车站转盘改造、宁通高速拓宽改造等重大工程，开展道路交通安全评估，召开交通工程协调会，就施工期间施行道路交通管制方案、施工期限等相关事宜进行协调。11月，开展校车安全事故应急演练，增强校车驾驶员和师生的安全意识。12月，召开重点运输企业集中约谈会，组织高港区15个渣土、沙石和混凝土企业分管负责人和驾驶员代表60余人在万年码头召开高港区工程运输企业现场会。年内，对辖区内所有未淘汰报废的黄标车、逾期未检验、未报废的车辆，以及交通违法记录多、长期不接受处理的车辆，逾期未审验、未换证、达到降级未降级、记分满12分未处理的驾驶人开展摸底排查，发出《车辆及驾驶人交通安全隐患整改通知书》。全年共淘汰黄标车698辆，淘汰率100%。

【车管业务办理】 2016年，交警二大队共办理二、三轮摩托车驾驶证410本，补换证7825本，办理摩托车注册登记1055辆，年检车辆9760辆，注销登记1528辆，接受群众咨询28464次。（王阿林）

消 防

【概况】 2016年，武警泰州市消防支队高港大队（亦称"高港区公安消防大队"，以下简称"区消防大队"）共接警535起，抢救财产价值2479.5万元。全区火灾直接经济损失30.96万元，火灾起数比上年上升3%，伤亡人数下降100%，直接财产损失下降31%。年内，成功处置"2·20"腾龙御园10号楼地下车库火灾、"4·19"春江路门面房火灾、"4·28"海企仓储火灾、"9·12"高港区时代公寓火灾、"12·25"大唐化工火灾，未发生重特大火灾事故和人员伤亡案件。区消防大队共修订重点单位"六熟悉"卡66份、重点预案56份，修订灭火作战预案60份，开展石油化工、大跨度大空间、多层建筑、人员密集场所等实战化演练112次、部门联合演练5次、跨区域演练2次。

【消防检查】 2016年，区消防大队开展去冬今春消防检查、夏季消防检查、易燃易爆危化品场所等专项整治活动，累计检查单位1551个次，共发现火灾隐患2963件，发出责令改正通知书1251份、行政处罚决定书83份、临时查封决定书33份，责令停止施工、停产停业企业11个，罚款44.39万元，拘留5人。（马冰冰）

·法 院·

【概况】 2016年，区人民法院共受理各类案件4803件，审、执结4071件，结案标的额14.49亿元，其中，受理刑事案件224件，审结221件。判处罪犯258人，其中，5年有期徒刑以上刑罚23人；受理民商事案件2371件，审结2360件，标的额5.47亿元；受理并审结非诉行政执行审查案件61件；受理执行案件1408件，执结1479件；执行到位标的额2.08亿元。发出全市首份"人身安全保护令"。组织法治大讲堂、普法讲座15场，编发宣传资料900余份，受众1600余人次。创新"彩虹行动"，设立少年帮教站。1篇案例入选全国"利剑行动十大典型案例"。发布审判白皮书4份、诉讼失信案例6篇。年内，区人民法院被评为全省优秀法院、全省法院党建工作先进集体、省级青少年维权岗，全市十佳示范政法单位、廉政文化建设示范点，21个部门获省、市、区表彰，76名干警受到省、市、区表彰。

【刑事审判】 2016年，区人民法院保障群众生命健康安全，审结"假胶囊""铝包子""疫区牛肉"案。会同公安、检察部门，研究制定醉驾量刑细则，快速审理醉驾案件63件。坚持以审判为中心，落实庭前会议制度，严格适用证据裁判原则，依法排除非法证据，坚决防范错案发生，刑事案件发改率全市最低。

【民事审判】 2016年，区人民法院积极适用小额诉讼、速裁程序，推行案件繁简分流，实现繁案精审、简案快审、类案专审，缩短办案周期，降低当事人诉讼成本。速裁案件平均审理天数19天，调撤率81.3%。加强释法析理，追求案结事了，妥善化解恒元置业群体性纠纷。常态开展家事案件巡回审判，加强与“两代表一委员”工作联络，充分吸纳群众评议团意见，形成“百姓说事、群众说理、法官说法”工作合力，就地化解矛盾纠纷80余件。

【商事审判】 2016年，区人民法院发挥司法裁判功能，规范市场交易秩序，优化投资环境。妥善审结涉重点企业案件71件，助力全区主导产业提质增效。审慎采取保全措施，维护债权人合法权益，避免影响企业正常经营。积极防范金融风险，构建“金融安全绿色屏障”创新项目。平等保护非公经济，助力小微企业创新发展，保护企业合法债权。处置“僵尸企业”经验举措获省高级人民法院推广。

【行政审判】 2016年，区人民法院规范行政案件受理工作，畅通行政诉讼案件入口。增进行政与司法良性互动，积极开展法治宣讲、专题交流3场，促进行政机关强化法治思维，从源头上预防和减少行政争议。充分发挥行政审判服务职能，主动参与国有土地房屋征收、集体土地征用项目，积极提出意见建议。深化行政机关负责人出庭应诉工作，健全通报机制，行政机关负责人出庭应诉率100%。

【破解“执行难”】 2016年，高港区针对“执行难”问题，加强与银行、工商、车管、国土等部门信息互联共享，及时掌控被执行人财产动向。借助户外电子显示屏、“微高港”、《法治天地》栏目等载体，及时曝光老赖信息。健全失信联合惩戒机制，通过限制购房、高消费、招投标、银行贷款等“软强制”措施，让老赖“一处失信、处处受限”。发挥基层组织人缘地缘优势，选聘执行联络员136人，构建基层协助执行网络，执结案件71件、210余万元。建立悬赏机制，征集线索187条，有效控制被执行人财产。推行网上司法拍卖，完成网拍147场，成交率51%，金额1741万元，为当事人节省佣金87.1万元。

【立案信访】 2016年，区人民法院全面实施立案登记制，实行有案必立、有诉必理。制定“无讼村居”实施方案，创建乔杨社区“无讼村居”示范点。加强部门联动，妥善化解恒元城、义乌大市场群体信访，引导上访群众理性表达诉求。设立人民调解工作室、律师工作站，诉前化解矛盾纠纷157件。完善信访会办机制，邀请律师参与信访听证。办结中央巡视组交办进京访案件2件。涉诉信访量、信访投诉率保持全市法院最低。

【法企共建】 2016年，区人民法院出台《关于有力策应市委“三大主题工作积极护航高港经济社会发展的实施意见》，成立港口经济司法服务指导小组，开展司法调研，当好法律服务“店小二”。完善“法企共建”机制，在扬子江药业集团、益海（泰州）粮油工业有限公司、泰州口岸船舶有限公司、泰州三福船舶工程有限公司、江苏张弛轮毂制造有限公司等65个重点企业设立法官挂钩联系点，开展“账单式”“销号式”“回单式”服务。走访重点企业、项目88次，出具法律“体检意见”9份。联合多部门，依法强制执行洁西卡公司租赁合同纠纷案，保障全民健身中心项目顺利推进。建立企业涉诉通报机制，研究判断辖区21个企业涉诉成因，向党委、政府建言献策。依法启动易达公司破产程序，稳妥处置“僵尸企业”。针对企业经营新情况，提出司法建议11条，报送调研文章9篇，53篇信息被省、市、区委和上级法院采用。

【审判改革】 2016年，区人民法院推进员额制改革，首批入额法官19人。落实合议庭和承办法官办案主体责任，健全法官评价、责任追究机制，实现“让审理者裁判、由裁判者负责”。全面推行以法官为中心的审判团队模式，院、庭长编入审判团队，承办重大疑难复杂案件，指导审判工作。推动家事审判改革试点，创新“家庭化”庭审模式，促进家庭和谐稳定。

【阳光司法】 2016年，区人民法院邀请人大代表、政协委员视察调研、参与庭审、监督执行43人次，报送《法院简报》《法院通讯》17期，编发“向您报告”亮点短信11条。建立法官律师互评制度，共促司法公正。接受社会监督，召开新闻发布会4场，公开审执动态，通报为民举措。推进“智慧法院”建设，打造审判流程、裁判文书、执行公开三大平台。

【何芬法官工作室】 何芬，女，1976年11月出生，中共党员，汉族，大学本科学历，法律硕士学位，区人民法院少年及家事案件审判庭庭长。自1998年参加法院工作起，先后在民一庭、民二庭、立案庭、少年及家事案件审判庭办案，案件上诉率低，且无一发回改判。2015年起，区人民法院先后在6个镇、街道设立“何芬法官工作室”，常态化开展就地立案、就地调解、普法宣传、法律咨询、巡回审理。“何芬法官工作室”按照“五个一”标准建设，即设一套宣传册，印一张便民联系卡，建一个法官便民邮箱，公开一部便民服务电话，建一个工作台账。区人民法院选派法官到“何芬法官工作室”开展工作，派驻法官每周进社区工作时间不少于半个工作日。2015—2016年，“何芬法官工作室”共受理婚姻家庭、劳动争议、交通事故、人身损害、相邻关系、民间借贷、物业服务案件1134件，占同期全院收

“何芬法官工作室”工作人员走访慰问当事人（区人民法院/供稿）

案数的41.2%，调解824件，调解率72.6%；化解诉前纠纷171件，调解率98.3%。2016年，以何芬事迹为题材，制作法治微电影《引航》，获全国微电影大赛优秀奖。“何芬法官工作室”赢得群众好评，先后获评泰州市政法工作创新奖、泰州市法治建设优秀实践案例、高港区“创新创优”奖、高港区优秀机关服务品牌，得到省委政法委领导的高度认可。被《人民法院报》《江苏法制报》头版报道，工作经验在全市法院推广。因工作表现出色，何芬先后获评全省优秀法官、全省涉诉矛盾纠纷化解工作先进个人、泰州市百姓喜爱的好法官、泰州市十佳巾帼维权卫士、高港区十大杰出青年、高港区劳动模范，荣立个人二等功1次、个人三等功3次。（王晓伟）

·检　　察·

【概况】 2016年，区人民检察院共办理审查逮捕案件62件86人，办理审查起诉案件220件335人，起诉案件有罪判决率100%。查办贪污贿赂犯罪4件8人，查办渎职犯罪3件3人，其中科级以上干部3人。监督公安机关立案、撤案3人，纠正漏捕、漏诉3人，提出监督和纠正意见10次，排除非法证据1件。提出和提请刑事抗诉2件，发出再审检察建议1件，纠正审判程序违法2件。纠正刑事执行脱管漏管6人次，建议收监执行3人，建议对6名羁押对象变更强制措施。办理刑事申诉案件8件，向法院提起行政公益诉讼案件2件，开展国家司法救助，发放救助金7.7万元。区人民检察院获江苏省文明单位、泰州市六五普法先进集体称号。刑事案件见证人见证情况专项核查活动被评为全国检察机关优秀侦查监督案件。1名干警获评全省检察机关十佳预防业务标兵，6名干警在全市检察系统业务练兵竞赛活动中获奖。1项研究课题获评泰州市第十届哲学社会科学优秀成果二等奖。全年在各类媒体宣传检察工作112篇次，编发情况反映和简报39期，通过门户网站、案件信息网、微信、短信等平台，公开办案进度信息及法律文书等503份。

【刑事检察】 2016年，区人民检察院共办理审查逮捕案件62件86人，办理审查起诉案件220件335人，无一出现错漏。开展打击涉众型、侵财型犯罪，共提前介入裴某某等人非法吸收公众存款案等重大犯罪案件侦查11次，召开联席会议5次，依法引导取证，促进侦、捕、诉、审无缝衔接，确保定性和法律适用准确。精选9件重大刑事案件由检察长、检委会委员出庭公诉。运用宽缓的刑事司法政策，依法对14名无逮捕必要的嫌疑人作出不予批捕决定，对5人作出相对不起诉决定。

【职务犯罪查处和预防】 2016年，区人民检察院开展长江非法采砂、农村基层等领域查案专项行动，共立案查办贪污贿赂犯罪4件8人，查办渎职犯罪3件3人，其中科级以上干部3人，挽回经济损失170余万元。查办刁铺街道农业服务中心原副主任杨某某挪用公款案，涉案金额累计超1亿元，系泰州市检察机关成立以来查处的挪用公款案件中涉案金额最大的案件，获评全市检察机关反贪案件“零瑕疵百日争创活动”优质案件。先后开展预防调查3次，案件剖析11次，发出检察建议3份，帮助查找制度缺漏和监管缺失，指导规范章制流程7项。在住建、环保等系统开展预防讲座13场次，联合市人民检察院在全市水利系统召开重大典型案例剖析会。

【诉讼监督】 2016年，区人民检察院共监督公安机关立案、撤案3人，纠正漏捕、漏诉3人，向公安机关发出《要求说明不立案理由通知书》2份，《纠正违法通知书》8份，排除非法证据1件。提出和提请刑事抗诉2件，发出再审检察建议1件，纠正审判程序违法2件。检察长列席区人民法院审判委员会讨论并发表意见6次，采纳率保持在98%以上。强化刑事执行监督，监督收监1名不符合保外就医的职务犯罪罪犯和1名反复怀孕逃避收监执行的贩毒罪犯。纠正脱管漏管6人次，建议收监执行3人，发出纠正违法通知书和检察建议9份，建议对6名羁押对象变更强制措施。全年共办理民事行政审判程序违法监督3件，提起行政公益诉讼案件2件，防止虚假诉讼1件，开展执行监督3件，行政违法监督10

件。集中调阅水利部门72本执法案卷，分析执法质态、找准监督重点、提出整改建议，从实体和程序上促进规范执法。对长期闲置的项目用地情况开展检察调查，推动全区开展集中清理专项行动。

【服务企业】 2016年，区人民检察院定向联系、定期走访泰州港务集团有限公司、江苏乐彩印刷材料有限公司等8个企业，推行“账单式”“销号式”“回单式”服务，促进企业安全经营、项目安稳实施、客商安心投资。重点加大对涉案单位的走访回访，针对企业管理中存在的漏洞，提出补强建议，提升防控等级。开辟涉企案件绿色通道，集中办理职务侵占、挪用资金等扰乱市场经营秩序的犯罪10件24人，帮助挽回经济损失200余万元。落实“谁办案、谁普法”的工作要求，组织200余名企业员工旁听重大责任事故、拒不支付劳动报酬等案件的法庭审判。加大对食品药品安全领域的检察关注，快速对使用含铝泡打粉生产有毒有害“包子”的5名被告人提起公诉，并追诉单位犯罪。审查起诉的邵某某生产销售假药案入选全省检察机关优秀诉讼监督案例，董某某等5人生产销售不符合安全标准食品案被市检察院评为“精品案件”。

【检察群众工作】 2016年，区人民检察院将“陈新群众工作室”从乔杨群众工作站向“本部”回归，不断增强检察群众工作与检察业务工作的契合度，开展检调对接、帮教维权等社会服务，协调解决实际问题36件。树立“定纷止争”理念，落实《涉检信访接待九要九忌规定》，先后通过公开答复、领导包案、首问负责制等方式方法，办理刑事申诉案件8件，妥善化解信访案件31件，全部实现案结事了人和。将确因刑事受害致贫的群体纳入救助范围，累计发放救助金7.7万元。“陈新群众工作室”获评泰州市政法工作创新奖。

【“牵手朝阳·校园卫士”工程】 2016年，区人民检察院结合未成年人刑事案件办理，加强犯罪惩治，加强特殊帮教，加强关爱保护，加强普法宣传。省、市妇联调研后给予充分肯定。围绕“法律护航、健康成长”活动主题，集中开展“未成年人保护宣传周”活动，在全区营造保护、爱护、呵护未成年人的良好氛围。“汤姐姐法治课堂”团队到许庄中心小学等学校开展宣讲8次。 （孙伦步）

区人民检察院邀请部分区人大代表、区政协委员、人民监督员、群众代表参加“检察开放日”活动
（区人民检察院/供稿）

·司法行政·

【概况】 2016年，全区各级调解组织共调处各类民间纠纷533件，调解成功率100%，劝阻群体性上访32起460余人次，防止民转刑案件21起25人。全年开展各类法治宣传讲座320余场，“法治大讲堂”活动20余场，法治文艺演出30余场，发放各类宣传资料15万余份，创新开展法治宣传教育“六个一”行动，创建省级民主法治示范村（社区）3个，建成率达42.8%。全年新入矫142人，到期解矫132人，全区在册社区服刑人员144人，无一脱管、漏管和重新犯罪。接受刑释人员150人，落实帮教150人，帮教率和安置率均达100%。法律服务从业人员全年代理诉讼案件797件、非诉案件160件，办理各类公证事项1025件，办理法律援助案件213件，“12348”平台接待群众来电、来访、网上咨询2111人次。区司法局被省司法厅评为绩效评价优秀单位。全区司法行政工作受市以上表彰的先进集体9个次、先进个人9人次，其中，省级以上先进集体5个次、先进个人5人次。

【矛盾纠纷调解】 2016年，全区各级调解组织共调处各类民间纠纷533件，调解成功533件，劝阻群体性上访32起460余人次，防止民转刑案件21起25人。完善三级群众评议团。推广群众评议制度，在完善区、镇两级群众评议团的基础上，每个村（社区）从“两代表一委员”“五老”等人员中推荐3~5名村（社区）群众评议员，实现区级群众评议团、镇街群众评议队、村（社区）群众评议组三级联动。全年通过群众评议方式共调解各类棘手矛盾和群众诉求86件。成立高港区人民调解协会。吸纳单位会员15个，个人会员116人。开展村（社区）、镇街调解委员会规范化建设，

3月23日，全区司法行政工作会议召开　　　　（区司法局/供稿）

在每个镇街树立1个调委会规范化建设示范点，以点带面，整体推进。开展专职人民调解员培训，提升专职人民调解员业务素质。做好交通事故、劳资纠纷、医患纠纷、物业管理、环境保护、征地拆迁、涉校涉生、土地流转、消费维权等领域矛盾纠纷预防化解工作。年内，专业调解组织共调解各类矛盾236件，占全区矛盾纠纷总量的52%。

【司法行政领域社会组织建设】 2016年，区司法局制定《高港区司法行政领域社会组织培育发展实施方案》，依托区公共法律服务中心成立润港法律服务社，负责全区司法行政领域社会组织培育发展工作。建立健全社会组织培育引导机制，发挥孵化优势和监管职能，通过区镇联动、部门协作、社会参与等措施，探索社会组织市场化发展新路径，全区培育人民调解协会等司法行政领域社会组织13个。

【法律服务】 2016年，高港区完善镇街、村（社区）两级公共法律服务平台。协调政府购买法律服务，大泗、胡庄、许庄共有5名法律服务工作者进驻镇街公共法律服务中心。针对村（社区）司法行政服务站实际运作不畅的问题，要求村（社区）法律顾问每月至少到村（社区）1次，进一步落实法律顾问定期服务制度、工作报告制度和工作日志制度。开展“护航三大主题、零距离服务企业”和“法润基层企业行”活动，组织律师到重点企业开展“账单式”“销号式”“回单式”服务，为企业进行法律体检。推进律师参与化解和代理涉法涉诉信访接待工作，出台实施意见，拿出预算方案，落实4个接待室。加强法律援助便民服务。建立“点援”“优选”机制，推进办案质量“全程无缝式管理”。全年接待群众来电、来访、网上咨询2022人次，办理法律援助案件212件。

【社区矫正】 2016年，全区新入矫142人，到期解矫132人，在册社区服刑人员144人，无一脱管、漏管和重新犯罪。接受刑释人员150人，落实帮教150人，帮教率和安置率均达100%。制定《高港区社区服刑人员违法违规行为自查反馈表》，逐一核查不假外出人员状况，惩处不假外出等违规行为。活动期间严格对照管理规定作出警告处分45人次、收监执行1人。设置监控管理室，装备省、市、区、镇四级互联互通的定位监控管理系统，实现对社区服刑人员的实时定位监控，新增集中教育室、教育谈心室和警务检察室。开展社区矫正工作人员“业务大培训、岗位大练兵”活动，举办社区矫正业务培训班，全面提升社区矫正队伍业务水平。　（张　燕）

·食品药品监督管理·

【概况】 2016年，高港区对27个食品生产企业、1501个食品流通经营单位、688个餐饮服务单位进行日常监管和信用评分，并及时上传省动态监管系统及市OA系统。开展食品生产企业大检查等各类专项整治行动20余次，检查餐饮服务单位522个次，检查各类市场46个次，出动执法人员1826人次，对整治中发现的问题依法严厉查处。完成食品抽检1125批次，超额完成65批次，合格率98.1%。开展食品快检180批次，快检结果阳性44批次，法定检验后确认阳性12批次。完成药械保化品抽检112批次，收集上报ADR（药品不良反应）427例、MDR（医疗器械不良事件）322例，分别完成年度考核目标的169%、213%。成功保障重大活动11次，保障9280人次，无一例食品安全事故发生。督查指导益海（泰州）粮油工业有限公司、江苏港城中药养生有限公司、泰州广运农副产品有限公司、泰州市高港区益存酒业有限公司等企业完成食品生产电子追溯系统试点建设。

【省级食品安全城市复评】 2016年，高港区将省级食品安全城市创建工作目标任务进行分解，制定阶段性创建工作计划。11月18日，市食安办组织考评组对高港区省级食品安全城市创建工作进行初评，初评得分名列全市第1名，进入全省复评名单。12月8—10日，省食药监局检查验收全区创建工作。

【食品快检】 2016年，高港区在全市率先建成局食品快检中心和5个基层分局快检室，实现基层分局食品快检室设置覆盖率100%和投入使用率100%。开展“开门迎检你送我检”服务，随时对市民送样进行免费检测，为全省首创。完成食品抽检1125批次，超额完成65批次，合格率为98.1%。

【食堂餐饮安全监管】 2016年，高港区开展学校食堂及社会办学机构、社会养老机构食堂、大型餐饮服务单位专项整治。印发《学校食堂食品安全长效管理实施意见》，推行学校食堂“透明厨房”“视频化监管”建设。分别在春学期、秋学期、高温季节对重点单位进行责任约谈、集中培训，专项检查、督促整改，强化重点行业员工的食品安全意识。先后举办约谈会4次，集中培训班3期，专项整治6次。

【食品安全专项整治】 2016年，高港区以校园及周边、农贸市场、连锁超市、城乡结合部等为重点区域，以“三无”食品、滥用食品添加剂、乱贴进口食品标签等为重点问题，以学校开学、节假日、重大活动等为重点时段，先后开展进口乳制品、猪肉及肉制品、网络订餐、部分食品添加剂、小麦粉呕吐毒素等专项检查。开展各类专项整治行动20余次，检查餐饮服务单位522个次，检查各类市场46次，出动执法人员1826人次，对整治中发现的问题依法严厉查处。

【食用农产品监管】 2016年，高港区组织监管人员参观供应全区生猪肉的2个屠宰企业，在全区各农贸市场设立食用农产品安全信息公示牌，逐户发放《食用农产品集中交易市场开办者食品安全主体责任手册》《食用农产品销售者食品安全主体责任手册》，向市场开办者、销售者宣传食用农产品规范经营要求。

【药械保化监管】 2016年，高港区对547个药械保化经营企业开展日常监管，将信用等级评分公布在市食药监局OA系统上。完成药械保化品抽检112批次，收集上报ADR（药品不良反应）427例、MDR（医疗器械不良事件）322例，分别完成年度考核目标的169%、213%，并在省级媒体发表2篇药品不良反应监测类文章。实行执业药师不良执业行为记分管理制度，对违法失信执业药师通过约谈、通报公示、载入黑名单、抄送上级主管部门等形式加大监督处罚力度。在全市首推药品生产企业管理者代表、经营企业质量负责人备案制度，将辖区内所有药品生产企业的管理者代表和药品经营企业的质量负责人纳入备案登记范围。先后开展药械保化各类专项整治行动30余次。开展疫苗类特殊储运药品专项检查，检查医疗机构10个，未发现问题疫苗；开展打击药品经营企业执业药师“挂证”等违法违规行为专项检查，未发现药师不在岗及挂证情况；开展对含特殊药品复方制剂的药品经营、使用单位的专项检查；组织完成药品经营企业飞行检查；开展药品流通领域专项整治行动；开展注射用A型肉毒毒素、问题滴眼液、苯乙双胍等21种产品的停止销售和召回工作；开展打击非法制售和使用注射用透明质酸钠专项行动，未发现有此产品经营；集中开展医疗器械生产企业原材料控制专项监督检查工作；对医疗器械批发企业含体外诊断试剂的8个企业进行专项检查；开展无菌和植入性医疗器械专项监督检查，对检查存在问题的25个单位，要求限期整改到位；对8个含冷链运输医疗器械经营企业开展专项检查；对38个美容美发店开展化妆品标签标识专项检查；结合保健食品等三类食品非法添加非法声称问题专项治理工作开展保健食品快速筛查，抽检壮阳类、减肥类、降糖类等保健食品共计21种，强化各经营单位索证索票和台账落实，对保健食品质量情况进行严格把关。

【食品药品执法】 2016年，高港区查处食品药品领域违法案件110件、罚没114.38万元。其中，食品生产案件11件，9件移交公安机关，罚没金额2万元；食品流通领域案件32件，罚没金额41.5万元；食品餐饮案件28件，罚没金额19.6万元；药品案件8件，罚没金额32.21万元；医疗器械案件6件，化妆品案件1件，罚没金额11.31万元；商标侵权酒类案件13件，罚没金额7.71万元。

【食品药品安全宣传】 2016年，高港区举办《中华人民共和国食品安全法》《中华人民共和国消费者权益保护法》《江苏省食品小作坊和

药品安全检查 （区市场监管局/供稿）

食品摊贩管理条例》等专题讲座10次，开展食品安全进校园暨食堂家长开放日活动，在大润发超市开展假劣食品展示活动，教育群众如何辨别假冒、伪劣食品。发放各类宣传手册3000余份，回收过期失效药品56个品种290余盒，近200人接受义诊。对2015年药品诚信经营A级单位进行表彰，对首批“家庭过期失效药品回收定点单位”予以授牌，与各企业签订药品经营质量安全承诺书。

【医疗器械第三方代贮代配平台试点】 2016年，高港区建立大泗医疗器械第三方物流平台，争取市食药监局“医疗器械第三方代贮代配平台”试点，指导开展仓储中心布局设计、政策法规、技术咨询等工作。联系省医疗器械审评中心专家走访调研企业，组织企业负责人、质量负责人等到外地企业学习交流。1月，发证投入运行。（戴　静）

·安全生产监督管理·

【概况】 2016年，高港区共发生各类生产安全事故106起。全区未发生有较大影响及较大以上生产安全事故。连续12年未发生有较大影响及较大以上生产安全事故，连续7年在市政府安全生产综合考核中获得一等奖。

【安监基层基础建设】 2016年，高港区设立40万元以上的安全生产专项资金，招聘“985”“211”高校安全工程、化工等专业硕士研究生充实到监管一线。推进村居网格化管理，设置安全生产管理网格，通过范围定格、网格定人、人员定责，全区共划分二级网格8个、三级网格61个，配备专兼职网格员82人。11月，全市安全生产网格化管理现场会在高港区召开。投入150余万元调整充实园区应急救援物资，提升园区应急救援装备水平。对全区监管企业和企业重点监控部位实时监控，将生产经营单位基本情况、事故隐患、监管责任等台账上网，建立全区安全生产数据库，由区、园区（镇街）、网格员三级分别进行监管，实现监管方式由事中监管、事后监管变为实时动态监管。至年末，全区规模以上企业互联安全平台安装率100%，规模以上企业注册率100%。

【企业安全生产监管】 2016年，高港区推行企业主体责任清单化。完善安全生产明责、履责、追责责任链条，细化落实“三项清单”，即18项“企业安全生产责任清单”、10项“企业主要负责人和实际控制人安全生产责任清单”以及28项“企业事故隐患排查清单”。试点推进企业安全总监制度，全区所有化工、造拆船企业和28个重点工贸企业全面实行安全总监制度。将每年4月和10月确定为风险评估月，常态化开展企业安全生产和职业危害风险评估，对重大隐患实施挂牌督办，加大执法治理力度，提升风险评估实效。累计评估企业1825个次，排查治理各类事故隐患1.31万条。在全市率先开展工贸企业较大风险作业场所规范化建设工作，重点从制度建设规范化、风险防控规范化、现场管理规范化等方面，强化71个重点工贸企业粉尘涉爆、有限空间、涉氨制冷等作业场所安全管理。国家安监总局、省法制办、省安监局先后到高港区调研规范化创建工作。

【安全生产执法检查】 2016年，高港区全面开展“4·22”事故和“11·24”事故后安全生产大检查。全区共组成各类检查组147个次，分级分类开展安全检查和隐患排查，共检查企业1732个次，排查各类事故隐患4042条。推进重点行业领域安全生产专项整治和“打非治违”专项行动，先后组织开展危险化学品、粉尘涉爆、油气管道、建筑施工、特种设备、消防等专项整治行动10余次，从严从重查处非法违法行为35起。完善危化品、烟花爆竹、职业卫生、交通运输、建筑施工等重点领域联席会议制度，建立联合执法工作机制，形成监管执法合力。加强司法衔接，建立安监部门与公安部门、检察机关安全生产案情通报机制。

【危险化学品专项整治】 2016年，高港区严密排查整治事故隐患，构建风险防控和隐患排查治理双重预防性工作机制。先后组织专家开展制度化检查、危化品专项整治、危险

4月28日，高港区召开安全生产警示教育大会　（高卫东/摄）

2月1日，高港区检查春节前安全生产工作　　（区网管中心/供稿）

化学品储存场所安全专项整治等，共检查单位92个次，下发现场检查记录92份、责令限期整改指令书78份，排查各类隐患244条，隐患整改率达98%，下发现场处理措施决定书7份，责令暂时停产停业3个，提请关闭小化工企业7个。

【烟花爆竹监管】 2016年，高港区开展春节前后烟花爆竹销售旺季期间的安全监管工作，开展烟花爆竹专项检查3次，参加人员30余人次，检查经营单位、各大小超市30余个次。督促各镇街安监所对零售经营单位进行全面检查，要求在零售经营单位周围布设暗哨，对跨地区非法供货商进行跟踪。全年查处非法供货商2人，没收各类烟花爆竹100余件，填写检查记录150余份，督促烟花爆竹零售经营单位认真落实隐患整改，隐患整改率100%。

【职业卫生监管】 2016年，高港区按照国家、省、市《关于开展陶瓷生产、耐火材料制造、铸造冶炼和船舶修造等企业职业病危害专项治理工作的通知》要求，摸清四类企业基本情况（全区涉及铸造冶炼的大小企业共计20个，船舶修造企业共计6个，无陶瓷生产、耐火材料制造企业）。开展四类企业专项检查16个次，下发责令整改指令书16份，督促企业对照要求认真整改，落实企业职业病防治主体责任。全面摸清职业病危害一般、较重、严重企业底数（涉及职业病危害一般企业451个，较重的企业213个，严重的企业98个），设计高港区职业病危害较重及严重企业基本情况调查表、高港区职业病危害较重企业职业卫生工作开展情况调查汇总表、高港区职业病危害严重企业职业卫生工作开展情况调查汇总表、高港区职业病危害较重企业汇总表、高港区职业病危害严重企业汇总表，登记造册，建立“一企一档”。加大职业病危害因素申报工作的推进力度，完成市安监局下达高港区职业危害网上申报目标任务，申报企业数172个，超市交目标7个。

【安全生产标准化】 5月9日，国家安监总局确定高港区为全国工贸行业企业安全标准化7个样板地区之一。至年末，全区工贸企业累计通过一级安全标准化验收2个，通过二级安全标准化创建验收7个，通过三级以上安全标准化验收155个。规模以上企业安全标准化达标验收率100%。全区小微企业总数528个，累计有335个小微企业通过安全标准化验收。　（姚　莹）

·防震减灾·

【群测群防网络建设】 2016年，高港区实现地震宏观测报点镇街全覆盖。组织区中小学生参观社区地震主题科普馆，组织口岸实验学校等单位开展安全疏散逃生演练。永安洲镇润洲社区被省地震局命名为省级地震安全示范社区。口岸街道蔡滩社区被国家地震局命名为国家地震安全示范社区。

【防震减灾知识宣传】 2016年，高港区开展地震科普知识进机关、进社区、进学校、进企业、进乡村宣传活动。在科技下乡、科普宣传周、“5·12”防灾减灾日、“12·4”全国法制宣传日期间，开展防震减灾科普知识宣传、咨询活动，共发放新修订的《中华人民共和国防震减灾法》、新修订的《江苏省防震减灾条例》、房屋抗震知识读本、地震应急防护手册等宣传资料6000余份，展示防震减灾科普知识展板70块（次），张贴防震减灾知识宣传资料1000余份。在高港科技信息网《防震减灾工作》专栏中，宣传防震减灾知识及防震减灾工作信息。

（王　媛）

·气　　象·

【概况】 2016年，区气象局分别在永安洲实验学校和上膳源泰州农场布设自动气象站和农业小气候观测站，实现观测站点镇街全覆盖。召开全区气象工作暨气象信息员业务培训会，对全区气象信息员进行业务技能培训，重新修订《高港区气象灾害应急预案》，梳理应急响应流程，开通气象微博微信，拓宽气象预警信息发布渠道，推广使用气象减灾避灾平台，编制“十三五”专项规划，气象防灾减灾工作被纳入《高港区2016年度农业农村工作考核办法》。规范行业管理，深化防雷体

3月23日，区气象局举行世界气象日宣传活动　（区网管中心/供稿）

制改革，开展行业防雷安全监管工作，开展教育系统和文物保护单位防雷安全大检查。

【防雷安全监管】 2016年，区气象局强化防雷安全监管责任，开展全区中小学校、文物单位和危化品生产经营企业防雷安全专项检查，杜绝防雷安全隐患。开展防雷体制改革，引入竞争机制，将防雷安全检测工作全面推向市场，着重加强防雷安全监管工作，制定加强事中事后监管的措施和实施办法，建立“双随机”抽查制度和随机抽查对象库。全年针对防雷安全监管，对30余个对象开展随机抽样检查。

【预报警报服务】 2016年，受强厄尔尼诺事件影响，高港区气候异常，极端天气现象频发。5—9月，区气象局执行汛期值守班，全天候24小时监测天气变化。全年共发布重要天气报告17期，一周天气公报38期，各类专题服务材料57期，公报内容包括最新天气变化、天气过程防灾减灾建议、夏收夏种及秋收秋种意见等。节假日安排值守人员，做好应急值守、安全生产和信息报送工作，及时启动应急预案。全年共发布各类预警信号74次，发布警报39次。

【气象为农服务】 2016年，区气象局强化夏收夏种和秋收秋种的气象服务工作，全年共发布气象服务专报14期，并通过直通服务短信的方式，分别将短信发送到相关部门和农业大户以及“高港气象”微博和微信上，并在专门的服务群组里共享，方便随时查看服务信息。加强农业保险理赔气象服务，全年共开出气象证明21份。

【气象科普宣传】 2016年，区气象局开展气象科普校园行活动。全年组织2次气象科普进校园公开课，介绍高港区常见气象灾害的种类及预防、气象预报的制作过程以及获取气象预报预警信息的各种渠道等气象科普知识。组织开展“3·23”世界气象日科普宣传工作，组织对外开放活动。参与区政府相关部门组织的科普宣传周、安全生产咨询日、防震减灾宣传日等宣传活动，宣传气象防灾避灾知识和小技巧，提升人民群众防灾避灾意识和能力。

（言文峰）

·人民武装·

【思想政治教育】 2016年，区人武部开展“两学一做”学习教育、改革强军教育，举行“积极拥护和支持改革”大讨论，组织参加烈士公祭，赴海军诞生地纪念馆、杨根思烈士陵园等红色基地参观宣誓，召开专题组织生活会，开展党员汇报思想和讨论交流等活动。

【军事训练】 2016年，区人武部组织全市民兵情报信息组（站）长集训。坚持日常战备，每季落实民兵应急分队紧急拉动，选派民兵骨干参加防化救援、抗洪抢险等集训，均顺利通过考核。6月，组织防汛勘察，建立防汛值班和24小时巡查制度，在永安洲镇组织民兵分队和青年突击队进行为期1周的防汛集中演练。7月初，出动民兵完成文胜河口岸、永安段和高永化工区、幸福闸、小四圩等抗洪抢险。

【国防潜力调查】 2016年，区人武部协调区国防动员委员会成员单位和各镇街，开展区国防潜力、民兵预备役抢险救灾专业力量、普通高中应届毕业生应征情况抽样调查等数据核查和统计工作，摸清全区国防动员潜力底数。

【专业分队建设】 2016年，区人武部结合全区实际和“应急、支援、保障”需求，编实基干民兵，开展应急连排和抗洪抢险、防化、装备维修等专业分队建设。5月上旬，组织全区民兵应急分队接受省军区、市军分区现场点验。

【征兵工作】 3月起，区人武部开始兵役登记、征兵宣传，网上登记报名率全市第1名。8月，组织目测初检合格人员进行体检、政审、定兵。完成2016年度新兵征集任务，实现连续18年无责任退兵。

【军民共建】 2016年，区人武部协调扬子江药业集团、区公安分局等单位，组织退役士兵专场招聘会。继续发挥“军属服务中心”功能作用，及时妥善解决涉及军属的居民纠纷、交通事故等事项。为涉军企业服务，会同区发展改革委对全区涉军企业进行摸底，为域内企业争取军民融合发展政策和资金。先后帮扶连云港灌南县桥东村15万元用于农业建设、胡庄镇周马村5万元用于基础设施建设，协调市军分区结对帮扶大泗学校20万元。（孙　武）

·人民防空·

【**概况**】2016年，泰州市民防局高港办事处（以下简称“高港人防办”）坚持“长期准备，重点建设，平战结合”方针，把融合发展作为人防建设转型发展的重点，以重点工程、重要任务、重大活动为牵引，优化工程结构，加强应急演练，推进基层人防建设，深化宣传教育工作，提升机关“准军事化”建设水平，推进人防建设科学发展，发挥服务保障作用。建成若干个社区民防工作站，实现主城区民防工作全覆盖。

【**民防知识教育**】2016年，高港人防办在各个初级中学以及各社区全面开展民防知识教育，开课率100%。增强青少年学生和群众的防空意识，提升战时防核武器、防化学武器、防高技术空袭，以及平时防灾技能。5月18日，联合区应急办、区民政局、区科技和知识产权局在口岸实验学校举行防空防灾疏散演练活动。重新整组高港区人防专业分队。参加由区民政局、应急办组织的口岸街道蔡滩社区综合演练活动。

【**防空警报试鸣**】5月12日和9月18日，高港人防办组织全区防空警报试鸣，防空警报鸣36秒，停24秒，连续3分钟；空袭警报鸣6秒，停6秒，连续3分钟；解除警报连续鸣3分钟。鸣响率100%，音响覆盖率95%以上。

【**防护工程建设**】2016年，高港人防办依法“结建”人防工程，依法征缴易地建设费，规范审批程序，强化内控监督机制，坚决杜绝“减、免、缓”等违法行为，做到“应建必建，应收尽收”。坚持人防建设与城市建设融合发展，合理开发利用地下空间，贯彻“以建为主，建收并重”原则，加大防护工程建设力度。依法征收人防易地建设费，对依法“结建”工程，应建而未建防空地下室的，根据《高港区人防易地建设费征收管理暂行办法》征收人防易地建设费，直接缴纳区财政专户。

（王　锋）

社会生活

·社会保障·

■ 社会保险

【**养老保险**】城镇职工基本养老保险　2016年末，高港区城镇职工基本养老保险参保人数6.52万人，比上年增加3731人。其中，参保职工5.2万人，参保离退休人员1.32万人，参保农民工3514人。缴费人数5.19万人。全年办理养老保险关系1292人次。享受企业养老保险待遇1.32万人，人均养老金1797.05元/月，当年人均增资143.02元/月。企业退休人员全部纳入社区管理，基本养老金按时足额发放率100%。全年城镇职工基本养老保险基金总收入4.77亿元，其中征缴收入4.37亿元；基金总支出3.14亿元，其中基本养老金支出2.84亿元；累计结余12.96亿元。

城乡居民基本养老保险　2016年末，高港区城乡居民基本养老保险参保人数5.62万人；续缴费人数5.23万人。全区城乡居民基本养老保险基础养老金标准每人125元/月，领取待遇人数为4.69万人，基础养老金发放率100%。全年城乡居民基本养老保险基金总收入1.4亿元，其中个人缴费收入5775万元；基金总支出1.17亿元；累计结余3.64亿元。

机关事业单位养老保险　2016年末，高港区启动机关事业单位养老保险参保登记工作。年末，全区机关事业单位养老保险参保1484人，比上年减少69人。其中，参保在职职工1484人，参保离退休人员777人。机关事业单位离退休人员养老金实现100%社会化发放。全年机关事业单位养老保险基金总收入3315万元，其中征缴收入3306万元；基金总支出4632万元；累计结余389万元。

高港区社会保险待遇审核中心　（区人力资源社会保障局/供稿）

【医疗保险】 城镇职工基本医疗保险 2016年末，全区城镇职工医疗保险参保7.7万人，比上年增加4579人。其中，参保职工6.21万人，参保退休人员1.49万人。参加城镇职工基本医疗保险的农民工1.17万人。实施全区2015年度城镇职工参保人员二次补偿，全年享受待遇331人，累计补偿301.74万元。7月，建立大病保险制度，取代原有二次补偿，在提高保障水平的同时实现与基本医疗保险的同步结算，半年共支付211.84万元。全年城镇职工基本医疗保险基金总收入3.75亿元，基金总支出2.3亿元，累计结余7.31亿元。

城乡居民基本医疗保险 2016年末，全区城乡居民基本医疗保险参保15.87万人，参保率100%。筹资标准、财政补助标准和保障水平逐年提升，2016年度人均筹资标准为590元，其中政府补助460元/人·年。门诊待遇享受2.51万人次，住院待遇享受1.61万人次；大病保险待遇享受478人次，人均大病保险补偿1.31万元。城乡居民医疗区内实际补偿率达67%，比上年度提高9个百分点。全年城乡居民基本医疗保险基金总收入9484万元，基金总支出8037万元，累计结余6046万元。

【工伤保险】 2016年，高港区开展工伤预防和康复工作，共组织工伤预防培训1559人次、工伤康复10人次。着力构建预防、补偿、康复“三位一体”的工伤保险体系，全力保障工伤职工合法权益。年末，全区工伤保险参保4.6万人，比上年增加2685人。其中，农民工参保1.31万人，事业单位参保4054人。全年工伤保险基金总收入2647万元，基金总支出2806万元，累计结余1290万元。完成工伤认定案件391件，劳动能力鉴定案件333件，其中达到伤残等级的305件。享受工伤待遇1618人次，其中享受工伤保险定期待遇75人。

【生育保险】 2016年末，全区生育保险参保4.2万人，其中女职工1.92万人，比上年分别增加1672人和397人。全年享受生育保险待遇5755人次。生育保险基金总收入1017万元，基金总支出1590万元，累计结余247万元。

【被征地农民社会保障】 高港区自2006年起实施被征地农民社会保障工作，区人力资源社会管理局负责被征地农民社会保障参保办理，并按时足额发放生活补助费和养老金。至2016年末，共办理3.99万人，其中，第一年龄段3469人（一次性领取生活补助费2.3万元，不纳入基本生活保障），第二年龄段1.71万人（生活补助费标准为300元/月），第三年龄段7678人（生活补助费标准为350元/月），第四年龄段1.17万（养老金标准为530元/月）。共办理保障人数5957人，其中，未成年年龄段332人，劳动年龄段3349人，养老年龄段2276人；劳动年龄段中选择参加企业职工养老保险2251人，选择参加城乡居民社会基本养老保险1098人。累计征收被征地农民社会保障资金18.76亿元，累计发放9.11亿元，累计结余9.65亿元。

【社保基金管理】 2016年，高港区加强社保基金监督管理。全区26.3万户籍人口参保数据全部登记入库，企业职工基本养老保险（机关事业养老保险）、城镇职工基本医疗保险、失业保险金、工伤保险、生育保险五大社保基金实现网上监管全覆盖，业务、财务数据上传率100%。强化基金监管，完善内控机制，确保社会保险基金安全完整，各项社会保险基金累计结余34.48亿元，运行质态全市最优。

【江苏省社会保障卡发放】 2016年，高港区启动江苏省社会保障卡全覆盖工作，制定发放《省社保卡常见问题回答》和《省社保卡使用手册》，加大宣传力度，确保群众全面了解和使用新卡。至年末，共办理江苏省社会保障卡20.3万张。

（李 玲）

■ 社会救助

【最低生活保障】 7月，高港区将低保标准提高到每人每月590元。建立健全社会救助家庭经济状况核对机制，强化低保规范化管理，阳光操作，做到“应保尽保、应退尽退、按户施保”。通过动态管理，新增低保户145户262人，核减低保户341户580人。全区城乡低保户2446户3596人，人均月补差314.42元。全年共发放最低生活保障金1356.83万元。

【临时生活救助】 2016年，高港区向138名符合临时救助条件的对象发放临时生活救助金31.2万元。元旦、春节期间，向6479名特困群众和重点优抚对象发放慰问金323.95万元。开展冬春困难群众生活救助工作，向各镇街下拨资金34万元，将救助金发放到困难群众手中。

【医疗救助】 年初，高港区出资61.87万元资助4759名救助对象参加相应医疗保险，并将医疗救助对象的所有资料全部录入城乡医疗管理系统；全年门诊救助2.98万人次、金额70.75万元，住院救助1210人次、金额445.61万元；全区医疗救助3.1万人次，支出金额578.23万元。

（王志春）

■ 社会福利

【老年福利保障】 2016年，高港区按照“严格审核、及时增减、按时发放”的原则，加强对发放对象的动态管理，全年为9400余名80周岁以上老人发放“尊老金”1263.65万元。7月，将“五保”供养标准提高到每人每年7680元、医药费统筹提高到每人每年1000元，全年为386名农村

"五保"对象发放基本生活费271.6万元。

【敬老院规范化建设】 2016年，高港区基本完成农村敬老院"三有三能六达标"升级改造任务，全区各敬老院的院容院貌、生活设施、安全保障等硬件条件得到根本改善。9月，对具备改造条件的6个敬老院规范化建设改造进行检查验收，对验收达标的口岸、刁铺、白马、大泗、胡庄5个镇街敬老院发放"以奖代补"资金105万元。

【居家养老项目建设】 2016年，全区共新建标准化社区居家养老服务中心11个，分别是口岸街道城东社区、张马社区，刁铺街道圩岸社区、万庄社区，许庄街道孔桥社区、乔杨社区，白马镇白马社区、黄河村、陈家村，胡庄镇戴陈村和赵市村居家养老服务中心。全区累计建成标准化社区居家养老服务中心25个。在全省率先制定《标准化社区居家养老服务中心指导手册》，细化居家养老服务中心组织、建设、运营、制度、服务、评估规范。新建老年人助餐点9个，分别是口岸街道城东社区、郎庄村、口岸敬老院，刁铺街道敬老院，白马镇敬老院，大泗镇敬老院，胡庄镇庵桥村、单王村、胡庄敬老院老年人助餐点，为高龄、空巢、失能、半失能等困难老人提供助餐服务。

【儿童福利保障】 7月，全区散居孤儿基本生活费标准由每人每月1100元提高到1200元，按时足额发放，全年向65名孤儿发放基本生活费103.3万元。

【福利彩票】 2016年，高港区福利彩票销售5674.23万元，其中，电脑票1370.23万元、"快三" 2695.44万元、中福在线1449.76万元、即开票158.8万元。 （王志春）

■ 住房保障

【概况】 2016年，高港区发放离休干部、退休教师、镇街退休人员及区级机关干部职工住房补贴171人次、516.59万元。新开工建设棚户区改造安置住房627套，建成2829套；发放城镇家庭廉租住房租金补贴25户、9万元。

【住房公积金管理】 2016年，泰州市住房公积金管理中心高港管理部累计归集住房公积金2.56亿元，比上年增长24.8%。新开户单位52个，新增开户职工6621人，年末开户人数4.14万人，本年利息转本金1016万元。全年发放个人住房贷款724户（其中公转商349户），贷款发放额2.24亿元（其中公转商1.04亿元），回收贷款5330万元，贷款余额5.3亿元，个人贷款继续保持零逾期，贷款抵押到位率57.38%。 （朱　群）

刁铺街道界牌社区居家养老服务站 （区委宣传部/供稿）

■ 优抚安置

【概况】 2016年，春节、八一期间，全区向各类优抚对象发放慰问金2322人次129万元。为15名立三等功现役军人家庭送立功喜报和立功奖励金。全年共发放各类优抚对象抚恤补助金855人次960万元，发放义务兵家属优待金、立功奖励金125人次312.7万元。统筹各类优抚对象医疗保障金99.23万元。共审核报批各类优抚对象108人，其中，伤残军人换证3人，带病回乡军人1人，参战人员2人，涉核人员患癌症评残1人，烈士子女1人，60周岁老兵100人。换发烈士证3人。

【烈士陵园建成】 2016年，高港区投资1000余万元的烈士陵园（纪念馆）建成。4月5日，在烈士陵园举行烈士公祭活动，500余人参加。烈士陵园总占地面积8737平方米，其中，陈列馆总建筑面积2124.89平方米，广场面积4000余平方米。陵园内建有无名烈士墓2个，单穴烈士墓47个，其中，安葬抗日战争时期牺牲的革命烈士7人，解放战争时期牺牲的革命烈士35人，抗美援朝战争中牺牲的革命烈士2人，新中国成立后为保护国家财产、抢险救灾和军事训练牺牲的革命烈士3人。

【退役士兵安置和免费职业技能培训】 2016年，高港区共接收2015年秋、冬季退役士兵100余人，发放自谋职业一次性补助金474.9万元。高港区退役士兵自谋职业一次性补助金标准：义务兵3.8万元、一期士官4.9万元、二期士官6.1万元、三期士官7.6万元、四期士官9.1万元。动员组织85名退役士兵报名参加免费职业技能培训，其中，28人报名参加泰州职业技术学院职业技能培训，7人报名参加泰州职业技术学院学历培训，41人报名参加泰州技师学院职业技能培训，复学9人。

（王志春）

·社会事务管理·

■ 人口和计划生育

【概况】 2016年，高港区出生政策符合率（计划生育率）100%。自然增长率1.84‰。已婚育龄妇女43302人。流动人口流入10143人，流出9440人。育龄妇女流入4036人，流出4780人。流动人口服务管理率99.46%，人口信息化建设达标率99%。

【"全面两孩"政策实施】 自2016年1月1日起，江苏省实施"全面两孩"政策。高港区生育两个以内子女的，由夫妻自主安排生育，不需要审批，实行生育登记服务制度。生育第一个或第二个子女的夫妻，可以到一方户籍所在地或现居住地乡（镇、街道）、受委托的村（居），免费办理生育登记。双方合计已有两个及以上子女的夫妻，符合规定条件的，可以申请再生育，并办理再生育审批手续。全年办理生育登记2440人，其中，一孩1226人、二孩1214人。

【计生惠民政策落实】 2016年，高港区发放各类计划生育奖励扶助金1350.53万元，其中，奖励扶助826.99万元，惠及9049人；特别扶助248.4万元，惠及371人；退休职工一次性奖励207.14万元，惠及701人；城镇非从业居民一次性奖励8.1万元，惠及27人；独生子女父母奖励金13.81万元，惠及16292人。继续落实节育手术并发症人员生活补助制度，发放生活补助金46.08万元，惠及385户。

【流动人口服务】 2016年，高港区深化区域协作，规范信息管理和统计监测，推进流动人口卫生计生公共服务均等化工作，健康教育4.26万人次，建立电子健康档案3626份，辖区内居住满3个月的0~6岁流动人口儿童预防接种1628人次，流动人口严重精神障碍患者全部纳入属地管理，传染病报告率和报告及时率、计划生育技术指导咨询和免费服务率均为100%。开展流动人口生育登记等服务，关爱留守儿童。完成对永安洲镇福沙社区、新街社区、中心社区流动人口卫生计生工作动态监测点调查任务，共40名被抽调查对象。

【生育关怀】 2016年，高港区推进基层计生协会组织建设，开展"连心家园"项目示范点创建，特邀首席心理咨询师1人，招募志愿者138人组成医疗卫生、心理援助、法律援助和家政服务4个志愿者服务团队，依托社区干部队伍和志愿者队伍，对失独家庭实施"一对一"结对帮扶，落实长效管理机制。结合"党员干部百村行""三解三促""大走访大落实"等活动，安排重大节日和关键节点走访慰问活动，对独生子女伤残、死亡家庭进行结对帮扶，计划生育特殊困难家庭建立健康档案371份，签约服务742人次，为4686名计生家庭成员购买独生子女父母奖励金转型保险、住院护理保险、意外伤害险等险种，理赔2.98万元。

（刘伟　田荣　白杨）

■ 婚姻·殡葬

【婚姻登记管理】 2016年，区婚姻登记处办理结婚登记2849对，离婚登记533对，补办婚姻登记423对。

【殡葬管理】 2016年，高港区按照《泰州市市区免除殡葬基本服务费用实施办法（试行）》和《泰州市市区节地生态葬法减免和奖补暂行办法》文件精神，落实惠民殡葬政策和生态葬要求，为2383名死亡人员免除基本丧葬服务费277.71万元。

（王志春）

■ 基层自治组织建设

【村（居）委会换届选举】 2016年，根据省、市的统一部署，永安洲镇作为泰州市村（居）"两委"换届选举试点镇，于8月末率先完成11个社区"两委"换届选举任务。其余村（居）换届选举工作从9月下旬开始启动，至11月完成。举办换届工作业务培训班，注重隐患排查，强化风气监督，全区村（居）委会换届选举均一次性全部成功。共登记选民230005人，参选选民215392人，参选率达93.6%。通过换届，共选举产生村（居）民委员会成员499人，其中，主任90人，副主任1人，委员408人。新一届村（居）"两委"成员的结构比例全部达到省、市提出的目标要求。

【社区组织建设】 2016年，高港区建立以社区党组织为核心、自治组织为主体、社会组织为补充的协同工作机制。全面推行社区工作准入制，推进"权随责走、费随事转"。统一考核评比制度，对村（社区）"六无"创建台账进行压减，让社区干部集中时间精力服务群众。建立健全"互联网+网格+"（+矛盾化解、+治安防范、+特殊人群管理、+民生服务）工作体系，通过定人、定岗、定责，督促网格员每日巡查、主动应对，把服务触角延伸到社区每一个角落。选聘1559名网格员，明确网格员宣传教育、信息采集、民意反馈、便民服务、治安防范、矛盾调处六大工作职责，建立网格员上岗公示、工作例会、巡查走访、民情回应、定期考评五项工作制度。落实网格员补助资金，区财政按每人每年1200元的标准发放，各镇（街道）实行配套发放。加大城乡和谐社区、民主法治示范村（社区）以及"六无"村（社区）创建力度，市级以上城乡和谐社区建设达标率达91%，创成国家级民主法治示范村1个，省级民主法治示范村（社区）38个。

（王志春　陈　红）

■ 社会组织管理

【概况】 2016年，高港区新增社会组织84个（社团40个，民办非企业单位42个，基金会2个），直接登记50个，年检115个，年检率94%。至年末，高港区登记注册的各类社会组织391个，其中，民办非企业单位183个，社会团体206个，基金会2个，每万人拥有社会组织数14.9个。将口岸街道蔡滩社区美岸栖庭小区建为高港区社会组织孵化中心。

【社会组织等级评估】 2016年，全区24个社会组织获得评估等级，其中，高港区风筝协会、太极拳协会、小福龙幼儿园为AAA级，高港区水岸幼儿园、格林幼儿园、金贝贝艺术培训中心、上膳源有机农产品技术协会、丰汇长江水产养殖技术协会、刁铺街道环溪社区居家养老服务站为AA级，许庄街道明河社区居家养老服务站等15个社会组织为A级。

（王志春）

■ 地名管理

【概况】 2016年，高港区共命名、更名道路5条（府东路、勤政路、府西路、便民路、为民路），住宅小区3个（海蓝小区、千顺园、吉祥园），更换、增补道路名称标志牌90余块。

【地名普查】 5月，区民政局召开全国第二次地名普查培训会议，邀请泰州市地名办主任、省地理信息中心专家到会培训指导，各镇街民政办主任及具体负责地名普查人员参加培训。全区共收集点状地名信息1988条，线状地名信息466条，整理完善地名普查工作底图、地名照片等资料。

【“平安边界”创建】 年初，高港区制定《2016年“平安边界”建设实施方案及工作计划》，完善“平安边界”建设组织机构，明确各成员单位的工作职责。分别与泰兴、姜堰、海陵、江都、扬中等毗邻市、区订立共建“平安边界”协议，定期开展互访、联防、联调等活动，建立边界联席会议制度和边界纠纷应急处理机制。

（王志春）

·残疾人事业·

【概况】 2016年，全区持证残疾人6613人，其中，视力残疾726人，听力残疾373人，言语残疾39人，肢体残疾3697人，智力残疾694人，精神残疾568人，多重残疾516人。全区累计办理二代残疾人证6613本，重残无业人员1959名享受最低生活保障待遇，6246名残疾人参加意外伤害保险。建成市级扶贫基地2个，辐射带动贫困残疾人60余人。4名残疾人运动员参加泰州市残疾人青少年田径锦标赛，获2金1银3铜。

【组织建设】 2016年，高港区按照省、市《关于全面加强残疾人组织建设的意见》要求，配强镇、街道专兼职理事长和残疾人专职委员队伍，调整完善肢体协会、视力协会、精神协会、聋哑协会和智力协会组成人员名单。3月8日，组织全区25名残疾妇女代表参观国际集装箱码头、泰州大桥、泰州三福船舶工程有限公司、益海（泰州）粮油工业有限公司、扬子江药业集团江苏龙凤堂中药有限公司等。4月8日，组织召开五类协会会议，25人参加座谈，区残联负责人报告2015年工作和2016年工作思路，并听取意见、建议，现场进行解答。

【残疾人康复服务】 2016年，高港区完成365户贫困残疾人辅具适配和家庭无障碍改造任务。为10名贫困残疾人免费安装普及型假肢，向220名残疾人捐赠轮椅，为68名贫困白内障患者实施免费复明手术，为4名听力残疾人免费配备助听器，为贫困残疾人家庭捐赠彩电100台、电饭煲160个、电风扇150台，为296名贫困精神病患者免费送药，为40户贫困残疾人家庭免费安装太阳能热水器，为230名贫困残疾人家庭发放爱心医疗卡。完善全区残疾儿童动态数据库和新生儿涉残情况常规查报机制，做到辖区内6岁以下贫困残疾儿童随发生、随发现、随报告、随登记。全年为60名6岁以下的残疾儿童落实康复训练方案。残疾儿童康复中心全年为20名残疾儿童提供免费康复训练。投资60万元建成多媒体多

11月25日，高港区召开庆祝第25个“国际残疾人日”暨残疾人福利基金会成立大会

（区残联/供稿）

感官康复训练系统，运用最新的多媒体技术，通过卡通动画教学的形式，让残疾儿童在游戏互动中得到训练与康复。推进残疾人“幸福家园”工程建设，5月10日，市区“幸福家园”工程观摩会在高港区召开，参观许庄街道管营社区残疾人“幸福家园”。至年末，有6个村（社区）建成“幸福家园”。区残疾人托养中心引进泰州市远大旅游用品公司、泰州荣泰手套有限公司工疗制作项目，培养残疾人的动手能力，年累计托养残疾人90人。举办高港区残疾人太极拳友谊赛，9名残疾人获奖。通过整合胡庄镇敬老院资源，筹建高港区胡庄托养分中心。至年末，改造工程全部完成。

【区残疾人福利基金会】 2016年，区残联按照《中国残疾人福利基金会章程》规定要求，完成募集基金、组织架构、组织登记等程序。11月25日，在第25个“国际残疾人日”前夕，高港区残疾人福利基金会成立。

【二代残疾人证办理】 9月29日，高港区组织召开残疾评定专家座谈会，区卫生计生委、区残联、市第三人民医院评残专家及镇街残联相关人员参加会议，会议要求各镇街严把初审关口，残疾人员评定需要有病历或诊断书才能发放评定申请表；评残医生坚持会诊原则，遇到评残级别介于两个等级之间的，按照就低不就高原则。每季10号（3月10日、5月10日、9月10日、12月10日）在市第三人民医院一楼大厅集中评定办证。全区累计办理二代残疾人证6613本，办证率48%。

【残疾人社会保障】 2016年，高港区有1959名重残无业人员享受最低生活保障待遇，发放标准提高到每人每月590元，年发放重残低保金1348.6万元。为全区一户多残、依老养残家庭中的228名残疾人发放生活救助金90.56万元，为51名低保家庭重度残疾人发放重残补贴金4.5万元。利用新闻媒体、部门网站、微信公众号和村（社区）橱窗栏，提高知晓率。全区有1772名60周岁以上的残疾人享受每月100元养老补贴待遇，6246名持证残疾人享受参保待遇。22名残疾人发生意外伤害，7名残疾人发生意外身故，11名残疾人住院，累计理赔35.53万元。残疾人护理补贴发放标准提高到农村每人每月80元、城镇每人每月120元，全年残疾人护理补贴提标部分补发到位。向170名残疾人发放护理补贴金共16.43万元。向8名残疾学生发放资助金2.1万元，向10名考上中等以上学校的贫困残疾考生和低保残疾人子女发放资助金3.15万元。

【残疾人就业帮扶】 2016年，高港区开展残疾人失业登记、就业能力评估、职业介绍、就业指导和培训等工作。1月22日，组织100名有就业愿望和就业能力的残疾人参加市残联举办的残疾人就业专场招聘会，10名残疾人与用工单位达成就业意向。4月29日，组织54名残疾人在大泗镇康乐村光谱家庭农场开展残疾人无土栽培盆景蔬菜培训。全区16个福利企业集中安置残疾职工619人，按比例安排残疾人就业258人，鼓励扶持残疾人个体从业120余人，全区有劳动能力的残疾人就业率达80%以上。年内，建成市级扶贫基地2个，辐射带动贫困残疾人60余人。

【残疾人文体活动】 2016年，区残联更新开通高港区残联网站和微信公众号，与区电视节目中心签订合作协议，组织开展残疾人事业政策法规、扶残助残先进典型、残疾人自强不息等系列报道活动。新闻报道残疾人事业36篇，上报省、市信息98篇；与电信公司联系，开通残疾人事业网络宣传平台，通过电脑终端对手机客户发送宣传标语和部门工作动态；与区委宣传部和相关媒体单位合作，拍摄高港区残联宣传片，编印高港区残疾人事业宣传画册和宣传图板；组织开展“最美助残志愿者”评选活动；推选4名田径运动员、1名游泳运动员和4名象棋选手参加市全民健身运动会的集训和比赛。承办市全民健身运动会残疾人部的象棋、围棋比赛，高港选手卞祝山获综合第1名。

【“助残月”活动】 5月，高港区开展“助残月”活动。10日，分管副区长走访慰问许庄街道2户特困残疾

“大手拉小手，同心助残友”义卖助残活动现场　　（区残联/供稿）

人家庭。13日，区红十字会、泰州市金富星安防科技有限公司对区儿童康复中心和区托养中心残疾人进行慰问。15日，区残联、农工民主党高港总支、BBunion早教中心在大润发时代广场联合开展“大手拉小手，同心助残友”的义卖助残活动，呼吁社会各界共同关注、帮助残疾儿童；区残联、区红十字会组织助残志愿者走进区残疾人托养中心开展志愿服务活动。“助残月”期间，区残联走访慰问贫困残疾人家庭60余户，发送慰问金（品）价值6万元。（陈　磊）

·红十字事业·

【概况】 2016年，高港区拥有红十字基层组织28个，红十字会员6760人，其中青少年会员5560人。红十字志愿者605人，其中，注册志愿者210人、登记志愿者395人。继续开展红十字博爱万人捐活动，募集社会捐款80.49万元。加强红十字会宣传，开展电视媒体宣传和重要节日纪念活动。组织救护培训55场次，完成普及性救护培训4408人次，初级救护培训600人次。发放助医助学助困资金84.06万元。有68名志愿者采集血样，1名志愿者填写捐献遗体申请登记表。成立港城水上应急救援队，开展规范化的应急救援演练。

【区红十字会捐赠收支】 2016年，区红十字会捐款收入1577865.4元。其中，“红十字博爱万人捐”804896.5元，“诚泰测绘·红十字助学”行动经费20000元，“高港区馨语爱心服务队”志愿者定向助学款28200元，微心愿定向捐款4500元，高港中医院汇红十字关爱女性健康项目经费50000元，市第三人民医院汇天使博爱项目经费30000元，胡庄肝癌病人定向捐款107400元，盐城龙卷风定向捐款450385.9元，“张兰芳”爱心项目资金81000元，爱心募捐箱1483元。博爱万人捐，区级机关236570元，占29%；各镇街345245元，占43%；文卫系统161150元，占20%；企事业单位61931.5元，占8%。捐款支出1311000.9元。其中，助医支出83700元，助困支出580150元，助学支出176765元，其他支出470385.9元。

【红十字宣传】 2016年，区红十字会在高港电视台报道“爱心年夜饭”“博爱送万家”“点亮微心愿，温暖一座城”等活动。利用“3·5”学雷锋活动日、“5·8”世界红十字日、“5·12”防灾减灾日、“6·14”世界献血者日等重要纪念日，发放宣传资料，展示宣传站牌，宣传红十字知识。在区政府网站及时更新消息动态和收支公开，在高港红十字网站公开区红十字会政务、事务、捐赠、救助等信息，主动接受社会公众的监督。重视信息报送工作，累计在各类媒体上报送信息报道60余篇，其中，省红十字会网站用稿17篇，《江苏红十字》报用稿7篇，在《泰州晚报》刊登1期《红十字之窗》。

【红十字青少年工作】 2016年，区红十字会联合区教育局印发《关于开展“红十字博爱周”活动的通知》，在全区学校开展“红十字博爱周”活动。利用校园广播、电子显示屏和班队会活动等方式，通过举办知识讲座、开设专题专栏等途径，开展防灾减灾知识宣教工作，动员每名师生关注身边的灾害风险，参与防灾减灾和应急管理工作，增强防灾减灾意识。组织师生开展防震减灾、消防安全应急疏散等方面的应急演练活动，提高师生安全意识和应对突发事件的避险自救能力。组织学生参加全国红十字防灾避险知识竞赛。

【公益性应急救护培训】 2016年，区红十字会开展救护培训进企业，在“安全生产月”期间，将救护培训工作向企业渗透。组织救护师资再培训，对本地师资进行理论知识考试、授课技巧比武，加大师资考核奖励力度。开展公安系统特巡警、辅警，新招录的公务员、事业编制人员、“港城”水上应急救援队专场培训，将应急救护培训作为进岗进编的必修课。对机关驾驶员、退休士兵进行初级救护培训。全年区红十字会开展初级救护员培训14场次，参训人员600人，完成市交目标任务110.2%；普及救护培训41场次，参训人员4408人，完成市交目标任务120%。

【助医活动】 2016年，区红十字会关爱女性健康项目支出100人次、6.37万元，天使博爱资金项目救助9人次、2万元。对52户常住高港区的居民，因突发事件或意外伤害造成暂时难以维持基本生活的低保户和低保边缘户家庭给予10.4万元的应急救助。对2名患有白血病的儿童共实施1.2万元的少儿大病救助。

【助困活动】 2016年，区红十字会开展“红十字博爱送万家”活动救助336人、20.26万元。将省红十字会下拨的价值2.44万余元的物资发放给胡庄镇、刁铺街道的153户困难群众。参加区文化科技卫生“三下乡”活动，向胡庄镇50户贫困家庭捐赠3万元慰问金。为泰州口岸船舶有限公司等企业35人实施定向救助21.69万元；慰问残疾人、儿童等弱势群众180人、20650元。春节前为110户贫困孤寡老人送去年夜饭和年货。

【助学活动】 2016年，区红十字会资助孤儿37人、10.85万元。开展“诚泰测绘·红十字助学”活动，资助口岸街道贫困大学生4人、2万元。“高港区馨语爱心服务队”志愿者定向助学款资助学生49人、2.82万元。“微心愿”资助学生20人、14065元。定向发放大泗学生助学款12人、6000元。

【造血干细胞捐献】 2016年，区红十字会为68名造血干细胞志愿者采集血样，完成市交目标任务的136%；完成再动员14例、高分辨3例，1名志愿者填写捐献遗体申请登记表。

【红十字志愿服务】 2016年，区红十字会筹建港城彩虹红十字服务基地。基地包含关爱留守儿童、关爱老年人、应急救护培训中心、红十字网络志愿者活动平台等内容。组织馨语爱心服务队的志愿者走进残疾人托养中心和残疾儿童康复中心，开展关爱残疾人志愿服务活动，结对帮扶28名贫困学生。成立泰州市高港区港城水上应急救援队，举办水上应急救援队第一期培训班。

（孙晓红）

·民族·宗教·

【概况】 2016年，高港区共有土家族、苗族、满族等少数民族32个，户籍人口827人。全区共有登记的宗教活动场（处）所10处，其中，佛教场（处）所4处，基督教场（处）所5处，道教场（处）所1处；有宗教教职人员23人，其中，佛教3人、道教2人、基督教18人。江苏省口岸中学有新疆班11个，学生473人。

【民族政策法规宣传】 6月，高港区组织各镇街开展“民族团结进步宣传周”活动，宣传民族团结进步思想和政策法规。聘请2名少数民族代表人士担任民族政策法规宣传员，宣传民族政策法规。9月，在港城花苑举办“民族团结进步宣传进社区”活动，发放宣传材料100余份，接受咨询50余人次。

【宗教政策法规宣传】 6月，高港区组织各镇街、各宗教活动场所开展“宗教政策法规宣传月”活动，学习宣传习近平在全国宗教工作会议上的讲话。聘请10名教职人员担任宗教政策法规宣传员。9月，在全区宗教干部、宗教活动场所开展宗教政策法规知识竞赛。11月，组织2名教职人员参加市民宗局举办的宗教教职人员学法用法演讲比赛。开展“百名律师进宗教活动场所活动”，全区4个律师事务所的9名律师与11处宗教活动场所、宗教团体签订法律服务意向书。

【服务少数民族群众】 2016年，区民宗局为16名少数民族考生出具中（高）考加分证明。开展城市少数民族流动人口调查，摸清高港区少数民族流动人口底数，增强服务的针对性；帮助少数民族流动人口解决就业、经商、子女入学等方面的困难，帮助解决3名少数民族子女的入学问题。中秋、春节等重大节假日期间，慰问少数民族贫困家庭和代表人士20户，送去慰问金1.4万元。联合泰州市边防检查站慰问高港区3户少数民族困难家庭，送去米、油等生活必需品。

【清真食品补贴】 2016年，区民宗局在全区范围内开展具有清真饮食习惯的10个少数民族常住人口调查统计工作，为49名符合条件的少数民族群众发放清真饮食补助1.1万元。

【基督教聚会点治理】 2016年，区民宗局在全区范围内开展未登记基督教聚会点调查工作。全区共有未登记基督教聚会点7处，涉及信众161人，根据各自实际情况采取相应的措施，劝散1处、以堂带点2处、临时过渡4处。

【宗教活动场所建设】 2016年，寿胜寺项目完成招投标工作，于7月19日开工建设。白马庙恢复重建结束，于12月6日举行大雄宝殿落成暨佛像开光典礼。全区6个宗教活动场所达一星级标准。高港基督教堂档案工作达省三星级标准。建立区、镇街、场所安全管理三级责任体系，进行安全检查，全年场所安全零风险、零事故。

【宗教慈善活动】 6月，盐城龙卷风冰雹重大自然灾害期间，高港区组织民宗干部、宗教界人士捐款5.7万元。9月宗教慈善周期间，各场所与16户贫困家庭结成帮扶对子，开展慰问帮扶活动，发放慰问金和慰问物品共计2.4万元；向口岸街道蔡滩社区慈善互助会捐款6000元。

（张　明　徐永强）

·关心下一代工作·

【概况】 2016年，高港区关心下一代工作委员会有工作组织242个。其中，区级关工委1个，镇街关工委7个，村（社区）关工委91个，区直机关关工委2个，系统关工委4个，学校关工委21个，企业关工委116个。参加关心下一代工作的“五老”志愿者2942人。6月，区关工委被省关工委、省文明办评为全省关心下一代工作先进集体。

【主题教育活动】 2016年，高港区在全区青少年中开展“学党史、学国史、知国情，听党话、跟党走”主题教育活动。编写《中国历史上的三个不平等条约》《党的光辉旗帜》2篇宣讲资料。25名“五老”人员参加宣讲，编写个性化宣讲材料25篇，全区21所中小学近两万名中小学生听讲。在市关工委、市教育局举办的故事比赛中，高港区1名学生获全市一等奖第1名。在市文明办、市关工委组织的党史、国史知识竞赛和“党在我心中”征文竞赛中，高港区16名学生获一等奖，39名学生获二等奖，54名学生获三等奖。推进教育活动与“三好”青少年、“十佳”青少年评比相结合，与团区委、区教育局等5个单位评出泰州市“三好”青少年5人、“十佳”青少年1人。

许庄街道马厂社区“七彩课堂”活动　（区关工委/供稿）

【校外教育辅导站建设】 2016年，高港区有各类校外教育辅导站（点）38个，建立校站联系制度的辅导站35个，参加辅导的社会志愿者70人。9月9日，在全省推进辅导站建设大会上介绍联办共建校外辅导站的经验。胡庄镇政府主导、学校主体、关工委主抓的“三主”模式在全区推广。许庄街道马厂社区与泰州学院志愿者联办“七彩课堂”，孔桥社区办起“留守儿童乐园”。江苏大邦清洗有限公司连续7年共出资70余万元与汪群社区联办辅导站。

【预防青少年犯罪】 2016年，高港区继续组织“五老”志愿者义务监督网吧，共有网吧义务监督员50人。充实普法队伍，选聘42名法制副校长和法制辅导员、宣讲员。强化普法机制建设和法治教育载体建设。各镇街组织“五老”志愿者与34名服刑人员未成年子女挂钩帮教，进行心理辅导，帮助解决实际困难。

【关爱青少年弱势群体】 2016年，区关工委争取省、市扶持资金23万元，借助“春风助学”“金秋助学”“点亮微心愿”等平台，各镇街、社区（村）关工委共筹集资金近百万元。为留守儿童聘请200余名“社会妈妈”。胡庄镇作为全市关爱“留守儿童”试点，得到市关工委10万元专项资金支持。全区50名困难大学新生受助资金10万余元。对孤儿和残疾儿童的扶助形成政府固定补贴和社会捐助相结合的机制。

（陈连龙）

·老区建设·扶贫开发·

【概况】 2016年，高港区老区经济建设促进会、扶贫基金会、扶贫开发协会（以下简称区“三会”）实施扶贫开发项目16个，救助贫困户50户、特困生36人，形成调研、宣传文章18篇。

【扶贫基金会成立】 7月28日，泰州市高港区扶贫基金会成立。成立大会审议并通过基金会理事会组成人员名单，选举产生基金会理事长、副理事长和秘书长，审议并通过基金会监事会组成人员名单。口岸街道、刁铺街道、许庄街道、永安洲镇各出资40万元，白马镇、大泗镇、胡庄镇各出资30万元，区“两会”向政府、企业、机关和社会各界募集180万元，以430万元的规模成立高港区扶贫基金会。资金存入区城投公司，主要用于帮扶贫困户、特困生。

【助学帮扶】 2016年，区“三会”资助贫困户50户、救助特困生20人。镇村分会、扶贫工作小组及相关慈善互助组织共救助各类贫困户、特困生300余人。镇村两级都有数额不等的扶贫帮困专项资金，总额近千万元。各镇街春秋两季都开展“阳光助学行动”，受益学生上百人。对发生火灾、车祸等的家庭给予援助。

【扶贫项目建设】 2016年，全区实施开发扶贫项目16个，其中省、市、区贴息项目9个。根据不同情况，分别采取输入式、造血式和就业式的项目开发模式。永安洲分会新增3个扶贫开发项目，其中1个项目获得20万元贴息贷款，共吸纳贫困劳力90余人，人均年收入达2万元。全区以项目为平台，结对帮扶200余人，安排建档立卡户就业300余人。

【调研推介】 2016年，区“三会”在《中国老区建设》《江苏老区》《老区与民生》《泰州日报》等报刊上发表调研宣传文章18篇。全区7镇街分会明确定点村的调研任务。区老建会撰写的《胡庄镇刘荡村调研报告》被泰州市“三会”评为调研报告一等奖。

（孙小平）

街道·镇

口岸街道

【概况】 2016年，口岸街道总面积53.32平方千米，辖行政村6个、社区17个、村民小组377个。户籍户数22847户，户籍人口70685人，常住户数27197户，常住人口77710人，外来人口7364人。全年实现地区生产总值106.79亿元，比上年增长10.7%；规模以上工业企业51个，规模以上工业总产值301.83亿元；工业企业一般纳税人开票销售86.61亿元，增长16.1%；一般公共预算收入3.82亿元，增长7.4%；实际利用外资和港澳台资突破1亿美元，超额完成区交任务。全年累计新签约1亿元以上产业项目41个，其中超1亿美元或10亿元人民币以上项目2个。1亿元以上开工项目33个，其中超1亿美元或10亿元人民币以上项目2个。全年完成工业投资33.96亿元，增长35.45%。农民人均可支配收入2.8万元。在全区2016年度“四个文明”目标考评中获一等奖，首次实现“三连冠”，工业经济获全区一等奖，开放型经济、创新型经济、服务业等工作获二等奖。

2016年口岸街道主要经济社会指标一览表

表21

项目	数据	项目	数据
地区生产总值（万元）	1067871	建筑业企业从业人数（人）	59472
第一产业（万元）	23686	引进项目数（个）	41
第二产业（万元）	526185	实际利用外资和港澳台资数（万美元）	10001
第三产业（万元）	518000	第三产业从业人数（人）	22524
一般公共预算收入（万元）	38160	新增个体工商户（户）	686
固定资产投资完成额（万元）	584116	村（社区）数（个）	23
农业总产值（万元）	32815	户籍户数（户）	22847
粮食产量（吨）	23854	户籍人口（人）	70685
油料产量（吨）	524	从业总人数（人）	59675
蔬菜产量（吨）	27938	年末常用耕地面积（公顷）	1771
肉类产量（吨）	3788	绿化覆盖率（%）	28
牛奶产量（吨）	3939	人均住房面积（平方米）	69
禽蛋产量（吨）	334	人均年生活用电量（千瓦时）	565

续表21

项　　目	数据	项　　目	数据
水产品产量（吨）	2657	互联网用户（户）	14378
农业从业人数（人）	4056	学校数（个）	6
工业企业数（个）	832	在校学生（人）	8438
规模以上工业企业数（个）	51	教师总数（人）	622
工业总产值（万元）	3427938	医疗卫生机构数（个）	25
规模以上工业总产值（万元）	3018327	新型农村合作医疗保险参保（人）	31175
企业年缴税金（万元）	130643	新型农村社会养老保险参保（人）	33004
建筑业产值（万元）	2075959	—	—

2016年口岸街道各村、社区基本情况一览表

表22

名　称	党支部（总支、党委）书记	村（居）委会主任	户籍人口（人）	耕地面积（公顷）	各类企业数（个）	村集体收入（万元）
龙窝口社区	郁尚文	冯义国	2576	68	12	98
城南社区	李尚华	戴新国	3576	76	97	110
城东社区	许迎春	李鸭荣	4478	39	15	260
王营社区	宗　峰	孙永平	2496	20	81	380
引江社区	张竹山	栾大兵	2407	105	20	675
新明社区	李　忠	李　忠	2920	167	22	127
东南社区	高太生	陈开伦	2644	108	24	234
戴集社区	戴德恒	封学文	2175	175	7	330
集成社区	孙丽俊	徐玉生	2386	107	22	36
张马社区	张继平	张社宏	3242	126	27	2615
田河社区	吉鹏军	徐永根	2100	92	27	165
朱营社区	徐小圣	徐红明	1550	67	11	84
蔡滩社区	刘　俊	张　毅	2019	—	—	—
口岸社区	赵庆晨	赵庆晨	763	—	—	—
柴墟社区	笪克勤（女）	程秀兰（女）	4730	—	—	—
新城社区	薛余俊	薛余俊	2664	—	—	—
育才社区	李　鑫	贾美云	5154	—	—	—
大石村	张桂荣	张桂荣	2059	124	65	134
徐桥村	孙　俊	周红生	3441	178	8	45
郎庄村	陈　明	陈　明	2242	150	5	60
雅儒村	卞庆生	陈叶林	2218	181	11	171
吴楼村	叶建峰	叶建峰	2714	140	10	105
徐庄村	宗礼胜	徐永记	2986	126	15	54

说明：蔡滩社区、口岸社区、柴墟社区、新城社区、育才社区为非农社区，不统计相关数据。

【农业】 2016年，口岸街道实现农业总产值3.28亿元。推广种植宁麦13、南粳5055、南粳9108，示范种植武运粳32，创建2个水稻示范基地（徐庄、雅儒）、2个小麦高产示范方（徐桥、雅儒），新增高效设施农业70公顷；完成绿色食品认定2个（汊水河大米、凤栖湖大米）；无公害生产基地2个（集成、张马）；续展绿色食品2个（泰州市吴楼农业发展有限公司的绿色大米、泰州市福太面粉有限公司的绿色面粉）；获评泰州知名品牌2个（“福兔”牌挂面、“福兔”牌面粉）。完成新造林面积50.8公顷。

【工业】 2016年，口岸街道新增私营企业294个，入临港经济园企业31个。全年实现工业总产值342.79亿元，比上年增长20%；销售338.75亿元，增长20.18%；利税50.9亿元，增长18.22%；利润30.9亿元，增长18.4%。

【建筑业】 2016年，口岸街道共有建筑企业26个。完成建筑总产值207.6亿元，工程结算收入70.47亿元，实现利润29.06亿元。

【服务业】 2016年，口岸街道实现服务业增加值51.8亿元，服务业占GDP比重48.51%；社会消费品零售总额为27.88亿元，比上年增长22.14%；税收5.46亿元，增长21.08%。新增个体工商户686户，新增从业人员3200人次；完成服务业固定资产投资24.46亿元，服务产业性投资21.23亿元，净增规模以上服务业企业4个，完成重点项目建设6个，完成新招引项目7个，完成1亿元以上新开工重点项目6个。

【科技创新】 2016年，口岸街道实现高新技术产业产值196.87亿元，完成年度计划任务的114.09%，比上年增长48.41%，全区排名第1位；申报获批高新技术产品27项，完成年度计划任务的192.3%。三福船舶、凯圣新材料、江滨压延、创新电子、澳伦特成功申报省级高新技术企业，科技创新券新增11个申领企业，企业类创新券兑现82万元，奖补类创新券兑现56万元。华航智慧光电创新工场、润泰蜂鸟众创空间建成省级众创空间。泰州超人汽车电子有限公司成功申报省级汽车系统工程研究中心。蔡滩社区获国家地震安全示范社区称号。

【城乡建设】 2016年，口岸街道完成扬子江药业集团规划建设项目、扬子江南路拓宽改造、清水管网安放等动迁任务、实施高港车站转盘改造建设工程。全年累计动迁142户，投入资金1700余万元，对百年豪景、教育新村、港城花苑等老旧小区和丰乐北村、安全巷、小曲巷、建设巷等后街背巷实施综合整治。投入400余万元更新后街背巷LED路灯1000余盏，人居环境明显改善。

【社会事业】 2016年，口岸街道城乡居民养老保险、医疗保险和失地农民保障实现应保尽保。全面超额完成区交指标任务，核定城乡低保510户904人，发放低保资金300余万元，发放各类救助、慰问金约100万元；街道双拥工作获泰州市嘉奖，完善博爱医疗救助和阳光助学实施方案，4个省标社区卫生室通过市、区验收，创成省级卫生村2个、市级卫生村4个；加大公共服务设施投入力度，财政用于民生事业支出比例达80%以上。开展各类培训200余期，群众参培率65%以上，其中创业就业培训班20余期，新增就业人员3303人，创业人员1507人，失业人员就业721人。

【平安与法治建设】 2016年，口岸街道开展平安与法治创建活动，实施护航三大主题10个全覆盖工程，“七五”普法工作开局良好。重视矛盾纠纷排查化解和稳控工作，各类信访来访受理处理率达100%，继续保持重点敏感时期零赴省进京上访。严格落实“党政同责、一岗双责”，建立健全“横向到边，纵向到底”的安全责任体系，常态化开展安全生产专项检查活动。

【党建工作】 2016年，口岸街道坚持全面从严治党，把管党治党各项

8月14日，高港区口岸艺术团在田河社区举办专场演出

（口岸街道/供稿）

要求落到实处。按照市、区委统一部署，开展“机关干部百村行”“百团千村万企大走访大落实”等活动。推进“两学一做”学习教育活动向纵深开展，在完成规定动作的基础上，不断丰富学习教育内容，受到市、区督导组好评。进一步推进党风廉政建设，制定《党风廉政建设责任分解方案》，全面推行清单式管理，切实加强责任分解、责任检查、责任考核和责任追究制。强化对权力运行的制约和监督，运用监督执纪“四种形态”，严肃查办各类违纪违法案件。全年共查处各类案件12件，处分党员12人。

【简政放权改革】 2016年，口岸街道在全区率先完成机关“一办八局两中心”组织架构设置及股级以上干部选拔任用工作，整合街道（园区）服务管理平台，建成街道便民服务、社会管理服务中心，承接区级下放审批权限，优化服务管理流程。全年受理办理各类服务事项1.1万余件，满意率98%以上。组建“店小二”服务团队，全力推进企业服务工作，在全区率先完成2个企业“两证”补办工作。

【口岸艺术团获评省优秀群众艺术团】 2016年，口岸街道艺术团创编舞蹈《绳之韵》《花船开高港》《江边芦花情》《江畔花鼓》《临港园的桃花开了》和歌曲《口岸好人美名扬》等20个节目。到村头、广场、敬老院、企业进行节庆文艺慰问演出60场，到周边乡镇演出20场。年内，口岸艺术团被评为江苏群众文化百千万工程优秀群众文艺团队。

（朱春生）

刁铺街道

【概况】 2016年，刁铺街道面积17.58平方千米，辖社区8个、居民小组103个。户籍户数7211户，户籍人口23632人。全年实现地区生产总值30.81亿元，比上年增长9.56%。其中，第一产业增加值0.78亿元，增长8.52%；第二产业增加值15.06亿元，增长4.51%；第三产业增加值14.97亿元，增长14.7%。完成公共财政预算收入10092万元。全社会固定资产投资24.29亿元，增长77.55%。实施1亿元以上项目12个。实现工业投资总额19.83亿元，增长97.9%。新办私营企业168个，新增个体工商户235户。在2016年度全区工作目标综合考评中获一等奖。

2016年刁铺街道主要经济社会指标一览表

表23

项　目	数据	项　目	数据
地区生产总值（万元）	308138	新增个体工商户（个）	235
第一产业（万元）	7829	建筑业产值（万元）	320146
第二产业（万元）	150571	建筑业企业从业人数（人）	9732
第三产业（万元）	149738	社区数（个）	8
财政总收入（万元）	15042	户籍户数（户）	7211
固定资产投资完成额（万元）	242862	户籍人口（人）	23632
农业总产值（万元）	10406	从业总人数（人）	20849
粮食产量（吨）	4691	年末常用耕地面积（公顷）	531
油料产量（吨）	199	城镇建成区面积（公顷）	1000
蔬菜产量（吨）	15973	人均住房面积（平方米）	58
肉类产量（吨）	1354	互联网用户（户）	6814
禽蛋产量（吨）	205	学校数（个）	4
水产品产量（吨）	1396	在校学生（人）	6314
农业从业人数（人）	770	教师总数（人）	502
工业企业数（个）	982	医疗卫生机构数（个）	7
规模以上工业企业数（个）	27	新型农村合作医疗保险参保（人）	10643
工业企业年缴税金（万元）	24168	新型农村社会养老保险参保（人）	13002
第三产业从业人数（人）	9238	—	—

2016年刁铺街道各社区基本情况一览表

表24

名　称	党支部（总支、党委）书记	居委会主任	户籍人口（人）	耕地面积（公顷）	各类企业数（个）	村集体收入（万元）
关桥社区	王继邦	吴月斌	4390	79	367	151
通太社区	汪春国	李金龙	4737	30	214	215
环溪社区	孙　松	孙　松	5194	82	253	165
万庄社区	薛　庆	杨继萍（女）	3402	129	81	162
大丰社区	王海峰	栾森林	3148	108	96	117
界牌社区	薛福荣	薛福荣	2050	103	63	114
圩岸社区	匡雄杰	匡雄杰	711	—	—	—
明发社区	霍荣康	—	86	—	—	—

说明：圩岸社区、明发社区为非农社区，不统计相关数据

【农业】 2016年，刁铺街道实现农业总产值10406万元、增加值7829万元，比上年分别增长-14.89%和8.73%。实施农业造林，完成造林面积8.67公顷，新增高效设施农业16.67公顷。全面推进机插秧，组织社区集中育秧、统一机插，集中育秧面积3.4公顷，机插秧面积256.33公顷，机插秧率98%。夏秋两季秸秆还田572.73公顷，秸秆还田率95%。

【工业】 2016年，刁铺街道实现工业总产值105.93亿元、增加值15.06亿元，比上年增长26.01%和4.53%。其中，规模以上工业产值90.28亿元，增长29.21%。

【项目建设】 2016年，刁铺街道新签约1亿元项目25个，总投资39.71亿元，完成年度目标的208%；新开工1亿元项目9个，总投资10.95亿元，完成年度目标的150%；项目合同备案15个，其中，1亿元以上项目9个，完成全年目标150%，总投资22.96亿元；4个1亿元项目竣工投产，完成年度目标的133%。

【服务业】 2016年，刁铺街道实现服务业产业投资3.48亿元，服务业税收2.19亿元，服务业增加值14.97亿元。全年共4个1亿元以上服务业项目竣工投产，分别是总投资1.2亿元的顺丰速运中转场项目、总投资1.05亿元的郁金香国际水汇项目、总投资1.5亿元的国内水路物流项目和总投资1.2亿元的海洋运输项目。

【科技创新】 2016年，刁铺街道实现高新技术产业产值60.49亿元，占规模以上工业产值比重达67%。申报江苏省高新技术企业1个，民营科技型企业2个，省高新技术产品2项，全部立项。全年实施产学研合作项目5项，与大专院校共建产学研联合体2个，合作共建创新创业孵化基地1个。申报市、区两级科技进步奖6项。专利申请总数和发明专利申请数完成全年任务，达220件，发明专利授权量达7件。查处假冒专利案件量17件，获批市级知识产权战略推进项目1项。

【城乡建设】 2016年，刁铺街道投入580万元，实施19个文明城市创建项目，在市文明办组织的两次文明城市长效管理月度测评中均取得综合考评第1名。完成环港大道西延、金港北路解放西路及周边地块旧城改造近400户的动迁工作，共动迁近4.8万平方米。积极争创国

刁铺街道大丰社区　（刁铺街道/供稿）

家级生态示范街道，实现市级绿色社区全覆盖，界牌社区创成省级村庄绿化示范村，万庄社区创成市级绿色社区。深化“美丽乡村”系列创建活动，大丰社区争创省级美丽乡村。强化对环境长效管护工作的督查考核，投入近200万元实施大界路、刁祥路西延、刁陈路西延等道路的拓宽改造。投入30余万元实施振北路、水岸帝景小区道路等的亮化工程。投入228万元实施环溪路、金港路及向阳北路门面房店牌店招改造。推进民二巷、沿河路后街背巷整治工程，实施沿河路绿化。整治修复城乡水生态、水环境，全年完成河道疏浚1条648.5米，护岸总长度1181.4米。

【社会事业】 2016年，刁铺街道医疗救助覆盖面扩大，新农合参保率100%，城乡居民养老保险参保率95%。全年发放低保金、尊老金以及各类补助497万元。街道敬老院创成“三有三能六达标”敬老院。万庄社区、圩岸社区成功创建AAA级居家养老服务站；敬老院、环溪社区、界牌社区老年人助餐点建成。居民文体生活丰富，按照省“农家书屋”提档升级示范区规范化要求建设“农家书屋”，实现社区“农家书屋”全达标。组织文化惠民演出40场，送戏2场，送电影30场，承办1期《大江放歌》文艺演出。

【平安与法治建设】 2016年，刁铺街道举办法治宣传8场，提供公共法律服务84件、法律援助2起，获区综治平安建设先进单位和法治建设先进单位称号。全年化解历史遗留问题5件，各类矛盾纠纷36件。完善网络舆情监控和应急联动机制，办理“12345”热线、区长公开电话和市、区长信箱372件。自觉接受社会各界监督，办理建议、提案5件（会办），办结率100%，满意率100%。

【党建工作】 2016年，刁铺街道开展“两学一做”学习教育和“百团千村万企大走访大落实”活动，界牌社区便民助餐点工作得到省、市媒体报道。加强廉政风险防控，认真履行“一岗双责”，党风廉政建设责任制落到实处。

【标准厂房区建设】 2016年，刁铺街道成立标准厂房区办公室，推进标准厂房区建设工作，先后完成标准厂房区总平面图审图、用地、规划等各项手续的办理。2月，启动标准厂房区建设。标准厂房区占地6.13公倾，总投资3.2亿元，总建筑面积80270平方米，其中17栋标准厂房71840平方米，2栋综合服务楼8430平方米。

【无地招商】 2016年，刁铺街道面对没有土地指标的客观实际，积极探索“飞地开发”“楼宇经济”等发展模式。顺丰速运泰州中转场项目成功飞地落户高港高新区，泰州港务局六楼运输公司全年实现税收500余万元，创造“凤凰飞出去，税源返回家”新模式。

【明发社区成立】 8月17日，经区政府批复，刁铺街道明发社区成立。社区四址范围：东至高港大道中心界，南至环溪东路、刁东中沟、解放东路连线中心界，西至扬子江北路中心界，北至环港大道中心界。辖区总面积1.05平方千米。社区有户籍人口86人，住户2359户。

（陈　业）

许庄街道

【概况】 2016年，许庄街道总面积42.51平方千米，辖行政村4个、社区10个，村（居）民小组252个。户籍户数12096户，户籍人口39786人。完成地区生产总值31.18亿元，比上年增长11.68%。完成工业总产值113.65亿元，增长47%；完成财政总收入12039万元，增长15.7%；服务业增加值16.82亿元，服务业税收收入3.12亿元，分别增长14.41%和42.88%。高新技术产业产值44.57亿元。全社会固定资产投资24.79亿元，增长65.9%。进出口总额9922万美元。招引5000万元以上项目13个，其中1亿元以上项目9个，新建标准厂房2.5万平方米，盘活原建标准厂房1.6万平方米，新增私营企业163个，新增个体工商户330户。专利申请量248件，其中发明专利申请量98件。农业增加值1.13亿元，高效农业面积达747.6公顷，森林覆盖率44.3%。许庄街道创建成国家级生态街道和江苏省农村电子商务示范镇，乔杨社区被评为2016年最美村镇和全国第四批美丽宜居村庄示范，蔡庄村通过江苏省美丽乡村验收。

2016年许庄街道主要经济社会指标一览表

表25

项　目	数额	项　目	数额
地区生产总值（万元）	311779	第三产业从业人数（人）	10951
第一产业（万元）	11276	新增个体工商户（户）	330
第二产业（万元）	132341	村（社区）数（个）	14
第三产业（万元）	168162	户籍户数（户）	12096

续表25

项　目	数额	项　目	数额
财政总收入（万元）	12039	户籍人口（人）	39786
固定资产投资完成数（万元）	247896	从业总人数（人）	32368
农业总产值（万元）	18028	年末常用耕地面积（公顷）	1557
粮食产量（吨）	11685	工业园区面积（公顷）	1200
油料产量（吨）	924	城镇建成区面积（公顷）	681
蔬菜产量（吨）	12353	绿化覆盖率（%）	44
肉类产量（吨）	948	人均住房面积（平方米）	57
禽蛋产量（吨）	292	人均生活用电量（千瓦时）	50
水产品产量（吨）	967	互联网用户（户）	9651
农业从业人数（人）	1135	学校数（个）	5
工业企业数（个）	681	在校学生（人）	4250
列统企业数（个）	71	教师总数（人）	430
工业企业年实缴税金（万元）	41528	医疗卫生机构数（个）	14
建筑业产值（万元）	486468	新型农村合作医疗保险参保（人）	21403
建筑业企业从业人数（人）	15897	新型农村社会养老保险参保（人）	17171
实际利用外资和港澳台资（万美元）	355	—	—

2016年许庄街道各村、社区基本情况一览表

表26

名　称	党总支（总支、党委）书记	村（居）主任	户籍人口（人）	耕地面积（公顷）	各类企业数（个）	村集体收入（万元）
马厂社区	祁亚飞	祁亚飞	4214	51	69	901
三星社区	杨　刚	唐慧娟（女）	308	—	—	—
周梓社区	李惠民	李惠民	3356	132	12	121
官沟社区	周宜江	梅圣贵	4209	82	15	709
三旗营社区	徐虎林	李年富	2009	77	17	87
许庄社区	唐传荣	唐传荣	3346	90	32	64
曹官营社区	朱海军	朱海军	3236	103	18	123
乔杨社区	乔向民	乔向民	2988	263	51	646
孔桥社区	李　伟	栾庆郭	2061	72	25	233
赵王社区	宗茂松	乔向荣	3394	233	25	252
明河村	王纪明	王荣俊	1971	122	16	102
管营村	孙学军	蔡　骏	1862	121	6	56
钱赵村	王正乐	孔冬成	3896	274	31	262
蔡庄村	蔡　春	蔡　春	3015	203	11	169

说明：三星社区为城市社区，不统计相关数据。

【农业】 2016年，许庄街道完成农业增加值1.13亿元。农民人均纯收入24824元，比上年增长9.9%。发展农村小农场12个，新增各类种养殖专业合作社19个，农机专业合作社4个，植保专业合作社5个。流转土地1053.33公顷。创建万亩水稻高产建设项目1个，申报无公害农产品25个，申报无公害农产品产量23882吨，占食用农产品产量的54.88%，注册无公害农产品商标2个。建成“乐村淘商场”电商服务站3个，新增“12316”短信用户28户，实现“农牧旺”“农技坛”云服务平台手机客户端加入。开展为农服务工作，向13个群发送各类农情信息56481条，发送天气预报信息32899条，发送预警信息3965条，建群信息发送实现村组全覆盖。推广机插秧526公顷，机插率90%以上，秸秆综合利用率98%以上。新建成片造林40公顷，完成区交任务200%，建成村庄绿化示范村1个，农业招商引资项目完成2.89亿元，新增农业项目投资1.21亿元，新增高效农业面积60.47公顷，高效农业面积累计809.33公顷，占耕地面积的51%。绿化覆盖率44.3%。

【工业】 2016年，许庄街道完成工业总产值113.65亿元，利润7.69亿元，税收0.38亿元，比上年增长47.4%、8%和8.5%；新增个体工商户330个，占年度计划的165.2%；净增私营企业163个，占年计划的120.7%；一般纳税人开票销售完成20.05亿元，增长20.56%，占年度计划的103.94%；工业净入库税收完成5450万元，增长17.2%，占年度计划的136.29%；完成工业净增规模以上企业2个；工业用电2698.05万千瓦时，增长9.2%。盘活存量资产标准厂房1.6万平方米，建成标准化厂房2.5万平方米。组织4个企业负责人赴浙江大学参加泰州市高港区第一期科技企业“两化”融合专题研修班；组织4个汽车零部件生产企业由中低端向高端迈进，参加江苏省新能源汽车推广应用推介会，助推企业加入智能制造行列。2个企业通过泰州市级“两化”融合示范企业和试点企业验收，2个企业获得江苏省级以上信用企业称号。全年新增3000万美元以上企业1个，其中超1亿元项目9个，新开工1亿元以上项目5个。完成泰州市银杏织锦有限公司投资1.1亿元，年产3000吨服装用绣花线技改项目；泰州市天鑫机械制造有限公司投资1.03亿元，年产50万台（套）节能型踏板摩托车发动机箱体技改项目。

【建筑业】 2016年，许庄街道完成建筑业总产值48.65亿元；完成建筑业工程结算收入39.2亿元，比上年增长10%。拥有区内三级资质以上建筑企业18个，其中，一级资质企业1个，二级资质企业2个，三级资质企业15个。

【服务业】 2016年，许庄街道完成服务业增加值16.82亿元，占年度计划的102.34%，服务业增加值占GDP比重53.94%；服务业税收3.11亿元，比上年增长24.84%，占年度计划的117.07%。新增服务业企业22个，新增规模以上服务业企业2个，新增批发零售住宿餐饮规模以上企业3个，总投资3亿元的统一超商项目即将竣工投入运营。加大电子商务推广应用，通过江苏省第二批电子商务示范乡镇考核验收。孔桥农贸市场完成升级改造。

【城乡建设】 2016年，许庄街道投入780万元，铺设硬质化道路3万平方米，完成马厂社区湖滨小区绿化提升路牙改造，修扩建农桥6座。投入1200万元启动钱赵、三旗营、曹官营、明河等村（社区）综合服务中心和合作医疗站办公场所的建设，完成主体工程建设。投入9650万元的孔桥实验学校主体工程完工，宿舍楼、食堂、操场、图书馆等辅助设施建设进入尾声。许庄中心学校工程完成拆迁、项目报批，孔桥农贸市场投入运营，孔桥集中安置区建设深化设计、项目造价、施工围墙筑石砌等前期准备工作完成。先后实施将军机械、爵尚环保、许庄学校等项目的动迁，共动迁340户10.8万平方米，安置交房985套。

【平安与法治建设】 2016年，许庄街道制定健全各种规章制度，签订综治维稳、平安法治建设责任状。

许庄街道湖滨小区 （许庄街道/供稿）

投入105万元用于综治信访维稳、流动人口管理、法治宣传、技防巡防、重点人群管控。调处和钝化各类矛盾纠纷31起。14个村（社区）推行综治平安建设智能化，整合公安派出所、人口计生办、信访办、司法调解力量资源，全面掌握辖区内流动人口信息数据。对行为失范的青少年实行重点帮扶，结对帮教。

【党建工作】 2016年，许庄街道扎实开展“两学一做”学习教育活动，编写学习材料和口袋书，开展学习讨论。开展“党员政治生日”活动，组织机关在职党员干部走访慰问贫困家庭、孤寡老人、留守儿童。完成村居“两委”换届和区党代表、区人大代表换届选举，村居干部队伍活力进一步增强。探索建立非公企业专职党务工作者岗位津贴制度。通过单独组建、联合组建、挂靠组建、派员帮建等方式，成立20个社会组织党支部和13个“两新”组织党支部，实现社会组织、“两新”组织党组织全覆盖。

【蔡庄村获批省级美丽乡村】 2016年，许庄街道蔡庄村投入600余万元，建设绿色、环保、生态、宜居的村庄环境，建成亲水长廊220米，建成农民健身休闲广场2个，栽植四季常绿树木2000株，改造农户化粪池680个，建成文化墙600平方米，新建居家养老服务站200平方米，翻扩建社区卫生室240平方米，铺设污水管网主管和户支管10.2千米，覆盖全村农户。修缮和保护蔡庄油厂、粮库，将全部破旧墙体墙面进行刷白出新。整治和疏浚村庄沟塘，对两泰官河进行景观绿化，把蔡氏家族的家规、家训、家风书写在文化墙上。年末，经省级有关部门验收，蔡庄村获江苏省美丽乡村称号。

（沈　浩）

永安洲镇

【概况】 2016年，永安洲镇总面积55.9平方千米，辖社区11个、居民小组218个。户籍户数8390户，户籍人口31067人。全年实现地区生产总值95.55亿元，比上年增长11.7%。其中，第一产业增加值1.72亿元，增长8.28%；第二产业增加值65.28亿元，增长9.15%；第三产业增加值28.54亿元，增长18.23%。公共财政预算收入6.51亿元，增长2.77%。全社会固定资产投资148.77亿元，增长15.05%。工业总产值666.9亿元，增幅26.3%。服务业增加值28.54亿元、税收7.05亿元，分别增长18.23%、48.99%。高新技术产业产值163.98亿元，增长18.02%。协议利用外资和港澳台资12829万美元，实际到账10681万美元。进出口总额16765万美元。实施1000万元以上项目79个，其中1亿元以上项目28个，完成投资56.56亿元。新增私营企业277个，新增个体工商户397户。耕地面积870公顷。居民人均可支配收入28026元，增长9.3%。列2016年度中国建制镇千强镇第447名。获2013—2015年度江苏省文明乡镇称号。

2016年永安洲镇主要经济社会指标一览表

表27

项　目	数据	项　目	数据
地区生产总值（万元）	955451	第三产业从业人数（人）	8031
第一产业（万元）	17220	新增个体工商户（个）	397
第二产业（万元）	652824	社区数（个）	11
第三产业（万元）	285407	户籍户数（户）	8390
公共财政预算收入（万元）	65132	户籍人口（人）	31067
固定资产投资完成额（万元）	1487658	从业总人数（人）	18119
农业总产值（万元）	31200	年末常用耕地面积（公顷）	870
粮食产量（吨）	13990	工业园区面积（公顷）	902
油料产量（吨）	264	城镇建成区面积（公顷）	342
蔬菜产量（吨）	10070	绿化覆盖率（%）	32
肉类产量（吨）	3074	人均住房面积（平方米）	63
禽蛋产量（吨）	430	人均年生活用电量（千瓦时）	1238
水产品产量（吨）	5059	互联网用户（户）	4635
农业从业人数（人）	1170	学校数（个）	2

续表27

项　　目	数据	项　　目	数据
工业企业数(个)	264	在校学生(人)	2620
规模以上工业企业数(个)	52	教师总数(人)	191
工业企业实缴税金(万元)	72920	医疗卫生机构数(个)	11
建筑业产值(万元)	849312	新型农村合作医疗保险参保(人)	20008
实际利用外资和港澳台资数(万美元)	10681	新型农村社会养老保险参保(人)	12091

2016年永安洲镇各社区基本情况一览表

表28

名　称	党支部(总支、党委)书记	居委会主任	户籍人口(人)	耕地面积(公顷)	各类企业数(个)	村集体收入(万元)
福沙社区	王启东	蒋永生	2793	117	80	983
新街社区	朱纪良	宣春美(女)	2255	132	45	284
中心社区	周义松	王文明	2643	109	115	388
永兴社区	秦长林	李四明	2134	126	120	371
兴洲社区	孙仕民	李兴兵	5382	—	287	254
永胜社区	周进宝	李国燕(女)	2639	98	39	482
上桥社区	张国宾	宗冬生	3125	136	55	154
建安社区	陆　军	刘建松	2128	168	31	293
东江社区	陈道贵	李文兰(女)	2318	78	29	328
兴隆社区	韩九灯	周建军	2157	150	34	681
润洲社区	杨义琴(女)	陈　燕(女)	3493	—	25	139

说明:润洲社区为城市社区,无农田。

【农业】 2016年,永安洲镇实现农业总产值3.12亿元、增加值1.72亿元,比上年分别增长7.96%和8.3%。流转土地753.33公顷,建成规范化小农场23个,农业机械化率100%,新增高效设施农业面积30.73公顷、土地复垦面积15.33公顷。全年新开工建设益海膨化大豆及配套设施生产线项目、丸庄益海嘉里(泰州)年产13万吨天然酿造酱油项目、江苏龙凤堂中药物流基地项目、淳蓝环保工程项目,农产品加工集中区实现开票销售收入216.27亿元,实现利润12.79亿元。推进秸秆禁烧禁抛和综合利用工作,夏秋两季均实施机械化秸秆全量还田721.13公顷,秸秆禁烧及综合利用率排名全区第1位。

【工业】 2016年,永安洲镇实现工业总产值666.9亿元、销售651.6亿元、利税105亿元、利润63.5亿元,增幅26.3%、26.24%、20.48%、18.26%。共有规模以上工业企业52个,规模以上工业总产值592.76亿元。工业企业净入库税收2.24亿元。工业企业用电量22202万千瓦时。

【服务业】 2016年,永安洲镇实现服务业增加值28.54亿元、税收7.05亿元,比上年分别增长18.23%、48.99%。共有规模以上服务业企业45个。服务业产业投资41.11亿元,增长21.2%。服务业增加值占地区生产总值的29.87%,提高1.65个百分点。

【科技创新】 2016年,永安洲镇高新技术产业项目立项76个,获批江苏省高新技术产品33个,实现高新技术产业产值163.98亿元,增长18.02%。新增注册商标5件,获批泰州市名牌产品4个、江苏省名牌产品1个。完成专利申报949件,其中,发明专利365件,PCT专利7件。泰州市胤鸿机械设备有限公司、泰州市金鼎电子有限公司、江苏佳强照明电器有限公司、江苏扬子催化剂有限公司、泰州汇丰长江水产有限公司、泰州市江泰化工有限公司、江苏瑞畅复合材料有限公司、泰州永洋船舶有限公司被评为省级民营科技企业。

【城乡建设】 2016年,永安洲镇投入1.79亿元,新建道路4.79千米。

永安洲镇睿懿园住宅小区　　（永安洲镇/供稿）

投入约1.1亿元，启动太平洋码头改造，设计年通过能力75万吨。总投资约8亿元的永安花苑一期主体全部封顶。总投资3634万元，启动建设永安洲幼儿园分园，占地面积约0.51公顷，已报省农转用，等待土地计划。新建污水管网3千米。全年完成水利建设投入近2000万元，疏浚骨干中沟2条、总长2.6千米，疏浚整治社区村庄河道7条、总长5.75千米。新增绿化面积26.66公顷，森林抚育133.33公顷，农村森林覆盖率37.5%，城镇绿化覆盖率42%。

【社会事业】 2016年，永安洲镇在全区率先实现城乡居民社会基本养老保险全覆盖，失地农民即征即保、应保尽保。建立低保户数据信息动态更新、对口扶持制度，最低生活保障实现城乡一体化。推进创业、就业和再就业工程，免费开展企业职业技能提升培训779人次，新增创业就业人数2130人。加大扶贫帮困力度，全年向困难家庭、弱势群体发放慰问金200余万元，向在外过渡拆迁户发放慰问金220万元。润洲、福沙社区居家养老服务中心建成投入使用。建成东江、永胜、上桥社区美德善行文化墙共计3140平方米。开展文化惠民演出16场。举办以“责任·担当·高港尊严”为主题的五四演讲比赛、庆祝中国共产党成立95周年大合唱、“国学与人生”讲座、“文化港城行”、“大江放歌”、第四届社区文艺调演等活动。完成区第三届全民运动会开幕式承办工作，被区政府评为第三届全民健身运动会先进单位。组织216人参加第三届全民健身运动会跳绳、拔河、乒乓球、钓鱼、象棋、羽毛球、篮球、太极拳8个项目的比赛，总积分位列镇街组团体第2名。

【平安与法治建设】 *集中治理* 2016年，永安洲镇对城区秩序开展为期4个月的治理工作，重点对车辆停放、市场管理、占道经营、环境卫生、交通秩序、安全隐患、非法捕鱼、航道治理、信息采集等进行集中整治。通过13个整治小组的齐抓共管、密切配合，共清理流动摊点60余个，出店经营门店10余个；清理破损灯箱3个，配电箱70余个；查处各类交通违法行为386起，坚决杜绝重型车辆进出城区。

治安重点地区整治 在泰州三福船舶工程有限公司周边开展以点带面、以线促块的专项打击治理行动。收缴赌博机10余台；对特种行业、网吧、旅馆、废旧收购站等场所行业开展检查，共发现并整改安全隐患32处。

矛盾纠纷处理 开展社会治安综合整治、矛盾纠纷排查化解、安全生产检查整改、环境保护、网络舆论引导“五大专项”行动，化解上桥、永胜社区拆迁遗留问题；推行调查研究深入到位、群众诉求解决到位、思想工作细致到位、法律手段跟进到位、后续跟踪措施到位“五到位”工作法，强化社情民意分析会和信访信息“零报告”“直报告”制度，做到排查在早、行动在先，把各类矛盾纠纷化解在基层、解决在萌芽状态，化解各类矛盾纠纷98起，形成调解卷宗41卷，其中，非正常死亡事故9起，群体性劳资纠纷8起，帮助外来务工人员要回工资近600万元。全年未发生赴省进京访和群访越级访事件。

普法宣传教育 强化“小喇叭”法治惠民工程建设力度，组织制作“小喇叭”音频13条。树立企业法治文化阵地建设标杆，泰州中航船舶重工有限公司“省级企业法治文化建设示范点”提档升级，翻新改造“法治文化长廊”“新高港人法治文化中心”，服务企业干部职工。全镇举办和参与各级各类法治培训和讲座8场，直接培训人数近万人次；开展法律宣传咨询活动6场，发放各类宣传资料2000余份；开展平安法治宣传进家庭活动，共发放宣传单7540份。

社区矫正与安置帮教 全面落实社区矫正技管模式，要求每周1次、每月5次的指纹考勤，对所有社区服刑人员全部纳入“移动手机定位监管系统”，专职社工利用手机“矫务通”，每日不定时筛查，严防人员无故出界、人机分离等现象，对请假外出人员一律实行每日汇报和每日定位制度，严厉惩治私自外出等违规现象。挂钩共建过渡性安置基地，联系泰州中航船舶重工有限公司建立特殊人群“阳光服务基

地”，明确共建职责，规范管理制度，捐赠宿舍用品，按照“精品化”要求打造全区首个示范性基地。探索特殊人群帮教措施，规范社区服刑人员帮教小组，设立群众监督员，将社区服刑监管工作与平安义工工作相结合；创新建立特殊人群月度例会和季度座谈会，对司法所的社区矫正工作即时评议，对社区服刑人员进行社会协助监管，联合各层面对存在困难的“特殊人群”进行经济帮扶和法律帮助。共解矫18人，新增14人，在册服刑人员13人，其中，缓刑12人、假释1人；2年及以上刑期人员7人；依法实施严管等级3人。无脱管、漏管和重新犯罪现象发生。

公共法律服务　公共法律服务网络基本完善，实现以镇公共法律服务中心、社区司法行政服务站为载体的两级服务网络全覆盖，并在全区率先实现人员到位、制度上墙、办公地点挂牌三落实。为全镇11个社区配备配齐法律顾问和法制副主任。社区一级法律援助站点设立达100%。法律援助工作做到“应援尽援、应援优援”。基层法律工作者参与化解涉法信访案件机制，“法律专业人员释法”环节成为群众评议工作中必不可少的程序。公检法司全面进驻镇公共法律服务中心，拓宽公共法律服务的功能性。共接待并及时录入法律咨询192件，帮助审核办理法律援助手续4件，帮助办理公证案件2件。基层法律服务所代理民事诉讼案件及承办非诉讼法律事务40余件。

【党建工作】 2016年，永安洲镇开展“两学一做”学习教育、“百团千村万企大走访大落实”活动，落实党风廉政建设“一岗双责”责任制，建立党员挂钩联系制度，推动全面从严治党向基层延伸。累计开展中心组学习13次，其中扩大学习8次。依托大江文化讲堂、“泰州港核心港区”微信公众号等新型党性教育新阵地，每月组织专题学习，每周推送专题学习资料，引导党员干部“线上+线下”自主学习。开展基层党员干部冬训、基层干部培训周、党员固定学习日、基层党组织学习年、“两学一做”知识竞赛等活动，提高党员干部的思想政策水平。江苏能建机电实业集团有限公司党委被评为市级党员示范岗，东江社区党总支获评市级远程教育示范点。永安洲镇被省委组织部、宣传部评为2015—2016年度全省基层党员冬训工作示范乡镇。

【获江苏省文明乡镇称号】 10月11日，全省深化道德讲堂建设暨精神文明建设表彰会在常州召开，永安洲镇获2013—2015年度江苏省文明乡镇称号。2013年以来，围绕江苏省文明乡镇创建目标和任务，永安洲镇先后成立江苏省文明乡镇创建工作领导小组，召开创建工作动员大会，制定目标管理责任制，推进江苏省文明乡镇创建工作。利用“周六学习讲堂”、“121”青年干部培训工程等平台，开展集中宣讲活动6场，组织青年干部学习55次、参观爱国主义教育基地5次、观看专题电影和纪录片5次。利用报台网联动，在政府网站、核心港区微信公众号等平台上张贴、播放公益广告和宣传标语，建成“中国梦”主题文化墙、“图说我们的价值观”宣传展示板，弘扬尊老爱幼、见义勇为、扶贫济困的传统美德。在全镇设立道德讲堂12个，开展道德宣讲活动100余场次，受众近万人。设立社区、企业美德善行榜，100余人上榜。推进志愿服务制度化、常态化、纵深化，“志愿江苏”在线人数超过3300人，注册志愿者占全镇户籍人口比例突破10%。开展各类文明行业（单位、村镇、社区）创建活动，创成江苏省文明社区1个，泰州市文明社区4个，泰州市文明单位2个，区级文明单位4个。推进诚信建设，建设覆盖全社会的信用信息系统，1人当选高港区首届“大江儿女·诚信之星”，创成“百城万店无假货示范店”2个，“百城万店无假货示范街”1条。

【永安洲实验学校建成】 3月9日，永安洲镇举行泰州市永安洲实验学校捐赠仪式。永安洲实验学校是按照省级教育现代化示范学校标准规划建设的九年一贯制学校，由浙江广厦建设集团承建，总投资2.3亿元，总占地9.33公顷，总建筑面积为7.6万平方米，主要建设小学部及初中部教学楼、实验楼，配套设施包括游泳馆、艺体中心、报告厅、图书馆及400米标准跑道操场等，是融学校文化教育与城市配套功能于一体的现代实验学校。学校于2014年7月28日全面开工建设，2015年12月31日建成。

【结对帮扶西藏达嘎乡】 10月18—22日，永安洲镇代表团赴西藏自治区曲水县达嘎乡参观交流。20日，与曲水县达嘎乡签订“一对一”结对帮扶协议，永安洲镇每年在项目扶持、人才交流、社会帮扶3个方面对达嘎乡提供帮扶。每年帮助建设基础设施项目1个，提升达嘎乡公共服务水平。借助永安洲镇人才及资金优势，依托达嘎乡土地等资源，合作成立公司，安排1~2名专业技术人员赴达嘎乡开展专业技能和业务能力拓展培训。每年定期举办为期10~15天的党政领导班子专题培训班，邀请达嘎乡3名后备干部到永安洲镇进行为期30~60天的跟班学习。组织教育、医疗卫生、农业、畜牧兽医、企业管理等领域的专家和专业技术领军人才成立专家综合服务指导团，赴达嘎乡开展为期15天的集中专题讲座。发动企业家或爱心人士与达嘎乡2~3名特困大学生结成“一对一”帮扶对子。每年选派中小学生、企业家、文明家庭等赴达嘎乡开展社会联谊及文化交流活动。

（李　誉）

白 马 镇

【概况】 2016年，白马镇面积24.02平方千米，辖行政村5个、社区2个、村（居）民小组127个。户籍户数6591户，户籍人口22268人。全年实现地区生产总值13.11亿元。全社会固定资产投资额17.98亿元。公共财政预算收入8026万元。实际利用外资和港澳台资800万美元。年内，白马镇获评江苏省和谐社区建设示范镇，获全区开放型经济一等奖。农民人均纯收入21096元。陈家村被评为江苏省文明村，黄河村入选省级康居乡村。

2016年白马镇主要经济社会指标一览表

表29

项　　目	数据	项　　目	数据
地区生产总值（万元）	131126	实际利用外资和港澳台资数（万美元）	800
第一产业（万元）	12019	第三产业从业人数（人）	3076
第二产业（万元）	44851	新增个体工商户（个）	176
第三产业（万元）	74256	村（社区）数（个）	7
财政总收入（万元）	12871	户籍户数（户）	6591
固定资产投资完成额（万元）	179763	户籍人口（人）	22268
农业总产值（万元）	20806	农民年人均纯收入（元）	21096
粮食产量（吨）	12874	从业总人数（人）	13071
油料产量（吨）	805	年末常用耕地面积（公顷）	1140
蔬菜产量（吨）	7885	工业园区面积（公顷）	180
肉类产量（吨）	1613	城镇建成区面积（公顷）	374
牛奶产量（吨）	143	绿化覆盖率（%）	33
禽蛋产量（吨）	477	人均住房面积（平方米）	65
水产品产量（吨）	570	人均年生活用电量（千瓦时）	173
农业从业人数（人）	2154	互联网用户（户）	4473
工业企业数（个）	201	学校数（个）	2
规模以上工业企业数（个）	14	在校学生（人）	1011
工业企业年缴税金（万元）	10005	教师总数（人）	126
建筑业产值（万元）	148970	医疗卫生机构数（个）	8
建筑业企业从业人数（人）	2836	新型农村合作医疗保险参保（人）	12245
引进项目数（个）	16	新型农村社会养老保险参保（人）	7049

2016年白马镇各村、社区基本情况一览表

表30

名　称	党支部（总支、党委）书记	村（居）委会主　任	户籍人口（人）	耕地面积（公顷）	各类企业数（个）	经济总收入（万元）
金马社区	李　泽	马恒良	4893	194	236	142
白马社区	王中亚	—	2423	156	40	108
岱白村	王加凤（女）	孔怀东	3378	233	50	80
陈家村	陈　林	李　梅（女）	3410	144	36	123

续表30

名称	党支部（总支、党委）书记	村（居）委会主任	户籍人口（人）	耕地面积（公顷）	各类企业数（个）	经济总收入（万元）
陆家村	李乃平	王龙海	2136	107	44	145
黄河村	李　萍（女）	张伯平	2786	170	26	69
前进村	袁富平	周　斌	3242	136	99	78

【农业】 2016年，白马镇实现农业总产值2.08亿元、增加值1.2亿元。鼓励和引导农民兴办新型农业经营主体，全年新增小农场3个，新增种植面积67公顷。开展农业补贴及保险面积核实、上报工作，及时统计上报小麦倒伏和稻穗发芽面积，全年共发放农业补贴119万元。全年新增观光农业园1个，逸夏果园、腾龙绿化、海诞农业等特色农业园区接待游客超1万人次。推进总投资1200万元的高沙土项目。

【工业】 2016年，白马镇实现规模以上工业总产值38.5亿元。引导企业加大技改投入，增强自主创新能力，全年完成高新技术产业产值19.5亿元，发明专利申请45件，授权专利70件。加强企业与高校、科研院所的合作，全年达成产学研项目4项。

【项目建设】 2016年，白马镇签约1亿元以上项目16个，开工落户项目7个，亚泰金属、白马塑料、钻杆钻具、新能源电动车、智能代步工具等项目先后竣工投产。占地2.67公顷、总投资9000万元的海军小学启动建设，主体工程封顶。白马中心幼儿园完成土地规划调整和招投标，白马中学完成规划布局审批。白马人民医院根据医养结合总体标准，完成选址和规划设计工作。

【服务业】 2016年，白马镇新增个体工商户176户，完成服务业增加值7.42亿元。举办大雄宝殿暨佛像开光庆典活动。老行当文化园完成一期、二期农展馆、古街坊、景观楼建设，三期工程有序推进。宗教文化产业园藏经楼、地宫、七层佛塔、观音岛建设加速推进。

【文化惠民】 2016年，白马镇实施文化惠民工程，全镇7个村居全部建成面积不低于80平方米的文化室，配有阅览室、棋牌室、文化共享基层服务点以及室外健身器材。黄河、前进、陆家、陈家、岱白5个村加快建成村级文体广场，基本形成“15分钟体育健身圈”。联手网易新闻360开展“走进白马”现场直播，参与互动网友达1.2万人。“文明家庭”创建工作全面铺开，建成区、镇、村、组、家庭五级网络。

【镇村建设】 2016年，白马镇将军北路、将军大桥、增产桥建成通车；完成清水管网白马段建设，新建岱白、陆家污水处理站，铺设污水管网6千米；完成前进河、老前进河共3.1千米的疏浚、整治、护坡、绿化任务，拆除干河、中沟鱼网渔簖72处。加大生态环境保护综合执法力度，对重点行业、企业污染物排放实施监控和治理，淘汰高污染高能耗企业，关停铝锭企业2个，停产整顿铝锭企业1个。推进畜禽养殖污染治理工作，通过第三方核查验收，在全区名列前茅。

【社会保障】 2016年，白马镇参加农村养老保险15470人，参加医疗保险18584人，居民参保率达98%以上。落实创业就业帮扶政策，新增城镇就业创业、农村剩余劳动力转移就业98人，7000元以下贫困户全部脱贫。社区卫生服务站全部达省级标准。城乡低保、“五保”和孤儿、残疾人基本生活保障水平大幅提高。养老服务体系不断健全，陈家、陆家、岱白等村先后新建居家养老服务站，并全部对外开放，敬老院规范化管理不断加强，基本形成“以居家养老为基础，社区服务为依

白马镇新城领域住宅小区　（白马镇/供稿）

托，机构养老为补充”的社会养老服务体系。

【平安与法治建设】 2016年，白马镇建立健全安全生产责任体系，严格落实安全生产“党政同责”“一岗双责”，推进企业安全生产标准化建设，全镇51个企业通过安全标准化验收；开展安全生产专项整治，累计排查整改重大隐患16项。创新社会治理方式，积极实施“群众议事团”提档升级工作，聘请老党员、老干部和律师志愿者充实其中。全镇群众议事团共成立10个调解小组，调解各类矛盾纠纷243起，成功率98%以上；镇派出所探索矛盾纠纷预防化解机制，开出全市首张《家庭暴力告诫书》，被央视新闻频道宣传报道。组织开展网格化管理、“六无”村创建和平安义工活动，“平安白马”建设实现十二连冠。

【党建工作】 2016年，白马镇完成“两学一做”学习教育规定动作，不断丰富学习教育内容和形式，前进村“12345”党建工作法、岱白村利用老广播播响“好声音”、陆家村组建党员建言献策微信群等特色做法获得市、区督导组一致好评。创新开展的“晒学习心得、亮学习成果”活动被中国组织人事报网站、《泰州日报》等媒体报道。研究明确6大类24项党风廉政建设主体责任清单，与各村居和基层单位签订党风廉政建设工作责任状，运用监督执纪“四种形态”，全年共问责54人次。基层党建全覆盖，全面完成32个基层党组织换届选举工作。开展党费收缴使用管理专项检查。对全镇非公企业、社会组织进行摸底调查、集中组建和培训。

【白马庙大雄宝殿落成暨佛像开光大典】 12月6日上午9时，白马庙举行大雄宝殿落成暨佛像开光大典。开光庆典由泰州市佛教协会副会长、寿佛寺住持印江法师主持，世界佛教僧伽会会长、台湾玄奘大学董事长、台湾善导寺住持了中长老应邀光临庆典活动并致辞。了中长老携光孝律寺、厦门普光寺、美国纽约东禅寺、上海万寿寺、泰州净业寺、净土寺、姜堰古寿圣寺等大德高僧为白马庙全堂佛像揭幕并开光。（朱　峰）

大 泗 镇

【概况】 2016年，大泗镇总面积36.7平方千米，辖行政村12个、社区1个、村（居）民小组232个。户籍户数10152户，户籍人口33370人。全年实现地区生产总12.7亿元，比上年增长14.92%；实现公共财政预算收入4994万元，增长36.79%；全社会固定资产投资9.91亿元，增长125.44%；实现工业一般纳税人开票销售收入13.78亿元，增长15.8%；实现高新技术产业产值13.13亿元，增长61.4%；净增个体工商户298户，完成年计划的212%；净增私营企业98个，完成年计划的122%；新增专利申请量160件、授权量70件，其中，发明专利申请量45件、授权量3件。

2016年大泗镇主要经济社会指标一览表

表31

项　目	数据	项　目	数据
地区生产总值（万元）	126985	建筑业产值（万元）	618966
第一产业（万元）	20071	建筑业企业从业人数（人）	13105
第二产业（万元）	49627	新增个体工商户（个）	298
第三产业（万元）	57287	村（社区）数（个）	13
财政总收入（万元）	8557	户籍户数（户）	10152
固定资产投资完成额（万元）	99148	户籍人口（人）	33370
农业总产值（万元）	36332	从业总人数（人）	18449
粮食产量（吨）	23767	年末常用耕地面积（公顷）	1958
油料产量（吨）	2023	互联网用户（户）	3654
肉类产量（吨）	4406	学校数（个）	2
禽蛋产量（吨）	3400	在校学生（人）	1363
水产品产量（吨）	1868	教师总数（人）	116
农业从业人数（人）	3714	医疗卫生机构数（个）	14
工业企业数（个）	184	新型农村合作医疗参保（人）	24058
规模以上工业企业数（个）	12	新型农村社会养老参保（人）	13735

2016年大泗镇各村、社区基本情况一览表

表32

名　称	党支部（总支、党委）书记	村（居）委会主　任	户籍人口（人）	耕地面积（公顷）	各类企业数（个）	村集体收入（万元）
大泗社区	于　祥	徐和网	3984	145	159	259
时庄村	王道清	马　硊	3165	230	15	113
马龙村	谢加宣	谢加宣	1691	104	9	135
康乐村	刘根东	吉　园（女）	1839	112	16	73
霍堡村	栾中庆	纪祥飞	2697	152	25	97
大马村	于　涛	于　涛	3165	199	38	30
佴陈村	曹宏宝	张　荔	1993	120	18	121
佴庄村	—	沈建国	2466	134	8	31
二陈村	纪晓俊	张荣军	2610	176	6	72
北港村	—	谢家平	2440	141	3	195
曹于村	程保平	程宝华	2356	144	8	90
前进村	于留贯	于留贯	1991	105	16	138
杨营村	杨学军	杨学寨	3718	197	13	254

【农业】 2016年，大泗镇有序推进农村土地承包经营权确权登记颁证工作。加速土地流转，推动农业现代化、规模化。新增高效规模设施园艺项目2个，新增高效设施农业面积73.6公顷。江苏西来原生态农业有限公司创成国家公益性行业（农业）科研专项示范基地。全面推行水稻机插秧，机插率90%以上。秸秆全量还田综合利用率95%以上。全年新建交通桥梁3座、农桥2座、道路3.5千米。有序推进高沙土、高标准农田等项目建设，改善农田水利设施。重视畜禽养殖污染治理工作，关停畜禽养殖企业3个，整改9个。佴庄村创建省级村庄绿化示范村，大马村被评为泰州市最美乡村。建成全区首个大型农机合作社"泗惠农机专业合作社"，引导所有村居投股并参与分红。开办中药材种植、稻麦高产栽培技术培训班。推进脱贫致富奔小康工程，完成低收入农户614户、872人脱贫任务。开展结对帮扶工作，基本消除人均年收入低于7000元家庭。

【项目建设】 2016年，大泗镇围绕医疗器械、舞台设备等优势产业开展产业链招商，完成1亿元以上签约项目12个，其中5亿元以上项目1个，总投资达23.85亿元，完成开工项目9个，竣工项目4个，1亿元以上签约、开工、竣工项目均超额完成区交任务。围绕医疗器械交易平台项目，加速产业集聚，提升吸附效应，与40个企业达成合作意向，签约30个，销售额达1亿元。推进离岸孵化工作，分别与南京技师学院等3所高校院所合作，完成签约项目3个，建设孵化基地2个，促进产学研融合。与浙江舞台设计研究院合作，招引广汇舞台、神九舞台、美艺舞台等一批优质项目。

【镇村建设】 2016年，大泗镇推进集镇总体规划和控制性详细规划修

大泗镇区景观河　　（大泗镇/供稿）

编工作。完善乡镇农业发展总体规划。项目化推进各重要工程、重要节点、重要片区建设，安置区三期全面建成，泗水商业中心和大泗骨科器械广场项目主体工程即将竣工，完成工业区雨污水管网工程、强弱电工程、安置区天然气管网入户工程。推进土地复垦。创新土地增减挂钩工作。试行农村宅基地置换安置房，引导农民向城镇迁移。加大防违管控力度。加大集镇和村居环境综合治理力度，不断改善发展环境。稳步推进“中药养生小镇”策划、规划工作，启动中药种植景观区建设，完善中药养生体验区各项功能。推进绿色大泗建设，大泗生态公园一期工程建成并对外开放，有序推动道路沿线、河坡岸边、集镇闲置地块的绿化，森林覆盖率28.72%。建立和完善环境长效管护机制，重点整治水体污染等问题，保护生态环境，创成国家级生态镇。

【社会事业】 2016年，大泗镇净增企业职工养老保险参保人数171人，城镇职工医疗保险参保人数196人，生育保险参保人数151人，工伤保险参保人数213人，城乡居民养老保险参保人数11603人，城乡居民医疗保险参保人数25349人。承办2016年度“春风行动”现场招聘会。先后举办创业培训班4期，新增创业人数319人，创建市级创业孵化基地1个。核查落实农村低保户356户、412人，低保边缘户160户、286人，“五保”户57人，重残无业人员333人，孤儿12人，烈士子女15人，80周岁以上老年人1275人。办结临时救助31例、大病医疗救助65例，发放各类补助资金近600万元。重视教育事业，助推学校改善教学环境，提升教学质量。不断提升大泗卫生院诊疗和服务水平，高标准建成12个村级卫生室和居家养老服务站，霍堡村创成省级卫生村。创建“微笑大泗”微信公众平台，亮点工作被《江苏新时空》《泰州日报》等主流媒体多次报道。强化文化阵地建设，建成“大马百姓大舞台”等一批文化设施，时庄村、霍堡村、前进村创成综合性文化服务中心，江苏省书法院大泗创作基地揭牌落户。成立大泗群艺团，开展文化巡演活动，发放文化惠民券14.15万元。举办“大江放歌”大泗专场文艺演出，“农家书屋”实现全覆盖。

【平安与法治建设】 2016年，大泗镇强化安全生产工作，严格落实“一岗双责”。建立立体化现代社会治安防治网、多元化矛盾纠纷预防化解网、社会化基础综合服务管理网等“三张网”。畅通信访渠道，引导群众合理表达诉求，加大信访存量化解力度，重点解决集访、缠访、闹访，力争弱化矛盾。高度重视、认真办复各类网络舆情和群众举报件，妥善处置各类应急事件，并注重后期跟踪和信息反馈。前进村、杨营村创成省级民主法治示范村。认真贯彻落实新《中华人民共和国安全生产法》，安全生产不放松。签订各项安全生产责任书、承诺书92份。常态化开展安全生产检查工作，排查企业246个，排查安全隐患400个，全部督促整改到位。

【党建工作】 2016年，大泗镇开展“两学一做”学习教育，提升党员干部“四个意识”。组织开展“立家规、正家风”活动，引导各级党员干部廉洁修身、从严治家，形成淳正家风、优良作风和清明政风的良性互动。组织镇村党员干部“走出去”，先后到泰兴市和盐城专题调研美丽乡村建设，赴浙江、安徽学习特色小镇建设和中药材种植经验。注重政策条例、实用技术、法律知识的普及，不断提升干部队伍综合素质。加强干部队伍建设，完成镇村换届选举工作，选优配强干部队伍，形成老中青相结合的梯队。健全完善干部考核评价体系，专门成立考核办，加强绩效考核工作，开展“履职不担当，在岗不作为”、侵害群众利益不正之风和腐败问题专项整治行动等活动，持续改进作风建设。加强党风廉政建设，坚持全面从严治党，严格落实“两个责任”，加强监督执纪“四种形态”运用，推动全面从严治党向基层延伸。坚决惩治侵害群众利益等各类违法违纪行为。

【大泗骨科高峰论坛】 2月17日，首届全国性大泗骨科高峰论坛召开。泰州市人大常委会副主任、高港区委书记王建，人民政协报社主编桂小聪，泰州市委宣传部副部长、市社科联（院）党组书记黄林华，高港区委常委、纪委书记薛永忠，高港区委常委、副区长吴斌出席论坛。参加论坛的还有中国医疗器械商学院校长朱明、上海鼎峰投资有限公司投资总监夏迪，以及来自30余个医疗器械生产企业、100余个骨科医疗器械经营公司的约260名业内人士。论坛旨在进一步推进“项目大突破”工作，发展壮大地方医疗器械健康产业，促进优秀投资者、医疗器械生产商及销售商互动交流，实现优势互补、合作共赢。

【江苏中药科技园开园】 10月3日，江苏中药科技园开园。当日，举办“江苏中药产业产教融合高层论坛”来自国内外中医药领域的150余名专家、学者参加。江苏中药科技园由区政府、大泗镇、江苏农牧科技职业学院合作共建，位于大泗镇北端，泰镇高速大泗道口东侧，毗邻中国医药高新区，距泰州市区约15千米，占地面积86.67公顷，拟建筑面积约5万平方米，总投资4亿元。江苏中药科技园园区以中药材种植为中心，产学研三结合，带动农民致富为特色，规划建设中药材示范种植区、中药材生态旅游观光区、中药材科教科普办公生活区3个功能区。园区建筑风格为“明风黛韵，神水红檩”，墙体主要采用明代

民间建筑风格。（卞　倩）

胡　庄　镇

【概况】2016年，胡庄镇面积45.3平方千米，辖行政村13个、社区2个，村（居）民小组305个。户籍户数13258户，户籍人口42103人。全年实现地区生产总值15.53亿元，比上年增长12.25%；一般公共预算收入4054万元，增长52.52%；高新技术产业产值6.2亿元，增长21.78%。全年新开工1亿元以上项目7个，完成产业投资7.73亿元。实际利用外资和港澳台资246万美元。实施产学研合作项目7个，完成专利申请51件。农民人均可支配收入20064元，增长10.03%。年内，胡庄镇被评为江苏省文明乡镇、省级“水美乡镇”。

2016年胡庄镇主要经济社会指标一览表

表33

项　目	数据	项　目	数据
地区生产总值（万元）	155291	第三产业从业人数（人）	8400
第一产业（万元）	27845	新增个体工商户（个）	413
第二产业（万元）	42023	村（社区）数（个）	15
第三产业（万元）	85423	户籍户数（户）	13258
财政总收入（万元）	7886	户籍人口（人）	42103
固定资产投资完成额（万元）	70670	从业总人数（人）	23831
农业总产值（万元）	45300	年末常用耕地面积（公顷）	3070
粮食产量（吨）	32800	工业园区面积（公顷）	37
油料产量（吨）	1862	镇建成区面积（公顷）	145
蔬菜产量（吨）	45349	绿化覆盖率（%）	39
肉类产量（吨）	3584	人均住房面积（平方米）	48
禽蛋产量（吨）	977	人均年生活用电量（千瓦时）	667
水产品产量（吨）	1287	互联网用户（户）	8862
农业从业人数（人）	2818	学校数（个）	4
工业企业数（个）	123	在校学生（人）	1883
规模以上工业企业数（个）	8	教师总数（人）	187
工业企业年实缴税金（万元）	13961	医疗卫生机构数（个）	19
建筑业产值（万元）	82641	新型农村合作医疗保险参保（人）	27748
建筑业企业从业人数（个）	3005	新型农村社会养老保险参保（人）	13270
实际利用外资和港澳台资数（万美元）	246	—	—

2016年胡庄镇各村、社区基本情况一览表

表34

名　称	党支部（总支、党委）书记	村（居）委会主　任	户籍人口（人）	耕地面积（公顷）	各类企业数（个）	村集体收入（万元）
胡庄社区	陶桂泉	陶桂泉	3830	233	189	112
汪群社区	毛　宁	张　燕（女）	3342	229	25	176
赵市村	徐伯成	李阿庆	2818	219	12	61
薛垛村	张晓兰（女）	梅伯奎	1766	155	15	72

续表34

名　称	党支部（总支、党委）书记	村（居）委会主　任	户籍人口（人）	耕地面积（公顷）	各类企业数（个）	村集体收入（万元）
戴陈村	谢桥华	刘　勇	2992	223	15	97
刘荡村	季宝宏	刘新宏	2666	219	6	90
单王村	王桂山	杨梅生	3414	275	20	123
刘元村	刘建华	单圣光	1998	141	13	70
史庄村	史建伟	史奎生	2515	167	9	81
庵桥村	栾春勇	田培松	2325	162	13	140
周马村	李声岳	蔡桂泉	3210	202	18	68
宗林村	刘伯阳	曹月华（女）	3789	291	31	166
丁庄村	孔德筛	孔德刚	3249	211	19	92
田野村	张　杰	田圣兵	2148	146	9	95
陈隆村	谢春华（女）	陶　荣	2049	176	5	68

【农业】 2016年，胡庄镇实现农业总产值4.53亿元、增加值2.78亿元，分别比上年增长9.84%和11.16%，实现农业农村工作全区“八连冠”。引进工商资本注资农业，新增海丰、金泰莱、翔健等投资1000万元以上农业项目7个。农业利用“三资”2.1亿元，申报高港果蔬星创天地并通过科技部评审公示。三麦种植面积2013公顷，水稻种植面积1537公顷，水稻机插秧占比98%，机插秧整村推进率100%，植保服务实现全覆盖，新增高速插秧机、收割机、粮食烘干机等大型农机38台（套）。建成镇农村电子商务平台、特色农产品展销中心，通过省级农业园区复验。全年流转土地141公顷，新增小农场9个，新增高效设施农业面积158公顷，新增3.33公顷以上高效规模设施园艺项目7个，新增申报绿色大米基地2个。土地承包经营权确权颁证工作有序推进，农村综合体制改革全面通过验收。

江苏乐彩印刷材料有限公司印刷版材生产线　　（区委宣传部/供稿）

【工业】 2016年，胡庄镇实现工业总产值38.34亿元，比上年增长33.42%。完成规模以上工业产值13.92亿元、销售13.65亿元、利税19591万元、利润12805万元，分别增长43.14%、44.06%、24.72%和25.8%。新上工业投资项目7个，投资总额6.08亿元，其中，1亿元以上项目5个，分别为投资1.1亿元的乐彩技改项目、投资1.1亿元的乐太速冻食品项目、投资1.2亿元的水溶肥项目、投资1.08亿元的科创医疗生产基地项目和投资1.1亿元的德康汽车箱包项目。江苏乐彩印刷材料有限公司开票销售突破1.8亿元。

【项目建设】 2016年，胡庄镇新开工1亿元以上项目7个，完成产业投资7.73亿元，亿泰电力、乐彩二期竣工投产、乐夫旅游建成运营，阅胜科技、茂林健康产业园、德康汽车箱包、科创医疗生产基地等一批重大项目加快推进。引导现有企业加大技改投入，强化用工、融资等服务，部分重点企业步入产业化快车道，乐彩版材销售逐年攀高，茂尧聚酯、宇航航空、天弘电子、乐太食品、福齐天肥料等企业发展态势良好。

【服务业】 2016年，胡庄镇实现服务业增加值8.54亿元，比上年增长

16.21%；服务业税收5900万元，增长27.59%。新增1000万元以上服务业项目3个，其中，1亿元项目2个，分别为投资1.1亿元的御膳源观光休闲项目和投资1.1亿元的春林医疗器械科研检测中心项目。总投资2亿元的乐夫旅游项目竣工运营，年接待游客1万人次。

【镇村建设】 2016年，胡庄镇完成兴达路升级改造，建成交通桥梁4座，小型设施农桥8座，集镇消防栓布点实现全覆盖。自来水主管网完成升级，110千伏变电所、港华燃气主管网工程全面竣工。辉春医疗器材研发中心建成，圆融·杏港花苑6万平方米商住小区交付使用。完成集镇主干道亮化绿化改造工程，有序实施店招出新、店面改造，集中整治后街背巷。累计完成占补平衡7.93公顷、增减挂钩0.53公顷，完成危房改造16户。深化村庄环境长效管护，全面健全网格化管护体系，3个村居完成连片环境整治任务。重视水环境整治，村庄河道管护成效明显，戴陈村被命名为省"水美乡村"。

【社会事业】 2016年，胡庄镇有效整合计生、卫生资源，建成省级标准村卫生室8个，通过"新国优"创建验收。15个村（社区）居家养老服务中心达标升级，全面完成社区综合体制改革任务。胡庄初中教育集团重点高中录取率在全市农村中学名列前茅。丁庄健身广场、集镇体育公园建成使用。新增就业612人，城乡居民养老保险续缴率保持在97%以上，人均纯收入7000元以下的低收入家庭动态消零，敬老院通过省"三有三能六达标"验收。美德善行系列活动深入开展，再次获评江苏省文明乡镇。

【平安与法治建设】 2016年，胡庄镇开展"四项排查"和出租屋和流动人口管理、互联网危险物品信息监控、寄递行业安全监管、中小幼儿园及周边秩序整治、视频监控联网应用"五大专项行动"，全面规范推行网格化管理。启动"七五"普法，组建群众评议团，重点人群有效稳控，突发事件妥善处置，关键时期、敏感节点实现进京去省上访"零登记"，被评为泰州市"六五"普法考核先进单位、泰州市法治乡镇创建工作先进单位。开展烟花爆竹、燃煤锅炉、危化品使用、消防安全等各类专项整治16次，排查各类安全隐患400余个，责令停业整顿2个。组织专家对3个生产经营性企业进行风险评估，特种设备监管实现全覆盖，未发生重大安全生产责任事故。

【党建工作】 2016年，胡庄镇深入开展"两学一做"学习教育，全面启动"百团千村万企大走访大落实"活动，获评江苏省冬训工作先进乡镇。组织实施青年干部"薪火计划"，选拔40名年轻干部充实到项目建设一线、征地动迁一线、农村基层一线、矛盾调处一线培养锻炼。全面启用重点工作督办单、提醒单，加大督查力度，奖勤罚懒、奖优罚劣。严格正风肃纪，办理案件15件，其中经济案件6件，挽回经济损失近30万元，运用"四种形态"执纪监督问责58人次。

（戴　维　田珍丽）

胡庄镇文化墙　　（胡庄镇/供稿）

人物·荣誉

高港区组织机构及负责人名录

中共泰州市高港区委员会

书　　记　王　建（至7月4日）
　　　　　顾　萍（女，7月4日任）
副 书 记　顾　萍（女，至7月4日）
　　　　　张兆洋（至5月10日）
　　　　　孙宏建（7月4日任）
　　　　　陈　军（7月28日任）
常　　委　王　建（至7月4日）
　　　　　顾　萍（女）
　　　　　张兆洋（至5月10日）
　　　　　孙宏建（7月4日任）
　　　　　陈　军
　　　　　韩　亚（至7月28日）
　　　　　薛永忠
　　　　　高宇彤（女）
　　　　　吴　斌（7月起援藏）
　　　　　蒋向荣
　　　　　陈志斌
　　　　　王友茂
　　　　　张汉刚（5月10日任）
　　　　　蔡秋云（女，7月28日任）
　　　　　顾为进（7月28日任）

泰州市高港区人大常委会

主　　任　王　建（至1月15日）
　　　　　赵晓玲（1月15日任）
副 主 任　刘振东
　　　　　张　勤（女）
　　　　　王国平
　　　　　杨春宣

泰州市高港区人民政府

区　　长　顾　萍（女，1月15日至7月22日）
代 区 长　孙宏建（7月22日任）
副 区 长　陈　军（至8月24日）
　　　　　吴　斌（7月起援藏）
　　　　　蒋向荣（8月24日任）
　　　　　蔡秋云（女，至8月24日）
　　　　　张汉刚（挂职，1月8日至6月13日）
　　　　　肖志勇（至10月25日）
　　　　　李新美（女）
　　　　　包　亚（至12月23日）
　　　　　陈永清（挂职）
　　　　　薛荣美
　　　　　史晓进（挂职，至12月8日）
　　　　　杨益华（7月22日任）
　　　　　刘　洪（6月13日任）

政协泰州市高港区委员会

主　　席　任寿南（至1月14日）
　　　　　韩　亚（1月14日任）
副 主 席　周法鸣
　　　　　李　强
　　　　　胡万源
　　　　　徐桂明（1月14日任）
　　　　　周正青（1月14日任）
秘 书 长　杨　勇

中共泰州市高港区纪律检查委员会

书　　记　薛永忠
副 书 记　余　磊
　　　　　周　曦

人民法院、人民检察院、人武部

人民法院

院　　长　陈富贵

人民检察院

检 察 长　华为民

人武部
部　长　丁　杰

区委工作机构及区委部门管理机构

办公室（研究室、督查考核办公室与其合署，挂接待办公室牌子）
主　任　田宝武
督查考核办公室
主　任　朱双六
网络信息管理中心
主　任　王　辉
组织部（非公有制企业和社会组织工作委员会与其合署）
部　长　陈志斌
非公有制企业和社会组织工作委员会
书　记　戴建斌
组织员办公室
主　任　叶俊东
党建工作领导小组办公室
主　任　蒋加华（至6月27日）
宣传部【挂文明办、外宣办（新闻办）牌子，社科联与其合署】
部　长　高宇彤（女）
社科联
主　席　邵釜明
统战部（区委台办与其合署，挂政府台湾事务办公室、区民宗局牌子）
部　长　周法鸣（至7月29日）
　　　　张汉刚（7月29日任）
台　办
主　任　吴　娩（至3月29日）
　　　　叶　智（3月29日至6月27日）
　　　　蒋加华（6月27日任）
政法委（综治办与其合署）
书　记　蒋向荣（至8月31日）
　　　　蔡秋云（8月31日任）
综治办
主　任　钱润泽
编委办（挂区事业单位登记管理局牌子）
主　任　高志勇
维稳办
主　任　姚　飞
区级机关工委
书　记　陈振东（至11月10日）
　　　　阚　进（11月10日任）
老干部局
局　长　包志明
信访局
局　长　王镇静
机要保密局（正乡科级）
局　长　于　云
文明办
主　任　陶春山
沿江开发办
主　任　王　庆（至11月10日）

区人大常委会工作机构

办公室（挂研究室牌子）
主　任　李友荣（至11月23日）
　　　　尹晓平（11月23日任）
人事代表工作委员会（12月26日更名为人事代表联络工作委员会）
主　任　尹晓平（至11月23日）
　　　　张　平（11月23日任）
财经工作委员会（12月26日增挂预算工作委员会牌子）
主　任　刘晓春
法制工作委员会（12月26日更名为内务司法工作委员会，增挂法制工作委员会牌子）
主　任　李秀年（至11月23日）
　　　　徐　新（11月23日任）
教科文卫工作委员会
主　任　朱冬林（至11月23日）
　　　　朱俊茂（11月23日任）
城乡建设工作委员会（12月26日更名为环资城建工作委员会，增挂农业农村工作委员会牌子）
主　任　陆成林

区政府工作机构

办公室（挂政府研究室、外侨办、应急办、口岸工作服务中心牌子，正科级下属事业单位：机关事务管理局）
主　任　王飞平
发展改革委（挂物价局、服务业发展办牌子）
主　任　王　庆
物价局
局　长　吴玉春
经济和信息化委（挂中小企业局牌子）
主　任　秦荣生
教育局（挂教育督导室牌子）
局　长　李俊仁
科学技术和知识产权局（挂地震局牌子）
局　长　邱小平
监察局（与区纪委合署，挂纠风办牌子）
局　长　余　磊
民政局
局　长　毛一鸣
司法局
局　长　张洪生（至11月23日）
　　　　陈振东（11月23日任）
财政局
局　长　张琴（女）
人力资源社会保障局（挂公务员局牌子）
局　长　匡裕民
住房城乡建设局（挂规划服务办牌子）
局　长　孙　跃
水利局
局　长　陈宝进
农委（挂农工办、农业资源开发局、农机管理局牌子）
主　任　李明荣
商务局（挂粮食局牌子）
局　长　吴　娩（至3月31日）
　　　　陆　波（3月31日任）
文体旅游局（挂新闻出版局牌子）
局　长　卞晓江
卫生计生委
主　任　陈新兵
审计局
局　长　曹映华
环保局
局　长　左祥生
统计局
局　长　李凤华
安监局
局　长　胡怀扣

市场监督管理局
局　　长　高希兆
区政府法制办公室
主　　任　冷　洪

区委、区政府派出机构、直属机构、直属事业单位

政务服务管理办公室
主　　任　吴清华(女)
口岸雕花楼景区管委会
主　　任　张霁明(11月28日任)
城管办
主　　任　张万卿
供销总社
主　　任　毛照明
史志档案办公室
主　　任　阙　进(至11月10日)
　　　　　李秀年(11月10日任)
机关事务管理局
局　　长　戴永建
金融工作办公室
主　　任　陆　波

区政协工作机构

办公室
主　　任　(暂缺)
学习提案文史委
主　　任　朱长顺(至10月25日)
经济城乡建设委
主　　任　邹贤平
社会法制委
主　　任　孙素红(女)
科教文卫体委
主　　任　张霁明

群众团体

总工会
主　　席　丁新成
团区委
书　　记　刘　瑾(女,3月29日任)
妇　联
主　　席　曹小平(女)
工商联
主　　席　周正青
残　联
理 事 长　王瑞云
科　协
主　　席　蒋　为
文　联
主　　席　(暂缺)
侨　联
主　　席　卢国平
红十字会
党组书记　唐秧林(至11月10日)
　　　　　金正文(11月10日任)
常务副会长　唐秧林
区计生协会
会　　长　(暂缺)

垂直管理部门(单位)

公安分局
局　　长　薛荣美
国土资源分局
局　　长　朱秋生(至11月14日)
　　　　　朱　兵(11月14日任)
国税二分局
局　　长　赵剑三
地税三分局
局　　长　李　进(至3月2日)
　　　　　仲伯江(3月2日任)
高港电视节目中心
主　　任　周越星(女)
交通运输分局
局　　长　高林海
规划分局
局　　长　刘国圣
人防办
主　　任　戈　琦(至1月14)
交警二大队
大 队 长　薛荣明
消防大队
大 队 长　杨　帆
气象局
局　　长　赵　蓓(女)
电信分局
局　　长　郭东升
邮政分局
局　　长　钱劲松(8月3日任)
邮政管理局
局　　长　印红松

园区、街道、镇

高港高新区
党工委书记　陈　军(至5月10日)
　　　　　　顾为进(8月5日任)
管委会主任　顾为进(至8月5日)
党政办主任　栾　勇(至8月31日)
经济发展局局长　栾　勇(至1月12日)
　　　　　　　　秦　鑫(1月12日任)
规划建设局局长　刘长军
财政局局长　陆　青(至5月10日)
　　　　　　朱越春(5月10日任)
招商局局长　田光明
社会事业局局长　(暂缺)
监察室主任　(暂缺)
泰州港核心港区
党工委书记　韩　亚(至5月10日)
党政办主任　于跃进
经济发展局局长　金　星(至3月29日)
　　　　　　　　李　梅(3月29日任)
招商局局长　王晓瑾(3月29日任)
规划建设局局长　孙忠厚
财政局局长　黄　伟
社会事业局局长　(暂缺)
口岸街道(临港经济园)
党工委书记　张桂林
办事处(管委会)主任　韩记国
人大工委主任　戚永生
政协工委主任　(暂缺)
刁铺街道
党工委书记　袁　斌
办事处主任　张小平
人大工委主任　严美华(女)
政协工委主任　陈礼晟(至10月25日)
许庄街道
党工委书记　田光明
办事处主任　李伯英(女,至3月29日)
　　　　　　刘长军(3月29日至5月10日)
　　　　　　王　瑾(女,5月10日任)

人大工委主任　乔向民（1月8日任）

政协工委主任　（暂缺）

永安洲镇

党委书记　韩　亚（至5月27日）
　　　　　蒋向荣（5月27日任）

镇　　长　邵剑峰（至9月20日）
　　　　　王小飞（9月20日任）

人大主席　金　星

政协工委主任　沈　亚

白马镇

党委书记　马才本

镇　　长　许建中（至2月27日）
　　　　　徐思达（2月27日任）

人大主席　肖建华

政协工委主任　徐思达（至4月11日）
　　　　　　　陈立穗（4月11日任）

大泗镇

党委书记　魏玉云

镇　　长　于勇军

人大主席　戴曙光

政协工委主任　何　强

胡庄镇

党委书记　徐旭东

镇　　长　陆明航

人大主席　曹建芳（女）

政协工委主任　戴永平（至8月11日）

先进人物

（按姓氏笔画排序）

王俊泽

王俊泽，男，1963年12月参加工作，1967年11月入党，泰州口岸船舶有限公司董事长，泰州市第三届人大代表，泰州市第四届党代表。多年来，他团结带领公司员工群策群力、攻坚克难、开拓创新、奋力拼搏，使公司发展成为国内十强民营造船企业、泰州市三十强重点骨干企业，为企业发展、地方经济建设作出巨大贡献。先后获扬州市劳动模范、全国内贸系统劳动模范、泰州市建设突出贡献奖、泰州市十佳企业经营者、泰州市优秀中国特色社会主义事业建设者等荣誉称号。获评2016年度泰州市十大功勋企业家。

王海东

王海东，男，1975年11月出生，大专学历，中共党员，泰州口岸船舶有限公司职工培训中心主任。长期工作在焊接第一线，凭借脚踏实地的工作作风、不肯认输的钻研精神，从普通农民工成长为专家级的焊接高技能人才。不定期开展技艺技能传授和交流及疑难问题攻关活动，激发广大一线员工学知识、练技能，搞革新、求创新的热情，先后为公司培养船级社焊工2000余人、高级技师1人、技师32人、高级工101人。2016年，当选为“江苏好人”、泰州市杰出企业人才。

吴荣纪

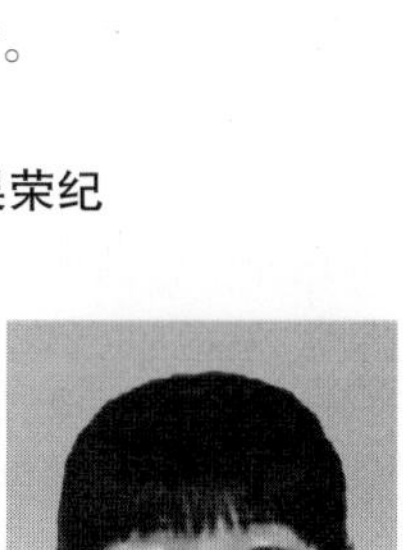

吴荣纪，女，1979年7月出生，初中文化，泰州市高港区口岸邮政支局投递员。6年来，不遗余力，热心公益事业。为甘肃贫困地区学校儿童捐助爱心水壶，为贵州贫困山区儿童捐助学费，为姜堰白血病儿童涵涵募捐治疗费，数次参加本地敬老院献爱心活动，长期资助一名甘肃会宁的贫困学生。2016年，当选为9月“助人为乐”类“中国好人”。

徐镜人

徐镜人，男，1944年10月出生，汉族，大专学历，中共党员，研究员级高级经济师，扬子江药业集团党委书记、董事长兼总经理。在他的带领下，自1996年起，企业连续10余年综合经济效益排名江苏医药企业首位。1997年起，连续19年跻身全国医药行业前五强。徐镜人先后被授予全国劳动模范、江苏省优秀共产党员、江苏省优秀创业企业家等荣誉称号，连续当选为第十届、十一届、十二届全国人大代表。获评2016年度泰州市十大功勋企业家。

顾纪和

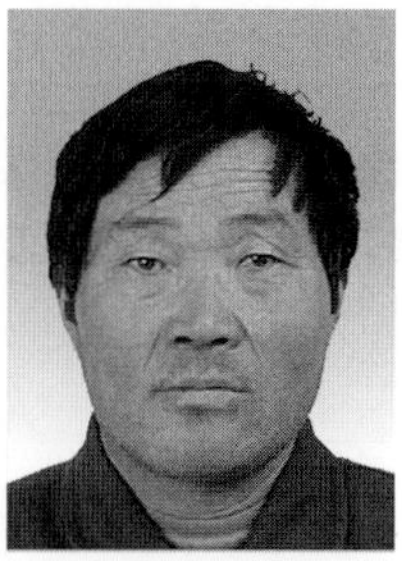

顾纪和，男，1950年7月出生，口岸街道龙窝口社区居民。2016年7月，他纵身入水，成功抢救一名不慎落水的老人，事后悄然离去。在这之前，他也曾抢救过2名落水人员。他老实厚道，不图名利，村里谁家有事，都主动去帮忙，深受村民认可。获评2015—2016年度“感动泰州”美德善行十大人物。

顾孝红

顾孝红，1968年9月出生，制药工程硕士，执业药师，高级工程师，扬子江药业集团药物研究院研

发管理办公室副主任。1994年参加工作以来，长期在扬子江药业集团从事药品研发工作。在担任研发课题组长期间，负责研究的盐酸左氧氟沙星原料、胶囊及其注射液、西园喉药散、曲安奈德益康唑乳膏、盐酸头孢他美酯片、注射用克林霉素磷酸酯、盐酸多奈哌齐胶囊、注射用苦参碱、盐酸达克罗宁胶浆、盐酸丁咯地尔注射液、盐酸阿扎司琼氯化钠注射液、杏荷止咳糖浆、氨甲环酸注射液、富马酸卢帕他定及片剂等品种均已上市销售。其中，盐酸左氧氟沙星原料、胶囊及其注射液项目为江苏省高新技术产品、江苏省火炬计划项目、国家火炬计划项目，并获泰州市重大项目贡献奖、泰州市科技进步三等奖。在《中成药》《时珍国医国药》《中华实用医药杂志》《中国药业》《中国药师杂志》《中国医药》等刊物上发表论文10余篇；获得10项发明专利，其中，获中国发明专利授权9个，一种盐酸达克罗宁口服制剂获美国发明专利授权。获评2016年度泰州市"企业杰出人才"。

党代表、人大代表、政协委员名录

（按姓氏笔画排序）

·党代表名录·

高港区出席中共江苏省第十三次代表大会代表名录

王海东、顾萍（女）

高港区出席中共泰州市第五次代表大会代表名录

马才本、王建、王正宇、叶红（女）、田光明、田宝武、匡裕民、刘刚、刘德、孙宏建、李向前、杨义琴（女）、吴万娟（女）、沈明刚、张琴（女）、张竹山、张桂林、张爱平、陈军、陈月芳（女）、陈志斌、陈克勤、袁斌、顾萍（女）、顾为进、徐军、徐旭东、徐保国、黄亚琴（女）、董春艳（女）、蒋向荣、虞敏（女）、薛永忠、魏玉云

中共高港区第五次代表大会代表名录

丁骏、丁兆宏、丁新成、丁霞琴（女）、卜晖、于云、于义祥、于勇军、于峻沣、于跃进、马才本、王正、王庆、王正、王莹（女）、王辉、王瑾（女）、王飞平、王友茂、王正宇、王亚美（女）、王启东、王阿明（女）、王国平、王海东、王瑞云、王瑞华、王镇静、毛一鸣、毛照明、卞晓江、孔涛、孔玉美（女）、孔继美（女）、左祥生、石泰、卢国平、叶涛、叶智、叶俊东、田光明、田宝武、史建伟、史海燕（女）、白剑、印武、包亚、包志明、匡裕民、吉鹏军、朱双六、朱秋生、乔峰、乔向民、伏晨云（女）、任寿南、任泽南、华为民、刘宁、刘洪、刘瑾（女）、刘长军、刘为民、刘伯阳、刘振东、江波、许敏（女）、许建中、孙跃、孙琳（女）、孙小建、孙宏建、孙忠厚、孙建平、纪晓俊、严美华（女）、李亚、李艳（女）、李萍（女）、李梅（女）、李鑫、李乃平、李友荣、李长春、李风华、李正斌、李付林、李达华、李光明、李伯英（女）、李明荣、李春玫（女）、李俊仁、李翠霞（女）、杨华、杨勇、杨义琴（女）、杨春宣、杨益华、杨继萍（女）、肖志勇、吴斌、吴玉春、吴会祥、吴清华（女）、邱卜雨、邱小平、何强、余磊、冷洪、沈亚、沈灯英（女）、张杰、张玲（女）、张洁（女）、张倩（女）、张琴（女）、张慧（女）、张万卿、张小平、张东澜、张汉刚、张竹山、张建轩、张洪生、张桂林、张谊平（女）、陆波、陆明航、陈竹、陈军、陈新、陈立穗、陈志斌、陈宝进、陈振东、陈晓芳（女）、陈道贵、陈富贵、陈献华、陈新兵、邵釜明、金正文、周旦（女）、周莹（女）、周曦、周法鸣、周越星（女）、宗峰、居金文、赵剑三、赵晓玲（女）、郝媛静（女）、胡万源、胡怀扣、闻逸玲（女）、闫涌、姚飞、秦冲、秦荣生、袁斌、袁荣堂、莫志娟（女）、贾月（女）、顾萍（女）、顾为进、顾建富、顾海健、钱灯荣、钱润泽、徐小圣、徐旭东、徐思达、徐勤生、翁志林、凌世明、栾勇、高宇彤（女）、高志勇、高希兆、高林海、郭东升、唐吉武、唐秧林、陶春山、梅庆原、曹小平（女）、曹映华、戚永生、戚俊宏、葛玉书、董春艳（女）、蒋为、蒋加华、蒋向荣、蒋继成、韩亚、韩九灯、韩记国、谢桥华、谢福进、路慧（女）、阙进、蔡长春、蔡金花（女）、蔡秋云（女）、樊庆勇、薛永忠、薛荣美、戴茹（女）、戴莉（女）、戴永建、戴建斌、戴益章、魏玉云

·人大代表名录·

高港区出席十二届全国人大四次会议代表名录

徐镜人

高港区出席江苏省十二届人大四次会议代表名录

杨屹峰、周裕昌

高港区出席泰州市四届人大六次会议代表名录

丁新成、王建、王群、王红英（女）、王镇静、石杰、叶平、叶红（女）、乔向民、华为民、刘振东、杜荣良、李军、李伯英（女）、杨屹峰、余雨俊、张杰、张娟（女）、陈文兰（女）、陈志斌、陈建国、陈富贵、邵剑峰、周江丽（女）、周裕昌、赵晓玲（女）、顾萍（女）、徐建青（女）、郭余庆、韩记国、薛余俊、鞠建中、魏国俭

高港区四届人大五次会议代表名录

丁杰、丁骏、丁春枝、丁新成、卜秀琴（女）、于智、于永祥、于留

贯、万福龙、马才本、王庆、王建、王友茂、王红英（女）、王甫智、王启东、王国平、王俊峰、王泰生、王海峰、王镇静、尤俊明、毛继生、卞晓江、孔文四、尹晓平、石晶萍（女）、叶月琴（女）、叶文虎、叶忠民、田光明、田红梅（女）、史俊、史建伟、吉云、吉俊、吕春红（女）、朱冬林、朱庆荣、朱金荣、朱桂珍（女）、乔向民、任寿南、华为民、刘俊、刘小如、刘纪云（女）、刘振东、刘晓春、刘海霞（女）、刘瑞华、江国辉、许长坤、许建强、孙云生、孙永忠、孙宝泉、孙建华（女）、李平（女）、李曼（女）、李友荣、李风华、李达华、李年娣（女）、李伟平、李兴华、李秀年、李伯英（女）、李金兰（女）、李菊萍（女）、李新美（女）、杨春宣、杨德富、肖志勇、吴斌、吴金灯、吴继山、吴朝勤、邱翠琴（女）、沈同章、沈金凤（女）、沈培林、沈菊平、宋晓平（女）、张平、张娟（女）、张勤（女）、张小冬（女）、张兆洋、张连兰（女）、张宏山、张宏生、张素玉（女）、张桂林、张晓兰（女）、张联生、张锦萍（女）、陆军、陆成林、陈军、陈尧、陈叶林、陈华琴（女）、陈志斌、陈荣成、陈根柏、陈富贵、陈献华、邵剑峰、季宝宏、金星、周义松、周江丽（女）、周树发、周菊平（女）、周鑫科、单银珠（女）、孟伯兰（女）、赵晓玲（女）、侯玉生、姚永杰、姚宏明、袁斌、袁荣堂、耿金芳（女）、夏永清、顾萍（女）、顾妲（女）、徐琴（女）、徐亚萍（女）、徐旭东、徐志辉、徐念久、徐春兰（女）、徐勤生、徐镜人、殷国海、殷德明、奚美芳（女）、栾进、栾庆兵、栾如军、高宇彤、高国达、高瑞斌、郭宏鹤、唐维刚、陶春山、曹月华（女）、曹建芳（女）、曹春明、戚庆朋、戚俊宏（女）、葛士平、葛玉书、蒋向荣、韩亚、韩九灯、韩记国、韩绍庆、程春生、程桂兰（女）、谢加宣、谢圣兵、谢春华（女）、虞继罗、窦新谋、蔡年生、蔡国平、蔡秋云（女）、樊伟、薛永忠、戴凤鸣、戴兴国、魏玉云

·政协委员名录·

高港区出席泰州市政协四届五次会议委员名录

任寿南、刘荣富、吴红艳（女）、李强、杜环宇（女）、杨宏强、邹贤平、陈龙、周正青、周法鸣、姚家跃、胥利民、曹斌（女）、梅娟（女）、焦开慧（女）、董伟柱、韩亚、褚平忠

高港区政协四届五次会议委员名录

丁觉民、于建江、马翔、马步忠、马建国、毛庆武、毛红星、王玥、王蓉（女）、王明龙、王洪善、王荣芳（女）、包继林、卢国平、史爱梅（女）、叶留纪（女）、左祥生、田建国、石敏（女）、仲新光、任寿南、刘华礼、刘志军、刘勇涛、刘富庭、匡裕民、印江、吉长平、孙阳（女）、孙跃、孙乃清、孙小平、孙冬林、孙志勇、孙建新、孙素红（女）、孙雅琴（女）、朱平、朱长顺、朱建军、汤德荣、许世忠、何强、吴虓、宋杰（女）、宋仁学、张明、张敏（女）、张琴（女）、张小山、张月霞（女）、张长荣、张巧华（女）、张明生、张显伟、张海峰、张海霞（女）、张霁明、李文（女）、李京、李俊、李强、李蓉（女）、李付林、李兰香（女）、李苏华、李俊仁、李家生、李鹏举、杨华（女）、杨希（女）、杨勇、杨钧、杨谢、杨国平、汪晶（女）、沈亚、沈建、邱卜雨、邱小平、邹贤平、陆玲玉（女）、陆惠章、陈文兵、陈礼晟、陈学东、陈宝进、陈杰汉、陈荣亚、陈富来、陈新兵、周娟（女）、周正青、周法鸣、周章红（女）、周越星（女）、宗家林、居山林、郑璐（女）、姚洁、姚莉（女）、姚立中、封茜（女）、施瑾瑜（女）、胡建、胡万源、赵燕来（女）、凌照明、唐秧林、徐亚明、徐亚峰、徐泽超、徐思达、徐美华（女）、徐桂明、殷继东、秦荣生、袁彩（女）、袁国湘、都兴宇、钱玉明、顾为进、高巧珠（女）、高进云（女）、崔正彬、常小红（女）、常建斌、戚玲（女）、戚兆庆、戚鸭章、戚银凤（女）、曹小平（女）、曹明德、曹逸群、梅娟（女）、梅跃、程林森、葛武、蒋为、蒋小平、韩亚、褚平忠、詹绛（女）、雷兵、蔡晶（女）、樊凯、冀小燕（女）、薛兰红（女）、薛兴建、薛松林、薛雨生、薛荣明、戴永平、戴永建、戴永星、戴建斌、瞿香龙

荣 誉 栏

·先进集体·

2016年高港区获国家级（含条线）表彰的先进集体一览表

表35

荣　　誉	获奖单位	授予时间	授予单位
中国国电集团公司特别贡献奖	国电泰州发电有限公司	2016-01	中国国电集团公司
中国国电集团公司五星级企业	国电泰州发电有限公司	2016-01	中国国电集团公司

续表35

荣　誉	获奖单位	授予时间	授予单位
基层社标杆社	口岸供销社	2016-05	中华全国供销合作总社
农民专业合作社示范社	高港区永诚蔬果专业合作社	2016-05	中华全国供销合作总社
全国“五好”县级工商联	区工商联	2016-05	中华全国工商业联合会
中国国电集团公司先进单位	国电泰州发电有限公司	2016-06	中国国电集团公司
中国农业银行青年文明号	农行泰州永安支行	2016-08	中国农业银行股份有限公司
中国国电集团公司“十二五”科技创新先进单位	国电泰州发电有限公司	2016-09	中国国电集团公司
2015—2016年度安全教育实验区全国示范单位	区教育局	2016-09	中国教育学会
2015—2016年度安全教育实验区全国示范学校	汪群小学	2016-09	中国教育学会
中国银行青年文明号	中国银行泰州高港支行营业部	2016-11	中国银行股份有限公司
法治工作先进单位	国电泰州发电有限公司	2016-12	中国国电集团公司
国家级美丽宜居村庄示范	许庄街道乔杨社区	2016-12	住房和城乡建设部
国家地震安全示范社区	口岸街道蔡滩社区	2016-12	国家地震局

2016年高港区获省级（含条线）表彰的先进集体一览表

表36

荣　誉	获奖单位	授予时间	授予单位
江苏省基层党员冬训工作示范区	高港区	2016-07	省委组织部、省委宣传部
江苏省法治建设示范区	高港区	2016-09	省委、省政府
江苏省公共体育服务体系示范区	高港区	2016-09	省体育局
江苏省知识产权强省建设区域示范工作创建单位	高港区	2016-10	省知识产权局
江苏省电力安全生产先进单位	国电泰州发电有限公司	2016-01	国家能源局江苏监管办公室
江苏省部门统计示范点	区人力资源社会保障局	2016-01	省统计局
江苏省部门统计示范点	区物价局	2016-01	省统计局
江苏省模范职工小家	地税三分局工会小组	2016-01	省总工会
2014—2015年度江苏省五一巾帼标兵岗	地税三分局风险应对二科	2016-03	省总工会
江苏省促进义务教育均衡发展先进集体	区政府教育督导室	2016-03	省政府
江苏省和谐社区建设示范镇	白马镇	2016-03	省民政厅
全省财政系统先进集体	区财政局	2016-04	省人社厅、财政厅
2014—2015年度江苏省青年文明号	区社会保险基金征缴中心	2016-05	团省委
江苏省先进班集体	高港中等专业学校13（2）班	2016-05	省教育厅、团省委

续表36

荣　　誉	获奖单位	授予时间	授予单位
江苏省先进班集体	高港中等专业学校14（2）班	2016-05	省教育厅、团省委
国家AAAA级旅游景区	口岸雕花楼景区	2016-06	省旅游局
全省关心下一代工作先进集体	区关工委	2016-06	省关工委、省文明办
全省法院党建工作先进集体	区人民法院	2016-07	省高级人民法院
江苏省“五好”县级工商联	区工商联	2016-08	省工商联、省总商会
2013—2015年度江苏省文明单位	区财政局	2016-09	省文明委
2013—2015年度江苏省文明单位	地税三分局	2016-09	省文明委
2013—2015年度江苏省文明单位	交警二大队	2016-09	省文明委
2013—2015年度江苏省文明单位	区国土资源分局	2016-09	省文明委
2013—2015年度江苏省文明单位	农行泰州高港支行	2016-09	省文明委
2013—2015年度江苏省文明单位	区人力资源社会保障局	2016-09	省文明委
2013—2015年度江苏省文明单位	区人民检察院	2016-09	省文明委
2013—2015年度江苏省文明单位	区市场监督管理局	2016-09	省文明委
2013—2015年度江苏省文明单位	区卫生计生委	2016-09	省文明委
2013—2015年度江苏省文明单位	区人民检察院	2016-09	省文明委
2013—2015年度江苏省文明单位	区机关事务管理局	2016-09	省文明委
2013—2015年度江苏省文明单位	扬子江药业集团	2016-09	省文明委
2013—2015年度江苏省文明单位	国电泰州发电有限公司	2016-09	省文明委
2013—2015年度江苏省文明单位	区交通分局	2016-09	省文明委
2013—2015年度江苏省文明单位	区信访局	2016-09	省文明委
2013—2015年度江苏省文明单位	区商务局	2016-09	省文明委
2013—2015年度江苏省文明单位	区总工会	2016-09	省文明委
2013—2015年度江苏省文明单位	区公安分局	2016-09	省文明委
2013—2015年度江苏省文明单位	国税二分局	2016-09	省文明委
2013—2015年度江苏省文明单位	区物价局	2016-09	省文明委
2013—2015年度江苏省文明单位	江苏泰州大桥有限公司	2016-09	省文明委
2013—2015年度江苏省文明乡镇	永安洲镇	2016-09	省文明委
2013—2015年度江苏省文明乡镇	胡庄镇	2016-09	省文明委
2013—2015年度江苏省文明村	白马镇陈家村	2016-09	省文明委
2013—2015年度江苏省文明村	白马镇黄河村	2016-09	省文明委
2013—2015年度江苏省文明社区	永安洲镇福沙社区	2016-09	省文明委
2013—2015年度江苏省文明社区	口岸街道新城社区	2016-09	省文明委

续表36

荣　　誉	获奖单位	授予时间	授予单位
2013—2015年度江苏省文明社区	许庄街道乔杨社区	2016-09	省文明委
2013—2015年度江苏省文明学校	胡庄中心小学	2016-09	省文明委
2013—2015年度江苏省文明学校	江苏省口岸中学	2016-09	省文明委
2013—2015年度江苏省文明学校	高港实验小学	2016-09	省文明委
2013—2015年度江苏省文明学校	许庄中心小学	2016-09	省文明委
江苏省水美乡镇	胡庄镇	2016-10	省水利厅
《江苏能源》通讯工作先进单位	国电泰州发电有限公司	2016-11	省能源行业协会
法治税务示范基地	地税三分局	2016-11	省地税局
江苏省巾帼志愿服务示范基地	地税三分局	2016-11	省妇联
《人民与权力》杂志通联先进集体	区人大办	2016-12	省人大常委会研究室
2015—2016年度江苏省青少年维权岗	区人民法院	2016-12	团省委等11个部门
全国科普日特色活动优秀组织单位	区科协	2016-12	省科协
第四届江苏省中小学自我保护情景剧大赛优秀组织奖	团区委	2016-12	团省委、省文明办、省综治办等
江苏省十佳理论学习型团组织	团区委	2016-12	团省委
江苏省示范村卫生室	白马镇黄河村卫生室和岱白村卫生室	2016-12	省卫生计生委

2016年高港区获市委、市政府表彰的先进集体一览表

表37

荣　　誉	获奖单位	授予时间	授予单位
农业农村工作一等奖	高港区	2016-01	市委、市政府
绩效管理先进市（区）一等奖	高港区	2016-02	市委、市政府
项目大突破项目投入一等奖	高港区	2016-02	市委、市政府
项目大突破利用外资特等奖	高港区	2016-02	市委、市政府
项目大突破新开工项目贡献奖	高港区	2016-02	市委、市政府
工业经济目标考核先进市（区）一等奖	高港区	2016-02	市委、市政府
开放型经济目标考核先进市（区）一等奖	高港区	2016-02	市委、市政府
科技创新目标考核先进市（区）二等奖	高港区	2016-02	市委、市政府
全面小康村建设“十强村”	永安洲镇永兴社区	2016-02	市委、市政府
扶贫开发工作先进集体	区农委	2016-02	市委、市政府
泰州市2015年度工业国税开票销售十强企业	国电泰州发电有限公司	2016-02	市委、市政府
市先进基层党组织	区财政局党组	2016-06	市委

·先进个人·

2016年高港区获国家级(含条线)表彰的先进个人一览表

表38

姓　名	荣　　誉	工作单位	授予时间	授予单位
杨宏强	中国国电集团公司奖励基金特等奖	国电泰州发电有限公司	2016-01	中国国电集团公司
张苏闽	中国国电集团公司奖励基金特等奖	国电泰州发电有限公司	2016-01	中国国电集团公司
张　伟	全国五一劳动奖章	江苏皇冠壁纸有限公司	2016-04	中华全国总工会
莫志娟	全国书香之家	田河小学	2016-05	国家新闻出版广电总局
韩　欣	全国物流行业劳动模范	泰州港务集团有限公司	2016-05	人力资源和社会保障部、中国物流与采购联合会
张苏闽	中国国电集团公司优秀员工	国电泰州发电有限公司	2016-06	中国国电集团公司
王　平	中国国电集团公司优秀员工	国电泰州发电有限公司	2016-06	中国国电集团公司
郑玲红	中国国电集团公司优秀员工	国电泰州发电有限公司	2016-06	中国国电集团公司
赵玉芳	全国最美家庭	胡庄镇派出所	2016-06	全国妇联
陆冬梅	总行级优秀党员	泰州永安支行	2016-06	中国农业银行股份有限公司
顾　炜	《中国电力报》优秀通讯员	国电泰州发电有限公司	2016-08	中国电力传媒集团有限公司
吴东黎	中国国电集团公司“十二五”科技创新先进个人	国电泰州发电有限公司	2016-09	中国国电集团公司
宋　杰	第十三届全国技术能手	国电泰州发电有限公司	2016-11	人力资源社会保障部
崔晓光	中国国电集团公司技术能手	国电泰州发电有限公司	2016-11	中国国电集团公司

2016年高港区获省级(含条线)表彰的先进个人一览表

表39

姓　名	荣　　誉	工作单位	授予时间	授予单位
耿　浩	全省公安机关执法示范岗位	公安分局法制大队	2016-01	省公安厅
侯　勇	全省农工办系统先进工作者	区扶贫办	2016-01	省委农工办
何　芬	个人二等功	区人民法院	2016-02	省高级人民法院
朱家瑞	全省档案系统先进工作者	区史志办	2016-02	省档案局
孙承莉	江苏省五一巾帼标兵	江苏海企仓储股份有限公司	2016-03	省总工会
韦　莉	江苏省五一巾帼标兵	区人民检察院	2016-03	省总工会
曹　斌	江苏省劳动模范	江苏腾龙园林绿化工程有限公司	2016-04	省委、省政府
潘海霞	江苏省劳动模范	江苏凯威药用包装有限公司	2016-04	省委、省政府
郭余庆	江苏省劳动模范	江苏能建机电实业集团有限公司	2016-04	省委、省政府
杨宏强	江苏省劳动模范	国电泰州发电有限公司	2016-04	省委、省政府

续表39

姓　名	荣　　誉	工作单位	授予时间	授予单位
钱存宏	江苏省先进工作者	区民政局	2016-04	省委、省政府
李文英	江苏省最美接种医生	白马人民医院	2016-04	省预防医学会、省疾病预防控制中心
戴　晶	江苏省三创优秀学生	高港中等专业学校	2016-05	省教育厅、团省委
杨　云	江苏省三创优秀学生	高港中等专业学校	2016-05	省教育厅、团省委
王万军	江苏省三创优秀学生	高港中等专业学校	2016-05	省教育厅、团省委
卞月明	江苏省优秀学生干部	高港中等专业学校	2016-05	省教育厅、团省委
王　振	青年岗位能手	国电泰州发电有限公司	2016-05	共青团国电江苏电力有限公司委员会
陆乔立	全省法院信息先进个人	区人民法院	2016-05	省高级人民法院
王　波	优秀共青团员	国电泰州发电有限公司	2016-05	共青团国电江苏电力有限公司委员会
刘　进	优秀共青团员	国电泰州发电有限公司	2016-05	共青团国电江苏电力有限公司委员会
陈昊宇	优秀共青团员	国电泰州发电有限公司	2016-05	共青团国电江苏电力有限公司委员会
沈春花	优秀团干部	国电泰州发电有限公司	2016-05	共青团国电江苏电力有限公司委员会
包继林	民进全省参政议政工作先进个人	江苏省口岸中学	2016-06	民进省委
于德宏	全省关心下一代工作先进个人	区关工委	2016-06	省关工委、省建设指导委员会办公室
孙　跃	全省住房和城乡建设行业优秀共产党员	区住房城乡建设局	2016-06	中共江苏省住房和城乡建设行业委员会
王燕鸣	优秀党务工作者	国电泰州发电有限公司	2016-06	中共国电江苏电力有限公司党组
周亚明	优秀共产党员	国电泰州发电有限公司	2016-06	中共国电江苏电力有限公司党组
汪腾腾	优秀共产党员	国电泰州发电有限公司	2016-06	中共国电江苏电力有限公司党组
芮文君	优秀共产党员	国电泰州发电有限公司	2016-06	中共国电江苏电力有限公司党组
陈宏伟	突出贡献先进个人一等奖	国电泰州发电有限公司	2016-07	国电江苏电力有限公司
龚海艇	突出贡献先进个人一等奖	国电泰州发电有限公司	2016-07	国电江苏电力有限公司
王燕鸣	突出贡献先进个人一等奖	国电泰州发电有限公司	2016-07	国电江苏电力有限公司
王　宁	突出贡献先进个人一等奖	国电泰州发电有限公司	2016-07	国电江苏电力有限公司
吴国兴	突出贡献先进个人二等奖	国电泰州发电有限公司	2016-07	国电江苏电力有限公司
黄　荣	突出贡献先进个人二等奖	国电泰州发电有限公司	2016-07	国电江苏电力有限公司
周成成	突出贡献先进个人二等奖	国电泰州发电有限公司	2016-07	国电江苏电力有限公司
谈建华	突出贡献先进个人二等奖	国电泰州发电有限公司	2016-07	国电江苏电力有限公司
张　辉	突出贡献先进个人二等奖	国电泰州发电有限公司	2016-07	国电江苏电力有限公司

续表39

姓　名	荣　　誉	工作单位	授予时间	授予单位
黄　松	执行标兵	区人民法院	2016-07	省高级人民法院
蒋　为	“十二五”全民科学素质工作先进个人	区科协	2016-08	省科协
周伟生	2011—2015年全省普法工作先进个人	地税三分局	2016-08	省委宣传部、省法制办、省司法厅
封云举	十佳预防业务标兵	区人民检察院	2016-08	省人民检察院
叶　平	江苏省333高层次人才	高港中医院	2016-09	省人才工作领导小组
吴建军	江苏省基层卫生骨干人才	永安洲镇卫生院	2016-09	省卫生计生委
刘春红	江苏省基层卫生骨干人才	白马人民医院	2016-09	省卫生计生委、省财政厅
石广东	江苏省优秀基层骨干人才	高港中医院	2016-09	省卫生计生委
周　毅	江苏省红十字会基层组织工作先进个人	胡庄镇政府	2016-11	省红十字会
陈　萍	江苏省优秀中青年中医临床人才	市第三人民医院	2016-11	省中医药局
吴银庆	江苏省我们身边的好青年	区公安分局	2016-12	团省委
陈永东	第二批江苏省农村优秀中医临床人才	高港中医院	2016-12	省卫生计生委
孙　宏	江苏省“健康卫士”先进个人	区卫生监督所	2016-12	省卫生监督协会

2016年高港区获市委、市政府表彰的先进个人一览表

表40

姓　名	荣　　誉	工作单位	授予时间	授予单位
鞠荣祥	全市优秀共产党员	胡庄派出所	2016-06	市委
陈春香	泰州市劳动模范	泰州市东方离合器有限公司	2016-08	市委、市政府
陈国荣	泰州市劳动模范	泰州市飞翔车辆工具厂	2016-08	市委、市政府
黄良平	泰州市劳动模范	江苏乐彩印刷材料有限公司	2016-08	市委、市政府
孙玉龙	泰州市劳动模范	泰州口岸船舶有限公司	2016-08	市委、市政府
李付林	泰州市劳动模范	江苏正申索具有限公司	2016-08	市委、市政府
李传银	泰州市劳动模范	泰州永盛彩印包装有限公司	2016-08	市委、市政府
倪道凤	泰州市劳动模范	永安洲镇兴隆社区	2016-08	市委、市政府
刘　敏	泰州市劳动模范	江苏逸夏果园有限公司	2016-08	市委、市政府
余　磊	泰州市劳动模范	区纪委	2016-08	市委、市政府
李根生	泰州市劳动模范	区财政局	2016-08	市委、市政府
陈建安	泰州市创建全国双拥模范城突出贡献个人嘉奖	区人力资源社会保障局	2016-12	市委、市政府

附　　录

诗文咏高港

雕花楼景区建设的启示

薛　敏

这里是高港两千多年历史的生动浓缩,这里是高港前辈先贤的简约剪影,这里是人们闹中取静的休闲场地——这里就是高港雕花楼景区。

高港雕花楼景区位于高港区西部两条主干道金港路、向阳路之间,一条宣堡港(东西向河流)居中流过。河南面是雕花楼园林,河北面是历史文化商业街区。景区内主要景点有一桥,两街,三庙,四宅。一桥是横跨宣堡港的庆元桥,两街是庆元街和柴墟街,三庙是关帝庙、城隍庙、财神庙,四宅是古雕花楼、戚氏进士第、李信昌过载行、孙氏四方楼。雕花楼景区将珍奇别致的楼景、秀丽灵动的水景、美轮美奂的桥景、热闹繁华的街景有机结合,成为城市建设的又一件经典之作。

市委提出城建新提升发展战略,如何使这样的战略设想、发展理念成为现实的模样?高港区雕花楼景区建设给予我们深刻的启示。

一片本土文化的街区

人们常说盛世修史,常说读史令人聪慧。

高港有着怎样的历史?高港有着怎样的民俗?高港有哪些历史的名人?高港如何继承传统开创未来?

作为一个在乡镇、乡村、乡土上建立起来的年轻新区,雕花楼景区体现了高起点规划,高品位建设,体现了尊重历史、尊重文化、尊重民俗、尊重创造。

在尊重历史方面,游过雕花楼景区,你就会知道,高港自周秦至当代,留下了一连串闪光的历史足迹。这里曾经驻扎着岳飞抗金的精兵,这里曾经响亮着抗战胜利的号角,这里是人民海军诞生的地方。

在尊重文化方面,游过雕花楼景区,你就会感到,这里历史上名贤辈出,至当代更是群星闪耀:这里有著名新闻出版家赵易亚,有航天专家叶培建,有文学家陈模,有教育家李煦春。高港依托大江,拥吴越灵秀,衍扬泰雅韵,诗书传家,道德延泽,文化传承,源远流长。

在尊重民俗方面,游过雕花楼景区,你就会看到,城隍庙、财神庙、关帝庙,每天吸引了大量的游人,这里用宗教和民俗引导着人们修德行善。

在尊重创造方面,游过雕花楼景区,你就会发现,历史上,这里的人们创造了丰厚的物质文化和精神文化财富,口岸毛庄的石雕,许庄的金橘嫁接,刁铺的全羊席,田河的建房说鸽子、织绳网,大泗的传统风筝制作,高港的长江三鲜烹饪等等,无不显示出高港人民的聪明智慧。

应当说,本土的文化街区更能激发高港人的归属感、尊严感、自豪感,本土的文化街区更能鼓舞人心、凝聚人心、振奋人心。触摸历史,展望未来,我们聆听到大江儿女奋发进取的时代壮歌,我们坚信,高港人民在大众创业、万众创新的时代大潮中,必将迸发出新的辉煌。

一首催人奋进的高歌

雕花楼景区是历史人物的博物馆,从历史人物身上我们看到了这里的人们重文重武,重商重教,这里在历史上就曾经富甲一方，名贤辈出。

在岳飞提枪跃马的雕塑前，你会被深深震撼，雕塑告诉人们，这里涌动着英雄豪气。岳飞抗金的铁甲铿锵，战马嘶鸣，而今依然能从散布在高港各地的村庄如曹官营、王官营、朱官营等名称中，感受到历史上的金戈铁马之气。

在戚氏进士第里，你会了解到中国历史上著名的军事家及其军事著作——《孙子兵法》讲了些什么？三十六计是哪些内容？走进戚氏进士第你就会了然于心。读读《孙子兵法》的开篇，让人既有历史的自豪感，又有时代的使命感。

在孙氏四方楼，你会得知中国教育史的沿革。这里曾经是口岸中学一位优秀历史老师的住宅，而今辟为国学馆，依然书香袅袅，令人崇敬。

在整个雕花楼景区，知识性、趣味性、时代性都得到了充分的彰显。可以说，这里既是百姓游人休闲娱乐的地方，这里更是开放的课堂，是生动的课堂，是形象的课堂。

榜样的力量是无穷的。古今中外无不重视自己的历史，无不重视自己的伟大人物、英雄人物、杰出人物，他们是历史的弄潮儿，是巨大的贡献者，是后来人的榜样、楷模、典范。

十年树木，百年树人。教育是潜移默化，是润物无声。在国学馆和武进士馆里，许多活泼聪明的孩子在玩耍。他们在这样的环境熏陶下，一定会涌现杰出的人物，一定会不负故乡的期盼，吸收历史的营养，在高港这片沃土上茁壮成长。

一项载入史册的工程

雕花楼景区的建设大气、喜气、秀气。

说大气，这里有时装，有美食，有时尚茶吧，有怀旧影院，有书画音乐培训，这里兼收并蓄，兼容并包，这里文化与商业交融，历史与现实交融，传统与现代交融，消费与休闲交融。这里既是文化工程，又是惠民工程，既是形象工程，又是载入史册的工程，做到了对历史负责，对人民负责，对未来负责。

说秀气，这里沿袭了中国古典建筑的审美趣味，灰砖小瓦，飞檐翘角，小桥流水，廊腰曼回，红花绿树，亲切可人，宛如清明上河图。

说喜气，这里有钟鼓楼，有众多的商家入驻，这里是经营的高地，是创业的宝地，是休闲的福地。历史上，西边的南官河岸帆樯林立，商铺连绵。而今，街区里百姓游人络绎不绝，儿童少年往来穿梭，充满了生机活力。

雕花楼景区总占地面积8.8万平方米。如何利用有限的资源打造精品工程？雕花楼景区建设告诉我们：

——要善于拓展。独木不成林。古雕花楼始建于清乾隆四年（公元1739年），续建于民国初年，是省级文物保护单位，这也是雕花楼景区的核心景观。在整个景区建设中，通过对宣堡港（河）北岸旧民居的改造升级，这样河南河北连成整体，整个雕花楼景区就蔚为大观了。这里是闹中取静的好去处，是休闲怡情的好去处，是邀朋约友的好去处。

——要善于整合。雕花楼景区的李信昌过载行系统展示了高港的历史文化、商贸文化、名人文化、民俗文化、宗教文化。大拆大建，会抹去历史的记忆，抹去地域的特色，抹去甜蜜而又苦涩的乡愁。雕花楼景区留住了地方历史，留住了人文记忆，留住了人们的乡情乡恋。

——要善于经营。雕花楼景区建设充分体现了创新、协调、开放、绿色、共享的发展理念。景区要有游人，游人要图方便。因此，景区建设要为游客着想，要坚持以人为本。这里的规划布局充分体现了长远眼光，美学眼光。在功能上，宽敞的通道，通透的布局，开放的景区，让人赏心悦目，特别是大型的生态停车场为景区的进一步繁荣发展留下了空间。

（发表于2016年1月13日《泰州日报》 作者单位：泰州市人大研究室）

从旧大街到新景区

戚正欣

上世纪70年代前，我家世代住在口岸老解放街古江边，直到1972年因宣堡港拓宽取直而搬迁。宣堡港拓宽后，原先的解放街变得冷落萧条起来，于是又在与宣堡港平行的位置开辟了一条新街，人们称为新大街，而将原先的解放街称为旧大街。

旧解放街失去商业功能后成了一条大的巷子，原先铺街的条石被扒去移作它用，街道铺上了水泥，原先闼子门的爿爿商铺被一家一户改建成了砌砖墙的住家户，狭窄的街面只够勉强行驶机动三轮车，而不能通行汽车。

由于排水系统不畅，小雨成涝、大雨成灾的情况年复一年。老大街的住房本来拥挤，到后来，有些住户由于人口增多住房不够，就把“违建”伸向了街道，在街边搭起了一座座小房屋，也有的在原先的平房上加层翻建了楼房，使得原本逼仄的老街如碉堡林立，居住在这里的百姓怨气连天。

1986年冬，我从扬州调口岸镇工作，办公室就设在镇政府所在的四方楼二层拐角处，当时的四方楼墙面剥落，屋瓦破损，门窗上的雕花早在“文革”中就被铲平，二层栏杆上的小木狮残缺不全，木头上的油漆斑驳脱落，许多梁柱木材开始腐朽，大楼周围被许多杂乱无章的现代建筑和违章建筑包围。扬州我原单位的一些同志来看我，看了四方楼后都惋惜地说，可惜一颗明珠掉在了乱石缝中。

1997年8月，县级高港区成立，口岸从原来泰兴市的一个边远乡镇一跃成了高港区的政治、经济、文化中心，社会经济快速发展，城市面貌日新月异，文化事业得到高度重视。很快，雕花楼被列为泰州市文保单位。2001年，为维修、保护雕花楼，镇政府从那里搬了出来，2002年10月，雕花楼被批准为省文保单位，雕花楼幸逢了高港建区的春天。

随着2008年金港路南延工程的完成，成片改造旧城的任务摆上了区委区政府议事日程，规划中的街区位于宣堡港与南官河的汇集处，距今已有2000多年的历史，是高港政治、文化、经济的发祥地，那里遗存有“一步两庙”（财神庙、城隍庙）、古雕花楼、戚氏进士第、孙氏四方楼和百年商业老字号李信昌过载行等。

为充分挖掘和放大柴墟古街区留存的文化内涵，彰显城市特色，让每一位到过这里的客人都能由此记住高港，区委区政府决定采取保护与开发相结合的办法，把这里打造成口岸雕花楼景区，以提高城市的品位。

经过三年多的紧张重建和修缮，口岸水景街区主体工程全部竣工，景区内主要景点有一桥（庆元桥），两街（庆元街、柴墟街），三庙（关帝庙、城隍庙、财神庙），四宅（古雕花楼、戚氏进士第、李信昌过载行、孙氏四方楼）。街区将珍奇别致的楼景、秀丽灵动的水景、美轮美奂的桥景、热闹繁华的街景有机结合，成为城市建设的又一件经典之作。

在雕花楼景区中，深厚的文化积淀得到很好彰显，一个集“游、观、吃、购、娱”的历史文化展示区和休闲娱乐区展现于世人面前。在这里，爱好历史的可以触摸到柴墟古镇两千年的传承脉搏，爱好文化的可以领略到历代文人的文脉气节，爱好购物的可以购买到自己的心爱之物，爱好美食的可以大快朵颐，爱好休闲的可以闲庭信步，信仰宗教的可以虔诚地一还心愿。

杨柳吐絮、草长莺飞时节，这里到处浸漫着浓浓春意，街区的古街上，车水马龙，行人如梭，游客中很多人都操着不同的外地口音。古街后背处，老宅林立，庭院深深，曲折的小巷通向不见底的深处。入夜，美食夜市上人头攒动，烹饪的香味飘逸四方，广场绿地上火树银花，流光溢彩，仿佛九天银河降临人间，不少外地游客感慨地说，想不到高港这么美。

如今，我当年办公时住过10多年的雕花楼已修葺如初，大楼周边损毁多年的山水园林也恢复了原貌，贯通东西的旧大街已打造成新的水景街区的庆元街和解放街，我童年在这里与小伙伴一起玩耍的情景仿佛还在眼前历历可辨，不过原先狭窄的老街、低矮的店面房、破旧的过街楼以及那摇摇欲坠的城隍庙都已如同凤凰涅槃般得到了新生，焕发出青春的光华。

（发表于2016年10月15日《泰州日报》 作者单位：口岸街道办事处）

引江河咏叹调

戚正欣

是谁给母亲河带来吉祥，
是谁将九天银河流向美好家乡。
苏中大地建造起跨世纪工程，
泰州人终圆了千年梦想！

忆往昔广袤平原一雨成汪洋，
鬻女卖儿划条破船走他乡。
实指望大禹再现能把水患除，
灌排两便五谷丰登红粟香。

枢纽工程矗立河上迎接朝阳，
调南水惠北国泽润百姓永无疆。
灌排航运生态旅游新引江，
美丽莱茵河①搬到了东方。

南眺大江白鸥翩翩水天茫茫，
北望长河百舸争流驶向远方。
气笛长鸣巨轮穿梭瞬间船闸过，
直奔海陵凤凰腾飞②的地方。

徜徉在引江河两岸观光走廊，
风和日丽繁花似锦梅兰飘香。
树荫下对对情侣飞出喁喁语，
草坪上学童处处奔走放鸢忙。

芦丛中寒潭凄清的落雁塘，
薛乡贤③愤世嫉俗旧模样。
心有灵犀雁留塘，
飞禽尚能慰忠良。

漫步闸畔绿茵巨枰④旁，
如磐棋子专待高手来较量。
自古谁人不识子，
全凭分寸和眼光。

注①：泰州引江河有“东方莱茵河”之誉。

注②：泰州古称凤凰城，有凤凰墩、凤城河等地名和传说。

注③：薛乡贤为薛寿昕，明正德年间口岸人，在朝为官，不愿与宦官刘瑾为伍，愤而辞职归乡，隐居水边垂钓，后有官兵追捕，大雁从塘内腾起，救他脱险，后人命名此水塘为落雁塘。

注④：引江河景区内有棋园，为景区一景，有数枚磨盘大的石质棋子散布棋盘之上，寓天地一大棋局也。

（发表于2016年9月河海大学出版社出版的《大美引江》和2016年11月6日《泰州晚报》 作者单位：口岸街道办事处）

重要文件

·重要文件选录·

“机关干部百村行”活动方案

泰高委〔2016〕8号

为深入贯彻党的十八届五中全会和省市区委全会及区党代会年会精神，提升基层党组织的创造力、凝聚力、战斗力和基层党员的纯洁性、战斗性、廉洁性，切实把党员干部的思想行动统一到加快转型升级、建设港口名城上来，区委决定，在全区开展“机关干部百村行”活动。现提出活动方案如下：

一、指导思想

以党的十八届五中全会、省市区委全会和区四届党代会四次年会精神为指导，着力巩固放大党的群众路线教育实践活动和“三严三实”专题教育成果，引导全区各级党组织和广大党员进一步改进干部作风、密切党群干群关系，全面深化基层党风廉政建设，为深入推进“三大主题”建设，推进“十三五”开好局、起好步，建设“强富美高”新高港提供坚强保障。

二、活动时间

2016年全年。

三、活动内容和形式

组织机关干部下基层、进村居，深入开展走访、调研、评估等活动。区委成立“机关干部百村行”活动领导小组，统揽本次活动的开展。同时在镇街层面建立“机关干部百村行”工作组，负责指导、督查各镇（街）“机关干部百村行”活动的开展。在村（社区）层面建立走访调研组，负责具体实施走访、调研等各项任务。“机关干部百村行”活动的主要内容包括“五大行动”：

（一）思想政治“大教育”行动（牵头单位：区委宣传部）

1.举办高港区党员干部冬训读书班。

要求：邀请专家和市区领导就港口名城建设、党的十八届五中全会精神、《廉政准则》和《纪律处分条例》等内容举办为期3天的专题读书班。

责任单位：区委宣传部

2.区委常委上好一堂专题党课。

要求：区委常委到挂钩联系镇（街）围绕贯彻落实十八届五中全会精神，结合高港“十二五”期间取得的成就以及“十三五”规划，向基层党员干部宣讲近年来高港经济社会发展取得的巨大成就和未来发展的美好蓝图。

责任单位：各镇（街）

3.办好村（社区）党员干部冬训学习班。

要求：（1）集中学习时间不少于2天，全面完成区委宣传部指定学习内容；（2）走访调研组组长要为挂钩联系村（社区）上一次专题党课，并于结束后将相关表格、视频、照片等资料交区委宣传部理论科。

责任单位：各走访调研组

4.充分发挥走访调研组的教育培训功能。

要求：（1）走访调研组全年为村（社区）党员干部上党课不少于2次；（2）立足走访调研组牵头部门实际，结合村（社区）的实际情况，为村（社区）开展相关专业培训不少于2次。（3）做好视频、照片、课件等资料的收集保存，及时将相关材料交区委宣传部理论科。

责任单位：各走访调研组

5.完善村（社区）党员干部常态化教育机制。

要求：（1）区委宣传部在“微高港”微信平台上开设大教育学习专栏，定期发布学习资讯，多形式强化学习效果；（2）建强学习培训阵地，保障全年对村（社区）党员集中培训不少于10次，对不在职党员通过上党课的形式分专题进行经常性的政治理论教育，全年不少于4次；（3）根据上级要求，常态化开展各项主题教育活动。

责任单位：区委宣传部

（二）基层组织和干部队伍“大建设”行动（牵头单位：区委组织部）

6.走访调查，谈心谈话了解情况。

要求：（1）走访调研组成员与谈话对象逐一谈心谈话，深入了解“两委”班子运行情况、班子成员履职情况、党风廉政建设情况，征求加强“两委”班子建设的意见建议；（2）村（社区）党组织书记、村（居）委会主任、副书记、会计站长为必谈对象，同时有选择性地与10~15名老支书、老干部、老党员、村（居）民代表进行个别谈话；（3）公布走访调研组的办公地点、联系人和联系方式等，在走访调研期间主动接受群众约谈，听取群众意见。

责任单位：各走访调研组

7.主持召开专题组织生活会。

要求：（1）按照区委组织部《关于召开好“三严三实”专题组织生活会做好2015年度民主评议党员和党性考核的通知》（泰高委组〔2016〕1号）精神，指导各村（社区）党组织召开“三严三实”专题组织生活会；（2）专题组织生活会分两个层面召开，一是由走访调研组组长主持，召开村（社区）“两委”班子专题组织生活会；二是由走访调研组组长或组员主持，以支部为单位召开所有党员参加的专题组织生活会（人数较多的也可以党小组为单位召开），同时一并开展民主评议党员和党性考核工作。

责任单位：各走访调研组

8.指导召开村(居)民代表大会。

要求:(1)组织召开村(居)民代表大会,通报"两委"班子专题组织生活会召开情况,听取"两委"班子工作述职(重点谈存在不足及2016年整改措施),同时对"两委"班子及成员进行民主测评,开展村(社区)级后备干部推荐;(2)走访调研组组长主持会议并通报专题组织生活会情况,村(社区)党组织书记代表"两委"班子进行述职,再由书记、主任、会计站长、相关分管班子成员就党务公开、村务公开、财务公开和各项补贴政策兑现情况分别进行述职,接受群众质询,班子成员填写《实绩公示表》并在会场进行公示;(3)民主推荐除进行会议推荐以外,还要广泛宣传,组织符合条件的人员进行自荐;(4)所有评议、测评、推荐表格由走访调研组负责印制、发放、回收、统计。

责任单位:各走访调研组

9.深入核查和交换情况。

要求:(1)就走访调研中了解到的情况,特别是群众反映较大的问题,作进一步的深入了解,做针对性的询查核实;(2)向镇街党(工)委反馈情况、交换意见。

责任单位:各走访调研组

10.形成综合评估报告。

要求:(1)结合个别访谈、村(社区)"两委"班子评议、班子成员测评情况,以村(社区)为单位分别形成1份综合评估报告,包括组织保障、公共服务、综合治理、可持续发展四个体系的情况,为镇街和区委、区政府提供决策依据;(2)综合评估报告形成后,交镇街工作指导组把关,工作指导组组长签字后交区督查考核办汇总。

责任单位:各走访调研组

11.扎实开展"两学一做"学习教育。

要求:按照统一部署要求,协助村(社区)党组织,组织全体党员开展"两学一做"(学党章党规、学系列讲话,做合格党员)学习教育,把思想建设、作风建设、纪律建设融为一体,推动学习教育从"关键少数"向全体党员拓展、从集中性教育活动向经常性教育延伸,着力提升党员队伍思想政治素质,保持发展党的先进性和纯洁性。

责任单位:各走访调研组

12.督查指导村(社区)"两委"班子换届工作。

要求:按照统一部署要求,协助做好村(社区)"两委"班子换届工作。既要超前谋划、认真准备、精心组织、强化指导,确保绘出思路清措施实的好蓝图,配出结构优功能强的好班子;又要严肃纪律、严明规矩、严格督查,确保换届风清气正,换出心齐气顺劲足的好面貌。

责任单位:各走访调研组

13.持续推进村(居)干部"五位一体"管理工作。

要求:指导村(社区)围绕区委、区政府工作中心,认真落实《推行村(居)干部"五位一体"管理工作意见》(泰高委办发〔2014〕5号)要求,推动村(居)干部"公开目标承诺、提升履职能力、工作实绩公示、年终述职询评、考核星级排位",力促"有位"更"有为"。

责任单位:各走访调研组

(三)社会综合体制改革"大推进"行动(牵头单位:区委办)

按照区委"1+4"文件部署要求,大力推进社区综合体制改革。

14.推进改革工作横向覆盖到边。

要求:对照社区综合体制改革"四大体系"建设任务和5月底前全面完成改革任务的目标要求,督促、指导、帮助所联系社区(村)排出工作计划表,实施"挂图作战",确保按时完成改革任务;对有实际困难的,要主动帮助出点子、想办法,确保全面完成工作任务。

责任单位:各走访调研组

15.推进改革任务全面落实到位。

要求:对已经基本完成综合体制改革任务的社区(村),要督查推进"四大体系"建设各项具体要求全面落实、常态化执行到位;对不能全面执行综合体制改革各项任务要求的社区(村),要逐条逐项认真做好记录,并帮助分析原因、解决困难,推动执行到位。

责任单位:各走访调研组

16.推进改革内涵不断深化发展。

要求:督促社区(村)党组织因地制宜,积极探索创新党建工作的新路子,不断改进工作方式,切实发挥基层党组织的领导核心作用。指导、帮助完善民主自治机制,依法保障居(村)民民主自治的权利;从抓好居(村)民最关心最需要的事情入手,增强社区居委会(村委会)管理公共事务、解决实际问题的能力。积极参与精准扶贫工作,与低收入农户实施结对帮扶,推动全面脱贫致富奔小康,不断增加居(村)民的获得感、幸福感。

责任单位:各走访调研组

(四)社会矛盾纠纷"大排查大化解"行动(牵头单位:区委政法委、区信访局)

在全区范围内集中开展矛盾纠纷大排查大化解活动。

17.紧扣重点问题加强排查化解。

要求:重点围绕(1)征地拆迁;(2)失地农民基本生活保障;(3)土地确权;(4)土地流转;(5)农田保护;(6)村组财务管理;(7)村组干部作风;(8)违章建筑;(9)家庭、邻里矛盾纠纷;(10)村庄环境长效管理;(11)农村基础设施建设;(12)特困群体;(13)积案的化解和包案工作,等等,把困难人群多、矛盾问题多、工作难度大的地方作为重中之重,深入排查。

责任单位:各走访调研组

18.集中解决一批突出问题。

要求:(1)要进行全面、深入、细致的摸排,将各类矛盾纠纷见人见事,梳理汇总;(2)坚持边排查边调处,对于当下能够解决的问题,要及时就地解决;(3)对排查出的暂时不能解决的,要按照"属地管理、分级负责""谁主管、谁负责"的原则，逐一进行分析研判，明确包案领导，拿出切实可行的解决办法，最大限度把问题消除在萌芽、化解在初始、稳控在当地；（4）集中排查化解阶段，每周四前将《高港区信访矛盾大排查大化解汇总表》报区联席办。联系电话（传真）：86966158。

责任单位：区委政法委、区信访局

19.推进健全常态化管理机制。

要求：坚持信访矛盾滚动排查，建立村每周一排查、镇半月一碰头、区每月一汇总的滚动排查机制，做到"月月见底、月月清"。在重点敏感时期实行信息日报告制度，确保各类问题早发现、早控制、早处置。

责任单位：各走访调研组

（五）党风廉政建设"大巡查"行动（牵头单位：区纪委）

20.开展问题线索大起底活动。

要求：区纪委加大对涉及村（社区）党员干部问题线索的清理及处置力度，对问题线索进行"大起底"，做到底数清、情况明；同时，依据"四种形态"研究提出线索的处置方式和相应处置标准，严肃查处侵害群众利益的不正之风和腐败问题。

责任单位：区纪委

21.开展"四风"问题问卷调查。

要求：组织人员进村入户，针对村（社区）党员干部是否存在"四风"问题等情况开展问卷调查，并征集意见建议。

责任单位：各走访调研组

22.开展系列廉政宣讲、警示教育活动。

要求：组织"纪委基层行"驻村（社区）联络员赴90个村（社区）开展《准则》《条例》大宣讲活动。宣讲如何正确理解和把握《准则》《条例》精神，如何认识全区党风廉政建设和反腐败斗争形势，如何更好地落实区第四次党代会第四次年会、区四届纪委六次全会精神，等等。

责任单位：各走访调研组

23.开展村（社区）财务清查活动。

要求：区纪委监督，区审计局、区农委牵头，组成专项清查小组，对相关村（社区）财务账目进行审计、核查，对社区干部的财产收入状况做一个摸底调查。着重清查村级财务规范管理、工程项目建设监管、集体"三资"监管以及各项强农惠农政策落实等情况。在审计、核查过程中，针对共性问题要认真排查原因，及时完善制度、堵塞漏洞；针对个性问题要有针对性地提出整改意见，并迅速督查整改到位；针对发现的党员干部违纪问题线索要第一时间向区纪委汇报。

责任单位：区纪委、区审计局、区农委

24.开展基层党风廉政建设情况走访调研。

要求：走访村（社区）班子成员、老党员、退休老干部了解村（社区）党风廉政建设、组织架构等情况，督促推进"两个责任"一沉到底。一方面，督促村（社区）党组织书记履行主体责任，切实担负起"第一责任人"责任；另一方面，督促村（社区）纪检干部配备到位、履职到位。设立党委的社区，原则上应设立纪委，一般设书记1名、委员2名。村（社区）纪委书记原则上由社区党组织副书记或书记助理兼任，纪委委员可由社区内讲政治、公道正派的离任党员干部担任。村（社区）党总支和党支部设纪检委员，原则上由社区党组织副书记或书记助理兼任。村（社区）纪检干部的主要职责是协助党组织书记开展党风廉政建设工作，履行好监督责任。

责任单位：区纪委、各走访调研组

四、活动要求

1.加强组织协调。区纪委、区委办、区委组织部、区委宣传部、区委政法委、区级机关工委、机关各部门（单位）、各镇街要切实加强沟通协调，扎实做好"机关干部百村行"活动的组织协调工作，确保不走过场，取得实效。

2.强化宗旨意识。各走访调研组要深入田间地头、农家院落，与基层群众"面对面"。要安排充足的时间接待基层干群，帮助解决问题，积极化解矛盾，融洽干群关系，促进社会和谐。要认真撰写民情日记，真实记载下基层情况；认真梳理基层反映的意见建议，及时反映基层动态。

3.严肃工作纪律。参加"机关干部百村行"活动的所有党员干部要严格遵守中央八项规定和省市区委十项规定，不得增加基层负担。要力戒形式主义，不搞表面文章，踏踏实实察民情、听民声，切实帮助基层解决实际问题。要认真记录工作日志，详细记载工作过程、工作内容，确保经得起检查。要准确把握时间节点和工作要求，确保各项工作都能够按时完成，保质保量完成。区督查考核办将对各组工作情况进行抽查，一经发现有工作不力、敷衍塞责、增加基层负担、造成负面影响或其他不良表现的，一律严肃问责。

泰州市高港区环境监管网格划分实施方案

泰高政发〔2016〕18号

为切实保障环境安全，维护群众环境权益，根据《国务院办公厅关于加强环境监管执法的通知》（国办发〔2014〕56号）、《省政府关于贯彻落实国务院办公厅加强环境监管执法通知的实施意见》（苏政发〔2015〕57号）和《市政府办公室关于印发泰州市环境监管网格划分实施方案的通知》（泰政办发〔2015〕129号）等文件精神，结合我区当前实际，特制定本实施方案。

一、指导思想

深入贯彻党的十八大和十八届三中四中五中全会精神，认真落实中央、省市关于推进生态文明体制改革、加强环境监管执法的系列部署要求，以改善环境质量为目标，以落实环境保护主体责任为重点，按层级定区域、按职责定任务，通过属地监管、分级负责、全面覆盖、无缝衔接、责任到人的网格监管，确保排污单位得到有效监管、环境违法行为得到及时查处、突出环境问题得到稳妥解决、环境秩序得到有力维护，为全区生态文明建设提供有力的监管执法保障。

二、基本原则

（一）党政同责、齐抓共管。各级党委、政府对本地区环境保护工作负总责，党委定期研究环境保护重点工作，加强对网格化环境监管的组织领导，政府具体负责网格的划分和运行管理，着力形成党委组织领导、政府具体实施、部门各司其职、社会广泛参与的环境监管格局。

（二）属地管理、责任到人。按行政区域将全区划分为区、乡镇（街道）二级网格，工业园区单独划分网格。全区设立6个专项监管工作组，各相关职能部门认真履行各自监管职责，任务细化到人。各园区、乡镇（街道）将网格进一步做细、做实、做密，全区形成“横向到边、纵向到底、不留盲区”的监管网格。

（三）各有侧重、差别管理。区网格主要负责组织、指导、监督、协调，承担重点环境监管任务，切实履行政府及相关部门的法定职责；乡镇（街道）网格承担基础性环境监管任务，负责日常巡查和现场处置。区每年确定重点监管对象，采取差别化监管措施，突出重点，兼顾一般，确保监管全覆盖。

（四）强化基础、提升能力。建立重心下移、力量下沉的监管机制，突出加强基层环境监管队伍建设，建立完善环境监管信息平台，着力提高整体监管效能和水平。

三、网格划分

（一）一级网格。高港区建立一级网格，责任主体为区委和区政府，网格长由区长担任，副网格长由分管环保的副区长担任。按职能设立6个专项监管工作组。第一组负责化工园区的环境监管，组长由分管经济和信息化的副区长担任，副组长由区经信委主任担任，成员由区经信、环保、安监、公安等相关部门分管负责人组成；第二组负责农业面源污染的环境监管，组长由分管农业的副区长担任，副组长由区农委主任担任，成员由区农业、环保、水利、国土、城管、公安等相关部门分管负责人组成；第三组负责集中式饮用水源地保护，组长由分管水利的副区长担任，副组长由区水利局局长担任，成员由区水利、环保、农业、交通运输、海事、公安等相关部门分管负责人组成；第四组负责建设施工及道路施工噪声、扬尘污染的环境监管，组长由分管城市建设的副区长担任，副组长由区住房城乡建设局局长担任，成员由区住建、环保、城管、交通、公安等相关部门分管负责人组成；第五组负责社会生活噪声污染和机动车尾气环境监管，组长由分管公安的副区长担任，副组长由区公安分局负责人担任，成员由区公安、环保、城管、市场监管等相关部门分管负责人组成；第六组负责三产服务业的监管，组长由分管市场监管的副区长担任，副组长由区市场监管局局长担任，成员由区市场监管、环保、城管、公安等部门分管负责人组成。

（二）二级网格。各乡镇（街道）建立二级网格，责任主体为乡镇（街道）党委和政府，网格长由乡镇（街道）主要负责人担任。下设若干巡查组，组长由乡镇（街道）分管负责人担任，成员由负有环境监管职责机构的人员组成。

（三）特殊网格。高新区、核心港区、临港经济园单独设立网格，责任主体为园区党工委和管委会，网格长由党工委或管委会主要负责人担任。特殊网格按照行政级别纳入对应网格管辖，接受上级网格的指导、督查、考核。

四、网格职责

（一）一级网格职责

1.负责本级网格运行管理，构建职权清晰、分工协作、运转高效的环境监管机制；

2.负责对本级网格大气、水、土壤等环境质量有效监管，严防较大以上环境污染、生态破坏等环境事件的发生；

3.负责发布本级网格重点监管对象，并对其进行日常监管，督促其依法公开环境信息、遵守环保法律法规；

4.负责调处突出环境问题、重点环境信访与污染纠纷等，及时调查核实二级网格上报的环境违法线索，查处环境违法行为；

5.对二级网格进行指导、督查、考核。

（二）二级网格职责

1.负责本级网格运行管理；

2.确定本级网格重点巡查对象，对网格内有环境影响的各类建设项目和污染物排放、集中式饮用水源地保护、社会生活噪声污染、饮食服务业油烟污染、工地道路扬尘污染、畜禽养殖污染、焚烧垃圾和秸秆烟尘污染，以及其他废气、废水、废渣污染等，开展日常巡查和现场监管，及时制止、处置各类环境污染和生态破坏行为，涉嫌环境违法的，及时向一级网格报告；

3.调处各类环境初信初访和矛盾纠纷；

4.督促落实一级网格下达的环境问题整改要求。

（三）特殊网格职责

负责本级网格运行管理、重点监管对象日常监管、重点环境信访问题调处等，调查处理环境污染和生态破坏行为。

五、网格运行

（一）计划管理。各级网格要制定日常监管、督查、巡查计划，定人员、定任务、定职责、定奖惩，建立相应的工作制度、工作流程，做到监管活动有章可循、规范透明、全程留痕。

（二）沟通反馈。建立上下级网格互联互通、信息共享机制，确保网格运行顺畅高效。对环境违法行为的查处情况、整改要求，上级网格应及时反馈下级网格。对巡查发现的环境违法线索、环境问题整改动态情况，下级网格应及时报告上级网格。

（三）部门联动。上级网格接到环境违法线索报告后，应及时组织依法调查处理；对涉及多个环境监管职责部门的，组织联合调查，加强部门联动；对涉嫌环境犯罪的，依照相关规定及时移送司法机关。

（四）信息公开。利用媒体、网络、公告栏等多种形式，公开各级环境监管网格划分实施方案、网格长和网格监管组、巡查组名单，动态调整和公开重点监管对象，定期公布网格监管信息，广泛接受社会监督。

（五）监督考评。依法接受人大法律监督、政协民主监督和社会舆论监督，鼓励聘请网格群众监督员，对网格环境监管开展情况、实施效果进行监督；一级网格要运用随机抽查、专项督查等方式，加强对二级网格、特殊网格监管情况的监督。制定网格环境监管工作考评办法，每年对网格监管情况组织考评，结果上报。

六、保障措施

（一）加强组织领导。各园区、镇街要认真履行环境保护"党政同责"和"一岗双责"规定，定期研究环境监管网格化工作，协调解决网格化监管实施过程中遇到的困难和问题。配齐配强网格监管人员，所需工作经费由同级财政予以保障。加强层级监督，层层落实责任，着力形成"各级党委政府组织实施、相关部门各负其责、社会各界广泛参与"的环境监管格局。

（二）提升监管能力。建立重心下移、力量下沉的监管工作机制，加强基层环境监管队伍建设，充分发挥现有社会综合治理、安全生产监管、城市管理等基层网格作用。一级网格按照《全国环境监察标准化建设标准》要求，进一步加强环境监察标准化建设，充实执法力量，优化人员结构；二级网格建立巡查队伍，配备6人以上的专门巡查人员；特殊网格根据监管任务，配备相应的专业监管人员。组织开展网格监管、巡查人员业务培训和职业操守教育，提升监管、巡查人员素质和履职能力。各园区、镇街根据要求制定详实监管方案，巡查人员必须落实到人，同时要加大环境监管能力的投入，保障网格监管所需的车辆和装备，保证网格监管工作顺利开展。

（三）夯实监管基础。结合环境保护大检查，整合现有污染源数据库和移动执法系统，对污染源分布、网格化环保监管等实行信息化动态管理，逐步建立"数字网格化"环境监管体系，提高网格监管的智能化、信息化水平。

（四）严格责任追究。对网格监管责任履行不到位，发生严重环境污染和生态破坏事件等情形的，依据《党政领导干部生态环境损害责任追究办法（试行）》等规定，严格追究相关领导和监管人员的责任。

中国制造2025高港实施纲要

泰高委办发〔2016〕114号

为认真贯彻落实《中国制造2025》《中国制造2025江苏行动纲要》《省政府关于更大力度实施技术改造 推进制造业向中高端迈进的意见》和《中国制造2025泰州实施纲要》等战略部署，加快转型升级步伐，推进先进制造业发展，促进全区工业经济向中高端迈进，特提出如下实施纲要。

一、总体要求

（一）指导思想

深入贯彻落实习总书记视察江苏时的重要讲话及市委、区委工作会议精神，紧紧围绕"三步走"目标，抢抓一带一路、沿海开发战略、长三角一体化、长江经济带建设等战略机遇，以制造业创新发展为主线，以新一代信息技术与制造业深度融合为切入点，以推进智能制造和产业高端化为方向，推动高港制造业高端化、国际化、智能化、绿色化发展，提升高港产业竞争力和可持续发展能力，推进工业经济全面迈入苏南第一方阵。

（二）主要目标

到2020年，规模以上工业产值力争突破4000亿元，制造业规模结构全省领先，先进制造模式广泛应用，科技创新成为企业主要推动力，主导产业产品质量水平达到国内先进水平，绿色制造技术成为生产主流，全面迈入苏中第一方阵。

1.创新能力显著提升。创新驱动发展的体制机制基本建立，拥有一批关键核心技术，融资租赁等金融创新工具广泛应用。到2020年，全社会研发经费支出占GDP的比重达3.8%，大中型工业企业和规上高企研发机构覆盖率达95%，高新技术企业累计达到80家，累计省级以上研发机构40家，国家级技术中心1~2家，区域创新中心2~3家，全区专利年授权量970件，全区发明专利年授权量100件，万人发明专利拥有量达14件以上，规模以上工业企业每百亿元产值发明专利授权量不低于泰州市平均水平。

2.质量效益明显提升。到2020年，拥有名牌名标数量超过165个，制造业质量竞争力指数达到88以上，主要行业产品质量水平达到或接近国际先进水平。产品质量安全指标全面达到国家强制性标准要求。规模以上工业全员劳动生产率年均增速达到8%以上，规模以上工业增加值率达27.8%，规模以上工业主营业务收入利税率达14%，土地产出率达450万元/亩（开票销售），税收贡献率达24万元/亩。

3.两化融合水平提高。互联网、物联网、大数据、云计算、云制造等信息技术广泛应用，数字化、网络化、智能化贯穿产品设计、生产销售和服务全过程，定制化生产模式在部分行业全面应用。到2020年，全区规模以上企业两化融合总体发展水平94分以上，处于集成提升以上阶段的企业占比达15%，省以上两化融合贯标企业数15家，关键生产工序数控化率为35%，数字化研发设计工具普及率46%，建成数字工厂2个，数字化生产车间20个。

4.产业结构持续优化。建立起现代制造业生产服务体系，机器人、电子信息等战略性新兴产业快速发展，企业智能水平不断提升，重点行业机器人密度达到国内先进水平。到2020年，生产性服务业占服务业比重达44%，高新技术产业产值占规模以上工业产值比重达52%，战略性新兴产业产值占规模以上工业产值比重达33%，培育一批行业龙头企业，工业产值50~100亿元企业8家，超100亿元工业企业4家。

5.集聚集约明显提升。按照“产业相对集聚、企业绝对集中、土地确保集约”的原则，集约、集聚、专业化水平进一步提升，三大园区工业产值占全区规上工业产值比重达95%以上，拥有千亿级产业集群1个、500亿级产业集群2个，投资强度不低于280万元/亩。

6.绿色循环低碳发展。到2020年，单位工业增加值能耗下降幅度28%以上，单位工业增加值用水量保持国内先进水平，工业主要污染物排放下降幅度11%以上。

到2025年，创新成为制造业发展的第一动力。信息化与工业化深度融合实现新跨越，重点优势产业具备较强国际竞争力，新技术、新业态、新模式成为支撑制造业发展的重要形式，绿色制造全面实现。

二、重点领域

围绕转型升级，构建先进制造业体系，立足现有基础，以高技术化、信息化、规模化、集约化、国际化、服务化、集聚化、绿色化为方向，集聚创新要素资源，以突破核心关键技术、膨胀产业规模为重点，推动产业技术向高端升级、市场向高端升级、价值链向高端升级，逐步形成以大健康、装备制造为主导，以电子信息、新型装饰材料、吊索具为特色的产业体系。

（一）大健康

1.生物医药及高性能医疗器械

重点发展生物制药、化学制药、中药制药、医疗器材、医疗耗材等，依托扬子江药业集团，积极推进医药区域创新中心建设，增强产业创新能力，逐步建立完善从小试、中试放大、临床研究至产业化的创新体系，提高生物医药发展水平。创新医药产业融合发展新业态、新模式，推动生态旅游、特色文化与医药养生相融合，积极打造医养结合、健康养游的特色集聚小区。围绕“互联网+”，加快推进医药、医疗器械第三方平台建设，扩大医药产业发展空间。

生物制药：主攻疫苗与抗体技术、生物芯片技术、细胞工程及组织工程等关键技术，加强特有生物资源的功能基因组学和蛋白质组学研究，筛选一批具有新药开发潜力的活性化合物，采用现代生物技术发展生物药品、生物试剂、基因疫苗与单克隆抗体、组织与细胞工程产品、新型多肽蛋白质类药等重大创新药物。

化学制药：重点攻关酶法、生物转化、膜技术、结晶技术等绿色环保、节能降耗的关键共性技术，提高原料药生产技术水平。加强作用机理新、疗效好、毒副作用小、适应市场需求、具有自主知识产权的化学药的研制，通过仿创结合，力争申报获批一批创新药，重点开发抗病毒感染药物、神经系统药物、抗肿瘤药物。

中药制药：加快对经典古方的科学传承和进一步深度开发，加强对传承的中医药经方、验方引进二次开发，拓展药品的疗效和适应范围。重点研发一批用于治疗肿瘤、心脑血管疾病、免疫功能性疾病、糖尿病等作用机理明晰的现代中药新品种。推进中药饮片技术创新步伐。

医疗器械：重点培育和引进疾病早期发现与预警、精确/智能诊断、微/无创治疗的新型数字化诊疗器械（产品）、组织修复与可再生材料、分子诊断仪器及试剂、人工器官与生命支持设备、健康监测设备等。

医疗耗材：重点发展PVC硬片、PVDC复合硬片、绿色胶囊等环保型高性能药包材料产品以及含银抗菌敷料、生物活性敷料、组织工程化人工皮肤、水凝胶、水胶体、泡沫敷料、透明敷贴等新型医用敷料。

2.粮油食品

以满足人民群众不断增长的消费需求和健康要求为目标，瞄准出口市场和国内高端市场，抓住质量环节，加强品牌建设，提高创新能力。重点发展粮食及制品（调味品）、新资源食品、啤酒及饮料、保健品等食品大类，打造长三角地区最大的绿色食品生产基地。

粮食及制品（调味品）:以现有产业为基础，拓展稻谷、大豆等产业链，提高产品附加值，加快由单一产品向综合利用、循环经济延伸，由普通型向营养型、保健型提升。

新资源食品：重点发展DHA藻油、植物甾醇、御米油、茶叶籽油、鱼油及提取物等新资源食品。

啤酒及饮料：重点发展各类啤酒、椰子饮料、茶饮料等，充分利用丰富的银杏资源，开发生产银杏系列饮料技术（产品）。

保健品：重点发展功能性甜味料(剂)、功能性油脂(脂肪酸)类、自由基清除剂类、维生素类、肽与蛋白质类、活性菌类、纳豆激酶微量元素类等保健品。

（二）装备制造

1.高技术船舶及海工装备

以扩大机器人应用和生产线智能化改造为切入点，加大船舶先进制造工艺技术和船舶智能制造装备技术研发和运用，提升船舶生产的标准化和信息化水平，加大新型高端产品研发，不断提高船舶发展水平。

船舶开发设计关键技术：在产品策略上要坚持“人无我有、人有我优”，着力抓好相关领域的关键技术积累和提升，重点围绕船舶性能优化、节能与新能源、智能船舶技术、环保与资源综合利用等关键领域的技术突破，掌握一批行业核心和共性技术。

高新技术船舶产品：通过节能减排环保技术及新型装备的综合运用，积极开发高技术高附加值船舶、节能环保船舶、智能船舶等。围绕绿色、环保、智能、节能，进一步优化新一代散货船、集装箱船、油轮三大主流船型，形成主流船型系列化、标准化、规模化，扩大市场份额。创造条件，积极研发新型天然气、乙烷运输船等高技术、高附加值船型以及军工领域产品。

海洋工程装备：积极开发海洋工程装备技术、海洋海工辅助船、海洋浮体结构物、其他海洋资源开发装备以及海洋工程装备。

船舶配套：充分发挥我区现有良好的机械加工优势，瞄准国际国内知名船舶配套公司和研发机构，大力推进对外合资、合作和引进品牌、许可证生产。重点发展锚机、起重机、救生装置、仓口盖等船用甲板机械和设备；离心分离机、油水分离机、污水处理装置，泵、阀、电机等仓室机械和设备，螺旋桨推进装置等船用配套产品，建立和完善与造船业发展相适应的船舶配套产业链，最终形成具有相当规模，服务江苏，辐射全国甚至世界的船舶配套基地。

2.汽车零部件

以我区汽车零部件现有产业为基础，依托吉林大学泰州汽车动力传动研究院，充分发挥吉林大学的资源和人才优势，加快新能源汽车“三电”核心技术产品集成研发，加大产业链项目培育和招引，加快推进汽车轮毂轴承单元、汽车动力传动等汽车核心零部件产业集聚，适时培育和引进特种新能源汽车，膨胀汽车产业规模。

汽车动力传动系统：依托吉林大学泰州汽车动力传动研究院，加快高档新型自动变速箱研发，壮大自动变速箱产业规模，重点培育和引进离合器、摩擦材料、阀门、行星排、TCV（控制系统）、液力变矩器、铝镁合金箱体等变速箱配套企业（产品），形成汽车自动变速箱产业企业群。

充分发挥吉林大学技术优势，加大新型混合动力系统、电驱动集成设计及一体化控制技术、动力电池应用等研发及产业化，逐步推动形成新能源汽车产业企业群。适时引进特种新能源汽车（卡丁车、赛车等），加快动力传动产业集聚。

汽车行走系统：围绕高档化、智能化，积极开发新一代汽车轮毂轴承单元，壮大汽车轮毂轴承单元生产规模，培育和引进锻件、钢球、传感器、螺栓、密封圈等汽车轮毂轴承单元配套企业，拉长相关上下游产业链，形成具有一定特色的轮毂轴承单元产业集聚区。

汽车电子：围绕汽车“自动化、信息化、智能化”，重点发展电子制动控制、整车控制模块（VCM）、车身控制模块（BCM）、自动头/尾灯控制、弯道辅助照明系统（AFS）、电动座椅控制系统和车门控制模块、自动驾驶系统（雷达、高速摄像、DSRC）、定速（CCS）和自适应巡航系统（ACC）、疲劳检测系统、队列跟随系统、防盗抢系统（数字身份、发动机防盗、电子门锁系统）、汽车娱乐信息系统等。

3.通用动力

围绕高档化、系列化、智能化，开发高档数控系统、伺服电机等主要功能部件及关键应用软件，建设特色的通用动力生产基地。重点发展柴油机、小型汽油机、轻型柴油机、各类移动电站、方舱电站、拖车电站、汽车电站等。

（三）电子信息

追踪和把握新一代信息技术重点方向及产业机遇，以现有产业为基础，以资本为纽带推进相关产业资源整合及产业融合，重点发展LED照明、显示、集成电路等产业。

节能与新能源（LED照明）：围绕LED产业链，重点培育和引进驱动电源、配光、散热基板、芯片等产业（企业）；围绕LED应用，重点开发智慧照明、智能家居等相关产品及其应用，利用资本市场的优势，强强联合，逐步形成有一定规模的LED照明产业集聚区。

显示产业：围绕智能手机等移动智能终端，重点发展高光效、宽视角、高分辨率、轻薄、节能的多尺寸显示产品，完善配套产业链，重点引进一批TFT玻璃、IC芯片、偏光片、背光、柔性线路板等项目（企业），适时招引整机项目落户，形成以整机需求为牵引、显示为龙头、材料为基础、产业链环节协调发展的特色新型显示科技园。

集成电路：以LED、新型显示、天线等产业需求为基础，强化集成电路产品行业龙头企业的招引，围绕芯片设计、封装、晶圆制造，完善关键产业链，逐步形成具有一定特色的集成电路产业集聚区。

（四）新型装饰材料

围绕智能化、便利化、舒适化、个性化、绿色化，积极推进个性定制化、模块化、集成化、复合化生产，以现有优势产业为基础，重点发展壁纸、家居和阻燃剂产业，推进装饰材料的多功能、系列化、配套化、多样化、优质化、高档化发展，推进创意家居、智能家装产业集聚，逐步形成有一定特色的新型装饰材料产业集聚基地。

壁纸产业：重点发展墙体装饰、顶部装饰材料等细分产业或产品。

家居产业：以现有企业为基础，围绕规模化、标准化、定制化，重点发展木门、橱柜、家具、楼梯等木业行业，兼顾发展竹编家具、板式家具等行业，完善木质家居产业链。

阻燃剂产业：重点发展磷系列新型阻燃剂、高性能复合新型阻燃材料。

（五）吊索具

以现有企业为基础，引导企业

加大研发投入，提升产品集成创新能力，充分运用互联网技术创新产品开拓模式，积极招引行业龙头，推进企业间分工协作、强强联合，逐步形成具有一定特色和规模的吊索具产业集聚区。重点发展钢丝绳吊索具、链条吊索具、吊装带吊索具、卸扣、吊钩、吊（夹）钳、磁性吊具以及以锦纶、丙纶、涤纶、高强高模聚乙烯纤维为材料生产的绳类和带类吊索具。

三、主要任务

（一）实施智能制造工程，加快信息技术与制造技术深度融合

1.推进智能车间建设。启动深化智能车间专项行动，针对全区主导优势产业和特色产业特点，编制完善全区智能车间项目技术路线图，大力实施“机器换人工”“自动换机械”“成套换单台”工程，推进高档数控机床与工业机器人、传感与控制装备等技术装备的集成应用，推动全区智慧车间与智能示范车间建设。到2020年，全区建成国家智能示范车间1~2家，省级智能示范车间15~20家，带动120~150家企业进行智能化改造，把高港建成全市“机器换人”创新应用示范区（点）。

2.推动研发设计网络化。鼓励装备制造、医药、壁纸、建材等制造业，建设互联网型研发设计机构，发展研发设计资源网上共享、网络协同设计、虚拟仿真、三维（3D）在线打印等互联网研发设计技术。支持龙头企业建设开放交互平台、在线设计中心，大力发展众创设计、众包设计、众筹设计等研发设计模式。引导制造业企业与电商企业开展新产品预售体验、消费行为分析，推动建立基于互联网实施产学研合作、异地同步、个性化定制服务，持续改进、全流程创新的研发设计体系。

3.推进生产过程智能化。围绕汽车零部件、船舶、电子、食品等行业开展工业互联网开发，加强大数据、云计算、物联网、人工智能等新一代信息技术在生产过程中的应用，促进产品、机器有机智慧交互，实现制造工艺仿真优化，数据实时采集，信息实时监控，构建网络化的生产系统，提高精准制造、敏捷制造、柔性制造的能力。实施企业管控智能化提升水平，推广应用产品全生命周期管控、客户关系管理、供应链管理等信息系统，实现智能管控。推动大中型企业全面开展两化融合贯标体系认证。到2020年创建两化融合贯标试点企业15家以上。

4.营造良好环境。积极培育发展智能制造整体解决方案中介服务机构，强化共性技术攻关、功能部件研发、应用服务推广、专业人才培养、售后外包服务等功能，为智能制造发展提供有力的支撑。积极推广以融资租赁为代表的商业模式，积极探索建立和完善融资租赁风险补偿和履约保函风险补贴机制。鼓励银行支持企业智能化改造，建立区智能制造财政专项资金，创新财政扶持方式。推行事后奖励、拨贷联动、租赁补贴等方式联动，解决智能制造资金难题，营造全区智能制造良好的环境。

（责任单位：△区经信委、发改委、财政局、商务局、金融办，各园区、镇街）

（二）实施创新制造工程，发挥科技创新的支撑引领作用

1.构建众创平台空间。完善产业科技孵化体系，打造高港众创平台，充分发挥互联网创新优势，支持创新工厂、创客空间、社会实验室、智慧小企业等新型众创发展。探索建立协同创新机制，建立区级天使投资基金，构建“无偿创业服务+天使投资+以租转股”的商业模式，探索“区财政+园区财政+银行”创业风险敞口管理机制。

2.完善产业创新体系。紧紧围绕产业未来发展制高点，结合我区产业重点发展领域，选择代表性行业先行示范，研究制定产业技术创新路线图，组建产业创新联盟。针对汽车动力总成、智慧照明、医药等领域，重点支持和鼓励以企业为主体，创建跨地区、跨领域、面向行业的产业研究院或产业创新联盟，采取政府支持、股权合作、成果分享的市场运作机制，整合企业、大学、研究机构、创新联盟的资源，组织攻关，突破一批重大关键技术。到2020年，力争建成2家省级以上制造业区域创新中心。

3.强化企业创新能力。继续深化“蓝火计划”，鼓励以企业为主体，持续深化与高校、科研机构合作，共建研发机构、产业化联合实体及科研成果孵化基地。大力推进以企业为主体，市场为导向的产学研结合创新体系建设。到2020年，规上工业企业研发机构的覆盖率达95%，进一步提升现有省级以上企业研发机构能力建设，以国际同行业领先企业为参照系，努力创造具有国际水平的技术创新环境和条件，提高企业产品核心技术的自主创新能力。到2020年，新创建国家技术中心1~2家。

4.发展创新服务机构。逐步建立面向企业提供检测检验、技术评价、知识咨询评估、知识产权资本化、人才培训等服务的多层次、专业化、社会化创新中介服务体系。加强知识产权市场化运作，引进和鼓励社会资本投资设立知识产权等资源资产化运营公司，不断拓展知识产权服务功能，探索开展知识产权及相关资源资产收储、开发、组合、投资等服务，加快实现知识产权等资源、资产市场价值。

5.打造离岸孵化平台。鼓励通过高校院所孵化器挂牌、先进地区优质孵化器合作、国外专业孵化器驻点、重点产业园区自建等形式开展离岸孵化，加强政策服务引导力度，加快构建创新创业离岸孵化配套政策服务网络。到2020年，全区建设离岸孵化基地20个以上，每年保持在孵项目80个以上，每年落户项目60个以上。

（责任单位：△区科知局、组织部、发改委、经信委、财政局、商务局、市场监管局，各园区、镇街）

（三）实施品牌制造工程，提高产品附加值和竞争力

1.实施质量提升工程。推进技术标准化工程，搭建"技术专利化、专利标准化、标准产业化"的链平台。鼓励重点产业（企业）突破核心技术，提升系统集成能力，形成一批拥有核心自主知识产权的技术、产品和标准。鼓励和引导企业采用国际标准或国外先进标准组织生产，增强实质性参与国际标准活动的能力。鼓励并支持行业龙头企业主导和参与国际标准、国家标准、行业标准的制定和修订，掌握产业（行业）技术标准话语权。建立标准化促进机制，深化制造业标准信息服务平台建设，招引培育发展技术标准服务业。

2.实施精细管理工程。鼓励和支持企业逐步实施六西格玛（6σ）（三次设计），质量功能展开（QFD）等一批先进质量设计方法，引导企业导入卓越绩效评价准则，品牌培育管理体系、精准生产制造等先进质量管理方法，推动企业建立首席质量官制度，提升企业质量设计水平。以卓越绩效管理自评师和首席质量官为重点，培育企业质量高级技术和管理人才。

3.实施平台集聚工程。加快引进国际知名的第三方检验检测机构，全力推进电子元器件、计量中心、食品药品、汽车零部件等检测中心机构建设，升级提升汽车天线、LED、特种防护用品、壁纸等检测中心机构建设。鼓励现有中心机构加强与国内外知名认证机构合作，实现多边认证，力争一证通全球，降低企业检测认证成本。支持鼓励建立检测资源产业联盟，打造产业特色的江苏重要检测基地。

4.实施品牌战略工程。强化企业品牌发展战略，鼓励企业做强现有品牌，培育自主创新品牌，支持企业争创中国驰名商标、省著名商标、市知名商标和江苏名牌、泰州名牌，鼓励和引导有条件的企业通过境外注册商标，收购国际品牌等方式，提升品牌国际竞争力，做好工业企业品牌试点示范创建活动，提升企业对品牌的使用、管理维护。大力推进区域品牌建设，依照特色产业和优势产业，实施区域品牌培育工程，支持集群企业申请注册集体商标，打造产业集群品牌。加大知识产权产品保护力度，建设有利于品牌发展的有效机制和良好环境。

5.实施企业诚信工程。加大企业法治宣传力度，营造企业依法诚信经营法治环境。健全守信激励和失信惩戒机制，完善企业失信行为等级划分和分类监管规范，将质量违法违规记录作为企业诚信评级的重要内容，加大对守信者的支持服务，对失信者的监管约束，形成扬善抑恶机制。探索开发适合制造业发展的信用产品和服务，将信用承诺、信用审查、信用报告等制度嵌入行政审批、相关扶持资金申报等事项中。加大诚信企业示范宣传和典型失信案件曝光力度，引导企业增强社会责任感，在生产经营、财务管理和劳动用工管理等各环节中强化信用自律，改善商务信用生态环境。

（责任单位：△区市场监管局、发改委、经信委、科知局，各园区、镇街）

（四）实施特色集聚工程，培育具有核心竞争力的优势产业和企业群体

1.做强行业龙头骨干。立足区位优势、产业优势和政策优势，坚持一手抓大企业、大集团的招引，一手抓本地企业的培育，抢抓北京、上海新一轮产业转移的机遇，进一步强化央企、外资招引力度。力争到2020年在2~3家央企生产基地入驻高港，3~5家大型外资企业落户高港。深入开展"争创行业骨企"活动，鼓励支持企业通过"一带一路"建设，赴海外参加专业化展会，设立境外营销网点等方式，开拓国际市场，大力提升本地企业的综合竞争力和裂变扩张能力。到2020年，全区100亿级企业突破4家，50~100亿级企业突破8家。

2.培育"专精特新"中小企业群。激发中小企业创新创业活动，支持中小企业专注核心业务，引导精细化生产、精细化服务，以性价比高、品质精良的产品和服务在细分市场上占据优势。培育发展一批主营业务突出、竞争力强、成长性高，专注于细分市场的"专精特新"企业和科技小巨人企业。进一步优化中小企业发展的政策环境、服务环境和融资环境，用好用足中小微企业的优势政策。

3.打造特色专业园区。按照"产业相对集聚、企业绝对集中、土地确保集约"的总体思路，全力推进智慧光电、新型显示、家居等产业集约发展、集聚发展、成链发展、关联发展，建立有交互关联性的企业，专业化供应商、服务供应商。相关产业的厂商等组成产业协作共同体，打造专业化、特色化的产业集群。到2020年，建成2~3家处于国内领先的特色专业园区。

4.构建产业全链条优势。巩固提升新医药、装备制造、新材料、粮油食品等支柱产业，围绕生产制造、研发设计、市场开拓、物流配送等，促进产业链条向前端设计和后端服务延伸，做强做优高港制造优势特色产业。到2020年，力争形成1000亿元产业集群1个，500亿元产业集群2个，年工业产值4000亿元。

5.加快重组上市步伐。积极引导企业走出市外、走向海外，进行跨地区、跨行业、跨国界资产并购重组和高端嫁接，发展一批主业突出、核心竞争力强、具有国际国内竞争力的企业集团。鼓励支持中小企业接受优质海内外企业的收购要约。筛选符合国家产业政策、科技含量较高、盈利能力较强、成长性较好的企业，建立健全20家以上的上市企业后备资源库，并实行动态管理。加强上市后备企业分类指导，根据境内外多层次资本市场的不同特点和

要求，推动企业到合适的板块挂牌上市，形成结构合理的企业上市发展梯队。积极关注股票发行注册制、“新三板”等场外市场作为上市企业“孵化器”的重要作用，推动相关企业做好挂牌前期准备工作。

6.推进企业直接融资。坚持以规范发展为前提，支持符合条件的企业发行企业债、公司债、中期票据、短期融资和私募券，鼓励中小企业发行集合券和集合票据。积极推动企业结合自身特点和发展需要，充分利用资产证券化、保理、供应链融资、融资租赁等资产金融工具，化解企业融资难题。围绕重点培育的战略性新兴产业，大力引进产业投资基金。建立常态化股权融资对接活动，引导各类创投、风投基金投资本地重点产业项目，充分利用私募股权融资支持各类战略性新兴产业和科技型中小企业发展壮大。

（责任单位：△区经信委、发改委、财政局、科知局、商务局、金融办、统计局、市场监管局、国税分局、地税分局，各园区、镇街）

（五）实施服务制造工程，创新产业发展新模式

1.推进制造业服务化。引导和支持制造业企业以价值链延伸与再造为重点建立与客户对接的网络化服务平台，鼓励企业基于互联网开展在线检测、故障预警、质量诊断、远程维护、状态维保等在线面向产品全生命周期的增值服务，延伸产业链，实现从制造向“制造+服务”的转型升级。支持LED、医疗器械、壁纸、食品、家居等企业广泛运用互联网技术，推广基于用户需求的线上线下客户服务个性化定制新模式，提高产品智能化水平，提升产品附加值。到2020年，培育2~3家有一定综合实力、行业影响力较大的制造业服务化示范企业。

2.推进企业电子商务。鼓励企业探索电子商务营销模式，通过自建或借助第三方电商平台，拓宽营销渠道，引导通过电子商务平台，创新品牌推广、营销方式、售后服务等环节，以电商新型业态促进线下生产和销售。重点推进壁纸、家具、食品、吊索具等重点特色行业电子商务平台建设，培育一批实力强、信誉好的平台企业，鼓励企业利用电子商务平台挖掘资源，提升企业精准营销能力，激发市场消费需求。支持企业建立电子商务产品质量追溯机制，建立电子商务售后服务质量检测云平台。到2020年，全区工业产品电子商务平台交易额突破100亿元。

（责任单位：△区商务局、发改委、经信委、科知局，各园区、镇街）

（六）实施绿色制造工程，加强要素集约化应用水平

坚持实施工业可持续发展战略，加快构建资源节约、环境友好的工业体系，努力构筑形成循环度最高、生态环境最好、资源消耗最小、污染排放最低的发展格局。

1.提升工业能效水平。以化工、建材等主要耗能行业为重点，组织实施、电机系统节能、变压器升级换代、能量系统优化、余压余热利用、新能源替代、绿色照明等一批重大节能技术改造项目建设。推动企业设备能效提升，采取政策激励、定期督查、差别电价等综合措施，重点推广2级以上能效标准的电动机、变压器、高压变频器、无功补偿设备、风机、水泵、空压机系统等。推进重点耗能企业能耗在线监测平台的建设。持续开展重点企业节能低碳行动，推动建立能源管理体系，全面开展能效对接。

2.推进资源高效循环利用。大力推进工业废物和生活垃圾资源化利用，不断扩大粉煤灰、工业废渣等大宗工业固体废物的综合利用。在化工等重点行业，推广应用先进、成熟、适用的清洁生产技术，加快推进相关重点企业实施清洁生产改造方案。鼓励从事生产和服务活动的单位自愿实施清洁生产审核，加强对清洁生产审核工作的过程监督，指导和督促有关单位落实清洁生产方案。指导三大园区低碳发展，推动制定低碳发展方案，探索形成产业高度聚集、地区行业特色鲜明、碳生产力高的园区发展新模式。

（责任单位：△区经信委、科知局、环保局、水利局、市场监管局，各园区、镇街）

四、保障措施

（一）加强组织领导。成立高港制造强区建设领导小组，统筹协调和组织推进制造强区建设工作，领导小组办公室设在区经信委。研究制定高港制造业发展评价指标体系，完善相关统计监测和监督考核机制，定期开展阶段性检查和效果评估，适时对目标任务进行必要调整。依托专业机构，研究我区制造业转型发展的前瞻性、战略性重大问题，对制造业重大决策提供咨询评估。

（二）加强政策引领。贯彻落实国家、省市支持转型升级的各项优惠扶持政策。按照“由无偿使用为主向有偿使用为主转变，由直补企业为主向创造外部环境为主转变”的思路，整合区财政专项资金，建立高港区工业和信息产业投资基金。建立制造业领域技术创新、智能制造和智能服务企业信贷风险补偿机制。制定出台大众创业、万众创新的实施意见。

（三）加强人才支撑。进一步建立健全人才引进、培养、使用和激励机制，深入落实国家和省、市人才政策，引进和培养一批拥有核心关键技术的国内外高端人才和创新创业团队。组织实施区科技企业家培育工程，培养造就一支具有全球视野、战略思维和持续创新能力的科技企业家队伍。重视和加强职工职业技能培训，鼓励企业与地方应用技术型高校开展合作，共建实践基地或专业实训基地，培养造就一批技术应用娴熟、技能工艺精湛、实践经验丰富的高技能人才。

（注：加△标志的为牵头责任单位）

高港区推进“强富美高”新农村建设实施方案（试行）

泰高政办发〔2016〕81号

根据《江苏省国民经济和社会发展第十三个五年规划纲要》和省、市农村工作会议精神以及《泰州市推进“强富美高”新农村建设实施方案（试行）》（泰新农〔2016〕2号）文件要求，现就“十三五”期间推进“强富美高”新农村建设工作制定实施方案（试行）如下。

一、总体要求

推进“强富美高”新农村建设，要以邓小平理论、“三个代表”重要思想和科学发展观为指导，全面落实党的十八大和十八届三中、四中、五中全会精神，认真践行创新、协调、绿色、开放、共享“五大发展理念”，以推进农业现代化为主题，以促进农民持续增收和增进农民群众福祉为核心，通过开展“强富美高”新农村示范创建活动，以点带面，在前两轮全面小康村建设基础上，促进全区社会主义新农村建设进一步提档升级，夯实全面建成小康社会的坚实基础，全力打造实力高港、精致高港、魅力高港、幸福高港港口名城。

二、基本原则

一是坚持城乡统筹、协调推进。把“强富美高”新农村建设与新型城镇化、美丽乡村、康居村庄、传统村落和特色小镇建设有机结合起来，形成良性互动、同步推进新格局，促进城乡发展一体化。

二是坚持因地制宜、彰显特色。充分挖掘当地自然资源、风土人情、历史遗存、产业结构等方面的优势，选择最佳发展路径，通过进一步打造特色、放大亮点，形成规模效益。不搞一刀切、模式化。

三是坚持农民主体、以人为本。坚持人的新农村与物的新农村并重，尊重农民群众意愿，积极引导和充分调动农民群众参与“强富美高”新农村建设的积极性和创造性。贴近农民需求和农村实际，建设宜居宜业宜游的新农村。

四是坚持党政主导、多方参与。充分发挥基层党委、政府的组织领导作用，进一步调动村级集体经济组织、新型农业经营主体及社会资本的积极性，形成全社会参与“强富美高”新农村建设的热潮。

三、目标任务

“十三五”期间，围绕“农业强、农民富、农村美、社会文明程度高”要求，累计创建45个市级“强富美高”新农村建设示范村，并从中评选5个市级“强富美高”新农村建设“十佳示范村”。

四、主要措施

1.优化规划布局。市级示范创建村的选择，必须符合城镇总体规划和镇村布局规划，属于规划发展村，注重各具特色、功能互补，注重与小城镇建设、特色小镇创建相结合。空间形态上，示范创建村要相对集中，尽可能呈块状或片状分布，也可以若干个重点村为骨干、放射状分布，以更好地彰显创建的整体效果。

2.突出创建重点。认真制定示范创建村五年创建工作方案。“农业强”方面，突出加强高标准农田及其它农业基础设施建设、调整优化农业结构、提升农产品质量品质、拓展农业多种功能、延长农业产业链等内容。“农民富”方面，突出创业就业、发展休闲农业、乡村旅游、农产品电子商务、促进一二三产业融合发展、促进低收入农户脱贫、拓展农民增收新业态等内容。“农村美”方面，重点突出农村生态文明及美丽乡村建设、村庄环境改善提升行动、农村公共基础设施的提档升级等内容。“农村文明程度高”方面，突出完善农村公共服务及社会保障体系、加强农村精神文明建设和民主法治建设等内容。要通过认真制定创建工作方案，精心描绘“强富美高”新农村建设的美好蓝图，激发农民群众的创建热情。

3.深化改革创新。示范创建村率先完成土地承包经营权确权登记颁证工作，夯实土地经营权流转交易基础。加大示范创建村家庭农场、农民专业合作社、土地股份合作社等新型经营主体培育力度，完善农业社会化服务体系，发展多种形式的农业适度规模经营。深化示范创建村经济合作社（社区股份合作社）改革，赋予农民对集体资产的股份占有、收益、继承、转让等完整权能，多渠道发展新型村级集体经济。在示范创建村积极开展承包土地经营权、农民住房财产权抵押贷款试点，激发农村要素活力。

4.强化政策扶持。在示范创建村加大各项强农惠农富农政策落实力度，切实解决“瓶颈”制约问题。区和各镇街财政要整合资金项目，加大对“强富美高”新农村建设的投入，强化财政支农资金绩效管理，提高支农资金使用效益，在确保面上投入力度不减的同时，对示范村创建实行重点倾斜。区级财政安排专项资金用于“强富美高”新农村示范创建工作。进一步加快农村金融产品创新，完善政策性农业保险制度，完善农村信用担保体系，加大对示范创建村新型农业经营主体和新经济业态的信贷支持保障力度。

五、组织领导

各镇街党委政府要高度重视“强富美高”新农村建设工作。区新农村建设领导小组牵头推进全区“强富美高”新农村建设，日常工作由领导小组办公室（区农工办）具体负责，区新农村建设领导小组各成员单位要增强大局意识，立足自身职能，积极支持、主动参与，形成合力推进工作机制。加大对区“强富美高”新农村示范创建工作督查考核力度，考核结果纳入区农业农村工作绩效管理重要内容。“十三五”期间，区对列入“强富美高”新农村建设示范创建的村，将实行动态考核、跟踪督查、有进有退的管理办法。

·重要文件题录·

2016年区委重要文件题录一览表

表41

文号	文件标题	文件日期
泰高委〔2016〕4号	关于表彰2015年度安全生产工作先进集体和先进个人的决定	2016-01-28
泰高委〔2016〕8号	关于印发《"机关干部百村行"活动方案》的通知	2016-02-16
泰高委〔2016〕9号	关于成立"机关干部百村行"活动领导小组的通知	2016-02-16
泰高委〔2016〕10号	关于表彰2015年度工作目标综合考评先进园区、镇街的决定	2016-02-22
泰高委〔2016〕11号	关于表彰2015年度高港区"人民满意机关（单位）"和"效能建设先进单位"的决定	2016-02-22
泰高委〔2016〕12号	关于表彰2015年度开放型经济工作先进单位的决定	2016-02-22
泰高委〔2016〕13号	关于表彰2015年度工业经济（民营经济）先进园区、镇街的决定	2016-02-22
泰高委〔2016〕14号	关于表彰2015年度全区服务业工作先进单位和优秀个人的决定	2016-02-22
泰高委〔2016〕15号	关于表彰2015年度农业农村工作先进园区、镇街的决定	2016-02-22
泰高委〔2016〕16号	关于表彰2015年度全区科技工作先进单位和先进个人的决定	2016-02-22
泰高委〔2016〕17号	关于表彰2015年度政治文明精神文明专项考核先进园区、镇街的决定	2016-02-22
泰高委〔2016〕18号	关于表彰2015年度新农村建设先进村（社区）和先进个人的决定	2016-02-22
泰高委〔2016〕19号	关于表彰2015年度招商引资项目建设先进单位、先进个人的决定	2016-02-22
泰高委〔2016〕20号	关于表彰2015年度工业经济先进单位的决定	2016-02-22
泰高委〔2016〕21号	关于表彰2015年度"企业上市"奖的决定	2016-02-22
泰高委〔2016〕22号	关于表彰2015年度"创新创优"奖的决定	2016-02-22
泰高委〔2016〕25号	关于表彰2015年度泰州市高港区综治平安和法治建设工作先进集体的决定	2016-03-04
泰高委〔2016〕27号	关于建立镇党委换届工作领导小组的通知	2016-03-29
泰高委〔2016〕39号	关于表彰高港区劳动竞赛优胜者的决定	2016-04-27
泰高委〔2016〕40号	关于表彰高港区劳动模范的决定	2016-05-03
泰高委〔2016〕47号	关于表彰2016年一季度经济目标考评先进园区、镇街的决定	2016-05-17
泰高委〔2016〕78号	关于表彰先进基层党组织、优秀共产党员和优秀党务工作者的决定	2016-06-30
泰高委〔2016〕93号	关于表彰2016年二季度经济目标考评先进园区、镇街的决定	2016-07-29
泰高委〔2016〕131号	关于表彰2016年三季度经济目标考评先进园区、镇街的决定	2016-10-31
泰高委〔2016〕167号	关于印发《关于开展"百团千村万企大走访大落实"活动的实施方案》的通知	2016-12-14
泰高委〔2016〕168号	关于印发《高港区脱贫致富奔小康工程实施方案》的通知	2016-12-14

2016年区政府重要文件题录一览表

表42

文　号	文　件　标　题	文件日期
泰高政发〔2016〕16号	关于表彰2015年度质量强区工作贡献奖单位、先进单位和先进个人的决定	2016-02-22
泰高政发〔2016〕18号	泰州市高港区环境监管网格划分实施方案	2016-02-25
泰高政发〔2016〕22号	关于表彰2015年度统计工作先进集体和先进个人的决定	2016-03-07
泰高政发〔2016〕23号	关于分解落实2016年全区财政收入目标的通知	2016-03-10
泰高政发〔2016〕28号	关于表彰2015年度高港区建筑业先进企业和先进个人的决定	2016-04-06
泰高政发〔2016〕29号	关于表彰2015年度高港区建筑业综合考核先进单位的决定	2016-04-06
泰高政发〔2016〕34号	关于2014年度财政决算审计报告整改落实情况的汇报	2016-04-18
泰高政发〔2016〕45号	关于支持泰州市高港高新区开发建设有限公司应收政府部门有关款项的决定	2016-05-19
泰高政发〔2016〕50号	关于印发《泰州市高港区区长质量奖评审办法及相关工作方案》的通知	2016-05-20
泰高政发〔2016〕68号	关于对火灾隐患单位实施挂牌督办的通知	2016-07-25
泰高政发〔2016〕75号	关于表彰高港区第三届全民健身运动会先进单位和个人的决定	2016-08-05
泰高政发〔2016〕78号	关于对2015年度全区机关年度考核优秀人员给予记功、嘉奖的决定	2016-09-07
泰高政发〔2016〕93号	关于推进“店小二”式专业化服务、提高项目建设审批效率的意见	2016-10-21
泰高政发〔2016〕95号	关于对刘良伟同志追记三等功的决定	2016-11-08
泰高政发〔2016〕99号	关于印发《关于进一步加强审计整改工作意见》的通知	2016-11-22
泰高政发〔2016〕108号	关于高港区工业地产相关情况的说明	2016-12-09

2016年区委办公室重要文件题录一览表

表43

文　号	文　件　标　题	文件日期
泰高委办发〔2016〕4号	关于印发《高港区2016年关心下一代工作主要目标任务和要求》的通知	2016-01-12
泰高委办发〔2016〕6号	关于印发《中共泰州市高港区委关于巡视整改情况的通报》的通知	2016-01-12
泰高委办发〔2016〕12号	关于成立“机关干部百村行”活动工作指导组、督查组、走访调研组的通知	2016-02-16
泰高委办发〔2016〕18号	关于区镇村卫生一体化管理实施意见的通知	2016-02-29
泰高委办发〔2016〕21号	关于成立高港区城乡社区人居环境长效管理工作领导小组的通知	2016-03-08
泰高委办发〔2016〕29号	关于印发《高港区2016年为民办实事项目责任分解表》的通知	2016-03-30
泰高委办发〔2016〕31号	关于印发《文化建设迈上新台阶重点任务分解表（2016—2020年）》的通知	2016-04-05
泰高委办发〔2016〕32号	关于转发《高港区纪检监察组织实践监督执纪“四种形态”操作手册（暂行）》的通知	2016-04-09
泰高委办发〔2016〕36号	关于成立高港区城市建设工作领导小组的通知	2016-04-21

续表43

文　　号	文　件　标　题	文件日期
泰高委办发〔2016〕37号	关于印发《关于在全区党员中开展“学党章党规、学系列讲话，做合格党员”学习教育的实施方案》的通知	2016-04-29
泰高委办发〔2016〕39号	关于印发〈高港区村（社区）级财务集中核算实施方案〉的通知	2016-05-03
泰高委办发〔2016〕40号	关于转发《市委办公室、市政府办公室〈关于在全市广泛开展“新泰州建设功臣”推荐活动的通知〉》的通知	2016-05-09
泰高委办发〔2016〕45号	关于成立凤栖湖景区建设指挥部的通知	2016-05-19
泰高委办发〔2016〕55号	关于转发区委组织部等五部门《关于加强全区关工委组织建设和发展壮大“五老”队伍的意见》的通知	2016-06-22
泰高委办发〔2016〕57号	关于印发《推进实践运用监督执纪“四种形态”相关工作任务分解方案》的通知	2016-07-01
泰高委办发〔2016〕69号	关于印发《高港区“12345”民生服务热线管理暂行办法》的通知	2016-08-23
泰高委办发〔2016〕77号	关于成立区盘活利用工业企业低效用地和闲置土地工作领导小组的通知	2016-09-20
泰高委办发〔2016〕78号	关于成立区土地利用总体规划调整完善和永久基本农田规定工作领导小组的通知	2016-09-24
泰高委办发〔2016〕79号	关于印发《高港区2016年领导班子成员及机关部门挂钩联系重点企业考核办法》的通知	2016-10-08
泰高委办发〔2016〕82号	关于成立高港区特色小镇规划建设工作领导小组的通知	2016-10-11
泰高委办发〔2016〕83号	关于印发《关于进一步完善区委领导干部与党外代表人士联系交友制度的意见》的通知	2016-10-12
泰高委办发〔2016〕86号	关于成立高港区推进创新创业离岸孵化工作领导小组的通知	2016-11-08
泰高委办发〔2016〕88号	关于印发《高港区推进离岸孵化促进创新创业实施方案》的通知	2016-11-10
泰高委办发〔2016〕90号	关于成立区委宣讲团开展党的十八届六中全会精神宣讲活动的通知	2016-11-22
泰高委办发〔2016〕102号	关于印发《中共泰州市高港区委办公室（电子政务内网接入节点）安全保密管理规章制度》的通知	2016-12-05
泰高委办发〔2016〕107号	关于成立开展“百团千村万企大走访大落实”活动领导小组的通知	2016-12-14
泰高委办发〔2016〕109号	关于成立中央环境保护督察整改工作领导小组的通知	2016-12-14
泰高委办发〔2016〕114号	关于印发《〈中国制造2025〉高港实施纲要》的通知	2016-12-19

2016年区政府办公室重要文件题录一览表

表44

文　　号	文　件　标　题	文件日期
泰高政办发〔2016〕1号	关于成立泰州市高港区2016年春节运输工作领导小组的通知	2016-01-20
泰高政办发〔2016〕3号	关于表彰2015年度河道长效管理考核先进单位的决定	2016-02-06
泰高政办发〔2016〕4号	关于成立高港区河道管理范围和水利工程管理与保护范围划定工作领导小组的通知	2016-02-19

续表44

文　　号	文 件 标 题	文件日期
泰高政办发〔2016〕5号	关于成立高港区实施国家知识产权强县工程工作领导小组的通知	2016-02-24
泰高政办发〔2016〕7号	关于成立区镇村卫生一体化管理工作领导小组的通知	2016-03-02
泰高政办发〔2016〕8号	关于印发《国家知识产权强县工程试点区实施方案》的通知	2016-03-02
泰高政办发〔2016〕9号	关于成立高港区创建江苏省食品安全城市工作领导小组的通知	2016-03-07
泰高政办发〔2016〕15号	关于表彰2015年度区政务服务优秀窗口、先进个人、便民服务中心的决定	2016-03-24
泰高政办发〔2016〕16号	关于印发《泰州市高港区2016年价格调控目标责任制实施意见》的通知	2016-03-25
泰高政办发〔2016〕20号	关于印发《关于进一步加强中小学校责任督学挂牌督导工作的实施意见》的通知	2016-04-05
泰高政办发〔2016〕22号	关于高港区2016年血吸虫病地方病和寄生虫病防治工作意见的通知	2016-04-05
泰高政办发〔2016〕23号	关于印发《泰州市高港区安全生产目标管理履职保证金实施办法》的通知	2016-04-06
泰高政办发〔2016〕25号	关于表彰2015年度气象防灾先进集体和优秀气象信息员的决定	2016-04-07
泰高政办发〔2016〕27号	关于成立高港区创建省级农产品质量安全县（区）工作领导小组的通知	2016-04-14
泰高政办发〔2016〕30号	关于印发《2016年城建新提升重点项目建设计划》的通知	2016-04-21
泰高政办发〔2016〕31号	关于成立泰州市高港区“平安寄递”创建工作领导小组的通知	2016-04-28
泰高政办发〔2016〕34号	关于印发《高港区全面推开营业税改征增值税试点工作方案》的通知	2016-04-30
泰高政办发〔2016〕35号	关于印发《泰州高永化工集中区环保专项整治工作方案》的通知	2016-05-06
泰高政办发〔2016〕36号	关于印发《2016年高港区计划生育工作目标考核办法》的通知	2016-05-09
泰高政办发〔2016〕40号	关于成立高港区道路交通安全委员会的通知	2016-05-20
泰高政办发〔2016〕42号	关于印发《高港区预决算信息公开实施细则和高港区预算决算信息公开任务落实责任表》的通知	2016-06-03
泰高政办发〔2016〕44号	关于印发《互联网金融风险专项整治工作实施方案》的通知	2016-06-14
泰高政办发〔2016〕45号	关于印发《P2P资产管理机构各类交易场所和民间投融资机构“四项合一”操作方案》的通知	2016-06-14
泰高政办发〔2016〕47号	关于进一步做好新形势下就业创业工作的实施意见	2016-06-16
泰高政办发〔2016〕48号	关于印发《加强和完善全区河道长效管理的意见（修订）》的通知	2016-06-16
泰高政办发〔2016〕49号	关于印发《泰州市高港区气象灾害应急预案（修订）》的通知	2016-06-23
泰高政办发〔2016〕52号	关于成立区危险化学品安全专项整治领导小组的通知	2016-07-05
泰高政办发〔2016〕53号	关于印发《高港区工程招投标问题专项治理工作方案》的通知	2016-07-04
泰高政办发〔2016〕54号	关于成立高港区房地产“去库存”工作领导小组的通知	2016-07-18
泰高政办发〔2016〕56号	关于提高城乡居民最低生活保障和特困人员供养标准的通知	2016-07-26
泰高政办发〔2016〕57号	关于做好在全区范围内推广使用祥泰之州专用邮资图城市形象信封工作的通知	2016-07-27
泰高政办发〔2016〕59号	关于成立高港区节水型社会示范区建设工作领导小组的通知	2016-08-04
泰高政办发〔2016〕61号	关于印发《泰州市高港区水生态文明城市建设试点工作任务分解表》的通知	2016-08-04

续表44

文　　号	文　件　标　题	文件日期
泰高政办发〔2016〕62号	关于成立区创建综合保税区B区工作领导小组的通知	2016-08-04
泰高政办发〔2016〕63号	关于印发《泰州市高港区生态文明建设环境保护重点任务行动方案（2016—2017年）》的通知	2016-08-07
泰高政办发〔2016〕65号	关于印发《高港区2016年度新一轮农村实事工程任务分解方案》的通知	2016-08-30
泰高政办发〔2016〕66号	关于建立双随机抽查机制加强事中事后监管实施意见的通知	2016-09-05
泰高政办发〔2016〕69号	关于印发《高港区一般以上生产安全事故应急预案》的通知	2016-09-09
泰高政办发〔2016〕71号	关于印发《泰州市高港区工贸行业企业安全生产标准化样板地区建设工作方案》等文件的通知	2016-09-20
泰高政办发〔2016〕73号	关于印发《高港区区级财政专项资金管理办法》的通知	2016-09-23
泰高政办发〔2016〕74号	关于明确我区“小微创业贷”审批流程等事项的通知	2016-09-30
泰高政办发〔2016〕75号	关于成立“区小微创业贷”工作领导小组的通知	2016-09-30
泰高政办发〔2016〕77号	关于印发《高港区2016年农村危房改造工作实施方案》的通知	2016-10-16
泰高政办发〔2016〕78号	关于成立高港区创建国家农产品质量安全县（区）工作领导小组的通知	2016-10-18
泰高政办发〔2016〕79号	关于印发《泰州市高港区口岸雕花楼景区管理委员会主要职责内设机构和人员编制规定》的通知	2016-10-21
泰高政办发〔2016〕80号	关于印发《高港区电子政务项目建设与管理暂行办法》的通知	2016-11-03
泰高政办发〔2016〕81号	高港区推进“强富美高”新农村建设实施方案（试行）	2016-11-14
泰高政办发〔2016〕82号	关于印发《高港区国有资产管理实施办法》的通知	2016-11-15
泰高政办发〔2016〕85号	关于印发《高港区农民资金互助合作社监管联席会议制度》的通知	2016-11-18
泰高政办发〔2016〕86号	关于成立全区农民资金互助合作社监管联席会议领导工作小组的通知	2016-11-23
泰高政办发〔2016〕87号	关于建立高港区未成年人社会保护和流浪乞讨人员救助管理联席会议制度的通知	2016-11-28
泰高政办发〔2016〕89号	关于成立高港区粮食安全责任制考核领导小组的通知	2016-11-28
泰高政办发〔2016〕90号	转发市政府办公室关于《市区贯彻省政府关于机关事业单位工作人员养老保险制度改革实施意见》的通知	2016-11-26
泰高政办发〔2016〕91号	关于成立高港区省级“五有”乡镇畜牧兽医站建设领导小组的通知	2016-11-29
泰高政办发〔2016〕95号	关于印发《高港区建筑业和服务税收管理暂行办法》的通知	2016-12-02
泰高政办发〔2016〕98号	关于转发泰州市人民政府《关于加快推进建筑产业现代化发展的实施意见》的通知	2016-12-14
泰高政办发〔2016〕100号	关于成立高港区建筑产业现代化工作领导小组及其办公室的通知	2016-12-14
泰高政办发〔2016〕103号	关于印发《高港区新能源汽车推广应用安全隐患排查治理工作实施方案》的通知	2016-12-28
泰高政办发〔2016〕104号	关于印发《2017年泰州市高港区政府采购目录及采购限额》的通知	2016-12-28
泰高政办发〔2016〕107号	关于转发《省民政厅等部门关于印发〈江苏省开展农村留守儿童“合力监护、相伴成长”关爱保护专项实施方案〉的通知》的通知	2016-12-30
泰高政办发〔2016〕108号	关于开展高港区砖瓦生产企业专项整治工作的通知	2016-12-30

统计资料

2016年高港区国民经济综合指标一览表

表45

指　标	单位	数值
一、地区生产总值	亿元	423.06
1、第一产业	亿元	12.00
2、第二产业	亿元	245.74
其中：工业	亿元	224.38
建筑业	亿元	21.36
3、第三产业	亿元	165.32
服务业增加值占GDP比重	%	39.08
二、农林牧渔业总产值	亿元	20.37
三、建筑业施工总产值	亿元	503.28
四、粮食总产量	吨	116639.00
五、固定资产投资	亿元	380.16
其中：列统工业总产值	亿元	1994.38
八、高新技术产业产值	亿元	1168.75
高新技术产业产值占列统工业比重	%	58.60
九、列统工业产销率	%	98.70
十、列统工业销售收入	亿元	1971.96
十二、列统工业利润总额	亿元	169.39
十三、RD经费	亿元	16.08
RD经费占GDP比重	%	3.80
十四、社会消费品零售总额	亿元	49.33
十五、出口总额	万美元	67859.00
十六、协议利用外资和港澳台资	万美元	49368.00
十七、实际利用外资和港澳台资	万美元	26651.00
十八、公共财政预算收入	亿元	40.44
十九、全体居民人均可支配收入	元/人	30632.00
城镇居民人均可支配收入	元/人	37224.00
农村居民人均可支配收入	元/人	18565.00
二十、文化产业增加值	亿元	30.47
文化产业增加值占GDP比重	%	7.20

2016年高港区人均经济社会主要指标一览表

表46

指　　标	单位	数值
人均地区生产总值	元	167416
人均列统工业总产值	元	789229
人均固定资产投资	元	150437
人均一般公共预算收入	元	16004
人均一般公共预算支出	元	14048
人均进出口总额	美元	5763
城镇非私营单位在岗职工平均工资	元	61900

2016年高港区主要经济指标占全市比重一览表

表47

指　　标	单位	泰州市	高港区	占全市比重（%）
年末常住人口	万人	464.58	25.32	5.45
地区生产总值	亿元	4101.78	423.06	10.31
第一产业	亿元	240.00	12.00	5.00
第二产业	亿元	1933.89	245.74	12.71
第三产业	亿元	1927.89	165.32	8.58
人均地区生产总值（按常住人口计算）	元	88330.00	167416.00	189.53
规模以上工业总产值	亿元	12170.80	1994.38	16.39
#高新技术产业产值	亿元	5393.86	1168.75	21.67
规模以上工业产品销售收入	亿元	12139.45	1971.96	16.24
规模以上工业利润总额	亿元	938.67	169.39	18.05
固定资产投资	亿元	3164.12	380.16	12.01
#工业投资	亿元	1957.87	235.36	12.02
房地产开发投资	亿元	250.71	12.30	4.91
一般公共预算收入	亿元	327.60	40.44	12.34
一般公共预算支出	亿元	450.88	35.50	7.87
社会消费品零售总额	亿元	1118.34	49.33	4.41
进出口总额	万美元	1038108.00	145643.00	14.03
#出口总额	万美元	667429.00	67859.00	10.17
实际利用外资和港澳台资	万美元	134448.00	26651.00	19.82
协议注册外资和港澳台资	万美元	251645.00	49368.00	19.62
全体居民人均可支配收入	元	28259.00	30632.00	108.40
城镇居民人均可支配收入	元	36828.00	37224.00	101.08
农村居民人均可支配收入	元	17861.00	18565.00	103.94

2016年高港区人口及其变动情况一览表

表48　　　　　　　　　　　　　　　　　　　　　　　　　　单位：户、人

指　标	合　计	口岸街道	刁铺街道	许庄街道	永安洲镇	白马镇	大泗镇	胡庄镇
总户数	80545	22847	7211	12096	8390	6591	10152	13258
总人数	262911	70685	23632	39786	31067	22268	33370	42103
#男	132693	35260	11615	19845	15254	11504	17530	21685
女	130218	35425	12017	19941	15813	10764	15840	20418
出生人口	2480	757	207	390	302	223	290	311
#男	1276	399	96	199	161	120	147	154
女	1204	358	111	191	141	103	143	157
死亡人数	2317	536	179	350	248	223	350	431
#男	1272	289	96	190	128	121	201	247
女	1045	247	83	160	120	102	149	184
迁入人数	1109	357	121	209	86	77	110	149
#省内	532	211	55	94	35	32	41	64
省外	577	146	66	115	51	45	69	85
迁出人数	1008	359	75	109	116	47	99	203
#省内	598	177	50	61	73	23	66	148
省外	410	182	25	48	43	24	33	55

2016年高港区全体居民人均可支配收入和消费支出一览表

表49

指　标	单位	2016年	2015年	增幅±%
一、可支配收入	元	30632.3	28140.1	8.9
工资性收入	元	19189.5	18167.3	5.6
经营净收入	元	5139.4	4175.1	23.1
财产净收入	元	2733.7	2420.7	12.9
转移净收入	元	3569.8	3377.0	5.7
二、消费支出	元	21432.1	19699.0	8.8
（一）食品烟酒	元	6632.7	5649.0	17.4
（二）衣着	元	1614.8	1552.0	4.1
（三）居住	元	4029.4	3841.0	4.9
（四）生活用品及服务	元	1192.5	1157.0	3.1
（五）交通通信	元	3432.0	3274.0	4.8
（六）教育文化娱乐	元	2397.1	2099.0	14.2
（七）医疗保健	元	1624.2	1626.0	-0.1
（八）其他用品和服务	元	509.5	501.0	1.7

2016年高港区城镇常住居民人均可支配收入和消费支出一览表

表50

指　　标	单位	2016年	2015年	增幅±%
一、可支配收入	元	37224.3	34382.3	8.3
工资性收入	元	23564.1	22469.3	4.9
经营净收入	元	5475.2	4373.0	25.2
财产净收入	元	3839.9	3414.0	12.5
转移净收入	元	4345.1	4126.0	5.3
二、消费支出	元	23651.0	21867.1	8.2
（一）食品烟酒	元	6997.6	6036.0	15.9
（二）衣着	元	1809.1	1738.0	4.1
（三）居住	元	4541.0	4341.0	4.6
（四）生活用品及服务	元	1399.8	1363.0	2.7
（五）交通通信	元	3485.2	3320.0	5.0
（六）教育文化娱乐	元	2859.6	2506.0	14.1
（七）医疗保健	元	1954.4	1966.0	–0.6
（八）其他用品和服务	元	604.3	597.1	1.2

2016年高港区农村常住居民人均可支配收入和消费支出一览表

表51

指　　标	单位	2016年	2015年	增幅±%
一、可支配收入	元	18565.1	17055.7	8.8
工资性收入	元	11181.3	10528.0	6.2
经营净收入	元	4524.6	3823.7	18.3
财产净收入	元	708.6	657.0	7.9
转移净收入	元	2150.6	2047.0	5.1
二、消费支出	元	14593.4	13017.1	12.1
（一）食品烟酒	元	5507.9	4455.0	23.6
（二）衣着	元	1016.1	978.0	3.9
（三）居住	元	2452.6	2301.0	6.6
（四）生活用品及服务	元	553.4	522.7	5.9
（五）交通通信	元	3268.1	3132.0	4.3
（六）教育文化娱乐	元	971.6	846.4	14.8
（七）医疗保健	元	606.5	579.0	4.7
（八）其他用品和服务	元	217.2	203.0	7.0

2016年高港区居民家庭年末耐用消费品拥有情况(每百户)一览表

表52

指　　标	单位	全体居民	城镇常住居民	农村常住居民
1.家用汽车	辆	51	54	43
2.摩托车	辆	60	53	75
3.电冰箱(柜)	台	121	126	107
4.洗衣机	台	111	115	104
5.热水器	台	118	119	114
其中:太阳能热水器	台	99	97	104
6.空调	台	195	209	161
7.彩色电视机	台	191	199	171
8.摄像机	台	4	5	—
9.照相机	台	20	24	11
10.计算机	台	103	108	89
其中:接入互联网的计算机	台	96	102	78
11.中高档乐器	架	3	4	—
12.固定电话	部	56	63	39
13.移动电话	部	282	276	296
其中:接入互联网的移动电话	部	203	202	207

全民健身中心笼式足球场　　(区委宣传部/供稿)

机构简称

高港区部分组织机构全称、简称对照表

表53

全　称	简　称	全　称	简　称
中国共产党泰州市高港区委员会	区委	泰州市高港区社会治安综合治理委员会（办公室）	区综治委（综治办）
泰州市高港区人民代表大会常务委员会	区人大常委会	泰州市高港区机构编制委员会办公室	区编委办
泰州市高港区人民政府	区政府	中共泰州市高港区委区级机关工作委员会	区委区级机关工委
中国人民政治协商会议泰州市高港区委员会	区政协	中共泰州市高港区委机要保密局	区委机要保密局
中国共产党泰州市高港区纪律检查委员会	区纪委	中共泰州市高港区委老干部局	区委老干部局
泰州市高港区监察局	区监察局	泰州市高港区信访局	区信访局
中共泰州市高港区委办公室	区委办公室	泰州市高港区人民代表大会常务委员会办公室	区人大办
中共泰州市高港区委研究室	区委研究室	中国人民政治协商会议泰州市高港区委员会办公室	区政协办
泰州市高港区接待办公室	区接待办公室	泰州市高港区人民政府办公室	区政府办公室
泰州市高港区督查与考核工作办公室	区督查考核办公室	泰州市高港区人民政府研究室	区政府研究室
泰州市高港区网络信息管理中心	区网络信息管理中心	泰州市高港区人民政府法制办公室	区政府法制办
中共泰州市高港区委组织部	区委组织部	泰州市高港区人民政府外事侨务办公室	区外事侨务办
中共泰州市高港区委宣传部	区委宣传部	泰州市高港区应急管理办公室	区应急办
泰州市高港区精神文明建设指导委员会办公室	区文明办	泰州市高港区金融工作办公室	区金融办
中共泰州市高港区委对外宣传办公室	区委外宣办	泰州市高港区发展和改革委员会	区发展改革委
泰州市高港区人民政府新闻办公室	区新闻办	泰州市高港区物价局	区物价局
中共泰州市高港区委统一战线工作部	区委统战部	泰州市高港区服务业发展办公室	区服务业发展办
中共泰州市高港区委台湾工作办公室、泰州市高港区人民政府台湾事务办公室	区台办	泰州市高港区经济和信息化委员会	区经济和信息化委
泰州市高港区民族宗教事务局	区民宗局	泰州市高港区中小企业局	区中小企业局
中共泰州市高港区委政法委员会	区委政法委	泰州市高港区教育局	区教育局

续表53

全　称	简　称	全　称	简　称
泰州市高港区人民政府教育督导室	区政府教育督导室	泰州市高港区人民检察院	区人民检察院
泰州市高港区科学技术和知识产权局	区科技和知识产权局	泰州市高港区人民法院	区人民法院
泰州市高港区地震局	区地震局	中国人民解放军江苏省泰州市高港区人民武装部	区人武部
泰州市高港区气象局	区气象局	泰州市高港区总工会	区总工会
泰州市高港区民政局	区民政局	中国共产主义青年团泰州市高港区委员会	团区委
泰州市高港区司法局	区司法局	泰州市高港区妇女联合会	区妇联
泰州市高港区财政局	区财政局	泰州市高港区残疾人联合会	区残联
泰州市高港区人力资源和社会保障局	区人力资源社会保障局	泰州市高港区科学技术协会	区科协
泰州市高港区公务员局	区公务员局	泰州市高港区工商业联合会	区工商联
泰州市高港区住房和城乡建设局	区住房城乡建设局	泰州市高港区文学艺术界联合会	区文联
泰州市高港区建筑工程管理局	区建工局	泰州市高港区归国华侨联合会	区侨联
泰州市高港区规划服务办公室	区规划办	泰州市高港区红十字会	区红十字会
泰州市高港区水利局	区水利局	泰州市高港区关心下一代工作委员会	区关工委
泰州市高港区农业委员会	区农委	泰州市高港区哲学社会科学界联合会	区社科联
泰州市高港区商务局	区商务局	泰州市高港区史志档案办公室	区史志办
泰州市高港区粮食局	区粮食局	泰州市高港区机关事务管理局	区机关事务管理局
泰州市高港区文体旅游局	区文体旅游局	泰州市高港区供销合作总社	区供销社
泰州市高港区卫生和计划生育委员会	区卫生计生委	泰州市高港区政务服务管理办公室	区政务办
泰州市高港区审计局	区审计局	泰州市高港区行政审批局	区行政审批局
泰州市高港区环境保护局	区环保局	泰州市高港区城市管理委员会办公室	区城管办
泰州市高港区统计局	区统计局	江苏泰州高港高新技术产业园区	高港高新区
泰州市高港区市场监督管理局	区市场监管局	泰州市泰州港核心港区	核心港区
泰州市高港区安全生产监督管理局	区安监局	泰州市高港区临港经济园	临港经济园

缩略语注释

缩略语注释表

表54

缩略语	注　　　　释
“3611”引才计划	引进国家“千人计划”专家3人、专业团队6个、各类高层次人才1000人、知名中介服务机构10个
“931”城市环境综合整治	即“九整治、三规范、一提升”，“九整治”指整治城郊结合部、整治城中村、整治棚户区、整治老旧小区、整治背街小巷、整治城市河道环境、整治低洼易淹易涝片区、整治建设工地、整治农贸市场，“三规范”指规范占道经营、规范车辆停放、规范户外广告设置，“一提升”指提升城市长效管理水平
“一府两院”	区政府、区人民检察院、区人民法院
“一带一路”	丝绸之路经济带和21世纪海上丝绸之路
“一案双查”	在查办案件工作中，既查清当事人的违纪违法问题，又查清当事人所在单位党政组织及其领导干部在履行党风廉政建设主体责任，纪检监察组织及其领导干部在履行党风廉政建设监督责任方面的失职渎职问题，并实施责任追究
“一照一码”	通过“一口受理、并联审批、信息共享、结果互认”，实现由一个部门核发加载统一社会信用代码的营业执照
八类案件	杀人、抢劫、强奸、放火、投毒、爆炸、贩毒、故意伤害致人死亡案件
工业企业“两证”	土地使用权证、房屋所有权证
上划中央四税	增值税、消费税、企业所得税、个人所得税
“二十字”好干部标准	信念坚定、为民服务、勤政务实、敢于担当、清正廉洁
“三大主题”工作	思想再解放、项目大突破、城建新提升
“三个不相信”	不相信有完成不了的任务、不相信有克服不了的困难、不相信有实现不了的目标
“三无”产品	无生产日期、无质量合格证以及无生产厂家的产品
“三公”经费	因公出国（境）经费、公务车购置及运行费、公务招待费
“三去一降一补”	去产能、去库存、去杠杆、降成本、补短板
“三会一课”	定期召开支部党员大会、党支部委员会和党小组会，按时上好党课

续表54

缩略语	注　　释
“三严三实”	严以修身、严以用权、严于律己，谋事要实、创业要实、做人要实
“三证合一”	将企业依次申请的工商营业执照、组织机构代码证和税务登记证三证合为一证
“三社联动”	在社会治理中，社区、社会组织、社会工作专业人才有机融合、相互促进
“三责联审”	用人责任审查、编制责任审查、经济责任审计
“三转三升”	企业转型、政府转型、社会转型，技术升级、产品升级、产业升级
“三重一大”决策机制	重大事项决策、重要干部任免、重要项目安排、大额资金的使用，必须经集体讨论作出决定的制度
“三类人员”	乡镇事业编制人员、优秀村干部、大学生村官
“三解三促、两送两赠”	“三解三促”指了解民情民意、破解发展难题、化解社会矛盾，促进干群关系融合、促进基层发展稳定、促进机关作风转变；“两送两赠””指送温暖、送关心，增进了解、增进友谊
“五大发展”理念	创新发展、协调发展、绿色发展、开放发展、共享发展
“五老”	老党员、老专家、老教师、老战士、老模范
“五有”乡镇兽医站	有独立建制机构、有固定工作场所、有基本服务手段、有定编专业队伍、有稳定财政保障
“五好”工商联	领导班子好、会员发展好、商会建设好、作用发挥好、工作保障好
“五好”农民专业合作社示范社	“五好”指服务成员好、经营效益好、利益分配好、民主管理好、示范带动好
“五位一体”总体布局	经济建设、政治建设、文化建设、社会建设、生态文明建设五位一体总体布局
“五证合一”	将营业执照、组织机构代码证、税务登记证、社会保险登记证和统计登记证五证合为一
“六大建设”	经济建设、党的建设、社会建设、生态建设、文化建设、法治建设
“六化”	品牌化、标准化，资本化、上市化，信息化、高端化
“双招双引”	招商引资和招才引智
“双随机、一公开”	即在监管过程中随机抽取检查对象，随机选派执法检查人员，抽查情况及查处结果及时向社会公开
“双强型”村党组织书记	思想政治素质强、科学发展能力强的村党组织书记

续表54

缩略语	注　　　　释
“四上”企业	规模以上工业企业、资质等级建筑业企业、限额以上批零住餐企业、限额以上服务业企业
“四个长期”	长期奋斗、长期攻坚、长期吃苦、长期奉献
“四个文明”	社会主义物质文明、精神文明、政治文明、生态文明
“四个全面”	全面建成小康社会、全面深化改革、全面依法治国、全面从严治党
“四个高港”	实力高港、精致高港、魅力高港、幸福高港
“四个意识”	政治意识、大局意识、核心意识、看齐意识
“四凡四必”	干部档案“凡提必审”，个人有关事项报告“凡提必核”，纪检监察机关意见“凡提必听”，反映违规违纪问题线索具体、有可查性的信访举报“凡提必查”
“四风”	形式主义、官僚主义、享乐主义和奢靡之风
“四有一责”	有持续稳定的集体收入，有功能齐全的活动阵地，有先进适用的信息网络，有群众拥护的双强带头人，强化村党组织领导责任
“四项排查”	矛盾纠纷排查、重大不稳定问题排查、治安重点地区突出问题排查、治安重点人员排查
农业“三品”	无公害农产品、绿色食品、有机食品
农业“接二连三”	农业与第二产业、第三产业融合发展
农村三大合作组织	社区股份合作社、土地股份合作社、农民专业合作社
妇女“两癌”	宫颈癌、乳腺癌
“先照后证”	先申领营业执照后再办理有关许可证
村（社区）“两委”	村（社区）党支部委员会（党总支、党委），村（居）民委员会
村居干部“五位一体”管理	公开目标承诺、提升履职能力、工作实绩公示、年终述职询评、考核星级排位
“两化”融合	信息化和工业化融合
“两代表一委员”	党代表、人大代表和政协委员
“两证合一”	土地使用证和房屋所有权证合为不动产登记证

续表54

缩略语	注　　释
“两规”“两指”	“两规”指在规定的时间、地点就案件所涉及的问题作出说明，“两指”在指定的时间、地点就调查事项涉及的问题作出解释和说明
“两学一做”	学党章党规、学习近平系列重要讲话，做合格党员
“两减六治三提升”（263）专项行动	“两减”指减少煤炭消费总量和减少落后化工产能，“六治”指治理太湖水环境、治理生活垃圾、治理黑臭水体、治理畜禽养殖污染、治理挥发性有机物污染和治理环境隐患，“三提升”指提升生态保护水平、提升环境经济政策调控水平和提升环境执法监管水平
“两新”组织	新经济组织和新社会组织
“两聚一高”	聚力创新，聚焦富民，高水平全面建成小康社会
环保“三同时”制度	环保设施与主体工程同时设计、同时施工、同时投产使用
贫困家庭“五送”活动	送养老、送医疗、送技能、送岗位、送项目
项目“八评”	产业、税收、环保、安全、技术、就业、节能、规划“八位一体”综合评估
政社互动	政府及其部门与基层群众自治组织、社会组织，通过衔接互动，理顺社会管理职能、结构、方式，依托村、社区平台开展工作
药械保化	药品、医疗器械、保健品和化妆品
泰州文明市民“十要十不要”	十要：排队要有序，公交车上要为有需要的人让座，出入电梯要先下后上，接打电话要礼貌，遇人问路要友善，停车要规范，斑马线前要礼让行人，用餐宴请要节俭，遛狗要牵绳，上网要守法守规；十不要：禁烟场所不吸烟，公共场所不喧哗，不说脏话、粗话，不乱扔垃圾、烟头，不随地吐痰，小区不扒翻种植，不闯红灯，楼上、车窗不抛物，娱乐、装修不扰邻，不违规燃放烟花爆竹
监督执纪“四种形态”	让咬耳扯袖、红脸出汗成为常态，党纪轻处分、组织处理成为大多数，重处分、重大职务调整的是少数，而严重违纪涉嫌违法立案审查的只能是极极少数
党风廉政建设“两个责任”	在落实党风廉政建设责任制过程中，党委负主体责任，纪委负监督责任
消防“六熟悉”	熟悉消防队责任区的交通道路、水源情况，熟悉责任区内重点单位的分类、数量及分布情况，熟悉责任区内主要灾害事故处置的对策及基本程序，熟悉责任区内重点单位建筑物使用及重点部位情况，熟悉重点单位内部的消防设施情况，熟悉重点单位的消防组织及其灭火救援任务分工情况。
敬老院“三有三能六达标”	敬老院实现每个房间或每个套间内有能正常使用的卫生间、有保暖降温设备、有电视机，老人不出院能洗澡、能看病、能康复娱乐，消防、卫生、环境、五保老人供养水平、管理服务人员配比及工资待遇达到国家和省提出的标准
“强富美高”	经济强、百姓富、环境美、社会文明程度高

说明：按缩略语首字笔划排列。

索　　引

说　明

1.本索引采用主题分析法提取，部分则选用关键词。

2.本索引按首字汉语拼音字母顺序排列。

3.索引名称后的数字表示内容所在的页码，数字后面的a、b、c分别表示左栏、中栏和右栏。

4.图片、表格分别在页码出处后标注“图”或“表”字。

A

B

C

D

H

J

K

L

M

N

P

Q

R

S

T

W

X

Y

Z

城区一角　（区住房城乡建设局/供稿）

泰州市高港区人民法院

院 长 陈富贵

2016年，区人民法院共受理各类案件4803件，审、执结4071件，其中，院、庭长办结1865件，占全院结案总数的45.8%。结案标的额11.01亿元，比上年上升2.08%。受理各类刑事案件224件，审结221件，分别增长52.38%、51.37%。受理各类民事案件2371件，审结2360件，调撤率63.03%。受理执行案件1408件，执结1479件。

获评全省优秀法院、法治泰州建设公正司法先进单位、泰州市妇女儿童工作先进集体、区规范执法先进单位、区人民满意机关，何芬法官工作室获评区优秀服务品牌，青少年维权“彩虹行动”获评区“创新创优”奖，刑庭被市中院授予集体三等功。

省法院副院长李玉生（右三）调研高港区人民法院

全市法院深化司法改革现场会在高港召开

“无讼村居”创建示范点揭牌仪式

参加“点亮微心愿·助力微梦想”活动

“六访六助”解企业难题

“彩虹行动”成立高港中等专科学校“护航”法治社团

重阳节慰问复原军人

基层协助执行网络例会

举办“假日爱心驿站”暑托班

何芬法官工作室“法润港城·情暖农民工”专场法治宣传活动

泰州市高港区人民检察院

检察长 华为民

2016年，区人民检察院共办理审查逮捕案件62件86人，办理审查起诉案件220件335人，起诉案件有罪判决率100%。查办贪污贿赂犯罪4件8人，查办渎职犯罪3件3人，其中科级以上干部3人。监督公安机关立案、撤案3人，纠正漏捕、漏诉3人，提出监督和纠正意见10次，排除非法证据1件。提出和提请刑事抗诉2件，发出再审检察建议1件，纠正审判程序违法2件。纠正刑事执行脱管漏管6人次，建议收监执行3人，建议对6名羁押对象变更强制措施。办理刑事申诉案件8件，向法院提起行政公益诉讼案件2件，开展国家司法救助，发放救助金7.7万元。区人民检察院获江苏省文明单位、泰州市“六五”普法先进集体称号。刑事案件见证人见证情况专项核查活动被评为全国检察机关优秀侦查监督案件。1名干警获评全省检察机关“十佳预防业务标兵”，6名干警在全市检察系统业务练兵竞赛活动中获奖。1项研究课题获评泰州市第十届哲学社会科学优秀成果二等奖。全年在各类媒体宣传检察工作112篇次，编发情况反映和简报39期，通过门户网站、案件信息网、微信、短信等平台，公开办案进度信息及法律文书等共503份。

最高人民检察院反贪总局领导调研区人民检察院服务非公经济发展工作情况

省、市妇联领导调研区人民检察院“牵手朝阳·校园卫士”系统工程

市人民检察院走访扬子江药业集团

区领导指导区人民检察院党员领导干部专题民主生活会

市、区两级检察工作通报会

“两学一做”情景式大讨论被省委组织部《“两学一做”在江苏》收录为支部典型案例

在区级机关党建暨服务品牌创建工作推进会上交流党建工作

“未成年人保护宣传周”新闻发布会

泰州市高港区教育局

局　长　李俊仁

2016年，高港区有中小学、幼儿园36所，其中，普通中等专业学校1所、高中2所、初中8所、九年一贯制学校2所、小学10所、幼儿园13所。中小学生22805人，在园幼儿6404人。教师2554人，其中，普通中等专业学校248人、高中378人、初中734人、小学796人、幼儿园398人。省特级教师10人，省特级教师后备人才5人，市级骨干教师162人。

省政协副主席程崇庆（后，左二）调研高港区基础教育工作

高港区2016年学前教育工作市级专项督查

教师节区领导慰问广大师生

创建江苏省示范性教师发展中心现场验收

承办泰州市教育系统“两学一做”知识竞赛

2016年泰州市暨高港区全民终身学习活动周开幕式

观摩学前教育课程游戏化活动

高港区第四届中小学“校长亮台”论坛

高港区2016年县级政府教育工作回访督导汇报会

泰州市高港区科学技术和知识产权局

局 长 邱小平

2016年，高港区完成高新技术产业产值1168.75亿元，占规模以上工业产值比重达58.6%；全社会研发经费投入占GDP比重达3.8%。全区专利申请量达4640件，增长46.05%，其中发明专利1524件，授权专利667件，万人发明专利拥有量达18.6件。成功创成国家知识产权试点园区、江苏知识产权强省建设区域示范区和江苏省知识产权示范园区。“高港果蔬星创天地”获批国家级“星创天地”，“润泰蜂鸟e站”和“华航智慧园创新工场”获批省级众创空间。成功获批省级工程技术中心1个、市级工程技术研究中心8个，2个企业通过市级研发机构绩效优秀评价。全年共组织实施市级以上科技计划项目200余项，组织“企业院校行”“专家高港行”“科技成果专题讲座”等产学研集中活动20余场次。签订落实共建双创离岸孵化基地协议16份，其中与高校科研院所合作13个、地方优质孵化器3个。联合教育部开展首届“蓝火计划”博士生团泰州高港分团活动。12个企业获批“苏科贷”，获批各级科技贷款4050万元。

泰州市高港区第二届“蓝火计划”博士生工作团启动仪式

高港区规模以上工业企业负责人知识产权培训

区科知局党支部会议

2016年区科知局民主生活会

高港区“省科技创新40条政策”宣讲培训会

高新区列统企业知识产权专场培训班

举办第十五期“道德讲堂”活动

泰州市高港区民政局

市人大代表视察高港区社会救助工作

区领导看望慰问驻泰官兵

民生保障。将低保标准提高到每人每月590元，资助4759名民政救助对象参加新型农村合作医疗保险，“一站式”救助30984人次、578.23万元；向80周岁以上老人发放尊老金1263.65万元；向386名五保对象发放基本生活费217.6万元；将孤儿基本生活费提高到每人每月1200元，向65名孤儿发放基本生活费103.3万元。

养老服务。先后投入760多万元用于敬老院升级改造，建成标准化居家养老服务中心11个、老年人助餐点11个，在全省率先制定出台《标准化社区居家养老服务中心指导手册》。

社区治理。全区90个村（居）委会换届选举均一次性成功，共选举产生村（居）民委员会成员499人，其中，主任90人，副主任1人，委员408人；出台《加快培育发展社会组织的实施意见》；建成区社会组织孵化中心，全区共有各类社会组织391个，每万人拥有社会组织14.9个。

服务国防。向2196名优抚对象发放抚恤补助金，发放义务兵家属优待金、立功奖励金，为490名各类优抚对象统筹医疗保障金；先后公开选拔7名优秀退役士兵担任村官；投资1000多万元的区革命烈士纪念馆建成竣工。

社会事务。累计为2383名死亡人员减免基本殡葬服务项目费用277.71万元；实行婚姻登记免费政策，办理结婚登记2849对、离婚登记533对，补办婚姻登记423对，办理收养评估登记2件；全区有48条地名目录被纳入泰州市历史地名保护名录。

区领导看望慰问驻泰官兵

市民政局领导考察口岸敬老院

高港区社会救助“1+14”系列政策解读新闻发布会

高港区烈士纪念馆

泰州市高港区司法局

局　长　陈振东

2016年，全区各级调解组织共调处各类民间纠纷533件，调解成功率100%。全年开展“法治大讲堂”“大江讲堂·周末法治报告会”等各类法治宣传讲座150余场，法治文艺演出30余场，发放各类宣传资料15万份，新增省级民主法治示范村（社区）3个、省级法治文化示范点2个。法律服务从业人员全年代理诉讼案件797件、非诉案件160件，办理各类公证事项1025件。办理法律援助案件213件，“12348”平台接待群众来电、来访、网上咨询2111人次，其中“12348”全年接听197人次。区司法局被评为全省司法行政系统安置帮教工作先进集体，区法律援助中心被团省委授予2015—2016年度江苏省“青少年维权岗”。司法行政工作受市以上表彰的先进集体9个次、先进个人9人次，其中，省级以上先进集体5个次、先进个人5人次。

深入推进法治高港建设暨“七五”普法动员部署会

高港区2016年“法治宣传教育月”活动启动仪式暨校园法治文艺汇演

高港区司法行政工作会议

江苏省第三届“4·8”司法日主题活动——法治惠民·12348在行动

高港区“大江讲堂·周末法治报告会”法治金融专题

高港区基层基础工作情况报告会

高港区“法企同行”暨高新区法律驿站启动仪式

高港区社会矛盾化解工作推进会

泰州市高港区财政局

区政协副主席、区财政局局长 张 琴

2016年，高港区财政局紧紧围绕区委、区政府决策部署，以推进财政改革、加强监督管理为中心，主动把握、积极适应财政经济新常态，实施村级财务集中管理，设立政府资金池，创新融资服务机制，在保障发展、改善民生等中心工程上谱写了崭新的篇章。全年全区一般公共预算收入完成40.44亿元，比上年增长15.3%，高于全市平均增幅13.6个百分点。一般公共预算支出完成35.09亿元，增长10.4%。年内，区财政局获评江苏省财政系统先进集体，被区委、区政府评为人民满意机关。

高港区领导干部财税金融知识培训班

区领导慰问财政干部员工

区领导调研财政工作

开展“大走访大落实”活动

区财政局党支部全体党员集体过政治生日

区财政局党员干部送政策到挂钩村

高港区财税银迎五一联谊活动

泰州市高港区人力资源和社会保障局

局　长　匡裕民

2016年，高港区城镇新增就业12850人，新增创业6046人，城镇登记失业率1.78%，保持全市最低。建成省外劳务基地12个、人才服务校园工作站10个。举办各类市场招聘活动56场，提供岗位6500个，帮助3112人实现就业，确保企业项目用工需求。发放创业培训券8185张、创业贷款贴息券5209张、创业租房补贴券1175张，累计创业培训4982人。举办高港区首届创业富民大赛。

累计引进高层次人才237人（其中海外人才56人），新增国家千人计划专家1人、省突出贡献专家1人、市突出贡献专家2人，新增高技能人才1397人、专业技术人员767人。

全年共办理劳动保障举报投诉150件，按期结案率100%。建成市和谐劳动关系园区1个（泰州市泰州港核心港区），市十佳和谐企业2个（泰州市华强照明器材有限公司、江苏海企化工仓储股份有限公司），市劳动关系和谐企业16个，区劳动关系和谐企业72个。

招聘事业单位工作人员110人（含教师、医护人员）。

省人社厅副厅长相伯伟（右三）一行调研区人力资源和社会保障工作

省人社厅督导检查高港区省政府93号令执行情况

市纪委副书记栾立平（前，左二）调研区人力资源社会保障局党风廉政建设工作

省优质服务示范窗口——区社会保险待遇审核中心

“企业人才服务360”活动

“春风行动——城乡劳动力交流洽谈会”现场

全区农民工工资清欠工作会议

城乡劳动力招聘会现场

泰州市高港区住房和城乡建设局

局 长 孙 跃

2016年，区住房城乡建设局认真贯彻落实区委、区政府决策部署，紧紧围绕年度目标任务，聚焦聚力“三大主题工作”，各项工作再创新业绩，实现“十三五”良好开局。6项市交考核指标超额完成，3项排全市第一。区住房城乡建设局获评区人民满意机关，获全区招商引资、质量强区和综治平安建设工作先进单位。城建档案室获评省三星级档案室，“高港微住建”被评为泰州市十大最具活力（区、县）政务微信。许庄街道乔杨社区被住建部确定为第四批美丽宜居示范村庄。

省委“两学一做”学习教育调研检查组到区住房城乡建设局督查指导

市人大常委会检查高港区物业管理服务情况

区领导调研区城建重点项目

举办“住建讲堂”

开展“大走访大落实”活动

建筑工地消防安全演练

“我是住建人”主题演讲比赛

泰州市高港区农业委员会

主 任 李明荣

2016年，高港区粮食平均单产441.5千克。生猪、蛋禽、奶牛和山羊规模养殖比重分别达88.1%、99.39%、100%和60.15%。有序推进土地适度规模经营，小农场、农业龙头企业、农民专业合作社和专业大户分别达246个、19个、358个和186户。新型规模经营主体规模经营面积8066.67公顷，占承包耕地面积的75.8%。实施高标准农田项目866.67公顷。推广各类农机具173台（套），农业综合机械化水平达82%。推动农业社会化服务组织建设，经工商注册登记的农业社会化服务组织118个，全区专业化统防统治和联防联治覆盖面68.6%。农产品质量安全追溯监管信息平台运行率100%，农产品质量抽检合格率100%。新申报无公害农产品26个，绿色食品续展7个，有机食品49个。全区“三品”产量占比60.09%，成功创建省级农产品质量安全县（区）。完成成片造林222.27公顷，森林抚育面积666.67公顷，建成省级绿化示范村10个。农业利用工商和民间资本28.56亿元，其中，1000万元以上农业内资项目23个，总投资7.96亿元。农业实际利用外资和港澳台资2431万美元，农产品出口7352.8万美元。高港区获市农业农村工作专项考核二等奖，区农委被评为全省扶贫系统先进集体、市农业系统目标管理考核优胜单位。

安哥拉政府代表团赴高港现代健康农业示范园区参观访问

全省春耕备耕送农机送科技送服务下乡暨“3·15”活动（高港区站点）

区农委机关服务品牌创建工作推进会暨区级机关服务品牌创建工作观摩会

长江南京以下12.5米深水航道工程——泰州段增殖放流

区农委“周末高港·党员关爱服务行动”

义务植树活动

受助群众送锦旗

泰州市高港区水利局

局 长 陈宝进

2016年，高港区水利系统紧紧围绕率先基本实现水利现代化这一中心，按照“安全水利、资源水利、法治水利、人文水利、生态水利”统筹谋划、协调发展的思路，认真抓好水利基础设施建设、水利工程管理、水资源节约保护、防汛防旱工作、水利改革创新，为全区经济社会发展提供了有力的支撑和保障。高港区农村河道长效管护考核获得全省一等奖，名列全省第六名，胡庄镇获省“水美乡镇”称号，大泗镇大泗社区、白马镇陈家村获省“水美村庄”称号。水生态文明城市创建获全市第二名。高港区被省水利厅、省发改委联合授予江苏省节水型社会示范区称号。

省水利厅厅长陈杰（前，左二）考察高港区水资源保护地

市人大常委会副主任王建（前，中）考察高港区防汛工作

区领导考察防汛工作

2016年度高港区防汛防旱工作会议

蔡圩河

泰州市高港区商务局

局 长 陆 波

2016年，区商务局积极贯彻落实区委、区政府各项方针政策，紧抓国家级开发区创建工作，进一步提升利用外资和港澳台资水平，努力扩大对外贸易，加强国际经济合作，取得了阶段性成效。

全年全区协议利用外资和港澳台资4.94亿美元，完成市交任务的123.42%，比上年增长76.21%。完成进出口14.56亿美元，增长19.12%，完成市交任务的116.48%。实现外经营业额5200万美元，完成市交任务的101%。设立境外企业（办事处）5个，完成市交任务的167%。新增服务外包企业7个，完成市交任务的233.33%。实现服务外包执行额7320万元，完成市交任务的183%。

正式签约亿元以上项目178个，完成市交任务的197.8%，新签约5亿元以上内资项目和3000万美元以上外资项目40个。

社会消费品零售总额49.33亿元，增长12.2%，增幅位列全市第一。限额以上批发零售住宿餐饮业企业净增21个。

胡庄万吨粮库、口岸烘干中心正式开工建设。

电子商务快速发展，“品牌梦工厂”已签约，颐高集团项目已经进入实质性洽谈阶段，全区电商环境进一步优化。区电子商务协会正式成立。

2016高港（深圳）投资说明会

离岸孵化基地暨高港电商创业中心签约仪式

泰州市高港区电子商务协会成立大会

高港区电子商务进农村推动会暨乐县域便民服务培训会

高港区消费促进月活动

泰州市高港区文体旅游局

局 长 卞晓江

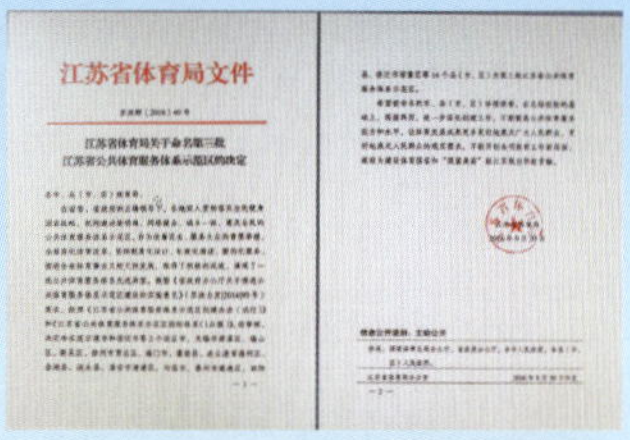

2016年，高港区文化软实力不断提升。美术馆（书画院）建成开放，区书画院成为泰州分院，实现资源共建共享。30个村居完成综合性文化服务中心建设，基本建成图书馆总分馆制度，实现图书通借通还“一卡通”。举办“大江放歌”广场文艺演出、“苏演院线”专场演出等各类文化活动80余场次。加强文化惠民券的使用和管理，组织文化惠民演出120场。围绕庆祝泰州建市20周年等重要节点，精心组织文艺大创作，舞蹈《宫灯情缘》、音诗画《遇见高港、遇见幸福》、歌舞《常到百姓家中串串门》3个节目获全市优秀节目奖。3个项目（田河绳带编织、刁铺宫灯、白马世泽木雕）入选江苏省非物质文化遗产名录。高新区创成江苏省版权示范园区，龙冉壁纸创成江苏省版权示范企业。组织14个文化企业申报省市文化产业引导资金近700万元。

全市文化产业增加值占GDP比重达7.2%。全民健身事业蓬勃发展。高标准建成4个市级和3个区级全民健身示范工程，农村“15分钟体育健身圈”基本建成。建成省级体质测定与运动健身指导站。举办各类赛事活动60余场次。举办高港区第三届全民健身运动会。举办“高港杯”第三届全国象棋青年大师赛。创成江苏省公共体育服务体系示范区。

积极培育旅游新亮点。全年共接待游客73.38万人次，比上年增长18.16%；实现旅游总收入8732.65万元，与去年持平；旅游产业带动周边就业1164人。上争省、市级旅游专项引导资金115.22万元。口岸雕花楼景区被评为国家AAAA级景区。全区新创成省四星级乡村旅游区1个、省三星级乡村旅游区1个。

市领导调研口岸雕花楼景区

泰州书画院高港分院授牌暨高港区美术馆（书画院）开馆仪式

市、区领导考察高港公共文化设施建设

市、区领导考察高港文化工作

“高港杯”第三届全国象棋青年大师赛开幕式

泰州市高港区卫生和计划生育委员会

主 任 刘长军

2016年，高港区卫生和计划生育委员会（简称卫生计生委）紧紧围绕深化医药卫生体制改革和生育政策调整完善等工作重点和目标任务，坚持统筹兼顾，卫生计生工作全面发展，取得了明显成效。

一是突出龙头医院建设。区政府与市人民医院正式签订合作共建市三院的战略合作协议。泰州市第三人民医院（简称市三院）按照“做强做优二甲综合，向三级方向努力”的总体定位，加大对外合作与交流，上海中山医院、省人民医院多位知名专家定期到市三院坐诊。市三院改扩建工程、CT、MRI、DSA等大型医疗设备购置逐步启动。

二是夯实基层基础。区委、区政府投入2250万元用于村卫生室的基础设施建设和设备添置，全部建成省级示范村（居）卫生室，并实行人员、业务、药械、财务和绩效考核“五统一”一体化管理和城乡医疗保险的即时结报。

三是在全市率先试点分级诊疗。市卫生计生委在高港区召开全市分级诊疗试点工作现场会，泰州市电视台进行了专题报道。

四是卫生计生资源有效融合。率先将育龄妇女（含流进育龄妇女）的生育服务登记、儿童预防接种、孕产妇保健、儿童保健手册等九种登记簿整合成《高港区生育保健便民服务簿》。将村卫生室与计生服务室合并，使家庭医生团队由“五个一”变成“六个一”，即1名全科医生、1名社区护士、1名公卫医师、1名乡村医生、1名中医＋1名计生专干，妇幼、计生服务实现一个窗口服务，为群众提供更加便捷优质的卫生计生服务。

五是实施品牌战略。加强特色专科内涵建设，刁铺成立了市首个国医大师名医工作室。许庄与省人民医院康复中心合作建立的康复病房、省非遗项目田河戴氏喉科、永安洲卫生院骨科、大泗镇卫生院中医理疗等特色科室服务能力不断提高，规模不断扩大，在群众中的影响力不断深入，品牌优势正逐步形成。

六是持续开展人才队伍建设。开展基层“医疗质量推进月”活动，提高基层医护人员业务素养和水平。唐健民、叶平等4名同志入选省333人才工程。组织实施基层骨干人才遴选，共遴选24名基层骨干人才，其中蔡志华等9名同志申报省级基层卫生骨干人才。2名同志申报市有突出贡献的中青年专家，申报市、区科技进步奖2项。

七是中医药服务特色鲜明。在创成全国社区中医药先进单位的基础上，全市现场会在高港区召开，推广高港区在基层设立名中医流动工作室的做法和经验。高港中医院设立省、市名中医高港工作站，刁铺、永安洲、田河及中医院、慕云儿童医院分别申报省级和国家级中医药健康旅游示范项目。刁铺街道社区卫生服务中心被国家中医药管理局列为全国中医治未病试点单位，永安洲镇、大泗镇卫生院中医科创建成江苏省示范中医科，润洲社区卫生服务站等6个社区卫生服务站（室）创成市基层中医药示范点。

八是慢病综合防控。作为泰州市唯一的国家级慢病防控示范区，高港区组织动员人社、住建等10多个部门、单位共128人参加全国首届“万步有约”职业人群健走激励大奖赛活动。

九是积极推进签约服务。全区共组建57个家庭医生服务团队，积极推进“家庭医生”和乡村医生签约，落实好慢性病患者、高危孕产妇、体弱儿等人员的健康管理服务。

十是“全面两孩”新政顺利实施。认真落实政策调整前后各项计划生育政策的衔接，顺利实施“全面两孩”政策，出生政策符合率达99%以上。

十一是强化卫生计生宣传。积极参与泰州建市20周年节庆工作，选调的参演节目获二等奖。上报泰州市卫生计生委“我这20年”征文活动23篇、“健康泰州”优秀书画作品35幅，摄影作品100多幅，并有8幅作品入选书画展。上报高港区“我眼中的高港”主题征文6篇，其中获一等奖1篇、三等奖2篇、优秀奖3篇。白马人民医院李文英、大泗镇卫生院田小蔚分别获“江苏最美接种医生”和“江苏优秀接种医生”荣誉称号。市三院崔海丽被评为泰州市“十佳医德标兵”，市三院“绿色生命岛”、区中医院“精馨护理”被评为泰州市卫生计生系统优质服务品牌。

泰州市暨高港区全国基层中医药先进单位复核验收评审会

区委书记顾萍（女，前右三）慰问大型义诊专家

区委副书记、区长孙宏建（前，左二）考察市三院

合作共建市三院联席会

泰州市高港区健康管理协会成立大会

高港区“5·29计生协会员活动日”主题活动

全区“关爱计生家庭，共建健康高港—生育关怀行动”启动大会

重阳节健康服务走进敬老院

泰州市高港区审计局

局　长　曹映华

2016年，全区审计系统在区委、区政府和上级审计机关正确领导下，牢固树立“四个意识”，围绕经济社会发展大局和中心工作，紧扣“三大主题”工作要求，认真履行审计监督职能，较好地发挥了审计保障经济社会健康运行的功能，为全区经济社会平稳较快发展作出了积极贡献。区审计局全年共实施审计项目167个，查出违纪违规金额5222万元，管理不规范金额31312万元，核减工程造价29017万元，因审计15人受到党纪政纪处分、3人被司法机关立案查处。各镇街审计所共审计项目169个，查出违纪违规金额1894万元，核减工程造价1027万元。区审计局被评为区人民满意机关，1个审计项目在全市优秀审计项目评比中获第一名。

收看审计署视频会议

审计工作座谈会

区审计局2016年审计工作暨党风廉政建设、作风建设工作会议

全区村（社区）财务清查工作部署会

局领导班子成员签订党风廉政建设责任书

重温入党誓词

泰州市高港区环境保护局

局　长　左祥生

2016年，高港区实际完成化学需氧量削减154吨，氨氮削减19吨，二氧化硫削减100吨，氮氧化物削减160吨。制定《高港区环境监管网格化实施方案》，初步建立党政同责的网格化环境监管体系，全年立案查处环境违法行为26件，其中移送司法机关3件，编制完成《化工园区整治方案》，并通过市级评审。开展6个覆盖拉网式农村环境整治小型污水治理设施项目，提前一年完成省财政厅、省环保厅下达的整治工作目标任务。王营空气自动监测点正式移交环保部运行维护，进一步提升全区环境空气自动监测水平。编制《泰州市高港区“十三五”生态环境保护规划》，编制《生态文明建设规划（2016—2020）》并于12月通过省环保厅组织的专家评审。优化调整生态红线区域，经省环保厅确认省级生态红线面积增加6.7平方千米。7月，《人民日报》《中国环境报》等媒体先后专题介绍高港区长江岸线保护相关情况。在省环保厅印发的《关于对2016年度“生态文明建设宣传一条街”活动情况的通报》中，高港区在雕花楼步行街组织的“生态文明建设宣传一条街”活动获得优秀奖。

全区生态文明建设大会

高港区生态文明建设规划专家评审会

高港区生态名城建设汇报会

纪念第45个世界环境日活动

高港区大气污染防治工作推进会议

“环保小卫士”主题教育活动

泰州市高港区市场监督管理局

局　长　高希兆

2016年，泰州市高港区市场监督管理局秉持“发挥不可替代的作用，创造不可磨灭的业绩，实现不可动摇的地位”理念，认真抓好市场监督管理工作，获市级主管部门全部6个一等奖，连续三年被评为区人民满意机关。

率先在全市提出异地交叉执法办案，开展的农贸市场专项执法活动查获860多箱问题食品。建立苏中、苏北地区第一个医疗器械仓储平台。2016年度企业年报率居全省第一，胡庄分局实现企业、个体户、农民专业合作社年报率3个100%的佳绩。2017年，牵头制定全省首个老年人助餐点建设和服务地方标准。

区政府与市质监局签订质量强区战略合作协议

参加12345·政风行风热线活动

服务汇福粮油项目建设

高港区民营企业金融服务座谈会

苏中地区首个医疗器械代贮代配试点单位揭牌仪式

高港区市场监管局文明城市创建动员大会

举行全市首个老年人助餐点建设和服务地方标准新闻发布暨宣贯会

开展国际消费者权益保护日宣传活动

泰州市高港区物价局

局　长　吴玉春

2016年，区物价局紧紧围绕区委、区政府工作中心，认真履行价格调控职能，奋发有为，扎实工作，实现将CPI控制在3%左右的调控目标，获评2016年全市价格工作先进集体。全年撰写价格波动简析47篇，月度价格监测分析12篇，季度分析4篇，半年、全年分析各1篇。2016年起实施阶梯价格政策，并同步实施低保、特困户和特困职工的优惠政策。6月1日起实行大用户价格直接交易政策，全区共有14个企业享受此政策。10月1日起放开居民供水专业服务收费管理。全区纳入收费年报的单位有73个，实际上报单位73个，上报率100%。全年共接听电话42次，接待来信来访32件，共受理价格举报投诉案件4件，价格咨询40件，办结率和回复率均为100%。全年协助公安机关、检察院办理案件65件，标的额约126万元。

汛期市场督查

春节前市场检查

开展“大走访大落实”活动

全区价格工作会议

泰州市高港区行政审批局

局 长 吴清华

2017年6月12日，高港区行政审批局成立。高港区行政审批局按照一局两中心模式运行，设立市场准入和投资建设两大科室，推行“全能岗”，建立审批、监管双向推送机制。首批划入行政审批局的事项涉及8个部门区级划转事项68个，划转30名工作人员，同步研究制定181个审批标准。

高港区行政审批局制定出台《准入准营跑一次，项目审批不见面改革实施方案》，并经江苏省编办全文转发。提出“3545”工作目标，试点运行市场准入3个工作日审批流程图和工业投资建设项目（鼓励类）立项到开工45天审批流程图。全面推行“多证合一”“证照联办”，联办后办理时限比法定时限少230天，提速达79.3%。投资建设中涉及第三方中介机构的评估事项精简材料6件，压缩时限20个工作日，原串联需11个审批环节，压缩后只需4个审批环节。再造优化流程，减少12项审批材料，精简率达12.2%。

“店小二”专业服务团队提升服务内涵、服务能力和服务水平，提前介入新建项目，全事项并联预审，全流程帮办代办，全节点跟踪服务。建立项目提醒机制，主动对接园区、对接企业，做到审批留印，服务有痕。建立“一企一册”项目档案，落实项目责任制，倒排序时，挂图作战，形成区、园区（镇街）50多名“店小二”齐头并进、统筹服务的良好局面。强化业务培训和实战“拉练”，熟练掌握“项目审批清单”服务流程，培养项目服务的“全能岗”和“多面手”。定期开展说项目、微讲课活动，帮助提升综合业务水平和解决疑难问题的能力。推动“店小二”专业服务团队参与重点项目招引，制定专项考核办法，实现管理的制度化、规范化，构建起“一级服务、二级帮办、三级协调、四级联动”项目服务体系，助推形成“二期现象”。

市、区领导为高港区行政审批局揭牌

区领导考察服务窗口建设

区领导为江苏华长新材料科技有限公司颁发首张盖有“泰州市高港区行政审批局”印章的营业执照

全区项目建设审批业务知识培训会

市、区联动为重大项目集中服务

“两证”补办协调小组服务企业

泰州市高港区机关事务管理局

局　长　戴永建

2016年，在区委、区政府的坚强领导下，全局上下聚力同心，紧紧围绕全区发展大局和中心工作，牢牢把握保障机关运转和建设节约型机关两大核心任务，着眼改革发展和规范化建设两大主题，真抓实干、砥砺奋进，推动机关事务管理工作取得新进展、新成绩，呈现新状态、新气象，实现“十三五”良好开局。

深入开展“两学一做”。把“两学一做”学习教育活动作为深化党内教育、强化党性修养的重要抓手，充分发挥领导干部这个“关键少数”的示范作用，切实抓好普通党员这个“重要多数”的日常教育。

圆满完成中心任务。一是稳步实施工程项目，二是有序推进公车改革，三是圆满完成招商任务。

充分发挥职能作用。规范办公用房管理、公务用车管理、国有资产管理、公共机构节能管理、财务经费管理等工作。

高效保障机关运转。把保障重要会议、重大活动作为政治任务来抓，积极参与在高港举办的国家、省、市级重要会议和重大活动的后勤保障工作，圆满完成区党代会、区“两会”等2700余场会议和活动的保障任务，得到各级领导广泛好评。

持续壮大后勤产业。完善组织架构，按照“管办分离”理念，进一步明晰润勤公司的经营职责，塑造物业管理品牌，建立法人治理结构和企业管理制度。

不断加强自身建设。按照党要管党、从严治党的要求，坚持党建引领，全面落实党建工作责任制。

年内，机关事务管理局首度获江苏省文明单位称号，再次被区委、区政府评为效能建设先进单位，招商引资、工程管理、综治法治、档案保密、群团建设等工作也获表彰。

省优秀管理城市专家组检查区全民健身中心停车场和高港实验小学停车场

区委书记顾萍（女，中）带队检查全区办公用房使用情况

区领导调研区体育公园二期工程

区领导参观区全民健身中心

纪念建党95周年“两学一做”专题党课暨民主生活会

召开年度总结表彰暨警示教育大会

高港区公车改革取消车辆专场拍卖会

道德讲堂活动

泰州市高港区总工会

主　席　丁新成

2016年，区总工会牢固树立和践行新发展理念，坚持围绕中心，服务大局，服务职工，不断开拓创新，打造出“总工会企业行”活动、“十百千万”英才计划、首届“高港工匠”评选、“精准帮扶”服务、“双争双份”活动等创新亮点品牌，各项工作取得新进展，在全市工会工作中贡献了更多高港份额，在高港发展大局中贡献了更多工会份额。全年新增独立工会32个，新增会员4000余人。全区共有基层工会491个，其中，独立基层工会387个，联合基层工会104个，涵盖单位1917个，工会会员56215人。《新华日报》《工会信息》《江苏工人报》《泰州日报》等媒体报道有关高港工会工作信息40余条（篇）。区总工会通过省级文明单位复查。

市领导走访慰问高港区困难职工

省总工会副主席曹海（右二）慰问高港区困难职工

区委书记顾萍（女，前右一）慰问环卫工人

市总工会调研组调研高港区企业工会工作

区总工会调研企业工会工作

高港区第十八批特困职工证发放暨“金秋助学”仪式

高港区“总工会企业行”服务农民工专场活动捐赠仪式

高港区劳动模范和高港工匠表彰大会

泰州市高港区残疾人联合会

领导班子（左二为理事长王瑞云）

2016年，高港区残联认真贯彻落实党的十八大及十八届三中、四中、五中、六中全会和习近平总书记系列重要讲话精神，以“两学一做”学习教育活动为契机，以传承“高港精神”、建设“实力高港、精致高港、魅力高港、幸福高港”为己任，紧紧围绕实现残疾人全面小康和扶贫攻坚两大目标，扎实推动就业增收、兜底保障两项重点任务，残疾人社会生活环境和条件明显改善，幸福感和获得感明显增强。至年末，全区持证残疾人6613人，其中，视力残疾726人，听力残疾373人，言语残疾39人，肢体残疾3697人，智力残疾694人，精神残疾568人，多重残疾516人。全区重残无业人员1959人享受最低生活保障待遇，6246名残疾人参加意外伤害保险。建成市级扶贫基地2个，辐射带动贫困残疾人60余人。4名残疾人运动员参加泰州市残疾人青少年田径锦标赛，获得2金1银3铜。永安洲镇残疾人专职委员蒋玲丽成为高港建区后首位残疾人政协委员。成立高港区残疾人福利基金会。

区残疾人福利基金会揭牌

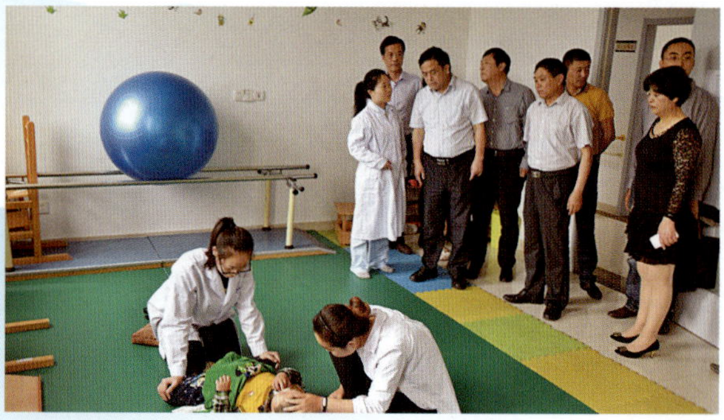

区政协主席韩亚（后，左三）调研残疾人工作

高港区庆祝第25个“国际残疾人日”暨残疾人福利基金会成立大会

区领导慰问贫困残疾人家庭

高港区残工委工作会议召开

高港区残疾人五类协会座谈会

举办全区残联系统业务培训班

泰州市公安局高港分局

副区长、公安分局局长　薛荣美

公安分局政委　梅庆原

2016年，区公安分局共破获刑事案件288起，抓获犯罪嫌疑人318人，刑拘188人，提请批准逮捕109人，公诉223人；破获经济犯罪案件17起，刑拘11人，移送起诉39人，挽回经济损失2651万元。查破治安案件2064起，查处违法人员362人。接待处理群众来信来访54件，比上年下降28%。查办信访54件，查结率100%。受理“12345”政府热线47件，同比降低0.98%，市长热线2件。完成重大活动安保任务45次，妥善处置各类群体性事件51起。连续5年实现八类案件破案率100%，保持建区19年命案全破。全局14个单位、129名民警受到表彰奖励，其中20人次获个人三等功，6人获市厅级及以上表彰。分局连续5次获评省级文明单位,分局办公室被省厅政治部评为全省公安调研工作成绩突出集体，吴银庆被省文明办评为“2016江苏好青年”，耿浩被省公安厅评为全省公安机关执法示范岗位，鞠荣祥被泰州市委评为全市优秀共产党员。

副市长、市公安局局长杜荣良（右一）慰问高港区一线执勤民警

区领导慰问公安干警

泰州市公安局高港分局技防城建设协议签约仪式

全区公安机关大巡防暨处突机动队开巡仪式

高港区老旧小区安全改造项目签约仪式

副区长、公安分局局长薛荣美（左一）走进“12345·政风行风热线”直播室

全区公安工作会议

高港公安分局党委班子成员述职述廉、党建述职、向民警报告工作暨年终工作大会

组织开展“迎‘七一’铸警魂”重温入党誓词活动

泰州市国土资源局高港分局

局长朱兵

2016年，高港区累计报批用地133.94公顷，盘活存量建设用地92.27公顷。建立补充耕地考核机制，完善基本农田保护规划，扎实推进占补平衡、增减挂钩项目实施。通过开展“三模联创”活动，全区违法用地比例始终稳控全市最低水平。农村房地合一登记进展顺利，在全省率先完成农村宅基地和农房合一调查登记发证试点工作，10月份颁发泰州市首批农村宅基地和农房不动产权证书。利用“4·22”地球日、“6·25”土地日等开展国土资源法律法规宣传。

省国土资源厅领导调研区国土资源工作

泰州市不动产登记中心高港分中心揭牌仪式

泰州市不动产登记中心高港分中心发放第一本不动产权证书

泰州市农村宅基地和农房统一登记不动产权证书首发仪式

到刁铺街道大丰社区开展“大走访大落实”活动

察看土地综合整治现场

江苏泰州高港高新技术产业园区

区委常委、高新区党工委书记　顾为进

时任市委书记蓝绍敏（中）视察万向精工江苏有限公司智能生产线

市委副书记、市长史立军（前，右）视察泰州友润电子科技股份有限公司

2016年，园区实现地区生产总值93.4亿元，比上年增长5.7%；公共财政预算收入5.99亿元，增长26.2%；列统工业产值325亿元，增长9.81%；工业企业一般纳税人开票销售95亿元，增长16%；工业企业净入库税收5.3亿元，增长84%。产业结构持续优化，新型装饰材料、通用动力、汽车零部件等特色产业产值占全部工业产值的64.2%，开票销售占全部工业企业开票销售的68.2%。高新技术产业产值达200.8亿元，增长22.48%。战略性新兴产业、高新技术产业产值占规模以上工业比重分别达18.6%和61.77%。园区获批国家知识产权示范园区、江苏省版权示范园区、江苏省创业孵化示范基地等。

泰州久裕精密工业有限公司新厂奠基仪式

星徽精密制造泰州有限公司高端五金项目奠基仪式

区委书记顾萍（女，前左）参加江苏苏萨食品有限公司献爱心活动并赠送牌匾

泰州大自然家居年产600万平方米地板项目奠基仪式

区委副书记、区长孙宏建（左四）调研江苏福马高新动力机械有限公司

区委副书记陈军（右一）调研江苏苏萨食品有限公司

泰州市泰州港核心港区
泰州市永安洲镇

高港区委常委
高港区常务副区长
核心港区党工委副书记
永安洲镇党委书记
蒋向荣

核心港区党工委副书记
永安洲镇党委副书记、镇长
王小飞

2016年，泰州港核心港区实现地区生产总值95.55亿元，比上年增长11.7%。完成公共财政预算收入6.51亿元。全社会固定资产投资148.77亿元，增长15.05%。工业总产值666.9亿元，增长26.3%。服务业增加值28.54亿元、税收7.05亿元，分别增长18.23%、48.99%。高新技术产业产值163.98亿元，增长17.89%。协议利用外资和港澳台资12829万美元，实际到账10681万美元。实施1000万元以上项目79个，其中1亿元以上项目28个，完成投资56.56亿元。园区获泰州市2016年度绩效管理先进市级专业园区一等奖。

时任省委书记李强（前，右二），时任省委副书记、省长石泰峰（前，右一）参观龙凤堂生态产业园

时任市委书记蓝绍敏（前，中）带领市委工作会议与会人员参观汇福粮油项目

市委副书记、市长史立军（左一）到东江社区开展“大走访大落实”活动

区委书记顾萍（女，前中）考察核心港区港口建设情况

区委副书记、区长孙宏建（前，中）调研核心港区项目建设情况

泰州港—洋山港精品快航签约暨首航仪式

泰州国际集装箱码头有限公司

汇福粮油江苏泰州基地

永胜花苑

永安洲实验学校

泰州市高港区口岸街道（临港经济园）

党工委书记　张桂林

党工委副书记
办事处（管委会）主任　韩记国

2016年，口岸街道总面积53.32平方千米，辖行政村6个、社区17个、村民小组377个，户籍户数22847户，户籍人口70685人，常住户数27197户，常住人口77710人，外来人口7364人。全年实现地区生产总值106.79亿元，比上年增长10.7%；工业企业一般纳税人开票销售86.61亿元，增长16.1%；一般公共预算收入3.82亿元，列统工业增加值83.06亿元，分别增长7.4%、13.55%；实际利用外资和港澳台资突破1亿美元，超额完成区交任务。全年累计新签约亿元以上产业项目41个，其中超1亿美元或10亿元人民币以上项目2个。1亿元以上开工项目33个，其中超1亿美元或10亿元人民币以上项目2个。全年完成工业投资33.96亿元，增长35.45%。高新技术产业产值187.96亿元，增长81.7%，占规模以上工业产值的57.74%。农民人均可支配收入28000元。年内，街道在全区综合考核中获一等奖，首次实现"三连冠"，工业经济获全区一等奖，开放型经济、创新型经济、农业农村、服务业等工作获二等奖。

时任市委书记蓝绍敏（前，右一）参观江苏绿泰电子有限公司

时任市委书记蓝绍敏（前，右三）参观舒禾江苏健康产业有限公司

泰州市银杏产业开发基地启动仪式

省人社厅调研口岸街道基层公共服务平台建设工作

南京银行与临港经济园联投共贷战略合作签约仪式

高港区人民政府与吉林大学共建吉林大学（泰州）汽车动力传动研究院签约仪式

高港区大江放歌广场文艺口岸街道专场演出

泰州市高港区刁铺街道

党工委书记　袁 斌

党工委副书记、办事处主任　张小平

2016年，刁铺街道面积17.58平方千米，户籍人口23632人，辖社区8个、居民小组103个。全年实现地区生产总值30.81亿元，比上年增长9.56%。其中，第一产业增加值0.78亿元，增长8.52%；第二产业增加值15.06亿元，增长4.51%；第三产业增加值14.97亿元，增长14.7%。完成公共财政预算收入10092万元。全社会固定资产投资24.29亿元，增长77.55%。实施1亿元以上项目12个。实现工业投资总额19.83亿元，增长97.9%。新办私营企业168个，新增个体工商户235户。刁铺街道在2016年度全区工作目标综合考评中获一等奖。

市委常委、组织部部长张国梁（左三）督查刁铺街道“大走访大落实”工作

市领导考察大丰社区法治建设工作

市人大常委会副主任邹祥凤（女，右二）督查刁铺街道“七五”普法工作

区委书记顾萍（女，前左一）督查刁铺街道项目建设

区政协主席韩业（前，右二）调研政协委员企业

河海大学、刁铺街道产学研孵化基地揭牌仪式

泰州市高港区许庄街道

高新区党工委副书记
高新区管委会常务副主任 田光明
高新区招商局局长
街道党工委书记

街道党工委副书记
办事处主任 陆明航

许庄街道位于京沪高速泰州出口处，属于省级经济开发区——江苏泰州高港高新技术产业园区开发建设的主阵地。总面积42.51平方千米，下辖4个村、10个社区、252个村民小组，户籍人口39786人。

2016年，许庄街道实现地区生产总值31.18亿元，比上年增长11.68%。完成工业总产值113.65亿元，增长47%；完成财政总收入12039万元，增长15.7%；完成服务业增加值16.82亿元、服务业税收收入3.12亿元，分别增长14.41%、42.88%；完成高新技术产业产值44.57亿元，全社会固定资产投资完成24.79亿元，增长65.9%；进出口总额9922万美元。实施招引5000万元以上项目13个，其中1亿元以上项目9个，新建标准厂房25000平方米，盘活原建标准厂房16000平方米，新增私营企业163个，新增个体工商户330户。专利申请量248件，其中发明专利申请量98件。农业增加值完成1.13亿元，高效农业面积达747.6公顷，森林覆盖率44.3%。农民人均纯收入24824元，增长9.9%。许庄街道创建成国家级生态街道和江苏省农村电子商务示范镇，乔杨社区被评为2016年最美村镇和全国第四批美丽宜居村庄示范，蔡庄村通过江苏省美丽乡村验收。

省国土资源厅厅长李侃桢（前，左三）考察许庄街道土地整治工作

共青团江苏省委副书记蒋敏（女，前右三）调研许庄街道“港城彩虹”留守儿童乐园

市委常委、组织部部长张国梁（左一）调研马厂社区科普馆

区委副书记、区长孙宏建（中）调研蔡庄村传统村落保护工作

区领导到乔杨社区调研“三权退出”试点工作

许庄街道举办庆祝建区20周年“大江放歌”大型文艺演出活动

举办2015—2016年度党员干部冬训班

泰州市白马镇

党委书记　马才本

党委副书记、镇长　徐思达

2016年，白马镇面积24.02平方千米，户籍人口22268人，辖行政村5个、社区2个、村（居）民小组127个，有居民6591户。全年实现地区生产总值12.8亿元，比上年增长11.89%。固定资产投资额17.98亿元。公共财政预算收入8026万元。建筑业总产值14.8亿元，增长25.42%。年内，白马镇获评江苏省和谐社区建设示范镇，获全区开放型经济一等奖、综合考评二等奖、服务业工作二等奖、项目百日竞赛二等奖，陈家村被评为江苏省文明村，黄河村入选省级康居乡村。

市领导调研白马镇三农工作

区委书记顾萍（女，左二）慰问困难群众

区委副书记、区长孙宏建（左三）调研世泽雕艺园

白马雕艺特色小镇创建领导小组聘请顾问仪式

高港区村（居）务监督工作现场会

泰州市第六届基层干部培训周白马班

中国共产党泰州市白马镇第十七次代表大会

泰州市大泗镇

党委书记　魏玉云

党委副书记、镇长　于勇军

2016年，大泗镇总面积36.7平方千米，户籍人口33370人，辖行政村12个、社区1个、村（居）民小组232个,有居民10152户。全年实现地区生产总值12.7亿元，比上年增长14.92%；实现一般公共预算收入4994万元，增长36.79%；实现固定资产投资9.91亿元，增长125.44%；实现工业一般纳税人开票销售收入13.78亿元，增长15.8%；实现高新技术产业产值13.13亿元，增长61.4%；净增个体工商户298户，完成年计划的212%；净增私营企业98个，完成年计划的122%；新增专利申请量160件、授权量70件，其中发明专利申请量45件、授权量3件。农民人均纯收入18339元，增长9%。年内，大泗中药养生小镇创成泰州市首批、高港区首个市级培育建设的特色小镇。大泗镇在全区综合考评中获一等奖。

时任市委书记蓝绍敏（前，右二）调研中药养生小镇

市委副书记、市长史立军（前，左三）考察泰镇高速大泗服务区

市领导考察光普农场

市领导督查大泗镇燃煤锅炉整治情况

市领导考察江苏中药科技园

区委书记顾萍（女，前左）调研中药养生小镇

2016年项目开工奠基仪式

区委副书记、区长孙宏建（前，中）考察江苏中药科技园

中国共产党泰州市大泗镇第十七次代表大会

大泗镇庆祝建党95周年大会暨“两学一做”学习教育专题党课报告会

泰州市胡庄镇

党委书记　徐旭东

2016年，胡庄镇面积45.3平方千米，户籍人口42103人，辖行政村13个、社区2个，村（居）民小组305个。全年实现地区生产总值15.53亿元，比上年增长12.25%；一般公共预算收入4054万元，增长52.52%；高新技术产业产值6.2亿元，增长21.78%。全年新开工1亿元以上项目7个，完成产业投资7.73亿元。协议利用外资和港澳台资800万美元，实际利用外资和港澳台资246万美元。实施产学研合作项目7个，完成专利申请51件。农民人均可支配收入20064元，增长10.03%。年内，胡庄镇被评为江苏省文明乡镇、省级“水美乡镇”。

时任市委书记蓝绍敏（前，左四）调研胡庄镇农村工作

市、区领导调研胡庄镇精神文明建设工作

区委书记顾萍（女，左二）调研胡庄镇社区综合体制改革工作

书法交流活动

胡庄镇项目大推进现场

胡庄镇获评省“水美乡镇”

文化墙

口岸街道引江社区

口岸街道（临港经济园）综合执法局副局长
引江社区党总支书记 张竹山

引江社区居委会主任 栾庆兵

引江社区位于泰州市高港区口岸街道西北角，东与泰州滨江工业园相邻，南距国家一类深水港泰州港仅3千米，西与扬州市江都区接壤，北邻刁铺街道，由原天如、宁都2个自然村合并而成。共有21个居民小组，户籍人口2407人，党员88人。辖区面积4.5平方千米，其中耕地100公顷。国家重点水利工程引江河、336省道、沿江高等级公路穿境而过，水陆交通十分便利，自然环境、地理位置非常优越。社区先后获江苏省民主法治示范社区、江苏省社会主义新农村建设示范社区、江苏省和谐社区建设示范社区、江苏省生态村、江苏省森林生态示范村、江苏省卫生村、江苏省美丽乡村、江苏省水美乡村、泰州市最美乡村、泰州市“十强村”、泰州市文明社区标兵、泰州市四星级文明社区等多项省、市级荣誉，并连续多年在口岸街道“四个文明”百分赛考核中名列第一。

引江社区积极探索发展富民、服务便民、奉献惠民的“以人为本”实践之路。如今的引江社区，经济发展快攀登、基础设施全配套、村庄环境美如画、公共服务全覆盖、人民生活更幸福。

环保部领导到社区指导工作

区领导慰问社区困难老党员

区领导走访慰问社区文明家庭示范户

园区（街道）领导慰问社区困难群众

组织创业培训

口岸街道王营社区

党总支书记　宗　峰

党总支副书记、居委会主任　孙永平

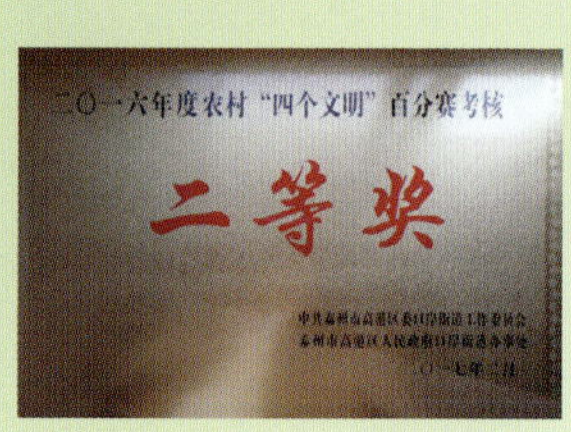

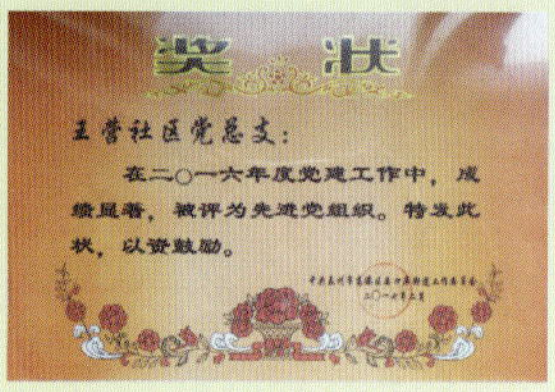

高港区口岸街道王营社区地处高港城区中心地带，泰高路、春港路、沿江高等级公路贯穿全境，交通便利，自然环境、地理位置优越，是投资发展的热土。户籍人口2496人，在册党员97人。

境内有15个居民小区，其中，东方明珠小区占地28公顷，总建筑面积35.36万平方米，绿化率达36.18%，有居民450户，1300余人。

社区秉承“党员责任全覆盖，物业服务零距离”理念，创新小区治理，促进小区安定祥和。社区党总支成立了以党员干部为骨干的小区巡查值班队，分片包保，实行24小时轮流值班制度。成立“东方明珠物业支部党员先锋队”，对5名党员进行责任分工及分片包保，以党员责任带动物业管理，取得较好效果。社区党总支借助“大走访、大落实”活动制作“党群连心牌”，将社区书记、分工干部、社区民警、物管人员的联系方式、服务事项进行公布，张贴到各小区的每个单元楼道，确保辖区内业主有事找到人，将党建真正融入小区管理服务工作，促进党建工作全覆盖。

区委副书记陈军（中）调研王营社区“两学一做”学习教育活动

社区内基础设施日趋完善，居民生活环境舒适优美，先后被评为高港区文明村、泰州市无违建示范小区、江苏省级民主法治示范村、平安法治高港建设先进集体、泰州市文明社区。

王营社区党的十九大精神“大学习大宣讲”活动

社区青少年公益活动

泰州市文化惠民演出走进王营社区

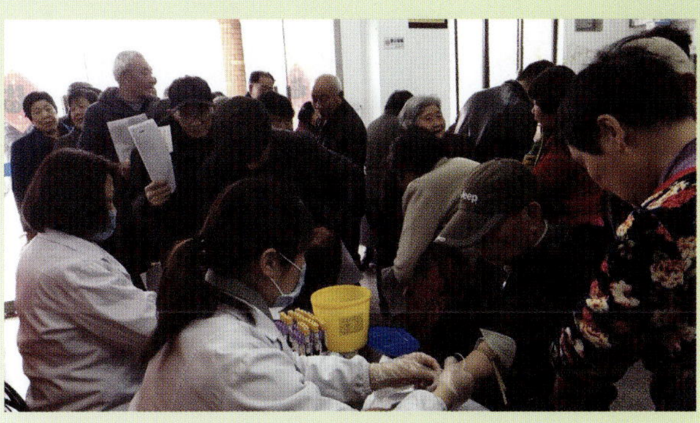
为60岁以上老人免费体检

重温入党誓词

口岸街道城南社区

党总支书记 李留华

居委会主任 戴新国

2016年，城南社区“两委”按照上级部署，带领广大党员干部深入开展“两学一做”学习教育活动。以“大走访大落实”活动为契机，以全面建成社会主义新农村为目标，加强党建工作，强化社区管理，扎实有效地推进社区各项工作。社区党总支始终把为人民群众谋福利、让人民群众得实惠作为工作的出发点和落脚点。充分利用社区资金为民办实事、做好事。修建道路、桥梁，实施亮化工程，流转土地，整治村庄环境、河道，为小区安装燃气，帮扶困难家庭等。累计投入资金近360万元，极大地改善了社区居民的居住环境，提高了社区居民的获得感。社区被评为省级生态社区、泰州市绿色社区、泰州市民主法治村。

副区长李新美（女，前右）慰问社区群众

开展春节慰问活动

城南社区“大走访大落实”创业座谈会

城南社区党员干部现代远程教育固定学习日

城南社区劳保政策宣讲会

开展端午节慰问活动

“雨后阳光”彩虹志愿者服务队

参加口岸街道趣味运动会

口岸街道徐桥村

党总支书记、村委会主任　周红生

徐桥村地处口岸街道东南边缘，东边与泰兴市滨江镇接壤，北邻雅儒村，西邻大石村，南靠永安洲镇东江社区，占地面积3平方千米，耕地面积178公顷，户籍人口3441人，有党员83人。近年来，徐桥村深入实施村居综合体制改革，大力发展集体经济，扎实推进村庄环境综合整治，着力提高群众幸福指数，各项工作全面进步，先后获泰州市生态村、江苏省卫生村、泰州市优秀家长学校等多项荣誉。

徐桥村牢固树立“发展经济、造福百姓”理念，大力实施惠民工程，让发展的成果更多惠及徐桥百姓。近三年累计投入近600万元用于改善民生，集中力量办成一批民生实事。

一是投入近30万元打造高标准的便民服务站，位置从二楼变为一楼，方便村民办事，切实做到办公面积集约化，服务百姓最大化。

二是积极响应区委、区政府提出的“医养结合、服务一体”的决策部署，投入100余万元高标准建成占地500平方米的社区卫生服务站。

三是投入30万元对原卫生室进行扩建、装修，总面积300平方米，内设健身康复室、图书阅览室、日间照料室、精神关爱室、助餐送餐室、活动室。

四是新建健身休闲广场，丰富群众娱乐生活。

五是村每年拿出2万~3万元对身患重病以及困难家庭、学生给予特殊照顾。

区委副书记、区长孙宏建（左一）走访慰问徐桥村居民

六是先后投入近500万元实施江平线至建桥路长3.4千米、宽6米的主干道新建、拓宽、加厚工程，江平线—徐七组—新一组的1千米道路拓宽加厚工程，徐五组600米道路新建工程，曹元组道路的拓宽加厚工程，同步安装主干道LED路灯150余盏，栽植两侧绿化1万余平方米。

七是常态长效开展村居环境管护。每年投入近50万元，成立环境管护队伍，常态化对主次干道进行保洁，对村庄河坡的垃圾、河面漂浮物、水浮萍等正常清理，对农忙时节的秸秆进行清运。

帮扶、慰问弱势群体

帮助村民实现机械化作业

帮助留守儿童实现微梦想

泰州市文化惠民演出走进徐桥村

加大村庄道路建设力度

农民休闲健身广场

果香生态园项目

舒适优美的村庄环境

永安洲镇兴洲社区

党总支书记　马仕民

兴洲社区地处沿江高等级公路西侧、古马干河北侧，占地1平方千米，属永安洲镇集镇中心范围。2001年兴洲社区在原集镇基础上成立。2016年，辖6个居民小区，居民1485户，有户籍人口5382人。集体经济收入254万元。年内新增各类企业20个、个体工商户50户，共有企业270个、个体工商户820户。居民人均可支配收入28792元。

2016年，兴洲社区将城中村房屋改建工程作为重点，工程于12月竣工，占地1500平方米，总建筑面积6400平方米。原城中村8户顺利回迁，形成新的商业一条街。全年整治社区内污水河800余米，疏浚河道450米，清理下水道40944米。对社区内道路实施专业绿化养护60700平方米，补栽各类花卉苗木1450余株，维护道路900平方米。清理垃圾1150余车，清除各类小广告200余条，清理卫生死角 4 处。填平废弃河道200余米。投入65万元浇筑生产队硬质道路。

市领导到社区调研

社区农家书屋新增图书2000余册，制作宣传教育横幅22条，利用各种节日、纪念日发放各类宣传读本、法规等360份。开展社区远程教育6期，共培训120人次。利用固定学习日组织党员、群众学习。定期开展“道德讲堂”活动，讲述身边的好人好事，用身边的事教育身边的人。

开展“大走访大落实”活动

党员干部现代远程教育“固定学习日”活动

兴洲社区学习贯彻党的十九大精神

泰州市文化惠民演出走进兴洲社区

广场演出

居民健身

社区小游园

小区一角

永安洲镇福沙社区

党总支书记　王启东

居委会主任　蒋永生

2016年，福沙社区总面积6.9平方千米，耕地面积117公顷。有居民小组21个，户籍人口2793人。集体经济收入983万元。新增企业15个，累计有各类企业80个。新增个体工商户13户，累计有个体工商户288户。居民人均可支配收入3.2万元，比上年增长9%。

全年社区积极拓展业务，扩大劳务公司的服务范畴，增加社区的集体收入。成立环卫一条龙服务队，为企业提供环卫后勤保障。全社区民营工业完成产值4.5亿元，实现税收1820万元，创历史新高。

社区所有生活垃圾全部入池，并做到日产日清，无露天焚烧秸秆现象，无污水塘、臭水沟，无露天粪池，主干线两侧无杂草、杂物，村庄环境得到有效改善，群众满意度大幅上升。社区先后被评为江苏省文明社区、泰州市十强村、江苏省水美乡村。

区领导到社区调研

全年福沙社区对居民的各种补助达到350万元，其中包括农村合作医疗保险、80岁以上老人尊老金、特困特病伤残人员补助和对全体村民股份分红。居家养老服务中心配备沙发、电视机、厨房等设施，大大方便了老年人的生活，深得百姓赞赏。

福沙社区"两学一做"学习教育动员大会

福沙社区党员大会

法治大讲堂

舒适优美的村居环境

居民休闲广场

泰州市高港实验小学

泰州市高港实验小学建于2007年5月。建校以来，学校在区教育局“转理念、多活动、真减负”思想指导下，秉承“实施开放教育，为每个孩子的终生发展奠基”办学理念，脚踏实地、不断创新、立德树人、锐意进取，以优良的教育教学质量得到社会各界的广泛赞誉。学校先后被评为江苏省文明单位、江苏省文明校园、江苏省基础教育课程改革先进集体、江苏省教育先进集体、江苏省艺术特色示范校、江苏省健康促进金牌学校、全国足球示范校等。

2017年，正值高港建区20周年之际，高港实验小学迎来建校第十个年头。5月6日，成功举办“让十岁告诉未来”素质教育汇报展示活动；5月18日，举办省教育学会“名校文化研究中心”活动；6月，高港实验小学男子足球队摘得泰州市首届“市长杯”冠军；9月，获评省首批“书香校园”建设示范点……

年轻的高港实验小学，以建校十周年为新起点，总结过去、展示风采、展望未来，为办好高港人民满意的教育不忘初心，砥砺前行。

建校十周年文艺演出

新建的学校南大门

校长叶红（女，中）对学生进行非遗传授

宪法宣传活动现场

思想品德教育活动

青少年科技创新主题活动

舞蹈排练现场

图书室一角

课堂珠算练习

学校足球队训练现场

泰州市高港实验学校

校　长　李国璋

高港实验学校以办人民满意的教育为目标、以立德树人为根本、以提高质量为核心、以改革创新为抓手，紧扣“立美致和”校训，更加注重内涵发展，细化过程管理，着力提高教育教学质量。建设“和美”文化，打造特色学校，构建和谐校园，在制度建设、队伍建设、学生管理、教学管理和安全管理等方面的工作都取得了新的进步。

高度重视，切实推进学校党风廉政建设，加强领导，全面落实党风廉政建设责任制，注重教育，提高教师廉洁自律意识。以人为本，建立科学、民主的学校管理制度，加强制度建设，强化组织管理。加强学习，打造合格的教师团队，抓好教师队伍建设，切实推进教师专业成长，加强“青蓝工程”建设。开展丰富多彩的活动，促进学生全面发展，组织各种德育主题活动，打造特色学生社团活动，开展学生综合实践活动，持之以恒地抓好体育、艺术、健康工作。扎实推进教学管理，逐步提高教育教学质量，抓好教学常规管理，以监控促质量，加强教研组和备课组建设，以教研促教学，积极开发校本课程，教育教学面向全体，关注学生健康成长。

加强安全教育工作。学校定期开展交通、防火、防溺水等安全教育活动，每月组织安全疏散演练活动，提高师生自救、逃生能力，强化师生安全意识。

加大投入，创建平安校园。学校增添各种消防设施，更换视频监控装置，与教师、学生、家长签订安全责任书，实现人防、技防全覆盖。学校被评为泰州市平安校园示范校。

区领导调研学校工作

观摩法院庭审活动

2016年北京夏令营活动

“红领巾，我为你骄傲”初一年级少先队建队仪式

“尚美少年说”学生论坛（第3季）

消防演练

泰州市口岸实验学校

泰州市口岸实验学校于2014年建成，占地8.33公顷，建筑面积近6万平方米，分初中教学中心、小学教学中心、室内活动中心、后勤管理中心、户外运动中心五大区域，现有9个年级2200名师生。

学校本着“让我们大家都出彩”的办学理念，秉承“诚慧容”校训精神，以“办一所值得师生回味的学校”为办学愿景，以培养“诚信、智慧、包容的合格公民”为育人目标，以“立德、笃行、超越”为校风、“尊重、合作、开放”为教风、“自主、思辩、博学”为学风，本着“一切活动皆课程、所有仪式皆育人”的大课程观，积极探索体育个性课程、艺术特色课程、兴趣拓展课程和校本国家课程四位一体的课程体系，为每一位学生提供适合的教育，实现学生的个性化成长。

办学三年来，学校先后被评为江苏省健康促进学校（金牌）、江苏省体育传统项目（田径）学校、泰州市素质教育“5+2”工程先进学校、泰州市心理健康教育特色学校、泰州市科学教育综合示范学校、泰州市首批体育艺术“一校一品一特色”学校（戏剧）、高港区法治教育先进集体。

承磅礴长江之灵气，享柴墟古镇之厚泽。口岸实验学校全体师生将奋发进取、顺势而为，力争早日成为引领教改潮流、推动区域发展、办学特色鲜明和具有深刻教育内涵的现代化品牌学校。

教育部领导考察学校工作

省教育厅领导检查学校工作

区委书记顾萍（女，前中）调研学校发展情况

区委副书记、区长孙宏建（前，左二）调研学校发展情况

开展“宝岛研学”活动，加强两岸青少年交流

与台湾慈济大学附属高级中学结为姊妹学校

学校第一次教职工代表大会

家长开讲团第九期

出彩秀专场

优秀毕业生欢送仪式

泰州国际集装箱码头有限公司

总经理　赵峰

泰州国际集装箱码头有限公司成立于2014年10月28日，注册资本2亿元，系由泰州港核心港区、泰州梅兰港务有限公司、泰州港务集团有限公司共同出资组建的国有控股公司，是泰州市唯一的集装箱码头公司。

公司位于长江扬中河段太平洲左汊泰州大桥下游约1000米处，地处永安洲镇，距南京145千米、上海247千米。宁通高速、宁靖盐高速、泰镇高速、京沪高速、沿江高等级公路等纵横贯通，引江河、南官河、古马干河、通扬运河等丰富的水路网线与公司紧密相连，扬泰机场距公司仅40分钟车程，泰州火车站离公司约30千米。

集装箱码头一期岸线全长235米，宽45米，前沿水深为-13米，可供5万吨级船舶停靠作业，堆场面积15万平方米，年设计集装箱吞吐能力30万标箱。码头采用智能化信息管理系统，建立网上办单和数据查询平台，可根据客户类型和权限开放对应集装箱数据，同时在港区内配置了全方位监控系统及具有国内先进技术的集装箱装卸设备。

集装箱码头二期工程已于2017年6月开工建设，码头岸线210米，预计2018年年底竣工投产，可形成年集装箱通过能力30万标箱，集装箱码头三期工程将于2018年开工建设，码头岸线206米，2019年年底可竣工投产，将新增年集装箱通过能力30万标箱，届时集装箱码头共可形成3座5万吨级的集装箱码头群，年综合通过能力达120万标箱。

公司主要从事内外贸集装箱装卸、堆存、拆填箱、代理等相关物流业务，秉承“文明装卸、优质服务、客户至上、诚实信用”的经营理念，实行24小时无假日服务。随着“长江经济带”国家战略的实施与扬子江城市群的建设，作为泰州市“港口名城”建设的主阵地，全市经济发展的新引擎，泰州国际集装箱码头将迎来新的发展机遇，公司将以一流的服务、一流的企业文化，创建“全国领先、长江一流”品牌，努力打造“国际化、现代化、智能化”的专业集装箱码头公司，更好地为内外贸企业服务。

时任市委书记蓝绍敏（左二）调研集装箱码头

省交通运输厅副厅长陆留生（前，右二）调研集装箱码头

省交通运输厅督查组督查集装箱码头

省交通运输厅扬子江城市群建设调研组考察集装箱码头

市、区领导调研集装箱码头

市政协领导参观集装箱码头

泰州港—洋山港精品快航签约暨首航仪式

码头场景

汇福粮油集团有限公司

董事长、总裁　石克荣

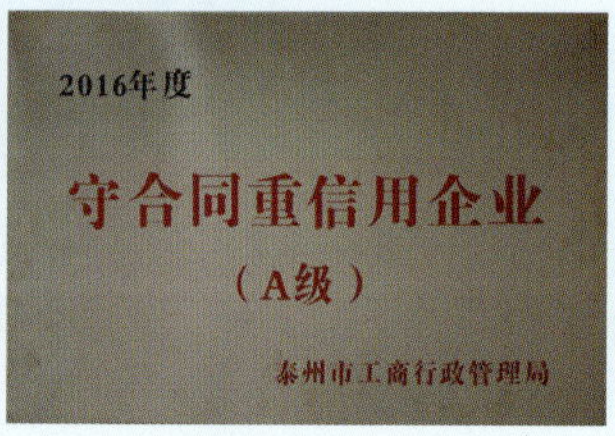

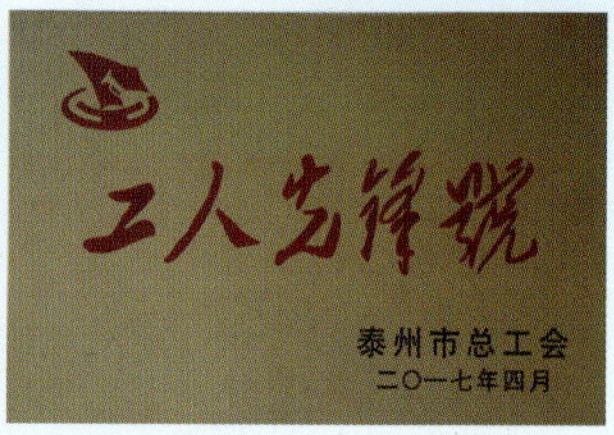

汇福粮油江苏泰州基地是三河汇福粮油集团有限公司的全资子公司,由饲料蛋白加工、油脂加工、粮食物流等项目组成。三河汇福粮油集团是河北省内规模最大的民营粮油综合加工企业，是以生产食用植物油为主导的综合性企业集团，连续多年入围中国企业500强、中国制造企业500强、中国民营企业500强、中国食品工业十强企业。汇福粮油江苏泰州基地总投资30.8亿元，占地28.33公顷。主要建设2条5000吨/天菜籽兼大豆双榨制油生产线的饲料蛋白项目，以及年处理油料300万吨的植物油精炼及综合深加工项目。

汇福粮油江苏泰州基地自2016年7月中下旬投产以来，当年实现销售额30亿元。2017年4月12日，第二条生产线也投入生产，具备12000吨/天的大豆加工能力，是全球单体规模较大的油脂加工企业之一，当年实现销售额100亿元。

时任省委书记李强（前，左二）到公司考察指导工作

汇福粮油江苏泰州基地全景

公司产品

江苏海企化工仓储股份有限公

董事长　史先召

总经理　孙承莉

江苏海企化工仓储股份有限公司是由江苏省国资委下属的江苏省海外企业集团投资建设，注册资本2亿元，总投资5.3亿元。是江苏省第一个进军现代物流业的省属企业，承载着江苏省海外集团发展转型的重任。公司已建成30万立方米库容，主要为客户提供醇类、酸类、芳烃类等液化品的第三方仓储服务。公司于2012年被认定为高新技术企业，是国内化工仓储行业中最早通过高新技术企业认定的企业之一。

公司码头平台长436米，外档拥有4万吨级和2万吨级泊位各1个、2000吨级泊位3个，最大可靠泊5万吨级船舶，年吞吐能力达400万吨。公司运营以来货物总周转量达1200万吨，装卸外轮1500艘，成为泰州港对外开放的名片和窗口。

公司按照“立足当地，服务苏中，为长江中上游、运河沿岸、东南和东北沿海的大型生产类企业提供中转物流服务”的经营路线，先后与梅兰化工、奥喜埃、协联众达、联成化学、金江化学、扬州华伦等当地大型化工企业建立了合作关系，服务当地的战略目标完全实现。与塞拉尼斯、利安德、北京华信、东方希望、索普集团等世界五百强、上市公司、行业龙头开展深度合作，营销网络遍布全国各地。目前，海企库区已经成为全国最大的环氧丙烷进口中转基地和醋酸、醋酸乙酯的出口中转基地。

公司积极打造独具特色的营销品牌，努力建设功能完善、高效便捷的物流发展平台。建成泰州市首家“保税仓库”，先后为香港海峡石化、台湾联成化学、成都欣华欣等客户办理保税业务，保税业务占总业务量的十分之一。江苏光大银行把公司确立为省内首家化学品监管仓库，借助公司现代化的物流平台开展货权质押业务，为石化类商品生产商、贸易商提供流动资金授信服务，实现多方共赢。公司还从数十家库区中脱颖而出，成为全国最大的化工品期货交易所——郑州商品交易所的甲醇指定交割库。

公司确定“打造品牌库区，争创行业标兵”的品牌发展战略，凭借对货物数量和质量的严格控制、对客户的优质高效服务以及贯穿整个服务过程的文化理念，在业内树立起良好的企业形象。公司与全球最大第三方商检机构SGS合作建设化学品实验室，成为全省第四家具有化学品自主检测资质的企业。公司先后通过埃克森-美孚、壳牌、BP、塞拉尼斯、梅赛尼斯、中石化、扬子-巴斯夫等化工巨头的评估考核，成为这些企业的指定物流服务商，储运管理水平得到业内的广泛认可。

秉承“安全 高效 诚信 共赢”“海企仓储是社会化的海企仓储”的企业文化理念，公司在实现经济效益的同时，更加注重社会效益。作为省属企业在泰州兴业，公司模范遵守国家法律法规，得到政府相关职能部门的高度评价，先后被认定为江苏省服务业名牌、江苏省著名商标、江苏省服务业百企创新示范企业、江苏省物流技术中心、江苏省液体化工储运工程技术中心、江苏省重点物流企业、江苏省电子商务示范企业、江苏省管理创新优秀企业，被省商务厅确定为江苏省商务服务平台、江苏省进口商品交易中心。公司党支部也被省国资委授予创先争优活动十佳基层党组织称号。

目前，公司已完成股份制改造，正在积极筹备上市。与连云港新海湾码头、南通洋口港、盐城大丰罐区签订委托管理协议，派驻管理团队，输出海企仓储管理模式。

江苏省总工会领导慰问公司一线员工

市委副书记、市长史立军（前，右二）带队检查公司节前安全生产工作

连云港港口集团和中交一航院到公司参观调研

副市长杜荣良（前，右三）带队到公司走访调研

市领导带队督查公司安全生产工作

通过江苏省化工物流服务业标准化试点项目验收

泰州市码头事故应急救援演练在海企码头举行

董事长史先召被授予“新高港建设功臣”

雕花楼枕涛榭　　　　（高卫东/摄）

口岸雕花楼景区夜景　（区住房城乡建设局/供稿）